Global Competition :
law, markets, and globalization

국제경쟁법

David J. Gerber / 이동률 역

박영사

역자 서문

시장경제원칙을 채택한 국가에서 경쟁법은 이제 필수가 되었다. 정치적으로 사회주의 체제를 채택하고 있는 중국조차 반독점법을 제정해 시행하고 있는 것은 이러한 추세를 가장 상징적으로 보여주는 사례라 할 수 있다. 경쟁법의 전세계적 확산으로 인해, 기업은 이제 다른 기업을 인수할 때에는 각 국의 기업결합규제 법률에 따라 여러 국가의 경쟁 당국으로부터 기업결합에 관한 승인을 받아야 하고, 카르텔 조사를 받는 과정에서 그 책임을 면하기 위해서는 여러 경쟁 당국에 자진신고를 해야 하며, 특정 경쟁 당국으로부터 카르텔에 관여한 것으로 인정받게 되면 다른 국가의 소비자들로부터 손해배상청구를 당하는 것을 걱정해야 한다.

그러나, 더 많은 국가들의 경쟁법 도입에도 불구하고 전세계적으로 경쟁이 보호되거나 촉진되었다고 보기 어려운 것이 현실이다. 그 이유로는 우선 국가들이 경쟁법을 통해 추구하는 법목적 자체가 상이하다는 점을 들 수 있다. 일례로, EU는 경쟁법을 통해 단순히 경쟁을 보호하는 것뿐만 아니라 공동시장의 형성·유지까지 추구하고 있고, 상당수의 개발도상국들은 경쟁법을 통해 자국 산업의 국제 경쟁력 확보를 추구하고 있다. 또한 국가들이 경쟁법을 적용하는 방식도 상이하다. 미국은 이른바 신고전주의 경제학에 따라 소비자 후생을 중시하는 관점에서 경쟁법 규범을 해석하려는 입장으로 선회했지만, 상당수 국가들은 아직까지 이에 동의하고 있지 않다. 이처럼 각 국의 경쟁법을 통해 추구하는 목적이 상이하고, 실제로 경쟁법을 적용하는 방식이 상이한 상황이 유지되는 한 경쟁법의 도입 확대가 국제 경쟁의 보호로 이어질 것이라고 기대하기는 어렵다.

결국 전세계적인 경쟁의 보호를 위해서는 전세계적으로 동일한 내용의 경쟁법 규범이 동일한 기준으로 적용되어야 한다는 결론에 이르게 된다. 역자는 실무가로서 주로 경쟁법에 관련된 업무를 수행해 오면서 전세계적인 경쟁 보호를 위해 어떠한 방법을 취해야 하는가에 관해 막연한 문제의식을 갖게 되었다. 그러나, 급하게 처리해야 하는 산적한 업무를 핑계 삼아 이에 관한 진지한 고민을 유보해 오던 중 2011년 미국 Georgetown University Law Center에서 LL.M 과정을 밟는 도중에 이러한 문제에 관한 진지한 고민과 나름대로의 해결 방안을 제시하고 있는 이 책을 알게 되었다.

이 책의 저자인 David J. Gerber 교수는 세계화 추세가 가속화되고 있는 상황에서 경쟁법 규범의 내용과 집행을 통일시키기 위해 어떻게 해야 하는가에 대한 문제의식을 갖고 이 책을 집필했다. 이를 위해 Gerber 교수는 미국, 유럽(독일), 중국에서 연구, 수학한 자신의 경험과 전세계 경쟁법 전문가들과 교류함으로써 얻은 통찰을 바탕으로 문제를 분석하고 그에 대한 나름의 해법을 제시하고 있다.

역자는 Gerber 교수가 제시하고 있는 국제 경쟁 규율 방안(commitment pathway 전략)에 전적으로 동의하지는 않는다. 그럼에도 불구하고, 각 국 경쟁법에 관한 개괄적인 내용, 현재와 같은 경쟁법 체제(각 국이 이른바 효과주의 원칙에 따라 일방적으로 자국 경쟁법을 적용하는 체제)의 생성 경위와 문제점에 관한 분석이 경쟁법을 연구하는 사람들이나 역자와 같이 관련 실무에 종사하는 사람들에게 귀중한 시사점을 제공할 수 있을 것이라고 생각해 Gerber 교수로부터 허락을 받아 이 책을 번역하게 되었다.

이 책을 번역함에 있어서는 우선 원문의 표현을 최대한 충실하게 전달하고자 했다. 일례로, competition law는 경쟁법으로, 미국의 antitrust law는 반트러스트법으로, 중국의 antimonopoly law는 반독점법으로 각각 번역했다. 또한 필요한 경우 독자의 이해를 돕기 위해 원문의 취지를 훼손하지 않는 범위 내에서 적절히 의역하고자 했다. 역자의 공부가 부족한 탓에 문장 하나의 행간의 뜻을 파악하기 위해 며칠이 걸리기도 했지만, 기계적인 번역으로 저자가 전달하고자 하는 의미를 제대로 전달하지 못하게 되는 것을 회피하고자 최선을 다했다. 그럼에도 불구하고 저자의 의도가 온전히 전달되지 못했다면 이는 전적으로 역자의 책임이라 할 것이다.

이 책을 출간할 수 있게 된 것에 대해 감사해야 할 사람이 너무도 많다. 우선, 일면식도 없는 역자의 번역 제의를 흔쾌히 받아 주고, 번역 과정에서도 역자의 우문에 친절하게 답변해 주는 등 끊임 없이 격려해 준 Gerber 교수에게 깊은 감사의 마음을 표한다.

역자가 근무하고 있는 법무법인 세종의 여러 선배, 후배, 동료 변호사님들에게 깊은 감사의 마음을 전하고자 한다. 특히 군법무관 시절 진로를 고민하고 있던 역자를 법무법인 세종으로 이끌어 주시고 항상 따뜻하게 격려해 주셨던 김범수 변호사님, 세종에 입사한 역자를 경쟁법 업무로 이끌어 주시고 역량이 부족한 역자가 우리나라 경쟁법의 최전선에서 다루어지는 중요 사건들에 관여할 수 있도록 배려해 주신 임영철 대표변호사님에게 이 자리를 빌어 특별한 감사의 마음을 전하고자 한다.

또한, 상업성이 매우 낮은 이 책의 출판을 흔쾌히 수락해 주신 박영사의 안종만 회장님께도 감사의 마음을 드린다. 이 책의 출판 업무를 실질적으로 도와 주시고 좋은 책이 나올 수 있도록 물심양면으로 많은 배려를 베풀어 주신 조성호 부장님과 꼼꼼하게 교정을 봐 주시고 게으른 역자 때문에 마음 고생을 하신 이재홍 편집자님께도 미안함과 깊은 고마움을 표하고자 한다.

역자를 항상 성원해 주는 가족들에게도 깊은 감사의 마음을 전한다. 가족의 성원과 희생이 없었더라면 일 년 이상 소요된 이 책의 번역은 애초부터 불가능했을 것이다. 마지막으로, 역자가 원저를 번역하면서 쏟았던 모든 노력과 그 결과 출판된 이 책을 아버지에게 바치고자 한다. 한 평생 가족들을 위해 묵묵히 자신을 희생하고 든든한 버팀목이 되어 주신 아버지의 고단한 삶을 역자 또한 아버지가 되어서야 조금이나마 이해하게 되었다.

한국어판 서문

나는 Global Competition: Law, Markets, and Globalization이 한국어로 출간되는 것을 대단히 기쁘게 생각한다.

한국은 국제경쟁법과 관련된 논의에서 중요한 국가이다. 한국의 지도자들은 1990년대 실효적으로 작동하는 경쟁법과 국제 사회에서 널리 인정받는 경쟁법 체제를 보유하는 것이 중요함을 인식했고, 이에 기반해 실제로 그러한 경쟁법 체제를 이루었다. 한국의 경쟁법 체제는 한국의 경제 발전을 제고하고, 한국 기업들을 위해 전세계의 법률적 · 경제적 상황에 영향을 미치며, 한국 경제가 한국 사회에 더욱 통합되는 것을 추구해 왔다. 그 결과 이 각 분야에서 중요한 진전이 이루어졌다. 한국의 지도자들은 또한 아시아 지역에서 경쟁법을 주도하는 것이 중요하다는 점도 인식해 이러한 목표를 달성해 왔다. 경쟁법의 집행 과정에서, 정부는 훌륭한 인물들을 임명해 이들로 하여금 경쟁법 및 법집행 기관을 발전시키는 한편, 국제 사회에서 한국의 입장을 잘 대변하도록 해 오곤 했다. 요약하면, 한국은 경쟁법 분야에서 대단히 짧은 기간 내에 국제 사회에서 선도적인 지위에 이르게 되었던바, 이는 놀라운 성취가 아닐 수 없다.

전세계의 경쟁법 체제는 경쟁법의 법목적을 무엇으로 할 것인지, 경쟁법을 바람직하고 실효적으로 발전시키기 위해서 어떻게 해야 하는지, 경쟁제한적 피해를 어떻게 평가할 것인지, 국내외의 강력한 정치 · 경제적 이해관계들의 경쟁법에 대한 개입을 어떻게 차단할 것인지, 법률적 · 경제적 세계화에 어떻게 대처할 것인지와 같은 주요한 문제들에 직면해 있다. 한국 경쟁법은 이상의 요소에 더해 경제민주화, 재벌의 역할, 시장 경제와 사회 구조 및 공유 가치 간의 관계에 관한 이슈들에도 직면해 있다. 법률적・경제적 조언자들은 복잡한 국제 경제 시스템에 관한 법 해석 과정에서 불가피하게 발생하게 되는 불확실성, 이런 상황에서 국내외의 의사결정을 이해하고 예측할 필요성으로부터 도전을 받고 있다.

나는 이제 한국어로 번역되어 제공되는 이 책이 이러한 각각의 도전과 그에 따른 임무와 관련해 유용할 수 있다고 생각한다. 나는 또한 이 책이 한국이 이제까지 이룩한 훌륭한 경쟁법 체제를 지속적으로 발전시키는데 도움이 될 수 있기를 간절히 바란다.

마지막으로, 이 책을 번역하고 출판하는 수고를 해 준 이동률 변호사에게 깊은 감사의 말을 전하고자 한다.

서 문

이 책은 희망과 불안(심지어는 두려움)이라는 모순된 이미지에 따라 기술되었다. 전세계 여러 지역의 의사결정권자들은 경제적 경쟁에 대해 희망과 불안이 교차하는 관점에서 그 잠재 가치를 인식하고, 사적인 제한에서 경쟁을 보호하기 위해 급격히 노력한다. 특히 초국경적인 경쟁이 경제 성장을 견인하고 전세계 모든 지역에서 중요하면서도 많은 사람들이 특히 간절히 필요로 하는 일자리, 소득 그리고 공적·사적 자원을 창출할 수 있다는 인식이 증대되고 있다. 국제 경쟁에 관한 효과적인 법률적 프레임웍을 제시할 필요성 역시 급속히 명확해지고 있는바, 이는 특히 2008년 금융 위기 이후 더욱 그러하다. 이러한 상황들은 경쟁에 관한 희망적 측면의 이미지인바, 전세계 여러 지역의 많은 경험과 생각들은 이제 개별 국가 및 초국경적 차원에서 경쟁 과정을 보호하고 이를 통해 전세계 사람들의 수요를 충족할 수 있는 정책을 발전시키는데 활용될 수 있다.

반면, 이러한 노력들이 매우 취약한 기반에 터잡고 있다는 불안한 이미지도 있다. 그 결과, 이러한 노력들은 당초에 지향했던 성과를 가져오지 못할 수도 있고, 때로는 이익보다는 피해를 초래할 수도 있다. 정치 지도자들과 경쟁법 관료들은 종종 전세계의 다른 지역 또는 심지어는 자국의 과거 경쟁법 경험에 대해 잘 모르고, 선택가능한 정책의 범위나 그러한 정책을 취할 경우 초래될 결과에 대해서 잘 모르곤 한다. 이로 인해 경쟁법에 관한 의사결정이 이념이나 단기간의 정치·경제적 고려에만 좌우되거나 적어도 주된 영향을 받을 위험이 급격히 높아진다.

이상과 같은 상황은 1990년대 초반부터 진행된 새로운 유형의 세계화의 등장으로 더욱 심화되었다. 경쟁법에 대한 관심과 그에 대한 지지가 봇물처럼 터져 나왔지만, 그 지지 기반이 무엇인지, 지지 정도는 어느 정도인지에 대해서는 의문이 있다. 이로 인해 학자들과 의사결정권자들은 개별 국가 및 초국경적 경쟁법 경험을 더욱 정확하고 깊이 있게 이해할 필요가 있음을 인지했지만, 경쟁법 경험들에 대한 잘못된 믿음과 오해로 인해 이러한 경험들의 가치와 현재 상황에 얼마만큼의 시사점을 주는지 잘 인식하지 못하곤 한다. 경제학이나 다른 사회과학적 통찰을 폭넓게 활용하는 것 역시 경쟁법 경험에 대한 이해만큼이나 경쟁법 발전을 위해 필요하다. 그러나, 이러한 목적을 위해 활용할 수 있는 사고들은 여전히 완전히 연구되지 못하고 활용되지 못한 채 남아 있곤 한다.

나는 여러 국가의 경쟁법 경험과 그에 관련된 생각들에 대한 연구를 통해 국제경쟁법 발전에 결정적으로 중요한 다섯 가지 퍼즐들(또는 도전과제들)을 추려냈다. 이 책은 이러한 과제들에 답하기 위한 내 노력의 결정체이다. 모든 주요한 퍼즐들이 그러하듯, 내가 추려낸 퍼즐 역시 흥미로우면서도 매우 어려운 것들이다.

첫 번째 퍼즐은 경쟁법 자체의 미스터리로서, 경쟁법은 경쟁 과정을 보호하기 위해 경쟁 과정에 개입한다는 점이다. 생물체의 생장을 방해하는 악성 세포를 퇴치하는 암 치료 방식과 마찬가지로, 경쟁법은 시장 내 경쟁의 효과적인 작동을 방해하는 행위들을 규제한다. 이 두 전략들은 모두 시스템의 “건강한” 요소들에 피해를 입히지 않고 해악을 없애도록 고안되어야 한다. 이를 구현할 수 있는 실효적인 전략을 고안해 내는 것은 개별 국가 차원에서도 어려운 일이지만, 전세계적 차원에서는 훨씬 더 어려운 작업이 되는바, 이는 개별 국가의 공적·이해관계가 전세계적 차원으로 확대되면 더욱 복잡해지고, 개별 국가 상황에 맞춰 발전해 온 탓에 전세계적 상황에서 효과적으로 작동하기 어려운 정치적 통치 방식이 제약 요소가 되곤 하기 때문이다.

두 번째 퍼즐은 국제경쟁법 발전에서 미국의 역할에 관한 것이다. 미국 반트러스트법은 오랜 기간 동안 경쟁법 세계의 중심에 있어 왔다. 미국 반트러스트법은 방대한 경쟁법 경험과 경쟁법에 관한 놀랄 만큼 풍부한 사고와 연구를 담고 있다. 이 법은 또한 종종 다른 국가들이 따라야 할 모델로 제시되고, 여러 사람들에 의해 미국의 힘과 영향력을 배경으로 결국에는 모델이 될 것이라고 여겨지기도 한다. 그러나, 미국의 반트러스트법 경험은 매우 특수한 것으로서, 다른 국가들이 개별적으로 또는 국제적으로 직면하게 되는 상황과는 매우 다른 법률적·경제적 상황에서 발전해 왔다. 이 점으로 인해 미국 반트러스트법 경험이 국제적 상황에서 어떤 역할을 해야 하는가에 대한 의문이 제기된다. 국제경쟁법 프로젝트가 성공하기 위해서는 미국과 미국 반트러스트 공동체의 지지가 필요하긴 하지만, 미국의 힘과 영향력이 어떻게 사용되어야 하는가는 거의 규명되지 않았다. 나는 수십 년 동안 이 문제를 고민해 왔던바, 이제 미국의 힘과 미국 반트러스트 공동체의 지식과 경험이 효과적인 협력에 기반한 국제경쟁법 체제 발전을 지원하는 방식으로 활용될 수 있다는 점을 확신하게 되었다. 나는 물론 이러한 유형의 국가간 협력적 발전 방안에는 장애들이 있다는 힘겨운 현실도 인지하고 있다.

유럽 경쟁법은 또 다른 퍼즐로서 이 역시 다른 퍼즐보다 결코 그 중요성이 덜하지 않다. 나는 여러 해에 걸쳐 유럽 경쟁법의 발전과 역학관계를 연구해 왔다. 유럽 개별 국가의 경쟁법 경험의 국면과 패턴이 제대로 인지되지 못했다는 점과 이러한 경험들이 종종 잘못된 신화와 오해로 잘못 이해되고 있다는 점에 대한 인식은 내가 이 책을 집필하게 된 이유 중 하나이다. 이러한 이유로 전세계 의사결정권자들은 유럽 경쟁법 경험의 잠재 가치와 중요성을 제대로 인식하지 못하곤 했다. 유럽 경쟁법 경험은 국제경쟁법 발전에 관한 많은 사고에서 저평가되어 왔다. 특히, 제2차 세계대전 이후 유럽 국가들이 자국의 경쟁법을 발전시키는 과정에서 경험했던 것은 오늘날 자국 고유의 경쟁법 발전을 위해 노력하는 과정에서 유사한 문제를 겪고 있는 국가들에게 귀중한 가치가 있을 수 있다. 더욱이, 유럽의 경험은 개별 국가와 국경을 넘는 경쟁법 발전을 추구하는 과정에서 국제경쟁법 발전의 역학관계를 연구하는 우리들이 갖고 있는 가장 방대한 실험실이라 할 수 있다.

네 번째 과제는 과정으로서의 국제 경쟁의 역학관계와, 21세기의 경쟁법 발전에 영향을 미칠 공적·사적 기관들과 그 관계들을 보다 분명하게 이해하는 것이다. 국제 경쟁의 규모와 국면은 전례 없는 것일 뿐 아니라, 우리가 이해할 수 없는 범위를 넘어서곤 한다. 그리고 개별 국가들, 초국경적 기관들 그리고 여러 유형의 국제적 지배 네트워크간 관계가 빠르게 발전하고 있다. 개별 영역에서 일정한 패턴이 형성되고 있긴 하지만, 우리는 이제서야 이에 대해 이해하기 시작하고 있다. 나는 국경을 넘는 경쟁법 담론에서 이러한 역학관계에 대해 충분한 관심이 기울여지지 않는 것이 놀라웠다. 국제경쟁법에 대한 두 가지 기본전략들은 이상의 요소들에 거의 관심을 기울이지 않는다. 일부는 현재의 체제의 한계에 대응하기 위해 개별 국가의 경쟁법을 컨버전스해야 한다고 주장하지만, 정작 컨버전스가 어떻게 작동할 수 있는지에 대해서는 답을 내놓지 못하고, 일부 또는 다수의 경쟁법 체제들이 일부 실체법·절차법 규범에서 유사해지는 현상이 정작 현재의 관할권 기반 체제의 한계를 극복하는 데에는 별로 도움이 되지 않는다는 점을 인식하지 못하는 경우가 많다. 다른 사람들은 초국가적 기관(통상 WTO)을 통해 경쟁법 규범을 집행하도록 해야 한다는 방안에 주목하지만, 세계시장과 그 규율에 관한 견해들이 모두 국가간의 경계를 여전히 중시한다는 점을 제대로 인식하지 못하곤 한다.

마지막이면서 어떤 의미에서는 가장 근본적인 과제는 국제 경쟁이 갖고 있는 엄청난 잠재력과 모든 국가들이 국제 경쟁을 위해 노력하도록 할 가능성을 제고할 필요성을 적절히 조화시키는 일이다. “세계화”를 비판하는 사람들은 2008년 세계 금융 위기 이전부터 세계화와 부의 분배 패턴을 비판해 왔다. 이들은 세계화가 주로 “서구(the West)”에게는 이롭지만 다른 많은 지역에는 이익보다는 피해를 입힌다고 주장한다. 이들은 세계화가 빈부 격차를 확대하고 부자들이 가난한 사람들을 착취할 수 있도록 허용한다고 본다. 세계화에 대한 이들의 비판은 금융 위기 이후 더욱 커졌던바, 국제 경쟁이 세계화가 초래한 해악 중 일부에 기여했다는 점에 대해서는 의심의 여지가 거의 없다. 그러나, 경제적 측면에서 경쟁이 통상 경제 발전을 가능하게 하고 부자와 가난한 사람들 모두의 경제적 필요를 충족시켜 주는 가장 확실한 수단이라는 점 역시 분명하다. 따라서, 세계화 자체를 저지하는 것은 올바른 대응방안으로 보기 어렵다. 나는 경쟁을 보호하면서도 동시에 전세계 모든 사람들의 필요로 보다 효과적으로 충족할 수 있는 방법을 연구해 왔다. 나는 이러한 연구가 역사에 대한 확고한 이해와 이론적 분석 도구들의 올바른 사용에 기반해야 한다고 믿고 있고, 이 책이 이에 보탬이 되기를 바란다.

나는 이상과 같은 주제들을 연구하고 그에 대한 해답을 찾기 위해 노력해 왔던바, 이러한 주제들이 장애사유임과 동시에 국제 경쟁에 관한 법률적 프레임웍을 근본적으로 발전시킬 수 있는 기회가 된다는 점을 급격히 확신하게 되었다. 만약 개별 국가 차원과 국가들을 서로 관련 짓는 초국가적 차원의 경쟁법 발전에 관해 보다 분명한 인식을 갖게 된다면, 이는 학자들, 관료들 그리고 의사결정권자들로 하여금 이상과 같은 기회를 활용하는데 기여할 것이다. 이러한 인식은 현재 자신들이 처한 경제 상황에 관해 우려하고 있는 전세계 많은 사람들에게도 도움이 될 것이다. 법과 국제 경쟁의 관계는 전세계 모든 사람들에게 영향을 미칠 수 있으므로 이러한 관계를 개선할 인센티브 역시 매우 크다. 이러한 전망은 내가 이 책을 집필하게 하는 동기와 추동력이 되었다.

이 책은 경쟁과 법(특히 경쟁법)의 역할에 관한 지식과 통찰력을 얻고자 하는 모든 사람들을 위한 것이다. 이 책은 주로 국제 경제에 초점을 맞추고 있지만, 대부분의 서술은 개별 국가의 경쟁법 경험에 관해 다루고 있는바, 이는 아직까지도 개별 국가(및 EU)의 경쟁법이 국제 경쟁에 많은 영향을 미치고 있기 때문이다. 따라서 법의 역할과 영향이라는 관점에서 볼 때, 국제 경제는 개별 국가들의 경제로 구성되어 있다. 나아가 개별 국가의 경쟁법 경험들이 초국경적인 협력이나 조율 또는 국제 경제 그 자체로부터 영향을 받는 것과 마찬가지로, 초국경적 협력이나 조율 역시 개별 국가의 경쟁법 경험들로부터 지속적으로 영향을 받을 것이다.

나는 학자들과 학생들(특히, 법, 경제학 그리고 세계화 분야)이 이 책에 많은 관심을 가져줄 것으로 기대한다. 또한 사회과학과 역사학 기타 다른 분야의 학자들과 학생들도 이 책에의 분석과 서술에서 나름의 가치를 발견할 것으로 확신한다. 이 책의 분석과 서술은 경쟁법 이슈들과 국제 경제에 관한 이슈들을 다루는 전세계의 관료들과 판사들에게도 실용적 차원에서 상당한 의의가 있을 것이다. 나는 실제 의사결정을 하는 이들이 자신들이 맡고 있는 분야에 관한 의사결정 과정에서 이 책의 유용성을 인지하기를 바란다. 법률실무가들 역시 이 책의 분석과 서술에서 많은 도움을 얻을 수 있을 것이다. 이들은 의사결정 권자들은 아니지만 의사결정에 많은 영향을 미치므로 경쟁법 발전에 중요한 역할을 한다. 마지막으로, 이 책이 다루고 있는 이슈들은 세계 시장의 발전 및 전세계 국가들의 미래에 가장 핵심적으로 중요한 것이므로, 나는 이처럼 급속히 중요해지고 있는 이슈들에 관심을 갖고 있는 사람들이 이 책의 가치를 인지하기를 바란다. 나는 이 책을 집필하면서 위 그룹들 모두가 이 책의 내용을 쉽게 이해할 수 있도록 하면서도, 지적 수준이 높은 사람들과 전문가 그룹들이 기대하는 기준을 충족할 수 있을 정도로 엄격하면서도 창의적인 분석을 하기 위해 의식적으로 노력해 왔던바, 이러한 나의 노력이 성과가 있기를 바랄 뿐이다.

나는 본서가 다루는 연구 프로젝트를 추진하면서 거의 전세계 학자들, 관료들, 변호사들, 사서들로부터 도움을 받았고, 원하는 정보를 얻었으며, 귀중한 통찰을 제공받았다. 내가 이처럼 많은 사람들로부터 이러한 지원과 협력을 받은 것은 매우 운 좋은 일이다. 안타깝게도 이 기회를 빌어 모든 사람에게 감사의 표시를 할 수 없기는 하지만, 나는 여기에서 이름을 명시하지 않은 사람들에게 다른 기회에 다른 방식으로 감사의 마음을 전하기 위해 노력했던바, 이 기회를 빌어 다시 한 번 감사의 마음을 전하는 바이다.

그럼에도 불구하고 나는 특히 귀중하고 직접적인 도움을 주었던 사람들에 대해서는 이 기회를 빌어 감사의 마음을 전하고자 한다. Chicago-Kent 로스쿨의 학장인 Harold Krent는 수 년에 걸쳐 다양한 방식으로 이 프로젝트를 지원해 주었던바, 나는 이에 대해 깊은 감사를 전한다. 내 동료인 Sungjoon Cho 교수와 Dan Tarlock 교수 그리고 나의 연구 조교였지만 이제는 친구가 된 Andre Fiebig는 이 프로젝트 전반에 관해 통찰력 있는 생각으로 나를 일깨워 주었고, 필요한 정보를 제공해 주었으며, 많은 격려를 해 주었다. 나는 Ken Dam에게 다시 한 번 감사의 마음을 전하고자 한다. 법, 경제학 그리고 양자의 전세계적 상호작용에 관한 나의 연구에 대한 그의 오래된 지지와 지원 덕분에 이 책을 쓸 수 있게 되었고, 그의 폭넓은 사고에 기반한 상세한 분석은 언제나 내게 자극이 되었다. 이 책의 주제에 관해 논의하는 과정에서 반트러스트, 비교법, 국제법 분야에서 자신들의 시간을 내어 정열과 통찰을 제시해 준 미국 학자들은 그 수가 너무 많아서 일일이 이름을 적시하지 못해서 미안한 마음이다.

나는 이러한 문제에 대해 토의하고 각자 중요한 방식으로 이 책의 깊이를 더할 수 있는 통찰을 제시해 준 미국 이외 지역의 학자들 중, 이 자리를 빌어 유럽에서는 Ulf Bernitz, Wolfgang Fikentscher, Lawrence Idot, Fritz Rittner, John Vickers, Steven Wilks, 중국에서는 Xiaoye Wang, 일본에서는 Mitsuo Matsushita, Tadashi Shiraishi, Iwakazu Takahashi, 이스라엘에서는 Michal Gal, 세네갈에서는 Mor Bakhoum를 특별히 언급하고자 한다.

이 책이 다루는 이슈들을 발전시킴에 있어 몇몇 지역에 대한 연구 조사 활동이 많은 도움이 되었다. 특히, 프린스턴 대학의 Woodrow Wilson School of International and Public Affairs의 Law and Public Affairs의 프로그램에 참여할 수 있도록 지원해 준 Anne-Marie Slaughter, 독일 본의 Max Plank for Research in Collective Goods에서 연구원으로 활동할 수 있게 지원해 준 Christoph Engel에 감사의 마음을 전한다. 또한 내게 별도의 강의 기회를 주관해 주고 연구 목적 방문을 허용해 준 스웨덴의 Uppsala 대학과 Stockholm 대학, 독일의 Munich 대학과 Freiburg 대학, 일본의 Meiji 대학, 미국의 Pennsylvania 대학, Northwestern 대학, Washington 대학의 교수들에게 감사를 표한다.

나는 전세계의 여러 컨퍼런스 및 위 대학에서 이 책의 내용들을 일부분씩 발표해 왔던바, 이처럼 귀중한 기회를 제공해 준 각 컨퍼런스 주최자에게도 감사한다.

여러 경쟁 당국의 많은 전·현직 관료들 역시 자신들이 속한 기관들에 관한 정보와 각 기관의 사고 방식 및 활동, 법집행 방법에 관한 정보들을 기꺼이 제공해 주었다. 이들 중 이 기회를 빌어 Stefan Amerasinghe, Ulf Böge, Paolo, Cassinis, Claus-Dieter Ehlermann, Hiroshi Iyori, William Kovacic, Oh-seung

Kwon, Bruno Lasserre, Philip Lowe, Mario Monti, Alexander Schaub, Giuseppe Tesauro, Randy Tritell, Akinori Uesugi에게 특히 감사한 마음을 전한다.

Chicago-Kent College of Law의 사서들은 믿을 수 없을 정도로 지치지 않고 어떠한 불만도 없이 불분명한 참고 문헌을 검색하고, 얻기 힘든 자료들을 확보했으며, 얻어 낸 자료들을 잘 추적 · 관리해 주었다. 특히 Maribel Nash와 Holly Lakatos는 도서관의 연락 담당자로서 훌륭하게 업무를 수행해 주었다. 나는 이들의 노고, 인내, 관용에 가슴 깊이 감사하고 있다.

이 책의 집필에는 시카고와 유럽 지역의 여러 연구 조교들이 도움을 주었다. 이들 모두의 이름을 언급하기는 어렵지만, 그 중 특별한 기여를 한 세 명에게 감사하고자 한다. Adam Kreis는 명석한 학생일 뿐만 아니라, 훌륭하고 사려 깊으며 적절하게 문제제기를 할 줄 하는 연구 조교이다. 그는 내가 이 책을 집필하는 마지막 해 동안 계량화하기 어려울 정도로 많은 도움을 주었다. 이외에도 Emily Grande와 David Pustilnik 역시 훌륭하고 완벽한 도움을 주었다.

나는 또한 원고를 준비하는 마지막 단계에서도 큰 도움을 받는 행운을 누렸다. Claire Alfus는 오류를 잡아 냈고, 문제를 미리 내다 보고 이를 해결했으며 이 프로젝트를 위해 놀라운 집중력과 정돈된 역량을 발휘해 주었다. 나는 종종 원고를 준비하는 전 과정에 걸쳐 그녀의 배려와 이해심뿐만 아니라 효과적인 업무 처리와 인내에 경탄하곤 했다.

나는 Oxford University Press의 임직원들, 특히 이 프로젝트 내내 지원을 아끼지 않았던 John Louth와 Gwen Booth, 최종 출판까지의 업무를 진행해 준 Natasha Knight, 효과적으로 제본 작업을 수행해 준 Benjamin Roberts에게 감사의 마음을 전한다.

마지막이면서 가장 중요한 것으로 가족들에게 감사의 마음을 전하고자 한다. 나는 가족들이 이 프로젝트를 성원해 주면서 내게 해 주었던 것들(때로는 내게 하지 않았던 것들)에 대해 말할 수 없는 감사의 마음을 갖고 있다. 나는 가족들이 내가 이에 대해 얼마나 감사하고 있는지 알고 있으리라고 생각한다.

나는 이 책을 Ulla-Britt에게 바친다.

차 례

약 어 표

약어	정식 문구	번역
ACCC	Australian Competition and Consumer Commission	호주 경쟁 및 소비자 위원회
Am J Comp L	American Journal of Comparative Law	미국 비교법 저널
Am J Intl L	American Journal of International Law	미국 국제법 저널
Am J Leg Hist	American Journal of Legal History	미국 법제사 저널
Am Law Inst	American Law Institute	미국법 연구소
AML	Antimonopoly Law	반독점법
Antitrust Bull	Antitrust Bulletin	반트러스트 게시판
Antitrust L J	Antitrust Law Journal	반트러스트 법률 저널
Australian Bus L Rev	Australian Business Law Review	호주 경영 법률 리뷰
Berkeley J Int'l L	Berkeley Journal of International Law	버클리대 국제법 저널
BDI	Bundesverband der deutschen Industrie (German Federation of Industry)	독일 산업 연합
BGBI	Bundesgesetzblatt (Germany Federal Statutes)	독일 연방 법률
BGH	Bundesgerichtshof (German Federal Supreme Court)	독일 연방대법원
Brit J Pol Sci	British Journal of Political Science	영국 정치학 저널
Brit Y B Intl L	British Yearbook of International Law	영국 국제법 연감

약어	정식 문구	번역
BUL Rev	Boston University Law Review	보스턴대 법률 리뷰
BYUL Rev	Brigham Young University Law Review	브리검영대 법률 리뷰
Canadian J Econ	Canadian Journal of Economics	캐나다 경제학 저널
CASS	Chinese Academy of Social Sciences	중국 사회과학원
CCP	Chinese Community Party	중국 공산당
CECP	Cimité Préparatoire de Ia Conférence Economique Internationale (Preparatory Committee for the International Economic Conference)	국제 경제 컨퍼런스 준비 위원회
CEI	Conférence Économique Internationale (Inrernational Economic Conference)	국제 경제 컨퍼런스
CGT	Confederation general des Travailleurs (France)	프랑스 노동자 총연맹
Chi J Int'l L	Chicago Journal of International Law	시카고대 국제법 저널
Chi-Kent L Rev	Chicago-Kent Law Review	시카고-켄트대 법률 리뷰
Cir	Circuit	연방 항소구 (역자 주: 연방 항소심을 진행하는 재판부를 의미하는 용어로, 초기 미국에서 판사들이 돌아 다니면서 재판을 했던 것에서 유래함)
Col Bus L Rev	Columbia Business Law Review	컬럼비아대 경영 법률 리뷰
COMESA	Common Market for Eastern and Southern Africa	동부 및 남부 아프리카 공동시장
Comm Mkt L R	Common Market Law Review	공동시장 법률 리뷰
Comp Pol Int'l	Competition Policy International	경쟁 정책 인터내셔널
Competition Law Intl	Competition Law International	경쟁법 인터내셔널

약어	정식 문구	번역
Conn J Intl L	Connecticut Journal of International Law	코네티컷대 국제법 저널
Cornell L Rev	Cornell Law Review	코넬대 법률 리뷰
Cornell Int'l L J	Cornell International Law Journal	코넬대 국제법 저널
DePaul L Rev	DePaul Law Review	드폴대 법률 리뷰
Dev Pol Rev	Development Policy Review	개발 정책 리뷰
DG Comp	Directorate General for Competition (EU)	EU 경쟁총국
DIAC	Draft International Antitrust Code (or Munich Draft Code)	뮌헨 초안
Diss	Dissertation	학위 논문
ECJ	European Court of Justice	유럽 2심 법원
EU	European Union	유럽 연합
Eur Comp J	European Competition Journal	유럽 경쟁 저널
Eur Comp L Rev	European Competition Law Review	유럽 경쟁법 리뷰
Eur Compet L Annual	European Competition Law Annual	유럽 경쟁법 연감
Eur LJ	European Law Journal	유럽 법률 저널
FCO	German Federal Cartel Office	독일 연방 카르텔청
FDI	foreign direct investment	외국 직접 투자
Fordham Corp L lnst	Fordham Corporate Law Institute	포댐대 회사법 연구소
Fordham Intl L J	Fordham International Law Journal	포댐대 국제법 저널
FTAIA	Foreign Trade Antitrust Improvements Act of 1982	대외 무역 반트러스트 개선법(반트러스트법 역외적용 제한법)
FTC	Federal Trade Commission	미국 연방거래위원회
GATT	General Agreement on Tariffs and Trade	관세 및 무역에 관한 일반 협정
Geo Mason L Rev	George Mason Law Review	조지메이슨대 법률 리뷰

약어	정식 문구	번역
Geo Wash L Rev	George Washington Law Review	조지워싱턴대 법률 리뷰
GWB	Gesetz gegen Wettbewerbsbeschränkungen (German Law against Restraints of Competition)	독일 경쟁제한 방지법
Harv Intl L J	Harvard International Law Journal	하버드대 국제법 저널
Harv L Rev	Harvard Law Review	하버드대 법률 리뷰
Hastings Int'l & Comp L Rev	Hastings International and Comparative Law Review	헤이스팅스대 국제법 및 비교법 리뷰
Hastings L J	Hastings Law Journal	헤이스팅스대 법률 리뷰
Hous L Rev	Houston Law Review	휴스턴대 법률 리뷰
ICN	International Competition Network	국제 경쟁 네트워크
ICPAC	International Competition Policy Advisory Committee	미국 국무부 주관 '국제 경쟁 정책 자문 위원회'
IDRC	International Development Research Centre	국제 개발 연구 센터
IFI	International Financial Institutions	국제 금융 기구
ILM	International Legal Materials	국제 법률 자료
IMF	International Monetary Fund	국제 통화 기금
Iowa L R	Iowa Law Review	아이오와대 법률 리뷰
Intl Bus Lawyer	International Business Lawyer	국제 비즈니스 변호사
Intl Law	The International Law	국제법
Intl Lawyer	The International Lawyer	국제법 변호사
Int'l Org	International Organization	국제 기구
IPU	Inter-parliamentary Union	유럽 의회 연합
ITO	International Trade Organization	국제 무역 기구
J Competition L & Econ	Journal of Competition Law & Economics	경쟁법 및 경제학 저널
J Competition L & Pol	Journal of Competition Law & Policy	OECD의 경쟁법 및 경쟁정책 저널

약어	정식 문구	번역
J Dev Stud	Journal of Development Studies	개발 연구 저널
J Econ Lit	Journal of Economic Literature	경제학 문헌 저널
J Econ Perspectives	Journal of Economic Perspectives	경제학 저널
J Eur Pub Pol	Journal of European Public Policy	유럽 공공정책 저널
J Jap Stud	Journal of Japanese Studies	일본학 저널
J Law & Econ	Journal of Law & Economics	법경제 저널
J Intl Econ L	Journal of International Economic Law	국제 경제법 저널
J World Trade	Journal of World Trade	세계 무역 저널
J World Trade L	Journal of World Trade Law	세계 무역 법률 저널
JFTC	Japanese Fair Trade Commission	일본 공정취인위원회
JORS	Journal Officiel de la Republique du Senegal	세네갈 공식 저널
Journal of Eur Econ His	Journal of European Economic History	유럽 경제사 저널
KFTC	Korean Federal Trade Commission	한국 공정거래위원회
Lat Am Res Rev	Latin American Research Review	라틴 아메리카 연구 리뷰
Law & Pol'y Intl Bus	Law and Policy in International Business	국제 경영의 법률과 정책
League of Nations Pub	League of Nations Publication	국제 연합 간행물
L'OMC	L'Organisation mondiale du commerce (World Trade Organization)	세계 무역 기구
Loy U Chi L J	Loyola University of Chicago Law Journal	시카고 로욜라대 법률 저널
Loy Consumer L Rev	Loyola Consumer Law Review	로욜라대 소비자법 리뷰
Marq Intell Prop L Rev	Marquette Intellectual Property Law Review	마퀫트 지적재산권 법률 리뷰

약어	정식 문구	번역
METI	Ministry of Economy, Trade and Industry (Japan)	일본 대장성
Mich L Rev	Michigan Law Review	미시간대 법률 리뷰
Minn J Global Trade	Minnesota Journal of Global Trade	미네소타대 국제 무역 저널
MITI	Ministry for International Trade and Industry (Japan)	일본 재무성
MRFTA	Monopoly Regulation and Fair Trade Act 1980	한국 독점규제 및 공정거래에 관한 법률
NAFTA	North American Free Trade Agreement	북미 자유무역협정
NDRC	National Development and Reform Commission	국가 개발 및 개혁 위원회
New Eng L Rev	New England Law Review	뉴잉글랜드대 법률 리뷰
NIEO	New International Economic Order	새로운 국제 경제 질서
Northwestern J Intl L & Bus	Northwestern Journal of International Law & Business	노스웨스턴대 국제 법률 및 경영 저널
Notre Dame L R	Notre Dame Law Review	노틀담대 법률 리뷰
NYU Law and Economics	NYU Center for Law, Economics and Organization working papers	법, 경제 그리고 기관에 관한 작업 보고서(뉴욕대학교)
NYU L Rev	New York University Law Review	뉴욕대 법률 리뷰
OECD	Organization for Economic Cooperation and Development	경제협력개발 기구
OJ	Official Journal of the European Union	유럽 연합 공식 저널
Or L Rev	Oregon Law Review	오레곤대 법률 리뷰
Pac Rim L& Pol J	Pacific Rim Law & Policy Journal	환태평양 법률 및 정책 저널
PCIJ	Permanent Court of International Justice	국제상설재판소

약어	정식 문구	번역
Penn St L Rev	Penn State Law Review	펜실베이나 주립대 법률 리뷰
RBPC	Restrictive Business Practices Code	경쟁제한적 사업활동에 관한 규칙
Rev Ind Org	Review of International Organizations	국제 기구 리뷰
RGBI	Reichsgesetzblatt (pre-World War II German statutes)	제2차 세계대전 이전 독일 법률
RTA	Regional Trade Agreement	지역 무역 협정
S Cal L Rev	Southern California Law Review	서던캘리포니아 법률 리뷰
SA	societe anonyme	주식회사
SAIC	State Administration for Industry and Commerce (China)	중국 공상행정관리총국
San Diego Int'l L J	San Diego International Law Journal	샌디에고대 국제법 저널
SDI	Strategic Development Initiative	전략적 발전 이니셔티브
Sedona Conf J	Sedona Conference Journal	세도나 컨퍼런스 저널
Set	UNCTAD's 'Set of Principles and Rules on Competition'	국제 연합 무역 및 개발 협의회 제정의 '경쟁에 관한 원칙과 규칙 묶음'
SIEPR	Stanford Institute for Economic Policy Research	스탠포드대 경제 정책 연구소
SII	Strategic Impediments Initiative	전략적 억제 이니셔티브
SMEs	Small to Medium-sized Enterprises	중소 사업자들
SMU L Rev	Southern Methodist University Law Review	서던매소디스트대 법률 리뷰
SOE	State-owned Enterprises	국가 소유 기업들
Stan L Rev	Stanford Law Review	스탠포드대 법률 리뷰
Sup Ct Rev	Supreme Court Review	미국 연방대법원 리뷰

약어	정식 문구	번역
TCL Group	Trans-Atlantic Competition Law Group	범대서양 경쟁법 모임
Temp Int'l & Comp L J	Temple International and Comparative Law Journal	템플대 국제법 및 비교법 저널
Tex L Rev	Texas Law Review	텍사스대 법률 리뷰
Theor Soc	Theory and Society	이론과 사회
TRIPS	Trade-related Aspects of Intellectual Property Rights	무역관련 지적재산권에 관한 협정
Tul L Rev	Tulane Law Review	툴레인대 법률 리뷰
U Chi L Forum	University of Chicago Legal Forum	시카고대 법률 포럼
U Chi L Rev	University of Chicago Law Review	시카고대 법률 리뷰
U Pa J Int'l Econ L	University of Pennsylvania Journal of International Economic Law	펜실베니아대 국제 경제법 저널
U Pa L Rev	University of Pennsylvania Law Review	펜실베니아대 법률 리뷰
U S	United States Reports	미국 법률 리포트
U S C.	United States Code	미국 법률 코드
UEMOA	Union Economique et Monetaire Ouest Africaine (West African Economic and Monetary Union)	서아프리카 경제 및 통화 연합
UNCTAD	United Nations Conference on Trade and Development	국제연합 무역 및 개발 협의회
UNICE	Union of Industrial and Employers' Confederation of Europe	유럽 기업 및 경영자 연합
US	United States	미국
US-Mexico L J	United Stares-Mexico Law Journal	미국-멕시코 법률 리뷰
USTR	United States Trade Representative	미국 무역대표부

약어	정식 문구	번역
Utah L R	Utah Law Review	유타대 법률 리뷰
Va J Int'l L	Virginia Journal of International Law	버지니아대 국제법 저널
Va L Rev	Virginia Law Review	버지니아대 법률 리뷰
WAEMU	West African Economic and Monetary Union	서아프리카 경제 및 통화 연합
Wall St J	Wall Street Journal	월스트리트 저널
Wash U Glob Stud L R	Washington University Global Studies Law Review	워싱턴대 국제법 연구 리뷰
Wash U Global Leg Stud Forum	Washington University Global Legal Studies Forum	워싱턴대 국제법 연구 포럼
Was U J Law & Policy	Washington University Journal of Law and Policy	워싱턴대 법률 및 정책 저널
WEC	World Economic Conference	세계 경제 컨퍼런스
Wm & Mary L Rev	William and Mary Law Review	윌리엄앤매리대 법률 리뷰
World Comp L & Econ R	World Competition Law and Economics Review	세계 경쟁법 및 경제학 리뷰
WTO	World Trade Organization	세계 무역 기구
Yale L J	Yale Law Journal	예일대 법률 저널

Chapter 1.

법, 경쟁 그리고 세계 시장

세계 시장은 거의 모든 지역에서 관심의 대상이 되었다. 연료와 음식이 왜 이렇게 비싼가? 공장들이 왜 문을 닫는가? 세계 경제 관계들을 개선할 수 있는가? 만약 그렇게 될 수 있다면, 많은 지역에서 창궐하고 있는 정치적 혼란이 감소할 것인가? 이러한 질문들 및 기타 가장 관심의 대상이 되는 질문들의 중심에 국제 경쟁이 있다. 금융 위기, 음식 부족 기타 유사한 사건들을 겪으며 사람들은 세계 경제의 상호의존성에 많은 관심을 갖게 되었고, 이를 통해 세계 시장이 어떻게 작동하는가에 따라 경제적 번영뿐만 아니라 인간이 기본적 욕구, 권리에도 상당한 영향을 미친다는 점을 자각하게 되었다. 이는 미국, EU뿐만 아니라 아시아, 아프리카 기타 다른 지역 국가들에도 해당한다.

세계 경제 통합은 여러 사람들에게 많은 것을 약속한다. 세계 경제 통합은 인류 복지를 증대할 놀라운 가능성을 갖고 있다. 세계 경제 통합으로 형성된 세계 시장은 구매 · 판매 · 근로 기회를 창출하고, 생산비와 자원 낭비를 줄이며, 자원들이 '가장 적절하고 최선인' 용도로 사용될 수 있게 할 것이다. 세계 시장은 또한 민주주의 고양 · 정치적 안정 달성에 기여하고, 개인의 자유를 제고하며, 인권을 뒷받침할 수 있다. 이러한 약속들은 모두에게 보편적인 것이다. 이 약속들은 외면하기에는 너무도 매력적이다.

그러나, 세계 경제 통합이 제시하는 약속은 모호하고 종종 덧없기도 하다. 약속된 이익의 구체적 범위, 즉 누가 어떤 이익을 얻는지, 이익이 언제 실현될 것인지는 매우 불확실하다. 몇몇 사람들이 국제 경쟁을 통해 부를 얻게 되는 것은 거의 확실하지만, 많은 사람들은 자신들이 이러한 이익을 얻을 수 있을 것이라 생각하진 않는다. 세계 시장은 모든 사람들에게 시간의 경과에 따라 이익을 공평하게 분배하지 않는다. 몇몇 개인들, 집단들, 사회들, 공동체들은 보다 많은 (가끔은 엄청나게 많은) 이익을 얻는 반면, 이에 속하지 않는 사람들은 아예 이익을 얻지 못하거나 극히 미미한 이익만을 얻으면서 언젠가는 자신들도 이익을 얻기를 기다리는 경우도 많다.

많은 사람들은 단순히 이익을 얻지 못하게 되는 것을 걱정하는 데에서 더 나아가 국제경쟁으로 피해를 입을 것을 두려워한다. 그 중 하나는 경제적 측면에 관한 것이다. 국제 경쟁은 개인들, 공동체들에게 손해를 입힐 수 있다. 일자리나 기회를 잃고, 재화와 서비스에 대한 구매능력을 상실한 사람들은, 국제경쟁이 세계적 차원에서 경제적 후생을 증대할 것이라는 추상적인 수상에서 별다른 위안을 얻지 못한다. 또 다른 두려움은 정치적 · 사회적 측면에 관한 것이다. 많은 사람들은 국제 경쟁으로부터 이익을 얻는 사람들과 그렇지 못한 사람들 간의 계층 갈등이 증폭되는 것에 주목하면서, 이에 빈번히 뒤따르곤 하는 정치적 불안과 억압을 두려워한다. 훨씬 더 근본적인 문제로서, 몇몇 사람들은 자신들의 운명이 현재 상황보다 훨씬 더 멀리 떨어진 국제 정치 · 경제적 요인에 좌우된다는 사실과, 이로 인해 수반되곤 하는 혼란과 불이익을 강력히 비판한다.

국제 경쟁에 관해 이와 같이 상반된 견해들의 중심에는 경쟁 과정에 대한 인식의 문제가 있다. 경쟁을 두려워하거나 찬양하는 사람들 모두 경쟁 과정(그 용어와 논리) 그 자체를 종교 또는 이에 준하는 것으로 인식하곤 한다. 이들은 경쟁이 독자적인 논리와 요구사항을 갖고 있는 압도적인 과정으로서, 그 자체로 사람들에게 이익이 되거나 피해를 발생시킬 수 있다고 생각한다. 이처럼 외견상 비정한 경쟁 논리로 인해 경쟁이 제시하는 비전과 위협이 더욱 두드러져 보인다. 몇몇 사람들은 이와 같은 경쟁의 이미지에서 예측가능성과 확신을 느낀 반면, 다른 사람들은 악의적 위협을 느꼈다. 미국과 같이 자국 밖의 행위에 대해서도 자국 법을 적용할 수 있는 정치적 힘과 경제적 수단을 보유한 예외적인 국가를 제외하고, 많은 사람들은 자신들이 국제 경쟁을 통제할 수 있다고 생각하지 않는다. 달리 말하면, 국제 경쟁은 다른 요소들로부터 영향받지 않고 독자적으로 스스로의 아젠다를 추구하는 것으로 보인다.

이상과 같은 국제 경쟁에 관한 두 가지 관점, 즉 국제 경쟁이 이익을 가져올 것이라는 확신과 국제 경쟁이 피해를 입힐 것이라는 우려는 앞으로 상당 기간 동안 사람들의 생각과 국가·기관의 정책에서 서로 경쟁하게 될 것이다. 이로 인해, 세계 시장을 발전시키는데 필요한 자양분을 충분히 제공할 수 있을 정도의 정치적 지지를 유지하는 가운데, 얼마나 많은 사람들이 국제 경쟁으로 어느 정도의 이익을 얻을 수 있는가라는 문제는 향후 세계의 장래와도 관련되는 핵심적인 이슈가 된다. 국제 경쟁은 이처럼 상이한 관점을 갖고 있는 사람들 모두로부터 지지를 얻지 못하면 번영할 수 없고 극히 미미한 이익(이마저도 상황 변화에 따라 얼마든지 없어질 수 있다)만 가져다 줄 것이다.

A. 법과 국제 경쟁

법은 경쟁을 형성, 촉진하고 그 형태를 결정하므로, 법이 세계 시장에서 이러한 역할을 어떻게 수행하는가가 매우 중요하다. '경쟁'은 추상적 개념이다. 경쟁은 경제적 거래 과정이지만 법률에 의한 제도를 통해 구체적인 형태와 강도가 결정된다. 법은 시장이 보다 효과적으로 작동하게 하고 시장의 가치를 제고하기도 하지만, 시장의 실효성을 저해하기도 한다. 법은 시장이 사회와 그 구성원 집단에 미치는 영향력을 완화·제어할 수도, 이를 강화할 수도 있다. 법과 시장간 관계의 모습 및 그 실효성은, 경쟁이 약속하는 바가 얼마나 실현될 수 있는지를 결정하는 핵심적 요소로서, 시장 가치를 증대하고 시장에 대한 지지를 이끌어낼 수 있는 잠재력을 갖고 있다.

시장과의 관계에서 법은 두 가지 기본적 기능을 한다. 첫째, 시장 작동의 '배경이 되는(background)' 권리 의무를 제시한다. 예를 들면, 법은 재산권을 확립하고 계약에 관한 규칙들을 집행한다. 시장이 효과적으로 작동하기 위해서는 이런 역할들이 필요하다. 법은 시장 참여자들이 거래나 행위에 수반하는 기회·위험을 예상할 수 있게 하고, 활발한 경쟁이 이루어지도록 안정적 투자와 인센티브를 가능케 한다. 이런 의미에서, 법은 시장을 '건설(construct)'하고 시장 생산성을 제고한다. 본서는 이를 법의 '건설적(constructive)' 기능이라 지칭하기로 한다.

둘째, 법은 시장에 규범을 제공함으로써 시장 참여자들과 시장에 의해 영향받는 사람들 간의 관계를 형성한다. 법이 제시하는 규범은 공동체가 특정 행위에 대해 구성원들에게 취하는 입장이라 할 수 있다. 본서는 이를 법의 '내재화(embedding)' 기능이라 지칭하기로 한다. 이 기능은 공동체를 결속시키는 법 본연의 임무 중 일부이다. 법의 내재화 기능은 사람들로 하여금 자신들에게 영향을 미치는 사람들의 행위에 영향을 미칠 수 있게 하고, 나아가 경쟁에 대한 정치적 지지가 생성·유지되도록 하는 기반이 되기도 한다. 개인과 집단은 법에 의한 합의·협력·규범 설정 과정을 통해 상충하는 요구·이해관계·기대를 조율할 수 있다. 이러한 과정을 통해 생성되는 규범, 법집행 실무, 법에 관한 이해는 시장의 작동 방식을 결정하고, 시장의 성과에 영향을 미치며, 시장에 의해 영향을 받는 사람들에게 미칠 결과를 좌우한다. 법은 시상 참여자들의 행위 규범을 제정, 집행함으로써, 공동체의 가치와 이해관계를 나타내고 공동체가 지향하는 시장과의 관계를 상징적으로 제시한다.

경쟁의 잠재 가치를 구현하기 위해서는 이 두 기능이 모두 효과적으로 수행되어야 한다. 법이 계약을 집행하고, 재산권을 보호하며, 경쟁상 자유를 확립할 때 경제 발전에 필요한 인센티브와 안정성이 확보될 수 있다. 법이 사회에 경쟁을 내재화시킬 때 시장원리의 수용과, 경쟁 과정을 지지하는 권리 의무에 대한 정치적 지지의 발전이 가능해진다.

개별 국가 차원에서, 법과 시장 간의 관계는 직접적이다. 시장에서 활동하는 경제 주체들은 전반적으로 자신들의 행동에 적용될 법규범을 인지하고 있고, 이를 위반할 경우 초래되는 결과도 전반적으로 예상할 수 있다. 법을 제정·집행하는 사람들은 법의 적용을 받는 사람들에 관한 정보뿐만 아니라 이들의 행위와 그로 인해 초래될 결과에 대한 정보까지 이미 보유하고 있거나 (설령 현재 보유하고 있지 않다고 하더라도) 마음만 먹으면 쉽게 확보할 수 있다. 시장에 의해 영향받는 사람들은, 최소한 이론적으로나마, 정치적·경제적 의사결정권자들에게 그들이 내린 의사결정에 대한 책임을 추궁할 수 있다.

그러나, 세계 시장의 차원에서, 법과 시장의 관계는 개별 국가적 차원과 사뭇 다른 것처럼 보인다. 즉, 세계 시장은 정치 조직·법률·어떠한 경제 행위가 허용될 수 있는지에 관한 문화적 이해로부터 직접적인 영향을 받지 않는다. 일반적으로, 세계 시장에 적용되는 법률들은 본래 세계를 적용대상으로 하는 법률도, 심지어 개별 국가의 국경을 넘어 적용될 수 있는 법률이 아니다! 대신, 개별 국가의 법률이 세계 시장에 적용되고 있다. 이런 상황에서, 법은 건설적 기능이나 내재화 기능을 하지 않는다. 반대로, 법은 지역간의 경계를 설정하고 이를 통해 국가간 또는 지역간 긴장·갈등을 불러 일으킨다. 뿐만 아니라, 세계 시장에 의해 영향을 받는 사람들은 이에 대응하여 세계 시장에 영향을 미칠 수 있는 기회가 거의 없다. 개별 국가의 행위 규범이 세계 시장에 어떤 영향을 미칠 수 있는지는 그 국가가 보유한 정치적·경제적 영향력에 따라 결정되는데, 이는 각 국이 세계 시장에 미치는 영향력에 엄청난 차이가 있음을 의미한다.

B. 경쟁의 보호와 내재화: 경쟁법의 역할

시장에서의 행위 규범 제정을 주된 목적으로 하는 법률들 중 하나로 '경쟁법(Competition Law)'을 들 수 있는바, 이 법은 '반트러스트법(Antitrust Law)'으로도 알려져 있다. 경쟁법은 경쟁 과정의 순기능을 해치고 경쟁 과정의 이익을 감소시키는 제한들로부터 경쟁 과정을 보호하고자 한다. 경쟁법은 효과적으로 시행되면 경쟁 과정을 지지하는 중요한 역할을 할 수 있고, 경쟁 과정이 가져올 이익을 극대화할 수 있다. 본서는 경쟁법을 주된 검토대상으로 한다.

경쟁법은 시장의 효율성을 제고하는 한편, 시장을 사회에 내재화할 수도 있다. 경쟁법은 경쟁하고자 하는 인센티브를 고취하고, 혁신과 사업확대에 대한 장애물들을 해소함으로써 시장 효율성 증대에 조력할 수 있다. 경쟁법은 또한 시장에서 행해지는 행위와 이로 인해 영향받는 사람들을 연관시킴으로써 시장에 대한 지지를 형성할 수도 있다. 경쟁법은 또한 시장과 시장이 작동하는 사회와의 관계를 형성하고, 상징화하며, 구현할 수 있다. 경쟁법은 특히 경쟁 자체를 하나의 가치로 증진하고, 특정 경쟁 유형을 장려·금지함으로써 경제적 이익 분배에도 영향을 미칠 수 있다.

EU 및 대부분의 개별 국가는 경쟁법을 보유하고 있다. 이들 각 경쟁법은 구체적 법목적·이를 구현하는 방법론·자국 내의 정치적·문화적 지지 정도

등 여러 측면에서 상이하지만, 경쟁제한적 요소의 철폐라는 기본적 법목적에 있어서는 동일하다. 특히, 미국, EU에서 경쟁법은 정치·경제·법률 생활에서 중요한 역할을 수행하게 되었고, 다른 국가에서도 이러한 추세가 급속도로 확산되고 있다.

그러나, 이러한 기능을 전세계적 차원에서 수행할 수 있는 경쟁법은 존재하지 않는다. 자국 경쟁법을 국경 밖에서 이루어지는 행위에도 적용할 수 있는 충분한 정치적 영향력과 경제적 수단을 갖고 있는 국가들이 세계 시장에 대한 경쟁 규범을 제시한다. 이는 미국(및 그 정도가 다소 약하긴 하지만 EU)이 사실상 국제적인 경쟁법 규칙을 제공·집행함을 의미한다. 다른 국가들 중 이 정도의 정치적 영향력, 경제적 수단을 갖고 있는 국가는 거의 없다. 이러한 부조화는 미국과 대부분 다른 국가들 간의 힘의 불균형, 제2차 세계대전 이후 미국이 세계 정치·경제 체제에서 수행했던 역할에서 연유한다. 그러나, 이런 상황은 세계 시장의 효율성을 제고하기보다는 갈등을 유발하고, 경쟁에 대한 지지보다는 반감을 초래할 가능성이 높다.

국제 경쟁에 대한 효과적인 법적 프레임웍이 없다면, 경쟁제한적 행위는 시장의 효율성을 침해하고, 모든 지역의 사람들(특히 경제적 자원·기회를 가장 필요로 하는 사람)로부터 시장이 창출할 수 있는 경제적 자원·기회를 빼앗을 것이다. 특히, 강력한 힘을 보유한 하나 또는 소수의 국가들이 세계 시장에서의 행위 규칙을 제시·집행할 경우, 그 과정에서 목소리를 내지 못한 사람들은 세계 시장에 대해 회의감이나 적대감을 갖게 될 것이다.

세계 시장에서 일어나는 경쟁제한 행위를 보다 효과적으로 규제할 수 있는 법체제를 갖출 필요성은 높다. 그 이유 중 하나는, 경쟁제한 행위가 여러 국가로 분산되어 행해진다는 점인바, 이는 과거 효과적인 법집행이 거의 없었던 데에 그 일부 이유가 있다. 더욱이, 세계 시장에서 이루어지는 경쟁제한 행위를 발견·규제하기 어려운 경우가 빈번하다. 마지막으로, 경쟁에 대한 정치적·문화적 지지가 낮은 지역에서 경쟁의 가치를 제고하기 위해 경쟁법의 내재화 기능(시장과 사회를 연관시키는 기능)이 필요한 경우가 종종 있다.

본서가 '일방적 관할주의(unilateral jurisdictionalism)'라고 일컫는 체제는, 각국이 일정한 조건 하에서 다른 국가의 이해관계를 고려하지 않고 자국 영토 밖에서 행해지는 행위에 자국법을 적용하는 것을 인정한다. 일방적 관할주의가 세계 시장에서 기본 입장으로 통용되는 것은 아직까지 국제 경쟁 보호를 직접 추구하는 법률 체제가 발달하지 않았기 때문이다. 그러나, 일방적 관할주의는 국제경쟁법 프레임웍으로 적합하지 않다. 이는 국제 경쟁 보호와는 매우 상이하고 특수한 정치적 기능을 수행하기 위해 오래 전부터 발전해 온 원칙에 기반하고 있다. 더욱이, 세계 시장에 적용될 개별 국가(기본적으로 미국)의 법은 애초부터 세계시장을 염두에 두고 제정된 것이 아니다. 개별 국가의 법은 국내 시장에 적용하기 위해 제정되었고, 세계 시장의 필요와 특징보다 자국의 필요 · 이해관계 · 가치관을 반영하고 있다. 일방적 관할주의는 또한 세계 시장에서 행해지는 경쟁제한 행위를 효과적으로 억지하는데 한계가 있고, 관할들 간의 갈등을 초래하면서도 적절한 해결방안을 제시하지 못한다. 마지막으로, 일방적 관할주의를 따르면, 여러 관할들이 제시하는 규범, 이해관계, 제도, 절차를 일관되고 명쾌한 원칙없이 짜깁기하는 결과가 되어 세계 시장에서의 경제적 의사결정에 조력할 수 있는 예측가능한 프레임웍을 제공할 수 없게 되므로, 국제 경쟁을 장려 · 보호하기보다 오히려 그 발전을 저해할 수도 있다.

그러나, 자국법을 국경 밖에서도 적용할 수 있을 정도로 충분한 정치적인 힘과 경제적 수단을 갖고 있는 일부 국가들은 일방적 관할주의를 통해 국제 경쟁 규칙을 제정하고 자국의 법집행 기관을 통해 이를 집행함으로써 이익을 얻을 수 있다. 예를 들어, 미국은 자국의 정치적 영향력과 경제적 수단을 활용하여 영토 밖에서 행해진 행위에 대해서도 자국 법을 효과적으로 적용하고, 미국 기업들은 이를 통해 이익을 얻곤 한다. 그러나, 대부분의 국가들은 국가 규모가 너무 작거나 정치적 영향력이 너무 미미해서 영토 밖에서 행해진 행위에 대해 자국법을 실효적으로 적용하지 못한다. 이러한 일방적 관할주의의 특성으로 인해 많은 국가들이 세계 시장을 지지하지 않는 것은 놀라운 일이 아니다.

21세기의 '심대한 세계화(deep globalization)' 상황은 일방적 관할주의의 한계를 더욱 심화시킨다. 세계 시장이 양적 · 질적으로 팽창함에 따라 경쟁제한적 행위에서 발생하는 피해도 증대되었다. 뿐만 아니라, 더 많은 국가들이 경쟁법을 도입하고 이를 진지하게 받아들이고 이들 국가들이 경쟁법 집행 노력을 강화함에 따라 관할간의 갈등이 발생 · 심화될 가능성이 높아졌다. 관할간 갈등이 거의 발생하지 않고 그 중요성이 높지 않는 한, 일방적 관할주의의 갈등형성적 특징을 감수할 수 있지만, 심대한 세계화로 갈등이 보다 잦아지고 그 해결에 더 많은 비용이 소요됨에 따라, 이러한 특성에 대한 관심과 우려는 더욱 커질 것이다.

관할권 기반 체제의 한계가 인식됨에 따라, 이를 극복하기 위한 여러 노력들이 있었다. 이 중 가장 중요한 것은 1990년대 후반에 시작된 것으로서, 유럽의 지도자들은 일본 및 몇몇 개발도상국의 지원을 얻고 새롭게 창설된 WTO에 경쟁법을 포함시키려 했다. 이러한 시도는 미국과 몇몇 주요 개발도상국들의 반대로 좌초되었지만, 이후 국제경쟁법에 관한 논의에 영향을 미쳤다. 많은 사람들이 다자간 합의에 기반해 국제 경쟁을 보호하려는 생각을 포기했고, 각 경쟁법 체제 상호간 컨버전스 증대, 양자간 또는 지역내 합의를 통한 문제 해결에 집중했다. 이후 살펴보는 바와 같이, 이러한 해결 방안들 역시 중대한 결함들을 갖고 있고 세계화로 발생하는 문제점 및 상황에 효과적으로 대처하는데 한계가 있다. 물론, 어느 정도 컨버전스가 이루어졌고 양자간 또는 지역내 합의에 어느 정도 진전이 있긴 했지만, 이런 방안들은 장기적 관점에서 국제경쟁법 발전의 적절한 기반이 될 수는 없다. 이러한 해결방안들은 관할권 기반 체제의 근본적 문제점들을 제대로 다루지 못했고, 그 중에서도 특히 양자간 또는 지역내 합의는 기존 관할권 기반 체제의 운영을 더욱 복잡하게 하고 더 많은 비용이 들게 할 수 있다.

C. 관할권 기반 체제를 넘어: 세계 시장에서의 경쟁법 역할에 대한 재조명

관할권 기반 체제의 결함, 국가간 관계의 발전, 경쟁 구조 자체의 변화로 인해 국제경쟁법에 관해 근본적인 재고가 필요해졌다. 뿐만 아니라, 국제 경쟁이 초래할 결과에 대한 우려의 확산은 국제경쟁법 발전에 대한 새로운 방향을 모색할 기회와 동력이 되고 있다.

국제경쟁법에 관한 근본적 재검토를 위해서는 기본적 문제들에 대한 검토가 필요하다. 국제경쟁법을 둘러싼 상황은 과거 관할권 기반 체제가 작동했을 때와 비교해서 중요한 측면에서 차이가 있다. 그러므로, 국제경쟁법에 대한 올바른 분석을 위해서는 세계 시장의 특성을 고려하고, 이를 경쟁법 이슈들과 연계시킬 필요가 있다. 본서는 21세기 국제 경쟁을 보호하려는 노력이 어떤 이슈들에 직면하는지 살펴볼 것이다.

본서는 이러한 새로운 상황에서 작동하는 두 개의 기본적인 인간 조직(즉, 경제적 조직과 법률적 조직) 간의 관계를 주로 검토하기로 한다. 경제 조직은 노력·기술·투자 등을 통해 이익을 추구하는 반면, 법률적 조직은 질서·책임·공동체 구성원들의 잠재력 발전을 지향한다. 이상적으로 보면, 이 두 조직이 가져다 줄 수 있는 이익은 상호연계되어 있다. 시장이 번영하기 위해서는 법이 제공할 수 있는 예측가능성과 질서가 필요하고 법이 질서, 원활한 경제, 사회적 관계 형성, 공동체 구성원들의 잠재력 발현이란 본연의 임무를 달성하기 위해서는 경제적 성공이 필요하다. 이런 이슈들은 오랜 기간 동안 논의되어 왔지만, 최근에 이르러서야 세계 시장이라는 상황에서 검토되기 시작했다.

1. 분석 관점

본서는 몇 가지 관점에서 분석하고자 한다. 첫째, 개별 국가 차원의 경쟁법과 국제적 차원에서의 경쟁법 간의 관계에 초점을 맞추기로 한다. 이 양자는 체계적으로 상호 연계되어 검토된 적이 거의 없지만, 본서는 양자의 관계를 중점적으로 검토할 것이다. 개별 국가의 의사결정권자들과 논평가들은 자국의 경쟁법 경험에 기반하여 국제적 이슈를 바라본다. 마찬가지로, 이들은 자국의 경쟁법 목표를 설정·추구하는 과정에서 세계적 차원의 경쟁법 경험으로부터 영향받는다.

둘째, 본서는 법을 단순히 정태적 규범이 아닌 동적인 과정으로 인식하기로 한다. 성문법과 사례들은 여러 가지 면에서 중요하고 국제경쟁법 발전에 관한 논의의 많은 부분을 차지하겠지만, 본서에서는 주된 관심의 대상이 되지 않을 것이다. 경쟁법 역사에 등장하는 많은 성문법들은 현재 시행되지 않거나 별다른 지지를 받고 있지 못해 그 중요성이 매우 낮으므로, 형식적인 법에만 초점을 맞춘 분석 역시 그 가치가 높지 않다. 본서는 경쟁법이 실제로 어떻게 작동해 왔고 어떤 역학관계를 통해 발전해 왔는지를 살펴보기로 한다.

본서는 마찬가지로 시장도 사회적 과정으로 인식한다. 시장은 물론 경제적 제도이지만, 법, 정치, 사회적 제도에 의해 형성되고 유지된다. 시장은 교환

관계이지만, 여러 제도들이 시장을 가능하게 하고, 시장의 효율성과 시장에서 실제 이루어지는 거래 가치에 영향을 미치며, 시장의 사회에 대한 가치를 좌우한다. 따라서, 시장은 사회적 · 정치적 측면에서 (i) 경쟁, (ii) 경쟁을 지지하는 규칙들과 제도들에 대한 신뢰, (iii) 경쟁이 내포하고 있는 경제적 자유에 대한 존중에 의존하게 된다.

국제경쟁법 발전 상황에서 법과 시장의 관계는 시장을 다양하게 구조화하는 여러 제도들과 관련되므로 더 중요해졌고 새로운 형태를 띠게 되었다. '특정한 법률 유형 · 조직 · 의사결정이 법과 시장의 관계에 어떻게 기여하거나 (경우에 따라) 간섭하는가'라는 물음은 법과 시장의 관계에서 핵심 주제가 될 것이다.

마지막으로, 본서는 통시적 관점을 매우 중시한다. 시장과 경쟁법은 시간에 따라 발전하므로, 이에 관한 통시적 역학관계는 정책 입안뿐만 아니라 본서의 분석에서도 핵심이 되어야 한다. 국제 경쟁은 국경을 넘어 이루어지므로, 빠르고 중대한 상황 변화로부터 특히 많은 영향을 받게 된다. 이러한 상황 변화는 경쟁 조건에 여러 방식으로 영향을 미치고, 각 국의 영향력있는 계층들과 이해관계인들의 이해관계와 선호의 변화에 따라 바뀌게 된다. 지금까지의 국제경쟁법에 관한 사고의 상당수는 이러한 통시적 관점을 결여했다는 문제가 있었다.

2. 분석 방법 및 대상

본서는 이상의 관점들을 활용하여 세계 시장에서의 경쟁법을 분석하는 도구를 발전시키고자 한다. 세계 상황은 개별 국가의 상황과는 근본적으로 상이하므로, 이를 분석하기 위해서는 별도로 고안된 분석 도구가 필요하다. 법은 기본적으로 각 국별로 적용되고, 시장은 각 국의 법률 체제에 의해 영향받는 상황이 계속되지만, 세계적 상황에서 양자는 국경을 넘어 서로 엮이게 된다.

이로 인해 법, 경제학, 정치학 기타 사회과학을 통해 이론적 통찰력을 얻고, 이러한 학제적 접근방식에 따라 개별 국가 및 국제적 차원 모두에서의 실제 경쟁법 경험에 관한 분석을 통합할 필요가 있다. 이론과 경험의 이러한 조합을 통해 국제경쟁법 발전 이슈에 관한 토론에서 결여되곤 했던 깊이 있고 설득력 있는 분석이 가능할 수 있다.

이론은 필수불가결한 것이다. 이론은 추상적 개념화를 가능케 하고, 복잡다기하고 빠른 변화에 함몰되어 있어 다른 방법으로는 (비록 불가능하다고 할 수는 없다고 하더라도) 인식하기 어려웠을 영향들을 인식하게 해 준다. 이론은 또한 경쟁제한적 행위를 하려는 인센티브를 인식할 수 있게 하고, 규범을 어떻게 정립하여 시행할 것인지에 관한 전략을 수립할 수 있게 한다. 이론은 또한 이러한 전략에 어떠한 비용이 어느 정도 소요될 것인지에 대한 분석을 가능하게 하고, 경우에 따라 비용 자체를 산출하는데도 기여할 수 있다. 마지막으로, 이론적 분석은 관련 이슈들을 보다 효과적으로 인식하고, 필요한 정보와 통찰력을 생산적으로 논의·추구·공유하는데 도움이 되는 용어들을 제공한다.

본서는 여러 가지 이론을 활용한다. 법률 이론은 법률 체제의 역학관계(특히 법률 조직이 경제적 지식을 처리하고 적용하는 방법)를 분석한다. 비교법 이론은 각 경쟁법 체제들 간의 차이점들과 그로 인해 발생하는 영향들을 확인한다. 사회과학 이론은 본 연구의 사실상 모든 측면에서 활용된다. 이중에서도 경제학, 정치학, 시장 사회학(sociology of markets)이 특히 중요하다. 경제학은 경쟁법이 경제적 과정의 보호와 관련되어 있기 때문만 아니라, 반트러스트법에서의 경제분석의 역할이 본질적으로 중요하기(또한 종종 매우 다투어지기) 때문에 핵심적인 위치에 있다.

법집행 경험은 분석의 근거자료이면서도 분석의 적용대상이기도 하다. 본서는 국제경쟁법 관계의 역학관계에 영향을 미치는 요소들을 이해하기 위해 국제적 경쟁법 집행 경험을 살펴볼 것이다. 개별 국가의 경쟁법 경험은, 시간의 경과에 따라 경쟁법 발전에 영향을 미친 요소들 및 개별 국가 경쟁법과 국제경쟁법 발전 간의 관계에 영향을 미쳤던 요소들에 대한 통찰을 제공한다. 본서는 미국의 반트러스트법 발전을 살펴볼 것인바, 이는 미국 반트러스트법이 국제적 경쟁법 운용에서 핵심적인 역할을 하고 전세계적으로 경쟁법에 관한 사고방식·의사결정에 중대한 영향을 미치기 때문이다. 유럽 경쟁법 발전은, 유럽 내 많은 개별 국가들의 경쟁법 체제가 최근에 발전했다는 점, 이들 국가들의 경쟁법 발전 배경이 21세기에 새롭게 경쟁법을 도입하는 다른 국가들이 처한 상황들과 유사하다는 점, 유럽 통합 과정이 여러 경쟁법들이 대규모로 조율된 가장 중요한 사례라는 점에서 특히 중요하다고 할 것이다. 본서는 또한 비교적 짧은 경쟁법 경험을 갖고 있지만 향후 중요한 역할을 할 국가들의 경쟁법 경험도 살펴볼 것이다.

본서는 세계 경제에 참여하거나 그로부터 영향받는 모든 국가들의 경쟁법 집행 경험, 경쟁법에 대한 기대와 요구를 살펴본다. 개별 국가의 경쟁법 경험은 국제경쟁법 발전에 영향을 미치고, 국제경쟁법의 발전은 다시 각 국의 경쟁법 운용에 영향을 미친다. 그러므로, 이러한 검토는 개별 국가 경쟁법 집행의 국제적 측면 및 국제적 경쟁법 집행의 개별 국가적 측면을 모두 볼 수 있게 한다. 이러한 검토는 양자간 상호작용에 초점을 맞출 것이다.

본서는 세계화에 관해 전반적으로 비판적인 사람들의 주장에 관해서도 살펴보기로 한다. 비록 '반세계화(anti-globalization)'에 관한 주장은 경쟁법에 거의 관심을 기울이지 않지만, 이 주장이 국제 경쟁에 대해 제기하는 비판은 국제 경쟁을 보호하려는 노력의 실효성에 중대한 영향을 미칠 수 있다. 즉, 이러한 비판은 국제경쟁법 발전에 대한 지지를 잠식할 수 있으므로 정책 고안시 반드시 고려할 필요가 있다.

D. 컨버전스 전략과 구속력 있는 약속 전략?

세계적으로 이뤄지는 경쟁제한적 행위를 규제하는 방법으로는 두 가지 접근방식이 있다. 하나는 컨버전스(Convergence)에 기반하는 것이다. 이는 기존의 관할권 기반 체제를 전제로 각 개별 국가의 경쟁법 체제가 상호 같은 방향으로 나아가면서 개선되도록 기대하는 것이다. 본서는 컨버전스 전략을 분석하고 동 전략의 실효성에 대해 평가한다. 분석 결과 컨버전스 전략은 어느 정도의 효과가 있을 수는 있지만 세계 시장의 많은 경쟁법 이슈에 제대로 대처하기 어려울 것으로 보인다.

둘째는 다자간 합의에 기반하는 것이다. 본서는 다자간 합의 전략의 잠재가치 및 이 전략의 실효성에 영향을 미칠 요소들을 살펴본다. 이 전략은 관할권에 기반한 체제를 넘어 각 국에 세계 시장에서의 경쟁제한적 행위를 규제할 의무를 새롭게 부과한다. 따라서 이 전략은 세계화로 발생하는 압박과 인센티브에 대응하기 위해 종전과 다른 방향으로 나아가는 것이다. 본서의 분석 결과 다자간 합의에 기반한 전략은 관할권 기반 전략이 갖고 있는 주요한 약점들에 대처할 수 있고 보다 실효적인 국제경쟁법 체제를 발전시킬 수 있는 많은 잠재

가치가 있다.

그러나, 본서의 분석에 따르면 다자간 합의 전략 중에서도 전통적 유형의 합의로는 변화하는 상황에 적절히 대처하기 어려울 가능성이 높다. 이에 본서는 장기간에 걸쳐 국제경쟁법 발전이 필요로 하는 내용을 구체적으로 반영하는 특수한 유형의 합의를 개략적으로 제시한다. 본서는 이를 "commitment pathway" 전략이라 지칭하기로 한다. 이 전략을 취하게 되면, 각 국은 단순히 특정 조직의 회원으로 가입하거나 특정한 규범들을 수용하는 것이 아니라 일정한 과정에 따르기로 약속한다. 여기에서 시간적 요소는 합의 이후 사후적으로 고려되는 것이 아니고 '이는 시간을 필요로 해(this will take time)'과 같은 서술로 묘사될 수 없다. 시간은 이 전략의 핵심 요소로서 이 전략의 실효성을 결정하는 근본 요소가 된다.

Commitment pathway 전략은 세 가지 기본적인 사실에 입각해 있다. 첫째, 경쟁제한 행위에 대한 규제가 갖는 잠재가치에 대한 광범위한 인식이다. 많은 국가들과 논평가들은, 경쟁법이 세계 시장에서의 경쟁이 제공할 수 있는 이익을 감소시키는 행위를 억지함으로써 자신들에게 이익을 가져다 줄 수 있을 것이라는 점에 동의하고 있다. 둘째, 현재 경쟁법의 내용과 기능에 관한 중대한 견해차이로 인해 신속하고 급진적인 변화를 추구하는 것은 성공하기 어려울 것이라는 인식이다. 과거 많은 국가들은 빠른 변화를 요구받는 것에 부담을 느껴 국제경쟁법 체제에 소극적인 태도를 취해 왔다. 셋째, 이러한 상황에서 효과적인 국제경쟁법 체제를 확보하기 위해 필요한 이해관계의 조정은 시간의 경과에 따라서만 이루어질 수 있다는 점이다.

이러한 사실들을 전제로, 본서는 각 국이 공통의 경로(즉, 장단기 목표들과 이를 위한 구체적인 실행 전략, 계획)를 따르기로 약속하는 전략을 개략적으로 제시한다. 이 전략은 모든 참여자들이 특정 시점에 동등한 조건에 따라 준수해야 할 완전한 규범이나 기관들을 세우는 것을 목적으로 하지 않고, 모든 참여자들이 보다 효과적인 국제경쟁법 체제로 이르는 경로를 따르도록 각자의 약속을 조율(coordinate)하도록 한다. 이러한 전략은 국제 경쟁의 경제적 잠재가치를 지지하는 한편, 세계 각 국의 정치·사회적 제도에 국제 경쟁이라는 가치를 내재화할 수 있다.

E. 검토의 목표

본서의 기본적 목표는 네 가지이다. 첫째, 세계 시장에 대한 경쟁법을 독자적 논의 주제로 제시하는 것이다. 이전까지의 국제적 경쟁법에 관한 논의들은 통상 이를 다른 아젠다의 부속물로 다뤄왔다. (아마도) 대다수의 논평가들은 세계 시장에 대한 경쟁법이 무역 자유화 이슈나 (이보다 훨씬 좁은 의미에서) 시장 접근 이슈에 해당한다고 보아 왔다. 이는 지난 10년간 세계 시장의 경쟁법 이슈가 WTO 이슈로 여겨져왔음을 의미한다. 그러나, 국제경쟁법에 관한 효과적 분석을 위해서는 이를 독자적인 역사 · 문제점 · 이슈 · 분석 방법을 갖춘 독립된 법역으로 인식해야 한다. 이러한 인식 전환은 최근까지도 그렇게 필요하진 않았지만, 국제경쟁법 이슈가 더욱 중요해지고 경쟁법이 작동하는 상황이 더욱 복잡해짐에 따라 그 필요성이 부각되고 있다.

둘째, 과거 국제 경쟁 보호를 추구했던 사고 및 제도들의 발전을 살펴보고, 국제 경쟁의 보호에 관한 발전에 영향을 미쳤거나 향후 영향을 미칠 수 있는 요소들을 확인 · 평가하는 것이다. 국제 경쟁을 보호하려 했던 기존 노력에 대한 부정적 이미지로 인해 효과적인 문제 해결 방안을 모색하려는 생각이 제한되고, 적절한 대응 방안을 발전시킬 수 있는 잠재력이 훼손되는 경우가 종종 있으므로 이 작업은 특히 중요하다. 전체적 관점에서 국제 경쟁 이슈를 검토하기 위해서는 이전과는 다른 관점에서 살펴볼 필요가 있다. 즉, 개별 국가 및 세계의 경쟁법 발전을 동시에 살펴보고 양자를 상호 연관시킬 필요가 있다. 양자는 상호 영향을 주고받으므로 효과적 분석을 위해서는 이러한 상호작용의 지점을 반드시 인식할 필요가 있다. 국제경쟁법 체제의 구성요소가 되는 이해관계, 규범, 조직은 이러한 상호작용을 통해 형성, 전달되고 그 변화에 따라 역시 변화한다.

셋째, 국제경쟁법의 역학관계를 분석하고 경쟁법이 어떻게 작동해야 하는가에 관한 통찰을 발전시키는 것이다. 본서는 정치적 · 경제적 이해관계와 인센티브, 조직, 행동패턴, 사고방식 등을 포함해 경쟁법 영역의 의사결정에 영향을 미치는 제반 요소들을 살펴본다. 법집행 경험에 대한 인식과 이러한 경험으로 형성된 가치관이 국제경쟁법 이슈에 관한 사고에 영향을 미치곤 하므로, 이에 대해서도 살펴보기로 한다.

넷째, 경쟁법 경험들과 이러한 분석도구들을 활용하여 국제경쟁법 발전 전략들을 평가하는 것이다. 본서는 국제경쟁법 발전 전략들이 갖는 장점과 그에 소요되는 비용에 관한 근본적인 질문들을 던지고, 각 전략의 잠재적 실효성뿐만 아니라 그에 대한 정치적 · 이론적 지지까지 살펴보기로 한다. 본서의 분석은 국제경쟁법에 관한 답을 제시하는 것뿐만 아니라 이에 관한 올바른 질문들을 발전시키는 데에도 초점을 맞춘다. 본서는 이 과정에서 국제경쟁법 발전 이슈들에 영향을 미치는 이해관계뿐만 아니라 이러한 이슈들에 적용되는 인식의 틀까지 살펴보기로 한다.

본서는 본서에서 발전시킨 분석틀과 관점들이 경쟁법의 맥락에서뿐만 아니라 법과 경제적 세계화가 관련되는 다른 영역에서도 활용되기를 지향한다. 세계 시장에 대한 법률적 대응이 급속도로 요구되고 있다. 본서가 다루는 이슈들과 유사한 이슈들은 환경, 금융 시장, 해외 투자와 같은 영역에서도 문제되고 있다.

F. 검토의 개요

본서는 세 부분으로 구성되어 있다. 각 부분은 서로 긴밀히 관련되어 있지만, 그 자체로 독자적인 내용을 담고 있어 따로 읽힐 수도 있다. Part Ⅰ에서는 국제적 차원에서의 경쟁법을 검토하는바, 국제 카르텔이 국제적 피해를 가져온다는 점에 대한 초기 인식에서부터 세계화 상황에서 발생한 국제적 피해에 대해 관할권에 기반한 대응 방식까지 살펴보기로 한다. Chapter 2는 이와 같은 국제적 피해에 대해 1920년대 및 이후 제2차 세계대전 직후 다시 진행된 일련의 대응 노력들을 살펴본다. 법을 통해 국제경쟁을 보호할 수 있다는 생각은 1920년대에 이루어진 주목할 만한 발전으로서, 제2차 세계대전 이후 많은 지지를 받았으나 냉전의 발발로 더 이상 진행되지 못했다. Chapter 3에서는 세계의 양극적 분열로 인해 전세계적 대응을 생각할 수 없었던 20세기 후반 관할권 기반 체제의 발전상을 분석한다. 미국은 이 기간 동안 국제 경쟁을 위협하는 요소들에 대처할 책임을 부담했다. 미국의 법과 법집행 기관들은 국제경쟁법에 관한 기본적 규칙들을 제시했던 바, 이에 기반해 형성된 이해관계 · 기대 · 입장은 21세기 초까지도 대부분 그대로 유지되고 있다. Chapter 4에서는 소련의 붕괴 이후의 발전에 초점을 맞추는데, 국제경쟁법은 이 기간에 다시 주목을 받고 많은 논란을 불러 일으켰다. 더 많은 국가들이 경쟁법을 보유하게 되었고, 그 중 다수가 경쟁법 집행을 강화했다. 세계화로 인해 관할권 기반 체제의 문제점에 대한 인식이 증대되긴 했지만, 기존의 체제 자체가 근본적으로 변하지는 않았다.

Part Ⅱ에서는 개별 국가 및 EU의 경쟁법 경험을 검토할 것인바, 개별 국가의 경쟁법 경험이 국제적 경쟁법 발전에 영향을 미친 방식 및 국제적 요소들이 개별 국가의 법집행 경험에 영향을 미친 방식을 중점적으로 살펴볼 것이다. 전반적으로 경쟁법 경험은 개별 국가적 차원에서 축적되었고, 개별 국가의 의사결정권자들 및 법집행 기관들은 앞으로도 오랫동안 국제 경쟁의 미래를 좌우할 것이다. 따라서 개별 국가의 법집행 경험은 경쟁법이 세계적 차원에서 어떻게 작동해야 하는가에 관한 사고에 영향을 미치고, 이러한 사고는 국제경쟁법 분야에서 의사결정을 하는 사람들의 이해관계와 기대에도 영향을 미친다. 개별 국가의 법집행 경험들이 국제적 경쟁법의 역학관계와 상호 연계되므로, 국제경쟁법에 관한 이슈를 평가하기 위해서는 이러한 경험들을 이해할 필요가 있다.

Chapter 5에서는 미국의 반트러스트법 경험과 이것이 전세계의 경쟁법에 관한 생각 · 기대 · 해석에 미친 영향을 살펴보기로 한다. 미국의 경험은 오랜 기간 동안 국제경쟁법에서 중심적인 역할을 했다. 많은 국가들이 경쟁법에 관한 결정을 내림에 있어 미국 반트러스트법을 참조했고, 미국 경쟁법의 사고방식은 사실상 전세계의 학자들, 행정 관료들, 정치적 의사결정권자들의 생각에 영향을 미쳤다. 물론 미국의 경험은 항상 긍정적인 시각으로만 인식되진 않았지만, 항상 중요하게는 인식되어 왔다. 또한 미국 관료들, 학자들, 실무가들은 자국의 경쟁법 경험을 기준으로 다른 국가나 세계적 차원의 경쟁법을 바라보았고, 이에 터잡아 자국의 경쟁 정책 및 의사를 결정했다.

Chapter 6에서는 유럽의 경험에 초점을 맞출 것인바, 유럽의 경험은 두 가지 이유에서 중요하다. 첫째, 유럽 개별 국가들의 경쟁법 체제들은 21세기에 경쟁법을 발전시키고자 하는 많은 국가들이 직면하고 있는 것과 유사한 상황에서 발전해 오곤 했으므로, 이들 국가들이 처한 이슈들과 장애사유들을 인식하는데 귀중한 가치가 있다. 다른 하나는 수십 년 동안 유럽 개별 국가들의 경쟁법이 유럽 통합이라는 맥락에서 발전해 왔다는 점으로서, 이 과정에서 부각된 이슈들은 국제경쟁법 발전 과정에서 발생하는 핵심 이슈들이기도 하다.

Chapter 7에서는 비교적 최근에 경쟁법을 도입했거나, 경쟁법이 상대적으로 덜 발전한 국가들에 초점을 맞출 것이다. 국제경쟁법이 가능하기 위해서는 이들의 지지가 필요할 것이므로, 이들 국가들은 전반적으로 국제경쟁법 발전 노력의 성패를 좌우할 것이다. 본서는 일본, 한국, 중국, 캐나다, 호주의 각 경쟁법 경험을 국가별로 검토의 강도를 달리하여 살펴보고, 라틴 아메리카와 사하라 이남 지역 아프리카 국가들에 대해서는 세부적 사항들을 일일이 검토하는 대신 일정하게 드러나는 패턴 위주로 검토할 것이다.

Part Ⅲ은 정책적인 이슈들, 특히 국제경쟁법 발전 전략 고안에 관련되는 요소들을 살펴볼 것이다. 현재 세계 시장에 적용되는 경쟁법 체제에 많은 단점들이 있다는 것에 대해서는 광범위한 인식이 있지만, 이를 어떻게 개선할 것인가에 대해서는 확실한 답이 없다. 본서는 이전까지 검토했던 내용들을 활용하여 두 개의 주요한 국제경쟁법 발전 전략을 분석하기로 한다. Chapter 8에서는 컨버전스 전략, 즉 개별 경쟁법 체제가 전세계적으로 더욱 비슷해지면 현재의 체제가 더욱 개선될 것이므로 굳이 근본적인 변화를 꾀하거나 다자간 합의를 할 필요는 없다는 생각에 관해 살펴볼 것이다. Chapter 9에서는 컨버전스 전략에 대한 기본적인 대안으로서 소위 다자간 합의에 기반한 전략을 살펴보기로 한다. 마지막으로 본서는 'commitment pathway'라고 지칭하는 다자간 합의 개념을 제시하고 분석, 검토해 보기로 한다. 본서의 분석 결과에 따르면, 이 전략은 국제경쟁법 발전에 적합한 방안으로 보인다. Chapter 10에서는 그간의 논의를 통합하고 보다 광범위한 차원에서 몇 가지 결론을 도출하기로 한다.

PART Ⅰ

국제 경쟁의 프레임웍으로서의 주권

Chapter 2. 국제경쟁법: 실현되지 못하고 폐기된 프로젝트

Chapter 3. 주권에 기반한 해결: 개별 국가의 영역 팽창

Chapter 4. 세계화와 경쟁법: 갈등, 불확실성 그리고 컨버전스 약속

PART Ⅰ

국제 경쟁의 프레임웍으로서의 주권

Part Ⅰ은 국제적 경쟁법 경험을 살펴보기로 한다. 본서는 국제 경쟁을 제약하는 요소들에 관해 문제의식을 갖게 된 경위, 국가들 · 기관들 · 법률가들 · 경제학자들이 이 문제를 어떻게 인식하고 어떤 해결방안을 모색했는지 살펴보기로 한다. 국제 경쟁을 제약하는 요소들이 경제적으로 중요한 위협이 될 수 있음이 인식된 이후 수십 년간 국가간 합의나 협력이 일반적으로 효과적인 대응방안으로 여겨져 왔다. 그러나, 세계 대전과 경제 침체로 인한 국가간 불신, 냉전으로 촉발된 상호 적대감으로 인해 이러한 방안은 거의 50여 년간 실현 · 추구될 수 없었다.

이를 대신해 전혀 다른 대응 방안이 등장했다. 미국은 제2차 세계대전으로 새롭게 형성 · 변화한 세상에서 국제적 경쟁제한 요인들을 규제할 수 있는 유일한 국가가 되었다. 이런 상황에서 미국은 자국법을 일방적으로 적용하는 입장을 취했다. 그러나, 미국이 이러한 입장을 취한 대부분 기간 동안, 오직 미국만이 이러한 대응방안을 할 수 있는 능력과 인센티브를 갖고 있었다. 그 결과, 미국법과 법집행 기관들은 사실상 제2차 세계대전 후 국제 경쟁에 관한 기본적인 법률 프레임웍을 제시하게 되었다. 그러나, 1990년대 이와 같은 개별 국가의 주권에 기반한 체제가 명백한 한계를 드러내자 보다 협력적인 대응방안의 필요성이 재부각되었다.

Chapter 2에서는 국제 경쟁의 제약으로 초래되는 피해에 대한 초창기 대응방안을 살펴본다. 1920년대 이전 국제 경쟁의 보호를 위해 국가 단위를 넘는 법률적 대응을 한다는 생각은 거의 알려지지 않았다. 경제 활동 주체들이 자신들끼리 세계 시장을 분할하거나, 가격을 고정하거나 기타 다른 방법으로 경쟁을 제한해도 사실상 아무런 법률적 제재가 없었다. 국가는 자국 영토 밖에서 행해진 행위에 자국 법을 적용할 권한이 없었고, 대부분 국가들이 아예 경쟁법을 보유하고 있지도 않았다. 그 결과, 기업들이 국제 경쟁을 저해하더라도 계약법 또는 불법행위법 등 국내법을 적용할 수 있는 극히 예외적인 경우에만 법률적 제재가 가능할 뿐이었다. 그러나, 1920년대 국제 경쟁을 저해하는 행위들이 점점 더 빈발하고 이로 인한 경쟁제한 효과가 보다 분명해짐에 따라 다자간 협력을 통해 이에 대응하려는 진지한 움직임들이 생성되었다. 이러한 움직임은 대공황과 세계대전으로 인해 잠시 수면 아래로 가라앉았지만, 제2차 세계대전 이후 국제 정치·경제 관계를 정립하기 위한 기관들을 설립하는 포괄적 계획의 일환으로 재개되었다. 그러나, 이러한 다자간 협력 프로젝트는 미국의 지지 철회로 다시 무위로 돌아갔다.

Chapter 3에서는 제2차 세계대전 이후 등장해 21세기 초반까지 그 근간을 유지하고 있는 관할권 기반 체제의 등장·형성·작동에 관해 살펴보기로 한다. 미국은 제2차 세계대전 이후 전세계적으로 우월적 지위를 취득했고, 이에 터잡아 경쟁제한적 행위가 세계 어디에서 행해지든지 관계없이 그 효과가 미국 내에 미칠 경우 미국법을 적용할 수 있다는 입장을 취했다. 미국의 이러한 일방주의적 태도는 이로 인해 영향받는 세계 각 국의 강력한 반발을 불러일으켰다. 그럼에도 불구하고, 많은 국가들이 결국 이러한 관할권 확대와 이로 인해 형성된 기본적인 생각들과 기관들을 수용하게 되었다. 그 결과, 현재 국제 경쟁법 체제는 각 국의 주권·관할권에 기반하게 되었고, 미국 반트러스트법은 이러한 체제에서 지속적으로 지배적인 영향력을 행사하게 되었다. 본 Chapter에서는 이에 관한 경위 및 그 영향에 관해 살펴보기로 한다.

Chapter 4에서는 소련의 붕괴 이후 관할권 기반 체제가 어떻게 수정되었는지 살펴보기로 한다. 1990년 세계 시장이 다시 도래하자 사회를 조직하는 기본적 메커니즘으로 경쟁법을 활용하려는 분위기가 고조되었다. 시장경제를 지향하는 움직임의 재개는 경쟁법 분야의 새로운 흐름의 형성으로 이어졌다. 많은 국가들이 최초로 경쟁법을 제정했고, 이미 경쟁법을 보유하고 있던 국가들은 그 내용을 강화했다. 그러나, '심대한 세계화(deep globalization)' 상황에서 이러한 움직임들은 기존의 국가 주권에 터잡은 관할권 기반 체제에 새로운 압력으로 작용해 기존 시스템의 한계와 약점을 드러나게 했다. 각 경쟁 당국은 이를 극복하기 위해 상호 정보 교환을 강화했고, 일부는 경쟁법 집행에 관해 상호 협력하기도 했다. WTO 체제에 경쟁법을 포함시키려는 노력도 있었다. 그러나, 이러한 노력들이 모두 실패하자 각 경쟁 당국은 자발적인 컨버전스를 통해 관할권 기반 체제의 문제점을 해결할 수 있다는 희망에 관심을 집중시키기도 했다. 본 Chapter에서는 기존의 관할권 기반 체제에 대한 수정 및 그 결과에 관해 살펴보기로 한다.

Part Ⅰ에서는 개별 국가를 넘어 국제적 차원에서의 경쟁법에 관한 사고 및 법의 발전을 주로 검토할 것이다. 각 국의 국경을 넘는 경쟁법 집행 경험들, 즉 국제적 차원의 경쟁법 경험들이 우선적 관심사가 될 것이다. 그러나, 이러한 경험들 역시 개별 국가의 경쟁법 결정에 의해 주도된 경우가 많으므로, 이에 관한 효과적 분석을 위해서는 개별 국가적 측면과 국제적 측면 간의 상호작용을 살펴볼 필요가 있다는 것이 본서의 핵심 주제 중 하나이다. 그러므로, 본서는 종종 '큰 그림(big picture)'을 살펴볼 것인바, 이는 이를 통해 개별 국가 및 국제적 측면에서의 경쟁법에 관한 결정과 발전이 어떤 상호관계를 맺고 있는지 인식할 수 있기 때문이다. 이와 달리 국제적 경쟁법 발전을 별개로 살펴보는 동안, 특정 사건들, 사고 방식들, 기타 발전들이 전체적 관점에서 제대로 조망되지 못했다. 이러한 상호관계를 이해하는 것은 본서의 주된 목적들 중 하나이다. 앞으로 살펴볼 바와 같이, 오늘날 국제경쟁법 체제로서 자연스럽고 명확해 보이는 관할권 기반 체제는 본래 매우 특수한 상황 하에서 발전해 왔다. 20세기 중반의 정치적·경제적 파탄 상황이 없었더라면, 오늘날 세계 경제와 개별 국가의 정치·법률 체제간 관계는 사뭇 달랐을 것이다.

Chapter 2.
국제경쟁법: 실현되지 못하고 폐기된 프로젝트

법을 활용해 국제 경쟁 과정을 보호하려는 생각은 통상 알려져 있는 1990년대 훨씬 이전인 1920년대에 최초 형성되었다. 당시 정치, 기업의 리더들과 학자들은 국제 카르텔 증가에 대응하기 위해 국제 경쟁에 관한 규범적 프레임웍의 필요성을 인지하게 되었다. 국제 공동체가 사적 경제 주체들의 경쟁제한적 행위로부터 경쟁 과정을 보호해야 한다는 아이디어가 확산되었다. 곧 국제 경쟁 과정을 보호하기 위한 진지한 노력이 행해졌고, 1920년대 후반 중요한 조치들이 취해졌다. 이러한 아이디어는 경제 대공황과 제2차 세계대전으로 인해 일시적으로 중단되었지만, 종전 후 거의 모든 무역 국가들은 협상을 거쳐 이른바 '하바나 헌장(Havana Charter)'에 서명했다. 하바나 헌장은 국제경쟁법과 이를 실행할 기관들을 창설할 예정이었다. 그러나, 또 다시 정치적 사건들로 인해 하바나 헌장은 완성 직전에 폐기되었고 1990년대까지 거의 주목받지 못한 채 사실상 잊혀졌다.

국제경쟁법 발전을 위한 이러한 초기 노력은 오늘날의 논의에서 거의 언급되지 않는다. 1920년대 초기 노력은 소수의 학자들을 제외하면 거의 알려지지 않았다. 하바나 헌장은 이보다는 더 많은 사람들에게 알려져 있긴 하지만, 이들조차 하바나 헌장에 대해 부정확하고 왜곡된 이미지를 갖고 있으면서 별다른 관심을 기울이지 않는다. 하바나 헌장은 구체적 성과를 내지 못한 채 '실패(failure)'했으므로 국제경쟁법 발전에 별다른 의미가 없다고 결론이 내려지는 경우가 빈번하다.

그러나, 좀 더 광범위한 관점에서 초기 국제경쟁법 발전 노력들을 살펴보면, 이러한 노력들이 국제 경쟁에 관한 사고와 행동의 발전에 중요한 요소임을 확인할 수 있다. 이 관점에서 보면, 국제경쟁법의 발전은 이상의 초기 노력들로부터 시작되었다가, 냉전 시대를 거치면서 제대로 발전하지 못하다가 최근에 다시 재개되었다. 이 관점에 따르면 국제경쟁법 관련 이슈들의 논의 과정 및 그에 대한 생각을 새롭게 조망할 수 있다. 즉 현재 보편적인 것으로 인정되고 있는 관할권 기반 경쟁법 시스템이 실제로는 세계 시장 및 경쟁 문제에 관한 자연스럽고 당연한 귀결이라기보다는, 과거 광범위한 지지를 받았던 경쟁법 체제(이 체제는 국제 경쟁과 무관한 정치적 사건들로 인해 좌초되었다)의 대체물에 불과함을 알 수 있다.

국제경쟁법 발전 프로젝트는 1927년 제네바에서 열린 세계 경제 컨퍼런스(World Economic Conference)에서 시작되었다. 컨퍼런스 준비 과정에서 많은 논의 및 그에 따른 결정들이 이뤄졌고, 국제경쟁법이 최초로 폭넓게 받아들여졌다. 국제경쟁법은 국제 무역 조건을 개선해 제1차 세계대전 및 그에 따른 경제적 침체에서 경제 회복을 가능케하는 수단으로 인식되었다. 또한, 보다 넓은 차원에서는 향후 세계대전과 같은 재앙의 재발을 막는 '국제 공동체(international community)' 발전 과정의 일부로 받아들여지기도 했다. 이 입장에서는 국제적 경제 규범을 형성·수용·준수하는 것이 국제 공동체 형성에 도움이 될 것이라고 여겼다. 세계 경제는 이러한 '공동체' 프로젝트의 주된 초점이자 핵심적 문제로 인식되었다. 물론 이러한 당시 노력은 직접적으로 많은 성과를 거뒀다고 보긴 어렵지만, 적어도 진지하고 건설적인 세계화 과정으로서 세계 경제 발전에 대한 개략적 방향을 제시했다고 할 수 있다.

이러한 노력과 이를 통해 형성된 국제경쟁법 발전 방안은 제2차 세계대전 이후에도 잊혀지지 않았다. 이러한 초기 경험이 없었다면, 전후 국제경쟁법을 제정하려는 움직임이 있긴 어려웠을 것이다. 경기 침체 및 전쟁으로 인한 공포를 겪은 후, 국제경쟁법을 제정하자는 제안은 오랜 기간 동안 1920년대 최초 제안시보다 보다 매력적이고 실현가능한 방안으로 보였다. 이 제안은 세계적 '경제 헌법(economic constitution)' 제정이라는 거대한 구상(이 구상에 따라 World Bank와 International Monetary Fund가 설립되었다)의 일부분이었다. 그러나, 당시 국제 관계는 미국이 주도하고 있었으므로, 국제경쟁법을 제정하려는 구상의 성패 역시 미국의 지지에 좌우될 수밖에 없었다. 미국은 초기에는 이를 주도·지지했지만, 냉전의 도래로 의회가 입장을 바꿔 이에 반대한 결과, 이 구상은 반세기 동안 사실상 잊혀져 왔다.

이 Chapter에서는 국제경쟁법 제정을 추진했던 초기 상황에 관해 살펴보기로 한다. 이 검토의 목적은 첫째, 법과 국제 경쟁의 관계에 관한 과거의 논의를 현재와 장래의 논의에 반영하기 위함이다. 당시 국제경쟁법 제정 움직임은 초기 세계적 자본주의 발전 과정에서 발생한 사건들 및 사고방식에 영향을 미쳤으므로, 국제경쟁법 제정에 관한 사고 방식의 흐름을 이해하기 위해서는 이에 대해서도 살펴볼 필요가 있다. 둘째, 초기 국제경쟁법 제정 노력이 현재의 국제경쟁법 프레임웍 발전에 미친 영향을 살펴보기 위함이다. 이에 관한 지식은 현재의 국제경쟁법 프레임웍과 사고방식의 발전을 이해하는데 필수불가결한 배경지식이 된다. 셋째, 이상의 목적들을 위해 국제경쟁법 발전에 관해 보다 정확하고 상세한 추가설명을 하고자 한다. 초기 국제경쟁법 제정 노력과 그로 인한 영향은 잘 알려지지 않았을 뿐만 아니라, 그나마 알려진 내용 역시 대부분 정확하지 않은 경우가 많다. 즉, 초기 국제경쟁법 제정 노력 및 그로 인한 영향은 이념이나 다른 요인들에 의해 편향된 시각에 의해 신화(myths)처럼 부정확하게 인식·전승되고 있으므로, 이에 대한 정확한 검토가 필요하다. 마지막으로, 이러한 초기 노력들은 향후 세계 시장의 발전 및 세계 시장과 정치 기관들과의 관계를 평가함에 있어 귀중한 시사점을 제공할 수도 있다.

A. 배경 상황: 1920년대의 법과 경쟁

1920년대 중반 정치적·경제적 위기가 임박했다는 인식이 만연해 있었다. 특히 유럽에서 이러한 인식이 두드러졌는데, 그 대부분은 세계 경제 발전과 관련되어 있었다.[1] 정치적·경제적 위기는 상호 연계되어 있었다. 심각한 경제

---

1) Charles S Maier, *Recasting Bourgeois Europe: Stabilization in France, Germany, and Italy in the December After World War I* (Princeton 1975) 참조. 제1차 세계대전이 1920년대 사람들의 태도와 사고방식에 미친 영향에 대해서는 Paul Fussell, *The Great War and Modern Memory* (Oxford and London 1975) 참조. 그는 주로 제1차 세계대전이 영국에 미친 영향에 대해 주로 기술하고 있지만, 그 묘사는 유럽 전역에도 전반적으로 적용될 수 있는 부분

문제들이 이미 취약한 정치 조직의 힘을 더욱 약화시킬 것으로 여겨졌고, 역량이 부족하고 불안정한 정치 조직은 경제 정책 · 경제 조건 개선을 불가능하게 했다. 이러한 인식에 상당한 근거가 있음에도 불구하고, 여전히 상황을 호전시킬 방법이 있고 이를 통해 위기의 현실화를 방지할 수 있다는 다소 확신 섞인 전망도 있었다. 국제경쟁법 발전 노력은 이러한 위기의 현실화를 방지하려는 노력의 일환으로 인식되었다. 이러한 노력은 주로 유럽에 의해 주도되었으므로, 본서는 유럽의 정치 · 경제적 요소들에 특히 주목하여 살펴보기로 한다.[2)]

1. 경제적 상황

일반적으로 1920년대 당시 유럽의 경제적 문제들은 제1차 세계대전 및 그에 따른 무역 · 투자 · 정치적 관계의 왜곡에서 연유했다고 인정되고 있었다.[3)] 이에 몇몇 사람들은 이러한 문제들이 전쟁 이후 일시적으로 발생한 것에 불과하므로 결국 '정상화(normalcy)'될 것이라고 낙관하기도 했다. 실제로 당시 어느 정도 경제가 회복되는 조짐이 있었는데, 이는 이러한 낙관론의 근거가 되기도 했다. 그러나, 대부분의 사람들은 이러한 문제들을 매우 중대하게 여겼다.

한 가지 문제점은, 많은 유럽인들이 유럽이 최소한 전쟁 이전 상황 또는 미국과 비교해 가난해졌다고 생각했고, 이러한 상황이 지속되는 것을 두려워했다는 점이다. 유럽 대부분 지역의 소득수준, 생산성, 생활 수준은 제1차 세계대전으로 인해 급격히 악화되었다. 또한, 1920년대 중반까지 지역별로 차이가 있긴 했지만 경제가 어느 정도 회복되었음에도 불구하고, 경제 회복 및 재건에 대한 부담감, 미국에 대한 경제적 열위로 인해 향후 의미 있는 경제 회복이 어두울 수도 있다는 전망이 우세했다.

이와 같은 상대적 빈곤감에 경제 상황의 불안정성과 불확실성이 더해졌던 바, 많은 사람들이 이런 요소들로 경제 성장이 저해된다고 생각했다. 제1차 세계대전으로 인해 과거의 정치 · 경제 관계들이 훼손된 결과, 이전까지 알려졌

이 많다.

2) 보다 상세한 분석과 서술에 대해서는 Zara Steiner, *The Lights that Failed: European International History 1919-1933* (Oxford 2005) 참조.

3) 이 기간 동안의 유럽 경제에 관한 논의에 대해서는 Charles H Feinstein et al, *The European Economy Between the Wars* (Oxford 1997) 참조.

던 경제 개발 방법들 중 상당수가 무용지물이 되었다. 뿐만 아니라 전후 잠시 있었던 경제 발전이 급격히 퇴조하면서 실업과 인플레이션이 급증했다. 이로 인해 경제 예측이 불가능하다는 인식이 팽배해졌고, 무역 및 투자 인센티브가 감소하는 추세를 보였다.

유럽인들의 세 번째 우려는 과잉생산이었는데, 이는 이상의 우려들과 관련되어 있었다. 구매력에 비해 생산이 지나치게 많다고 여겨졌고, 이로 인해 경제적 불확실성, 불안정성, 견조한 이익 달성 곤란, 실업률 증대 위협이 초래된다고 생각되었다. 제1차 세계대전으로 유럽 시장의 수급 상황이 왜곡된 탓에 많은 사람들은 정부가 개입해 수급 균형을 맞추지 않는다면 경제적 평형 상태로 회귀하지 못할 수도 있다고 생각했다.

한편, 제1차 세계대전 이후 미국의 경제적 급성장은 이상의 문제들과 대비되었다. 유럽인들은 19세기 말 이후 미국의 엄청난 경제적 잠재력을 인식하고 있었고, 심지어 전쟁 이전부터 미국의 잠재력이 자신들에게 미칠 경제적 영향을 의식하고 있었다. 그러나, 1920년대 미국은 경제적으로 유럽인들의 예상을 넘어섰던바, 이는 유럽인들의 핵심적 논의 주제가 되었다.[4] 과거 유럽의 채무국이었던 미국이 단기간에 채권국이 되자 많은 유럽인들은 미국이 이를 활용해 유럽의 경제 발전을 견제할 것이라고 생각했다. 여기에 더해 많은 유럽인들은 향후 미국 기업들과 경쟁하기 위해서는 비용 절감 및 생산성 증대를 통해 산업 생산력의 '합리화(rationalize)'가 시급하다고 생각했다.[5] 이는 많은 사람들이 이전까지 소극적이었던 정치적·사회적 변화의 필요성을 자각했음을 시사하는 것이었다.

제1차 세계대전으로 유럽이 완전히 폐허가 되었던 탓에 유럽 밖의 경제 상황은 상대적으로 나아보이기도 했다. 그러나, 제1차 세계대전을 겪으면서 모든 사람들은 세계의 정치·경제 발전이 상호 연계되어 있고, 각 국이 전례없이 놀라울 정도로 상호의존관계에 있음을 지각하게 되었다. 그럼에도 불구하고, 두드러진 경제적인 발전을 이룩한 미국 경제는 1920년대에 상당 기간 부각되

4) Emily S Rosenberg, *Spreading the American Dream: European Economic and Cultural Expansion 1890-1945* (New York 1982) 63-86 참조.

5) 예를 들면 Mary Nolan, *Visions of Modernity: American Business and the Modernization of Germany* (Oxford 1994) 참조.

었고, 이에 유럽 및 다른 지역의 많은 사람들은 미국 경제를 따라잡아야 한다고 주장했다.[6] 미국의 경제적 성공을 면밀히 관찰했던 사람들은 미국 경제에도 잠재적인 문제들이 있음을 인식했지만, 이들은 극히 일부에 불과했다. 일본은 세계 경제에서 보다 강력한 입지를 확보하기 위해 자국 경제를 재조직하고 있었다. 소련은 이전에 시도되지 않았던 새로운 경제 시스템을 채택했던바, 소련의 시도가 성공하기를 바라는 사람들은 아직까지 검증되지 않았던 이러한 시스템에 대해 여전히 믿음을 갖고 있었다. 대부분의 라틴 아메리카 국가들은 경제적으로 침체하거나 미국에 의존하게 될 것이라고 생각했다. 대부분의 아프리카, 아시아 국가들은 식민 지배를 받고 있었으므로 식민 통치를 하는 국가들의 요구사항 충족에 경제의 주안점이 맞춰져 있었다.

2. 정치적 상황

1920년대 중반 유럽의 정치 상황은 전반적으로 불안정했고, 이러한 추세가 증대될 수밖에 없다는 우려가 퍼져 있었다. 예를 들어 독일의 경우 바이마르 공국은 많은 사람들로부터 존경은커녕 경멸의 대상이었고, 전반적으로 대중적 지지를 얻지 못하고 있었다.[7] 프랑스의 경우 정치 체제가 국가의 운명(특히 경제 문제)에 관해 기본적인 통제력조차 발휘하지 못할 것이라는 우려가 팽배했다.[8] Charles Maier이 표현한 바와 같이 부르주아 유럽이 '재편'되고 있었고, 거의 대부분의 사람들이 이 과정과 그로 인해 도래할 결과를 제대로 예측하지 못했다.[9]

이러한 유럽 재편의 중심에 '노동자 계급(working class)'의 정치적 비중 증대가 있었다. 제1차 세계대전 이후 투표권 확대 조치로 1920년대 노동자의 이익을 대변하는 정당들의 영향력이 증대되었다. 좌파 정당들이 국가의 정치 권

6) 미국의 상황에 대해서는 예를 들면 Derek H Aldcroft, *From Versailles to Wall Street: 1919-1929* (Berkeley 1977) 참조.

7) 예를 들면 David Abraham, *The Collapse of the Weimar Republic: Political Economy and Crisis* (2nd edn New York 1986) 참조.

8) 예를 들면 David Thompson, *Democracy in France: The Third and Fourth Republics* (3rd edn Oxford 1958) 170-211, Gordon Wright, *France in Modern Times* (5th edn New York 1995) 300-50각 참조.

9) Maier, *supra* note 1 참조.

력을 차지하진 못했지만, 기존의 정치 엘리트들은 이들로부터 더 큰 위협을 느꼈고, 이에 노동자 계층의 경제적 문제에 대한 해결책을 모색하거나 적어도 이를 추구하는 듯한 제스처를 취했다.

정치 불안, 국제질서에 대한 자신감 부족, 생산자와 노동자 양측의 경제적 이해관계 모두를 의식할 필요성 증대 등의 요인으로 인해 정부는 관세와 (수입) 쿼터제를 적극 활용하여 자국 산업을 보호하려는 인센티브를 갖게 되었다. 1920년대 중반 정부들은 자국 산업의 이익 수호를 위해 관세와 쿼터를 더욱 빈번히 협상 수단으로 활용했다. 이러한 방식의 무역 정책은 세계 무역(특히 유럽 무역)의 발전을 심각히 저해하는 요소가 되었다.

3. 국제 카르텔의 발흥

불확실한 국제 무역 상황에서 단기간에 산업을 복구하려는 움직임은 국제 카르텔(international cartel)의 활성화로 이어졌다. 일반적으로 '국제 카르텔'은 현실적, 잠재적 경쟁 관계에 있는 사업자들이 가격, 산출량을 조절·감소하기로 하는 사적 약정을 뜻한다.[10] 사업자들은 경쟁하기보다는 상호 합의를 통해 (경쟁으로 겪을) 경영 위협을 줄이려 했다. 1920년대 중반까지 국제 카르텔은 국제적 경제 활동에서 두드러졌고 국제적 논의의 중심 대상이 되었다. 물론 국제 카르텔이 1920년대에 새롭게 등장한 것은 아니다. 19세기 후반부인 1870년대 및 1880년대에 발생했던 경기 침체에 대응하는 과정에서 국제 카르텔이 최초로 발생했다.[11] 그러나, 제1차 세계대전 이후 다시 발생한 국제 카르텔은 훨씬 더 광범위했고, 훨씬 더 심각한 결과를 가져왔다.[12] 많은 사람들이 국제 카르

10) 1920년대 국제 카르텔이라는 용어는 다양한 방식으로 사용되었는데, 이 과정에서 종종 산출량을 제한하는 특정한 유형의 공식 약정을 의미하는 것으로 그 의미가 제한되곤 했다. 이러한 논의에 대해서는 Karl Pribram, *Cartel Problems* (Washington DC 1935) 4-61 and Léon Mazeaud, *Le Régime Juridique des Ententes Industriellest et Commerciales en France* (Paris 1928) 9-76 참조.

11) William R Cornish, 'Legal Control over Cartels and Monopolization 1880-1914: A Comparison' in Norbert Horn and Jürgen Kocka (eds), *Law and the Formation of Big Enterprises in the 19th and Early 20th Centuries* (Göttingen 1979) 280-305 각 참조.

12) 전반적인 내용에 관해 Pribram, supra note 10, and Gertrud Lowasy, *International Cartels: A League of Nations Memorandum* (Lake Success 1947) 1-12 각 참조.

텔이 오늘날 세계화라 칭하는 악의 도래를 알리는 전조라고 생각했다. 반면, 다른 사람들은 국제 카르텔이 보다 효과적인 세계 경제 질서를 달성하게 하는 메커니즘이라고 여겼다. 이 당시의 이슈는 국제 카르텔에 어떤 조치를 할 수 있고, 어떤 조치를 취해야 하는지였다.

국제 카르텔은 몇 가지 역할을 했다. 먼저, 빈번하고 급작스러웠던 가격 변동을 줄여 당시 정치·경제적 불확실성을 완충하는 '쿠션' 역할을 했다. 또한, 사업자들로 하여금 설비 과잉으로 초래되는 과잉 생산을 방지하기 위한 생산 감소의 부담을 분담할 수 있도록 했던바, 이는 특히 전쟁 수요에 부응하기 위해 생산을 늘렸거나 고율의 관세로 보호받고 있었던 산업 영역에서 두드러졌다. 국제 카르텔은 또한 몇몇 국가(특히 독일)에서 높은 인플레율 및 이로 인해 시장 참여 기업들이 겪게 되는 환율 변동성을 낮추기도 했다.[13] 국제 카르텔은 통상 유럽(특히 독일) 기업들로 구성되었으나, 종종 미국, 일본 기타 다른 지역의 기업들을 포함하기도 했다.

B. 국제경쟁법 프로젝트의 등장: 1927년 세계 경제 컨퍼런스

이상과 같은 복잡하고 불안정한 상황에서 1925년 국제 연맹(League of Nations)은 세계 경제 문제들을 다루기 위한 국제 컨퍼런스를 소집하기로 했다.[14] 이는 경제적 상황들을 호전하는데 관건이었던 세계 무역 발전을 저해하는 요소들을 확인하고 그 해결 방안을 도출하기 위한 움직임이었다. 많은 사람들은 이런 노력이 당시 유럽 및 다른 국가들이 새로운 재앙을 초래할 것으로 여겼던 정치·경제적 상황을 제어할 수 있는 마지막 희망이라고 생각했다. 법을 활용해 국제 경쟁을 보호해야 한다는 생각은 이 국제 컨퍼런스의 핵심 이슈로 부상했다.

---

13) Hans-Heinrich Barnikel, 'Kartelle in Deutschland, Entwickung, theoretische Ansätze und rechtliche Regelunge' in Hans-Heinrich Barnikel (ed), *Theorie und Praxis der Kartelle* (Darmstadt 1972) 각 참조.

14) 국제 컨퍼런스 제안, 제안의 주요 내용에 관한 논의와 그에 대한 발언에 대해서는 Allyn A young and H Van Fay, *The International Economic Conference* (Boston 1927) 375-381 참조.

이 컨퍼런스를 최초로 제안했던 사람은 전직 프랑스 각료로서 프랑스뿐만 아니라 독일, 영국의 고위 정재계 인사들과 긴밀한 관계를 유지하고 있던 Louis Loucheur였다. 그는 제1차 세계대전 이후부터 유럽이 협력해야 한다고 역설해 왔다. 그는 자국의 이익만 추구하는 협소한 시각이 유럽 경제 회복을 막는 주요한 장애물이므로, 정부간 또는 기업간 상호 경제 협력을 통해 이를 해결할 수 있다고 확신했다.[15)]

컨퍼런스는 경제적 파탄과 그로 인한 정치적 파장을 방지하기 위해 상호 협력과 합의가 필요함을 각 국 정부에게 확신시키는 것을 목표로 내세웠다. 이는 각 국 정부가 공동의 이해관계를 인식하고 그 증진을 위해 노력할 것이라는 희망에 기반한 것이었다. 컨퍼런스는 구속력 있는 합의 도출을 추구하지 않았고, 참가자들 역시 자신들이 자국을 공식적으로 대표한다고 주장하지도 않았다. 각 국의 정치 지도자들은 국제 연맹의 이전 컨퍼런스 경험(예를 들면 1922년 Genoa)을 통해 참여자들이 공식적으로 각 국을 대표하면 실질적인 결과를 도출하기 매우 어려움을 확실히 알고 있었다. 즉, 정부를 공식적으로 대표하는 사람들은 현재 자국 정부의 정책을 옹호할 수밖에 없으므로, 컨퍼런스는 이러한 상황을 피하고자 했다. 컨퍼런스의 리더들은 대신 세계 경제의 문제에 대해 세계적 차원에서 발전·수용되는 대응방안들을 만들고, 일반 여론과 세계의 지도자들이 이를 통해 경제 정책에서 상호 협력의 필요성을 확신하기를 기대했다.

컨퍼런스는 이러한 목적을 구현하기 위해 실무 경험과 학문적 소양을 갖추고 지위·평판·인맥 보유 등에 의해 국제적 여론에 영향을 미칠 수 있다고 인정되어 선정된 이른바 '최고 전문가들(super experts)'들이 참석하도록 하는 전략을 채택했다. League의 경제분과 디렉터인 Arthur Saliler 경은 이를 다음과 같이 기술하기도 했다;

---

15) Loucheur와 그의 역할에 관한 논의에 대해서는 Stephen D Carls, *Louis Loucheur and the Shaping of Modern France:* 1916-1931 (Baton Rouge and London 1993) 참조. 당시 상황에 대한 논의에 대해서는 Richard Kuisel, 'Technocrats and Public Economic Policy: From the Third to the Fourth Republic' (1973) II Journal of Eur Econ Hist 53-99 and *Idem, Capitalism and the State in Modern France: Renovation and Economic Management in the Twentieth Century* (Cambridge, England 1981) 각 참조.

> … it may be hoped [that] the public opinion of the world realize that it is essential, in the public interest, that the unanimous advice of the most authoritative body of persons who could be found should be adopted; and will insist that economic policies should be modified as they recommend.[16)]
> (가능한 한 권위 있는 사람들로 구성된 기구가 일치하여 제시하는 조언이 채택되어야 하고, 그에 따라 각 국의 경제 정책을 수정하는 것이 전세계의 공공의 이익에 부합함을 전세계가 깨닫게 될 것이라는 기대가 있었을 수도 있다.)

Frankfurter Zeitung지의 특별 보정판은 컨퍼런스에 관해 다음과 같이 기술하기도 했다;

> 'The great assignment (Aufgabe) of the conference was to develop a world opinion (Weltmeinung) with powerful moral weight, which would then gradually bring with it the politics of the governments (die Regierenden).'[17)]
> (컨퍼런스의 임무는 강력한 도덕적 정당성을 갖춘 전세계적 의견을 발전시키고 이러한 의견이 점진적으로 정부 체제에 반영되도록 하는 것이었다.)

일반 대중과 정부에 영향을 미치려는 목적을 달성하기 위해서는 컨퍼런스 멤버들의 종합 의견에 대한 존중과 지지가 형성될 필요가 있었는데, 이는 방대한 준비를 필요로 했다. 이에 컨퍼런스 준비 위원회는 방대한 사전 자료들을 작성했는데, 여기에는 국가 및 지역 경제 전반뿐만 아니라, 세계 경제의 특정한 측면(예를 들면, 무역 수준), 개별 구체적 주제(예를 들면, 산업 생산 합리화 전략)에 관한 많은 리포트들이 포함된다. 이런 자료들의 초안은 통상 핵심 정책 그룹에서 상당한 영향력을 보유한 학계 · 정책 그룹의 구성원에 의해 작성되었다. 이 준비 과정은 아무리 강조해도 지나치지 않을 정도로 매우 중요했다. 컨퍼런스 준비 과정은 컨퍼런스가 단기적으로 미친 영향을 이해하는데 핵심 요소가 될 뿐 아니라, 1926년과 1927년 사이 당시 전세계적으로 가장 권위 있고

16) Arthur Salter, 'The League's Contribution' in League of Nations, *The Economic Consequences of the League: The World Economic Conference* (London 1927) 8.

17) Arthur Feller, Neue Weltwirtschaft: *Die Lehre von Genf* (special publication of the *Frankfurter Zeitung* (Frankfurt am Main 1927) 24.

영향력 있던 경제학자 · 정책 입안자 · 기업계 리더들이 직접 초안을 작성했거나 개별 이슈에 관한 자신들의 입장을 정하는 등 어떤 방법으로든 많은 관심을 기울였기 때문에, 컨퍼런스가 장기적으로 미친 영향을 이해하는 데에도 핵심 요소가 된다.

컨퍼런스는 1927년 5월 3주에 걸쳐 진행되었고, 50개 국가에서 194명이 참석했다.[18] 국제 연맹의 멤버들 이외에도 미국, 소련, 터키가 대표단을 파견했다.[19] 컨퍼런스는 매체들로부터 많은 관심을 받았다는 점에서 성공적이었다. 많은 주요 언론들(특히 유럽 언론들)은 컨퍼런스에서 토론된 내용과 결정들을 상세히 추적 보도했다.[20]

컨퍼런스는 세계 무역 장벽의 감소에 초점을 맞췄고, 관세와 같은 정부에 의한 무역 장벽들을 주된 논의대상으로 삼았다. 그러나, 많은 사람들은 민간 영역에서의 무역 장벽(특히 국제 카르텔) 역시 이에 버금가는 중요한 문제라고 생각했다. 제1차 세계대전 이후 국제 카르텔이 성행하자 어떻게든 이를 통제해야 한다는 여론이 비등해졌다. 여러 그룹들(예를 들면, 다수의 경제학자들뿐만 아니라 사회주의자들, 사회 민주주의 인사들[21])과, 세계 시장을 빠르게 지배해 나가던 카르텔 및 대기업의 배타적 사업 활동으로부터 보호받기를 원했던 중소 사업자들이 이러한 여론을 형성했다. 컨퍼런스는 경제 정책에서 경쟁 보호를 최우선 사항으로 배치했고 이를 위한 논의 플랫폼을 제공했다.[22] 컨퍼런스는 카르텔에 관한 다수의 연구를 진행했던바, 이는 이후 카르텔에 관한 사고에 많은

---

18) Martin Hill, *The Economic and Financial Organization of the League of Nations* (Washington DC 1946) 47.

19) 유럽 사람들이 국제적인 정치 · 경제적 협력이 성공하기 위해서는 미국의 지지가 반드시 필요하다는 점을 급속히 인지하게 된 상황에서, 미국의 참여 거부는 수십 년에 걸쳐 증대되어 왔던 국제 연맹의 노력에 부정적 전망을 불러 일으켰다.

20) 컨퍼런스에서 취재활동을 한 신문들과 언론 기관들의 명단에 대해서는 League of Nations, *Journal of the International Economic Conference* (Geneva 1927) 45-7 참조. 예를 들어, 이 자료에 따르면 프랑스에서는 19개, 미국에서는 20, 독일에서는 41개, 스위스에서는 21개, 일본에서는 7개의 기관을 적시하고 있다.

21) 카르텔에 대한 사회 민주주자들(특히 독일)의 관점에 대한 상세한 논의에 대해서는 예를 들어 Eduard Reuffurth, *Die Stellung der deutschen Sozialdemokratie zum Problem der staatlichen Kartellpolitik* (Dissertation, Jena University, Germany 1930) 참조.

22) 19세기 후반의 첫 번째 카르텔 열풍은 카르텔에 관한 논의를 촉발했던바, 각 국은 각자 입법을 통해 이에 대해 나름대로 대응하고자 노력했을 뿐, 이에 대해 국경을 넘어 대응해야 한다는 진지한 논의는 거의 없었다.

영향을 미쳤다.[23)]

1. 출발점: 카르텔과 정치적 혼란

국제 카르텔 규제를 위한 국제적 법률 프레임워크을 형성하려는 생각이 등장했을 때, 정작 개별 국가들은 충분한 경쟁법 경험을 갖고 있지 않았다. 이와 관련하여, 당시 미국은 전세계에서 가장 오랜 기간에 걸쳐 가장 방대한 경쟁법 경험을 보유하고 있었으므로 이러한 이슈를 주도할 것으로 기대되었을 수도 있다. 그러나, 미국은 국제 연맹의 회원국이 아니었으므로 컨퍼런스에 참관국으로 참석할 수밖에 없어 사실상 의미 있는 역할을 하지 못했다. 미국의 부재로 컨퍼런스에서 채택된 정책의 정치적 중량감은 떨어질 수밖에 없었던바, 심지어는 1930년대 및 제2차 세계대전 이후까지도 컨퍼런스 개최 사실 및 합의 내용이 미국 내에 거의 알려지지 않았다.

미국이 부재한 상황에서 실질적인 리더십을 발휘했던 곳은 프랑스였다. 컨퍼런스를 구상했고 컨퍼런스에서 가장 큰 영향력을 미친 사람들 중 일인이었던 Louis Loucheur는 카르텔 이슈에 관해서도 주요한 역할을 했다. Loucheur는 스스로를 충실한 고전적 자유주의자로 여겼으면서도,[24)] 세계(특히 유럽 지역 내)에서 국가간 상호 협력에 많은 관심을 기울였다. 그는 수년에 걸쳐 전유럽적 산업 합의(카르텔)를 활용하여 유럽의 정치·경제적 문제를 해결해야 한다고 강력히 주장해 왔다.[25)] 그는 League에 컨퍼런스를 제안하면서 이러한 자신의

---

23) 이러한 리포트들 중 카르텔에 대해 구체적으로 다룬 것으로는 다음과 같다: Gustav Cassel, *Recent Monopolistic Tendencies in Industry and Trade* (CECP) 98, (League of Nations Pub 1927) II 36; Eugene Grossman, *Methods of Economic Rapproachment* (CECP) 24(1), (League of Nations Pub 1926) II 69; Clemens Lammers, *Review of Legislation on Cartels and Trusts* (CEI) 35, (League of Nations Pub 1927) II 33; D H MacGregor, *International Cartels* (CECP) 93, (League of Nations Pub 1927) II 16; William Oualid, *The Social Effects of Internaional Industrial Agreements* (CECP 1926) 94; Paul de Rousiers, *Cartels and Trusts and Their Development* (CECP) 95, League of Nations Pub (1927) II 21; and Karl Wiedenfeld, *Cartels and Combines* (CECP) 57 (1), League of Nations Pub (1926) II 70.

24) '나는 산업활동에 대한 국가의 개입에 관한 한 강하게 반대한다. 나는 국가가 경제에 개입하는 것이 어떠한 의의가 있는지에 대해 매우 회의적이다' Louis Loucheur, in Jacques de Launay (ed), *Carnets Secrets:* 1908-1932 (Brussels and Paris 1962) 158.

25) Carls, *supra* note 15, at 136-151 (encouraging *comptoirs* in France after the First World War).

입장을 다음과 같이 요약한 바 있다;

> [if a] friendly atmosphere can be created by a series of agreements within the principal industries of Europe, we shall have penetrated to the causes of all armed conflict and more will have been done for the maintenance of peace than any conceivable arbitration or disarmament conventions.[26)]
> (만약 유럽의 주요국가들이 일련의 합의를 통해 우호적인 분위기를 조성할 수 있다면, 우리는 무력 충돌의 모든 원인들을 극복하고, 현재 생각할 수 있는 어떤 중재나 비무장 협약들보다도 평화 유지에 더 기여할 수 있을 것이다.)

Loucheur는 카르텔이 경제 발전을 합리화하고, 과잉생산을 줄이며, 노동자들의 고용안정성을 증대하는 수단이라고 보았다. 그는 이런 관점에서 컨퍼런스가 카르텔 형성을 장려하는 한편, 카르텔의 효과적 작동을 저해하는 각 국의 법률적 장애들을 줄이도록 독려해야 한다고 주장했다.[27)]

카르텔을 권장했던 움직임은 단순히 정치적 이익만 아니라 경제적 이익까지 염두에 둔 것이었다.[28)] 예를 들면, 카르텔은 당시 불확실성과 불안정성이 만연했던 상황에서 경제 관계를 안정화하는 방안으로 비춰졌다. 또한 생산 효율을 제고하고 과잉 설비를 없애 산업을 '합리화(rationalizing)'하는 수단으로 여겨지기도 했다. 이에 추가하여, 기업들은 카르텔 합의를 통해 국제적으로 경쟁하는 대신 합의로 할당받은 지역에 대한 공급·판매 활동에 집중할 수 있게 되어 최대 공급 가능량을 정확히 예측할 수 있게 되었고, 이전보다 공급·판매에 소요되는 비용을 보다 정교하게 산정할 수 있게 되었다. 카르텔이 제공하는 것처럼 보였던 이러한 편익들로 인해 다수의 정책 입안자들과 논평가들은 카르텔에 매력을 느꼈다.

그러나, 국제 카르텔(특히 유럽 지역의 카르텔)의 효용에 대한 강한 회의론 및 카르텔이 이미 초래한 피해를 줄일 필요가 있다는 여론도 있었다. 이에 국제 카르텔을 옹호하는 사람들은 컨퍼런스에서 자신들이 원하는 결론을 도출시

---

26) Grossman, *supra* note 23, at 29.에서 인용.

27) League of Nations, *Journal, supra* note 20, at 59-60 (comments of Loucheur).

28) 예컨대 Robert Liefmann and D H MacGregor (trans), *Cartels, Concerns and Trusts* (New York 1932) 참조.

키기 위해 카르텔로 발생하는 피해에 대한 대비책을 강구해야 함을 인식하게 되었다. 이에 이들은 소비자들과 경쟁 사업자들에게 해악을 미치는 경제력 '남용(abuse)'을 법률적으로 통제할 것으로 주장했다. 이러한 경제력 남용 개념은 세계 많은 지역에서의 경쟁법 발전 과정의 중심 요소가 될 것이었다.

카르텔이 경쟁 과정을 저해하지 못하도록 규범적 프레임웍으로 통제해야 한다는 생각은 고전적 자유주의 원칙에 뿌리를 두고 있지만, 변화하는 경제 상황에 대처하기 위해 실제로는 이러한 원칙이 그대로 반영되지는 않았다. 19세기에 발전했던 고전적 자유주의 원칙은 경제적 자유를 중시했지만, 컨퍼런스에 제안된 원칙은 경제적 자유에도 한계가 있음을 강조했다.[29] 구체적으로 Loucheur는 다음과 같이 주장했다;

> … I have to recognize that at certain times states constrain the excesses of individualism and that there should even exist a kind of framework (statut) governing the necessary relations between the state and productive activity."[30](나는 국가가 때에 따라서는 과도한 개인주의를 규제해야 하고, 국가와 생산 활동 사이의 필요한 관계를 규율하는 일종의 프레임웍이 있어야 함을 인식해야 한다.)

2. 카르텔 규제의 필요성 고조: 카르텔의 해악에 대한 비판 확산

카르텔 옹호론은 컨퍼런스가 진행됨에 따라 점차 세를 잃었고, 카르텔 규제론이 급속히 확산되었다.[31] 몇몇 사람들은 카르텔이 경쟁 과정을 왜곡해 효

---

29) 이에 대한 논의에 대해서는 예컨대 David J Gerber, *Law and Competition in Twentieth Century Europe* (Oxford 1998; paperback edn 2001) 16-42 참조.

30) Loucheur, Carnets Secrets, supra note 24, at 158. 이러한 제안은 그의 개인적 생각을 반영한 것이지만, 프랑스 정부와 프랑스 노동자 조직의 지도자들 역시 이를 지지했다. 영향력 있는 일반 근로자 연합(CGT)의 수장이었던 Leon Jouhaux는 컨퍼런스에서 Loucheur의 핵심적인 동맹이 되었다. Jouhaux와 CGT에서의 그의 역할에 대해서는 Jean Touchard, *La Gauche en France depuis 1900* (Paris 1977) 66, 150-151 참조. Jouhaux는 카르텔 행위에 대해 일정한 유형에 의한 국제적 규제를 창설할 노동계의 요구를 강력히 주장했던바, Loucheur에게 이와 같은 노동계와의 동맹은 또한 그의 국내적 정치 아젠다의 핵심적인 부분이기도 했다. Carls, *Louis Loucheur, supra* note 15, at 275-96 참조.

31) 논의 내용에 대한 보고에 대해서는, League of Nations, 'Report and Proceeding of the World

율적인 시장 발전을 저해하므로 원천적으로 해롭다고 보았다. 이러한 견해를 가장 열성적으로 주장했던 사람은 스웨덴의 경제학자이자 양 세계대전 사이의 기간 동안 세계적으로 가장 존경받는 경제학자들 중 한 명인 Gustav Cassel이었다.[32] 그는 자신의 의견을 다음과 같이 분명히 드러내기도 했다;

> [M]onopolistic forces … prevented the productive powers of the world from moving to better occupations, with the result that industry found it difficult to maintain itself, and labour suffered from unemployment. The Conference would have at every stage to deal with the forms and effects of monopolization, which should be recognized as the common evil.[33](독점력은 전세계의 생산력이 더 좋은 업종으로 이동하는 것을 막아 산업이 스스로 유지하는 것을 어렵게 하고, 생산 인력들을 실업으로 고통받게 한다. 컨퍼런스는 모든 단계에서 공통의 악으로 인식되어야 하는 독점의 유형과 그 효과를 다루어야 할 것이다.)

그러나 보다 일반적인 견해는, 카르텔은 효용과 해악을 모두 갖고 있으므로 '선량한(good)' 카르텔과 '악한(bad)' 카르텔을 구별할 수 있다는 것이었다. 카르텔을 주도한 사업자들이 카르텔로 얻게 된 힘을 노동자들과 자신들이 속한 공동체에 대한 책임의식에 따라 주의 깊게 사용할 경우 사회적으로 긍정적인 효과를 가져올 가능성이 더 높다. 반대로, 사업자들이 노동자, 소비자들, 일반 대중의 이익을 희생시키면서 자신들의 이익 극대화만을 추구한다면 사회에 해악을 끼칠 것이다. 이러한 견해에서는 법을 통해 모든 카르텔을 규제하는 대

Economic Conference' (paper presented at the World Economic Conference held in Geneva, 4-23 May 1927) 146-8; CEI 46 II; League of Nations Pub (1927) II 52 참조. 프랑스가 제안한 계획에 대해서는 일부 반대가 있었는데, 이러한 저항은 프랑스 계획 뒤에 무언가 개별 국가 차원의 정치적인 모티브가 숨겨져 있을 것이라는 우려와 연계되어 있었다. 몇몇 사람들은 프랑스가 자국 산업을 보호하기 위한 수단으로서 국제 카르텔을 지지한다는 의구심을 갖기도 했다. 예컨대 Feiler, *Neue Weltwirtschaft: Die Lehre von Genf, supra* note 17, at 24 참조.

32) 그의 영향력은 그가 컨퍼런스의 첫 번째 연사로 요청받았던 사실로도 알 수 있다. Cassel의 배경에 대해서는 T W Hutchison, *A Review of Economic Doctrines 1870-1929* (Oxford 1953) 245-250 및 Christina Jonung and Ann-Charlotte Stahlberg (eds), *Ekonomporträtt: Svenska Ekonomer under 300 År* (Stockholm 1990) 149-165 참조.

33) League of Nations, *Report and Proceedings, supra* note 31, at 13.

신 해롭거나 '남용적인(abusive)' 카르텔만을 규제해야 한다고 본다.

물론, 법으로 카르텔을 규제하려는 생각에 대한 강력한 반발이 있었다.[34) 카르텔 규제 반대론자들은 카르텔이 가져올 수 있는 효용을 강조했고, 남용적 카르텔을 규제하려는 노력이 실제로는 카르텔 효용의 제약 및 카르텔 형성의 위축으로 이어질 것을 우려했다. 나아가 이들은 정부의 규제가 해로운 카르텔만을 효과적으로 억지할 가능성이 높지 않으므로, 카르텔 규제 노력은 위험할 뿐만 아니라 아무런 의미도 없을 것이라고 주장했다.

컨퍼런스가 진행되면서 국제 사회가 카르텔의 해악을 억지하기 위한 규범 체제를 확립해야 한다는 생각이 점차 많은 관심을 끌게 되었다. 이러한 견해의 출처로는 세 가지를 들 수 있다. 첫째, Gustav Cassel과 같이 세계적인 명성을 보유한 소수의 경제학자이다. 이들은 반복적으로 국제 카르텔이 초래할 경제적 해악에 관해 통찰력 있는 견해를 제시했다. 두 번째, 노동운동이다.[35) 일례로, 프랑스의 강력한 CGT 노동조합의 수장인 Leon Jouhaux는 카르텔의 사회적 가치가 카르텔로 얻어지는 초과 이윤이 고용 안정화 및 노동자 복지 증대에 사용되는지 여부에 따라 좌우된다고 주장했다. 카르텔 사업자들이 노동자들과 독점 이윤을 '공유'하려 하지 않을 경우 국제 사회가 이를 요구할 수 있어야 한다는 것이다.[36) 세 번째, 소비자들의 이해관계이다. 컨퍼런스 참가자들이 소비자의 입장을 강력히 주장하진 않았지만, 카르텔이 소비자 가격 인상으로 이어질 수 있다는 점이 빈번히 언급되었고, 몇몇 참가자들은 사업자들의 과도한 가격 인상을 억제하기 위해 카르텔을 규제해야 한다고 주장하기도 했다.

국제 카르텔 규제에 관한 논의는 컨퍼런스에서 다뤄진 내용들 중 가장 어려운 주제로서 많은 논쟁거리가 되었다.[37) 그 결과, 모든 참가자들을 만족시키

34) 예컨대 M Zimmerman (former mayor of Rotterdam), League of Nations, *Report and Proceedings*, ibid at 147-8 참조.

35) 노동계 조직은 컨퍼런스에서 상대적으로 많은 목소리를 내지 못했다. 한 전문가에 따르면, '대표단들 중에서 자국에서 노동자들의 활동과 긴밀하게 연계되어 있는 사람들은 많지 않았을 것이다', Barbara Wootton, 'Capital and Labor in Industry' in *The Economic Consequences of the League, supra* note 16, at 147 참조.

36) League of Nations, *Report and Proceedings, supra* note 31, at 151 참조.

37) '(중략) 컨퍼런스에서 제시된 모든 주제에 대해 [국제 카르텔 이슈] 보다 복잡한 합의가 있었다.', Walter Runciman, 'Comment' in *The Economic Consequences of the League, supra* note 16, at 72 참조.

는 초안 작성이 어려웠던 탓에 국제 카르텔에 관한 권고안 작성이 지연되었다. 그럼에도 불구하고, 이 이슈에 관한 의견 대립 및 일정 지연으로 인해 보다 많은 미디어가 국제 카르텔 이슈를 집중적으로 다루는 긍정적인 효과가 생기기도 했다. 미디어가 수일, 수주에 걸쳐, 이전까지 거의 알려지지 않았던 국제 카르텔 이슈를 다뤄준 덕택에 이후 국제 카르텔 및 국제 경쟁에 관한 논의가 활발히 이루어질 수 있었다.

3. 조사 및 공표: 타협안

컨퍼런스의 최종 권고안은, 일부 참가자들이 바랬던 카르텔에 관한 국제 경쟁법 제정이나 카르텔 감독 조직의 창설에 관한 내용을 포함시키지 않았다. 공식 보고서의 관련 기재는 다음과 같다;

> So far as regards international [cartel] agreements, it is generally recognized that the establishment of an international juridical regime is impossible in view of the divergences between the measures which various countries have considered it necessary to take in the matter, and on account of the objections of principle which a number of states would feel on national and constitutional grounds to any such system.[38](국제 카르텔 합의에 관한한, 국가들이 카르텔에 취하고 있는 입장이 다양하고, 국제적 사법 체제에 대한 국가적 · 헌법적 근거에 관해 적용하는 원칙들이 상충됨을 고려할 때, 전반적으로 이에 관한 사법체제 설립은 불가능한 것으로 인식된다.)

컨퍼런스 권고안은 대신 국제 연맹이 국제 카르텔에 관한 정보를 수집하고, 개별 카르텔 행위를 점검하며, 카르텔로 발생하는 효과를 조사하고, 해로운 카르텔 행위에 관한 정보를 발표하도록 했다. 공식 보고서는 아래와 같이 계속된다;

> The Conference is of the opinion that the publicity given in regard to the

38) Official Report, *supra* note 31, at 49.

nature and operations of agreements constitutes one of the most effective means, on the one hand, of securing the support of public opinion to agreements which conduce to the general interest and, on the other hand, of preventing the growth of abuses.[39](컨퍼런스는 합의의 본질 및 작동에 대한 대중적 관심이, 한편으로는 전체의 이익에 기여하는 합의에 대한 여론의 지지를 유지하고, 다른 한편으로는 남용적인 합의의 증대를 방지하는 가장 효과적인 수단 중 하나라고 본다.)

공식 보고서의 입장은 몇몇에게는 과도한 것이었지만, 나머지에게는 미진했다. 그럼에도 불구하고, 공식 보고서는 세계 경제에 대한 규범적 프레임웍으로 향하는 중대한 진전으로 볼 수 있다. 뿐만 아니라, 많은 컨퍼런스 참가자들과 동시대인들이 이러한 인식을 같이 했다. 이들은 공식보고서의 권고안이 국제적 차원에서 카르텔을 보다 직접적으로 규제하는 방향으로 향하는 첫걸음이라고 생각했다. 권고안보다 더 진전된 법률 체제를 추구했던 사람들은, 국제 카르텔 자체가 새롭게 등장했기 때문에 보다 효과적인 규제 체제를 확립하기에는 경험이 너무도 일천했음을 인정할 수밖에 없었다. 그러므로, 국제 카르텔 규제를 향한 첫 걸음인 공식 보고서가 정당성을 부여받을 수 있는 것처럼 보였다.

C. 국제 카르텔에 대한 전세계적 대응의 형성

국제 경쟁에 관한 법률적 프레임웍을 제정하려는 생각은 개념·목적·내용 모든 측면에서 새로운 것이었다. 이 생각은 새로운 유형의 국제적 의사 결정 방식으로서, 개별적 경제 이슈들 및 경제적 세계화라는 근본적 문제에 대처할 수 있는 방법들을 보다 국제적으로 인식할 수 있게 하고, 이러한 인식을 반영하기도 했다. 그러므로, 이러한 문제 인식들 및 문제에 대한 대응방안들에 영향을 미쳤던 몇몇 요소들을 살펴볼 필요가 있다.

39) Official Report, ibid at 49.

1. 문제에 대한 인식

1920년대 국제 경쟁에 대한 해악에 어떻게 대처할 것인가라는 문제는, 과거의 경제적 번영 재건과 '경제적 평화(economic peace)'라고 일컬어지곤 했던 상태 확립이라는 두 가지 목적을 추구하는 상황에서 논의되었다. 이 두 가지 목적들은 서로 연계되어 있다. 당시 사람들은, 오늘날 전반적으로 경제적 관점에서만 이해·논의되는 이슈들을 보다 광범위한 관점에서 바라보았다. 특히 국가 공동체·세계 공동체라는 개념들이 이러한 관점에 포함되어 영향을 미쳤다.

경제학자들은 카르텔에 관한 인식에 핵심적 역할을 했지만, 이들이 모두 동일한 관점을 갖고 있진 않았다.[40] 오늘날, 거의 모든 경제 전문가들이 한목소리로 카르텔이 본질적으로 해악을 발생시킨다고 보고 있지만, 1920년대 경제학 이론은 그 정도까지 수렴하지 못했다.[41] 즉, 당시 경제학은 카르텔에 관해 동일한 견해를 형성하지 못했고, 카르텔의 효과에 관해서도 단일한 이론을 제시하지 못했다. 물론 당시에도 많은 이론들이 있긴 했지만, 카르텔에 관한 논의들은 그 중 어떤 이론을 중심으로 통합되지 못했다.

당시 카르텔에 관한 세 가지 주요한 경제적 인식들이 있었다. 첫째, 오늘날에도 익숙한 것으로, 카르텔을 경제적 효율성의 관점에서 인식하는 것이다. 19세기 후반 시작된 한계 효용(marginal utility) '혁명(revolution)'의 영향으로 비교적 신진 경제학자들 다수는 경제학적 관점에서 일관된 핵심적인 이론 프레임웍을 발전시키는데 몰두했다. 오늘날 흔히 '신고전 학파(neoclassical economy)'로 불리는 이 관점은 카르텔이 독점력을 형성하고 경제 시스템의 효율성을 저해하므로 본질적으로 해악을 발생시킨다고 인식했다.[42] 그러나, 이 관점은

---

40) 1920년대의 유럽 각 국은 경제학에 대해 상이한 관점을 갖고 있었으므로, 이 시기의 경제학에 관한 관점에 대해 일반화해서 말하는 것은 적절치 않다. 여기에서의 나의 언급은 주로 주요 서부 유럽 국가들의 관점에 관한 것이다.

41) 이러한 이슈들의 이론적-지적 배경에 대한 유용한 논의에 대해서는, 예컨대 Mary S Morgan and Malcom Retherford (eds), *From Interwar Pluralism to Postwar Neoclassicism* (Durham and London 1998); supplemented to History of Political Economy, volume 30); Ernesto Screpanti and Stefano Zamagni, *An Outline of the History of Economic Thought* (Oxford 1993) 212-94; Majorie S Turner, *Joan Robinson and the Americans* (Armonk, New York and London 1989) 19-36; and Robert Skidelsky, *John Maryland Keynes; The Economics at Savior 1920-1937* (New York 1992) 219-71 and 407-30 참조.

42) '따라서 재화의 자유로운 거래 과정을 저해하는 모든 장애들은 궁극적으로는 노동 분리의 원

1920년대 당시 경제학계에서 주류적 견해가 되지 못했고, 경제학자들 역시 이 관점의 중요성에 관해 의견일치를 이루지 못했다.

두 번째, '절충주의적(eclectic)' 관점이다. 이 관점은 특정한 이론적 프레임웍에 의존하지 않는다. 이 관점은 경제적 효율이 저해되거나 소비자들에게 불이익이 발생한 경우는 물론, 생산자들·근로자들 또는 국가적 경제 후생에 피해가 발생하는 경우에도 해악이 있는 것으로 인정한다. 예를 들면, 이 관점은 소비자 가격, 생산자 비용, 소득 분배 기타 다른 경제적 변수들, 심지어는 사회적 변수들에 미치는 영향에도 주목한다. 이 관점은 독일에서 가장 득세했고 영국에서도 상당히 확산되었던 역사주의 경제학(historical school of economics)과 관련되어 있다. 이 관점은 하나의 중심적 이론 체계에만 의존하는 신고전 학파의 입장을 배격하고, 구체적 상황·제도의 특징들을 강조했다.[43] 역사학파는 1920년대에 전체적으로 퇴조하는 추세이긴 했지만 몇몇 국가에서는 여전히 상당한 영향을 미치고 있었다. 이 관점은 또한 경제적 효용과 해악을 형량할 때 개별 구체적 상황에서 특정한 제도적 상황을 고려할 필요가 있음을 강조하는 이른바 '제도(institutional)' 경제학과도 관련되어 있다.[44]

이러한 절충주의적 시각은 카르텔에는 여러 가지 속성이 있다고 보았다. 즉, 카르텔은 소비자 가격을 인상시킬 수 있지만, 긍정적인 효과도 가져올 수 있다고 보았다. 예를 들면, 카르텔은 잉여 생산 시설 정리를 통해 제조업자의 비용을 절감시킬 수 있다. 또한 산업 합리화에도 기여해 투자 인센티브를 제고하고, 고용을 안정시키며, 노동자 계층에 이익을 제공하고, 사회적 평화 조성에 기여할 수도 있게 된다. 카르텔의 세 번째 효용은, 국경을 기준으로 시장을 나누고 국가간 경쟁을 없앰으로써 각 국의 산업을 보호할 수 있다는 점이다. 이로 인해 각 국 정부가 자국 산업 보호를 위해 관세 기타 조치를 취할 필요가 줄어들게 된다. 이상 각 경우에서 카르텔로 인한 경제적 효과는 한 가지 관점

칙에 문제를 제기하고 이러한 원칙의 효용을 감소시키려는 노력이다,' Cassel, *Monopolistic Tendencies, supra* note 23, at 4.

43) 1880년대 이래로 역사주의 학파는 오스트리아와 영국에 주로 기반한 한계 효용 학파를 신랄하게 비판해 오곤 했다. 이러한 학파간 갈등은 전쟁 이후 다소 둔화 되기는 했지만, 갈등의 영향이 소멸하는 데에는 상당한 시간이 걸렸다. Gerber, *Law and Competition, supra* note 29, at 76-88 참조.

44) 예컨대 David Seckler, *Thorstein Veblen and the Institutionalist: A Study in the Social Philosophy of Economics* (London and Basingstoke 1975) 참조.

에서만 평가되지 않는다. 이러한 효과들을 통합해서 일관되게 설명하는 어떠한 이론적 프레임웍도 존재하지 않는다.

카르텔에 관한 세 번째 경제학적 관점은, 당시 경제학자들이 흔히 채택했던 관점으로서 '진화론(evolutionary)'이라는 용어로 가장 잘 표현될 수 있다. 이 관점은 경제 이슈들을 (i) '거시적(big)' 체제 문제(예를 들면, 자본주의 vs 사회주의)나 (ii) '거시적(big)' 역사 문제 (예를 들면, 보다 광범위한 역사적, 진화론적 시각에서 개별 국가, 심지어는 세계 경제를 어느 지점에 위치시켜 바라볼 것인가)로 바라본다.[45] 이러한 견해에서는 이전과 다른 '새로운 시대(new era)'가 전개되고 있는지, 노동과 자본의 관계에 근본적 변화가 있는지 여부의 관점에서 경제 이슈를 바라본다. 어떤 논평가는 이를 다음과 같이 표현하기도 했다;

> 'Theoreticians of economic science (Theoretiker der wirtshaftswissenshaft) generally emphasize that we are at the beginning of a new development of the global economy and the national economies.'[46](경제학 이론가들은 전반적으로 우리가 세계 경제와 개별 국가 경제의 새로운 발전의 시작 단계에 있다는 점을 강조한다.)

이 관점에서는 카르텔을 중요한 진화론적 변화를 견인할 수 있는 긍정적 동력으로 인식하곤 한다. 이 견해를 지지하는 사람들은 전후 상황으로 인해 개별 국가·유럽·전세계 기업들과 경제가 직면하고 있는 엄청난 문제 상황들을 해결하기 위해 새로운 유형의 경제적 조직이 필요하다고 주장한다. 많은 사람들은 카르텔이 국제 경쟁이라는 새로운 상황에 맞닥뜨리게 된 국가들·기업들의 요구에 부응하는 것이므로 이러한 새로운 조직에 해당한다고 생각했다.

이처럼 경제학 전문가들조차 의견일치를 이루지 못했다는 점은 카르텔에 대한 단일한 분석 방법이나 카르텔로 발생하는 경제적 효과에 대한 분명한 평가 방법이 없었음을 의미한다. 그 결과 첫째, 카르텔에 대한 모든 정책적 평가는 이로 인해 발생하는 긍정적·부정적 측면을 비교·형량해서 '좋은' 카르텔과 '나쁜' 카르텔을 구별해야 했다. 둘째, 카르텔을 준별하는 일치된 기준이 존

45) 예컨대 Werner Sombart, *Der moderne Kapitalismus* (Munich 1927) 참조.

46) G A Delbanco, '*Kartellverordnung und "freie Konkurrenz*"' (1927) 25 *Kartell-Rundschau* 439, 440.

재하지 않았음을 고려할 때, 단순히 카르텔의 유형에 대한 검토만으로는 그 적법성 여부를 판단하기 곤란했고, 이에 터잡아 실제로 행해진 행위를 구체적으로 살펴볼 필요가 있었다. 그 과정에서 카르텔 참여 사업자들이 어떤 주관적 의도를 갖고 있는지가 검토대상이 되곤 했다.[47] 카르텔 참여 사업자들의 '특징(character)'은 합의의 '취지(spirit)'를 결정했고, 합의로 창출되는 시장력이 효용과 해악 중 어떤 것을 위해 사용될 것이었는지를 판단하는데 영향을 미쳤다. 당시 경제학 문헌들은 카르텔을 주도하는 사업자들이 나쁜 카르텔 또는 (이론적으로 가능한 바와 같이) 이로운 카르텔 행위로 나아가게 하는 여러 요소들에 관해 광범위하게 논의했다. 셋째, 이로운 카르텔 행위는 유지시키면서 나쁜 카르텔 행위를 억지할 수 있도록 카르텔에 대한 평가 기준이 고안될 필요가 있었다.

카르텔에 대한 평가의 어려움은 경제 분석의 역할에 관한 인식의 문제로 인해 더욱 가중되었다. 앞에서 언급한 바와 같이, 경제 이슈들은 정치 이슈들(특히, 국제 사회와 국내 공동체 사이의 일체성)과 연계되어 있었다. 제1차 세계대전 이후 수년 동안 국가간 긴장 완화 및 일체성 증대는 사실상 모든 국제 정책의 주된 관심사였다. 정책 입안자들과 분석가들은 세계대전이 초래한 잔혹한 상황과 취약한 공동체 의식을 너무도 잘 인식하고 있었으므로 일체성 있는 공동체 건설을 최우선적으로 고려했다. 여러 국가들의 생산자간 합의가 국가간 마찰을 줄여 국제적 일체감을 제고할 수 있다는 점이 빈번히 논의되었다. 많은 사람들이, 개인들과 집단들이 이러한 일종의 '연대(solidarity)'를 결성해야만 유럽・전세계가 직면하고 있었던 경제 문제들을 해결할 수 있다고 생각했다. 전 벨기에 총리이자 컨퍼런스의 의장이었던 Georges Theunis는 컨퍼런스 개회식에서 이를 다음과 같이 인상적으로 설파하기도 했다;

> Interdependence, or solidarity … is both the essence and the object of the League: it explains the work and justifies the aim. All those among us who have pored over the great problems on the solution of which depends the fate of States and peoples … have seen those problems lit up at times, and always by the same light-the light of solidarity. Sometimes it is an almost invisible flickering glimmer, still lost in the night of ignorance or stifled in

47) 예컨대 de Rousiers, *supra* note 23, at 22-4 참조.

> the smoke of battle. At other times it spreads and grows stronger until it dazzles even the most incredulous.[48](상호의존 또는 연대성은 국제 연맹의 본질이면서 목적이기도 하다; 이는 국제 연맹이 하는 일을 설명하고 이것이 추구하는 목적을 정당화한다. 우리들 중 국가 및 민족들의 운명을 좌우하는 큰 문제들에 관해 숙고해 왔던 사람들은 모두 언제나 연대성이라는 불빛이 이러한 문제들을 비추는 것을 여러 차례 목격해 왔다. 연대는 때로는 거의 보이지 않을 정도로 희미하게 깜박거리고, 무지로 인해 인식되지 않거나 전쟁이라는 연기로 질식되기도 한다. 그러나, 연대는 그렇지 않을 때 확산되고 더욱 강력해져 가장 의심스러운 것까지 눈부시게 비춘다.)

이런 맥락에서, 사업자간 관계(특히, 카르텔 합의)는 단순히 경제적 데이터보다는 세계 질서의 한 요소로 인식되었다.[49]

'공동체' 유대는 개별 국가적 차원에서도 마찬가지로 중요한 주제였다. 개별 국가 차원에서는 계층간 갈등이 문제되었다. 제1차 세계대전 및 이후의 기근으로 유럽 전역에서 산업 노동자들과 안정적인 정치적 지위를 확보하고 있던 계층간 갈등이 증대되었던바, 이는 때때로 기존 정부 구조까지 손상시킬 수 있다는 우려를 불러 일으켰다. 1920년대 민주주의 운동으로 노동자들도 투표권을 얻게 되자, 이들의 요구는 강력한 정치적 비중을 갖게 되었고, 이에 각 정당은 이들의 목소리에 급속히 관심을 기울였다. 특히 사회주의자들(socialists)과 사회민주주의자들(social democrats)은 잘 조직되어 있어서 노동자 계층의 이익을 강력히 대변할 수 있었다.

이와 같이 개별 국가 차원에서도 공동체적 유대에 대한 관심이 증대된 결과, 노동자들에게 미친 영향의 기준에서 카르텔을 검토해야 한다는 목소리가 높아졌다. 일부 사람들은 카르텔 합의가 사회 내의 긴장과 갈등(특히 노동자 계층과 다른 계층 간의 긴장과 갈등)을 완화한다고 주장했다. 산업을 안정화하고 기업에게 적정 마진을 확보해 줌으로써 고용과 임금 등 하류에 미치는 압력을 완

---

48) *Journal, supra* note 20, at 10 (remarks of G Theunis).

49) 이러한 연대에 관한 논의에 대해서는 Elemer Hantos, *Die Weltwirtschaftskonferenz; Probleme und Ergebnisse* (Leipzig 1928) 33-38 참조. 양 세계대전 사이 기간 동안의 이상주의에 관한 최근의 통찰력 있는 평가에 대해서는 David Long and Peter Wilson (eds), *Thinkers of the Twenty Year's Crisis* (Oxford 1995) 33-38 참조.

화할 수 있다는 것이었다.[50] 물론 산업 안정화 및 기업에 대한 보다 많은 마진을 보장하면 실제로 이와 같은 효과가 발생할 수 있는지 여부는 경영진이 카르텔로 얻은 마진을 어떻게 사용하는가에 달려 있었다. 만약 경영진이 독점 마진을 노동자들과 나누지 않는다면 하류에 미치는 압박이 더욱 커지는 정반대의 결과가 발생할 것이다.

경제학이 개별 국가와 세계 공동체의 이슈들 안에 '내재(embeddedness)'되기 위해서는 국제 카르텔에 대해 보다 유연한 입장을 취할 필요가 있었다. 당시 경제학자들이 카르텔의 폐해를 비교적 명확히 인식했다 하더라도, 공동체의 일반적 관점은 카르텔을 그 자체로 비난 대상으로 보지는 않았다. 결론적으로, 국제 카르텔 이슈는 보다 광범위한 관점(단순히 카르텔로 초래되는 경제적 효과뿐만 아니라 개별 국가 및 공동체 내에서의 구성원들의 협력과 유대에 미치는 사회적 영향까지 고려한 관점)에서 다뤄질 필요가 있었다.

2. 대응방안의 고안

모든 카르텔이 아닌 해로운 카르텔의 억제를 위해 카르텔에 관해 조사하고 그 내용을 공개하기로 한 결정은, 보다 강력한 규제를 주장했던 측과 카르텔 규제 자체를 반대했던 측간의 타협의 산물로 볼 소지가 있다. 그러나, 이 결정은 또한 카르텔 규제 목적을 구현하면서도 국제 공동체가 수용할 수 있는 규제를 위한 주의깊은 노력의 산물로 볼 수도 있다. 사람들이 카르텔을 보다 강력하게 규제하는 것에 주저했던 것은 경쟁법 집행 경험이 부족했다는 점과 관련이 있다. 개별 국가 차원에서 미국을 제외하면 충분한 경쟁법 경험을 갖고 있는 국가가 거의 없었으므로, 국제적으로 강력한 경쟁법 체제를 도입해야 한다고 주장하기는 어려웠다. 실체법적 규범뿐만 아니라, 법집행 기관, 절차법적 측면을 포함한 보다 발전된 경쟁법 체제를 구상할 수 있는 법률적 수단들이 매우 부족했다.

국제경쟁법에 관한 당시의 논의 과정에서 그 때까지 있었던 개별 국가의 경쟁법은 거의 가치를 인정받지 못했다. 이와 관련하여, 당시 가장 방대한 경쟁법 갖고 있었던 미국의 사례는 거의 언급되지 않았고 미국의 경험을 참조하

50) 이에 관한 논의에 대해서는 Wootton, *supra* note 35 참조.

자는 제안도 거의 없었다. 당시 상황을 이해하기 위해서는 미국이 국제 연맹의 회원국이 아니었다는 점을 상기할 필요가 있다. 물론 미국도 대표를 보내 참관인 자격으로 컨퍼런스에 관여하긴 했지만, 참관인이 논의 내용을 주도하는 데에는 근본적 한계가 있었다. 뿐만 아니라, 컨퍼런스를 주도했던 유럽인들은 미국을 협력적 파트너라기보다는 위협적인 존재로 바라보았으므로, 미국이 보유한 경험과 전문적 역량을 적극적으로 참고할 인센티브가 거의 없었다. 셋째, 미국 반트러스트법 시스템의 특징들 역시 제약 요소로 작용했다. 컨퍼런스의 대부분 논의가 카르텔을 금지하는데 소극적인 입장을 취했던 반면, 미국 반트러스트법은 합의를 아예 금지하고 있었다. 넷째, 미국의 전반적 상황이 유럽과는 근본적으로 상이하므로 미국의 경쟁법 경험이 유럽의 문제를 해결하는 데에는 별로 도움이 되지 않는다는 일반적인 인식이 있었다. 마지막으로, 유럽은 미국의 반트러스트법 집행 경험을 부정적으로 바라보는 경향이 있었다.[51] 미국 반트러스트법 체제는 깊은 고려 없이 형성된 것으로서 경쟁제한적 행위를 효과적으로 억지하지 못할 뿐만 아니라, 카르텔 합의는 금지하면서도 신탁(trust)은 허용하고 기업결합을 장려해 경제력 집중을 옹호한다고 인식되곤 했다.

유럽의 경쟁법 경험 역시 제한적이었다. 주요 유럽 국가들 중 실질적인 경쟁법 경험을 보유한 국가는 독일이 유일했고, 이 역시도 최근의 경험이었던 탓에 사실상 국제 카르텔에 관한 적절한 지침을 제시하지 못했다.[52] 1923년 급격한 인플레이션이 발생하고 정부 내에서 카르텔이 이에 기여하고 있다는 우려가 제기되자 Gustav Stresemann 정부는 카르텔에 관한 규제(Kartellverordnung)를 입법했다.[53] 이 법은 행정 부처를 설립하여 카르텔 및 시장지배적 사업자들의 '남용(abusive)' 행위를 규제하도록 하는 한편, 카르텔 법원을 창설하여 이 부처의 활동을 감독하게 했지만, 이들 기관들은 당시까지 그다지 인상적으로

51) 예컨대 Fritz Blaich, '*Die Rolle der Amerikanischen Antitrustgesetzgebung in der wirtschaftswissenschaftlichen Diskussion Deutschlands zwischen 1890-1914*' (1971) 22 ORDO 229 참조.

52) 독일의 경쟁법 경험에 관한 보다 상세한 논의에 대해서는 Gerber, *supra* note 29, at 115-53 참조.

53) *Verordnung gegen Missbrauch wirtschaftlicher Machtstellungen*, (2 November 1923) RGBI I 1067.

활용되지 못했다. 한편, 노르웨이, 스웨덴 기타 다른 작은 나라들의 최근의 경쟁법 경험은 거의 알려지지 않았으므로 국제 카르텔 규제에 관한 논의 과정에서 별다른 역할을 하지 못했다.[54] 마지막으로, 정부 역할에 대한 회의적 시각으로 인해 보다 적극적인 정부 역할 수행에 대한 반감이 있었다. 제1차 세계대전, 갈등과 이어진 공공 분야의 부패 및 무능력에 대한 인식으로 인해, 많은 사람들이 정부가 제시하는 아젠다를 경계하게 되었고, 국제 연맹이 제시했던 제안들도 경계하게 되었다. 자유주의자들 역시 성향상으로는 경쟁 보호를 추구하는 법률적 프레임웍 제정을 지지할 수 있었음에도 당시 정부 활동을 극히 불신하고 있었던바, 이들은 카르텔에 관한 자신들의 입장을 정하는데 정부 기관들에 대한 불신이 결정적 요소가 되었음을 자인하기도 했다.

D. 초기 성과 이후의 대공황과 세계 대전

Geneva Conference는 국제 경쟁 저해 행위들에 대응하기 위한 국가간 협력 메커니즘을 향한 중요한 첫 걸음이었다. 이런 점에서 컨퍼런스를 기획, 조직했던 사람들은 본래 의도를 성공적으로 달성했다고 할 수 있다. 컨퍼런스의 논의 내용, 결론, 제안들은 세계 시장의 작동을 위해 국제 공동체가 법률적 프레임웍을 형성해야 한다는 주장을 확립했다. 컨퍼런스는 국제 연맹에게 국제 카르텔과 이로 인한 효과를 조사하여 그 결과를 공표하게 했고, 국제 카르텔을 평가하는 기본적인 규범 프레임웍을 제시했으며, 최소한 일시적으로나마 경제 발전이 국제 공동체가 확립한 규범들에 통제되는 세계화 과정(globalization process)라는 개념을 확립하기도 했다. 컨퍼런스는 정치가들, 학자들, 대중 매체들로부터 광범위한 국제적 관심을 받았던바, 많은 사람들은 세계화되는 시장이 국제 공동체의 규범적 요청에 따라 통제될 것이라고 생각했고 (나아가) 이러한 생각을 적극적으로 수용하기에 이르렀다. 컨퍼런스 및 그 직후에 채택된 결정들은 많은 사람들에게 법과 경제 활동에 관해 근본적으로 새로운 관계 형성을 예고하는 것으로서, 법과 경제 활동 모두 이러한 관계에 의해 영향받을

54) 이에 대한 논의에 대해서는 *Gerber, supra* note 29, at 155-9 참조.

것으로 인식되었다. 이처럼 컨퍼런스와 관련된 노력들은 국제 경제 문제에 대처하는 새로운 방법을 제시했던바, 이는 이전에 존재했거나 이후 생성된 패턴들과는 근본적으로 달랐다. 이 노력들은 개별 국가의 범주를 뛰어 넘어 세계적인 법률 메커니즘을 발전시켜 세계 경제의 문제에 대처하고자 했다.

그러나, 컨퍼런스는 이상과 같은 역할과 전망을 뛰어넘는 성과를 거두었다. 컨퍼런스는 또한 세계화 과정에서 발생하는 핵심적 문제들을 구체적으로 인식했고, 이에 대한 개략적인 해결방안을 제시했다. 컨퍼런스는 세계 시장에서 이뤄지는 경쟁제한 행위들이 국제 공동체 규범을 위반할 수 있다는 점, 국제 공동체가 위반행위의 억지를 위해 법률적 기관들과 절차를 활용할 수 있다는 점을 분명히 했다. 컨퍼런스는 위반행위에 관한 규범의 핵심적 개요를 제시했다. 그 기본적 내용은 당시 세계화되던 시장에서 두드러졌던 카르텔이 경쟁을 제한해 획득한 경제력을 '남용(abusive)'하도록 허용되어서는 안된다는 것이었다. 여기서의 경제력 '남용'은 사업자들이 경제력을 소비자, 노동자 기타 다른 공익적 요소들에 피해를 발생시키는 방식으로 사용할 경우 인정된다. 이 '남용' 개념은 이후 수정, 발전 과정을 거치면서 전세계 대부분의 경쟁법 시스템의 핵심 개념이 되었다. 마지막으로, 컨퍼런스는 이러한 규범을 적용하기 위한 메커니즘을 작동시켰다.

컨퍼런스 결과들은 '새로운 세계 질서(new world order)'로 향하는 중요한 진전으로서 상당한 성공을 거둔 것으로 인정되어 광범위한 환영을 받았다. 헝가리 학자는 1928년 다음과 같은 언급을 하기도 했다;

> [I]t can be expected that the World Economic Conference will influence the direction of production policies and commercial policies in the future. In any event, scholars (Wissenshaftliche Arbeiter) will have to continually refer to the decisions of the Conference as the defining codification of the dominant economic policy ideas of the period.[55](세계 경제 컨퍼런스가 향후 생산 정책과 상업 정책의 방향에 영향을 미칠 것으로 기대할 수 있게 되었다. 학자들은 향후 지속적으로 컨퍼런스에서 내려진 결정들이 당대의 지배적인 경제 정책에 관한 아이디어를 문언으로 공식화한 것이라고 언급해야 할 것이다.)

---

55) Hantos, *Weltwirtschafskonferenz, supra* note 49, at 7.

각 국 정부 역시 초기에 매우 호의적인 반응을 보였다. Economist지의 편집자는 다음과 같이 언급하기도 했다;

> The most important fact in connection with the reception given to the Report of the World Economic Conference is that within a month half-a-dozen nations categorically accepted the findings of the Conference, and expressed their willingness to put them into effect.[56](세계 경제 컨퍼런스의 보고서에 대한 반응과 관련하여 가장 중요한 사실은, 1개월 내에 6개국이 컨퍼런스의 입장을 절대적으로 수용했고 이를 효과적으로 집행하겠다는 의사를 분명히 밝혔다는 점이다.)

많은 정부들이 컨퍼런스의 결론과 권고사항을 지지한다고 공표하고, 적어도 그 내용들 중 일부를 자국 정책에 반영하겠다고 선언하기도 했다.

이 기간의 노력들은 잘 드러나진 않지만 이후의 발전에 일정한 영향을 미쳤다. 제2차 세계대전 이후 적어도 유럽 지역에서 정치・경제 정책을 입안했던 사람들 대부분이 이러한 노력을 경험했던 사람들이었다. 이처럼 이 기간의 노력들은 제2차 세계대전 이후에 이와 유사한 움직임(국제 경쟁에 관한 세계적인 규범, 기관들을 제정하려는 움직임)이 어떻게 추진되고 어떻게 좌절되었는지를 이해하는데 필수적인 배경지식이 된다. 이 기간의 노력들은 또한 1950년대 유럽 단일 시장의 형성 및 이후 발전을 이해함에 있어서도 마찬가지로 중요한데, 이는 그 주요 내용들이 컨퍼런스가 국제경쟁법 제정에 관해 표방했던 약속들에 따라 이루어졌기 때문이다.

그러나, 1929년 국제 경제 상황이 급격히 악화되자, 각 국은 사실상 컨퍼런스의 권고안을 따를 수 없었다. 미국은 1930년 관세를 대폭 상향조정해 국가간 협력에 의해 경제 문제를 해결할 의사가 없음을 확인시켜 주었다. 다른 국가들 역시 예측된 바와 같이 미국을 따라 관세를 급격히 인상했던바, 이는 경제 대공황으로 이어졌다.

최초 컨퍼런스에 의한 시도 이외에 국제경쟁법에 관한 시도가 1930년에

56) W T Layton, 'The Possibilities and Probabilities of Action on Lines Suggested by the Confidence' in the *Economic Consequences of the League, supra* note 16.

한 차례 더 있었다. 1930년 런던에서 개최된 제27차 Inter-parliamentary Union (IPU) Conference가 바로 그것이었다.[57] 이 컨퍼런스는 제2차 세계대전 이후 거의 알려지지 않았지만, 양 세계대전 사이의 기간 동안 특히 유럽에서 상당한 존재감이 있었다. 이 컨퍼런스는 각 국의 입법기관들이 모여 논의할 경우 각 국이 처한 공동의 사회적 문제들을 해결하고 국제 평화를 증진할 수 있다는 믿음에 따라 19세기 후반 제정되었다.[58] 1930년 컨퍼런스에서 IPU는 각 국이 발전된 경쟁법 규범을 도입하고 이를 국제적으로 적용해야 한다고 주장했다. 컨퍼런스에 참가했던 입법기관들의 주장의 핵심은, 1927년 노동자 계층 지도자들의 요구와 궤를 같이하는 경쟁법 시스템을 채택하자는 것이었다. 그러나, 이러한 독자적인 국제경쟁법 관련 노력들은 이후 도래한 대공황에 압도되어 성과를 거두지 못했다.

대공황 및 이후의 제2차 세계대전에 관심이 집중된 결과, 국제적 협력을 통한 국제 경제의 문제 해결은 부적절하고 비현실적인 방안으로 여겨져 사실상 용도폐기되었다. 그러나, World Economic Conference(WEC)는 이러한 구도를 완전히 바꾸어 놓았다. 이 컨퍼런스는 각 국이 상호 협력을 통해 세계경제 문제를 해결할 수 있음을 보여주었다. 이러한 전망은 잊혀지지 않을 것이다.

E. 실현되지 못하고 폐기된 프로젝트: 하바나 헌장 이야기

국제경쟁법을 제정하려는 아이디어는 대공황과 제2차 세계대전으로 인해 일시적으로 수면 아래로 가라앉았지만, 종전 후 이전과 다른 상황에서 다른 형태로 재등장했다. 즉, 대공황과 제2차 세계대전으로 이어진 15년간의 기간 동안 국제 공동체에 대한 인식 부족이 명백해진 이상, 이를 전제로 각 국이 국제경쟁을 보호할 책임을 분담해야 한다는 생각을 추진하기는 어려워졌다. 그 대

57) Union Interparliamentaire, *Compre Rendu de le XXVI. Conference Interparlementaire* (Lausanne 1930) 33-34, 145-71 and 335-73 참조.

58) 이에 대한 일반적인 기술에 관해서는 Interparliamentary Union, *The Interparliamentary Union from 1889 to 1939* (Lausanne 1939) 참조.

신 국제경쟁법을 형성·유지하려는 새로운 요소가 있었다. 미국은 제2차 세계대전 이후 정치적·경제적·군사적 우위에 터잡아 국제 경제 이슈들을 해결하기 위해 국제적 협력을 제도화할 기회를 얻게 되었다. 미국은 여러 국제 경제 기관들을 설립해 대공황, 세계대전과 같은 참사의 재발을 방지할 안전장치로 활용하고자 했던바, 국제경쟁법 프로젝트는 이러한 아젠다의 일부로서 International Trade Organization('ITO') 설립 계획에 포함되었다. 이러한 아젠다의 대부분은 실현되었지만, ITO는 전후 미국-소련간 정치적 갈등 증대의 희생양이 되어 좌초되었다. 1920년대 최초 국제경쟁법 제정 시도가 좌초되었던 것과 마찬가지로, ITO 프로젝트 역시 프로젝트 추진 자체에 따른 효용·비용에 관한 정교한 분석과는 아무런 관계없는 이유로 폐기되었다.

1. 국제적 인식의 형성: 공통의 문제점에 대한 공통의 해결책 필요성 인식

1920년대에 비해 1945년에는 국제경쟁법 제정 가능성이 더 높은 것처럼 여겨졌다. 그 이유로는 첫째, 경쟁이라는 개념 자체가 과거 Geneva Conference에 비해 더 친숙해졌다는 점이다. Geneva Conference 및 이에 수반한 논의와 결정들로 인해 많은 정책 입안자들과 분석가들 사이에서 경쟁법에 관한 광범위한 인식이 생성되었다. 둘째, 국제 정치·경제 관계에 관한 급격한 인식 변화를 들 수 있다. 대공황 및 세계대전으로 인해 정책수립에서 국제적 이슈들이 중요하게 인식되고, 국제적인 문제들과 해결책이 각인되었다. 대공황과 세계대전은 각 국이 얼마나 상호의존적 관계에 있는지 생생히 일깨워 주었다. 각국은 이러한 과정을 거치면서 피해의식을 공유하게 되었다. 대공황은 (개별 국가의) 경제적 재앙을 전세계로 확산시켰고, 개별 국가들이 다른 국가들(이들은 종종 지구 반대편에 있는 국가들이었다)의 행위에서 초래되는 결과로부터 스스로를 보호하는데 무기력하다는 점을 보여주었다. 이러한 생각은 세계대전을 거치면서 더욱 견고해졌다. 전세계의 거의 모든 사람들이 자신들이 기여하지도 않았고 심지어는 그 존재조차 알지 못하는 갈등의 피해자가 되었다. 이런 사건들은 국제적 차원에서 발생하는 것이었던바, 그 원인과 결과를 진지하게 생각해본 사람이라면 인식 과정에서 '국제적' 관점을 취하지 않을 수 없었다. 모든 사람들이 유쾌하지 않거나 심지어는 절망적인 방식으로 '국제적 사건들을 경험'하곤 했다.

한편, 사람들은 국제적 협력이 이로울 수 있다는 점도 목격했다. 세계대전 기간 동안 국가들은 광범위하게 협력했던바, 전후 재건을 위해 국가간 협력이 필요하다는 점을 의심하는 사람은 거의 없었다. 몇몇 문제들은 국제적 차원에서만 해결할 수 있다는 것이 급속히 명백해졌다. 이런 인식은 전후 국제 기구 발전에 결정적으로 기여했다.

2. 전후 상황

국제적 관점의 발전 이외에도 세계대전으로 형성된 정치·경제적 요소도 전후 국제경쟁법 프로젝트 부활에 영향을 미쳤다. 그 중에서도 가장 두드러졌던 요소는 전쟁 피해 복구 필요성이었다. 세계 대전은 사실상 모든 지역의 종래의 경제·사회적 패턴을 바꿔 놓았다. 유럽은 가장 큰 피해를 입은 지역으로, 제1차 세계대전, 대공황, 제2차 세계대전의 연속되는 사건으로 절망과 상실감이 광범위하게 퍼져 있었다. 경제는 종종 휘청거렸고, 정치도 혼란상을 보이곤 했다. 일본 역시 이와 유사한 상황을 겪으면서 역사상 처음으로 외국에 의해 점령되었다. 중국 등 다른 아시아 지역 국가들의 경우 이미 분열되어 있던 국내 사정이 전쟁으로 더욱 악화되었다. 세계의 식민지들은 자신들을 지배하고 있던 식민통치 국가들과 같은 문제를 겪고 있었다. 식민지들은 한편으로는 독립을 원하면서도, 다른 한편으로는 자신들이 독자적으로 문제 상황을 해결할 수 있을지 우려하고 있었다. 라틴 아메리카의 경우 일부는 전쟁으로 경제적 이익을 얻기도 했지만, 대부분의 지도층이 전후 경제적 전망을 우려하고 있었고, 유럽 지도자들 및 전쟁 이전 정치 모델에 대한 확신에 의문을 갖기 시작했다. 미국의 경우 유럽에 비해 피해가 가벼웠음에도 불구하고, 역시 향후 정치, 경제 전망에 관한 우려가 광범위하게 퍼져 있었다. 전후 새로운 정치·경제 상황은 불안정·불확실했고, 모두가 이를 알고 있었다.

지도자들은 장래를 고민할 여유가 있을 때에는 대공황, 세계 대전과 같은 참사의 재발을 방지하는 것이 중요했지만, 아예 미래에 대해 생각하거나 그 대비를 위해 열정을 기울일 수조차 없는 경우도 종종 있었다. 지도자들은 미래에 대한 대비 대신 시급히 해결해야 할 문제에 관심을 기울여야 하곤 했다. 당시 가장 시급했던 것은 경제 성장이었다. 이는 그 자체로도 필요했고, 정치 체제의 재건과 안정화의 기반이 된다는 점에서도 중요했다. 전후 10여년의 대부분 기간 동안, 정치・경제・사회의 재건은 전세계 대부분 지역(특히 유럽)에서 각국에 가장 중요한 문제였다.

미국은 다른 국가들처럼 광범위한 혼란과 피해를 겪긴 했지만 폐허에까지 이르지는 않았다. 미국은 세계대전 과정에서 자국의 경제력을 과시했고, 종전 무렵에는 국제적 아젠다를 주도했다. 독일과 일본은 자주권을 상실하고 연합국의 지배를 받게 되었다. 한편, 미국이 속한 연합국들 역시 경제적으로 곤란한 상황이었으므로 동맹국인 미국의 지원을 필요로 했다. 물론 이러한 상황으로 인해 이들 국가들이 독자적인 목적을 갖지 못했다거나 아무런 목소리도 내지 못했던 것은 아니다. 다만, 민감하고 해결하기 어려운 문제들에 관해 미국에 공개적, 적극적으로 반대하는 것은 매우 부담스러운 일이었고, 실제로도 1950년 이전까지 이러한 반대는 거의 없었다.

대공황과 세계대전으로 인해 모든 국가에서 정부 역할 및 정부에 대한 신뢰가 제고되었다. 제1차 세계대전 및 그 이후의 기간 동안 정부 역할은 활발히 증대・통합되었던바, 이러한 추세는 대공황 기간 동안 정부 개입에 대한 요청 증대로 여러 국가에서 지속되었다. 이러한 추세는 미국에서 특히 두드러지고 의미있었던바, 미국 정부의 역할은 대공황을 극복하기 위해 뉴딜 정책을 집행하는 과정에서 대폭 증대되었다. Elizabeth Borgwardt가 적절히 지적한 바와 같이, 미국이 국내에서 이러한 역할을 수행했던 경험은 전후 국제 기구들의 발전을 추구하는 과정에서의 리더십 발휘와 긴밀하게 연계되어 있다.[59] John Maynard Keynes의 정책 제언은 이러한 미국의 발전을 장려했던바, 그는 경제 발전에서 발생하는 문제점에 대응하기 위해 정부가 적극적 조치를 취해야 한다고 주장했다. 그의 주장은 당시 경제학계의 주류가 되어 세계 많은 지역에서 정부 역할에 관한 사고에 영향을 미쳤다.[60] 이후 제2차 세

59) Elizabeth Borgwardt, *A New Deal for the World* (Cambridge, Massachusetts and London 2005). 또한 Jan Tumlir, 'The Evolution of the Concept of International Economic Order 1914-1980' in Frances Cairncross (ed), *Changing Perceptions of Economics Order* (London and New York 1981) 152-193 참조.

60) 예컨대 Robert Skidelsky, *John Maryland Keynes: The Economist at Savior 1920-1937* (New

계대전으로 인해 국민들을 재배치하고 광범위한 경제 계획이 필요해지자 이러한 현상이 더욱 가속화되었다.

3. 전후의 희망: 국제 기구

제2차 세계대전 후 재추진된 국제경쟁법 프로젝트는 이상 살펴본 바와 같은 복잡한 상황에 대한 국제적 대응의 일환이므로, 이 프로젝트를 이해하고 평가하기 위해서는 이러한 상황을 반드시 고려할 필요가 있다. 국제경쟁법 프로젝트는 보다 광범위하고 거시적인 프로젝트에 포함되어 있었으므로 그 자체로 독립적으로 수용·거부될 수 없었고 거시적 프로젝트와 운명을 같이 할 수 밖에 없었다. 국제경쟁법 프로젝트는 이 거시적 프로젝트의 일부로서 광범위한 지지를 받기도 했지만, 이 프로젝트가 좌초됨에 따라 일시적으로 봉인되었다.

이 거시적 프로젝트는 'Bretton Woods' 프로그램으로 불렸던 것으로서 세계대전 중 미국과 동맹국들에 의해 고안된 매우 야심찬 프로그램이었다. 이 프로그램은 전후 국제 정치·경제의 발전 프레임워크 구축을 위해 복수의 국제 기구들로 구성된 시스템을 구축하고자 했다. 최대한 개략적으로 설명하면, 이 시스템은 United Nations, World Bank, General Agreement on Tariffs and Trade('GATT'), International Monetary Fund('IMF') 등을 포함한다. 이들 기관은 대부분 종전 후 수년 내에 설립되어 현재까지 국제 정치·경제 발전에 대한 프레임워크 역할을 해 왔다.[61)]

이와 같이 국제 기구들을 창설하려는 프로젝트는 여러 곳에 뿌리를 두고 있다. 제1차 세계대전이 가져온 공포와 Woodrow Wilson을 포함한 지도자들이 설파한 이상주의적 주장으로 국제 연맹이 결성될 수 있었고, 국제 기구 창설에 대한 새로운 기대가 고조되었다. 더욱이, 국제 관계에 관한 새로운 생각이 등장했는데, 이 생각에서는 세계의 문제들이 급속도로 상호 연관되어 가고

York 1992) and Robert Skidelsky, *John Maryland Keynes: Fighting for Freedom 1937-1946* (New York 2000) 참조.

61) 이에 대한 배경에 관해서는 Thomas W Zeiler, *Free Trade, Free World: The Advent of GATT* (Chapel Hill, North Carolina 1999) 참조.

있으므로 그 해결 역시 국제적인 협력에 의해야 한다고 보았다. 이미 살펴본 바와 같이, 1920년대에 이미 이를 실현하려는 상당한 노력이 있었다. 그 결과 1920년대 말에 이르자 국제적 협력으로 세계의 문제를 해결할 수 있다는 낙관적 전망이 전세계 많은 사람들 사이에서 형성되었다.

1943년, Franklin Roosevelt와 Winston Churchill은 대서양 헌장(Atlantic Charter)을 통해 이러한 국제 기구 창설을 통해 달성하고자 하는 전반적 목적들을 밝혔다.[62] 이 Charter는 광범위한 원칙들을 제시하면서, 이것들이 전후 세계를 형성하는 기초가 되어야 한다고 주장했다. 이 Charter는 각 국가와 민족이 근본적으로 상호의존적인 관계에 있다는 점을 강조하면서 전통적 관념의 국제법 범위를 훨씬 넘어서는 권리들을 명시했다. 예를 들면, 민족은 자신의 운명을 자기가 결정할 근본적 권리를 갖고 있다는 것이다. 이 Charter는 미래 세계가 공동체로서 상호 협력·조화·상호 존중을 통해 모든 사람들의 삶을 개선시킬 것이라는 생각을 담고 있었다. 이러한 생각은 특히 식민지 사람들에게 엄청난 반향을 불러 일으켰던바, 사람들은 이러한 생각을 열렬히 환영했고, 탈식민지화에 높은 기대를 갖게 되었으며, 이를 실현하기 위해 노력했다.

Bretton Woods 아젠다에 대한 보다 구체적인 배경은 1930년대로 소급될 수 있는바, 이 시기 미국과 영국의 관료들은 경제 공황의 재발을 방지할 방안을 고려하기 시작했다.[63] 초기 논의는 비교적 기술적인 화폐 이슈들에 대한 규제 약정에 초점을 맞추었으나, 제2차 세계대전의 도래로 논의 범위 및 논의 참가자들 모두 확대되었다. 참가국들은 국제 기구들을 창설해 경제적 재앙과 이로 인해 초래될 수 있는 전쟁을 방지해야 한다는 보다 큰 계획에 관해 논의하기 시작했다. 당시 참가국들의 지배적인 생각은, 국제 기구들이 국가간 갈등을 해결하고, 이를 통해 각 국이 국제적 문제에 대해 서로 입장을 조율하여 대응할 수 있으며, 전후 문제 상황에 평화적·건설적으로 대처할 수 있게 하는 규범과 절차를 제공할 수 있다는 것이었다. 논의가 진행됨에 따라, 캐나다 관료들이 특히 중요한 역할을 하기 시작했고, 다른 국가들 역시 결국에는 급속도로

62) 이에 대한 상세한 논의에 대해서는 Borgwardt, *supra* note 59 참조.

63) 이러한 협상에 관한 심도 깊은 분석에 대해서는 Richard N Gardner, *Sterling Dollar Diplomacy in Current Perspective: The Origins and the Prospects of our International Economic Order* (2nd edn New York 1980) and Keith Hutchinson, Rival Partners-*America and Britain in the Postwar World* (New York 1946) 참조.

논의에 관여하게 되었다.[64)]

4. 하바나 헌장 프로젝트의 전개

국제 경제 관계를 안정시키고 발전시킬 국제 기구를 제정하려는 계획은 이상의 논의 초기에서부터 포함되어 있었다.[65)] 즉, 국제적인 정치·금융 관계에 관한 프레임웍을 제공할 다른 기구들과 마찬가지로, 국제적인 상업적 거래관계에 관한 프레임웍을 제공하는 기구도 제정될 계획이었다. 무엇보다도, 이 계획은 정부의 정치적 간섭, 기업에 의한 사적 간섭을 모두 금지해 국제 무역을 증진·보호하고자 했다. 전세계 대부분(특히 유럽)이 필요로 했던 경제 발전을 위해서는 무역을 재건할 필요가 높다는 전반적인 인식이 있었으므로 새롭게 창설될 국제 기구는 무역을 유지, 발전시킬 임무를 수행할 것으로 기대되었다. ITO로 알려져 있는 새로운 국제 기구를 창설하기로 한 합의는 '하바나 헌장(Havana Charter)'로 지칭된다. 국제경쟁법 발전 프로젝트는 ITO 기구 체제의 핵심 부분인 경쟁제한적 사업활동에 관한 규칙에 포함되어 있었다.

ITO 창설은 보다 큰 전후 국제 아젠다의 일부이긴 했지만, 그 창설은 같은 아젠다에 속하는 다른 기구들과 전반적으로 독립적으로 이루어졌다. World Bank와 같은 기구들의 창설은 무역 이슈를 다루는 기구의 창설보다 더 쉬우면서도 더 시급한 것으로 여겨졌다. 그 결과, 다른 기구들을 창설하려는 계획들이 우선적으로 진행된 결과 대부분의 기구들이 ITO 창설 여부에 관한 최종 결정이 이뤄지기 이전에 이미 창설되었다. 많은 사람들이 무역의 중요성을 인식하고 있었고, 상업적 거래관계의 악화가 대공황을 초래하거나 최소한 이를 악

64) 하바나 헌장의 발전에서 캐나다의 참여 및 기타 여러 중요한 세부 사항들에 대한 논의에 대해서는 Michael Hart (ed), *Also Present at the Creation: Dana Wilgress and the United Nations Conference on Trade and Employment at Havana* (Ottawa 1995) 참조. 또한 John W Homes, *Life with Uncle: The Canadian-American Relationship* (Toronto 1981) 9-41 참조.

65) 이에 대한 상세한 배경에 대해서는 William A Brown Jr, *The United States and the Restoration of World Trade* (Washington 1950) 47-131 and Clair Wilcox, *A Charter for World Trade* (New York 1949) 참조. 이에 대한 최근의 고찰에 대해서는 Steve Dryden, *Trade Warriors: USTR and the American Crusade for Free Trade* (Oxford and New York 1995) 3-32; Susan Aaronson, *Trade and the American Dream: A Social History of Postwar Trade Policy* (Lexington, Kentucky 1996) and Jean-Christophe Graz, *Aux Source de L'OMC: La Charte de la Havane 1941-1950* (Geneva 1999) 참조.

화・유지하는 주요 원인이었음을 광범위하게 인식하고 있었음을 고려할 때, 당초 ITO 창설은 상당히 우선적으로 추진될 것으로 기대되었을 수도 있다. 그러나, 모든 사람들이 무역 이슈들이 상당한 논쟁을 불러일으킬 것이라는 점, 따라서 이에 관한 합의 도출이 매우 어려울 것이라는 점도 알고 있었으므로, ITO 창설 추진은 상대적으로 지연되었다.

a. 미국의 제안

미국은 영국, 캐나다 관료들과의 기획 회의를 거쳐 1945년 국제 무역 기구 제정에 관한 제안 초안을 작성했다. 초안 중에는 다음과 같은 내용이 있다;

> The main prize of the victory of the United Nations is a limited and temporary power to establish the kind of world we want to live in ⋯. The fundamental choice is whether countries will struggle against each other for wealth and power, or work together for security and mutual advantage ⋯. Countries should therefore join in an effort to release trade from the various restrictions which have kept it small. If they succeed in this they will have made a major contribution to the welfare of their peoples and to the success of their common efforts in other fields.[66] (국제 연합이 거둔 승리의 주된 상품은 우리가 살고 싶어 하는 세상을 창설할 수 있는 제한적이고 일시적인 권한이다. 근본적으로, 국가들은 부와 권력을 위해 서로 투쟁할 것인지, 아니면 안정과 상호 번영을 위해 서로 협력할 것인지 선택해야 한다. 따라서, 국가들은 무역을 위축시켰던 여러 제약들로부터 무역을 해방시키려는 노력에 동참해야 한다. 국가들이 이에 성공하면 각 국의 국민들의 부와 다른 분야에서의 공동의 노력의 성공에 중대하게 기여하게 될 것이다.)

초안에는 두 개의 요소들이 포함되어 있었다. 첫째, 각 국에 적용될 수 있는 실체법 원칙들이다. 이 원칙들은 무역에 관한 행위 규범으로서 4개의 영역, 즉 (i) 무역에 대한 정부 개입(관세와 쿼터), (ii) 사적 주체간의 거래제한 합의(카

66) US Department of State, *Proposals for consideration by an international conference on trade and employment* (6 December 1945) 1-2. 초안 준비에 관한 방대한 서류들은 Harley Notter (ed), *Postwar Foreign Policy Preparation 1939-1945* (Department of State Publication 3580, Washington 1950)로 출판되었다.

르텔), (iii) 정부간 상품 협정, (iv) 해외 투자에 대한 규율에 초점을 맞추고 있었다. 이 규범들의 목표는 모든 당사자들에게 '공정(fair)'하고 중립적인 원칙들을 제정하고 이 원칙들이 국제적 경제 관계의 기초로 합의되도록 하는 것이었다. 이후 협상 과정에서 (v) 완전 고용의 추구가 추가되었다. 그러나, 초안은 실체법 원칙들만을 포함하는데 멈추지 않고 이러한 원칙들을 집행할 국제 기구 설립에 관한 내용도 담고 있었다.

미국 정부는 이 제안을 강력히 지지했다. 전쟁 직후, 모든 사람들은 모든 국제적 노력이 성공을 거두기 위해서는 미국의 리더십이 필요하다는 점을 분명히 인식하고 있었다. 세계 거의 모든 지역이 경제 발전의 동력을 찾기 위해 필사적으로 노력하곤 했던 상황에서, 미국의 제안은 전반적인 지지를 얻었다. 많은 사람들은 미국의 제안이 경제 발전을 이끌 수 있는 현실적으로 유일한 희망이라고 여겼다.[67]

b. 다른 국가들의 반응과 협상

미국의 제안에 대해, 새롭게 창설된 UN 내의 경제사회이사회(the Economic and Social Council of United Nations)는 17인으로 이루어진 준비위원회를 구성해 미국의 제안을 모든 교역국들이 받아들일 수 있도록 논의·발전시키라는 임무를 부여했다.[68] 국제 공동체 구성원 전체를 나름대로 '대변(represent)'하기 위해 17인의 위원 중 6명이 '저개발된(underdeveloped)' 국가측 인사들로 채워졌다.

준비위원회는 1946년 런던, 1947년 제네바에서 잇달아 모여 전체 회원국들에 제안할 내용을 확정하려 했다. 보도에 따르면, 협상은 몇몇 쟁점에 관해 진통을 겪었고, 그 결과 최초로 준비위원회에 제출된 안이 상당히 수정되었는데, 주요 수정 내용은 '저개발 국가들(underdeveloped countries)'이나 재정적 곤란을 겪고 있던 국가들에게 의무에 대한 예외를 인정하는 것이었다. 미국은 특

67) 예컨대 Hugo Henikstein, *Die Amerikanische Handelspolitik nach dem zweiten Weltkrieg und die Wiederbelebung des Welthandels* (Vienna 1950) 참조.

68) 준비위원회 구성원들은 Australia, Belgium-Luxembourg Economic Union, Brazil, Canada, Chile, China, Cuba, Czechoslovakia, France, India, Lebanon, Nethelands, New Zealand, Norway, Union of South Africa, the Soviet Union, the UK and the US이다. 이 중 Soviet Union을 제외하고는 모두 참여했다.

히 개발도상국들에게 많은 양보를 했다.[69] 준비위원회는 진통끝에 협의를 통해 위원들로부터 광범위한 지지를 받는 것처럼 보였던 수정 초안을 완성할 수 있었고, 이로 인해 그 다음 해로 예정되어 있던 최종 협상 역시 성공적으로 진행되어 ITO가 창설될 수 있을 것이라는 확신이 생성되었다.

그러나, 1948년 57개 국가들이 하바나에 모여 최종 합의안을 위한 협상에 돌입했을 때, 기존의 낙관적 전망은 성급했던 것으로 드러났다. 준비위원회의 제안에 대해 다각도에서 비판이 가해졌다. 협상은 자주 과열되었고, 험악한 분위기가 연출되었으며, 몇몇 참가자들은 과연 합의가 이루어질 수 있는지 의구심을 가졌다. 특히 저개발 국가들 대표자들이 가장 큰 불만을 제기했던바, 그 대부분은 라틴 아메리카 국가들 대표자들이었다.[70] 미국은 저개발 국가들에게 특별한 처우를 하고 이들 국가들의 경제발전에 조력하는 내용으로 많은 양보를 했다.[71]

이러한 양보에 힘입어 1948년 3월 53개 국이 합의안에 서명을 했다.[72] 서명을 한 국가들의 대표들은 하바나를 떠나면서 자국의 목표를 달성했고, ITO가 창설되어 Bretton Woods 아젠다에 따라 최근 창설된 다른 국제 기구들과 함께 본연의 역할을 할 것이라고 생각했다. 이 아젠다에 포함된 다른 국제 기구들의 사례에서 드러났던 바와 같이, 일각에서 몇몇 국가들이 비준을 하지 않을 수도 있다는 우려가 제기되었지만, 주요 국가들(특히 미국)이 모두 합의안을 지지하고 있었으므로, 서명한 모든 국가들이 결국 하바나 헌장을 비준하고 ITO 체제에 참여할 수밖에 없을 것이라는 전망이 지배적이었다. ITO 체제는 Bretton Woods 체제를 구성하는 주요 요소들 중 다른 기구들이 이미 구동하고 있었던 상황에서 마지막으로 추진되고 있었다.

69) Richard Toye, 'Developing Multilateralism: The Havana Charter and the Fight for the International Trade Organization, 1947-8' (2003) 25 Int'l Hist Rev 282-305 참조.

70) 캐나다 대표단장의 통찰력 있는 언급에 대해서는 Dana Wilgress, 'Report of the Canadian Delegation to the United Nations Conference on Trade and Employment' at Havana, printed in Hart, *supra* note 64, at 76-9 참조.

71) 이에 대한 논의에 대해서는 예컨대 Toye, *supra* note 69 참조.

72) 56개 참가국 중에서 53개 국가가 1948년 3월 24일에 서명을 했고, 한 국가는 이후 서명을 했고, 두 개 국가가 서명을 하지 않았다. Brown, *supra* note 65, at 10 참조. 라이베리아와 호주가 최초로 헌장을 비준했지만, 호주는 영국과 미국이 유사한 조치를 취할 것을 조건으로 비준했다. 1949년 4월 28일 트루먼 대통령은 상원과 하원에 헌장을 제출하면서 양원이 공동 결의를 통해 미국의 회원 가입 및 참여를 승인해 줄 것을 요청했다. Brown, ibid at 10 참조.

하바나에서의 협상은 국제 경제 관계를 과감하고 근본적으로 변화시키는 것에 대해 각 국의 동의를 얻었다는 점에서 성공적이었던바, 이러한 변화는 무역 증대와 최근까지 많은 피해를 발생시켰던 무역 이슈들에 관한 국가간 갈등을 감소시킬 것을 약속했다. 협상이 성공함에 따라 국제 경쟁이 세계의 경제 발전을 견인, 유지할 것이라는 희망이 생성되었다. 더욱이, ITO 프로젝트는 단순히 경제적 발전을 넘는 약속이었다. 즉, ITO는 1920년대와 1930년대 경제 정책의 오류를 인식하고 이를 수정하기로 하는 약속이었다. 몇몇 사람들은 ITO 프로젝트가 미국의 우월적인 힘을 법률적 프레임웍에 포함시킴으로써 미국의 경제력을 어느 정도 제어하는 추가적인 이점이 있다고 생각했다. ITO 체제가 출범하기 위해서는 합의에 법률적 효력을 인정할 수 있을 정도의 충분한 수의 서명국들의 비준 절차만이 남아 있었고, 그 성패는 미국의 비준에 달려 있었다. 사실상 모든 서명국들이 자국 내에서 비준 절차를 진행하기 전에 미국의 비준을 기다리고 있었다. 모든 국가들이 국제 연맹의 실패를 기억하고 있었으므로 ITO도 미국의 비준이 없다면 사실상 의미가 없어진다는 점을 알고 있었다.

5. 미국의 정치적 상황에 따른 ITO 체제 출범의 좌초

미국의 ITO 참여는 의회로부터 비준을 필요로 했으므로, 이제 ITO의 성패는 미국 의회에 달려 있게 되었다.[73] 미국 의회가 Bretton Woods 아젠다의 다른 기구들에 대한 참여를 승인한 바 있으므로, 유독 ITO에 대해서만 정치적 지지를 하지 않을 것이라는 전망은 거의 없었다. 협상 초기부터 일부 사람들은 의회가 ITO를 당연히 지지하지는 않을 수도 있음을 알고 있었지만, ITO를 둘러싼 정치적 상황은 ITO와 전혀 무관한 사건들로 인해 급속히 악화되었다. ITO 지지자들에게는 세계대전 이후 미국이 취했던 일단의 국제주의적 행보의 마지막인 ITO에 대한 비준 요청이 가장 안 좋은 시점에 이루어졌던 것이 불운이었다.

73) 이에 대한 논의에 대해서는 예컨대 William Diebold, 'The End of the ITO' in *16 Essays in International Finance* (Princeton 1952) 1-37 참조. 하바나 헌장에 대한 합의가 의회의 승인을 받아야 하는지에 대해서는 다소 의문이 있었지만, 트루먼 대통령은 엄밀한 의미에서 의회의 승인이 필요하지 않다고 하더라도 정치적으로 의회의 승인을 받을 필요가 있다고 보았다.

미국내 여론은 본래 국제 기구의 설립 및 국제적 협력에 의한 문제 해결 방안을 강력히 지지했고, Bretton Woods 아젠다에 속한 다른 부분들이 실현되는 것을 뒷받침했지만, 미국 의회가 하바나 헌장을 검토하게 된 1949년 급속히 악화되었다. 미국과 소련의 갈등 심화로 양국은 각자 자국과 입장을 같이 하는 다른 국가들과 진영을 이뤄 정치적 이데올로기 및 경제 시스템에 관한 극한적인 투쟁에 돌입하게 되었던바, 그 결과 ITO의 가치는 이전보다 낮은 것처럼 보였다. 설령 ITO가 창설된다고 하더라도 상당수 국가들이 이에 참여하지 않을 것이 분명해졌다. 소련은 ITO가 자본주의자들의 음모라고 비난했고, 이런 소련 지도부가 단기간 내에 교체될 가능성은 매우 낮았다. 그 결과, 미국이 ITO 참여를 통해 자국이 이미 보유하고 있었던 정치적 영향력 및 경제적 기회에 대한 제약을 상쇄할 수 있는 사유들은 거의 사라졌다.

이상과 같은 미국 밖의 상황 전개는 ITO에 대한 지지 감소로 이어졌다. 1946년 치뤄진 미국 의회 선거에서 공화당은 1932년 Franklin Roosevelt가 대통령으로 선출된 이후 최초로 의회 주도권을 되찾았다. 공화당은 본래 민주당보다 보호주의적 성향을 갖고 있었을 뿐만 아니라 민주당이 장악했던 의회 주도권을 15년 만에 되찾았기 때문에 민주당이 추진해 왔던 대외 정책 기조를 유지할 인센티브가 거의 없었다. 비록 1948년 Truman이 예상을 깨고 대통령으로 당선되어 민주당이 의회에 대한 통제권한을 회복하긴 했지만 이는 매우 불안정한 것이었다. 1949년 중국에서 마오쩌둥의 공산주의 운동이 승리를 거두자, 전세계가 공동의 목표를 추구하지 않고 갈등과 상호불신으로 나아가고 있다는 공포감이 팽배해졌다. 국제 정세 불안에 대한 이러한 우려는 1950년 한국 전쟁의 발발로 공산주의 및 해외의 상황이 미국에도 영향을 미칠 것이라는 일반적 공포감으로 전화했다. 급기야 상원의원 John McCarthy는 이러한 공포심을 거의 정치적 히스테리로 부추기기도 했다.[74] 이러한 일련의 사건들로 인해, 미국 의회의 지도자들은 미국이 국제 공동체에 기여해야 한다는 생각에 급격히 환멸을 느끼게 되었다. 미국 정치 상황의 이와 같이 놀랍도록 급속한 기류 변화는 1950년 Washington D.C.에서 ITO에 관한 청문회가 개최될 때 최고조에 달했다.

---

74) Ellen Schrecker, *Many are the Crimes: McCarthysm in America* (Boston 1998; paperback edn Princeton 2000) 참조.

물론 이런 상황 변화에도 불구하고, 만약 행정부가 일치하여 ITO를 강력히 지지했더라면 ITO에 대한 비준이 이루어졌을 수도 있었을 것이지만, 실제로 그러한 지지는 없었다. Truman은 자유주의적 국제관계주의의 강력한 신봉자였고, Wilson 대통령의 국제적 협력이라는 이상을 추종했다.[75] 그는 ITO를 지지하기는 했지만 국제적 갈등의 증대로 인해 정치적 영향력을 제대로 행사할 수 없었다. 국제 문제에 관련된 프로그램은 국무부 소관 업무였지만, 그는 국무부 지도부와 항상 친밀한 관계에 있지는 않았다. 국무부는 또한 공산주의자들이 미국 정부 내에 영향을 미치는 것을 우려했던 사람들의 집중적 비판 대상이었다. Truman 정부는 하바나 헌장이 미국의 정치적 원칙을 전세계적으로 적용한 것이라고 내세웠지만, 전세계가 이념에 따라 분열되고 있는 상황에서 공산주의가 미국에 지속적으로 증대되는 위협이 되고 있다는 인식이 높아짐에 따라 전후 세계에 대한 이상주의적 주장이 시대착오적인 것처럼 여겨졌다. 국무부는 ITO 인준을 강력히 추진하면서 미국 내 6개 주요 도시에서 공청회를 개최하기도 했지만, 이러한 부정적 인식 변화를 되돌리진 못했다.

한편, ITO와 별개로 GATT라는 형식을 통해 비교적 좁은 범위에서 ITO의 목표와도 어느 정도 부합하는 목표를 추진하려는 국제적 움직임이 병행됨에 따라 정치적 상황이 더욱 복잡해졌다.[76] ITO 서명국보다 소수의 교역국들은 최소한 ITO가 창설되기 전까지만이라도 GATT를 통해 관세 인하 의무를 부과하는 것이 의미가 있고 필요할 수도 있다는 입장을 취했다. GATT는 특정 기구 가입을 요구하지 않았으므로 의회로부터 승인을 받을 필요가 없어 ITO보다 합의에 도달하기 훨씬 쉬웠다. 비록 범위는 ITO보다 좁았지만, GATT 역시 몇몇 측면에서 ITO와 동일한 기반을 갖고 있었고, 몇몇 조항들을 ITO 헌장에서 그대로 차용하기도 했다. GATT 협상은 ITO 반대론자에게 일종의 '탈출구(excuse)'가 되었던바, 이들 중 다수는 GATT 합의로 중요한 무역 이슈들을 적절히 다룰 수 있다는 점, 따라서 미국이 ITO라는 다른 형태의 국제 기구를 창설하여 비용을 지출하거나 위험을 무릅쓸 필요가 없다고 주장했다.

---

75) Alonzo L Hamby, *Man of the People: A Life of Harry Truman* (New York and Oxford 1995) 418-574 참조.

76) 이에 대한 논의에 대해서는 Kenneth W Dam, *The GATT: Law and Economic Organization* (Chicago 1970) and Robert Hudec, *The GATT Legal System and World Trade Diplomacy* (New York 1975) 참조.

미국 의회가 정식으로 ITO 프로젝트를 반대하진 않았지만, Truman 정부 관료들은 냉전의 도래 및 그로 인한 국내 정치 지형의 변화로 인해 의회가 하바나 헌장을 비준하지 않을 것임을 분명히 인식하게 되었다. 이에 Truman은 1950년 12월 6일 ITO 비준안건 상정을 아무 조건없이 철회했고, 이를 통해 ITO 창설 계획의 좌초를 용인했다. 이로써 국제경쟁법 제정을 위한 두 번째 시도도 무위로 돌아갔다.

6. 하바나 헌장 프로젝트에서의 경쟁법

국제적 경쟁법 경험과 경쟁법에 대한 지지를 평가함에 있어, 하바나 헌장 내 경쟁법 조항들인 경쟁제한적 사업활동에 관한 규칙(Restrictive Business Practices Code—"RBPC")의 헌장 내 위상을 살펴볼 필요가 있다. 경쟁법 조항들은 하바나 헌장 내의 한 부분에 불과했지만 전체 프로젝트의 필수적 요소로 널리 인정되었다. 경쟁법 조항들은 전쟁 이후 무역 증대 및 국제 경제 관계 안정을 추구한 노력들에 담긴 기본적 논리를 구체적으로 반영한 것이다. 무역이 증대되기 위해서는 정부 및 사적 주체에 의한 무역에 관한 제약들이 없어져야 했다. 미국측 대표들이 지속적으로 강력한 경쟁법 조항을 포함시켜야 한다고 주장했고, 모든 참가국들이 전반적 관점에서 이러한 주장을 광범위하게 지지했던 것은 놀라운 일이 아니었다.

각 국의 광범위한 지지는, 1920년대 경험과 그로 인한 기대와 관련되어 있다. 국제경쟁법을 제정하려는 아이디어는 1927년 국제적 아젠다였고, 시간이 지났지만 잊혀지지 않았다. 당시 아이디어는 국제 연맹의 기관들이 후원했던 많은 연구들에서 논의되었고, 이후 전후 경제 발전의 맥락에서 논의되기도 했다.[77] 선도적 학자들에 의해 수행되곤 했던 이 연구들은 전후 국제적 기관들의 상황에서 국제경쟁법 제정 프로젝트를 재추진할 수 있게 하는 초석이 되었다. 더욱이, 1920년대의 노력들이 대부분 미국 이외의 곳에서 진행되었고, 미국이 거의 참여하지 않는 가운데 진정한 국제적 기반에 터잡아 이루어졌다. 전세계 많은 학자들과 기관들이 당시 프로젝트의 전망에 지대한 관심을 갖고 있었다.

77) 예컨대 Crowin Edwards el al, *A Cartel Policy for the United Nations* (New York 1945) 참조.

그럼에도 불구하고, 하바나 헌장을 평가함에 있어 이에 대한 국제적 지지의 주요 원천이었던 이상의 경험들이 간과되는 경우가 빈번했다. 하바나 헌장 프로젝트는 전적으로 미국이 추진했다고 인식되곤 했는데, 이는 미국 관료들이 국제 사회에서 결정된 제안에 대한 비준을 받기 위해 그와 같이 주장했던 데에 상당한 이유가 있다. 그러나, 하바나 헌장을 지지하는 요소들에는 미국의 영향력 이외에 국제경쟁법을 제정하려 했던 그 이전의 경험들도 있다.

미국 관료들은 초기 영국, 캐나다 관료들과 논의(이 논의는 결국 ITO 프로젝트로 이어졌다)할 때부터 강력한 경쟁법 조항을 주장했다. 미국은 전후 여러 국제 기관들을 창설하는 프레임웍에서, 경쟁제한적 행위를 금지하고 이를 위반할 경우 강력한 기관들을 통해 제재를 가해야 한다는 입장을 모두 반영해 자국 초안을 작성했다. 미국은 다른 어떤 국가들보다도 방대한 경쟁법 경험을 갖고 있었던바, 이러한 경험의 중요성은 1930년대 후반 미국에서 다시 한 번 강조되었다.[78] 더욱이 미국 경쟁법 경험은 미국이 거의 사명감에 가까운 열정으로 전 세계에 전파하는 메시지에 잘 부합하기도 했다. 미국은 자유 시장의 중요성과 정치・경제적 발전의 원천으로서의 경쟁을 강조했을 뿐만 아니라, 개별 국가 및 세계적 차원의 정치 영역에서 법의 지배 원칙의 필요성을 역설했다. 경쟁법은 이러한 메시지들을 완벽히 상징하는 것이었다. 즉, 경쟁법은 시장과 자유경쟁 분야에서의 법의 지배를 표상했다.

영국 관료들은 미국의 초안이 지나치게 엄격하다고 생각해 미국 국무부의 논의 상대방들에게 실체법 규정을 완화하고 법집행 기구의 권한을 축소하도록 설득했다. 영국 기타 다른 국가들은 카르텔 및 기타 경쟁제한적 행위를 법으로 금지하지 않았었다. 이미 살펴보았고 이후 본서의 해당 부분에서도 살펴볼 바와 같이, 유럽 경쟁법은 이른바 '남용행위(abuse)' 모델에 기반해 있는데, 이에 따르면 법은 경쟁제한적 행위를 판단할 기본적 원칙을 규정하고 행정부 내의 전담조직이 이에 터잡아 남용행위를 금지, 억지하는 조치를 취하게 된다. 이때의 '남용행위'란 경제력 남용을 의미하는 것으로서, 특정 행위 유형 자체를 남용행위로 보아 일반적으로 금지하기는 어렵다는 것이 일반적인 인식이었다.

78) 이 부분에서의 언급은 Thurman Arnold 반독점차관보 시기인 1930년대 후반 미국 법무부의 반트러스트법 집행 강화에 관한 것이다. Arnold의 역할에 대해서는 Spencer Waller, *Thurman Arnold: A Biography* (New York and London 2005) 78-123 참조.

행정부 내의 전담조직은 개별 구체적인 사안별로 카르텔이나 기타 시장지배적 사업자들의 행위로 발생한 해악과 이를 상쇄하는 이익을 형량하여 그 행위의 당부를 판단할 임무를 부담한다. 경쟁법을 도입, 운용하고 있던 유럽 국가들에서 경쟁법 조항은 상대적으로 그 중요성이 낮았고, 이를 집행하는 행정조직 역시 통상 특정 정부 부처 내의 소규모 부서에 지나지 않았다.[79)]

미국은 이러한 반대를 고려해 1945년 이전의 제안보다 완화된 내용의 공식 초안을 제출했다. 공식 초안은 특정 행위 유형을 경쟁제한적 행위로 규정, 금지하는 대신, 해악을 초래할 수 있다고 보이는 행위 유형을 특정하고 각 국은 달리 반증이 없는 한 이를 규제해야 한다는 입장을 취했다. 공식 초안에 포함된 실체법 원칙들은 대부분 미국 반트러스트법에서 유래했지만, 다른 국가들이 수용할 수 있도록 수정되었다. 더욱이, 공식 초안은 경쟁법 집행 절차 및 법집행 기구들의 권한에 관해 이전의 제안보다 온건한 입장을 취했다. 공식 초안에 대한 미국 국무부의 공식적인 분석은 다음과 같다;

> …·it is suggested that a special agency be established within the International Trade Organization to receive complaints concerning restrictive practices of international combines and cartels, and to obtain and examine the facts which are relevant to such cases, and to advise the organization as to the remedies that may be required.[80)] (이 초안은 경쟁제한적인 국제적 합병과 카르텔에 관한 신고를 받고, 개별 사안들에 관한 사실관계를 확인·점검하며, ITO에 필요한 구제조치에 관한 조언을 할 특별 기관을 ITO 내에 설치할 것을 제안하고 있다.)

ITO 준비위원회 모임에서, 일부 국가들은 미국의 공식 초안이 여전히 지나치게 엄격해 받아들이기에 상당한 무리가 있다는 입장을 피력했다. 이들 국가들은 경쟁제한적 사업활동에 관한 규칙의 실체법적 내용에 반대하진 않았지만, 이를 집행하는 ITO의 권한을 제한하고자 했다.

하바나에서 협상이 진행되는 동안, 경쟁제한적 사업활동에 관한 규칙은

79) 예를 들면 Gerber, *supra* note 29, at 121-62 참조.

80) US Department of State, *Proposals for Expansion of World Trade and Employment* (Washington DC 1945) 5.

전반적인 지지를 받았다.[81] 즉, ITO를 통해 경쟁제한적 행위를 규제하려는 기본적 생각 자체는 비판받지 않았다. 또한 대략 제안된 안과 비슷한 내용으로 경쟁제한적 사업활동에 관한 규칙을 규정하는 것에 대해서도 중대한 반대는 없었다. 일부 국가들은 절충주의적 관점에서, '남용행위' 모델이 행위 유형이 아닌 행위의 효과에 따라 위법성 여부를 판단하는 점을 고려해 행위 유형에 따라 위법성 여부를 결정하되 그 실체적 내용을 제안된 안보다 느슨하게 할 필요가 있다는 입장을 피력하기도 했다. 다른 국가들은 ITO가 각 국의 합의 사항 준수를 위해 행사할 수 있는 압박 수위를 낮추기 위해 ITO 권한을 약화시키려 하기도 했다. 그럼에도 불구하고, 캐나다 대표단 단장이 지적했던 바와 같이, 경쟁제한적 사업활동에 관한 실무 작업반의 논의는 전반적으로 우호적인 분위기에서 이뤄졌고 일부 세부 사항들에 관해서만 이견이 있었을 뿐이었다. 이러한 이견은 수량적 제한들에 관한 조항들 같은 다른 부분에 영향을 미칠 수 있는 중대한 갈등이나 사건으로 비화되진 않았다.

하바나 헌장에서 채택된 경쟁제한적 사업활동에 관한 규칙 최종안은 미국 관료들이 선호했었을 안보다는 완화된 것이었다.[82] 최종안은 미국의 주장과 다른 국가들이 수용할 수 있는 내용 간의 타협안이라 할 수 있었다. 최종안 Article 46 첫번째 단락은 이를 다음과 같이 명백히 밝혔다;

> … each member shall take appropriate measures and shall cooperate with the Organization to prevent… business practices affecting international trade which restrain competition, limit access to markets, or foster a monopolistic control, whenever such practices have harmful effects on the expansion of production or trade and interfere with the achievement of any of the other objectives [set forth in Art. 1 of the Charter].(각 회원국은 경쟁을 제한하고, 시장에의 접근을 제한하며, 독점적 통제력을 증대하는 국제 거래에 영향을 미치는 사업활동들이 생산 및 무역의 증대에 해로운 영향을 미치고 본 헌장 1조에 규정한 다른 목적들의 달성을 방해할 경우 이를 방지하기 위해 적절한 조치를 취하고 ITO에 협력해야 한다.)

81) 예를 들면 Brown, *supra* note 65, at 125-31 참조.

82) 최종안의 문안에 대해서는 예컨대 US Department of State, 'Havana Charter for an International Trade Organization' (23 March 1948) Washington DC 참조.

최종안 Article 46은 이어서 당해 조항의 적용 대상이 되는 기업 행위를 명시했다. 여기에는 가격 고정, 시장이나 사업활동에서 사업자 배제 행위, 지역 또는 고객 분할, 특정 사업자에 대한 차별, 산출량 제한, 특허권 기타 지적 재산권의 확장 등이 포함되었다. 이러한 실체법 원칙들은 기본적으로 미국 반트러스트법에서 도출된 것이다.

집행 절차 관련하여, 최종안은 개별 국가가 국제 무역을 저해하는 경쟁제한적 행위가 일어나고 있다는 의심을 갖게 되면 ITO 내의 소관 부서에 이를 신고할 수 있도록 했다. ITO는 이 행위가 국제 무역에 어떤 영향을 미치는지 판단하기 위해 조사할 수 있고, 그 결과 규칙 위반으로 인정될 경우 '그 행위에 관여하는 모든 회원국들에게 위반 상태 시정에 필요한 모든 조치를 취하도록 요구할 수 있다'. ITO는 특정 국가에 특정한 시정 조치를 권고할 수도 있다. 최종안 Article 50은 다음과 같이 규정하고 있다;

> Each member shall take all necessary possible measures by legislation or otherwise, in accordance with it constitution or system of law and economic organization, to ensure, within its jurisdiction, that … enterprisers do not engage in [such practices].(각 회원국은 입법 기타 다른 방법을 통해 자국의 관할 내에서 기업들이 이상과 같은 사업활동을 할 수 없도록 헌법이나 법률 체계, 경제적 조직에 부합하는 방식으로 가능한 모든 필요한 조치들을 취해야 한다.)

ITO는 회원국들에게 조사 내용, 권고안, 이행 조치들을 보고해야 한다. (경쟁을 제한하는) 행위 규칙은 경쟁제한적 행위를 곧바로 '금지'하지는 않았지만, ITO 집행 사무소를 설치하여 동 사무소에 상당한 권한을 부여하고, 각 국에게 경쟁제한적 행위에 대해 구체적 조치를 취하도록 요구, 압박할 수 있도록 했다. 각 국 대표단이 하바나를 떠날 때, 경쟁제한적 사업활동 규칙은 ITO 프로그램의 중요한 일부로서 사실상 모든 국가들이 이에 관해 매우 실질적 합의에 이르렀다고 전반적으로 인식되었다. 국제경쟁법 분야에 관한 ITO 협상은 상당한 성공을 거두었다.

비록 ITO가 이후 미국의 비준 거부로 좌초되긴 했지만, 이러한 협상 성공이 갖는 중요한 의미가 평가절하되어서는 안될 것이다. 미국 의회가 정치적으로 ITO를 지지하진 않았지만, 위 경쟁 규칙의 조항들 자체를 부정적으로 평가했다고 보긴 어렵다. 즉, 하바나 헌장에 경쟁법에 관한 조항들을 포함시키자는 일반적 아이디어에 대해서는 의회 및 기타 당시 관련 논의에서 거의 비판이 제기되지 않았다. 의회 내의 많은 사람들은 경쟁법 조항들이 미국 전후 계획의 연장선상에 있다고 여겼고, 따라서 이를 적극적으로 지지해야 한다고 생각했다. 요컨대, 반트러스트는 '미국의 아이디어(an American idea)'였으므로 이를 국제적으로 집행해야 한다는 생각에 사실상 어떤 반론도 제기하기 어려웠다.[83] 경쟁법 조항들은 미국 제안의 중요한 일부로서 다른 국가들이 수용하고 집행할 매우 특이한 유형의 '미국법'으로 언급되곤 했다. 경쟁법 조항들에 대한 의회의 비난은 주로 경쟁제한적 사업활동 규칙의 내용이 지나치게 온건해졌다는 것이었다. 정치적 논평들 역시 규칙 내용을 좀 더 강화해야 한다는 것에 집중되었다. 그러나, 핵심적인 것은 경쟁법 조항들이 ITO 프로젝트의 좌초와는 아무런 관련이 없거나 극히 미미한 영향을 미쳤을 뿐이라는 점이다.

7. 하바나 헌장 이야기에 대한 올바른 이해

하바나 헌장에 관한 이야기들은 종종 잘못 이해된다. 많은 사람들이 국제경쟁법을 제정하자는 아이디어가 수용되지 않았기 때문에 경쟁법에 관한 논의가 실패했다고 언급한다. 이는 다자간 합의에 기반한 국제경쟁법 체제에 반대하는 사람들에게는 분명 호소력있는 논리이다. 만약 당시 경쟁법 조항들이 우호적 여건에서 받아들여지지 않았다면, 이러한 논리는 나름 설득력이 있고, 나아가 다른 여건에서 이와 유사한 노력을 하더라도 결과가 마찬가지일 것이라는 주장으로도 연결될 수 있을 것이다. 그러나, 이처럼 다자간 합의에 기반한 국제경쟁법을 제정하려는 구상 자체가 받아들여지지 않았다고 주장하는 것은 실제 사실을 중대하게 오도하는 것이다. 따라서, 이상과 같은 주장에 터잡아 하바나 헌장 이외에 다자간 합의를 추구하는 다른 시도에 대해 부정적 전망을

83) 이러한 견해는 ITO에 관한 하원 청문회에서 강조되곤 했다. 예컨대 the statement of Assistant Secretary of State, Willard Thorp, in 'Hearings before the Committee on Foreign Affairs' House of Representatives, 81st Congress, 2nd Session(19 April 1950) 30-33 참조.

제시하는 것은 적절치 않다.

하바나 헌장 프로젝트의 좌초 배경이 되었던 여러 사건들은 국제경쟁법 제정이라는 관념 자체에 대한 반대를 의미하진 않는다. 오히려, 당시 협상 과정을 살펴보면 정반대의 결론을 확인할 수 있다. 즉, 각 국의 정부 지도자들 및 기타 논의 참여자들은 협상 과정에서 다자간 합의에 기반한 국제경쟁법을 제정하려는 생각을 우호적으로 받아들였다. 국제경쟁법에 관한 규칙들은 초기부터 ITO 창설 제안의 일부로서 지속적으로 광범위한 지지를 얻었다. 물론 규칙의 세부 내용에 관한 논쟁이 있었고 합의 도출을 위해 일부 실체법적 내용이 완화되긴 했지만, ITO 계획의 일부로 국제경쟁법 제정을 추진해야 한다는 대원칙 자체에 대한 반론은 거의 없었다. 전세계 교역국들은 국제적으로 이루어지는 경쟁제한적 행위를 규제하기 위해 국가간 협력 체제를 구축하려는 움직임에 동참했던바, 만약 외부적 사건들의 영향이 없었다면 이러한 움직임은 결실을 맺었을 가능성이 높다.

ITO 프로젝트는 국제경쟁법 제정 프로젝트와 무관하게 여러 지정학적 상황, 각 국 내부 상황의 변화로 인해 좌초되었을 뿐이다. 핵심적인 사실은 미국의 ITO 프로젝트에 대한 지지 철회가 전체 프로젝트의 좌초로 귀결되었다는 점이다. 이는 하바나 헌장을 둘러싼 사실관계를 이해함에 있어 두 가지 측면에서 매우 중요하다. 첫째, 만약 ITO 프로젝트의 채택이 미국의 정치적 상황에 전적으로 의존하지 않았다면, 대부분의 다른 국가들이 ITO 프로젝트를 성사시켰을 것이라는 점이다. 물론 현실적인 관점에서 미국의 지지가 없는 ITO 프로젝트가 성공하기는 불가능했지만, 이는 별개의 문제이다. 세계에서 사회주의를 채택하지 않은 주요 국가들은 모두 하바나 헌장에 서명했고, 이를 비준할 준비가 되어 있었다. 둘째, 보다 중요한 것으로, 미국의 ITO 프로젝트 거부는 다자간 합의에 의한 국제경쟁법 제정과는 전혀 무관한 이유에 의해 이뤄졌다는 점이다. 공산주의에 대한 공포와 이에 관련된 국내 정치적 문제로 인해 ITO 프로젝트가 채택되지 못했을 뿐, 국제경쟁법 제정이라는 아이디어에 대한 실망은 없었다.

F. 시사점: 두 번 폐기된 프로젝트가 남긴 유산

혹자들은 다자주의에 기반해 국제경쟁법을 제정하려 했던 초기 노력들이 21세기 국제경쟁법의 전망에 관한 논의에 별 관련이 없다고 주장할 수도 있다.[84] 물론 초기 국제경쟁법에 관한 논의 당시의 상황과 오늘날 정책입안자들이 처한 상황에는 상당한 차이가 있다. 더욱이, 이러한 초기 노력들은 당초 의도했던 결과물을 만들어내지 못했거나, 눈에 보이는 기구를 창설하지 못했거나, 기타 법률적 변화를 이뤄내지 못했다는 점에서 '실패'했다고 볼 수도 있다. 다자간 협약이나 다자주의적 협력에 반대하는 사람들에게 이러한 초기 노력들이 별다른 의미가 없다고 치부하고, 다자주의적 관점에서 국제경쟁법에 관한 문제에 접근하는 것이 실패할 수밖에 없다고 주장하는 것은 매력적으로 보일 수 있다. 이러한 관점에 기반한 국제경쟁법 관련 논의는 특정한 분석방법이나 특정한 결과를 선호하는 쪽으로 진행되게 된다. 그러나, 이런 견해는 국제경쟁법 발전의 가능성을 효과적으로 평가하는데 결정적으로 중요한 요소들을 인식하지 못하게 할 수 있다.

따라서, 국제경쟁법 발전 방안 모색이라는 본서의 검토 목적에 비춰볼 때 이런 견해는 지나치게 편협한 것이다. 국제경쟁법 제정을 모색했던 초기 움직임들은 거시적 발전 과정의 일부이다. 국제경쟁법 제정 과정은 반 세기 동안 수면 아래에 있었지만, 앞으로 살펴볼 바와 같이 1990년대 세계 경제가 형성되자마자 다시 수면 위로 부상했다. 이러한 거시적 관점에서 초기 국제경쟁법 제정 움직임들을 고려할 때, 제2차 세계 대전 이후 형성된 관할권 기반 체제를 자연스럽고 불가피한 국제경쟁법 체제로 보긴 어렵다. 관할권 기반 체제는, 보다 적절한 국제경쟁법 형성 노력이 그와 아무런 관계 없는 정치적 이유로 좌절

84) 몇몇 사람들은 실제로 이러한 두 가지 이야기들이 국제 경쟁법을 제정하려는 프로젝트가 실현 가능성이 없고 '항상 실패'할 수밖에 없음을 보여준다고 주장하기도 했다. 이러한 주장은 아무리 잘 봐주더라도 설득력이 없다. 과거에 초국경적 경쟁법을 발전시키려 했던 노력의 실패는 이러한 프로젝트를 추진하는 것이 어렵다는 점을 보여줄 수는 있어도, 그 이상을 의미하지는 않는다. 21세기 상황은 이전의 이상과 같은 노력들이 이루어졌을 당시의 상황과는 근본적으로 다르다. 따라서, 이전의 노력의 어려움과 결과가 미래에도 그대로 반복될 것이라고 추정할 수 있는 근거는 없다고 할 것이다.

된 상황에서, 국제경쟁법과 전혀 관련 없는 문제에 대응하는 과정에서 형성된 기존의 법원칙들이 국제경쟁법 이슈들을 다루기 위해 활용된 결과 형성되었다고 봄이 더 정확한 인식이다. 더욱이, 이러한 관할권 기반 체제는 전쟁 이후 매우 특수한 상황들, 즉 전세계가 분열된 상황에서 유일하게 압도적 우위를 보유하고 있던 미국이 자국의 규칙과 법집행 방식을 세계 시장에 적용할 수 있었던 상황에서 가능할 수 있었다.

국제경쟁법 발전에 관한 거시적 관점에서 초기의 국제경쟁법 제정 노력들을 바라볼 때 몇 가지 중요한 이슈들을 인식할 수 있다. 1920년대의 노력으로 인해 하바나 헌장 및 동 헌장이 창설하려 했고 광범위한 지지를 얻었던 국제경제 기구에 경쟁법 조항들이 포함될 수 있는 기틀이 형성되었다. 이는 생경한 아이디어에 불과했던 경쟁법이 수년이라는 짧은 기간 동안 얼마나 광범위한 지지를 얻고 이론적 토대를 갖춰나갈 수 있었는지를 잘 보여준다. 이러한 과정을 거치면서, 경쟁법에 관한 아이디어, 법집행 경험, 조직은 개별 국가의 국경을 넘어 전파될 수 있었고, 그 결과 세계 경제를 하나의 시스템으로 보는 인식과 이 시스템 속에서 법이 할 수 있는 역할에 관한 인식이 심화되었다. 경쟁법에 대한 생각은 보다 구체화되었고, 이론적으로나 정치적 인식의 측면에서나 대중들의 여론 속에 보다 굳건히 뿌리내렸다. 이러한 발전이 갖는 중대한 의미는 ITO가 미국의 국내 문제로 좌초되었다는 사실에 가려져서는 안된다.

1920년대 및 1940년대에 있었던 국제경쟁법 제정 시도들은 총합적으로 국제경쟁법 발전 과정에서 중요한 의미가 있다. 이러한 시도들로 인해 국제경쟁법은 20년 이상의 기간 동안 이론과 정책의 양 측면에서 중요한 논의 주제가 되었다. 이러한 시도들은 또한 국제경쟁법 제정이라는 목표를 굳건히 확립했고, 이러한 목표가 세계적으로 광범위한 정치적 지지를 얻을 수 있다는 점도 보여주었다. 제한적일 수 있긴 하나, 여러 국가들은 이러한 시도들의 영향을 받아 일찍 경쟁법을 제정, 집행하기도 했다. 더욱이, 이러한 시도들은 유럽 통합의 기반이 되었던 초국가적 경제적 협력이 가능함을 시사하고, 국가간 통합에서 경쟁법이 중심적 역할을 함을 강조했다는 점에서도 중요한 의미가 있다.

이상과 같이 국제경쟁법 발전에 관한 거시적 진화·발전의 관점에서, 과거 국제경쟁법 제정 프로젝트 추진 경험은 현재 및 미래의 경쟁법을 생각함에 있어 참고할 가치가 있다. 이러한 관점을 통해 국제적 경쟁법을 발전시키려는 모든 시도에서 어떤 이슈들과 문제점이 발생하는지 용이하게 인식할 수 있다. 구체적으로 이러한 관점은 국제 경제에 관해 서로 다른 경험을 갖고 있는 참가자들이 경쟁 과정 자체를 어떻게 인식하는지, 법이 이러한 인식에 어떤 역할을 할 수 있는지 등과 같은 요소들을 이해하는데 도움이 된다. 이러한 관점은 또한 이러한 인식들과 그에 따른 대응방안들에 대한 정치적 · 이론적 지지에 영향을 미치는 인센티브와 기대치를 파악할 수 있게 해주기도 한다. 요약하면, 초기 국제경쟁법 발전을 추진하는 과정에서 당시 법률적 · 경제학적 사고 · 법집행 경험이 해당 이슈들에 어떤 영향을 미쳤는지에 대한 분석은 21세기 국제경쟁법 발전 프로젝트에 영향을 미칠 수 있는 상황들을 보다 광범위하고 풍부하게 인식할 수 있도록 도와 준다.

Chapter 3.
주권에 기반한 해결: 개별 국가의 영역 팽창

1950년 하바나 헌장의 좌초는 다자주의적 방식에 의한 국제경쟁법 발전 프로젝트의 좌초로 이어졌다. 이후 이 프로젝트는 40년 동안 거의 주목받지 못했다. 냉전으로 분열된 세계에서 이 프로젝트가 설 자리가 없었던 것은 물론이고 이를 상상하기조차 어려웠다. 이제 경제 활동을 규율하는 방식으로는 공식적으로 두 가지가 있었던바, 하나는 시장에 기반하는 것이고, 다른 하나는 정치적으로 통제하는 것이었다. 주요 국가들을 포함한 여러 국가들이 시장 경제 체제를 채택하지 않았고 시장에 기반하여 경제적 관계를 조정해야 한다는 기본 원칙에 반대하고 있었으므로, 세계 시장의 형성은 불가능했다. 이러한 분열에는 정치적 측면의 문제도 있었다. 시장 경제와 계획 경제는 각각 특정 정치 체제와 결합되어 있었고, 이 체제들은 여러 면에서 극명하게 대립하고 있었다. 그 결과, 시장의 역할에 대한 견해 대립은 정치적 권력 투쟁의 일부로서 이데올로기의 맥락에서 표현되고 세를 얻었다.

다자주의적 협력에 의한 국제경쟁법 프레임웍 발전에 대한 전망이 급속히 어두워짐에 따라, 각 국은 사실상 스스로 국제적인 경쟁제한적 행위에 대처해야 했다. 각 국은 문제의 개선을 위해 자국의 주권에 의존할 수밖에 없었다. **개별 국가의** 기관들—입법부와 사법부—은 **국제적** 시장에서의 행위 규칙을 정하고 이를 집행해야 했다. 이로 인해 국가간 갈등, 반목, 개별 국가의 권한 남용 등의 문제가 발생할 것이 명백했지만 달리 다른 대안이 없었다.

이론상 모든 국가들은 자국 주권에 기반해 국제적 시장에서의 행위 규칙을 제정, 집행할 수 있었지만, 실질적으로 이에 준비되어 있고 이를 실행할 수 있는 정치적·경제적 역량을 갖춘 국가는 하나밖에 없었다. 미국은 시장에서 경쟁이 작동하는 지역에 전반적 영향력을 행사하고 있었던바, 이는 미국의 정치적 의지와 법집행 기관들이 이 지역의 국제적 경쟁제한 행위에 대한 규제의 성패를 사실상 결정하게 됨을 의미한다. 미국은 국제 경쟁에 관한 규범을 제시하고 집행해야 했었을 것이다. 이후 반세기를 넘는 시간이 지나고, 세계의 정치·경제·법률 상황이 놀랄 정도로 변했으며, 세계 시장이 재도래했음에도 불구하고, 이상과 같은 주권 기반 시스템은 국제 경쟁에 대한 기본적 메커니즘으로 유지되어 왔다. 미국은 이 기간 내내 국제 경쟁에 영향을 미치는데 지배적인 역할을 해 왔다. 한 국가가 전세계 많은 지역의 경제 활동의 행위 규범을 제시하는 시스템은 그 부조화스러움에도 불구하고 자연스럽고 자동적인 사고방식으로 인정되어 왔다.

주권 기반 시스템의 발전을 분석함에 있어, 이것이 역사적 우연에 따른 결과라는 점을 유의할 필요가 있다. 즉, 이 시스템은 일정 시점에 특수한 상황들의 영향을 받아 추구되었던 일단의 선택들을 나타낸다. 주권 기반 시스템은 전쟁, 경제 공황, 식민주의의 잔존 등의 요인으로 인해 사실상 다른 선택을 할 수 없었던 상황에서 자연스럽게 등장했다고 볼 수 있다. 만약 국제경쟁법 프로젝트의 발전이 대공황에 의해 방해받지 않고 전세계를 양분한 냉전이 발발하지 않았다고 가정해 보자. 나아가, 제2차 세계대전 이후 미국이 당시 지배적 지위를 얻지 못했거나, 미국의 지배적 지위라는 기본 구조가 몇 십년 동안 유지되지 못했다고 가정해 보자. 그렇다면, 국제 시장을 규율하는 규범적 프레임웍은 현재와 매우 다르게 발전했을 가능성이 높다. 냉전 도래 이전에 활발하게 논의되었던 생각, 즉 국제 사회가 총체적으로 협력해 국제 경쟁에 관한 문제를 해결해 나가야 한다는 생각이 국제 경쟁에 관한 법률과 기관들의 지속적 발전을 지지하는 기반이 되었을 수도 있을 것이다. 국제 경쟁에 관한 인식, 더 일반적으로 시장과 사회의 관계에 관한 인식 역시 지금과는 매우 다른 내용으로 발전했을 가능성이 매우 높았을 것이다.

본 Chapter의 주된 검토 목적은 두 가지이다. 첫째, 현재 관할 기반 시스템의 발전을 확인하고 이에 영향을 미쳤거나 지속적으로 영향을 미치고 있는 요소들을 살펴보는 것이다. 이를 위해 국제 경쟁이라는 초국가적 쟁점과 문제들을 개별 국가의 주권에 기반해 해결하도록 한 정치·경제·법률적 요소들을 검토하기로 한다. 이 요소들 중 상당수가 현재까지도 그대로 유지되고 있고, 과거 다른 요소들에 대한 대응들이 법과 국제 경쟁의 관계에 관한 향후의 사고에 영향을 미칠 것이라는 점을 고려할 때, 현재 시스템의 발전에 관한 이해는 현재 세계가 처해 있는 상황뿐만 아니라 이후 국제 경쟁에 관한 결정에 지속적으로 영향을 미칠 요소들을 이해함에 있어서도 결정적으로 중요하다.

둘째, 관할권 기반 시스템의 몇 가지 기본적 특징들과 이로 인해 발생하는 중요한 결과들을 살펴보는 것이다. 물론 논평가들이 현재 시스템의 많은 요소들에 관해 언급하긴 했지만, 시스템 내 각 요소 상호간 **관계**나 **상호작용**에 대한 체계적 분석은 거의 시도되지 않았다. 그러나, 이러한 상호작용이 경제 활동에 영향을 미치고 결과를 발생시키므로, 이에 대한 검토는 개별 요소에 대한 검토보다 훨씬 중요하다. 그렇지 않고 개별 요소를 분리하여 분석하는 것은 부적절하고 잘못된 결론에 도달할 수 있다. 중요한 것은 여러 요소들이 경제 활동에 영향을 미치기 위해 어떻게 상호 연관되고 정치·경제적 힘을 매개했는가이다. 본서의 다음 Chapter에서 살펴보는 바와 같이, 관할권 기반 시스템의 요소들은 세계화로 인한 압력으로 어느 정도 수정되긴 했지만 여전히 국제 경제 관계를 결정하는 기반이 되고 있다. 최소한 앞으로도 상당 기간 동안, 이 시스템을 극복하려는 모든 노력들은 이 시스템을 출발점으로 삼아야 할 것이다.

A. 관할권과 주권 체제: 기본 요소들

주권에 기반한 시스템이 어떻게 발전하여 법과 국제 경쟁간의 관계에 영향을 미쳤는지 살펴보기 전에, 이러한 시스템 자체의 발전뿐만 아니라 그 역학관계를 이해하는데 핵심적임에도 불구하고 종종 잘못 이해되어 왔던 몇 가지 기본원칙들을 살펴볼 필요가 있다. 그 출발점은 '**시스템**'을 검토한다는 점을 인식하는 것이다. 시스템의 구성 요소들은 일정한 패턴에 따라 전반적으로 안정된 방식으로 상호 관련되어 있다. 즉, 시스템에는 고유한 작동 방식이 있고, 이에 수반하는 조직·권력 구조·사고 방식이 있으며, 각 요소는 다른 요소들의 내용 및 작동에 영향을 미친다. 시스템은 고유의 논리와 가치관에 따라 작동하며, 그에 따라 각 구성원에게 이익과 손해를 배분한다.

국제공법은 주권 기반 시스템에서 매우 중요한 역할을 하고 있음에도 잘못 인식되거나 아예 간과되곤 한다. 이는 국제공법이 전면이 아닌 배후에서 작동하곤 하는데 일부 원인이 있다. 국가들은 주권 기반 시스템에 기반해 경쟁에 관한 특정한 법률을 제정, 집행함에 있어 국제공법을 참고함에도 불구하고 이를 명시적으로 언급하지 않곤 한다. 그 결과, 많은 사람들은 국제공법이 주권 기반 시스템에서 각 국의 경쟁 관련 조치에 어떤 영향을 미치는지 잘 알지 못한다. 그러나, 각 국은 국제 관할에 관한 공법적 원칙에 따라 자국법을 제정하고 전반적으로 그에 따라 행동한다.[1)]

본서에서는 국제공법 원칙 중에서도 국가가 사인의 행위를 규제할 수 있는 권한에 관한 원칙들을 주로 살펴보기로 한다. 본서는 이러한 원칙들을 영어식 용례에 따라 관할권(jurisdictional rights)이라 지칭하기로 할 것이지만, 다른 법체제에서는 개념적으로 다른 접근방식을 취하는 경우도 종종 있다. 관할권은 '개별 국가가 어떤 상황에서 사적 주체에 대한 행위 규범을 제정, 집행할 수 있는가?'라는 물음에 답을 제시한다. 한 국가는 다른 국가와의 관계에서 자국의 조치를 스스로 정당화할 수 없으므로 이러한 물음에 스스로 답을 제시할 수 없다. 따라서, 개별 국가는 외부적 근거를 통해 자국 규범의 제정, 집행에 정당성을 부여해야 하는바, 국제공법은 그 유일한 외부적 근거가 될 수 있다. 그러므로, 개별 국가의 특정 조치가 국제법적 관점에서 적법한지, 아니면 그 국가의 관점에서 적법한지를 준별할 필요가 있다. 물론 개별 국가는 자국 내의 기관들이 취하는 조치의 적법성 여부를 결정할 법률적 기준을 세울 수 있지만,

---

1) 이에 대한 전반적인 내용에 대해서는 Ian Brownlie, *Principles of Public International Law* (6th edn Oxford 2003) 297-318 참조. 이는 의회의 의결이 국제법에 의해 제한 받는 것으로 추정되는 (즉, 의회가 명시적으로 국제법 원칙과 다른 입장을 취하지 않는 한, 의회의 입법은 국제법에 위반될 수 없는) 미국법에서는 분명한 것이다. Jordan J Paust, *International Law as Law of the US* (Durham, North Carolina 2003) 9, 415 참조. 또한, Malcolm N Shaw, International Law (4th edn Cambridge 1996) 453 참조. 일부 학자들은 최근 국가는 국제법이 자국이 인식하고 있는 있는 이해관계에 부합할 때에만 국제법을 준수한다고 주장하기도 했다. Jack L Goldsmith and Eric A Posner, *The Limits of International Law* (OUP, Oxford 2005) 참조. 일부 국가들이 때때로 자국이 원하는 대로 행동한다는 점에 거의 의문의 여지가 없지만, 그럼에도 불구하고 국가 행위의 영역에서 대부분의 국가들이 대부분의 경우 국제적인 관할 원칙을 준수한다는 기본적인 전제가 훼손되지는 않는다. 더욱이, 미국 법원들은 여러 차례에 걸쳐 반복적으로 이러한 원칙을 확인해 왔다.

이는 다른 국가들이 당해 조치의 국제법적 적법성 여부를 판단하는 법률적 기준과는 전혀 다른 것이고, 양자 간에는 어떤 필연적 관계도 존재하지 않는다. 이 둘을 준별하지 못하는 데에서 많은 혼동이 발생한다.

국제공법 원칙들은 국제관습법의 일부로 발전해 왔고, 여러 국가들로부터 올바른 국가행위로 확립되었다는 동의를 받아 국제법적 정당성을 획득하게 된다. 물론 개별 국가들은 양자간 상호 관계에서 이런 원칙들을 수정할 수 있지만, 관할권에 관한 기본적 원칙은 여러 국가들이 일반적으로 수용하는 원칙들이다. 이 원칙들은 국가가 사인 행위를 규제하는 과정에서 국가간 갈등이 발생할 소지를 줄이는 수단으로 발전해 왔다. 국제공법은 각 국이 관할권을 행사할 수 있는 영역을 특정해 동일한 사적 행위에 대해 여러 국가가 서로 규제권한을 행사하고자 하는 상황에서 어떤 국가가 실제 규제권을 행사할 것인가를 둘러싼 국가간 갈등의 발생 가능성을 최소화하고자 한다. 관할권 원칙들이 없다면, 각 국은 자국이 원하는 때와 상황마다 규제권한을 행사하고 자국 법률을 적용하고자 할 것이다. 이 경우 국력이 강한 국가들은 자국의 이해관계가 걸린 모든 상황에서 규제권한을 행사할 수 있는 반면, 그렇지 못한 국가들은 자국의 이해관계에 악영향을 미칠 행위에 대해서도 규제권한을 행사하지 못할 것이다.

관할권에 관한 국제공법 원칙들은 '주권(sovereign)' 국가 상호간 권리의무라는 전통적 관념에서 발전해 왔다. 이처럼 관할권 원칙은 기본적으로 각 국의 주권을 존중한다.[2] 관할권 원칙은 주로 유럽국가간 관계들에서 빈발했던 정치・군사적 갈등 상황에서 발전해 오면서, 사인 행위에 대한 규제 문제로 전쟁까지 이어질 수 있는 국가간 갈등의 발생가능성을 줄이고자 했다. 20세기 이전까지 관할권 원칙은 경제적 이슈에는 거의 적용되지 않았다.

---

2) F A Mann은 다음과 같은 고전적인 언급을 했다; '관할은 주권에 관한 것이다. 관할은 국가 주권과 같이 확대되고, 이에 부수하며, 그로 인해 제한되기도 한다.' F A Mann, 'The Doctrine of Jurisdiction in International Law' (1964) 111 Académie de Droit International, Recueil des Cours I 1 and 30 참조. 최근 학자들은 영토 주권에 기반하지 않은 관할을 고안할 수 있는 새로운 방법을 모색해 왔다. 그러나, 이에 대한 제안들은 아직까지 법의 변화로 이어지지는 않았다. 이러한 학자들은 경쟁 이외의 영역에서의 역외 적용에 주로 초점을 맞춰 왔던바, 가장 빈번하게 다루어지는 영역은 증권법 영역이다. 예컨대 Stephen J Choi & Andrew T Guzman, 'Portable Reciprocity: Rethinking the International Reach of Securities Regulation' (1998) 71 S Cal L Rev 903 참조. 그러나 이 Chapter에서 다루고 있는 기간 동안 관할과 주권의 연계에 대해서는 의문이 없었다.

그렇다면, 본서 내용과 관련되는 국제공법 원칙들은 무엇이고, 이를 어떻게 알 수 있는가? 국제공법은, 한 국가가 문제되는 사적 행위 또는 그 행위자와 '실질적 관련성(substantial nexus)'을 갖고 있을 경우 그 행위에 대한 규제 권한 행사를 인정하고, 그 판단기준이 되는 '실질적 관련성'의 유형을 제시하고 있다. 국제공법은 이러한 관련을 지칭하기 위해 '관할상 근거(juristictional base)'라는 개념을 활용하고 있다. 그러나, 개별 국가의 규제 권한 행사가 절대적으로 허용되는 것은 아니다. 만약 그 국가의 규제 권한 행사가 다른 국가의 정당한 이익을 저해할 경우, 그 다른 국가의 이익을 보호하기 위해 필요한 만큼 권한 행사가 제한될 수 있다.

국제공법이 오래 전부터 인정해 온 두 가지 주요한 관할상 근거는 다음과 같다.[3] 첫째 근거는 영토이다. 국가는 전통적으로 자신의 영토 내에서 일어나는 행위들을 통제할 수 있는 권한이 있다.[4] 영토는 주권을 표상하는 핵심적 기준이므로, 국가와 (영토 내에서 발생하는) 행위 사이의 연관은 가깝고, 명백하며, 다투어지지 않는다. '그 행위가 영토 내에서 발생한 것인가'라는 질문에 대한 대답은 쉽기 때문에, 이 경우 국가의 관할권 행사가 문제되는 경우는 거의 없다. 전통적인 관할상 근거의 두 번째 요소는 국적이다. 국가는 일반적으로 자국민의 행위에 대해, 자국민이 자연인인지 법인인지, 당해 행위가 자국 내에서 일어났는지 불문하고 규제할 수 있다. 자연인, 법인의 국적은 거의 확실히 알 수 있고, 이들이 복수 국적을 갖고 있는 경우는 거의 없으므로, 이에 따라 국가 관할권을 인정하더라도 문제가 발생할 소지는 거의 없다.

관할권에 관한 국제공법 원칙들은 그 적용과정에서 세 가지 기본적 유형의 권한에 의존한다.[5] 첫째, 국가가 사인의 행위 규범을 제정할 수 있는 권한

---

3) 국제 공법에서 인정하고 있는 관할권 원칙들이 몇 가지 더 있다. 구체적으로 protective principle (자국민 보호를 위해 다른 나라 국민이 다른 나라에서 행하는 행위에 대해서도 관할권을 인정하는 원칙), passive nationality principle (자국민이 다른 나라에서 행하는 행위에 대해서 관할권을 갖는다는 원칙), universality principle (인권 등 보편적으로 규제되는 행위에 대해 관할권을 갖는다는 원칙) 등이 있지만, 이러한 원칙들은 본서의 분석에서는 별로 관련이 없다. 이에 대한 논의에 대해서는 Brownlie, *supra* note 1, at 302-03 참조.

4) 이 원칙에 대해서는 일부 예외들이 있다. 그 중에서 가장 중요한 것은 인권과 외교 기관이나 외교 관계인에 대한 처우에 관한 것이다.

5) 이 영역에서는 사용되는 용어에는 여러 변형들이 있다. 예를 들면, 일부 저자들은 관할의 근거를 단지 두 가지, 즉 처분적 (prescriptive) [때로는 '입법적(legislative)'이라는 용어가 사용된다] 권한과 집행 (enforcement) [때로는 '특권적(prerogative)'이라는 용어가 사용된다] 권한으

으로, 자국의 규칙, 원칙이 사인의 특정 행위에 적용되어야 한다고 주장하는 것이다. 이는 국가의 규범제정권한과 관련된 것이므로, 일반적으로 '처분 관할(prescriptive jurisdiction)'이라 할 수 있다. 본서는 이를 주로 살펴볼 것이다. 영토성과 국적은 이러한 유형의 관할권 행사의 근거로 잘 부합한다. 둘째, 개별 국가의 사법부 또는 이와 유사한 기관들의 권위가 자연인, 법인에게 구속력을 미치는 경우이다. 국가는 관련되는 당사자에게 규칙을 적용하고, 이를 위반한 사람들에게 벌금을 부과하거나 기타 다른 제재 조치를 내리는 등의 판결을 통해 그 당사자의 법적 권리에 영향을 미친다. 이는 '사법 관할(judicial jurisdiction)'으로 칭할 수 있다. 국가가 prescriptive jurisdiction에 기반한 권한이 있을 경우, 그 국가와 실질적으로 접촉했다고 인정되기만 하면 이러한 사법관할권이 확립된다고 볼 수 있다. 셋째 유형의 권한은 훨씬 더 제한적이다. 이 경우 국가는 사람을 체포하거나 재산을 압류하는 등 자국 법원이나 기타 기관 결정의 집행을 위해 다른 국가의 영토에 실제로 진입하게 된다. 이는 '집행 관할(enforcement jurisdiction)'이라 불리는데, 여기에서 유일하게 인정되는 관할상 근거는 영토뿐이다. 일반적으로 한 국가가 다른 국가의 영토 내에서 자국 관할권을 주장하고 이를 집행하는 것은 허용되지 않는다. 국제경쟁법에 관한 논의에서는 어떤 유형의 관할권이 논의되고 있는지를 분명히 할 필요가 있다.

이처럼 비교적 간명한 관할권 기반 시스템은 제1차 세계대전 이전까지는 특별한 문제점을 발생시키지 않았다. 각 국은 자국민이 관련되는 예외적 상황을 제외하고 일반적으로 자국 밖에서 일어난 행위를 규제할 권한이 없다고 생각했다. 가능한 관할상 근거가 영토와 국적뿐임을 고려할 때, 두 국가가 각각 상이한 법원칙에 따라 하나의 행위에 대해 서로 규제권한을 행사하려 하는 동시 관할권 상황(cases of concurrent jurisdiction)은 이론적으로는 가능했지만, 실제로는 매우 드물게 발생할 수 있을 뿐이었다. 1800년대 후반부터 1900년대 초반까지 국가들은 사인의 경제활동을 거의 규제하지 않았으므로, 관할권 기반 시스템에 대한 압력은 비교적 낮았다. 전반적으로 볼 때, 이 기간은 '자유방임적(laissez-faire)' 자본주의 시기였으므로 관할권 기반 시스템의 한계는 거의 문제되지 않았다.

로 분류한다. 예를 들어 Paust, *supra* note 1, at 425 (n 9) 참조

B. 경쟁법과 주권의 확대

다른 여러 분야와 같이, 제1차 세계대전으로 인해 이러한 상황은 급변했고, 관할권 기반 시스템에 새로운 갈등이 발생했다. 제1차 세계대전은 국가가 사인에 대한 규제를 급속히 확대하는 변화의 기폭제가 되었다. 대공황, 반세기에 걸친 주요 전쟁들, 냉전은 세계 시장에서 이루어지는 경쟁제한적 요소들에 대한 규제를 다루는 관할권 기반 시스템의 발전에 영향을 미쳤다. 본서는 여기에서 이러한 시스템 발전 배경이 되었던 매우 특수한 상황들, 이러한 상황들이 관할권 기반 시스템 작동에 미친 영향에 대해 살펴보기로 한다.

국제 경쟁을 제약하는 요소들을 규제하기 위해 관할권 기반 체제를 발전시킨 것은 한 가지 아이디어를 반복적으로 발전 · 적용 · 실행함으로써 이루어져 왔다. 이 아이디어는, 국가는 원칙적으로 자국 영토 내의 행위를 규제할 수 있다는 전통적 관할권 원칙에서 한 걸음 더 나아가, 비록 **영토 밖에서 일어나는 행위라고 하더라도 그로 인한 특정한 효과가 영토 내에서 발생한다면** 당해 행위에 대한 관할권이 인정된다는 것이다. 이 아이디어는 제2차 세계대전 이전에도 이론적으로 다루어지긴 했지만, 완전한 이론적 틀을 갖추지는 못했다. 그러나, 제2차 세계대전이 종료하자, 미국은 자국 밖에서 이루어지는 행위를 규제하기 위해 이 아이디어를 활용했다. 이 아이디어는 '효과주의 원칙(effects principle)'로 알려졌던바, 이후 국제경쟁법은 이 원칙의 유효성 및 그 적용에 초점을 맞추며 발전했다.

1. 제2차 세계대전 이전 상황

제1차 세계대전 및 그로 인한 정치 · 경제 · 사회적 변화는 전통적인 관할 프레임웍에 새로운 압박을 가했다.[6] 정부는 놀라운 방식으로 경제 영역에 더

6) 나는 이러한 발전에 대해 David J Gerber, "Beyond Balancing: International Law Restraints on the Reach of International Laws" (1984) 10 Yale J Int L 185, 192-202에서 보다 상세하게 살펴보았다. 이에 대한 전반적인 내용에 대해서는 또한 Erik Nerep, *Extraterritorial Control*

많이 개입하곤 했고, 이에 대해 기업들은 시장에 대한 지배력 강화를 통해 불확실성과 여러 가지 부족한 상황을 타개하고자 했다. 이러한 상황은 앞에서 살펴보았던 경제적 측면에서의 (국가간) 상호연계성에 대한 인식 증대와 결합해 기존의 관할권 기반 시스템이 변화된 상황에 적합하지 않을 수도 있다는 인식의 생성으로 이어졌다.[7)]

그러나, 종래에 확립된 패턴들은 좀처럼 바뀌지 않았다. 강력한 정치적·경제적 영향력을 갖고 있던 이해관계인들은 정부의 경제 활동에 대한 개입을 제한하는 기존의 관할권 기반 원칙들을 지지했고, 정부가 사인의 행위에 보다 적극적으로 관여해야 한다는 점을 지지하는 강력한 이해관계는 없었다. 다만, 기존의 관할권 원칙의 효과에 대한 의문으로 이론·실무가 극히 점진적으로 변화했을 뿐이고, 이 역시 변화의 영향이 가장 클 수 있는 분야와는 전반적으로 매우 동떨어진 곳에서 일어났을 뿐이다.

국제사법재판소(ICJ－international court of justice)의 전신인 국제상설재판소(Permanent Court of International Justice)는 이러한 변화를 견인하는 추동력을 제공했다. 국제상설재판소는 1927년 유명한 **Lotus Case**를 통해, 영토 밖에서 행해진 행위라고 하더라도 동 행위가 영토 내에 피해를 발생시켰을 경우 국가는 그 행위에 대해 처분 관할(prescriptive jurisdiction)을 행사할 수 있다고 판시했다.[8)] 이러한 관할권 원칙은 '객관적 영토성 원칙(objective territoriality principle)'으로 알려지게 되었다. 이 원칙하에서도 영토는 기존의 전통적 관할권 원칙과 마찬가지로 계속 관할상 기반이 되었지만, 그 구체적 의미는 피해를 발생시킨 행위가 이루어진 장소라기보다는 피해가 발생한 장소를 의미했다. 이 사건의 사실관계는 국제 상거래와는 무관했지만 광범위한 영향을 미칠 수 있는 판시사항을 담고 있었으므로 미국과 유럽에서 많은 논쟁을 촉발했다. 이 논쟁은 전통적 관할권 원칙의 확대를 학문적·사상적 차원에서 중요한 주제로 부각시켰다는 점에서, 또한 기존의 관할권 기반 시스템의 구속력을 약화시켰다는 점에서 국제경쟁법 발전에 중요한 의의가 있었다.

---

of Competition under International Law (Stockholm 1983) 참조.

7) 이에 대한 배경에 대해서는 David J Gerber, Law and Competition in Twentieth Century Europe: Protecting Prometheus (OUP, Oxford 1998, paperback 2001) 115-64 참조.

8) SS 'Lotus' (*France v Turkey*) (1927) PCIJ, Series A, No. 10 (7 September 1927).

미국에서 “Harvard Research in International Law”라는 이름으로 진행되었던 연구 프로젝트는 이와 같은 객관적 영토성 개념을 보다 심도 깊게 논의했고, 제2차 세계대전 이후 미국의 사고 발전을 이끈 이론적 기반을 형성했다.[9] 이 논의에서 객관적 영토성 원칙은 기본적인 영토성 원칙이 필요에 따라 논리적으로 적절히 확대된 것으로 인정되었다. 이 프로젝트는 주로 형사 관할권에 초점을 맞췄고, 반트러스트 및 이에 관련된 이슈들에 대해서는 별로 관심을 기울이지 않았다. 더욱이, 객관적 영토성 개념이 적용되는 범위는 좁았다. 이 개념은, 행위 결과가 일정 지역으로 ‘국한될(localized)’ 수 있는 경우에만 적용될 수 있다. 예를 들어 설명하면, A국과 B국을 구분하는 강이 있는 상황에서 a가 A국 지역에서 강 건너편 B국에 있는 b를 쏠 경우, a의 행위는 B국 영토 내에서 ‘범해진(committed)’ 것이므로, B국은 a의 범죄 행위에 대해 관할권을 행사할 수 있어야 한다는 것이다. 이 사례는 범죄 행위의 결과가 발생한 지역이 B국 영토 내로 국한된 사례이다. 이와 같이, 영토성 원칙의 확대는 매우 조심스러운 것이었고, 이런 상황에서 객관적 영토성 원칙의 적용은 기존 프레임웍을 잠식하지 않았다.

2. 제2차 세계대전 이후 상황: 적대적으로 분열된 세계에서의 경쟁과 법

그러나, 제2차 세계대전이 막바지로 치달으면서 객관적 영토성 원칙은 국제 상거래에도 적용되었고, 이후 적용 범위가 더욱 확대되었다. 만약 다른 요인이 없었더라면 이는 극적인 결과를 가져오는 한편 이후 수십 년간의 경쟁법 발전의 핵심적 특징이 될 수 있었을 것이다. 그러나 세계대전 후 극히 이례적인 상황들이 그 동안 발전되어 왔던 실무・국가의 역할에 대한 기대・이러한 발전에 대한 대응에 영향을 미쳤다. 이 기간 동안 각 국은 폐허, 분열, 비난 등의 상황을 겪으면서 서로를 불신하고 의심하게 되었고, 이로 인해 효과적인 국가간 협력은 어려워졌다. 이후 미국과 소련 간의 갈등으로 인해 각 국은 자신이 속한 진영 내의 국가들과만 협력했고, 전체적인 국가간 협력은 봉쇄되었다.

9) 이에 관한 논의에 대해서는 Harvard Research on International Law, 'Jurisdiction with Respect to Crime' (Supp 1935) 29 Am J Intl L 435, 487-88 참조.

뿐만 아니라, 미국과 소련은 각각 자국이 속한 진영 내외에서 확고한 우위를 갖고 있었으므로, 진영 내에서 정부와 시장 간 관계에 관한 사고방식을 (비록 완전히 통제하는 것은 아니라 하더라도) 강력히 주도했다. 사인의 행위에 대한 국가 규제는 (전세계가 아닌) 시장 경제를 추구하는 진영에서만 정치적 문제로서 격렬히 다투어졌다.

a. 전후 상황

미국이 시장 경제 진영을 주도하고 있었다는 점은, 한편으로는 관할권 원칙 확대를 촉진한 핵심 요인이었고, 다른 한편으로는 많은 사람들로 하여금 이에 복잡하고 양면적으로 반응하게 한 요인이기도 했다. 많은 사람들은 새롭게 강대국이 된 미국이 자국의 시장지향적이고 경쟁에 기반한 사회 유형을 다른 국가들에도 적용한다고 여겼다. 미국은 반트러스트라는 제품을 만들어 관할권 원칙 확대를 통해 이를 다른 국가들에게도 적용하려 한다고 인식되었다. 그 결과 미국이 반트러스트 영역에서 자국의 관할권을 주장하는 것에 대해 때때로 강력한 불만이 제기되었다.

제2차 세계대전 이후 미국을 제외한 거의 모든 국가들은 경쟁 원리를 활용해 자국의 경제·사회 조직을 구성하는데 소극적이었다. 국가가 경제에서 주도적 역할을 하는 것이 당시 현실이었다. 정부는 전쟁 중 종종 경제를 사실상 전면 통제하기도 했고, 전후에는 유럽, 일본, 기타 다른 지역에서 전쟁이 초래한 파괴와 분열의 복구를 위해 시장에 개입·통제하라는 요구를 받기도 했다. 많은 국가들에서 수십 년 동안 공급 부족, 배급, 가격 통제 상태가 지속되었다. 요약하면, 많은 국가들에서 경쟁은 주된 역할을 하지 못했고, 대부분 최소 두 세대 이상의 기간 동안 이러한 상황이 지속되어 왔다.

이런 경제적 압박이 있었던 상황에서 정치적·이념적 상황 역시 경쟁 원리를 주로 활용하여 경제, 사회 조직을 구성하는 데에 우호적이지 않았다. 많은 국가들에서 국가가 기본적인 서비스를 제공하고 정치적 판단에 따라 정해진 기준에 의해 재화와 서비스를 분배할 것을 요구하는 패턴이 오랜 기간에 걸쳐 확립되어 있었다. 대부분 유럽 지역에서, 이러한 정치적 기준들은 종종 보다 정의로운 사회를 만들고 사회적으로 특권층에 속하지 않는 구성원들을 이롭게 할 의도를 갖고 있거나, 적어도 그러한 의도를 갖고 있는 것처럼 비취졌다.[10] 제1차 세계대전이 발발했던 1914년부터 오랜 기간 동안 지속되었던 불안정한 상황에서 발생한 박탈, 분열, 희생으로 인해 많은 사람들은 국가가 이러한 기본적 서비스를 제공해야 한다는 생각을 더욱 당연하게 여겼다. 특히 사회민주당이나 노동당이 전형적으로 이러한 이미지를 내세웠다.

이념적 요소들은 종종 경쟁에 대해 회의적 태도를 취함으로써 이익을 얻었다. 노동운동에서 널리 확산된 마르크스주의와 이에 관련된 담론들은, 비록 정도 차이가 있긴 하지만, '자본주의(capitalism)'에 적대적 태도를 취했고 제2차 세계대전 이후 20년 동안 중요한 정치적 역할을 하곤 했다.[11] 이러한 이념적 요소들은 소련, 중국과 같은 국가들에 분명하고 지배적인 영향을 미쳤고, 나아가 프랑스, 영국, 이탈리아와 같은 서부 유럽 국가들에 대해서도 중요한 역할을 했다. 전반적으로, 제2차 세계대전 이후 수십 년 동안 경쟁은 긍정적 가치로 평가받지 못했다. 경쟁은 '반사회적(anti-social)'인 것으로 인식된 경우가 낳았고, 일반적으로 공공복리에 해를 끼친다고 여겨졌다.

b. 미국의 일방적 관할주의

미국식 가치관과 법집행 조직들을 다른 지역에도 적용하려는 미국의 움직임에 대한 많은 경계에도 불구하고, 미국 법집행 기관들은 주로 자국의 반트러스트법을 적용하면서 관할권 원칙을 더욱 확대했다. 미국 법집행 기관들은 미국 밖에서 이루어진 행위라 하더라도 동 행위로 인한 효과가 미국 영토 내에서 발생하면 자국의 반트러스트법을 적용하는 것이 정당하다고 주장했다. 이러한 '효과주의 원칙(effects principle)'은 수십 년 동안 논쟁의 중심이 되었다. 기존의 주권 기반 시스템이 유효하게 존재하는 한, 효과주의 원칙의 적용범위 및 그로 인한 영향은 향후에도 논쟁거리가 될 것이 불가피하다.

앞에서 언급된 바와 같이, 효과주의 원칙은 양 세계대전 사이의 기간에 생성되기 시작했던 객관적 영토성 원칙을 더욱 확대한 것이라 할 수 있다. 그러

---

10) 이에 관한 논의에 대해서는 예컨대 Gerber, *Law and Competition, supra* note 7, at 165-231; Jean Touchard, *La Gauche en France depuis 1900* (Paris 1977) 66, 237-344; Tony Judt, *The Burden of Responsibility: Blum, Camus, Aron and the French Twentieth Century* (Chicago 1998) and Peter Hennessey, *Never Again:* Britain, 1945-1951 (New York 1993) 참조.

11) 예컨대 Albert S Lindemann, *A History of European Socialism* (New Haven 1983) 322-361 참조.

나, 객관적 영토성 원칙과 달리 효과주의 원칙은 강 건너편에서 총격을 받아 피해를 받은 피해자와 같이 위반행위의 결과가 특정한 장소와 연계될 것을 요구하지는 않는다. 따라서, 효과주의 원칙은 객관적 영토성 원칙보다 그 적용범위가 광범위할 수 있다. 즉, 효과주의 원칙은 보통 영토 내의 효과를 의미하므로, '어떤 효과가 발생했는가'라는 점만을 문제삼는다.

미국의 관할권 확대 시도는 전후 미국의 특유한 역할에 의해 유도된 것으로, 미국 반트러스트 시스템의 특징들에 따른 제약을 받았다. 미국의 관할권 확대 시도의 핵심적 특징은 미국이 다른 국가와 상의하지 않고 일방적으로 행동할 수 있다는 점이다. 미국의 주장에 따르면, 미국의 관할권 확대 행사는 기존의 국제법 원칙에 의해 정당화된다는 것이다. 이러한 미국의 '일방적 관할주의(jurisdictional unilateralism)' 및 이에 대한 저항은 이후 국제경쟁법에 관한 대부분 논의에 영향을 미쳤다. 미국의 조치와 이에 대한 다른 국가들의 반응을 이해하는데 핵심적인 것은, 미국이 두 개의 경로를 통해 관할권을 확대하고자 했고, 이 두 경로는 상호관련되면서 각자 서로를 정당화하고 지지하는 것처럼 보인다는 점이다.

미국의 관할권 확대의 첫 번째 경로는 법원을 통하는 것이었다. 이는 1944년 유명한 Alcoa 사건의 판결에서 시작되었던바, 이 판결은 이후 모든 사법적·행정적 발전의 토대가 되었다.[12] 미국은 이 판결에서 국외에서 행해진 행위에 대한 관할권 문제에 대해 새로운 접근방식을 확립했다. 이 판결은 국제법 원칙을 구체적으로 명시하면서, '…모든 국가는 자국 밖에서 행해진 행위라고 하더라도 동 행위로 인한 결과가 국내에서 발생할 경우 그 행위자가 자국민인지 여부에 관계없이 그 행위에 대한 책임을 부과할 수 있다는 법이 확립되어 있다(it is settled law … that any state may impose liabilities, even upon persons not within its allegiance, for conduct outside its borders that has consequences

---

12) *US v Aluminum Co of America*, 148 F. 2nd 416(2nd Cir 1945). 제2연방 항소법원이 이에 대해 판결을 내렸던바, 이는 당시 연방대법원에서 이 사건을 심리할 수 있는 대법관 수가 충분하지 않았기 때문이다 (역자 주-당시 연방대법원의 대법관들 상당수가 Alcoa 사의 주식을 보유하고 있었으므로 사건 심리에서 제척되었던 결과 심리에 필요한 최소 정족수가 채워질 수 없었음). 따라서, 이 사건은 미국 대법원의 의견으로서 선례가 될 수 있다. 더욱이, 이 사건은 실제로 엄청난 영향을 미쳤던바, 이는 이 사건의 의견이 미국 사법사에서 가장 영향력 있는 법관 중 한 명인 Learned Hand에 의해 작성되었기 때문이다.

within its borders which the state reprehends…)'고 판시했다.[13] 법원은 이 사건에서 문제된 행위가 (미국으로의) 수입에 영향을 줄 의도를 갖고 있었고 실제로 그러한 영향을 발생시켰다고 보아 셔먼법의 역외적용을 인정했다.

이 사건에서 법원은 과감하게 새로운 국제법 원칙을 내세우는 대신 이미 확립되어 있는 국제법 원칙을 적용한다고 주장했다. 이 판결은 셔먼법 적용범위를 해석하는 과정에서 제시된 것이었으므로, 사람들(특히 외국인들)은 이 판결의 관할권에 관한 판시 사항이 얼마나 중요하고 어떤 잠재적 효과를 가져올 수 있는지 즉각적으로 명확히 인지하지 못했다. 물론 미국 의회가 법제정 과정에서 특정 법률의 장소적 적용범위를 명시하는 것도 가능했지만, 실제로는 이를 따로 명시하지 않는 경우가 빈번했다. 이 경우, 법원은 법률의 장소적 적용범위를 판단하기 위해 의회의 입법의도를 추정할 수밖에 없다. 이 때 가장 중요한 추정은, 의회는 국제법을 위반할 의도를 갖고 있지 않다는 것이다.[14] 따라서, 법원은 법률의 장소적 적용범위를 결정하기 위해 국제 공법의 한계를 정해야 하는 상황에 놓이게 된다. 법원이 Alcoa 사건에서 제시한 국제법에 관한 많은 주장들은 이와 같이 국제 공법의 한계를 획정하기 위한 맥락에서 이루어진 것인바, 이는 이 판결로부터 영향받는 사람들이 법원의 결정에 즉각적으로 반응하지 않았던 이유 중 하나였다. 또 다른 이유는, Alcoa 사건에서의 법원 판시 내용에 반대할 가능성이 있는 국가들이 전쟁 및 그 이후의 상황에 여전히 매몰되어 있었으므로 미국의 판시 내용에 실질적인 입장을 표시할 여건에 있지 않았다는 점을 들 수 있다. 이처럼 미국의 Alcoa 사건 판시가 국제 사회로부터 실질적인 지지를 받지 않았음에도 불구하고, 이후 효과주의 원칙은 미국법 체제에 도입되어 반트러스트법의 공적・사적 집행의 모든 국면에서 활용되었다.[15]

---

13) Ibid 148 F. 2nd at 443.

14) Ibid 148 F. 2nd at 443. Paust, supra note 1, at 99 참조. 미국 연방대법원은 1804년에 이 원칙에 관해 명시한 바 있다. *Murray v the Charming Betsy*, (1804) 6 US (2 Cranch) 64, 118. ('[A]n act of Congress ought never to be construed to violate the law of nations if any other possible construction remains…') 참조.

15) 효과주의 원칙은 Alcoa 사건에서 확립되고 이후 다른 법원들도 이를 따랐으므로, 다수의 법원들은 자신들의 결정의 기반이 되는 국제법 원칙들을 굳이 언급하지 않게 되었다. 따라서 국제 공법원칙은 법원 결정의 주된 기반이 되었음에도 불구하고 정작 판결문에서는 '적시되지 않게 되는' 일이 빈번해졌다.

Alcoa 판결로 인한 즉각적인 결과 중 하나는, 이 결정이 반트러스트를 활용해 전세계에 경쟁이라는 가치를 제시하려 했던 미국의 노력을 정당화하고 이를 장려했다는 점이다. 미국 관료들(및 다른 많은 사람들)은 또 다른 전쟁을 막고 보다 안전하고 부유한 세계를 위해 경제적 경쟁을 제고해야 한다고 확신했다.[16] Alcoa 판결은, 미국 기관들이 행위가 이루어지는 지역을 불문하고 그 효과가 미국 내에 미쳤음을 근거로 자국의 반트러스트법을 전세계적으로 적용할 수 있게 했다는 점에서, 시장 경제 원칙의 적용 범위를 확대하려는 계획에 잘 부합했다.

당시 미국 관료들의 반트러스트법 활용을 독려했던 여러 상황들이 있다. 미국은 광범위한 경쟁법 집행 경험을 갖고 있던 유일한 국가였고, 따라서 국제 경쟁 촉진이라는 임무를 수행할 수 있는 지식과 경험을 보유한 유일한 국가이기도 했다. 뿐만 아니라, 미국은 전후 세계에서 가장 영향력 있고 강력한 국가였고, 다른 나라에서 이루어지는 행위에 영향을 미칠 수 있는 광범위한 역량을 갖고 있었다. 하바나 헌장 프로젝트의 좌초로 인해 국가간 협력에 의한 경쟁법 원칙을 발전시키기 어렵다는 점이 분명해졌고, 세계 시장에서의 경쟁제한적 행위를 규제하기 위해서는 남아 있던 유일한 대안이었던 미국법을 세계적으로 적용하는 것이 적절하다고 여겨졌으므로, 미국은 이후 자국 반트러스트법을 전세계적으로 적용하는 데에 더욱 박차를 가했다. 이러한 관점에서는 반트러스트법을 지지하는 미국 관할권의 확대가 더 나은 세계로 나아가는 움직임이라고 이해했다. 그러나, 미국이 관할권 확대를 통해 추구하는 목적에 회의적 시각을 갖고 있던 사람들은 미국이 자국의 정치적 영향력이나 경제적 이익과 같은 요인들을 고려해 정책을 추구한다는 인상을 은폐하기 위해 이러한 관점을 제시하여 미국의 불순한 움직임을 '순수하게 포장'하려 한다고 여기곤 했다. Alcoa 사건에서의 법원의 견해는 미국의 정책들을 단지 국제법에 따라 미국법을 적용한 것으로 재구성한 것이다.

이상과 같은 미국의 주장에 대해 사실상 어떤 반론도 제기되지 않았다. 대다수 국가들은 수년 동안 전후 재건이라는 훨씬 더 중요한 문제에 우선순위를 두었으므로, 이러한 주장에 특별히 관심을 기울일 인센티브가 없었다. 뿐만 아

16) 예컨대 Wyatt Wells, *Antitrust and the Formation of the Postwar World* (New York 2002) 90-156 참조.

니라, 특히 전후 10여 년 동안 많은 국가들은 미국의 정치적·경제적 역량에 의존하고 있었으므로, 미국의 이해관계에 반하는 입장을 취하는데 소극적일 수밖에 없었다. 이 기간 동안 많은 국가들이 미국의 경제적 지원을 원했으므로, 이들이 미국에 이의를 제기할 가능성은 매우 낮았다. 설령 이의를 제기했다고 하더라도, 미국이 이에 신경쓸 필요는 거의 없었다. 마지막으로, 대다수 국가들이 실효적인 경쟁법을 보유하고 있지 않았으므로, 미국 관료들은 다른 국가들이 미국이 주장하는 효과주의에 터잡아 미국 기업들에게 경쟁법을 적용할 가능성을 신경쓸 필요가 없었다.

미국 반트러스트법을 전파한 두 번째 경로는 보다 직접적이었다. 미국은 제2차 세계대전 이후 군대를 주둔시켰던 독일, 일본에 자국의 반트러스트법을 적용했다. 경쟁은 일본의 군국주의, 독일의 파시즘 및 군국주의의 발흥에 기여했다고 널리 인식되었던 카르텔과 고도의 경제력 집중과 같은 폐해를 해결해 줄 것이라는 기대를 받았다. 이에 미국 관료들은 전후 위 두 국가들에 자국의 반트러스트법 원칙들을 적용했고, 각 국 정부에 권한을 이양할 때 경쟁법을 제정, 집행하도록 요구했다. 미국 정부 역시 위 두 국가들의 관료들을 훈련시키고 학자들을 교육하는 방법을 통해 초기 반트러스트 체제를 지원했다. 미국이 반트러스트법을 직접 적용하자, 일부 사람들은 미국 법원의 관할권 확대가 실제로는 당시 우월적 지위에 있던 미국이 자국이 달성하려는 목표를 정당화하기 위해 취하는 조치에 불과하다고 여겼다.

C. 미국의 일방적 관할권 행사에 대한 다른 국가들의 대응

미국의 관할권 확대 시도는 국가간 관계에 변화를 가져오는 것이었으므로, 다른 국가들이 이에 반발했을 것이라고 예상할 수 있다. 하바나 헌장 프로젝트의 좌초로 인해 경쟁법 이슈를 다자주의적 방식으로 해결하기 불가능하다는 인식이 생성되자, 미국의 관할권 확대에 대한 반론은 훨씬 더 거세졌다. 많은 사람들이 미국의 관할권 확대 주장이 수세기 간의 국가간 상호 작용과 양해를 거쳐 형성된 전통적 관할 프레임웍을 위협하는 것으로 여겼다. 전통적 관할 프레임웍은 국가간 마찰을 피하기 위해 고안된 것이었던바, 전후 수년이 지나자

각 국은 국가간 마찰 가능성을 민감하게 의식하게 되었다. 한편, 또 다른 사람들은 미국의 조치가 자신들의 이해관계에 어떤 영향을 미칠 것인지를 우려했다. 이들은 미국이 정치적 · 경제적 우위를 통해 자국이 원하는 바를 달성할 수 있다는 점, 미국의 관할권 확대 주장이 이러한 우위의 활용을 정당화하고 지지하는 측면이 있다는 점을 인식하고 있었다. 이 두 그룹에 속한 사람들은 미국의 관할권 확대 주장으로 인해 국제 경제에서 미국이 수행할 역할(이 역할은 최근에 와서야 다소 약화되었을 뿐이다)을 경계하게 되었다.

미국의 관할권 확대 주장은 특히 1950년대와 1960년대에 다른 나라들로부터 격렬한 반발을 받았다.[17] 이러한 반발은 우선 효과주의 원칙의 실효성(validity)에 집중되었다. 유럽과 다른 지역의 정부들, 학자들은 이 원칙이 국제법상 관할을 인정하는 근거로 승인된 바 없으므로, 이에 터잡은 미국의 관할권 주장은 국제법 위반이라고 주장했다.[18] 이들은 미국이 무슨 권리로 오랫 동안 유지되어 왔던 국제 관습 및 국제법 원칙과 다른 입장을 취했는지 의문을 제기했다.

그러나, 이러한 반발은 미국이 최초 관할권 확대를 주장했을 때 즉각적으로 이루어졌던 것이 아니므로 그 설득력이 높지 않았다. 국제법상 다수의 국가들이 새롭게 등장한 원칙을 받아들이지 않을 경우 그 법칙은 실효적인 국제법 원칙이 되지 못한다. 그러나, 세계대전 이후의 특수한 사정들로 인해 국제 사회는 의도적이든 그렇지 않든 간에 미국의 효과주의 원칙 주장에 즉각적인 반응을 보이지 않았다. 앞에서 언급했던 바와 같이, 전후 수년 동안 유럽 국가들은 분열된 사회를 통합하고 경제를 재건하는 것과 같은 문제들을 더 우선해야 했다. 이 기간 동안 유럽 국가들은 군사적 · 경제적 보호를 위해 미국에 많이 의존하기도 했다. 이러한 사정들로 인해 유럽 국가들은 미국 입장에 강력히 반발하거나 이를 변경하도록 요구할 인센티브가 없었다. 이에 더해 미국 법원이 효과주의 원칙을 적용하는 사건의 수가 비교적 작았으므로, 미국과 대립각을 세움으로써 얻을 수 있는 이익 역시 미미한 것처럼 여겨졌다. 마지막으로, 이

17) 이러한 반발의 대표적인 사례들에 대해서는 International Law Association, 'Report of Fifty-fourth Conference' (1970) 223, 562-92 참조.

18) 예를 들면 William D Whitney, 'Sources of Conflict between International Law and the Antitrust Laws' (1954) 63 Yale L J 655 참조.

미 살펴본 바와 같이, 1950년대까지는 국제경쟁법이 제정될 가능성이 높은 것처럼 보였으므로 관할에 관한 문제를 신경쓸 필요성도 줄어들 것으로 전망되었다. 이상과 같은 요소들로 인해, 국제 사회는 통상적인 국제법 방식에 따라 미국의 관할권 확대 주장을 국제법 원칙으로 수용할 것인지에 관해 수년 동안 적극적으로 입장을 밝히지 않았고, 이에 미국은 자국의 주장이 국제법적 원칙으로 수용되고 있다고 생각했다.[19)]

현대 경제 상황에서 자국 내에 효과를 미치는 국외의 행위에 대해 관할권을 갖는 것이 유용하다는 점을 인식하게 된 국가들의 숫자가 증가함에 따라 효과주의 원칙에 대한 저항도 점진적으로 약화되었던바, 이러한 추세는 1970년대 이후 특히 두드러졌다. 독일은 1958년 자국 경쟁법을 제정하면서 효과주의 원칙을 구체적으로 명시했던바, 이 법은 1970년대 및 1980년대에 유럽, 아시아 지역의 경쟁법 발전에 광범위한 영향을 미쳤다.[20)] 1980년대 초반에 이르기까지 여러 국가들, 특히 프랑스,[21)] 덴마크,[22)] 스웨덴[23)]에서 행위의 효과에 따라 관할권이 인정될 수 있다고 여겨졌다. EU법에서 European Court of Justice는 오랜 기간 동안 효과주의 원칙을 받아들이진 않았지만, 영토성 원칙을 독자적인 방식으로 확장함으로써 효과주의 원칙을 적용하는 것과 유사한 범위 내에서 EU 반독점법을 적용해 왔다.[24)]

---

19) 이 기간 동안의 미국의 관할권 확대 주장에 대한 동시대의 비판적인 설명에 대해서는 Whitney, ibid at 661-62 참조.

20) 'Gesetz gegen Wettbewerbsbeschraenkungen' (27 July 1957) BGBI I 1081 참조. 독일에서의 역외적용 원칙의 발전에 대한 상세한 분석에 대해서는 David J Gerber, 'The Extraterritorial Application of the German Antitrust Laws' (1983) 77 Am J Intl L 756 참조.

21) B Goldman, 'Les champs d'appication territorial des lois la concurrence' (1969) 128 *Academie de Droit International, Recueil de Cours* 631, 669 참조.

22) W von Eyben, *Monopoler Og Priser* (Copenhagen 1982) 120 참조.

23) Ulf Bernitz, *Svensk Marknadsrätt* (Stockholem 1983) 98 참조.

24) 유럽사법재판소(the European Court of Justice)는 명시적으로 이와 같은 효과주의 원칙을 받아들이진 않았지만, 대신 문제되는 행위가 만드시 EU 내에서 '실행(implemented)' 되어야 한다는 입장을 취했다. 이에 관한 고전적인 사례는 Case 89/85, *A Ahlström Osakeyhtio v Commission* (1988) ECR 5193, (1988) 4 CMLR 901이다. 그럼에도 불구하고, 유럽 제1심 법원(the European Court of First Instance)는 EU 기업결합 규제는 '기업결합 계획이 결합 당사회사들의 국적이나 위치와 관계 없이 유럽 공동체 내에 즉각적이고 실질적인 영향을 미칠 것으로 예견되는 경우' 국제법 원칙에 따라 그 적용이 정당화될 수 있다는 입장을 취해 왔다. *Gencor Ltd v Commission* (1999) ECR II-753 참조. 이에 관한 논의에 대해서는 예를 들어 Barbara C George et al, 'Increasing Extraterritorial Intrusion of European Union Authority

두 번째 반발은 효과주의 원칙 자체의 유효성에 대한 것이 아닌, 이 원칙을 적용하는 미국에 대한 것이었다. 효과주의 원칙은 주로 미국 반트러스트법의 적용을 위해 활용되었지만, 당시에는 어느 나라도 실질적인 경쟁법을 갖고 있지 않았다.[25] 그 결과, 많은 사람들은 미국의 관할권 확대 주장이 자국의 정치적・법률적 기구 및 가치관을 다른 국가에 일방적으로 적용하려는 시도를 은폐하기 위한 제스처에 불과하다고 생각했다. 유럽 국가들은 미국이 자국의 법은 물론이고 자국의 삶의 방식까지 은연 중에 '수출(export)'하려 한다고 비판했다.[26] 당시 미국의 우월적 지위에 특히 민감했던 유럽 국가들은, 미국이 효과주의 원칙을 통해 유럽 기업들에게 미국식의 경제적 자유주의를 따르도록 요구한다고 생각했으므로, 많은 유럽 사람들이 이 원칙을 '제국주의(imperialism)'적인 것이라고 여겼다.[27] 효과주의 원칙은 사회에서의 경쟁의 역할에 관해 많은 사람들이 공감하고 있지 않았던 가치관들을 내재화하고 실행하는 것이었다.

일부 국가들은 단순히 미국의 주장에 반대하는 것에 멈추지 않고 더욱 적극적인 조치를 취했다. 이들은 소위 '대항입법(blocking legislation)'을 제정해 미국의 관할권 확대에 정면으로 맞섰다. 대항입법이 도입될 경우, A국은 B국의 법률이 자국법의 기준에 비춰 적법하지 않다고 판단할 경우, 사인이 A국에서 B국법에 따라 필요하거나 동법에 수반하는 행위를 하려 할 때 제재조치를 부과할 수 있다. 대항입법은 법문에서 구체적으로 미국을 특정하진 않았지만, 그 실질적인 적용대상은 미국이 효과주의 원칙에 터잡아 자국의 반트러스트법을 집행하고자 하는 행위였다. 정도 및 범위에 있어 다소간의 차이가 있긴 했지만, 1980년대까지 수십여 개의 대항입법들이 있었다.[28]

---

into U.S. Business Mergers and Competition Practices: U.S. Multilateral Businesses Underestimate the Strength of the European Commission from GE-Honeywell to Microsoft' (2004) 19 Conn J Int'l L 571 참조.

25) Corwin Edwards, *Control of Cartel and Monopolies* (New York 1967) 1-14 참조.

26) 예를 들면 Robert Y Jennings, 'Extraterritorial Jurisdiction and the US Anti-trust laws' (1957) 33 Brit Y B Intl L 146, at 175 참조.

27) Sol Picciotto, 'Jurisdictional Conflicts, International Law and the International State System' (1983) 11 *Intl J Soc* L 11 참조.

28) 이에 관한 논의 및 관련 사례에 대해서는 Spencer Waller, *Antitrust and American Business Abroad* (3rd edn 1997) §§ 4. 16-4. 17 참조.

D. 일방주의와 자율적 억제

미국의 관할권 확대 주장에 대한 반발이 잦아지자 미국 법원, 입법부, 학자들은 갈등을 감소시킬 수 있는 방안을 모색하기 시작했다. 이러한 맥락에서 두 가지 기본전략들이 추진되었다. 하나는 효과주의 원칙의 적용 범위를 좁히거나 특정하는 것이고, 다른 하나는 효과주의 원칙을 적용함에 있어 다른 국가들의 이해관계를 고려하는 것이다. 이 전략들 모두 미국 법원을 통해 효과주의 원칙의 적용 범위를 제한하고자 했던바, 외부 관찰자들은 이점을 간과하거나 오해하곤 한다.

1. 일방적 관할주의의 범위 제한

효과주의 원칙을 광범위하고 일반적으로 적용할 수 있다는 Alcoa 사건의 판시 이후 이 원칙의 적용범위를 보다 정확히 해야 한다는 목소리가 높아졌고, 이는 어느 정도의 효과가 인정되어야 미국 법원이 외국에서의 행위에 대한 관할권을 갖는가라는 문제에 대한 답을 찾는 노력으로 이어졌다. Alcoa 사건은 단지 행위 효과를 '의도할 것(intended)'이라는 기준만을 제시했지만 실제 사건에서 이를 적용하기는 쉽지 않았으므로, 이후 사건에서 결정적인 기준으로 채택, 활용되지 못했다. 이에 법원은 여러 가지 기준을 활용해 효과주의 원칙을 제한하고자 했던바, 예를 들면 '실질적이거나(substantial),'[29] '직접적인(direct)'[30] 효과를 요구하거나, '합리적으로 발달된 법률 체제를 갖고 있는 국가들의 법에 따라 범죄 또는 불법행위의 구성요소로 일반적으로 인정될 것'이라는 표현을 사용하기도 했다.[31] 이러한 상황으로 인해 효과주의 원칙의 적용

29) *US v General Elec Co*, 82 F. Supp 753, 891 (DNJ 1949).

30) *Occidental Petroleum Corp v Buttes Gas & Oil Co*, 331 F. Supp 92, 102 (CD Cal 1971), *aff'd* 461 F. 2nd 1261(9th Cir 1972), cert denied, (1972) 409 US 950.

31) Restatement (Second) of the Foreign Relations Law of the US 47 (1965). 이 Restatement의 Section 18의 규정은 다음과 같다: 'A state has jurisdiction to prescribe a rule of law attaching legal consequences to conduct that occurs outside its territory and causes an effect within its territory, if either: (a) the conduct and its effect are generally recognized as constituent elements of a crime or tort under the laws of states that have reasonably

범위에 대한 불확실성이 증대되자, 미국 의회는 결국 1982년 “Foreign Trade Antitrust Improvements Act of 1982(FTAIA)” 제정을 통해 이 문제를 명쾌하게 정리하려 했다. 이 법률은 효과주의 원칙에 따라 관할권이 인정되기 위해서는 행위로 인한 효과가 ‘직접적이고, 실질적이며, 합리적으로 예측할 수 있어야(direct, substantial and reasonably foreseeable)’한다고 규정했다.[32] 이 법은 개념적으로는 어느 정도 명확한 기준을 제시하긴 했지만, 법원은 실제 사건에 이러한 기준을 적용하는데 여전히 곤란을 겪었고, 따라서 예측가능성 제고라는 당초 목적이 제대로 달성되지 못했다.[33]

관할간 갈등을 줄이려는 두 번째 전략은 효과주의 원칙 적용시 관련 국가들의 이해관계를 비교, 형량하는 것이었다.[34] 이 전략의 기본 개념은, 미국 법원이 다른 국가의 영토에서 이뤄지는 행위에 미국법을 적용하기 위해서는 다른 국가들의 이해관계를 반드시 고려해야 한다는 것이다. 그 결과 미국 법원의 관할권 행사로 다른 국가들이 입을 피해가 미국이 얻는 이익보다 클 경우 법원은 그 행위에 대한 관할권을 행사해서는 안된다는 것이다. 이러한 생각은 본래 국제법상 예양(comity) 개념에서 발전했던 것으로서,[35] 이후 관할권 행사의 ‘합리성(reasonableness)’ 심사로 재구성되었다.[36]

비교형량 개념은 Kingman Brewster가 1958년 **Antitrust and American Business Abroad**를 출판함으로써 미국 내에서 많은 관심을 받기 시작했던바,

developed legal systems, or (b) (i) the conduct and its effect are constituent elements of activity to which the rule applies; (ii) the effect within the territory is substantial; (iii) it occurs as a direct and foreseeable results of the conduct outside the territory; and (iv) the rule is not inconsistent with the principles of justice generally recognized by states that have reasonably developed legal systems.’

32) (1982) 15 USC § 6a.

33) 법원이 FTAIA 해석 과정에서 겪게 되는 어려움에 관한 논의에 대해서는 Max Huffman, ‘A Retrospective on Twenty-Five Years of the Foreign Trade Antitrust Improvements Act’ (Summer 2007) 44 Hous L Rev 285, 315-17 참조.

34) 이러한 개념은 미국의 관할에 관한 법(conflicts law)에서 차용된 것이다. 이에 대한 전반적인 내용에 대해서는 Harold Maier, ‘Extraterritorial Jurisdiction at a Crossroads: An Intersection between Public and Private International Law’ (1982) 76 Am J Int L 285-91; Harold Maier, ‘Interest Balancing and Extraterritorial Jurisdiction’ (1983) 31 Am J Comp L 579. See also, Fritz Juenger, ‘Conflict of Laws: A Critique of Interest Analysis’ (1984) 32 Am J Comp L 1 참조.

35) 이에 관한 논의에 대해서는 Gerber, *Beyond Balancing, supra* note 6, at 202-221 참조.

36) Am Law Inst, Restatement (Third) of the Foreign Relations Law of the US (1987) § 403.

그는 반트러스트법을 적용함에 있어 '관할상 합리성 원칙(jurisdictional rule of reason)'을 주장했다.[37] 합리성 원칙에 관한 그의 주장은, 법원이 다른 국가의 이해관계를 고려하여 관할권 행사로 국제적인 마찰이 초래될 가능성이 과도하게 높을 경우 관할권 행사를 거부해야 한다는 것이었다. 주목할 만한 것은 그의 주장이 국제법적 요건에 기반한 것이 아니라는 점이다.[38] 그는 법원이 국제법 원칙에 따라 관할권 행사를 자제해야 한다고 주장한 것이 아니라, 다른 국가들과의 갈등을 피하기 위해 자발적으로 관할권 행사를 자제해야 한다고 주장했다.

Brewster의 제안은 1976년에 이르러서야 법원의 지지를 받기 시작했다.[39] **Timberlane Lumber Co v Bank of America N T & S A(Timberlane)** 사건에서,[40] 제9 연방항소법원은 전반적으로 Brewster의 아이디어를 반영한 비교형량 테스트를 채택했다. **Timberlane** 사건에서의 혐의 사실은, 미국 회사, 온두라스 회사 및 개인들이 셔먼법 제1조, 제2조를 위반해 온두라스산 목재의 미국 수출을 제한하기로 합의했다는 것이었다. 이 사건의 주요 행위들은 온두라스에서 행해졌다. 법원은 셔먼법 적용 가능성과 관련하여 Alcoa 사건의 판시 기준을 분석하고, 다음과 같은 판시를 통해 이 기준이 더 이상 적절하지 않다고 판시했다:

> [A]n effect on US commerce, although necessary to the exercise of jurisdiction under the antitrust laws, is alone not a sufficient basis on which to determine whether American authority should be asserted in a given case as a matter of international comity and fairness.[41](미국 통상에

---

37) Kingman Brewster, *Antitrust and American Business Abroad* (New York 1958) 301-08.

38) Brewer에 따르면:
'[미]국이 이러한 문제들의 해결을 요청할 수 있는 권위 있는 외부 기관이 없었기 때문에, 미국 관할에 관한 어떠한 제한이든 결국에는 스스로 부과한 것이다. 이런 의미에서, 관할권을 제한하기로 하는 결정은 주권의 효력에 관한 문제라기보다는 국가 정책에 관한 문제가 된다.' Ibid at 287 참조.

39) 1962년에 출판된 미국 해외 관계법(Foreign Relations Law)에 관한 첫 번째 Restatement Section 40은 집행 관할의 상황에서 정치적인 비교형량에 따른 접근에 관해 기술하고 있다. Restatement of the Foreign Relations Law of the US (1962). 이에 관한 분석에 대해서는 Maier, *Extraterritorial Jurisdiction, supra* note 34, at 293-95 참조.

40) 549 F. 2nd 597(9th Cir 1976).

41) *Timberlane*, ibid at 613 (emphasis in original).

대한 영향은 비록 반트러스법에 관한 관할권 행사를 위해 필요하기는 하지만, 그것만으로는 국제 예양 및 공정성의 문제로서 특정 사례에서 미국의 입장이 반드시 주장되어야 하는가를 결정하는데 충분한 근거가 되지는 못한다.)

이 판시 내용에 따르면, 자국 내에 효과가 발생했을 경우 관할권을 행사할 수는 있지만, 실제 관할권을 행사할 것인가를 결정하기 위해서는 국제 예양에 따라 이해관계들을 **비교형량해야 한다**. 그러나, Timberlane 사건에서 법원은 관할권 행사와 관련되는 갈등을 평가할 필요가 있고, 갈등의 발생 가능성에도 불구하고 미국과 해당 행위와의 접촉 및 미국의 역외 관할권 행사를 정당화할 수 있는 충분한 이해관계의 보유 여부를 판단해야 한다고 언급했을 뿐,[42] 체계적인 비교형량 테스트를 제시하진 못했다. 물론 법원은 비교형량 테스트시 고려해야 할 요소들을 열거하긴 했지만,[43] 해당 요소들을 어떻게 평가해야 할 것인지에 대해서는 아무런 지침을 제시하지 않았다.

Timberlane 사건 이후, 비교형량 개념은 법원 및 논평가들 사이에서 급속도로 지지를 받았다.[44] 많은 사람들은, 이 판결이 관할권 확대로 발생할 수 있는 갈등을 다루면서 이를 해결할 수 있는 방법을 제시했기 때문에 효과주의 원칙이 초래한 문제점을 해결할 수 있을 것이라고 생각했다.[45] 그러나, 이 판결은 여러 사람들에 의해 비판받기도 했다. 이러한 비판들 중 하나는, 판시 내용이 지나치게 모호해서 기업들의 의사결정 과정에 필요한 충분한 예측가능성을 제공하지 못한다는 점이다. 또 다른 비판은, 이 판결이 미국 판사들에게 미국

42) *Timberlane*, ibid at 614-15.

43) 법원에 따르면:

외국 법 또는 외국의 정책과의 갈등의 정도, 당사자들의 국적이나 상호관계, 회사 위치나 주된 사업장소, 각 국의 법을 집행할 경우 어느 정도의 법규 준수를 이끌어 낼 수 있는지, 다른 지역에 비해 당해 행위가 미치는 효과가 얼마나 중대한지, 미국의 통상에 피해를 입히거나 영향을 미칠 의도가 얼마나 명백한지, 이러한 효과를 얼마나 예측할 수 있는지, 외국에 비해 당해 행위가 위반한 법규가 미국 내에서 얼마나 중요한지 등의 요소들이 비중 있게 고려되어야 한다.

Timberlane, ibid at 614.

44) 예컨대 *Mannigton Mills v Congoleum Corp* 595 F. 2nd 1287, 1297(3rd Cir 1979); I*n re Uranium Antitrust Litigation*, 617 F. 2nd 1248(7th Cir 1980); *Z enith Radio Corp v Matsushita Elec Indus* 494 F. Supp 1161 (ED Pa 1980) 참조.

45) 예컨대 I James Atwood & Kingman Brewster, *Antitrust and American Business Abroad* 6.11. (2nd edn New York 1981) 참조.

의 대외 정책과 관련하여 정치적 성격을 띨 수밖에 없는 의사결정을 하도록 한다는 점이다. 즉, 판사들은 미국의 외교관계에 악영향을 미치지 않도록 자국의 권한을 제한할 것인지 여부를 결정해야 하게 되었던바, 이는 사법부가 수행하기에 적절치 않은 역할이다.[46] 나아가, 예양이라는 개념으로 인해 미국 법원의 관할권이 실제로 제한되지 않으면서도 다른 나라의 이해관계를 민감하게 고려하는 듯한 외양만 만들어졌다는 의견도 있다. 즉, 예양으로 인해 다른 나라의 이해관계를 고려해야 하긴 하나, 실제로 이에 어느 정도 비중을 둘 것인지에 대한 의무가 부과되지는 않았다.

이러한 문제점들이 인식되자, American Law Institute 및 몇몇 영향력 있는 학자들은 비교형량 테스트의 개념을 달리 정하고자 했다. 이들은 법원이 비교형량 과정을 통해 관할권을 행사해야 하는가가 아니라 실제로 관할권을 갖고 있는가를 결정해야 한다고 주장했다.[47] 다른 국가들이 입을 피해가 미국의 이해관계를 압도할 경우, 미국의 관할권 행사는 법률적으로 '불합리(unreasonable)'하므로 아예 허용되어서는 안된다는 것이다.[48] 이러한 관점에 따르면, 법원은 자신이 보유하고 있는 권한을 실제로 행사할 것인가라는 정치적 기능(예양에 기반한 비교형량 – comity balancing)이 아닌, 관할권 자체를 보유하고 있는가(사법적 비교형량 – jurisdictional balancing)라는 법률적 기능을 하게 된다. 그러나, 관할권 행사가 합리적인지 여부를 결정하기 위해서는 모든 관련 요소들을 고려해야 하므로, 새로운 개념 하에서도 비교형량 테스트의 실제 내용이 바뀌지는 않았다.[49]

---

46) 예컨대 Douglas E Rosenthal & William M Knighton, *National Laws and International Commerce: The Problem of Extraterritoriality* (New York 1982) 68-80 참조.

47) 예컨대 Andreas F Lowenfeld, 'Public Law in the International Arena: Conflicts of Laws, International Law and Some Suggestions for Their Interaction' (1979) 163 Académie de Droit International, Recueil Des Cours 315 참조.

48) Section 403 of the Restatement (Third)는 다음과 같다: 'Subject to § 403, a state has jurisdiction to prescribe law with respect to … (1) (c) conduct outside its territory which has or is intended to have substantial effect within its territory …' Restatement (Third) of Foreign Relations Law of the (1987) US § 402.

49) Section 403 (2)는 다음과 같다:

Whether exercise of jurisdiction over a person activity is unreasonable is determined by evaluating all relevant factors, including, where appropriate:

a the link of the activity to the territory of the regulating state, ie the extent to which the activity takes place within the territory, or has substantial, direct, and fore-

비교형량에 대한 논쟁은 10년 이상 지속되었다. 비교형량 테스트를 구조적으로 보다 체계화하려는 노력들은 거의 성과를 거두지 못했고, 이 테스트에 내재된 불명확성에 여전히 많은 비판이 가해졌다. 물론 완전히 확실한 시스템이라는 것 자체가 불가능하긴 하지만, 시스템의 효과적 작동이 가능하기 위해서는 합리적 행위 기준이 제시되어야 하는데, 비교형량 테스트는 이에 미치지 못했다. 비교형량 테스트의 불명확성으로 인해 법원이 정치적 압력으로부터 취약하게 되는 결과가 초래되기도 했던바, 법원은 특히 자국 국민들이 관련된 사건에서 관할권을 부인해야 하는 경우 정치적 압력에서 자유롭지 못했다. 이 경우 법원은 합리적으로 명확한 법원칙에 따라 판결을 내릴 수 있지 않는 한, 관할권을 인정하라는 압력에 직면하게 된다.

2. 자율적 억제의 폐기

미국 연방대법원은 1993년 **Hartford Fire Insurance Corp** 사건에서 국가간 이해관계를 비교형량하려는 노력을 사실상 포기했던바, 이로 인해 관할권 이슈에 관한 미국 내의 법률적 사고는 급변하게 되었다. 5대 4로 결정된 다수의견에서, 연방대법원은 미국 법원이 미국과 다른 국가간에 관할에 관한 '진정한 갈등(true conflict)'이 있다고 인정될 경우에만 그 다른 국가의 이해관계를

seeable effect upon or in the territory;

b the connection, such as nationality, residence, or economic activity, between the regulating state and the person principality responsible for the activity to be regulated, or between that state and those whom the regulation is designed to protect;

c the character of the activity to be regulated, the importance of regulation to the regulating state, the extent to which other states regulate such activities, and the degree to which the desirability of such regulation is generally accepted;

d the existence of justified expectations that might be protected or hurt by the regulation;

e the importance of the regulation to the international political, legal, or economic system;

f the extent to which the regulation is consistent with the traditions of the international system;

g the extent to which another state may have an interest in regulating the activity; and

h the likelihood of conflict with regulation by another state.

Ibid.

고려할 수 있다고 판시했다. 연방대법원은 미국법을 적용할 경우 피고에게 다른 국가의 법을 위반하도록 강제하게 되는 경우에만 진정한 갈등이 인정된다는 입장을 취했다. 이와 같은 상황이 거의 발생하지 않음을 고려할 때, 국가간 마찰을 피하기 위한 전략으로서의 비교형량 테스트는 이 판결로 인해 사실상 폐기되었다. 비교형량 테스트는 미국의 관할권 행사가 실질적으로는 다른 국가들의 정책에 간섭하게 되지만 진정한 갈등 상황에까지는 이르지 않는 거의 대부분의 상황에서 더 이상 사용될 수 없게 되었다.[50)]

Hartford Fire 사건 판결은 엄청난 격론을 불러왔다. 몇몇 사람들은 이 판결이 기존의 미국 판례법을 오독했거나 잘못 적용했다고 비판했다. 다른 사람들은 이 판결이 지난 수십 년 동안 보다 효과적이면서도 국제적으로 수용될 수 있는 관할 메커니즘을 발전시키려 했던 노력을 무위로 돌렸다고 지적하기도 했다.[51)] 그럼에도 불구하고, 이 판결로 인해 미국의 전략 및 미국 반트러스트법의 적용 상황은 근본적으로 바뀌었다. 이제 미국법은 더 이상 다른 국가들의 이해관계에 어떤 영향을 미칠 것인지를 신경쓰지 않고 일방적으로 적용되게 되었다. 새로운 국제화의 흐름으로 인해 국가간 갈등이 발생할 소지가 더욱 증가될 수 있는 상황에서 미국법은 더욱 일방적으로 적용될 수 있게 되었다.

3. 관할권의 추가 확대 요구: 미국이 세계 반트러스트 포럼이 될 수 있는가?

2000년대 초반 다른 국가의 변호사들과 고객들은 미국 법정이 '세계의 반트러스트 법정(world antitrust forum)'이 될 가능성을 인식하게 되었던바, 이는 주권 기반 시스템에 대한 새로운 압박이 되었다. 다른 국가의 이해관계를 비교

---

50) 일부 하급심 법원들은 또한 합리성 요소가 Hartford Fire 사건에 관한 결정문이 제시한 것처럼 보이는 범위 보다는 더 넓은 범위의 사례들에서 고려되어야 한다고 주장하면서 이 결정문을 좁게 해석했다. 이에 대한 논의 및 관련 사례들에 대한 언급에 대해서는 예컨대 Joseph P Griffin, 'Extraterritoriality in US and EU Antitrust Enforcement' (1999) 67 Antitrust L J 159, 166-8 참조.

51) 이에 관한 논의에 대해서는 예컨대 Andreas F Lowenfeld, 'International Litigation and the Quest for Reasonableness' in (1994-I) Académie de Droit International, Recueil des Cours 9, 49-58 and Kenneth W Dam, 'Extraterritoriality in an Age of Globalization: The Hartford Fire Case' (1993) Sup Ct Rev 289 참조.

형량할 필요가 전반적으로 없어진 상황에서, 원고들은 미국 법원이 자신의 사건에 훨씬 쉽게 관할권을 행사하도록 할 수 있게 되자 미국 법원에 반트러스트 소송을 하는 것에 훨씬 더 매력을 느끼게 되었다. 많은 국가들에서 사인에 의한 소제기는 아예 불가능하거나, 이론적으로는 가능하나 상당한 절차적 제약으로 인해 사실상 불가능하다. 더욱이, 소제기를 고려하는 사람들에게 자국이 아닌 미국에 소를 제기하는 것은 자국에서는 아예 얻을 수 없거나 매우 얻기 힘든 이익을 얻을 수 있다.[52] 그 중에서 특히 중요한 두 가지 이익이 있다. 첫째, 미국의 증거개시나 사실관계 확인 절차로서, 소송 당사자들은 이를 통해 다른 국가에서 소를 제기하는 것에 비해 반대당사자, 심지어는 제3자로부터 훨씬 더 많은 정보를 얻을 수 있다. 이렇게 얻어진 정보는 소송뿐만 아니라 이후 사업계획 수립 과정에서도 활용될 수 있다. 둘째, 더 많은 보상을 얻을 가능성이다. 미국 법원은 다른 국가의 판결보다 훨씬 더 많은 금액의 보상을 인정하곤 하는데, 이는 배심원 재판에서 특히 현저하다.

이러한 인센티브들로 인해 다른 나라의 사람들은 미국 밖에서 이루어진 경쟁제한적 행위로 입은 피해를 보상받기 위해 미국에 소를 제기하기 시작했던바, 이 중에는 미국과 경쟁제한적 피해간에 직접적 연관이 없는 경우도 있었다. 그 결과, 미국 법원에서 소송을 할 수 있는 문호가 과거보다 훨씬 확대될 가능성이 생겼다. 그러나, 다른 나라 정부 및 기업집단들은 이에 광범위하게 반발했던바, 미국 법원이 사실상 전세계 경쟁법에 관한 결정을 내리는 심판자가 되고 이를 통해 세계 시장에서 허용되는 행위에 관한 직접적인 지침을 내리는 지위에 서게 될 것이라는 생각에 반론을 제기하고 때로는 분노하기도 했다. 이들은 세계 시장에서의 미국의 지배력이 더욱 팽창하는 것을 우려했다.[53]

---

52) Clifford A Jones, 'Exporting Antitrust Courtrooms to the World: Private Enforcement in a Global Market' (2004) 16 Loy Consumer L Rev 409; Spencer Weber Waller, 'The US as Antitrust Courtroom to the World: Jurisdiction and Standing Issues in Transnational Litigation' (2002) 14 Loy Consumer L Rev 523; and Wolfgang Wurmnest, 'Foreign Private Plaintiffs, Global Conspiracies, and the Extraterritorial Application of US Antitrust Law (2005) 28 Hastings Int'l & Comp L Rev 205 참조.

53) 외국의 반트러스트 원고들로 하여금 미국 법원에 자유롭게 제소할 수 있도록 했을 때 예상되는 결과에 관한 깊이 있는 논의에 대해서는 Alvin Klevorick and Alan Sykes, 'US Courts and the Optimal Deterrence of International Cartels: A Welfarist Perspective on Empagran', (2007) 3 J Competition L & Econ 309, 329-31 참조. 미국을 전반적으로 전세계의 반트러스트 법정으로 이용하는 것을 지지하는 논의 전반에 대해서는 John M Connor and Darren Bush,

연방대법원은 2004년 **Enpagran** 사건에서 이 문제를 다루게 되었다.[54] 여러 국가의 정부들은 참고 서면(amicus brief)를 통해 미국의 관할권 확대에 반대했고, 이를 허용할 경우 국제법 위반일 뿐만 아니라 미국의 국제적 지위를 남용하는 것이라고 주장했다. 반면, 관할권 확대를 지지하는 사람들은 미국 법원이 방대한 반트러스트법 경험을 갖고 있고, 미국 시스템의 절차적 특징들이 반트러스트법에 관한 주장의 당부를 더 잘 판단할 수 있으므로, 미국법 체제가 일종의 세계 반트러스트 법정이 될 수 있을 정도로 특히 잘 정비되어 있다고 주장했다. 그러나, 연방대법원은 적어도 제소의 근거가 되는 피해가 미국에서 발생한 피해와 직접적으로 관련되지 않는다면 다른 나라에서 이루어진 행위에 대한 관할권이 없다고 판시함으로써 관할권 확대를 인정하지 않았다.[55] 이 판결은 이 문제에 적용되는 성문법 문언을 좁고 기계적으로 해석한 것이다. 연방대법원은 이 판결을 통해 향후 의회가 성문법 문언을 개정함으로써 미국 법원의 관할권을 확대할 수 있는 가능성을 열어 두었다. 본서의 검토목적에 따라 이 문제를 보다 근본적으로 바라보면, 미국의 관할권 확대 노력으로 발생한 이슈들은 관할권 기반 체제가 세계 시장의 경쟁 문제를 규율할 수 있는 프레임웍으로는 부족함을 드러냈다. 관할권 기반 체제에서는 미국이 차지하는 비중으로 인해 개별 국가의 법률 변경이 세계 시장 전체의 법률 체제에 막대한 영향을 미치게 된다.

E. 주권, 관할권 그리고 역학관계

제2차 세계대전 이후 관할권 기반 체제가 수십 년 동안 발전해 오면서 국가 주권에 전적으로 의존하는 이 체제의 많은 특징들이 드러났고, 그 중에서도 몇 가지 문제점들이 두드러졌다. 본서의 다음 Chapter에서 확인할 수 있는 바와 같이, 관할권 기반 체제가 갖는 몇 가지 약점들을 시정하기 위해 새로운 요

'How to Block, Cartel Formation and Price Fixing: Using Extraterritorial Application of the Anti-trust laws as a Deterrence Mechanism' (2008) 112 Penn St L Rev 813 참조.

54) *F Hoffmann-La Roche Ltd v Empagran*, SA, (2004) 542 US 155. 이 사건에 관한 보다 상세한 논의에 대해서는 Klevorick and Sykes, ibid 참조.

55) *Empagran*, 542 US at 164, ibid.

소들이 추가되긴 했지만, 이 체제는 여전히 국제경쟁법의 작동 원리로 유지되고 있는바, 향후 국제경쟁법에 관한 정책을 평가하기 위해서는 이 체제의 특징들 및 그로 인해 초래된 결과들을 효과적으로 분석할 필요가 있다.

관할권 기반 체제는 자연스러운 것으로 받아들여져 왔고, 많은 사람들이 이 체제가 필요하고 지속되어야 한다고 생각한다. 그러나, 이미 살펴본 바와 같이 관할권 기반 체제는 매우 특수한 상황에서 형성되었다. 오히려 최초 국제카르텔을 국제적인 문제로 인식한 이후 수십 년 동안의 보편적 인식은, 국제카르텔이 세계 시장에 대한 위협이 되므로 여러 국가들이 협력해서 이에 대처해야 한다는 것이었다. 그러나, 이러한 인식은 하바나 헌장의 좌초 및 냉전의 도래로 폐기되었고, 국제 경쟁 보호와는 전혀 다른 기능을 위해 발전해 왔던 관할권 원칙에 의존하는 것이 현실적으로 유일한 대안이 되었다. 더욱이, 미국은 관할권 기반 체제를 통해 우월적 역할을 부여받고 체제를 안정시킬 수 있는 역할을 수행할 의사·능력·인센티브를 갖고 있었다. 미국 반트러스트법은 세계 시장에서의 경쟁법에 관한 주된 참고 대상이 되어 왔고, 관할간 갈등이 발생할 가능성을 감소시켰다. 이러한 궤적을 고려할 때, 관할권 기반 체제가 자연스러운 것으로서 계속 유지되어야 한다고 추정하는 것은 주의할 필요가 있다.

관할권 기반 체제가 시행된 직후 수십 년 동안의 경험을 살펴보면, 기본적 관할권 원칙을 둘러싸고 법률적·기관적·정치적 이해관계들이 어떻게 형성되어 왔는지 알 수 있다. 미국은 다른 국가들과 합의, 협력할 필요성을 느끼지 못했던 상황에서, 국제 경쟁과는 다른 배경에서 다른 목적을 위해 발전되어 왔던 법원칙들을 적용했다. 이는 국내의 여러 이해관계들에 부합했고, 다른 국가들은 미국의 입장에 반대하는데 별다른 관심이 없었거나, (설령 관심이 있다고 해도) 반대 의사를 표현할 위치에 있지 않았다. 그 결과, 미국의 입장을 반영한 관계들이 안정적으로 발전했고, 다른 국가들은 이를 수용했다. 세계 시장에서의 경쟁법은 미국의 산업이 되었고, 이 분야에서 미국 기관들의 결정이 중요하게 되었다. 다른 국가들은 이러한 결정에 영향을 미치기 위해 미국 변호사들이나 로비스트를 통해 미국 관료들에게 공을 들여야 했으므로, 이들(변호사, 로비스트, 관료)은 미국법 체계 및 관할권 기반 국제경쟁법에 관한 모든 문제에서 중심적인 역할을 하면서 많은 이익을 얻게 되었다. 이러한 경로로 형성된 사람들의 네트워크는 이후 기존 체제를 실질적으로 변경하는 것에 반대하는 이해관계와 기득권으로 작동하게 되었다.

본서의 검토 목적상 이상과 같은 국제경쟁법 체제에서 중요한 몇 가지 특징들을 확인할 수 있다. 첫째, 의사결정의 일방성이다. 관할권 기반 체제에서 각 국은 자국의 이해관계만을 고려하여 의사결정을 한다. 각 국은 이 과정에서 재량에 따라 다른 국가들의 이해관계를 고려하는데, 이를 얼마나 비중있게 고려할 것인지는 당해 국가의 국내 기관들의 유형에 따라 결정된다. 법원이 법원칙을 적용할 경우 다른 국가의 이해관계가 고려될 가능성은 낮다. 둘째, 관할권 기반 체제가 국가 주권에 터잡은 것임을 고려할 때, 모든 국가의 결정이 동등한 위상을 갖는다는 점이다. 셋째, 관할권 기반 체제 자체가 '피드백(feedback)' 메커니즘을 갖고 있지 않기 때문에 의사결정으로 영향을 받게 되는 당사자들이 의사결정기관의 결정에 영향을 미칠 수 없다는 점이다. 물론 당사자들이 자신들의 입장을 반영시키기 위해 의사결정 과정에서 노력할 수는 있지만, 그 성패는 당사자들이 보유 자원을 활용할 의사가 어느 정도인지에 따라 좌우된다. 공식적인 법적 절차에서 이들 당사자들의 입장들은 고려되지 않는 것이 일반적이다. 마지막으로, 각 국 의사결정권자들 간의 의사소통 및 상호협력 메커니즘이 없다는 점이다. 따라서, 세계 시장의 기본적 경쟁법 체제는 각기 독자적으로 작동하는 각 국의 국내 경쟁법 체제를 단순히 합쳐 놓은 것과 같다. 즉, 한 국가의 결정은 다른 국가에서는 거의 존중되지 않는다.

본서에서 세계적 차원에서의 법률 관계들을 평가함에 있어 이상과 같은 구조를 고려하는 시각은 특히 중요하다고 할 것인바, 이를 통해 그렇지 않았더라면 인식하지 못했을 요소들 간의 관계를 인지할 수 있기 때문이다. 개별 국가의 관점에서 관할권에 관한 원칙은 중립적 원칙에 불과한 것으로, 법원과 행정부는 자국의 법률 시스템에 따라 이를 단순히 적용할 뿐이다. 공식적인 법률적 관점에서 관할권에 관한 원칙은 외형상 특정 국가에 유리하거나 불리하지 않은 중립적 원칙이다. 그러나, 관점을 넓히면 사정은 전혀 달라진다. 세계적 관점에서 사인의 행위에 대해 관할권에 관한 원칙을 적용할 때에는 국가들 간의 역학관계가 문제된다. 즉, 다른 국가들, 국가간 관계, 국제 경제 발전에 어떤 영향을 미치는지가 문제된다.

관할권 기반 체제에서 각 국은 자국의 정치적·경제적 역량에 따라 세계 시장에서 이루어지는 행위에 상이한 영향을 미치게 된다. 이는 자국 영토 밖의 기업들이 사업활동 과정에서 자국의 규범과 절차를 고려하도록 할 인센티브를 부과할 수 있을 정도로 충분한 정치·경제적 힘을 보유한 극히 소수의 국가들이 세계 시장에서의 경쟁에 관한 기본적 원칙을 전반적으로 결정함을 의미한다. 여기서의 '경제적 힘'이란 개별 국가의 시장 규모와 구매력을 의미한다. 기업이 특정 국가가 보유한 시장에 진입해서 사업을 하고 싶을 수록 그 국가의 규범을 준수할 인센티브를 갖게 되므로, 그 국가는 그 기업의 행동에 더 큰 영향력을 미칠 수 있게 된다. 한편, '정치적 힘'은 개별 국가가 정치적 압력이나 인센티브 제공을 통해 사인의 행동에 영향을 미칠 수 있는 역량을 의미한다. 정치적으로 영향력 있는 국가가 세계 시장에서 이뤄지는 행위에 자국이 보유한 영향력을 행사할 의사를 공표하면, 다른 국가의 기업들은 그 국가가 제정하는 규범을 준수할 인센티브를 갖게 된다. 세계 시장에서 관할권 기반 체제는 각 국으로 하여금 자국 밖에서 일어나는 행위라고 하더라도 그 행위의 효과가 자국 영토 내에서 발생하면 자국의 경쟁 규범을 적용할 수 있게 했던바, 이를 통해 정치적·경제적 힘을 갖고 있는 극히 소수의 국가들과 그렇지 못한 국가들, 즉 국제 경쟁으로부터 영향을 받지만 국제 경쟁에 관한 규범 설정에는 영향을 미칠 수 없는 국가들을 매우 다른 입장에 처하게 했다. 따라서, 각 국이 자신들이 처한 상황에 따라 관할권 기반 체제에 대해 달리 반응하는 것은 놀라운 일이 아니다.

미국은 제2차 세계대전 이후 형성된 관할권 기반 체제에서 줄곧 우월적인 지위를 보유해 왔다. 본 Chapter에서는 미국법의 발전에 초점을 맞춰 검토해 왔던바, 그 주된 이유는 미국법의 발전이 전반적으로 관할권 기반 체제 작동의 핵심 요소이기 때문이다. 이는 미국의 기관들(주로 법원)이 세계 시장에서의 경쟁법의 내용을 결정하고 이를 적용해 왔음을 의미한다. 이러한 미국의 역할은 앞에서 살펴본 두 가지 힘 모두에 기반한 것이다. 미국 시장의 비중으로 인해 세계 시장에서 적극적으로 사업활동을 하는 기업들 중 미국 반트러스트법을 고려하지 않을 수 있는 회사는 사실상 없다. 미국 기관이나 사인이 외국 기업을 상대로 미국 내에서 법률적 조치를 취할 경우, 해당 기업의 미국내 자산에 위험이 발생하고, 경우에 따라 동 기업의 임직원들이 미국 영토 내에 오게 되면 수감될 가능성도 있다. 여러 유형의 정치적 힘 역시 동일한 결론(미국 법을 간과하여 이를 위반하기에는 위험이 너무 크다라는 결론)에 이르게 된다. 미국 정부는 여러 국가들과 증거 제공에 관한 공식 협정들을 체결했고, 자국의 정치적 힘을 활용하여 미국 내에서의 소송에 잘 협조하지 않는 외국 기업들이 해당 국가의 경쟁당국으로부터 조치를 받도록 할 수도 있다.

미국 법체제의 고유한 특징 역시 관할권 기반 체제에서 미국의 우월적 지위를 형성하는데 기여했다. 예를 들면, 3배 배상 조항과 광범위한 증거개시 제도로 인해 미국에서 소송에 연루되는 것은 많은 비용을 지출케 하고 엄청난 피해를 발생시킬 수 있다. 민사소송에서조차 배심재판의 진행 가능성으로 인해 결과를 예상하고 위험을 평가하기가 매우 어렵다. 특정 행위 유형에 대해 형사처벌이 가능하고 실제로 집행되고 있다는 점은 이러한 어려움을 더욱 가중시킨다. 그러므로, 미국 시스템에 내포된 이상의 요인들 및 기타 다른 특이한 요소들은 미국 밖이나 사실상 전세계 시장에서 이뤄지는 행위에 영향을 미침에 있어 매우 중요하다 할 수 있다. 이러한 영향력을 보유하고 있는 국가들이 법, 경쟁 및 다른 법률들과 확연히 구분되는 경쟁법에 관한 경험까지 갖고 있음은 흥미로운 점이다.

미국을 제외한 다른 나라들은 대부분 세계 시장에서 이루어지는 행위로부터 영향을 받는지와 관계없이, 세계 시장의 행위에 별다른 영향을 미치지 못한다. 관할권 기반 체제에서 많은 국가들은 국제 경쟁에 적용되는 규범의 제정, 해석, 집행의 전 과정에서 아무런 역할을 하지 못하거나 극히 미미한 역할을 할 뿐이다. 미국, 소련이 각자 자국을 중심으로 대부분의 세계를 양분하고 각 진영에서 지배적인 영향력을 행사해 왔던 수십 년 동안, 다른 국가들은 이상과 같은 상황을 수용해 왔다. 때때로 다른 국가들, 학자들, 논평가들이 이러한 상황에 불만을 표하기도 했지만, 21세기에 비해 당시의 세계 시장은 제대로 발달하지 않았고 그 중요성도 높지 않았으므로, 특별히 문제가 될 만한 이해관계가 크지 않았다. 그럼에도 불구하고, 각 국 영향력의 상대적 차이는 관할권 기반 체제에 대한 여러 국가들의 분노를 초래했다.

20세기 세계적 분단 시대에 발전해 왔던 관할권 기반의 일방주의적 시스템은 당시 사건들과 특수성이 반영된 결과였다. 이 기간 동안 각 국은 형식적으로는 상호독립적이면서 평등한 관계에 있었지만, 실제로는 일방적인 의존관계가 있었고 불평등했다. 각 국의 형식적인 상호독립성은 다자간 협의를 통해 국제적 문제를 해결하려 했던 시도의 실패 및 수십 년간에 걸친 전쟁들에 따른 국제 협력에 대한 불신과 들어맞았다. 일방주의적 시스템은, 최근까지도 경쟁에 관해 최소한의 국제 협력만을 필요로 했던 형식적인 권리, 이익에 기반한 것이다. 그러나, 이 시스템에서는, 국가간 역학관계가 시스템의 유형 · 역학관계 · 기능을 결정한다. 미국은 경쟁 영역에서 자국이 보유한 우월적 지위를 활용하여 시스템의 발전에 영향을 미쳐 왔고, 현재도 시스템의 역학관계에 영향을 미치고 있다.

1990년대에 들어오면서 관할권에 기반한 역외적용의 배경이 되었고, 40여년간 유지되어 왔던 상황들이 변하기 시작했다. 세계 시장이 다시 형성됨에 따라 새로운 정치 · 경제적 관계들과 신기술이 세계의 지배구조에 반영되었다. 세계화가 수십 년에 걸쳐 세계 시장의 크기, 중요성뿐만 아니라 세계 시장에 적용될 규범 양식까지 변화시킴에 따라, 국제 경쟁에 적용되는 관할권 기반 체제에 대한 압력은 향후 지속적으로 증대될 것이다. 이와 같이 발전하는 세계에서 승자와 패자도 뒤바뀌게 될 것이다. 세계 시장이 보다 중요해지고, 국가간 상호연관성이 더욱 증대됨에 따라, 종래와 같은 형식적인 관할권 원칙에 전적으로 의존하려는 국가들의 인센티브 역시 감소되어 왔다.

다음 Chapter에서는 이러한 새로운 압력들과 그에 대한 대응에 관해 살펴보기로 한다.

Chapter 4.
세계화와 경쟁법: 갈등, 불확실성 그리고 컨버전스 약속

1991년 소련의 붕괴로 국제 경쟁이 다시 가능해졌다. 민간 영역의 경제주체들은 반세기를 넘는 기간 만에 다시 세계적으로 경쟁할 수 있게 되었고, 경제 이슈들도 다시 세계적 차원에서 인식되었다. 불과 몇 년 만에 경쟁은 사실상 모든 지역에서 자원을 배분하고 경제 관계를 형성하는 중심 메커니즘이 되었다. 이러한 추세의 주요한 예외였던 중국에서조차 시장의 역할이 급속히 증대되었다. 20세기 마지막에 이르자 거의 전세계가 경쟁을 환영했고, 많은 국가들이 세계 시장에 광범위하게 참여하게 되었다. 이와 같이 놀라운 '시장으로의 전환(market turn)'은 개별 국가 및 전세계 차원 모두에서 이루어졌다. 시장으로의 전환은 지난 20년간 국제경쟁법 발전의 배경이 되었다.

시장으로의 전환과 더불어, 국제 경쟁은 다시 이루어질 수 있는 긍정적 가치로 인식되어 이를 지향하는 움직임이 형성되었다. 과거 50년 동안 시장이 아닌 정부가 경제를 통제하는 지역이 많았기 때문에 세계 시장이라는 말은 경제 실상에 부합하지 않았다. 이제 국제 경쟁은 갑자기 새롭게 중심 사상으로 등장한 '세계화(globalization)'[1]의 일부가 되었다. 세계화는 당시 전세계의 지배적

1) 우선, 나는 '세계화(globalization)'라는 용어를 개별 국가들의 국경을 넘는 상품이나 용역의 교류를 막는 장애의 감소 과정을 의미하는 것으로 광범위하게 사용하기로 한다. 나는 이 책에서 '심대한 세계화(deep globalization)'라고 칭하고 있는 것에 관해서는 본서 Chapter 8.에서 보다 상세히 살펴보기로 한다. 세계화에 관한 역사적인 배경에 대해서는 예컨대 Kevin H O'Rourke and Jeffrey G Williamson, *Globalization and History: The Evolution of a*

화두가 되었고, 경제적 의사결정 및 정책 결정의 모든 측면에 영향을 미치는 중요한 개념이 되었다. 많은 사람들이 국제 경쟁을 분명히 이해하지 못했고, 몇몇은 이를 오인하기도 했다. 국제 경쟁은 일부로부터는 칭송받고, 다른 일부로부터는 경멸의 대상이 되었지만, 어쨌든 매우 중요한 주제가 되었다.

그러나, 세계 시장은 이보다 훨씬 더 광범위한 정치・경제・기술적 차원의 '세계화' 과정의 일부로 등장했던 것이다. 세계화 과정에서, 세계 시장의 폭・깊이・중요성의 급속한 증대는 국내외의 지배구조 및 기관들의 새로운 패턴들과 상호연관되었다. 이러한 상호 작용은, 종종 그 중요성이 간과되긴 하지만, 세계 시장의 발전 및 이에 대한 정치적・법률적 대응을 이해함에 있어 긴요하다 할 수 있다. 2008년 세계적 금융 위기로 인해 세계 시장의 상호연관성 및 금융기관에 대한 부적절한 규제가 위험을 초래했다는 주장이 강력히 제기되긴 했지만, 세계화라는 기본적 추세 자체가 바뀌진 않았다.

시장에 대한 신뢰가 증대되면서 급속히 논란거리가 되었던 것은 국제 경쟁의 특징 및 (무엇보다도) 국제 경쟁으로 어떤 결과가 초래될 것인지였다. '이 새로운 세계화 현상은 정확히 무엇인가?'라는 물음은 훨씬 더 큰 압박으로 다가왔다. 많은 사람들은 단순히 과거에 비해 국제 무역 및 국제 투자가 증대하는 것으로 해석했는데, 세계화는 이처럼 단순하지 않다. 보다 중요한 것은 세계화에 따른 비용 지출과 이로 인해 얻게 되는 이익이 어떠한가이다. 세계화는 분명히 경제 발전을 촉진하고, 부를 창출하며, 자원활용의 효율을 제고한다. 따라서, 세계화란 전반적으로 '세계(the world)'를 이롭게 하는 것이라고 말할 수 있다. 그러나, 세계화는 어떤 사람들에게 보다 많은 이익을 주고, 다른 사람들에게는 오히려 손해를 입힌다. 세계화 과정은 경제적 불평등의 심화와 긴밀하게 연관되어 있어서, 세계화로 피해를 입을 것을 우려하는 사람들은 이에 반

Nineteenth-Century Atlantic Economy (Cambridge, Massachusetts 1999); Nayan Chanda, *Bound Together: How Traders, Preachers, Adventurers and Warriors Shaped Globalization* (New Haven and London 2007) and Harold James, *The End of Globalization: Lessons from the Great Depression* (Cambridge, Massachusetts and London 2001) 참조. 세계화에 관한 문헌들은 갈수록 많아지고 있다. 이 중에서 영향력이 있는 문헌으로 Thomas Friedman, *The Lexus and the Olive Tree: Understanding Globalization* (New York 1999): Jagdish Bhagwati, *In Defense of Globalization* (Oxford 2004); Daniel Cohen and Jessica Baker (tran), *Globalization and its Enemies* (Cambridge, Massachusetts 2006) and Joseph E Stiglitz, *Globalization and its Discontents* (New York 2002) 참조.

대하거나 때로는 분노를 표출하기도 한다.

이러한 문제들에 해답을 제시하기 위한 노력의 결과, 국제 경쟁에서 얻는 이익을 증대하는 한편 이로 인해 발생할 수 있는 불균형과 피해를 감소시키기 위해 정부가 어떻게 해야 하는가에 관한 의견들이 경쟁적으로 제시되었다. 이 중 경쟁법을 활용해야 한다는 생각이 급속도로 주목을 받았다. 세계적으로 이루어진 '시장으로의 전환'은 경쟁법의 잠재 가치에 주목했다. 미국, 유럽과 World Bank, OECD와 같은 국제기구들은 경쟁법 발전에 박차를 가했고, 기업 및 정치 지도자들 역시 경쟁법의 활용가능성을 인식하게 되었다. 그러나, 더 많은 국가들이 경쟁법을 도입하고 이미 경쟁법을 도입했던 국가들이 기존의 법을 강화함에 따라, 관할권 기반 체제의 한계가 노정되었다. 경쟁법 체제간 마찰이 발생할 가능성이 높아졌고, 각 국은 자국의 경쟁법을 집행하는 과정에서 상당한 제약에 직면하게 되었다. 이러한 한계들로 인해 몇몇 국가들은 새로운 방식의 상호협력으로 나아가거나 일부 경쟁법 영역에서 컨버전스를 이루기도 했다.

본 Chapter는 다음의 세 가지를 목표로 한다. 첫째, 세계화의 압력과 인센티브의 영향을 받아 생성된 경쟁법의 새로운 상황을 조감하는 것이다. 그 핵심 특징은 시장으로의 전환을 사회를 조직하는 주된 요소로 삼는 것인데, 시장으로의 전환이 어떤 차원에서 이루어지고 경쟁법 발전에 어떤 결과를 가져오는지 이해할 필요가 있다. 둘째, 세계화에 대응하기 위해 정부가 경쟁법을 어떻게 활용했는지를 살펴보는 것이다. 세계화가 시작된 1990년대 이후의 기간 동안 개별 국가 및 국제적 차원 모두에서 경쟁법에 중요한 변화가 있었지만, 관할에 기한 일방적 관할주의는 여전히 국제경쟁법의 기본 프레임웍으로 유지되어 왔다. 어떠한 변화가 일어났고, 변하지 않은 것들은 어떤 것들이며, 그 이유는 무엇인지 살펴볼 필요가 있다. 셋째, 이러한 문제 상황들에 대한 대응방안으로서 컨버전스의 발전을 살펴보는 것이다. 본 Chapter에서 기술하는 관할에 기한 일방적 관할주의 체제에서 이루어진 변화의 역학관계는 다음 Chapter에서 다루게 될 정책 방안들에 대한 분석의 배경이 된다.

검토 과정에서 두드러지는 몇 가지 테마들이 있다. 첫째, 개별 국가의 경쟁법과 국제경쟁법간 상호작용의 증대이다. 세계화가 시작될 때 경쟁법은 개별 국가 차원 및 국제적 차원 각 영역에서 각기 독자적으로 작동하고 있었던바, 각 국은 자국의 관심사에 따라 경쟁법의 목적을 정의하고, 거의 전적으로 자국 내의 정치적 압력에 따라 의사결정을 했다. 그러나, 수년이 경과하자, 적어도 일부 경쟁 당국들은 보다 빈번하고 긴밀하게 상호작용을 하게 되었다. 둘째, 전통적인 관할권 기반 시스템과 정치 · 경제적 세계화로 초래되는 요구 · 압력간 긴장의 증대이다. 기본적인 관할 기반 시스템은 여전히 굳건히 유지되고 있어서 새로운 발전은 이 시스템이 제시하는 규칙에 따라 작동하고 그에 따른 제약을 받아야 했지만, 정치 · 경제적 요소의 변화는 이러한 규칙을 제한하고 시스템이 수행했던 기능을 잠식했다. 셋째, 미국의 역할 변화이다. 미국은 지속적으로 경쟁법 분야를 세계적으로 지배해 왔다. 그러나, 이러한 미국의 주도적 역할은 2000년대에 변화하는 상황들에 의해 제약을 받기 시작했고, 새로운 유형을 띠게 되었다. 넷째, 세계 시장에서 경쟁 제약 요소들에 대처하기 위해 종전의 다자주의적 경쟁법 규범 제정이 아닌 각 국 경쟁법간 컨버전스를 달성하는 것으로 방향을 선회한 것이다.

A. 시장으로의 전환: 개별 국가 및 전세계적 차원

시장으로의 전환은 1990년대 힘을 얻어 극적으로 이루어졌고 이후 경쟁법 발전의 중심에 있었다.[2)] 2008년까지, '보다 큰 시장, 보다 작은 정부(more market, less state)'라는 새로운 구호가 세계 대부분 지역으로 퍼져 나갔다. 이러한 경쟁에 대한 새로운 확신은 종전까지의 우선순위와 기대치가 변화했음을 반영하는 한편, 이러한 변화에 따른 정책 결정을 촉구했다. 이 구호는 시장이 부를 증대시킬 수 있는 잠재력이 있음을 부각했고, 정부가 시장의 적으로서 시장의 실효적 작동에 방해가 된다는 인식을 급속도로 확산시켰다. 정부 역할에 대한 이러한 입장은 많은 영역에서의 경제 정책 결정에, 종종 예측할 수 없었던 방식으로 영향을 미쳤다.

2) 시장으로의 전환에 관한 문헌 역시 그 양이 방대하다. 이 중에서 몇몇 중요한 문헌들로는 Jeffry A Friedman, *Global Capitalism: Its Fall and Rise in the Twentieth Century* (New York 2006): Elie Cohen, *L'Ordre Économique Mondial* (Paris 2001); Robert Gilpin, *The Challenge of Global Capitalism* (Princeton 2000) and Edward Luttwak, *Turbo Capitalism* (New York 1999) 참조.

시장으로의 전환이 매우 급속히 이루어졌다는 점은 이에 병행했던 경쟁법 변화를 해석하고 평가하는데 중요하다. 예측하지 못했던 소련의 급작스런 붕괴로 인해 정책 결정의 인센티브, 경쟁과 법에 관한 정책적 인센티브와 사고는 급격히 변화했다. 소련의 붕괴는 정부에 의한 통제경제가 시장경제에 대한 효과적 대안이라는 광범위한 믿음을 거의 '하룻밤(overnight)' 만에 산산조각냈다. 이는 즉각적으로 동유럽 국가들 및 국가 자본주의 모델을 추종했던 많은 개발도상국들에 대한 소련으로부터의 재정지원이 급작스럽게 소멸하는 결과로 이어졌다. 그 결과, 시장경제는 이제 유일하게 남은 유효한 경제정책 모델이 되었고, 이 모델에 기반해 작동하는 서구 국가들은 경제적 지원과 투자를 제공할 수 있는 유일한 의존처가 되었다.

시장으로의 전환은 그 속도가 빨랐을 뿐만 아니라 그 범위 역시 광범위했다. 시장 원칙과 언어는 사실상 모든 국가에서 모든 분야의 정책 결정의 핵심 원리가 되었다. 시장 원칙과 언어는 압도적으로 우월한 지도원리로서 사고와 의사결정에 영향을 미쳤고, 심지어 가족 정책과 같이 전통적으로 시장과 무관하다고 인식되어 왔던 분야의 사고 및 의사결정에까지 영향을 미치곤 했다. 2008년 발발한 경제 위기로 인해 과도한 금융 자본주의에 대한 회의론이 제기되기도 했지만, 경쟁이 경제성장과 발전의 주된 동력이 된다는 확신을 포기한 정책 결정권자는 거의 없었다. 심지어 경쟁이 약속하는 성과에 회의적이거나 경쟁에 관한 규범적 주장에 정면으로 반대하는 사람들조차 이러한 주장에 맞서고 협의하기 위해 시장으로의 전환이 대중적인 담론에 심어둔 가치들과 개념들을 원용해야 했다.

시장으로의 전환을 형성·유지한 몇 가지 요소들이 있다. 첫째, 시장에 기반하지 않는 경제에 대한 전반적 불신이다. 소련의 붕괴는 시장에 기반하지 않은 경제와 사회와의 관계가 얼마나 효과가 없는지, 이로 인해 얼마나 처참한 결과가 발생하는지를 상징적으로 보여주었고, 이는 전세계인의 머리 속에 선명히 각인되었다. 초강대국 소련의 붕괴는 동유럽의 위성국가들이 겪은 경제적 재난과 더불어 정부에 의한 통제경제가 열등한 모델이라는 점을 '증명하는' 것처럼 보였다. 이 강렬한 이미지는 다른 영역으로도 전파되어 경제에 대한 정부의 규제를 전체적으로 부정적으로 인식하게 했다. 비록 정도의 차이는 있지만, 1950년대와 1960년대에 정부의 시장 개입 정책을 통해 많은 이익을 얻었던 다수의 국가들(예를 들면, 일본과 프랑스)은 1990년대에 들어서 급속히 이러한 정책을 선호하지 않게 되었다.

시장에 기반하지 않은 정책들이 실효성이 없다는 인식은 시장주도 경제와의 비교를 통해 더욱 증대되었다. 1990년대 놀라운 경제적 성공을 거둔 미국, 서부 유럽과 과거 국가 주도의 경제를 추종했던 소련, 중국, 동유럽 지역은 극명한 대조를 이뤘다. 유럽의 경우, 서부 유럽 국가들은 시장 경제를 신봉하는 리더십에 따라 부와 안정을 누리게 된 반면, 동유럽 국가들의 경제 정책은 기껏해야 미미한 성장만을 달성했을 뿐이다. 무엇보다도, 세계에서 가장 경쟁에 치중했던 미국 경제가 거두었던 엄청난 성공으로 인해 경쟁은 반드시 필요한 요소로 비춰졌다.[3] 경쟁에 방점을 둔 미국식 자본주의는 경제 체제들 간의 경쟁에서 확고한 승자로 인정받았다. 이처럼 극명하게 대조되는 상황으로 인해 많은 사람들은 정부가 시장이 스스로 작동할 수 있도록 '물러나 있어야(stay away)' 한다는 결론에 이르게 되었다.

시장으로의 전환에 대한 대응은 이를 바라보는 시각에 따라 좌우되어 왔다. 그 중에서도 신고전주의 경제학에 기반한 해석 프레임워크은 이론적으로 잘 발달되어 있었고, 쉽게 활용될 수 있었으며, 비교적 이해하기 쉬워서 핵심적 역할을 했다. 이러한 시각에 따르면, 소련 전체가 이처럼 빨리 붕괴될 것이라고 예상했던 사람은 거의 없었지만, 사실 동유럽의 취약한 경제 발전 및 이로 인한 소련의 붕괴 자체는 불가피한 것이었다. 신고전주의 경제학 이론은 사회주의 아이디어와 오랜 기간 동안 극명한 이론적·개념적 갈등을 겪어 왔지만, 이후에는 사회주의 아이디어뿐만 아니라 국가가 경제 분야에서 적극적인 역할을 수행하는 것을 옹호하는 모든 경제학 이론들과도 대립각을 세우게 되는 극적인 결과에까지 이르렀다. 1990년대 신고전주의에 대립했던 경제학 이론들은 미국, 심지어는 유럽 정부 및 정책 제언 그룹에서도 강력한 비판의 대상이 되곤 했고 아예 잊혀지기도 했다. 미국에서도 케인즈 학파의 입장을 따르는 강의는 사실상 사라졌다. 시장으로의 전환으로 인해 경제 영역에서의 정부 역할을 중시하는 입장에 기반한 정책을 포기해야 한다는 생각과 주장이 범람하게 되

3) 이에 관한 기술이나 비판에 대해서는 예컨대 Joseph E Stiglitz, *The Roaring Nineties* (New York 2003). See also Alfred E Eckes Jr and Thomas W Zeiler, *Globalization and the American Century* (Cambridge 2003) especially 207-259 참조.

었다.

개별 국가 측면에서 시장으로의 전환에 관한 논의는 정부 역할의 축소에 집중되었다. 정부 기능이나 자산의 민영화는 이를 실행하는 방법 중 하나였다. 중앙정부와 지방정부 모두 방대한 정부 자산들과 철도, 항공, 우편, 통신 등과 같은 정부 기능을 민간으로 이전했다. 또 다른 방법은 기업활동에 대한 직접 규제를 축소하는 것이었다. 많은 국가들이 정부의 감독, 규제 기능을 축소했고, 규제를 완화했으며, 기업에 대한 세금을 경감했다. 이와 같은 조치들은 경제적 효율성 추구에 따라 이뤄졌지만, 다른 한편으로는 정부 지출 감소라는 이익을 가져다 주기도 했다. 전체적으로, 경쟁 원리에 기반한 주장들이 설득력을 얻었고, 기업활동에 대한 규제를 정당화하기는 더욱 힘들어졌다. 이처럼 정부 직접 규제가 감소함에 따라 또 다른 통제수단을 확보하려는 인센티브가 제고되었는데, 경쟁법은 때때로 이러한 공백을 메꾸는 역할을 했다.[4)]

국제 정책적 차원에서의 시장으로의 전환은 훨씬 복잡하다. 개별 지역, 국가, 국제적 인센티브와 압력은 서로 뒤얽히고 심지어 모순되기도 하다. 경쟁 촉진의 필요성은 개별 국가 차원에서는 정부 역할을 축소하는 원동력이 되었던 반면, 국제적 차원에서는 오히려 정부 역할을 증대시키는 인센티브로 작동하는 경우가 빈번하다. 국가 정책을 결정하는 많은 사람들은, 세계 시장에 관한 문제에 대처하기 위해 더 많은 정부의 관여(more rather than less state involvement)가 필요하다고 생각했다. 정부는 국제적인 경제 요인들로부터 이익을 얻거나 최소한 손실을 입지 않기 위해 자국 기업의 해외 활동을 지원했고, 자국 산업, 기술의 발전을 위해 보조금을 지급했으며, 외국 투자를 유치하기 위해 노력했다. 그러나, 모든 국가가 국제 무역의 승자가 될 수는 없다. 무역 증대는 외국 시장에서 경쟁력을 구비한 기업들에게는 더 많은 이익을 얻을 수 있는 가능성을, 정부에게는 세수 증대를, 때때로 정치적 후원자들에게는 재정적 이익을 의미한다. 반면, 자국 기업이 세계 시장에서 성공적으로 경쟁할 확률이 낮을 경우, 정부는 최소한 일시적으로나마 국제 경쟁으로부터 자국 기

4) 이에 관한 논의에 대해서는 예컨대 Susan Strange, *The Retreat of the State: The Diffusion of Power in the Global Economy* (Cambridge 1996); John H Dunning (ed), *Governments, Globalization and International Business* (Oxford 2001) and Steven K Vogel, *Freer Markets, More Rules* (Ithaca and London 1996) 참조.

업을 보호하려는 인센티브를 갖게 된다.

이런 상황에서 외국으로부터 직접 투자를 유치하려는 정부의 인센티브는 특히 중요한 것으로서 경쟁법 발전에 관한 정책 결정에서 중요한 역할을 한다. 외국으로부터 유입되는 자본이 국내 생산·서비스 설비의 건설, 유지, 개량에 활용되면 일자리가 창출되고 세수가 직간접적으로 증대되는 등 긍정적 효과가 발생한다. 정부는 해외투자 유치를 위해 세금, 규제 비용을 낮추거나 사회간접자본을 건설하는 방법으로 간접적인 보조금을 지급하는 등 많은 유인책을 사용한다. 해외로부터의 투자는 미국의 지원이 줄어들고, 소련의 지원이 소멸한 1980년대 및 1990년대 개발도상국들에게 특히 중요했다. 나아가 수입을 대체하거나 국내 생산 보호에 주력하는 개발 전략은 수출집중전략보다 효과가 낮은 것처럼 보였다. 이처럼 해외로부터의 투자를 유치할 필요가 높은 상황에서 기업들 중 일부는 경쟁법이 없거나 (경쟁법이 있다고 하더라도) 집행되지 않는 지역에 투자하길 더 선호했고, 투자 유치를 원하는 국가들은 이러한 기호를 반영해야 할 인센티브를 갖고 있었으므로, 그 국가의 경쟁법 발전이 저해될 수 있었다.

신속한 산업화와 기술발전을 추구하는 정부의 인센티브—이는 '산업정책(industrial policy)'이라 부를 수 있다— 역시 경쟁법 발전에 장애가 될 수 있다. 세계 시장의 개방성이 증대됨에 따라 국내 기업들이 세계 시장에서 경쟁력을 유지할 수 있게 해 주어야 한다는 주장에 관심이 집중되고, 정부는 이를 위해 적극적인 산업정책을 수립·집행해 국내 기업들을 적극적으로 지원해야 한다는 주장이 제기되었다. 많은 국가들이 이미 확실한 입지를 갖고 있는 선진국 기업들의 기술적·재무적·경영 역량을 고려할 때 산업정책의 필요성을 느꼈다. 이에 대해 경제학자들은 시장이 보내는 신호에 간섭한다는 점을 이유로 산업정책을 비판하곤 했고, 미국 및 국제 금융 기구들(International Financial Institutions-'IFIs')은 산업정책이 해외의 잠재적 경쟁사업자들을 희생시켜 자국 기업들을 이롭게 하므로 '불공정(unfair)'하다고 비난했다.

세계적으로 이뤄졌던 시장으로의 전환에 대한 대응들은 모두 정부 조치와 공공지출을 요하는데, 이는 경쟁 촉진 등의 목표 달성에 지장을 초래할 수도 있다. 이런 대응들은 개별 국가와 국내 생산자들을 이롭게 할 수 있지만, 정작 세계 시장에서의 경쟁력을 구비하게 하는데 어렵게 할 위험도 있다. 반면, 일반적인 경쟁 조건의 개선을 추구하는 정책들은 이런 대응들이 제공할 수 있는 대부분의 이익을 보다 오랫동안 더 낮은 위험으로 지속되도록 할 수 있다.

세계화는 지상명제인 것 같으면서도 정작 그 실체가 불분명하다는 이미지가 있는데, 이런 이미지는 세계화에 관한 이슈에 대한 사고 대부분에 심대한 영향을 미친다. 정치 지도자들은 세계화라는 지상명제에 대처하는 것 이외에 다른 선택이 없었다. 과거 각 국 정부와 기업은 시공간적으로 떨어져 있던 다른 국가의 정부, 기업들로부터 보호받을 수 있었지만, 이러한 보호는 교통, 통신 기술의 놀라운 발전으로 점진적으로 약화되었다. 기업들은 외국 기업들과의 경쟁에 그대로 노출되었고, 정부는 이런 변화가 가져올 결과를 두려워하게 되었다. 그러나, 세계시장에서 경쟁하고자 하는 기업들에게 교통, 통신의 발전은 새로운 기회가 되었다. 이는 장기 정책과 단기 정책 간의 긴장 관계의 형성으로 이어졌다. 국가의 재정 수입이 충분치 않고 국민들이 제대로 된 기회를 받지 못하고 있는 국가의 경우, 정부는 단기간 동안 외국으로부터의 경쟁에서 자국 기업들을 보호하고 지원하는 정책을 취함으로써, 이들 기업들이 장기적으로 보다 효과적으로 경쟁할 수 있도록 하려는 경우가 종종 있다.

이상과 같은 이유로, 국내적 · 세계적으로 이루어지는 시장으로의 전환은 정책 상황을 더욱 복잡하게 한다. 국내 정책과 국제 정책에 따른 영향들은 빠른 속도로 다양한 방식으로 상호작용하게 된다. 본서에서 살펴볼 바와 같이, 이러한 정책 상황은 경쟁법 발전에 영향을 미쳐 왔다. 경쟁법에 관한 결정은 이러한 배경에서 내려져 왔고, 앞으로도 그러할 것이다.

B. 개별 국가적 대응: 경쟁법의 전세계적 전파

시장으로의 전환에 수반하여 경쟁법으로의 전환(turn to competition law)이 이루어졌다.[5] 시장에 대한 열정은 경쟁법에 대한 관심과 지지까지 놀랄 만큼 높여 놓았다. 1990년 당시 경쟁법은 미국과 일부 유럽 국가에서 경제적으로 중

5) 이와 같은 경쟁법에 대한 관심 증대에 대한 언급을 포함한 유용한 조망에 대해서는 예컨대 Oliver Budzinski, *The Governance of Global Competition: Competition Allocation in International Competition Policy* (Northhampton, Massachusetts 2008) 14-25 참조.

요한 역할을 했지만, 다른 지역에서는 사실상 어떤 역할도 하지 못했다. 이후 약 60여개 국가들이 경쟁법을 새로 도입하거나 기존 경쟁법을 대폭 강화했다.[6] 많은 국가들이 처음부터 또는 오랜 기간 동안 국가에 의한 경제 통제를 거친 후 시장경제를 경제 분야의 핵심원리로 삼는 과정에서 이러한 현상이 발생했다. 심지어 경제를 강력히 통제했었던 국가들조차 경쟁법을 도입했다. 중국은 가장 두드러지는 사례로서, 1990년대 중반 경쟁법 도입을 구상했고, 2007년 마침내 완성된 경쟁법을 제정했다.

더 강력한 법이 새롭게 제정되었더라도, 만약 이 법을 준수하게 하는 효과적인 수단이 없다면 별다른 의미가 없을 것이다. 경쟁법 영역에서 법규정과 법현실 간의 간극은 매우 컸다. 그러나, 1990년대들어 정부가 정치적·경제적으로 경쟁법의 시행, 집행을 지지하는 일이 빈번해졌다. 거의 모든 국가들이 경쟁당국에 대한 예산을 대폭 증액한 덕에 경쟁당국은 더 많은 인원을 고용하여 법집행을 강화할 수 있게 되었다. 일례로, 영국 경쟁당국(Office of Fair Trading in the UK) 예산은 1999년과 2002년 사이 2,100만 파운드 증가했는데, 이는 전체 예산의 80% 증가에 상당한다.[7] 이후 예산은 더욱 증가해, 2006년 총 예산은 5,700만 파운드가 되었다.[8] 직원 숫자 역시 2000년 443명[9]에서 2003년에 631명[10]으로 늘어 났고, 2006년 말에는 683명[11]이 되었다. 마찬가지로, 일본 경쟁당국(Japan's Fair Trade Commission)의 직원 숫자는 1990년의 129명에서 2000년 220명으로 증가했고, 카르텔에 대한 과징금 부과는 300% 증가했다.[12]

6) 경쟁법 도입 국가는 대략 40개 국에서 100개국 이상으로 증가했다.

7) National Audit Office (UK) (2003) *The Office of Fair Trading: Progress in Protecting Consumer Interests*. London, HMSO ⟨http://www.nao.org.uk/publications/nao_reports/02-03/0203430.pdf⟩.

8) National Audit Office (UK) (2005) *The Office of Fair Trading: Enforcing Competition in Markets*, London, HMSO ⟨http://www.nao.org.uk/publications/nao_reports/05-06/0506593.pdf⟩.

9) Office of Fair Trading (UK) (2001) *Annual Report Annexe: Staffing*. London, HMSO ⟨http://www.oft.gov.uk/shared_oft/annual_report/2001/staffing.pdf⟩.

10) Office of Fair Trading (UK) (2002) *Annual Report Annexe: Staffing*. London, HMSO ⟨http://www.oft.gov.uk/shared_oft/annual_report/2002/staffing.pdf⟩.

11) Office of Fair Trading (UK) (2007) *Annual Report and Resource Accounts* 2006-07. London, HMSO ⟨http://www.oft.gov.uk/shared_oft/annual_report/438243/hc532.pdf⟩.

12) Stuart M Chemtob, Special Counsel for International Trade, Antitrust Division of the US Department of Justice, Speech at the Conference on Competition Policy in the Global

2005년 5월 일본 경쟁당국은 사상 최대인 26개 기업을 카르텔 혐의로 고발(prosecution)했다. 이러한 조치들 및 기타 관련 조치들의 결과 경쟁법은 사실상 전세계 기업활동에 막대한 영향을 미치게 되었다.

경쟁법의 장점을 돋보이게 하고, 경쟁법의 정당성에 대한 근거를 제시함으로써 경쟁법에 대한 지지를 확산시키는데 크게 공헌한 생각이 하나 있다. 이는, 시장이 정말로 중요하다면 시장 기능의 왜곡을 방지하는 것이 정책 결정에서 우선순위가 되어야 한다는 생각이다. 이러한 논리에 따라 경쟁법은 시장으로의 전환을 보완하거나 이에 당연히 수반되어야 하는 것으로 인식되었다. 즉, 경쟁법 도입은 시장 경제 국가들의 '모임(club)'에 가입하거나 그 일원으로 인정받기를 원하는 국가라면 당연히 거쳐야 하는 과정으로 인식되었다. 경쟁법을 최초로 도입하는 국가들은 입법 목적을 설명하면서 이를 언급하곤 했다.[13)]

1. 국내 내부적 추동력

국내 정치 상황들은 전반적으로 경쟁법 도입을 지지했다. 대부분의 사회 구성원들은 경쟁법이 제시하는 기본적 생각에 호의적이었다. 경쟁법은 소비자를 이롭게 하는 것을 핵심 목적으로 제시하므로, 소비자들과 소비자 단체들은 경쟁법에 호의적이었다. 그러나, 경쟁법이 실제로 어떻게 작동하는지, 사람들에게 실제로 어떤 이익을 가져다 주는 지는 많은 사람들에게 알려지지 않았던 탓에, 이러한 호의적 반응이 경쟁법 도입을 요구하는 강력한 압박으로 이어지진 못했다. 이런 이유로 소비자 단체들은 자신들의 한정된 역량을 경쟁법 도입에 집중적으로 사용하는데 소극적이었다. 경쟁법에 대한 국내의 지지는 경쟁법 및 그로 인한 효과를 경험한 뒤 점진적으로 형성되는 것이 통례이다.

경쟁법을 지지했던 또 다른 정치적 상황으로 1990년대 매우 흔했던 민영화를 들 수 있는데, 그 주된 이유는 많은 사람들이 민영화로 인해 시장지배적

Trading System, *Antitrust Deterrence in the United States and Japan* (June 23, 2000) Washington DC ⟨http://www.usdoj.gov/atr/public/speeches/5076.htm⟩.

13) 예컨대 Burton Ong, 'Competition Law Takes off in Singapore: An Analysis of Two Recent Decisions' (2007) 3 Comp Pol Int'l 101-131 참조.

기업들의 행위에 관심을 갖게 되고, 이를 규제하는 경쟁법의 효용을 보다 직접적·가시적으로 인식하게 되었기 때문이다. 정부가 통신과 같은 공공 서비스를 민영화한 결과, 새롭게 민영화된 기업들은 관련 시장에서 독점적 지위 또는 최소한 시장지배적 지위를 갖게 되는 경우가 빈번했다. 이런 분야들에서는 정부가 상품·서비스를 제공해 왔으므로, 민영화된 기업들의 사업활동은 정치적으로 민감한 문제가 되는 경향이 있었다. 소비자들 역시 민영화된 기업들의 행위들이 초래하는 경쟁제한 효과에 특히 민감해지게 되었다. 이런 상황에서 시장지배적 기업들의 남용행위를 규제하려는 경쟁법은 더욱 매력적으로 보였다. 경쟁법은 시장지배적 기업들이 정부로부터 어떤 형태로든 감독받게 될 것이라는 메시지를 주었다.

경쟁법은 또한 정부와 정치 지도자들로 하여금 시장경제 원리를 주장하면서도 기업활동에 개입할 수 있는 방법으로 활용될 수 있다. 경쟁법은 '규제(regulation)'라기보다는 '법(law)'이다. 경쟁법은 법의 고유한 특징인 객관성·안정성·방법론 등을 갖고 있으므로, 정부 관료들은 자의적 권한 행사, 사적 이익 추구를 위한 권한 행사와 같은 비판에서 최대한 자유로워지기 위해 경쟁법을 내세우는 경향이 있다. 이러한 상황은 각 국 정부 자체의 특징과 '법의 지배' 원칙이 그 사회에서 차지하는 비중에 따라 그 발생 정도가 달라진다.

사회적으로 영향력있는 집단들은 종종 경쟁법 집행을 통해 이익을 얻을 수 있으므로 경쟁법의 도입 및 집행을 지지할 인센티브를 갖고 있다. 예를 들면, 변호사들(특히 대기업을 대리하는 변호사들)은 고객들에게 경쟁법의 의미, 결과에 관해 자문하고, 경쟁법 집행을 담당하는 관료들과 협의하며, 경쟁법 집행 절차에 관여하는 등의 활동을 통해 추가 수입을 얻는다. 마찬가지로, 경제학자들과 경영 컨설턴트 역시 경쟁법으로 발생하는 부담을 평가하는 활동을 통해 기업들로부터 더 많은 일감을 얻게 되어 이익을 얻는다. 이들에게 경쟁법의 가치는 전반적으로 개별 경쟁법의 구체적 특징에 따라 좌우된다.

2. 외부로부터의 압력과 영향

외부 압박 역시 경쟁법 활용 증대를 촉진했다. 먼저 비공식적 압박이 있다. 경쟁법은 시장경제 국가들의 '모임'에 가입했음을 상징한다. 거의 모든 선진국이 경쟁법을 보유하고 있고, 이를 제대로 운용하고 있다고 주장한다. 따라서, 경쟁법의 보유는 그 국가의 경제 발전과 정부의 수준을 상징하게 되었다. 시장경제 국가들의 모임에 가입하려는 국가들에게 경쟁법은 사실상 필수 구비 사항이라 할 수 있다.

두 번째 유형의 압박은 보다 제도적인 것이다. 몇몇 주요 국제 경제 기구들은 개발도상국들에게 경쟁법의 도입·시행을 권고해 왔다. 어떤 국제 기구들의 경우 해당 기구들에 가입했다는 사실 자체가 국내외적으로 어느 정도 의미가 있는 경우가 있는데, 이런 기구들의 가입 과정에서 실질적인 경쟁법 보유 여부가 고려될 수 있다. 예를 들어 OECD의 경우 전통적으로 경제적 선진국들이 가입해 왔으므로 개발도상국의 지도자들은 이에 가입함으로써 자신의 정치적 입지를 다질 수 있다. 실제로 한국 정부는 1998년 OECD 가입으로 많은 지지를 얻기도 했다.[14)]

국제 경제 기구들의 압박은 때로는 더 직접적으로 가해지기도 했다. 예를 들면, 세계은행(World Bank)은 수차례에 걸쳐 (특히 1990년대) 자금 제공을 원하는 국가들에게 경쟁법 도입을 조건으로 하거나 이를 강력히 권고하는 이른바 '융자조건(conditionality)'을 활용해 왔다. 1990년대 아시아 금융위기 당시 인도네시아, 한국과 같은 몇몇 국가들은 주로 세계은행 대출을 얻기 위해 경쟁법을 도입, 수정했다.[15)] 경제적 곤경에 처한 국가들이 세계은행의 자금 지원을 얼마나 원했는지를 생각하면, 실제로 경쟁법을 집행할 의도를 갖고 있었는지 여부와 관계없이, 정부는 경쟁법 또는 경쟁조항을 도입할 인센티브를 갖고 있었다. 다만, 이처럼 외부 압력으로 도입된 법률들에 대한 국내의 정치적 지지가 제대로 뒷받침되지 않는 경우가 종종 있었다.

EU와 몇몇 국가들은 개별적으로 다른 국가들에게 경쟁법 도입을 촉구했고, 때로는 이를 강제하기도 했다. 이 국가들 중 가장 두드러지는 국가는 미국,

---

14) 예컨대 William Witherell, Director for Financial, Fiscal and Enterprise Affairs at the OECD, 'Korea in the OECD: Realising the Promise' (Speech at the Second Korea OECD Conference, Seoul, Korea, 13-14 December 2001) 〈http://www.oecd.org/dataoecd/36/0/ 2698284.pdf〉 참조.

15) 국제 경제 기구들이 한국에 영향을 미치는 과정에서 경쟁법 수정을 조건으로 삼았던 것에 관한 논의에 대해서는 Seung Wha Chang, 'The role of law in economic development and adjustment process: The Case of Korea' (2000) 34 Intl Law 267, 282 참조.

EU, 일본이다. 이러한 압박들은 때때로 시장경제 원칙에 대해 회의적인 국가들이 시장을 공고히 수용하도록 하기 위한 의도로 이루어졌다. 이들 국가들은 종종 자국의 이익을 위해 다른 국가들을 압박하기도 한다. 예를 들어, 자국 제품이 다른 국가 시장에 접근할 수 있도록 하기 위해 압박을 가하는 경우가 있다. 1990년대 초반, 미국은 일본에게 경쟁법 집행의 강화를 요구했다. 미국은 이를 통해 자국 기업들이 일본 시장에 보다 용이하게 접근할 수 있도록 하여 대일 무역 역조를 개선하려 했다. 미국은 이러한 압박을 '전략적 발전 이니셔티브(Strategic Development Initiatives－'SDI')라고 칭하며 일본 정부로 하여금 일본 내의 유통 계약을 규제하도록 상당한 압박을 가했던바, 미국은 이런 계약들로 인해 일본 유통업자들이 미국 제품을 판매하지 못하게 된다고 주장했다(Chapter 7 참조). 특히, 개발도상국들 다수는 서구 선진국들이 자국 시장에 진입하기 위해 경쟁법을 이용하고 있다고 불평했다.

이제까지의 논의는 경쟁법을 추상적, 일반적 용어로 지칭하고 있는데, 그 이유는 주된 이슈가 어떤 유형이든 경쟁법을 도입, 시행하는 것이었고, 구체적인 내용은 논의 대상이 아니었기 때문이다. 그러나, 모든 경쟁법이 동일하지 않다는 점을 주목할 필요가 있다. 본서의 Part II에서 살펴보는 바와 같이, 다양한 경쟁법 체제들이 있고, 경쟁법 집행범위뿐만 아니라 법목적·방법론에도 중대한 차이가 있다. 앞으로는 국가가 '단순히 어떤 경쟁법(some kind of competition law)'을 보유하고 있다는 것보다, '구체적으로 어떤 유형의 경쟁법(what kind of competition law)을 보유·집행하고 있는가'가 훨씬 더 중요한 문제가 될 것이다. 본서는 Part II에서 경쟁법 체제들의 차이점과 이에 영향을 미친 요소들을 살펴볼 것이다.

C. 경쟁법의 확산: 불확실성, 갈등 그리고 모순

경쟁법에 대한 확신 증대, 새로운 법에 대한 적극적인 의욕, 경쟁법 준수의 강화는 모두 경쟁제한적 행위에 대한 규제로 나아가는 과정을 나타낸다. 그러나, 이런 발전들은 여전히 피상적인 것으로서 사람들을 오도할 수 있다. 역설적으로, 경쟁의 필요를 부각시켰던 요소들 중 일부는 실제로 경쟁법 발전이나 실효성을 저해하기도 했다. 본서는 이를 '가위의 역설(scissors paradox)'이라고 하는데, 이는 세계화의 동력이 되는 요소들이 종종 서로에게 피해를 발생시키기 때문이다. 교통비 감소, 자산 이동성의 증대, 보다 빨라진 통신 등의 요소로 시장이 보다 세계화되긴 했지만, 동시에 경쟁제한 행위가 보다 쉬워지고, 국내법 적용이 봉쇄되거나 (최소한) 지체되기도 했다. 사실 이러한 역설적 상황은 국가주권에 기반한 체제와 세계화로 알려지고 있는 정치·경제적 상황 변화간의 긴장에 본래부터 내재되어 있었다. 세계화가 초래한 압박은 관할권 기반 체제가 쉽게 대처할 수 없는 것이다. 본서는 여기에서 이러한 역설의 세 가지 주요 요소들을 살펴보기로 한다.

1. 억지력의 약화

첫 번째 요소는 억지력에 관한 것이다. 경쟁법의 도입과 그 집행 메커니즘의 창설은 실제로 경쟁 제한적 행위를 억지할 수 있어야 의미가 있다. 역사적으로 여러 사정으로 인해 경쟁법이 활발히 집행되지 않았다는 점이 자주 언급되어 왔지만, 세계화는 경쟁법 집행을 저해하는 추가적 장애가 되었다. 그 원인으로는 첫째, 경쟁제한적 행위에 대한 인지가 어려워졌다는 점이다. 국제 경제 관계가 더욱 복잡해지고 교통, 통신 비용이 감소함에 따라, 한 국가의 경쟁당국이 세계 시장에서 이루어지는 경쟁제한적 행위를 인지하기는 더욱 어려워지고 있다. 한 국가의 관료들이 자국 영토 밖에서 이루어지지만 자국 내에 경쟁제한적 효과를 가져올 수 있는 행위를 인식하는데 상당한 제약을 받는 경우가 종종 있다. 예를 들면, 통상 카르텔 참여자들은 합의 사실을 은폐하는데 주의를 기울이므로, 아무리 그럴듯한 정황들이 있다고 해도 카르텔 합의 사실을 확인하기가 점점 더 어려워지는 경향이 있다. 카르텔 합의가 호텔 객실이나 세계의 여러 사무실에서 이루어질 때 한 국가의 담당 관료가 이를 인지할 가능성은 더욱 줄어들고 있다. 이런 합의들은, 경쟁당국의 관료들 또는 합의로 영향받는 사람들이 가격 움직임이나 기타 다른 시장 요인들로부터 경쟁제한적 행위의 존재를 추단케 하는 일정한 패턴을 발견하고, 이를 확인하기 위해 추가조사를 진행할 때 비로소 드러나는 경우가 빈번하다. 국내 시장에 비해 세계시장에서 이러한 패턴을 인지하기는 상당히 어렵다. 미국이나 유럽과 같은 주요 경쟁당국들은 몇몇 사건에서 정보공유를 강화함으로써 세계 시장에서 이루어지는 경쟁제한 행위를 인지할 수 있지만, 대부분의 경쟁당국들은 경쟁제한 행위를 적발하기 위한 의사소통을 전혀 하지 않거나 극히 미미하게 하고 있을 뿐이다.

억지력을 제한하는 두 번째 원인은 경쟁제한적 행위와 그로 인해 초래되는 효과를 입증하는데 필요한 자료에 접근하기 어렵다는 점을 들 수 있다. 경쟁당국의 관료들과 경쟁제한적 행위로 인한 피해를 주장할 수 있는 사람들이 경쟁제한적 행위를 인식하게 된 경우에도, 이에 연루된 사람들에 대한 법적 조치를 가능케 할 수 있는 증거를 외국으로부터 제공받지 못하는 경우가 빈번하다. Chapter 2에서 살펴본 바와 같이, 국제 관할권 원칙상 한 국가의 업무를 수행하는 사람이 자료 확보를 위해 다른 국가의 허락을 받지 않고 당해 국가의 영토에 들어가는 것은 허용되지 않는다. 요청 받은 국가들이 허락을 하기도 하고, 가끔은 국가들이 합의하여 한 국가가 자국이 수집한 자료를 다른 국가에 제공하기도 하지만, 이는 예외적인 경우이고 심지어 이러한 경우에서조차 협조를 해 주는 국가의 절차들을 따라야 하므로 협력으로 얻을 수 있는 이익은 상당히 제약될 수 있다.

마지막으로, 설령 과징금 기타 다른 제재를 부과하는 결정이 내려지더라도, 당연히 이를 집행할 수 있는 것은 아니라는 점이다. 제재를 받은 당사자가 제재 결정을 내린 국가의 영토 내에 거주하거나 상당한 자산을 보유하고 있지 않는 경우, 법원 기타 다른 기관들이 해당 당사자에 대한 제재를 효과적으로 집행하지 못하는 것이 통례이다. 국제법상 한 국가는 자국 결정을 관철시키기 위해 다른 국가에 진입할 수 없다. 바로 이점으로 인해 상대적으로 크고 개방된 시장을 보유한 국가들이 자국 법을 쉽게 집행할 수 있는 반면, 그렇지 못한 국가들은 애로를 겪게 된다. 다수의 기업들이 상대적으로 크고 개방된 시장을 보유한 국가들에 보다 많은 자산을 보유하고 있으므로 그 국가 내에서 사업활동을 하기 위해 비용을 지출할 의사를 갖고 있는 반면, 자신들이 아예 투자하지 않거나 극히 미미한 투자만을 하면서 별다른 사업활동을 하지 않는 국가들로부터는 과징금을 부과받더라도 특별히 이에 구속되지 않는다. 잠재적인 시장이 크면 클수록, 그 국가의 규제기관의 태도나 법원이 내리는 결정에 따를 인센티브는 더욱 강해진다.

2. 갈등 발생 가능성의 제고

개별 국가의 관할권 기반 경쟁법 체제의 실효성을 제한하는 두 번째 요소는 위 첫 번째 요소에 대한 대응과 밀접하게 관련된 것으로서, 어떤 경쟁법을 적용해야 할 것인지에 관한 국가간 갈등의 증대이다. 전통적으로 국제 관할권 원칙의 주된 목적은 국가간 마찰의 최소화이지만, 세계 시장으로 인해 이러한 목적 달성은 더욱 어렵고 복잡해졌다. 세계 시장은 국가간 갈등의 발생 가능성을 증대시켰을 뿐만 아니라, 갈등의 정도를 더욱 심화시켰으며, 종종 더욱 적대적인 결과를 초래했다.

카르텔과 같은 경쟁제한 행위가 여러 국가에 영향을 미칠 경우 각 국은 이에 대해 독자적인 대응조치를 취할 인센티브를 갖게 되고, 이로 인해 각 경쟁법 체제간 충돌 가능성이 명백히 증대된다. 세계 시장에서 체제간 갈등이 빈번히 일어나는데, 이는 여러 국가의 상이한 정치 체제가 있고 한 지역에서 경쟁을 저해하는 행위는 통상 여러 시장의 경쟁을 저해하기 때문이다. 뿐만 아니라, 문제되는 행위의 효과가 하나의 시장에서만 발생하는 것이 아니라는 점을 고려하면, 많은 국가들이 관할권을 행사할 인센티브를 가질 가능성이 높다.

a. 갈등의 유형과 원천

본서의 검토 목적상, '갈등(conflicts)'은 한 국가의 경쟁당국이나 법원이 내린 결정에 대해 다른 국가가 심각한 비판을 하거나, 나아가 그에 배치되는 결정을 내리는 상황을 지칭한다. 이상적인 관할권 기반 체제에서 각 국의 기관들은 다른 국가 기관들의 결정을 존중, 수용할 것이므로 아예 갈등이 발생하지 않을 것이다. 따라서, 각 국은 다른 국가가 자국과 상이한 결론을 내려도 갈등관계를 형성하지 않을 것이다. 계약법 이슈가 문제되는 사례들과 같이 사적인 법률관계가 문제되는 사례들에 대한 결정은 소송 당사자에게만 영향을 미치므로, 관할권간 갈등은 별로 중요한 의미가 없다고 할 수도 있다.

그러나, 경쟁법에 관한 결정은 광범위한 경제적(심지어는 정치적) 파장을 가져오곤 한다. 경쟁법에 관한 결정은 국내적으로는 경쟁규범, 경쟁조건, 경쟁패턴에 영향을 미치므로 많은 국내 기업들, 나아가 경제 전반에 상당한 영향을 미치는 경우가 빈번하다. 대부분의 경쟁법 사건들에는 영향력 높은 대기업들이 연루되는데, 이들의 이해관계는 일반 대중이나 정치적 이해관계들과 연계되어 있는 경우가 빈번하다. 이런 상황에서 경쟁법 적용은 계약 위반 사례와 같은 전형적으로 사적인 문제가 아니라, 많은 사람들의 일자리, 경제 전반의 건전성, 정당과 정치적 이데올로기의 장래에까지 영향을 미칠 수 있는 공적 문제이다. 사적 법률관계에서 발생하는 분쟁과 달리 경쟁법은 주로 법원보다는 행정부에 의해 집행된다. 행정부 관료들은 다른 국가들의 조치들이 자신들의 책임범위에 간접적으로 영향을 미칠 수 있으므로, 해당 국가들의 조치를 비판하거나 거부할 인센티브를 갖게 된다. 반면, 법관들은 이와 같은 인센티브가 거의 없다.

일반적으로, 국가간 갈등의 정도는 다른 국가의 결정이 초래할 피해에 대한 인식, 그 결정이 초래할 결과, 그 다른 국가의 결정에 반대함으로써 얻을 수 있는 이익, 갈등 발생시 소요되는 비용과의 비교, 이러한 비용지출을 감당할 수 있는 역량의 존부 등의 요소들의 영향을 받는다. 세계 시장에서 국가들의 경제적 상호의존성이 증대됨에 따라, 이와 같은 요소들을 정교하게 산정하기가 더욱 어려워졌을 뿐만 아니라, 다른 국가의 결정에 반발할 가능성이 높아졌다. 관할간 갈등은 경쟁당국간에 물밑에서 진행되기도 하지만, 때로는 뉴스의 전면에 등장하거나 보다 광범위한 정치적 관계에 영향을 미치기도 한다.

이상과 같은 관할간 갈등은 몇몇 경쟁법 영역(특히 기업결합 분야)에서 더욱 두드러질 수 있다. 정치적으로 비중이 높은 대규모 기업이 관련되고 전체 산업의 경쟁조건에 상당한 영향을 미칠 수 있는 기업결합에서 관할간 갈등이 종종 발생한다. 이로 인해 기업결합에 이해관계를 갖고 있는 사람들은 의사결정권자의 결정에 영향을 행사해 정치적 이익 기타 다른 이익을 확보하려는 인센티브를 갖게 된다. 뿐만 아니라, 기업결합의 당사자들은 경쟁당국의 심사를 받기 이전부터 자체적으로 상당한 연구를 하고, 비용을 지출했으며, 당해 기업결합 내용에 관한 협상을 진행했었을 가능성이 높으므로, 예상과 달리 기업결합이 저지되면 크게 좌절하거나 분노할 수 있을 뿐만 아니라 사업계획을 재조정하는데 상당한 비용을 부담하게 될 수 있다. 더욱이, 많은 경우 기업결합은 상당한 경제적 파급효과를 가져오므로, 언론은 종종 이에 관한 이슈들을 집중적으로 조명하고, 정치인이나 경제계 리더들도 수사적 목적(rhetorical purposes)으로 이런 이슈들을 활용한다. 이후 GE/Honeywell 사례에 관해 살펴보는 바와 같이, 이상과 같은 요인들로 인해 기업결합에 대한 정치적 압력이 극에 달할 수도 있다. GE/Honeywell 외에도 이와 유사한 상황을 초래한 다른 기업결합 사례들도 있다.[16] 많은 논란을 발생시키고 정치적 갈등을 증폭시키는 또 다른 경쟁법 영역은 단독행위에 대한 규제이다. 이와 관련하여 Microsoft 사건은 가장 주목할 만하다. 이 사건에서 미국 경쟁당국은 Microsoft의 주요 사업활동 중 일부가 미국 반트러스트법을 위반하지 않았다는 입장을 취했던 반면, 유럽 경쟁당국은 이에 동의하지 않고 동일한 사업활동에 대해 EU 경쟁법 위반을 인정했다. 이는 수년간 많은 논란을 불러 일으켰던바, 가끔씩은 상대방에 대한 맹렬한 비판이 있었고, 정치적 음모론이 제기되기도 했다. 몇몇 논평가들은 이런 갈등이 그 자체로 Microsoft, IT 산업 일부, 경쟁당국 관료들간 협력에 악영향을 미쳤다고 생각했다.[17]

b. 갈등 발생의 원인

외국의 경쟁법에 관한 결정에 반발하는 데에는 두 가지 원인이 있는데, 이들은 많은 경우 상호 관련되어 있다. 하나는 외국의 결정을 받아들이지 않으려는 것이고, 다른 하나는 그 다른 나라가 어떤 이유에서 그와 같은 결정에 이르고 그 과정에서 어떤 절차를 거쳤는지에 대한 이해의 부족이다. 본서는 일단 사람들이 다른 나라의 법률 체제, 의사결정 절차, 의사결정에 이르게 된 이유를 정확히 알고 있다고 전제하고 검토를 한 다음, 이후 이러한 전제를 완화해 나가기로 한다.

한 국가의 의사결정권자들과 논평가들은 외국의 결정을 전면 거부할 수 있다. 이들이 이와 같이 대응하는 이유로는, 우선 그 다른 국가의 결정이 관할권 원칙상 정당화될 수 없다고 생각했기 때문일 수 있다. 국제 관할권 원칙이 모호하고 그 내용을 결정하는 실효적인 메커니즘이 존재하지 않으므로, 각 국은 개별 구체적인 사안에서 관할권 원칙에 관해 쉽게 상이한 입장을 취할 수 있다. 둘째, 다른 국가의 결정 자체의 적법성이 아닌 그 결정이 자국에 미칠 영

16) 예를 들면, 몇 년 전의 *Boeing-McDonnell* 사례에서도 유사한 갈등이 빚어졌다. 이에 대해서는 William E Kovacic, 'Transatlantic Turbulence: The Boeing-McDonnell Douglas Merger and International Competition Policy' (2001) 68 Antitrust L J 805 참조.

17) 이에 관한 논의에 대해서는 예컨대 Harry First & Andrew I Gavil, 'Re-framing Windows: The Durable Meaning of the Microsoft Antitrust Litigation' (2006) Utah L R 641 참조.

향을 고려했기 때문일 수 있다. 다른 나라의 결정이 자국 기업의 경쟁력에 피해를 줄 가능성이 있을 때, 이에 반대하려는 정치적·정책적 인센티브가 생기곤 한다. 이 때 다른 나라의 결정을 받아들이지 않는 것은 자국의 국력을 알림과 동시에 이를 향후 그 다른 나라에 사용할 수 있음을 암묵적으로 경고하는 것이기도 하다. 또한, 다른 나라 결정에 반대함으로써 향후 발생할 수도 있는 갈등 상황에서 자국 기관의 협상력을 증대할 수도 있다. 마지막으로, 다른 국가의 내린 결정이 몇 가지 기준에 비추어 아예 '틀렸다(wrong)'고 주장할 수도 있다. 이 때의 기준은 결정을 내린 국가의 법일 수도 있다. 이 경우 '당신은 당신 법을 정확히 적용하지 않고 우리에게 피해를 미치도록 적용했다(you didn't apply your own law correctly, but in a way intended to harm us)'고 주장하는 것이다. 물론 문제를 제기하는 국가의 법도 (통상 암묵적으로) 기준이 될 수 있다. 이 경우에는 '우리의 법이 옳은데, 당신의 법적용은 이에 위반된다(Our law is correct, and your application of law deviated from it)'고 주장하는 것이다.

이제까지의 검토는 각 국이 다른 국가의 결정에 대해 그와 같이 결정한 이유, 결정의 배경이 된 상황, 결정이 내려진 과정 등을 완전히 이해하고 있음을 전제로 했다. 그러나, 실제로 이 전제는 거의 충족될 수 없다. 정부 관료들과 논평가들은 이러한 요소들에 대해 피상적으로 이해하고 있는 것이 대부분이고, 그조차도 중요한 측면에서 왜곡되어 있는 경우가 빈번하다. 이들은 다른 국가가 어떤 이유에서 어떤 절차를 통해 어떤 법률적 기준을 적용하여 그러한 결정을 내렸는지 이해하지 못할 수 있다. 이런 이해부족은 때로는 담당 관료들이 다른 국가가 사용하는 언어를 제대로 이해하지 못한 것과 같은 언어문제로 인해 발생하기도 한다.[18] 경쟁법 자체가 경쟁이라는 과정을 완전히 보호하는 것을 지향하는 독특한 형태의 법이라는 점으로 인해, 경쟁법에서 사용되는 언어는 종종 부정확할 뿐만 아니라, 많은 사람들에게 생소한 경우도 빈번해서, 언어적 경계를 넘어 의사소통하기가 더욱 어려워진다. 뿐만 아니라, 경쟁법에서 사용되는 개념들은 그 자체로 어렵고, 경쟁법 시스템에 속한 사람들조차도 제대로 이해하지 못하고 문외한들은 이질적으로 느끼는 경제학적·법학적·절차적 요소들이 서로 뒤엉켜 있는 경향이 있다. 또한 경쟁법에 관한 결정들은

18) 예컨대 David J Gerber, 'The European Commission's GE/Honeywell Decision: US Responses and Their Implications' (2003) 1 Journal of Competition Law 87-95 참조.

결정을 내리는 국가의 공식 규칙보다는 그 국가의 관습, 실무 관행, 경험에 더욱 기반할 수도 있다. 법목적의 차이 역시 갈등을 초래할 수 있다. 다음 Chapter에서 살펴볼 바와 같이, 미국 반트러스트법의 목적은 지난 30여 년간 급속도로 좁혀져 왔다. 반면 다른 많은 국가들의 경쟁법들은 미국보다 훨씬 광범위한 목적을 추구하고 있다. 마지막으로, 경쟁법에서 활용되는 절차들, 특히 증거 확보에 관한 핵심적인 이슈에 관한 절차들에 많은 차이점들(이런 차이점들은 종종 결정적이기도 하다)이 있고, 이런 차이점들 및 그로 인해 발생하는 영향에 관한 인식을 어렵게 하는 상당한 장애들이 있는 경우도 빈번하다.

여기에서는 주로 경쟁법 집행 결과의 차이로 발생하는 갈등을 검토했지만, 관할간 갈등은 경쟁법 집행 절차의 모든 국면에서 발생할 수 있다. 경쟁법 집행의 개시, 절차 진행 중에 내려지는 결정, 최종 결정에 이르는 모든 단계에 갈등의 소지가 내재되어 있다.

3. 위험, 불확실성, 일관성의 결여 그리고 규범준수비용

경쟁법의 확산, 경쟁법 집행 강화 노력의 증대, 그로 인해 초래되는 국가간 갈등은 서로 결합해 세계화로 인한 '가위 효과(scissors effect)'의 세 번째 요소를 발생시켰고, 주권에 근거한 관할권 기반 체제의 실효성을 더욱 잠식했다. 이 각 요인들은 세계 시장에서의 사업활동 비용을 늘리고 불확실성을 심화시켰다.

규범준수비용은 중요한 문제가 될 수 있다. 더 많은 국가들의 의사결정권자들이 경쟁제한적 행위의 억지를 위해 더 많은 노력을 기울임에 따라, 이전보다 많은 실체적·절차적 규범이 도입되었고 기업들은 이를 준수하기 위해 더 많은 비용을 지출하게 되었으며, 간접적으로 소비자들의 부담 역시 가중되었다. 기업결합을 추진하는 기업들이 당해 기업결합에 적용되는 각 국의 경쟁법에 따라 사전신고를 하는 경우와 같이 규범준수비용이 직접적이고 예측가능한 경우도 있다. 세계 경제에서 기업의 지분에 관한 계약이나 관계가 확산되는 것은, 한 기업 네트워크 중 일부에만 해당하는 기업결합이라 하더라도 수십 개국 경쟁법의 적용대상이 될 수 있고, 따라서 기업결합의 당사자들이 해당 국가들에 각기 다른 정보를 상이한 제출기한에 맞춰서 제출하고 기타 각 국의 절차적 요건을 충족해야 함을 의미한다.

두 번째 유형의 규범준수비용은 위 유형보다는 정의하거나 산정하기 어렵지만 실제로는 더 부담될 수 있다. 이러한 유형의 비용에는 변호사, 경제학자, 회계사 기타 기업활동에 적용될 수 있는 경쟁법을 보유한 국가들의 규범 준수를 위해 조언을 제공할 수 있는 사람들에 지급해야 하는 수수료가 포함된다. 이미 살펴본 바와 같이, 각 국의 경쟁법 규정과 실무는 실체법 및 절차법 양 측면에서 광범위한 차이가 있다. 그 결과, 기업은 사업계획을 수립할 때 이와 같은 요소들을 고려하기 위해 막대한 비용을 지출하게 된다.[19)]

각 국 경쟁법간의 이상과 같은 차이점으로 인해 또 다른 간접적 효과가 발생한다. 예를 들면, 기업들은 이러한 차이점으로 인해 무엇을, 어떻게, 얼마나 많이 생산, 운영해야 할 것인지를 결정하는 과정에서 불확실성과 마주치게 된다. 이는 종종 기업의 투자의욕을 감소시켜 궁극적으로 경쟁력을 약화시킬 수 있다. 이는 또한 기업들로 하여금 규범준수 부담이 상대적으로 낮은 국가에서 사업활동을 하도록 할 인센티브로 작용하기도 한다. 이는 그 자체로 경쟁과정을 왜곡시킬 수 있다.

정부 관료 이외에 사인들도 사적 소송을 통해 경쟁법 집행을 시도할 수 있기 때문에, 사적 소송은 이상과 같은 규범간 상이성 및 그로 인해 초래되는 불확실성의 문제를 더욱 심화시킨다. 예를 들면, 국가별로 경쟁법의 공적 집행 및 사적 집행의 절차가 서로 상이하고, 경쟁법 결정에 관여하는 기관들의 수와 유형들이 배가된다. 물론 사인에 의한 반독점 소송은 미국을 제외한 대부분의 국가에서 전체 경쟁법 집행에서 상대적으로 미미한 역할을 하고 있을 뿐이지만, 유럽 경쟁당국의 관료들은 최근 회원국들에게 사적 집행을 강화할 것을 촉구하기도 했다. 더욱이, 의사소통의 실효성과 속도의 증대와 같은 기술적 발전, 다국적 로펌들이나 법률적 연대의 발전으로 인해 기업들은 더 낮은 비용으로 여러 지역에서 소송을 할 수 있게 되어 사적 소송의 활용 증대에 대한 주요 걸림돌 중 하나가 완화되었다. 마지막으로, 시장에 참여하는 기업 규모가 증대되어 기업의 총 자산 및 지불능력 대비 사적 반독점 소송에 소요되는 비용이 상대적으로 감소했다. 즉, 10억 달러의 가용자산을 보유한 기업은 1,000만 달러의 가용자산을 보유한 기업에 비해 100만 달러라는 비용을 덜 부담스럽게

19) 이에 대한 분석에 관해서는 Pankaj Ghemawat, *Redefining Global Strategy: Crossing Borders in a World Where Differences Still Matter* (Boston 2007) 참조.

느끼게 된다.

관련되는 관할의 수가 늘어나고, 관할들의 규범이 서로 상이할수록 규범준수비용은 기하급수적으로 증가한다. 이러한 차이점들이 발생할 수 있는 상황이 많다는 점을 고려할 때, 규범준수비용은 거의 무제한으로 증가할 수도 있다. 실체법, 절차법, 법집행 정도의 측면에서 관할간 차이를 줄일 수 있다면 규범준수비용을 상당히 감소시킬 수 있을 것이다. 그러나, 관할간 차이가 줄어든다고 하더라도 규범준수비용이 오히려 더욱 증가할 수 있는 역설적인 상황이 추가적으로 발생할 가능성도 있다. 만약 각 국이 보다 정립된 특정 경쟁법 체제와 컨버전스를 이루기 위해 자국 경쟁법의 집행을 강화하면, 관할간 갈등의 발생 가능성이 오히려 상승하고, 불확실성, 법률적 위험, 규범준수비용의 증대와 같은 상황을 초래할 수도 있다. 각 관할의 경쟁법 집행 노력을 조율할 수단이 없는 상황에서 각 국이 경쟁법 집행을 강화할수록 국제 경쟁에 부정적 영향을 미칠 가능성이 높아질 것이다.

D. 가위의 역설: 유럽, 미국 그리고 GE/Honeywell 사건

최근 많은 주목을 받았던 관할간 갈등 사례는 국가 주권에만 기반한 국제 경쟁법 체제에 내재되어 있는 부정적 결과들을 잘 보여준다.[20] 2001년 7월, EU 집행위원회는 역사상 최대규모의 기업 합병으로 기록될 수 있었던 General Electric과 Honeywell 간의 기업결합을 금지했다. 이 회사들은 모두 미국에 본사를 두고 전세계에 자회사들을 보유하면서 전세계적으로 사업활동을 하고 있었다. 2000년 말 미국 경쟁당국이 이 기업결합을 승인함에 따라 많은 사람들은 다른 국가가 이 기업결합에 심각하게 반대하지 않을 것이라고 예상했다. 그러나, 유럽 집행위원의 금지 결정으로 이러한 예상은 잘못된 것으로 드러났던바, 많은 사람들이 이 결정은 물론, EU 경쟁법 전반, 이 결정에 관여했던 관료까지

20) 이에 관한 보다 상세한 기술에 대해서는 Eleanor M Fox, 'GE/Honeywell: The U.S. Merger that Europe Stopped-A Story of the Politics of Convergence' *Antitrust Stories* (New York 2007) 331-360; Jeremy Grant & Damien Neven, 'The Attempted Merger between General Electric and Honey well: A Case Study of Transatlantic Conflict' (2005) 1 J Competition L & Econ 595 and Gerber, *GE/Honeywell, supra* note 18 참조.

비판했다. 기업계의 리더들, 언론인들, 학문적 논평가들뿐만 아니라 미국 정부 관료들과 정치인들까지 이러한 비판에 가담했다.

이 기업결합은 효율성 제고 및 경쟁상 이점 확보를 위해 추진되었다. 특히, 당사회사들은 기업결합을 통해 GE의 대규모 항공엔진 생산분야에서의 강점과 Honeywell의 항공전자기기 및 비전자기기 부문에서의 장점이 결합하고, 이에 GE의 자금조달능력까지 추가되면, 소비자들에게 보다 매력적인 결합상품을 제공할 수 있게 되어 사실상 유일한 경쟁사업자였던 유럽의 Airbus 컨소시엄과 보다 효과적으로 경쟁할 수 있을 것으로 기대했다. 이 기업결합 이전에 GE는 상업용 및 군용 비행기의 대규모, 소규모 엔진시장 모두에서 세계 최대의 생산업체였고, Honeywell은 항공전자기기 부문에서 50~60 퍼센트의 시장점유율을 보유하고 있었다.

이 기업결합에 대한 최종 결정 이전부터 경쟁당국간의 갈등이 조성되었다. 2001년 5월 8일 EU 집행위원회는 결합 당사회사들에게 기업결합 반대 입장을 통보했다. 이후 당사회사들은 여러 차례의 청문절차 및 협의를 통해 이 기업결합이 친경쟁적 효과를 발생시킬 것이라는 점을 EU 집행위원회에게 확신시키기 위해 노력했다. GE의 최고경영자이자 미국 기업계의 아이콘이기도 한 Jack Welch는 EU 집행위원회의 커미셔너인 Mario Monti에게 개인적으로 항의하기도 했다. 그러나, 이들의 만남은 성공을 거두기는커녕 오히려 심사에 악영향을 미쳤을 수도 있다.[21] 보도에 따르면, 이들 간에는 기업 경영자 사회와 공무원 사회에서 통용되는 행동 양식상 차이라는 일반적 차이뿐만 아니라, 개인적인 성향에서도 차이가 있었던 탓에, 이들의 만남은 성과없이 서로 화만 내고 끝났다고 한다.[22] 결국 GE는 EU 집행위원회에 몇 가지 쟁점에 관한 양보안을 제시했지만, 집행위원회는 유럽 시장에서 이 기업결합을 금지했고, 이는 전체 기업결합의 좌초로 이어졌다.[23]

21) 이들의 만남에 참석했던 사람이 기술한 두 사람의 만남에 대해서는 John F Welch & John A Bryne, *Jack: Straight from the Gut* (New York 2001) 264-274 참조.

22) Michael Elliott, 'How Jack Fell Down: Inside the Collapse of the GE-Honeywell Deal-and What it Portends for Future Mergers.' *Time* (16 July 2001) 48-53.

23) Commission Decision of 03/07/2001 declaring the concentration to be incompatible with the common market and the EEA Agreement. [2004] OJ L 48, 57-58.

1. 미국의 반응

본래 이 사건은 관할권 기반 체제에서 국가들 간 결론이 달라지는 예외적인 사례로 가볍게 넘어갈 수도 있었지만 미국의 격렬한 반응으로 인해 언론의 관심이 집중되었고, 결국 미국과 EU 간의 갈등으로 비화되기에 이르렀다. 이 사건으로 초래된 갈등은 경쟁법 분야의 전문가들이 사무실에 모여 세부적인 법률적 쟁점에 관해 조용히 대립하게 된 상황이 아니다. 이 갈등은 정치적 문제로 전화되었고, 감정이 개입되었으며, 결국 다른 분야의 정책과 양자 간의 정치적·사업적 관계에까지 영향을 미쳤다.

미국에서는 정부, 민간을 불문하고 미국 경쟁당국이 승인한 미국 기업들 간의 기업결합을 감히 EU가 저지했다는 정서에 기반한 분노가 빈발했다. 한 소식통에 따르면, '…미국인들은 어떻게 외국 경쟁당국이 미국 기업들만이 당사자이고, 법무부를 비롯해 대략 12개의 다른 경쟁당국들이 비교적 무난한 조건들을 부과하여 승인한 기업결합을 무산시킬 수 있는지 묻고 있다.'[24] 이러한 반응은 암묵적으로 유럽이 법률적·도덕적으로 미국 기업들 간의 결합을 금지할 권한을 갖고 있지 않음을 전제한다. 유럽은 미국이 오랜 기간 동안 자국 영토 내에 효과를 미치는 행위에 대해 자국의 반트러스트법을 적용하면서 이를 정당화하기 위해 제시했던 바로 그 국제법 원칙에 따라 이 기업결합이 유럽 지역에 효과를 미침을 이유로 유럽 경쟁법을 적용했는데, 미국의 반응은 이러한 점을 거의 반영하지 못했다는 점에서 흥미로운 것이었다. 이미 살펴본 바와 같이, 미국은 1944년 Alcoa 사건 이후 효과주의 원칙에 따라 법을 집행해 왔음에도, 미국 논평가들은 종종 이를 인지하지 못하는 것처럼 보였다. 다른 점들을 차치하더라도, 미국의 이런 반응은 모호한 국제 관할권 원칙이 얼마나 오해, 혼동, 분노, 정치적 공방을 초래하는지 잘 보여준다.

EU 집행위원회 결정에 대한 미국의 비판은 구체적 내용에 따라 네 가지 범주로 분류할 수 있다. 이 각 범주에 해당하는 내용은 모든 관할간 충돌 상황에서 확인할 수 있다. 첫째, 이 결정은 단순한 법적용이라기보다는 정치적 고려, 보다 구체적으로는 유럽의 산업을 보호하려는 동기에 따라 내려졌다는 것

24) William Kolasky & Leon B Greenfield, 'The Lost GE/Honeywell Deal Reveals a Trans-Atlantic Clash of Essentials' *Legal Times* (30 July 2001) 28.

이다. 경제학자인 Gary Becker는 '유럽은 강력한 이해관계에 함몰된 오류를 범한 것 같다'고 주장하기도 했다.[25] 그러나, 이러한 주장을 뒷받침할 어떤 증거도 언급되거나 제시되지 않았음을 고려할 때, 이 주장은 유럽의 관료, 절차, 기관에 대한 부정확한 추측에 기반한 것으로 보인다. 그러므로, 이 주장의 주된 근거는 EU 경쟁법 기관 구성 및 운영이 미국 반트러스트법과 다르다는 사실이었을 것이다.[26]

둘째, 위 내용과 관련된 비판으로, 이와 같은 결과는 유럽 경쟁당국 자체의 특성에 따른 것이라는 점이다. 한 논평가는 다음과 같이 언급했다;

> '[T]hese differences [in outcomes], and the strengths and weaknesses of the two systems, flow from the fact that while the Antitrust Division operates in a law enforcement context, the Merger Task Force [of the EU Commission] operates in a regulatory system.'[27](결과에 있어서 이러한 차이들 및 두 체제의 장단점들은 미국의 경우 법무부 반독점국이 법집행 상황에서 작동하는 반면, 유럽 집행위원회의 기업결합 TF는 규제 상황에서 작동한다는 사실에서 연유한다.)

여기에서는 유럽의 절차가 미국과 다르다는 사실만으로도 미국 법보다 열등하고 존중할 가치가 없다는 점이 전제된 것처럼 보인다. 사실상 EU 법은 미국 법과 다르다는 이유로 열등하다고 여겨졌다. 그러나, 사실 EU 집행위원회는 법집행 기관이다. EU 집행위원회는 법원칙을 발전시킬 임무를 부담하고 있고, 산업에 대한 규제권한을 행사함에 있어 재량을 발휘할 수 없다. 더욱이, 집행위원회의 결정은 유럽 법원에 의한 사법심사의 통제를 받는데, 유럽 법원은 집행위원회가 법원칙에 따라 법을 적용했는지를 매우 엄격하게 심사해 왔다.

---

25) Gary Becker, 'What U.S. Courts Could Teach Europe's Trustbuster's Business Week' (6 August 2001) 20. 미국 상원의 상무 위원회 의장이었던 Ernest Holligns 역시 유럽 경쟁 당국에 서한을 보내 유럽 집행위원회가 '명백한 이중 잣대(apparent double standard)'를 적용해 유럽 기업들에게 이익을 제공하는 한편 그들의 미국 경쟁사업자들에게 불이익을 주었다고 언급했다. 'U.S. Steps over EU Oppositions to G.E. Deal' *Financial Times* (16/17 June 2001) 1 참조.

26) 그러나, 실제로는 유럽 기업들이 아닌 미국 기업들이 이 합병을 가장 반대했었던 것으로 보인다.

27) Donna E Patterson & Carl Shapiro, 'Transatlantic Divergence in GE/Honeywell: Causes and Lessons' (2001) 16 Antitrust 18, 22.

따라서, 집행위원회가 법률적 방법론과 절차에 기속되지 않는다고 주장하는 것은 완전히 잘못된 것이다.

셋째, 비판은 EU 경쟁법 목적을 오해하거나 그 특징을 잘못 이해한 데에 기반한다. 이런 비판은 종종 '유럽 경쟁법은 경쟁사업자를 보호하는 반면, 미국 반트러스트법은 경쟁을 보호한다'와 같은 감정적, 정치적 구호를 수반한다. 미국 법무부 반독점 차관(Assistant Attorney General for Antitrust)이었던 Charles James는 보도자료를 통해 '미국은 오랜 기간 동안 반트러스트법이 경쟁사업자가 아닌 경쟁을 보호한다는 분명한 정책적 입장을 취해 왔다. 오늘 EU의 결정은 이와 매우 다른 입장을 반영한 것이다'는 입장을 표명했다.[28] 이 주장은 양 경쟁법의 입법목적이 상이하기 때문에 결론이 달라졌다는 점을 부각하는 한편, EU의 경쟁법 목적이 어쨌던 '잘못된(wrong)' 것이다는 점을 전제로 하고 있다. 그러나, EU 경쟁법의 주된 목적은 언제나 경쟁 보호였다. 미국과 EU는 경쟁법의 목표에 대해 때에 따라 다른 견해를 취할 수 있지만, 그 핵심 목적은 동일하다. 보다 근본적으로, 어떤 경쟁법 목적이 바람직한 것인지에 대해 아무런 국제적 기준도 존재하지 않으므로, 특정 경쟁법 체제가 추구하는 법목적이 '잘못되었다'고 주장할 수 있는 근거는 없다.

마지막으로, 몇몇 논평가들은 EU 집행위원회가 분석 과정에서 잘못했던 것뿐이라고 주장하기도 했다.[29] 이는 미국과 EU의 의사결정권자들이 동일한 법목적에 따라 동일한 법률적 기준을 적용했지만, EU의 의사결정권자들이 사실관계를 정확히 해석하지 못했거나 이를 분석하는 과정에서 오류를 범했음을 시사하는 것이다. 이런 비판들은 통상 경제 분석이 법률적·절차적 요건과는 무관하다는 전제에 입각해, 경제 분석이 제대로 이루어지지 않았다고 지적한다. 그러나, 제도·절차·방법론·법목적의 차이에 따라 사실관계에 관한 분석에 차이가 있는 경우가 종종 있다.[30]

---

28) Charles A James, Statement on the EU's Decision Regarding the GE/Honeywell Acquisition (3 July 2001) 〈http://www.usdoj.gov/atr/public/press_releases/2001/8510.htm〉.

29) 예컨대 William J Kolasky, 'Conglomerate Mergers and Range Effects: It's A Long Way from Chicago to Brussels/ (address before the George Mason University Symposium, Washington DC 9 November 2001) 〈http://www.usdoj.gov/atr/public/speeches/9536.htm〉 참조.

30) 기관들이 미국과 유럽 경쟁법에서 경제학의 활용에 어떠한 영향을 미치는지에 대한 분석에 대해서는 David J Gerber, 'Competition Law and the Institutional Embeddedness of Economics' in Josef Drexl et al (eds), *Economic Theory and Competition Law* (Chelten-

2. 미국의 반응에 영향을 미친 요소들

미국의 반응은 EU법에 대한 이해부족과 EU 경쟁법 의사결정과정이 한때 미국의 법집행 경험으로부터 영향받았다는 인식의 결합에 기반한 경우가 많다. 이 두 요소들은 서로 결합하여 미국이 EU 결정에 관한 정보를 인식, 정렬, 해석하는 방식에 영향을 미쳤다. 국내의 법집행 경험이 외국 결정에 대한 반응에 어떤 영향을 미치는지 구체적으로 살펴보기 위해, 본서는 미국에서 반트러스트법 업무를 수행하는 변호사들, 관료들이 외국의 결정을 받아들임에 있어 미국 반트러스트법 집행 경험 중 어떤 것들로부터 영향을 받았는지 살펴보기로 한다.

a. 국내적 경험

우선 정치와 이데올로기의 역할이 있다. 이들은 미국 반트러스트법 역사의 몇몇 시점에서 미국의 경쟁법 경험을 형성하는데 두드러지는 역할을 했다. 그 중 가장 최근의 일이면서도 아마도 가장 심대한 변화를 가져온 사건으로 들 수 있는 것은, 법－경제 방법론(law-and-economics methodology)이 20세기 마지막 4 반세기에 걸쳐 거둔 승리이다. 이 최근의 경험은 미국 논평가들로 하여금 다른 경쟁법 체제에서도 정치와 이데올로기 요소들이 미국과 유사한 주요 역할을 할 것이라고 쉽게 추정하도록 하는 한편, EU 관료들이 법률적 분석보다는 정치적 고려에 치우쳤다는 주장을 설명하는데 도움이 될 수 있을 것이다.

미국이 행정부 주도의 의사결정에 대해 취하는 입장 역시 미국의 법집행 경험에 그 뿌리를 두고 있다. 미국 연방정부에서 행정부내 최고위급 공무원들은 정치적으로 지명되고, 현 정부가 추진하는 정책목표를 따르도록 기대된다. 따라서, 반트러스트법의 공적 집행 역시 이러한 정치적 영향을 받을 것이라는 점이 광범위하게 전제되고 있다. 그러나, 연방법원이 판결을 통해 이러한 정치적 요인들이 미칠 영향을 걸러냄으로써 반트러스트법의 중립성과 완전성을 수호할 것으로 기대되고 있어서 위와 같은 정치적 요인들은 거의 중요한 문제로 인식되지 않는다. 반면 EU 및 대부분의 지역에서 행정부 관료들은 경쟁법을

---

ham, UK 2009) 참조.

집행하는데 더 중추적인 역할을 하고 있으므로, 미국은 그러한 국가의 경쟁법에 관한 의사결정이 정치적 영향에 취약할 것이라고 인식하기 쉽다. 최소한 이런 사정은 EU 집행위원회의 동기와 객관적 중립성에 대한 의구심을 생성시킨다. 미국측 관찰자들 다수는 EU 경쟁법 집행 기구 체제에서 이러한 정치적 영향이 다른 어떤 요소에 의해 차단되는지 알지 못한다.

미국의 최근 반트러스트법 경험 역시 스스로의 생각에 대한 확신을 설명하는데 도움이 되는바, 미국 논평가들은 이에 터잡아 집행위원회가 GE/ Honeywell 사건에서 내린 결정을 비판한다. 미국 반트러스트 커뮤니티에 속한 사람들은 자국의 법경제 혁명(law and economics revolution)의 성공을 경험했는데, 이는 자국 반트러스트법뿐만 아니라 다른 국가의 경쟁법을 인식하는 방법에도 영향을 미쳤다. 오로지 신고전주의 경제학 이론에 따라 반트러스트법의 목적과 규범을 정해야 한다는 법경제 혁명의 핵심 주장은 미국 반트러스트법을 급속히 변화시켰고, 이 이론의 급속한 승리로 인해 사람들은 이 이론이 다른 이론들보다 우월하다고 확신하게 되었다. 사람들은 이 주장이 기존의 이론보다 확실히 우월하기 때문에 이 주장이 이처럼 단기간에 성공할 수 있었다고 생각했다. 이런 상황에서 사람들은 이 주장이 일반론적으로도 '옳다(right)'고 생각하기 쉬웠고, 실제로도 종종 그러했다. 이 관점에서는 다른 이론들이 '오류(error)'를 범했거나 '열등하다(inferior)'고 보기 쉽다. GE/ Honeywell 사건에서 이와 같은 사고방식이 가장 현저히 두드러졌던바, 이는 EU 집행위원회의 의견에 사용된 몇몇 용어, 분석 방법이 최근 미국 반트러스트법 분야의 법경제 혁명에서 배척된 생각들과 유사한 것처럼 보였기 때문이다.

이상의 요소들로 인해 다른 나라의 의사결정권자들이 어떤 인센티브를 갖고 있고, 어떤 제약 하에서 법집행을 했는지에 관해 오해가 생길 수 있다. 미국의 일부 저술가들은, EU의 의사결정권자들이 하려고만 했다면 미국식의 경제분석을 적용할 수 있었을 것임을 전제하고 있는 것처럼 보인다. 그러나, 이 전제는 EU 집행위원회 관료들이 유럽 법원이 정해 놓은 분석 원칙을 따를 수밖에 없다는 점을 간과한 것이다. 개별 구체적 사안에서 미국식 분석 방법이 정책적 관점에서 타당한 것처럼 보인다 하더라도 관료들이 유럽 법원이 정해 놓은 분석 원칙을 외면하고 이를 임의로 따를 수는 없다.

b. 외부적 경험

미국 반트러스트법 커뮤니티의 대외적 관계도 다른 국가의 의사결정권자들 및 이들이 내리는 경쟁법 관련 결정에 대한 인식, 평가에 영향을 미친다. 어떻게 보면 미국 반트러스트법 커뮤니티의 대외적 관계는 보다 광범위한 미국, 유럽간 정치적·지적 관계의 일부이다. 제2차 세계대전 이후 미국의 정치 지도자들, 법률가들, 학자들은 유럽과의 관계에서 일종의 리더십(일부는 이를 '지배력'이라고 지칭하기도 할 것이다)을 행사해 왔다. 그 결과 유럽의 정치적·법률적 의사결정권자들은 미국이 추구하는 목표를 적어도 중대하게 방해하지 않도록 노력해야 한다는 전제가 미국 및 (어느 정도까지는) 유럽에 있었다. 이 전제는, 유럽은 미국이 추구하는 목표에 관해 요구하는 바를 적어도 어느 정도까지는 고려할 '의무를 부담한다(obligated)'는 명제로 쉽게 연결된다. 미국이 GE/Honeywell 사건의 결정에 대해 나타냈던 반응의 어조나 내용은 종종 이상과 같은 명제들을 반영하고 있는 것처럼 보였다.

미국 반트러스트법 법률가들과 학자들은 외국(특히 유럽) 측의 인사들과 관계를 맺으면서 얻은 경험으로부터도 영향을 받았다. 미국 반트러스트법은 종종 반트러스트법의 '원조'(또는 '아버지')로 여겨졌다. 미국 반트러스트법은 제2차 세계대전이 끝날 때까지 실질적으로 유일한 경쟁법이었고, 이후에도 오랜 기간 동안 반트러스트 세계의 중심에 있었다. 다른 경쟁법들은 미국 반트러스트법을 살펴보고 시사점을 얻는 것이 통례였다. 뿐만 아니라, 다수의 반대증거들이 있음에도 불구하고, 많은 사람들은 여전히 유럽 경쟁법이 미국 반트러스트법을 '수입'한 것에 불과하다고 믿고 있다.[31] 이런 믿음이 아직 완전히 소멸되지 않은 상황에서, 수입국이 '모델(model)' 국가의 결정을 따라야 한다고 생각하는 것은 자연스러운 것이다. 이런 경험들은, 은연 중에 미국 반트러스트법이 다른 국가들의 경쟁법 체제보다 더 성숙하고 잘 발달된 것으로서 더 낫다는 생각으로 자연스럽게 연결될 수 있다. 어쨌든 미국 반트러스트법 커뮤니티에

---

31) 나는 이러한 생각이 잘못된 것임을 밝혀 왔지만, 그럼에도 불구하고 이러한 생각들이 여전히 있다. EU의 경쟁법 발전과 이 과정에서 미국 반트러스트법이 수행했던 역할에 관한 논의에 대해서는 David J Gerber, *Law and Competition in Twentieth Century Europe: Protecting Prometheus* (1998, paperback 2001) 266-76 참조.

속한 사람들은 다른 국가의 경쟁법으로부터 무언가를 배워야 할 상황에 놓인 적이 거의 없었다.

지금까지 GE/Honeywell 사건에 관한 이야기를 어느 정도 자세히 살펴보았는데, 이는 이 사건이 관할간 갈등을 형성, 심화시키고 해로운 파급효과를 발생시키는 요소들을 잘 보여주기 때문이다. 물론 이 시건이 전형적인 사건이라고 할 수는 없다. 대부분의 관할간 갈등은 훨씬 덜 주목받고, 부정적인 결과를 거의 초래하지 않는다. 그럼에도 불구하고, 이 사건은 주권 기반 경쟁법 체제에 내재된 많은 문제점들을 드러냈다는 점에서 중요한 의미가 있다. 이 사건은 관할간 갈등이 어떻게 발전하고 그 근본적 원인이 국가간 역학 관계와 개별 국가의 법집행 경험에 얼마나 깊게 뿌리박고 있는지를 잘 보여준다. 역설적으로 GE/Honeywell 사건으로 초래된 극한적 갈등으로 인해, 이후 미국과 EU 경쟁당국 관료들이 재발을 방지하기 위해 진지하게 노력하게 된 일부 긍정적 효과가 발생하기도 했다. 그러나 대부분의 경우 관할간 갈등은 좌절, 분노, 불확실성을 초래한다.

본서는 이제 관할 기반 체제의 약점들로 인식된 것에 대해 취해졌던 국제적 대응방안들을 살펴보기로 한다.

E. WTO와 다자간 협력: 또 다른 '실패'?

세계화가 핵심 관심 대상이 되고, 주권 기반 체제의 한계가 더욱 분명히 인식됨에 따라, 거의 50여 년간 잊혀져 왔던 국제경쟁법을 제정하려는 아이디어가 재등장했다. 1994년 WTO가 창설되었는데, 많은 사람들이 이 기구를 통해 국제경쟁법 체제를 구축할 수 있을 것이라고 생각했다. 이후 국제경쟁법 발전에 관한 논의는 주로 WTO의 맥락에서 이루어졌다.[32] EU, 일본 기타 여러 국가들은 WTO에 국제경쟁법에 관한 실체법적 프레임워을 포함시킬 것을 주

32) WTO에서 이루어진 경쟁법에 관한 노력들과 이에 관련된 이슈들에 관한 상세한 내용에 대해서는 Kevin C Kennedy, *Competition Law and the World Trade Organization: The Limits of Multilateralism* (London 2001); Martyn Taylor, *International Competition Law : A New Dimension for the WTO* (Cambridge 2006); Philip Marsden, *A Competition Policy for the WTO* (London 2003).

장했지만, 미국 및 일부 개발도상국 그룹의 각기 다양한 이유에 따른 반대로 성공을 거두지 못했다. 여기에서는 실제 진행 경과, 이런 노력이 성공하지 못하게 된 몇 가지 배경들, 이 경험이 향후 유사한 노력에 미칠 수 있는 영향에 관해 살펴보기로 한다.

1. 뮌헨 초안과 미국의 몇 가지 오해

국제경쟁법 발전에 관한 논의는 WTO가 창설되기 전부터, 국제 반트러스트법의 가능성에 주목했던 몇몇 개인들에 의해 시작되었다. 1992년과 1993년에 주로 뮌헨에서 모였던 소규모의 학자들은 공식적으로 'the Draft International Antitrust Code(DIAC)'라 명명된 소위 '뮌헨 초안(Munich Draft Code)'을 작성했다. 뮌헨 초안은 국제 경제에 경쟁에 관한 국제적 규칙이 필요하다는 점을 핵심전제로 했다. 미국, 일본 학자들도 때때로 이 그룹에 포함되긴 했지만, 주로 유럽 학자들이 구성원들이었고, 그 중에서도 특히 독일 학자들이 활발히 참여했다. 이 그룹은 국제적 논의와 가능할 경우 국제 협약의 기반이 될 수 있는 국제 반트러스트 규약을 발전시키고자 했다.[33]

1993년에 발간된 뮌헨 초안은 개념적으로 잘 정비되어 있었고, 작동가능한 국제경쟁법 프레임웍을 규정하고자 대담하게 노력했다.[34] 실체법 측면에서 이 초안에서 가장 두드러진 조항은 '모두가 잘못된 것이라고 인정하는 행위(consensus wrong)'의 금지, 즉 모든 국가들이 규제할 것으로 기대되는 경쟁제한적 행위를 금지하는 조항이다. 이 조항은 가격 인상이나 산출량 감소에 관한 수평적 합의 같은 '하드코어' 거래제한 행위에 초점을 맞췄다. 뿐만 아니라, 이 초안은 '불합리하게 경쟁을 제한하는' 수직적 거래제한 행위와 이와 유사한 효과를 초래하는 시장지배적 기업의 단독행위에 대한 금지도 포함하고 있었다.

33) DIAC에 관한 논의 및 보다 상세한 언급은 Wolfgang Fikentscher, 'The Draft International Antitrust Code (DIAC) in the Context of International Technological Integration' in Frederick M Abbott and David J Gerber, *Public Policy and Global Technological Integration* (London 1997) 211-220 참조. 위 리포트 285-335면에는 DIAC 및 그에 대한 저자들의 의견이 있다. 이 리포트에는 소수 의견들도 기술되어 있는데, 그 중 가장 두드러졌던 Eleanor Fox 교수는 뮌헨 초안 내의 절차적 메커니즘이 지나치게 개별 국가에 개입한다고 주장했다. DIAC, ibid at 297-99.

34) Fikentscher, ibid at 215 참조.

마지막으로, 이 초안은 기업결합에 대한 사전신고제를 포함하는 한편, 시장지배적 지위를 생성, 강화하는 기업결합을 금지하는 내용도 담고 있었다.[35] 뮌헨 초안은 모든 국가들이 자국의 경쟁법 집행 기관을 통해 초안에 포함된 실체법적 내용을 의무적으로 적용하게 하려는 국제 협약을 상정했다.

뮌헨 초안은 규약 준수와 관련한 분쟁 해결을 위해 강제절차를 포함하고 있었다. 이 초안은 국제기구를 창설해 동 기구로 하여금 각 국의 규약 준수 여부를 감시하도록 하는 한편, 각 국이 규약상 의무를 이행하도록 장려하고자 했다. 규약상 의무를 이행하지 못하는 국가가 있을 경우 이 국제기구는 그 국가 내에 이에 관한 권한을 보유한 기구(통상적으로는 법원)로 하여금 규약상 의무를 이행하도록 요구하게 했다.[36]

뮌헨 그룹은 1993년 이러한 내용을 담은 보고서를 GATT에 제출했는데, 이에 대한 각 국의 반응은 WTO에 경쟁법을 포함하려는 움직임에 관한 미국과 유럽 간의 갈등 형성을 알리는 전조가 되었다. EC 집행위원회 내부에서는 최소한의 반트러스트 기준에 관해 다자간 합의를 하자는 생각이 빠르게 지지를 얻어갔고, EU 지도자들은 새롭게 창설된 WTO에 경쟁법을 도입하는 방안을 지지하기 시작했다.[37] 반면, 미국측 논평가들은 전반적으로 부정적 반응을 보였다. 많은 사람들은 뮌헨 초안이 금지행위를 적절히 정의하지 못했고, 신뢰할 수 없는 국제기구 관료들에게 과도한 권한을 부여했으며, 불필요하게 중첩적인 관료적 기구를 만들었다고 주장했다. 미국 논평가들은 각 국이 반트러스트법 집행을 통해 추구하는 목적이 모두 상이한데, 뮌헨 초안과 같이 강제력있는 규약은 각 국이 추구하는 법목적과 전혀 무관하거나 심지어는 이를 저해할 수도 있는 법률을 받아들이도록 할 것이라고 주장했다.[38] 뮌헨초안 발간 직후의 인터뷰에서, 당시 미국 법무부의 반트러스트 법무차관이었던 Anne K Bingaman

---

35) DIAC, ibid at 301-323. 일부 그룹들은 하드 코어 카르텔 금지를 제외한 실체법 조항에 대해서는 지지를 철회하겠다고 언급하기도 했다. Ibid at 297-98.

36) DIAC, ibid at 326-34 참조.

37) Lawrence A Sullivan and Wolfgang Fikentscher, 'On the Growth of the Antitrust Idea' (1998) 16 Berkeley J Int'l L 197, 232-33 참조.

38) 예컨대 Daniel J Gifford, 'The Draft International Antitrust Code Proposed at Munich: Good Intentions Gone Away' (Winter 1997) 6 Minn J Global Trade 1 and Diane Wood, 'A Cooperative Framework for National Regulators' in *Public Policy and Global Technological Integration*, *supra* note 33, at 195 참조.

은 '국제경쟁법에 관한 협약과 이를 집행할 기구에 관해 전세계적인 합의에 이르는 것은 너무 엄청난 문제여서 가까운 장래에 해결될 것으로 기대하기 어렵다'고 언급했다. Bingaman은 또한 '내가 죽을 때까지 세계 경쟁법 집행 기구는 창설되지 못할 것이다'라고 예언하기도 했다.[39] 뮌헨 그룹에 속한 미국측 인사는 뮌헨 초안의 몇 가지 내용들이 미국을 포함한 많은 국가들에게 '전적으로 수용불가능한(entirely unacceptable)' 것이라고 인정하기도 했다.[40] 전반적으로 미국 논평가들은 뮌헨 초안과 같이 강제적인 국제 규약을 적용하는 것보다 각국의 경쟁당국이 상호 협력을 증대하는 방안이 국제적으로 행해지는 경쟁제한적 행위에 관한 문제를 해결하는 가장 좋은 방법이라는 입장을 견지했다.[41]

2. WTO에서의 경쟁법 노력

유럽이 국제경쟁법 논의를 주도했던 것은 세계적으로 많은 관심을 불러일으키는 한편, WTO가 이 문제에 관해 검토하도록 하는 움직임을 촉발했다. EU 집행위원회 경쟁 담당 임원이었던 Karel van Miert는 소위 '현명한 사람들(wisemen)' 그룹을 지명해 이 문제에 관한 권고안 초안을 작성하게 함으로써 이를 주도했다. 이 그룹은 1995년 보고서를 제출했다.[42] 이 보고서는 '새롭고(new)' 보다 개방된 국제 무역 질서에 따라 국제경쟁법 역시 전향적인 방향으로 발전시킬 필요가 있다고 주장했다. Miert는 다음과 같이 언급했다;

> '[A]s regards competition policy, how can we imagine that this new 'trade order' could produce its full, positive effects when, throughout the world, companies are subject to different rules on competition and, of even more concern, certain national authorities (or regional authorities in the case of the EU) rigorously apply their antitrust legislation while others have a more

39) Interview with Anne K Bingaman (1993) 8 Antitrust 8.

40) Eleanor M Fox, 'Toward World Antitrust and Market Access' (January 1997) 91 AM J Int'l L 1, 15-16.

41) 예컨대 Wood, *Cooperative Framework, supra* note 38, at 202-03 참조.

42) European Commission, Directorate-General IV, Competition Policy in the New Trade Order: Strengthening International Cooperation and Roles: Report of the Group of Experts [COM (95) 359 final (July 1995)] ('Report of Experts').

lax approach?'[43](경쟁정책과 관련하여, 기업들이 전세계적으로 각기 상이한 경쟁규칙을 준수해야 하고, 몇몇 개별 국가들의 경쟁당국, 또는 EU와 같은 지역 단위의 경쟁당국이 자신들의 경쟁법을 적극적으로 적용하는 반면, 다른 국가들은 비교적 느슨한 입장을 취한다면, 우리는 어떻게 이 새로운 '무역질서'가 당초 의도했던 긍정적인 효과를 발생시킬 수 있을 것이라고 기대할 수 있겠는가?)

'현명한 사람들' 보고서는 경쟁법에 관한 양자간 협력 강화를 권장하긴 했지만, 각 국이 각자의 경쟁법을 컨버전스하는 방안이나 국가간 협력에만 의존하는 방안만으로는 적어도 가까운 시일 내에 의도하는 성과를 얻지 못할 것이라는 결론을 내렸다. 이에 보고서는 국제 사회가 이런 방안에만 의존해서는 안 된다고 주장했다. 보고서는 궁극적으로는 전세계적인 경쟁법 규약을 발전시키는 방안을 선호했지만, 이 방안에는 많은 정치적 논쟁거리가 내재되어 있어 단기·중기간 내에 실현되기는 어렵다고 보았다. 이에 보고서는 새롭게 창설되는 국제 기구가 회원국의 요구에 따라 특정 가입국이 협약상 의무를 제대로 이행했는지 여부를 평가할 수 있도록 하는 최소한의 절차적 프레임웍을 제안했다. 비록 이 국제기구가 각 국에 개입할 수 있는 상황은 제한되지만, 이러한 시스템은 일단의 보편적 규칙들을 포함해 경쟁법에 관한 광범위하고 체계적인 프레임웍을 필요로 할 것이다. 보고서는 국제 협약에 포함할 실체법적 규칙을 구체적으로 특정하진 않았지만 뮌헨초안과 유사한 입장에서 하드코어적 경쟁제한 행위에 초점을 맞춘 실체법 원칙을 제안했다.[44] 보고서는 국제 협약이 각 국에게 WTO 체제에 기반할 것으로 추정되는 프레임웍이 제시하는 원칙들을 적용할 의무를 부과해야 한다고 제안했다.

EU의 영향력 있는 관료들은 '현명한 사람들' 보고서를 받아들였다. 보고서 내용에 기반하여 Van Miert 위원과 당시 EU 집행위원회 부의장이었던 Sir Leon Brittan은 1996년 싱가폴에서 개최된 WTO 총회에서 경쟁정책에 관한 작업반 구성을 제안했다. 이들은 또한 유럽 공동체가 '이 문제를 주도하고, 국제적 컨센서스 형성 노력을 개시해 다른 회원국들이 이러한 다자주의적 작업을 지지하도록 노력하자'고 주장했다.[45]

---

43) Karel Van Miert, Introduction, *Report of Experts*, ibid at 3.

44) *Report of Experts*, ibid at 22.

45) Sir Leon Brittan and Karel Van Miert, Communication to the Council, Towards an

WTO는 싱가폴 총회에서 작업반을 결성했고, 동 작업반에게 국제경쟁법 규범 제정에 관해 추가적으로 연구하게 했다.[46] WTO는 프랑스의 저명한 경제학자로서 당시 프랑스 경쟁위원회(French Competition Council)의 부위원장이었던 Frederic Jenny를 작업반장으로 지명했다. Jenny 교수와 WTO 내의 경쟁법 전문가로서 캐나다 경쟁 당국의 관료였던 Robert Anderson은 이 프로젝트가 다른 나라들(특히 개발도상국들)로부터 어느 정도 지지를 받을 것인가를 평가할 임무를 부여받았다.[47] WTO 회원국들의 많은 관료들이 국제경쟁법 규범 제정에 개방적인 입장을 취했지만, 다른 사람들은 이에 찬동하기를 주저하거나 반대했다.[48]

1998년과 2001년 사이, 작업반은 몇몇 보고서들을 발간하여 작업반이 집중하고 있는 이슈들을 밝히는 한편, WTO에서 경쟁법 프레임웍을 제정, 실행하는 것이 가능한지 여부 및 이 경우 동 프레임웍에 포함될 수 있는 실체법적 내용을 검토했다.[49] 2001년 Doha에서 개최된 각료 회의에서 WTO는 작업반 활동을 독려하는 선언문을 발표하기도 했다.[50] 그럼에도 불구하고, 경쟁법을 WTO 아젠다에 포함시키려는 시도는 미국과 일부 개도국 그룹의 반대로 무위로 돌아갔다. 2003년 Cancun에서 개최된 각료회의에서 이 문제에 관한 어떤 합의도 도출되지 못했고, 이에 WTO는 2004년 7월 공식적으로 작업반을 해산하고 반트러스트 문제를 아젠다에 제외했다.[51]

International Framework of Competition Rules, Com (96) 284 〈http://ec.europa.eu/comm/competition/international/com284.html〉(lastaccessed 3 July 2008).

46) World Trade Organization, Ministerial Declaration of 13 December 1996 (13 December 1996) WT/MIN(96)/DEC/20, 36 ILM 218.

47) Report (1998) of the Working Group on the Interaction between Trade and Competition Policy to the General Council. Doc WT/WGTCP/2 (8 December 1998).

48) Frédéric Jenny, 'Cartels and Collusion in Developing Countries: Lessons from Empirical Evidence' (2006) 29 World Comp L Rev 109 참조. 또한 Robert Anderson and Frédéric Jenny, 'Competition Policy, Economic Development and the Role of a Possible Multilateral Framework on Competition Policy: Insights from the WTO Working Group on Trade and Competition Policy' Erlinda M Medalla (ed), *Competition Policy in East Asia* (Routledge 2005) 61-86 참조.

49) Robert D Anderson and Frédéric Jenny, 'Current Development in Competition Policy in the World Trade Organization' (2001) 16 Antitrust 40 참조.

50) World Trade Organization, Ministerial Declaration (Fourth Session of the Ministerial Conference, Doha WT/MIN (01)/DEC/1 (9-14 November 2001).

51) WTO 협상 좌초에 관한 보다 상세한 해설에 대해서는 Daniela Kröll, *Toward Multilateral*

3. WTO를 통한 경쟁법 규범 제정 제안에 대한 미국의 반대

WTO를 통한 다자주의적 국제경쟁법 규범을 제정하려는 시도에 대한 미국의 반대는, 미국의 지지가 없는 상황에서 이러한 시도가 사실상 성공할 수 없었다는 점에서 중요한 의미가 있었다.[52] 물론 미국에서도 초기 몇몇은 작업반이 추구하는 목적에 개방적인 입장을 취하기도 했지만, 얼마 되지 않아 미국이 작업반 활동에 심각하게 반대하고 나아가 격렬히 반발할 것이 분명해졌다. Eleanor Fox는 이를 다음과 같이 설명하고 있다;

> '[I]t is not a surprise that many Americans prefer things the way they are. Americans are not steeped in the post-war Western European tradition of community buildings. They have the tools of unilateralism, they fear the compromises of bargaining, and they are the 'relinquishment' of sovereignty'[53](많은 미국인들이 현재의 방식을 선호하는 것은 놀라운 일이 아니다. 미국인들은 전후 유럽의 공동체 형성 전통에 관여하지 않았다. 미국인들은 자신들이 보유한 일방주의라는 수단에 제약이 부과되는 것을 우려하고 있다. 미국인들에게 이는 주권을 '포기'하는 것이다.)

미국 관료들은 WTO가 1996년 12월 싱가폴 총회에서 작업반에게 임무를 부여하기 전부터 작업반이 어떤 프레임워크을 제안할 것인지에 관계없이 국제적 프레임워크 자체가 가능하거나 바람직한지에 관해 강한 의구심을 표했다. 1996년 11월 당시 법무부 반독점 차관직을 대행하던 Joel Klein은 런던의 Royal Institute of International Affairs에서 자국의 유보적 입장을 간략히 제시한 바 있다.[54] 그는 다양한 이해관계를 갖고 있는 회원국들이 경쟁 규칙에 합의하기

Competition Law? After Cancun: Re-evaluating the Case for Additional International Competition Rules Under Special Consideration of the WTO Agreement (Frankfurt am Main 2007) 162-69 참조.

52) 이에 관한 논의에 대해서는 Daniel J Gifford and Robert T Kudrle, 'Trade and Competition Policy in the Developing World: Is there a Role for the WTO?' (13 August 2008), Minnesota Legal Studies Research Paper No 08-27 〈http://ssrn.com/abstract=1223737〉 참조.

53) Eleanor M Fox, 'Toward World Antitrust and Market Access' (1997) 91 Am J Int'l L 1, 12.

54) Joel I Klein, Acting Assistant Attorney General, Antitrust Division, 'A Note of Caution with Respect to a WTO Agenda on Competition Policy' (Speech addressed to the Royal Institute

위해서는 상호간 정치적 타협이 필요하므로 WTO가 정치성을 배제하고 중립적인 경제적·법률적 원칙에 입각한 합의를 도출하기는 어려울 것이라는 입장을 밝혔다. 그는 또한 '회원국간 최소한의 공통 분모를 찾는 접근방식(lowest common denominator approach)'과 관련해서도 이 경우 합의 자체는 준수될 수 있지만 그 이상의 발전은 불가능할 것이라고 주장했다. 그는 또한 이미 많은 국가가 (때때로 상호 충돌하는 내용의) 경쟁법을 도입, 운용하고 있다는 점, 사실관계에 대한 방대한 조사를 필요로 하고 종종 은밀하게 이루어지는 반트러스트 조사의 특징을 고려할 때 WTO가 효과적으로 경쟁법을 집행하거나 분쟁을 해결할 능력을 갖추기는 어려울 것이라는 의견을 피력했다. 마지막으로 그는 WTO의 집행 기관이 개별 국가의 주권에 간섭하게 될 가능성에 대해서도 우려했다.

미국 논평가들은 법무부와 마찬가지로 국제경쟁법 프레임웍에 대해 전반적으로 소극적이었다.[55] 그들 주장의 핵심은, 반트러스트법은 필연적으로 경쟁법 체제의 목적과 이를 달성하기 위해 부담할 수 있는 비용에 관한 규범적 결정을 수반하는데, 이는 국가별로 상이할 수밖에 없다는 것이다. 따라서, 경쟁법에 관한 국제 규약은 몇몇 국가들의 규범적 결정과 배치될 수밖에 없다. 또 다른 주장은, 세계 시장에서 활동하고 있는 기업들은 이미 복잡한 법적 규제를 받고 있으므로 국제경쟁법에 관한 규약을 추가하는 것은 옥상옥을 만드는 것이 되어 불확실성과 비효율성을 초래할 수 있다는 것이다. 몇몇 논평가들은 국제 협약을 추진하는 움직임에 숨겨진 의도가 있다면서 이런 움직임이 실제로는 국제경쟁법 분야에서 미국의 영향력을 약화시키려는 목적을 갖고 있다는 문제제기를 하기도 했다. 다른 논평가들은 국제 경쟁 정책이 미국에 기반한

---

of International Affairs in London on 18 November 1996) 13-14. 〈http://www.usdoj.gov/atr/public/speeches/0998.htm〉. Klein은 그 다음 해 Fordham Corporate institute에서의 발표에서 이러한 입장을 재확인했다. Joel I Klein, 'Anticipating the Millennium: International Antitrust Enforcement at the End of the Twentieth Century' (Speech presented at the '24th Annual Conference on International Law and Policy' at the Fordham Corporate Law Institute on 16 October 1997) 〈http://www.usdoj.gov/atr/public/speeches/1233.htm〉 참조.

55) 예컨대 Daniel K Tarullo, 'Norms and Institutions in Global Competition Policy' (2000) 94 Am J Int'l L 478 and Diane P Wood, 'The Internationalization of Antitrust Law: Options for the Future' (1995) 44 DePaul L Rev 1289, 1294 참조. 그러나, Fox, *supra* note 53에서 Eleanor Fox 교수는 특정 유형의 최소한의 국제적 프레임웍이 가능할 수 있다는 주장을 했다.

다국적 기업들에 대해 활용될 것이라는 점을 우려했다. 그러나 모든 논평가들과 관료들이 가장 흔하게 제기했던 주장은 국제경쟁법에 관한 프레임웍 자체가 필요하지 않다는 점이었다.

이런 우려들로 인해 미국 관료들은 각 국 경쟁법이 컨버전스하는 방안에 많은 기대를 했다.[56] 이들은 작업반이 첫 번째 보고서를 발간하기 전부터 이런 입장을 강조하면서 자신들의 입장이 작업반이 제안하는 내용과 무관한 것이라고 주장했지만, 실제로는 모든 유형의 구속력 있는 국제적 협약에 거의 즉각적으로 반발했었다. 본서는 Chapter 8에서 경쟁법들의 컨버전스 추구 방안의 역할에 관해 보다 상세히 살펴보기로 한다.

이 문제에 관한 미국측의 언급에는 종종, 미국 반트러스트 공동체가 수용한 기본원칙들과 사고 및 작동 방식이 단순히 미국에 대해서뿐만 아니라 일반적으로도 '옳은' 경쟁법 유형이라는 확신이 은연중에 내포되어 있었다.[57] 미국의 많은 사람들은 미국 방식이 인식할 수 있고 객관적으로 검증가능한 '보다 나은 길(better way)'이고, 만약 외국의 의사결정권자들이 스스로 결정할 수 있다면 결국에는 이 방식을 선택할 것이라고 확신하고 있었다. 이런 관점으로 인해 미국 논평가들은 미국 반트러스트법 원칙에 확실히 기반하지 않을 국제적 체제를 수용하는데 소극적이었다.

4. 개발도상국들의 반대

WTO내의 모든 주요 프로젝트 추진에서 미국의 지지가 중요하다는 점, 반트러스트에 관한 문제에서 미국이 우월한 입지를 갖고 있음을 고려할 때, 미국의 반대는 그 자체로 전체 프로젝트를 좌초시킬 수 있었을 것이다. 그런데, 미국 이외에도 영향력 있는 일부 개발도상국 그룹들도 미국과는 전혀 다른 이유로 이 프로젝트에 반대했다. 이 이유들은 향후 국제 경쟁 정책에 관한 방안을 평가, 선택하는데 도움이 된다는 점에서 매우 중요하다.

---

56) 예컨대 Klein, *supra* note 54 참조.

57) 예를 들면 Ky P Ewing, Competition Rules for the 21th Century: Principles from America's Experience (The Hague 2003). For discussion of this view of the 'correctness' of US antitrust law, see David J Gerber, 'Competition' in Peter Cane and Mark Tushnet (eds), The Oxford Handbook of Legal Studies (Oxford 2004) 510 참조.

비록 초기에 일부 개발도상국들이 국제 경쟁 협약 아젠다를 지지할 수도 있다는 신호가 감지되긴 했지만, 개발도상국들은 전반적으로 이 아젠다에 반대했다. 실제로 이 국가들은 WTO내에 경쟁법 체제가 포함될 경우 자국의 이해관계가 제대로 반영될 수 있을지 확신하지 못했다.[58] 많은 국가들은 WTO내의 경쟁법 체제가 미국, 유럽, 일본 기업들로 하여금 자국 시장과 원자재에 더 쉽게 접근할 수 있게 할 것을 우려했다. 이런 염려는 과거의 경험에 기반한 것이다. 미국은 1990년대 일본에 했던 것과 같이 비교적 최근까지도 이러한 목적을 위해 반트러스트법을 공격적으로 활용했었고, 유럽과 함께 WTO에서 시장 접근 문제에 많은 역량을 기울였다. 개발도상국들이 TRIPS 협정의 결과에 대해 더욱 반감을 갖게된 것 역시 최소한 위와 같은 우려만큼 중요한 요소였다. 많은 개발도상국 지도자들은 TRIPS 협정의 외견상 중립적으로 보이는 조항들이 실제 적용 과정에서는 선진국들에게 부당하고 예측하지 못했던 이익을 제공하면서 개발도상국들에게 피해를 입혔다고 여겼다. 이런 반감은 WTO 체제 내에 경쟁법을 포함시켜야 하는지 여부를 결정하는 기간에 급증하고 있었다.

경쟁법이 WTO에 포함되면 개발도상국들이 어떤 의무를 부담할 것인지에 대한 혼동과 불확실성은 이들 국가들의 불신을 더욱 가중했다. 개발도상국들은 전반적으로 경쟁법에 관한 경험이 없거나 일천했으므로 경쟁법 도입시 부담하게 될 비용, 부담, 불확실성을 잘 알지 못해 조심스러운 입장을 취했다. 더욱이 WTO 체제 내에 경쟁법을 도입하면 미국이 자국의 반독점 사고에 입각한 반트러스트법을 요구할 것이라는 점, 구체적인 경쟁법 유형을 결정하는 과정에서 이 모델이 주도적인 역할을 할 것이라는 점에 대해서는 거의 의심의 여지가 없었다. 그러나, 많은 개발도상국들이 미국식 모델에 대해 의심의 눈길을 보냈다.[59] 예를 들면, 미국식 모델이 이미 살펴본 바와 같이 개발도상국 시장

58) 이러한 문제에 관한 논쟁에서 개발도상국가들의 입장에 관한 최근의 논의에 대해서는 Aditya Bhattacharjea, 'The Case for a Multilateral Agreement on Competition Policy: A Developing Country Perspective' 9 J Intl Econ L 293 (2006) and Jae Sung Lee, 'Towards a Development-Oriented Multilateral Framework on Competition Policy' 7 San Diego Int'l L J 293 (2006) 참조. 개발도상국들과 WTO에 관한 보다 광범위한 논의에 대해서는 Sungjoon Cho, 'Doha's Development' 25 Berkeley J Intl L. 165 (2007) and Gregory Shaffer, 'The Challenges of WTO Law: Strategies for Developing Country Adaptation' (2006) 5 World Trade Review 155 참조.

59) Bhattacharjee, ibid at 316-23 and Peter K Yu, 'TRIPS and its Discontents' in (2006) 10 Marq

에 대한 접근을 강제할 뿐 아니라, 개발도상국 기업들이 서구나 일본의 더 큰 회사들과 경쟁하기 위해 협력을 시도하는 것도 금지할 수 있다는 우려들이 있었다. 미국식의 반트러스트법 개념(EU 역시 급속도로 이를 지지하고 있다)은 서구나 일본의 시장지배적 지위에 있는 기업들의 경쟁제한적 단독행위를 억지하기보다는 개발도상국 제조업자들의 경쟁제한적 합의를 더욱 강력히 규제할 가능성이 높아 보였다. 많은 사람들은 미국식 반트러스트법이 선진국의 이해관계를 더 효과적으로 보호하도록 고안되어 균형을 상실했다고 생각했다. 이들에게 미국식 반트러스트법은 자신들이 원하는 것, 즉 자국 기업들이 경쟁할 수 있는 기회를 얻고 자국의 발전에 지장을 초래하는 경쟁제한적 행위로부터 보호받는 것에 정면으로 배치되는 것처럼 보였다.[60]

F. 양자간·지역적 협력

WTO에 경쟁법을 포함시킬 것일지에 관해 격론이 벌어지고 있을 때에도, 비교적 무난하고 제한된 유형의 협력 방안을 달성하려는 움직임이 양자 또는 지역 차원에서 추진되고 있었다. 몇몇 사람들은 이런 움직임이 세계적 협력을 추구하는 방안에 대한 대안이 된다고 보았던바, 이는 이 방안이 성공하고 확산되면 세계적 협력 방안을 추구할 필요성이 소멸, 감소되기 때문이다. 반면 다른 사람들은 이런 움직임이 법집행 및 기타 일부 사항들같이 긴급한 문제를 해결하기 위한 현실적 조치에 불과하다고 생각했고,[61] 소수의 사람들은 이런 움직임이 국제경쟁법 체제로 나아가는 준비단계에 해당한다고 생각했다. 이런

Intell Prop L Rev 369 참조. 또한 Ajit Singh, 'Competition and Competition Policy in Emerging Markets: International and Developmental Dimensions' UNCTAD G-24 Discussion Paper Series, No 18 (September 2002) 참조.

60) WTO 체제에서 경쟁법이 취할 수 있는 방향에 관한 논의에 대해서는 David J Gerber, 'Competition Law and the WTO: Rethinking the Relationship' (2007) 10 Journal of International Economic Law 707-724 참조.

61) 이와 같은 협정들의 전반적 효용이 제한적이었다는 점 및 협정들이 가져올 효과에 대한 증거가 부족하다는 점에 관한 논의에 대해서는 예컨대 Paul B Stephen, 'Global Governance, Antitrust, and the Limits of International Cooperation' (2005) 38 Cornell Int'l L J 173, 205 and David P Cluchey, 'Competition in Global Markets: Who Will Police the Giants?' (2007) 21 Temp Int'l & Comp L J 59, 71 참조.

협력들이 지금까지 총체적으로 어떤 영향을 미쳤는지 판단하기는 아직 이르지만 전반적으로 국제경쟁법 발전을 위한 역동적 움직임의 일부이므로, 이런 협력들이 어떤 역할을 할 수 있는지, (더욱 중요한 것으로서) 어떤 역할을 할 수 없는지 살펴볼 필요가 있다.

1. 양자간 협정

경쟁법에 관한 양자간 협정은 WTO 차원에서의 경쟁법 도입이 좌초된 후 확산되었다. 대부분의 협정에서 선진국이 최소한 일방 당사자였지만, 양 당사자 모두 소득 수준이 높은 국가인 경우도 있었다. 양자 협정에는 기본적으로 두 가지 유형이 있다.[62] 하나는 경쟁법 자체에 관한 것이거나 경쟁법을 포함하는 상호간의 법률적 조력에 관한 것이고, 다른 하나는 경쟁법을 무역 협정의 한 요소로 포함시키는 것이다.

a. 반트러스트 협력 협정: 법집행 조력

경쟁법에 관한 양자간 협정은 상대적으로 그 수가 적지만, 공통적으로 경쟁법 집행 강화를 기본 목표로 추구한다. 양자간 협정은 기본적으로 상호 법집행에 조력하는 프레임웍을 제공한다. 그 중 핵심적인 것은 정보교환이다. 각국은 상대방 국가의 요청에 따라 특정 유형의 정보를 제공하기로 합의하고, 정보를 제공받는 국가는 경쟁제한적 행위를 인식, 규제하는 역량을 제고할 수 있다. 각 국은 양자협정을 통해 국제 관할권 원칙에 내재된 몇몇 제약들을 극복할 수 있게 되는바, 자국 법률을 강제로 적용할 수 없는 다른 나라에 있는 정보를 획득하는 것이 그 예가 될 수 있다. 통상적으로 협정에 의한 상호 협력의무의 범위는 좁다. 예를 들어 만약 정보 제공이 정보를 제공하는 국가의 사생활 기타 비밀에 관한 법 위반이 될 경우 정보 제공의 의무는 발생하지 않고, 한 국가가 자국의 형사 절차 진행을 위해 정보 제공을 요청할 경우 정보를 제공할 수 없게 되는 경우도 종종 있다. 이러한 정보 교환은 몇몇 상황에서 중요한 의미가 있는데, 특히 경쟁당국 관료들간 의사소통이 반트러스트법 집행의 확실

62) 이러한 합의의 유형 및 내용에 관한 보다 상세한 분석에 대해서는 Keneedy, *supra* note 32, at 41-67 참조.

한 특징이 된 미국과 EU 사이에서 더욱 그러하다.

몇몇 협정들은 경쟁법 집행에 관한 상호조력보다 광범위한 내용을 담기도 한다. 이 때 흔히 포함되는 것이 기술적 조력이다.[63] 예를 들어 경쟁법이 더 발달한 국가가 다른 국가의 관료들이 경쟁법에 관한 지식과 기술을 발전시킬 수 있도록 조언, 조력하기로 하는 협정이 있을 수 있다. 또한 카르텔을 인지하고 관련 증거들을 판단하는 기술과 같은 실무적 역량을 전수하기 위해 단기간 동안 관료들을 상호 파견하는 경우도 종종 있다. 이러한 의무의 이행은 사실상 각 당사국의 재량에 따라 좌우된다. 몇몇 협정들은 여기에서 더 나아가 이른바 '적극적 예양(positive comity)' 조항을 담고 있기도 하다. 이 조항에 따르면, A국은 자국 내에서 발생한 경쟁제한적 행위로 인해 B국이 피해를 입는 상황에서 B국이 요청할 경우 자국(A국) 법을 적용해 이와 같은 피해가 발생하지 않도록 조치하는 방안을 고려해야 한다. 그러나, 이 조항은 다른 국가의 요청을 고려할 것만 요구할 뿐이므로, 실제로는 거의 활용되지 않고 있는 것으로 보인다.

b. 무역협정

양자간 무역협정은 때때로 경쟁에 관한 문제를 다루는 별도의 Chapter를 두고 있다. 무역협정은 통상적으로 양국간 교역 증대를 주된 목적으로 하므로, 경쟁은 협정 내에서 특별히 중요한 부분이 되진 않는다. 보통의 무역협정은 당사자들에게 과중한 부담을 부과하는 대신, 정보를 교환하고 상대방 국가의 경쟁법 실무에 영향을 미칠 수 있는 기회를 부여하는 것과 같은 임의적 협력 메커니즘을 설정하도록 상정하고 있다.[64] 이러한 메커니즘은, 미국 같은 선진국은 자국 경쟁법을 집행하는데 상대방 국가의 조력을 확보하고 상대적으로 작고 덜 발달한 국가는 중요한 선진국 시장에 진입하기 위해 선진국의 경쟁법을 집행할 의무를 기꺼이 수용하게 되는 방안으로 급속히 활용되고 있다. 최근

63) 이에 관한 논의에 대해서는 Ana Maria Alvarez & Pierre Horna, 'Implementing Competition Law and Policy in Latin America: The Role of Technical Assistance' (2008) 83 Chi-Kent L Rev 91 참조. 기술적 조력 프로그램의 실행 과정에서 제기되는 이슈들에 대한 통찰에 대해서는 William Kovacic, 'Luchy Trip? Perspective from a Foreign Advisor on Competition Policy, Development and Techinical Assistance' (2007) 3 Eur Comp J 319 참조.

64) 이에 관한 논의 및 분석은 Daniel Sokol, 'Order Without (Enforceable) Law: Why Countries Enter into Non-Enforceable Competition Policy Chapters in Free Trade Agreements' (2008) 83 Chicago-Kent L Rev 231 at 270, 271 참조.

EU와 개발도상국들 간에 체결된 양자 협정에서, EU는 상대방 국가에게 자국 경쟁법에 특정 조항을 입법하도록 하는 내용의 경쟁 관련 Chapter를 삽입하도록 요구하기도 했다.

2. 경쟁법 조항을 포함한 지역 협정

비록 대부분 의미 있는 역할을 하지 못하지만, 특정 지역 내의 국가들이 체결한 경제 협정에 경쟁법 관련 조항들이 포함되는 경우가 종종 있다. 지역 무역 협정(Regional Trade Agreements－RTAs)과 지역 통합 프로젝트가 이러한 경제 협정에 해당하는데, 양자 모두 제한적이나마 경쟁법에 관한 진전을 이뤄냈다.

지역 무역 협정은 지역 내 무역 장벽을 낮추는 것을 목표로 한다. 경쟁법 조항은 통상 공적 영역에서 무역 장벽을 낮추려는 협정의 목표가 사적 영역에서 무역 장벽이 높아짐으로써 좌초되지 않도록 하기 위해 포함된다. 이런 경쟁법 조항은 1950년대 유럽 공동 시장(European Common Market) 창설 이후 널리 확산되었다.[65] 그러나, 지역 무역 협정의 당사자들이 지역 무역 협정에 관해 협상하는 과정에서 경쟁 조항을 중시하고 그에 따라 협상했다는 점에 관한 증거는 거의 없고, 경쟁법 조항이 실제 협정 집행에서 주요한 역할을 한 것처럼 보이지도 않는다.[66] 예를 들어 미국, 캐나다, 멕시코가 1996년 체결한 북미자유무역협정(NAFTA)은 북미 지역의 상품, 인력, 자본의 이동을 제한하는 요소들을 감소시키고자 했다. 경쟁법 조항은 협정 내에 포함되긴 했지만, 협정 실행 과정에서 미미한 역할을 했을 뿐이다.[67]

---

65) 이에 관한 사례들 및 분석은 UNCTAD, *Implementing Competition-Related Provisions in Regional Trade Agreements: Is It Possible to Obtain Development Gains?* (New York and Geneva 2007) 참조.

66) RTA가 경쟁법 발전에 기여할 수 있는 가치에 대한 논의는 Francisco Marcos, (2008) 31 World Comp L & Econ R 127-144.

67) 미국, 캐나다, 멕시코 간의 북미자유무역협정 (이 협정은 미국에서는 1992년 12월 8일, 17일에, 캐나다에서는 1992년 12월 11일, 17일에, 멕시코에서는 1992년 12월 14일, 17일에 비준되었다). 이에 관한 논의에 대해서는 Alvarez and Horna, supra note 63, at 118; and Richard Cunningham and Anthony LaRocca, 'Harmonization of Competition Policies in a Regional Economic Integration' (1996) 27 Law & Pol'y Intl Bus 879, 880 참조.

EU와 북미자유무역협정의 경우를 제외하면, 지역 경제 통합 프로젝트는 거의 존재하지 않고 그 중요성도 매우 낮다. 남미에서는 대륙의 남부 지역 국가들로 구성된 소위 MERCOSUR라는 프로젝트가 있었다. 이 프로젝트는 1990년대에 시작했는데 경제적 문제, 특히 아르헨티나에서 발생한 경제적 위기로 많은 성과를 거두지 못한 채 추동력을 상실했다. 각 국 경쟁법을 일치시키는 것은 프로젝트의 주제에 포함되긴 했지만 중요하게 다뤄지진 않았다. 남미 서부 지역 국가들 간에 진행된 Andean Pact는 인권 등 몇몇 분야에서 성공을 거두기는 했지만, 경쟁법 조항은 사실상 빈사 상태로 남아 있었다.[68] 최근 2000년대에 아프리카에서 지역 경제 통합을 위한 시도가 몇 차례 있었지만, 이에 대한 평가는 전반적으로 아직 이른 감이 있다. 경쟁법 분야에서 2006년 설립된 West African Economic and Monetary Union('WAEMU')는 향후 발전 가능성을 보여주긴 했지만, 여전히 불안정한 상태로 남아 있다.[69]

몇몇 양자협정이나 지역협정들은 경쟁법에 관한 지식과 그 집행과정에서 축적된 전문성을 확산하는데 어느 정도 공헌했다. 그러나, 이러한 효과는 전반적으로 산재되어 있고 확실하지도 않다. 다만, 이런 노력들은 추가적인 지지를 얻는다면 국제경쟁법 프로젝트의 발전에 중대하게 기여할 수 있을 것이다.

G. 컨버전스 전략의 설정

WTO에 경쟁법을 포함시키려는 프로젝트가 좌초되고, 양자협정 및 지역협정이 점증하는 국제 경쟁 저해 요소에 대한 효과적인 해결책이 될 수 없다는 점이 명백해짐에 따라, 각 국의 경쟁법을 컨버전스하도록 하는 방안이 유일한 문제해결 방안인 것처럼 보였다. 특히 미국은 컨버전스가 WTO 체제에 기반해 국제경쟁법을 추구하는 방안을 대체할 유일한 대안이라고 주장하며 이를 열성적으로 지지, 전파했다. 미국은 EU, 캐나다 기타 다른 국가들의 지지에 힘입어

68) 이에 관한 논의에 대해서는 André Filipe Zago de Azevedo, 'Mercosur: Ambitious Policies, Poor Practices' (204) 24 Brazilian J Pol Econ 584 참조.

69) Mor Bakhoum, 'Delimitation and Exercise of Competence between West Africa Economic and Monetary Union (WAEMU) and its Members States in Competition Policy' (2006) 29 World Competition 674 참조.

2001년 국제경쟁법 분야의 발전을 구현하는 기구인 International Competition Network('ICN')를 출범시켰던바, 미국의 이러한 움직임은 국가간 합의에 기반한 국제경쟁법 프로젝트에 대한 지지를 더욱 잠식하는 전략적 효과를 가져왔다. 본서는 Chapter 8에서 법정책적 관점에서 컨버전스가 국제경쟁법에 관한 문제해결방안이 될 수 있는지에 관해 상세히 검토할 것이지만, 여기에서는 일단 검토 범위를 좁혀 컨버전스에 관한 논의의 흐름을 살피고, 컨버전스 증대를 위한 노력을 검토하기로 한다.

컨버전스 방안에 내포된 기본적인 생각은, 전세계의 경쟁법 시스템들이 경쟁제한적 행위를 규제하는 과정에서 보다 상호 유사해지고, 보다 실효적으로 집행되면, 이러한 효과들은 서로 결합해 모든 국가의 경쟁제한적 요소들을 제거할 것이고, 자동적으로 세계 시장에서의 경쟁제한적 요소들까지 제거할 것이다라는 것이다. 만약 기존의 관할권 규칙 하에서 하나 또는 그 이상의 국가들의 경쟁법이 모든 경쟁제한 행위를 억지할 수 있다면 국제적 조율이나 의무 부과는 필요하지 않게 될 것이다.

부분적으로, 컨버전스는 다른 방안들에 내재된 문제점들이 없으므로 국제경쟁법 분야의 중심적 위치를 점했다. 즉, 컨버전스는 합의가 아니므로 합의에 통상 부수하는 상호 의견조율이나 협상에 비용이 소요되지 않는다. 컨버전스의 또 다른 중요한 장점은 내용 자체가 상당히 모호하다는 점이다. 따라서, 정부 관료들은 실제로 중대한 위험을 부담하거나 비용을 지출함이 없이 자국 경쟁법이 다른 국가들과 유사하다는 점을 내세움으로써 국제경쟁법 분야에서 상당한 노력을 했다고 생색낼 수 있다. 이처럼 컨버전스 전략은 그 실체가 분명히 드러나지 않아서 편리한 전략이다. 지도자들은 구체적인 컨버전스 내용을 알지 못하더라도 컨버전스를 추진한다고 주장하고 실제로는 아무 것도 하지 않아도 된다.

1. 경쟁법 발전의 유도: 국제기구들

국제경쟁법 발전에서 컨버전스 전략이 차지하는 중심적 지위를 고려할 때, 이 전략이 어떻게 핵심적 역할을 하게 되었고, 이 역할이 무엇을 수반하는지 보다 주의 깊게 살펴볼 필요가 있다. 이를 위해서는 먼저 제2차 세계 대전의 종료 후 수십 년 뒤에 시작된 일련의 프로젝트들을 살펴볼 필요가 있다. 본서는 이후 1990년대 및 2000년대 초에 있었던 WTO 제안에 대한 대안으로 시작된 '컨버전스 추진(convergence push)'의 주요 내용을 살펴보기로 한다. ICN이 컨버전스 추진의 핵심 요소인 것은 사실이지만, 그 이외의 다른 조직들 역시 컨버전스를 추진해 왔고 이 조직들의 노력들이 향후 경쟁 정책을 결정할 때 중요한 요소가 될 것임을 인식할 필요가 있다.

2001년 ICN 창설 이전까지, 두 개의 조직들이 수십 년간 경쟁법 발전을 촉진해 왔다. 이 조직들은 전혀 다른 조직들로서 지향하는 목적은 달랐지만 각자 국제경쟁법 발전을 위해 중요한 역할을 해 왔다. 하나는 민간의 지원을 받는 조직으로서 선진국의 이해를 대변하고, 다른 하나는 UN 산하 위원회로서 주로 개발도상국의 이해관계를 대변해 왔다.

a. OECD

The Organization for Economic Cooperation and Development('OECD')는 1961년 the Organization for European Economic Cooperation의 후신으로 창설되었다. OECD 본부는 파리에 있다. OECD는 본래 전후 유럽의 경제 발전을 지원하고, 정치적 · 경제적 의사결정이 시장에 기반해 이루어질 수 있도록 하기 위한 미국측 노력의 일환으로 창설되었던바, 현재 30개국을 회원국으로 두고 있으면서 '시장 경제와 다수에 의한 민주주의를 추구'하고 있다. OECD는 선진국 '모임(club)'으로 인식되고 있어서 그 회원국이 되는 것은 그 국가의 정치적 · 경제적 성공을 증명하는 것으로 널리 인정된다. OECD의 위상(또는 파리라는 소재지)으로 인해 우수한 역량을 갖춘 인력들이 근무하고 있다.

OECD는 정책을 연구하는 '씽크 탱크(think tank)'로 볼 수 있다. 각 국 대표들은 이 기구를 통해 정보를 교환하고, 이슈에 관해 토론하며, 경제 정책에 관한 쟁점에 관한 해결책이나 회원국들의 공동 입장을 모색하기도 한다. 이 기구의 주된 기능 중 하나는 경제 관련 자료를 취합, 분석하여 회원국 대표들이 논의할 수 있도록 제공하는 것이다. 회원국들이 정기적, 자발적으로 각 회원국의 경제 성과 및 조건들에 관해 상호 평가하는 것 역시 이 기구에서 주로 이루어지는 활동이기도 하다.

경쟁 정책은 OECD 아젠다 중 하나에 불과하긴 하나, 이러한 임무를 맡고 있는 위원회인 Competition and Law and Policy Committee는 OECD 내에서 위상이 높고,[70] 오랜 기간 동안 그 의장을 역임했던 Bernard('Joe') Philips는 국제경쟁법 논의 그룹에서 영향력 있고 매우 존경받는 인물이다. 이 위원회는 자체 저널(the Journal of Competition Law and Policy) 이외에 연간 보고서도 발간한다. 위원회는 이에 멈추지 않고 모범실무(best practice)에 관한 권고안을 개발해 왔는데, 이 권고안은 상당한 영향력을 미쳤다(1998년 하드코어 카르텔에 관한 권고안과 2005년 기업결합심사에 관한 권고안이 특히 그러했다). 보다 최근에, OECD는 매년 Global Forum on Competition을 개최해 왔던바, 회원국 및 비회원국의 고위 관료들은 이를 통해 경쟁 정책에 관해 논의해 왔다. 이 포럼은 OECD가 주도하는 다른 사업들과 달리 국제 기구 및 지역 기구들의 참여를 장려해 왔다. 한 논평가는 '경쟁 정책을 담당하는 위 위원회는 회원국들의 경쟁 정책을 마찰없이 상호 수렴하게 하는 한편, 일부 회원국들과 비회원국들에게 기술적 지원을 제공하는 논의의 장으로서의 역할을 잘 수행해 왔다…'고 평가하기도 했다.[71]

b. UNCTAD

오랜 기간 동안 국제경쟁법 발전에 중요한 역할을 해 왔던 또 다른 조직은 The United Nations Conference on Trade and Development('UNCTAD')다. OECD와 마찬가지로, 경쟁법은 UNCTAD의 임무 중 하나에 불과했다.[72] 1964년 UN 내의 위원회로 창설된 UNCTAD의 주된 임무는 개발도상국의 경제 정책 고안·집행을 돕는 것이다. 이 조직은 국제 무역과 개발에 관한 다양한 영역에 관한 연구를 지원하고 이에 대한 토론의 장이 되었다. 이 조직은 또한 몇

70) The OECD Competition website 〈http://www.oecd.org/topic/0,3373,en_2649_37463_1_1_1_1_37463,oo.html〉 참조. OECD가 경쟁법 발전에 미친 영향에 관해 체계적으로 연구한 소수의 문헌들 중 하나로, Helmuth von Hahn, 'Der Beitrag der OECD zur Fortenwicklung und Harmonisierung der Nationalen Kartellrechte und zur Bekämpfung von Wettbewerbsverzerrungen aus dem Bereich der Öffentlichern Hand' in Harm Peter Westermann and Wolfgang Rosener (eds), *Festschrift für Karlheinz* (Berlin 1991) 589-607 참조.

71) Marie-Laure Djelic & Sigrid Quack, 'Overcoming Path Dependency: Path Generation in Open Systems' (2007) 36 Theor Soc 161, 178.

72) The UNCTAD Competition Law and Policy website 〈http://www.unctad.org/Templates/StartPage.asp〉inItemID=2239&lang=1〉 참조.

몇 분야에서 기술적 지원을 제공하기도 했다. UNCTAD는 '개발도상국이 필요로 하는 것에 역량을 집중했고, 개발도상국들은 UNCTAD의 아젠다를 전반적으로 주도했다.'[73)]

UNCTAD는 경쟁법 분야에서 개발도상국의 경쟁법을 발전시키고 개발도상국 상황에 적합한 경쟁법 유형을 발견하기 위해 오랜 기간 동안 노력해 왔다. UNCTAD는 또한 경쟁법에 관한 국제적 논의에서 개발도상국 입장을 대변해 왔다. 1990년대 이후, UNCTAD는 개발도상국 경쟁 당국에 기술을 지원하고, 이들 국가들이 세계화에 따른 영향에 대한 대응방안을 강구하고 이를 추구할 수 있도록 조력하는데 역량을 집중해 왔다. UNCTAD 사무소는 1990년대 상당히 팽창하긴 했지만 여전히 그 규모가 크지 않은데, 2009년 기준 15명 남짓한 전문 인력이 있다. 그럼에도 불구하고, UNCTAD는 특히 개발도상국들에게 상당한 영향을 미쳐 오곤 했다. 20년 이상 UNCTAD 소장을 역임했던 Philippe Brusick은 개발도상국간 논의에 상당한 영향을 미쳤고, 이는 현 소장인 Hassan Qaqaya에 의해 더욱 강화되었다. 그는 개발도상국간 컨버전스뿐만 아니라 선진국들과의 논의도 확대하고자 했다.

UNCTAD의 경쟁법 프로젝트 중 많은 사람들에 의해 가장 주목받았던 것은 다국적 기업들에 대한 일반적 경쟁 원칙인 'Set of Principles and Rules on Competition('Set')의 제정 · 유지이다. UNCTAD는 1970년대에 Set 제정을 위한 협상을 시작해 1980년 이를 채택했다. 이 원칙들은 다국적 기업들에 부과되는 자율 규제로 여겨졌다. 따라서, Set의 일반 원칙은 공식적으로 '경쟁제한적 행위 규제를 위한 공정한 규칙을 제시하고, 경쟁법 및 경쟁 정책의 발전상을 확인하며, 국제적 논의 및 모범 실무가 교환되도록 하는 프레임웍을 제공'하는 것을 표방했다.[74)]

개발도상국들은 당초 국제 경제 분야에서 종전까지의 우선순위를 재조정

73) Chad Damro, 'The New Trade Politics and EU Competition Policy: Shopping for Convergence and Co-operation' (2006) 13 J Eur Pub Pol 867, 875 참조.

74) UNCTAD website 〈http://www.unctad.org/Templates/Page.asp?intItemID=4106&lang=1〉. Set 제정에 관한 논의에 대해서는 예컨대 Philippe Brusick, 'UN Control of Restrictive Business Practices: A Decisive First Step' (1983) 17 J World Trade L 337; Joel Davidow, 'Seeking a World Competition Code: A Quixotic Quest?' in Oscar Schachter & Robert Hellawell, (eds), *Law and Policy on Restrictive Business Practices* (New York 1981); and C R Greenhill, 'UNCTAD: Control of Restrictive Business Practices' (1978) 12 J World Trade L 67 참조.

하고 이 영역에서 미국과 유럽의 우월적 지위에 맞서고자 하는 야심찬 목표를 갖고 위 Set 논의를 주도했다. The New International Economic Order ('NIEO') 라는 용어는 이러한 노력을 포괄하는 용어이다. NIEO는 개발도상국들이 자신들이 우선순위의 재조정을 요구할 수 있을 정도로 충분한 경제력을 갖고 있다고 믿었던 시대의 산물이다. 당시 서구 경제는 1974년에 발발한 오일쇼크로 휘청거리고 있었던 반면, 다수의 개발도상국들은 생활수준, 선진국과의 교역, 때로는 정치적 안정에 이르기까지 나름 괄목한 만한 발전을 거두고 있었다. 이런 상황에서 개발도상국들은 선진국으로부터 선진국 기반의 다국적 기업들의 활동에 관한 양보를 받아낼 수 있을 것이라고 확신하기에 이르렀다.

선진국측 대표들은 비록 개발도상국과 상당한 갈등을 겪긴 했지만 초기에는 개발도상국들의 요구를 진지하게 받아들일 의사를 갖고 있었다. 그러나, 양 진영 간의 협상이 타결국면에 이를 즈음 개발도상국측 자신감의 원천이었던 경제적 기반이 급속히 붕괴하기 시작했다. 다수의 개발도상국들이 1970년대 말부터 경기 침체 국면에 진입했고, 이러한 변화는 과거와 마찬가지로 개발도상국측 협상력을 급속히 약화시켰다. 소련 및 주요 서구 국가들로부터의 원조가 줄어들자, 개발도상국들은 경제 발전 가능성을 유지하고자 서구로부터의 직접 투자와 국제기구로부터의 자금 원조에 절대적으로 의존하게 되는 급격한 상황 변화를 겪게 되었다. 그 결과, 개발도상국들은 다국적 기업들에게 Set에 규정된 원칙 준수를 요구할 수 없게 되었다. 그럼에도 불구하고, Set은 UNCTAD의 후원으로 매년 개최되는 경쟁법 컨퍼런스인 'Intergovernmental Group of Experts'에서 계속 검토되어 왔다. 이 Group은 UNCTAD가 제공하는 기술지원을 적극 검토하고 Set을 발전시키며 그 집행을 개선하려는 노력을 하고 있다.

Set은 미국과 유럽의 기업 리더들과 법률가들 사이에서 기껏해야 미미한 역할을 했을 뿐 그다지 주목할 만한 영향을 미치진 못했다. 그 결과 많은 사람들이 개발도상국들의 이와 같은 노력들이 아예 존재조차 하지 않았던 것처럼 치부하고 있지만, 이는 개발도상국들의 경쟁법 경험을 제대로 고려하지 않은 것으로서 1990년대 개발도상국들의 입장 및 그 이후의 점진적인 입장 변화에 대한 인식을 어렵게 한다. 국제경쟁법 발전에서 개발도상국들의 입장이나 요구들이 중요한 요소가 될 가능성이 높은데, UNCTAD는 이에 관한 구체적 내용이나 역학관계를 이해하는데 유용한 경로가 된다.

2. ICN과 컨버전스 '압박'

OECD와 UNCTAD의 수십 년에 걸친 노력은 국제경쟁법 발전에 어느 정도 기여하긴 했지만, 일반 대중의 지지를 얻거나 전문가들의 관심을 받는 데는 거의 실패했다고 할 수 있다. 반면 ICN은 2001년 이후 국제경쟁법 전반, 특히 세계적 컨버전스에 대해 보다 많은 사람들의 주목을 받는데 성공했다.[75] ICN은 국제경쟁법 규범 전략으로 컨버전스가 채택되도록 하는 제도적 프레임웍이 되었다. ICN은 새로운 기구였고 아직 체계적으로 연구되지도 않았다. 여기에서는 ICN의 활동과 이 기구가 수행할 수 있는 역할에 관해 간략하게 살펴보기로 한다.[76]

ICN은 미국 국무부가 1997년에 국제 경쟁 정책에 관한 권고안을 제정하기 위해 구성했던 International Competition Policy Advisory Committee('ICPAC')의 제언에 따라 형성, 발전해 왔다. ICPAC는 1997년 이후 2년간 Washington에서 학자들, 법률가들, 민간 기업의 경영진들이 참여하는 청문회를 열었다. 참가자들 대부분은 미국, 유럽 측 인사들이었고 다른 지역측 인사들도 일부 있었다. WTO에서 경쟁법 이슈가 진지하게 논의되는 상황에서 청문회가 진행되었는데, 이에 일부 사람들은 미국이 국제경쟁법 발전 아젠다를 다시 주도하기 위해 청문회를 진행한다고 보기도 했다.

ICPAC은 2000년 최종 보고서를 통해 각 국의 경쟁당국이 회원이 되고 법률가나 경제학자와 같은 비정부 인사들도 나름대로 역할을 하며 기업들도 목소리를 낼 수 있는 국제적 포럼 창설을 제안했다. 이 보고서는 WTO가 내리는 판정과 같은 구속력 있는 결정 대신 권고안을 제시하는 방안을 대안으로 제안했다. '경쟁법 분야에서 상호 협력을 증대하고 나아가 규범을 상호 수렴케 하거나 조화롭게 하기 위해 반드시 구속력 있는 협정이 필요하진 않다'는 연구도 있었다.[77] 최종 보고서가 발간된 다음 해인 2001년 호주, 캐나다, EU, 프랑스,

75) The ICN website 〈http://www.internationalcompetitionnetwork.org〉 참조.

76) 이에 관한 분석과 추가적인 검토에 대해서는 Eleanor M Fox, 'Antitrust and the Virtues of a Virtual Network' (2009) 43 Intl Lawyer 151-74 참조.

77) Djelic & Quack, *supra* note 71, at 179.

독일, 이스라엘, 이탈리아, 일본, 한국, 멕시코, 남아프리카 공화국, 영국, 미국, 잠비아 경쟁당국의 후원으로 ICN이 정식 출범했다. 2009년까지 ICN의 회원국은 80개 국을 넘어섰다.

ICN은 상설 사무소나 사무국을 두고 있지 않다. 이와 같은 '가상적 존재(virtual existence)'를 통해 ICN은 보다 관료적인 조직보다 유연하고 빠르게 활동할 수 있다. 최근 EU 집행위원회는 ICN 업무의 90% 가량이 이메일, 전화 회의로 이루어진다고 추정하기도 했다.[78] ICN에는 몇몇 특정 이슈에 관한 작업반이 있다. 작업반은 의견 교환을 통해 '모범 실무(best practice)'에 관한 컨센서스를 도출하기 위해 노력한다. 회원국들은 연례 총회에서 작업반이 발전시킨 아이디어를 공유하고, 작업의 진척 정도를 점검하며, 추가 작업이 필요한 내용을 정리한다. 스위스 취리히에서 개최된 2009년 연례 총회에는 각 국 경쟁당국 관료들, 비정부 인사들을 합쳐 800명 이상이 참가했다. ICN의 문호는 모든 국가의 경쟁당국 관료들, 비정부 인사에게 개방되어 있긴 하지만, 현실적으로 미국과 EU측 참가자들이 주된 역할을 하는 경향이 있다.

ICN은 생각과 경험을 공유하는 '장', 국제경쟁법 '커뮤니티'의 발전을 논의하는 '장'으로서 많은 영향을 미쳤다. ICN이 가장 직접적인 영향을 미친 영역은 국제 카르텔에 관한 법집행 절차와 기업결합 규제의 집행이라 할 수 있을 것이다. ICN이 발간한 'Recommended Practices for Merger Notification and Review Process'는 특히 많은 영향을 미쳤다. ICN은 2005년 회원국 중 기업결합 규제를 운용하고 있는 국가의 50% 이상이 ICN의 권고안에 따라 관련 규제를 이미 수정했거나 향후 수정할 것을 계획하고 있다고 보고하기도 했다.[79] 기업결합 분야에서 각 국이 보다 일치된 입장을 취할 경우 국제적 기업활동에 상당한 비용절감 효과가 발생할 것이다.

이와 같이 컨버전스를 높이기 위한 노력들은 국제 경쟁에 관해 보다 효과적인 규범적 프레임웍을 지향한다는 점에서 가치가 높다. 특히 기업결합 절차와 같이 컨버전스를 통해 기업들의 규범준수비용이 감소될 수 있는 분야에서 이러한 노력들은 중대한 진전을 이루어냈다. 그럼에도 불구하고, 이와 같은 노

---

78) Damro, *supra* note 73, at 879 참조.

79) ICN, A Statement of Missions and Achievements up until May 2005 〈http://www.internationalcompetitionnetwork.org/media/archive0611/ICN_Mission_Achievements_Statement.pdf〉.

력들이 지금까지 거둔 성공과 향후의 가능성을 과대평가해서는 안된다. 시장 지배적 기업의 행위나 수직적 거래제한 등과 같은 많은 실체법적 영역에서 이러한 노력으로 인해 중요한 진전이 이루어졌다거나, 각 국 경쟁법 간에 존재하는 차이가 의미 있게 해소되었다고 볼 증거는 거의 없다.

H. 국제 경쟁과 주권의 한계

1990년대에 시작해 강도 높게 진행된 세계화라는 새로운 흐름은 기존의 관할권 기반 체제에, 가끔씩은 극적인 방식으로, 상당한 긴장을 초래했다. 교통과 통신 기술의 놀라운 발전으로 개별 국가는 자국에 영향을 미치는 행위를 효과적으로 규제할 수 없게 되었고, 정치 · 경제 관계의 패턴 변화로 인해 주권에만 기반해 국제 경쟁을 발전, 유지하는 것이 가능한지에 대해 심각한 의문이 생겨났다. GE/Honeywell 사건과 같이 공공 규제 영역에서 발생한 주요한 갈등은 관할권 기반 체제에 내재된 혼란, 불확실성, 비효율성이 얼마나 심각할 수 있는지를 잘 드러냈다.

경제적 세계화는 전세계, 지역, 개별 국가 모든 차원의 경제적 규율 방식과 양식을 바꾸어 놓았다. 세계화가 진전될수록, 앞에서 살펴보았던 '가위 효과' 역시 더욱 증폭될 것이다. 개별 국가가 전세계적으로 발생하는 정치, 경제적 변화에 독자적 · 효과적으로 대처하기는 어려워졌다. 각 국에서 경쟁법에 대한 지지가 증대될 것이고, 과거 통용되었던 경쟁법 패턴을 바꾸려는 인센티브가 제고될 것이다.

일방적 관할주의의 한계는 급속히 분명해졌다. 그럼에도 불구하고 이미 굳어져버린 사고방식과 정치적 관계로 인해 이러한 한계를 어떻게 극복해야 하는가는 충분히 논의되고 있지 않다. 즉, 다자간 협의를 통한 협정에 기반해 국제경쟁법을 발전시키고자 했던 노력이 교착 상태에 빠진 것이 명백해짐에 따라, 컨버전스가 국제경쟁법 발전의 기본전략이 되었다. 많은 사람들이 컨버전스를 통해 각 국 경쟁법이 보다 서로 수렴하고 세계 시장에서 보다 효과적으로 집행되기를 바라고 있다. 몇몇 (특히 미국측) 사람들은 컨버전스 과정뿐만 아니라 컨버전스된 결과에도 관심을 갖고, 각 국 경쟁법이 특정 유형의 경쟁법으로 수렴하길 바라거나, 더 나아가 이를 전제하는 입장을 취하기도 한다. 주로 ICN, OECD, UNCTAD에 의해 컨버전스를 위한 상당한 노력이 있어 왔다. 그러나, 과연 컨버전스가 국제 경쟁에 관해 어느 정도까지 효과적인 규범 체제가 될 수 있는가라는 핵심적인 이슈는 아직까지도 해결되지 않은 상황이다.

위 이슈 및 국제경쟁법 발전과정에서 발생하는 문제에 대한 대응방안들은 국가간 정치 · 경제적 역학관계뿐만 아니라 각 국이 자국 경쟁법 집행 과정에서 얻는 경험에 따라 좌우될 것이다. 경쟁법 역사에서 개별 국가의 경쟁법이 어떻게 발전되어 왔는가는 국제경쟁법 발전에 영향을 미쳐왔고 앞으로도 영향을 미칠 것이다. 그 반대의 경우(국제경쟁법 발전이 개별 국가의 경쟁법 발전에 미치는 영향) 역시 마찬가지다. Part II에서는 이러한 관계를 살펴보기로 한다. 본서는 이후 Chapter 8에서 국제경쟁법 발전을 위한 정책 선택의 문제를 다시 살펴보기로 한다.

PART Ⅱ

개별 국가의 경쟁법 경험과 국제경쟁법

PART II
개별 국가의 경쟁법 경험과 국제경쟁법

이 Part에서는 개별 국가의 경쟁법 및 그 집행에 관해 살펴보기로 한다. 통상 국제경쟁법에 관한 이슈들은 개별 국가의 경쟁법 경험 및 그 역학관계와는 별개로 검토되어 왔으므로 이러한 설명 방식이 생소할 수도 있다. 그러나, 개별 국가적 차원, 국제적 차원의 분석은 상호 관련되어 사실상 불가분의 관계에 있다고 할 수 있다. 이 양자의 상호작용(interplay)은 국제경쟁법 발전의 역학관계를 이해하는데 필수적 요소이다. 경쟁법에 관한 결정은 주로 개별 국가 기관의 의사결정권자들에 의해 이뤄진다. 개별 국가의 경쟁법 관련 결정은 가장 직접적이고 강력한 파급효과를 발생시킨다. 이런 의미에서 국제경쟁법 문제는 개별 국가의 경쟁법 문제라고 할 수 있고, 그 반대 명제(개별 국가의 경쟁법 문제는 국제경쟁법 문제이기도 하다)도 성립할 수 있다. 따라서, 양자를 상호 무관한 영역으로 치부하고 한 측면에 관한 문제를 이해함에 있어 다른 측면을 고려하지 않으면 경쟁법 체제에 관한 분석에서 근본적인 오류를 범할 수 있다. 개별 국가의 경쟁법과 국제경쟁법은 동일 영역에 대한 각각 다른 측면으로 항상 상호 연관되어 있고 빈번하게 서로 영향을 미친다.

본서의 검토 목적상 개별 국가의 경쟁법과 국제경쟁법의 상호작용에 관한 중요한 세 가지 요소들이 있다. 첫째, 세계시장에 대한 경쟁법은 독자적으로 작동하고 다른 국가의 법체제와 협력할 의무를 부담하고 있지 않는 각 국 경쟁법 간의 상호작용의 총합으로 이루어진다는 점이다. 각 국이 경쟁법 집행 과정에서 상호 협력하기로 합의하더라도, 경쟁법을 집행, 발전시킬 일차적 책임을 부담하는 주체는 국내법과 국내 기관이다. 둘째, 순수하게 경제적 관점에 입각해 경쟁을 경제현상으로 정의하고 분석할 수 있지만, 현실적으로 경제는 국가적 차원에서 존재한다는 점이다. 경쟁은 모든 외부적 요소로부터 아무런 영향도 받지 않는 독립된 '경제적' 공간에서 발생하지 않는다. 오히려 경쟁은 문화, 제도, 규범들 기타 기본적으로 국가적(심지어 국가 내 일부 지역에 국한된)인 다른 요소들에 의해 영향을 받으면서 이뤄진다. 셋째, 경쟁이나 경쟁법에 관한 개별 국가의 경험이 국제적 차원의 경쟁법에 관한 생각, 관심, 의사결정에 영향을 미친다는 점이다. 개별 국가의 경험은 국가간 협력의 필요성에 대한 인식, 이런 협력이 창출할 수 있는 가치, 성공적인 국제경쟁법 전략에 관한 인식에 영향을 미쳐 왔고, 앞으로도 그러할 것이다.

Part Ⅱ의 세 Chapter는 이와 같은 개별 국가 및 국제적 차원의 상호작용이라는 관점에서 개별 국가의 경쟁법 경험을 검토한다. 구체적으로, 각 경쟁법 체제의 상호관계, 유사점, 차이점, 개별 국가 경쟁법과 국제적 차원의 경쟁법의 상호관계를 살펴보기로 한다. 각각의 경우 국내 경쟁법 경험들의 특징들 중 국제경쟁법 발전에 영향을 미쳤거나 미칠 수 있는 것들을 위주로 검토하기로 한다.

Chapter 5는 미국의 반트러스트법 경험, 미국 반트러스트법과 국제경쟁법 발전 간의 관계, 미국 반트러스트법이 21세기의 경쟁법에 관한 모델이나 인식 기준으로 수행하는 역할에 관해 살펴보기로 한다. 미국 반트러스트법 경험은 오랜 기간 동안 세계 경쟁법 발전에 핵심적인 역할을 해 왔다. 많은 국가들이 경쟁법 제정 과정에서 미국 반트러스트법을 모델로 참고했고, 미국 반트러스트법의 사고는 전세계 학자, 관료, 정치적 의사결정권자들의 사고에 영향을 미쳐 왔다. 물론 미국 반트러스트법에 대해 우호적인 시각만 있는 것은 아니지만, 적어도 이 법의 중요성에 대해서는 거의 이론이 없다. 미국 관료들, 학자들, 실무가들은 자국 법을 기준으로 다른 국가의 경쟁법과 국제적 측면의 경쟁법을 인식했고, 이에 터잡아 정책이나 의사를 결정해 왔다.

Chapter 6에서는 유럽의 경쟁법 경험 및 이 경험이 국제경쟁법 발전에 가져올 수 있는 중요성에 관해 살펴보기로 한다. 유럽 경쟁법은 미국 반트러스트법의 그늘에서 발전, 집행되었다는 이유로 평가절하되거나 제대로 주목받지 못하곤 했다. 유럽 경쟁법은 제2차 세계대전 종료시까지 본격적으로 발전하지 않았지만, 그 이후 법집행 경험은 국제경쟁법 발전에서 매우 중요한 의미를 갖고 있다. 그 이유 중 하나는 유럽 경쟁법 경험이 다른 많은 국가들이 21세기에 직면하고 있는 상황들과 종종 유사하다는 점이다. 유럽 국가들은 사회를 구조화하는 중심요소로서 경쟁법을 발전, 회복시켜야 했다. 이 국가들은 또한 국가의 통제에서 시장을 해방시켜야 했고 공적·사적인 경쟁제한적 요소로부터 경쟁 과정을 보호할 방안을 찾아야 했다. 경쟁법은 이러한 절박한 상황에서 발전했다. 유럽 경쟁법이 국제경쟁법 발전에 중요한 두 번째 이유는, 유럽 경쟁법이 진정성, 규모, 성공적 결과 등 관점에서 개별 국가 경쟁법들의 상호 협력과 통합이 성공한 사실상 유일한 사례이기 때문이다.

Chapter 7에서는 시야를 더욱 넓혀 다른 국가들의 경쟁법 경험까지 포함시켜 국제경쟁법 발전을 분석, 전망하고자 한다. 이들 국가의 경쟁법은 미국, 유럽만큼 주도적인 역할을 하진 못했지만, 경제적 세계화 상황에서 경쟁 이슈가 그 어느 때보다도 강조됨에 따라 향후 훨씬 중요한 역할을 할 가능성이 매우 높다. 이 국가들은 미국, 유럽과의 관계에서 더 큰 경제적 역량을 구비하고, 경쟁법 이슈들을 보다 깊게 이해함에 따라 국제경쟁법의 형성에 상당한 영향을 미칠 것이다. 이 국가들의 경쟁법 경험은 향후 국제경쟁법(각 경쟁법의 컨버전스 또는 다자간 합의·협력의 가능성)의 성패를 좌우할 것이다.

Chapter 5.

미국의 반트러스트법: 모델과 인식틀

미국 반트러스트법은 오랜 기간 동안 경쟁법 무대에서 중심적 역할을 했다. 미국 반트러스트법은 종종 반독점법의 '아버지(father)'로 불려왔고, 다른 국가들은 종종 이를 추종하거나 (최소한) 이를 연구해 왔다. 몇몇은 미국 반트러스트법을 따라야 한다고 보는 반면, 다른 사람들은 이를 비난한다. 미국 반트러스트 커뮤니티에 속한 사람들은 자국법을 통해 현재의 경쟁법 이슈를 바라보고 향후 경쟁법의 발전 방향을 생각한다. 이처럼 미국 반트러스트법은 미국 반트러스트 커뮤니티가 다른 국가의 경쟁법을 어떻게 이해하고 있는지, 왜 자국법이 우월하다고 확신하는지를 설명하는 핵심 요소이다. 미국 반트러스트법은 경쟁법 이슈를 생각하는 모든 사람들에게 주요한 참고 대상이 된다.

미국 반트러스트법은 또한 국제경쟁법 체제 발전의 중심에 있어 왔다. 일방적 관할주의 체제에서 미국 반트러스트법은 세계 시장의 기본적인 경쟁 규칙들을 제시해 왔다. 미국은 또한 정치 · 경제적 역량으로 인해 국제 경쟁 분야에서 국가간 입장을 조율하는 움직임의 핵심 요소가 되어 왔다. 구체적으로, 미국은 제2차 세계대전 이후 다자간 조율을 주도하기도 했지만, WTO 체제에 경쟁에 관한 내용을 포함시키자는 제안에 대해서는 회의적 입장을 보여 왔다. 미국 반트러스트 공동체는 국제경쟁법 그룹에서 보유하고 있는 힘과 영향력으로 인해 국제경쟁법 발전의 중추적 역할을 해 왔다.

미국 반트러스트법이 이러한 영향력을 갖게 된 데에는 여러 요소들이 있다. 우선 미국 반트러스트법은 미국의 법률적 · 경제적 발전에 상당한 기여를 했고, 그 법집행 경험은 다른 어떤 지역과 비교하더라도 훨씬 방대하다. 몇몇 사람들(특히 미국인들)은 미국 반트러스트법이 이런 과정을 통해 매우 정제되고 발전된 형태의 경쟁법이 되었다고 생각하고 있다. 물론 이러한 생각에 동의하지 않는 사람들도 많이 있다. 미국은 종종 자국의 반트러스트법을 다른 나라에 전파하고 국제경쟁법의 발전을 지배해 왔다. 더욱이, 미국의 반트러스트 사건들 및 이 분야에서 이루어졌던 법률적·경제학적 담론은 경쟁법에 관한 정보, 통찰, 이론의 특히 귀중한 원천이 되었던바, 이로 인해 다른 국가의 학자들, 관료들, 법률가들은 이로부터 뭔가를 배우려는 강력한 인센티브를 갖게 된다. 마지막으로, 일반적으로 사람들은 미국 반트러스트법이 미국의 경제 성장과 긴밀하게 연계되어 있다고 인식하고 있는데, 이에 유사한 경제적 성공을 지향하는 다른 국가들은 미국 반트러스트법에 매력을 느끼게 된다.

그러나, 미국 반트러스트법의 이러한 역할에도 불구하고, 정작 미국 반트러스트법에 관해서는 충분한 연구가 이루어지지 않았다. 많은 사람들이 미국 반트러스트법의 경험을 이야기하고 분석했지만, 미국 반트러스트법이 국제경쟁법의 발전과 어떠한 관계가 있는지는 충분히 다루어지지 않았다. 1990년대 이전까지 국제경쟁법 이슈가 거의 주목받지 못했고, 따라서 개별 국가의 경쟁법과 국제경쟁법 체제 간의 상호 작용에 관한 분석 프레임웍을 발전시킬 시간이 거의 없었음을 고려할 때 이는 별로 놀랍지 않은 일이다. 그러나, 미국 반트러스트법과 국제경쟁법 발전 간의 관계의 중요성을 고려할 때, 이 이슈 및 미국의 역할, 법집행 경험을 심도 깊게 검토할 필요가 있다.

미국법이 다른 국가들 및 국제경쟁법 발전 프로젝트에 어떤 역할을 해야 할 것인지에 대한 분석은 매우 필요한 작업이다. 몇몇은 미국법의 이러한 역할 수행을 지지하는 반면, 다른 사람들은 미국이 정치·경제적 영향력을 갖고 있으므로 이러한 역할을 하는 것이 불가피하다고 여긴다. 그러나, 많은 사람들이 미국법이 이러한 역할을 제대로 할 수 있을지에 대해 회의적인 시각을 갖고 있다. 이는 미국이 경쟁법에 관해 가장 높은 수준의 사고를 갖고 있긴 하나 미국 반트러스트법의 법원칙들은 미국의 고유한 경제·사회적 상황에 부합하는 것으로서 다른 지역에 그대로 적용하는데 한계가 있을 수 있기 때문이다. 미국 반트러스트법이 미국에서 추구했던 법목적들과 오늘날 다른 국가들이 필요로 하고 있는 목표들 간에는 별다른 공통점이 존재하지 않을 수 있고, 미국에서 반트러스트법을 지지했던 기회와 경험들은 다른 국가들에서는 거의 대부분 가능하지 않을 수 있다.

이 Chapter에서는 다른 국가들에 대한 모델이나 다른 국가의 경쟁법을 인식하는 틀이라는 관점에서 미국 반트러스트법을 검토하기로 한다. 본서는 미국 반트러스트법 집행 경험의 핵심 요소들을 검토할 것인데, 그 이유 중 하나는 미국 반트러스트 공동체 밖의 사람들이 미국 반트러스트법과 그 집행 경험의 기본적 특징을 잘못 이해하고 있기 때문이다. 이들은 미국 반트러스트법에 대해 신앙·혼동·왜곡으로 가득찬 이미지를 갖고 있는바, 이는 국제경쟁법 발전의 역학관계에 영향을 미치곤 한다. 미국의 반트러스트법 경험이 향후 국제경쟁법 발전에 참조 대상이 됨을 감안할 때, 미국 반트러스트법 경험의 특징을 보다 분명히 인식하고 이 경험이 국제경쟁법 발전과 어떤 역학관계를 갖는지 분석할 필요가 있다. 본서는 이를 위해 일단 1970년대까지의 '고전적(classic)' 반트러스트법을 살펴보기로 한다. 이는 오늘날까지도 미국 반트러스트법 체제의 기본 골격을 이루고 있다. 본서는 이후 1970년대부터 일어난 변화를 살펴볼 것인바, 이 변화는 국제적 관점에서 미국 반트러스트법의 현재와 미래의 역할을 이해함에 있어 결정적으로 중요하다.

A. 미국 반트러스트법의 기원

미국 반트러스트법의 기원은 두 가지 점에서 중요하다. 첫째, 현재 미국 반트러스트법의 기본적 특징이 최초 법제정시 확립되었으므로, 그 제정 과정에 관한 경험을 이해하는 것은 미국 반트러스트법의 연속성과 변화를 이해하거나 그 발전 개요를 보다 명확히 파악하는데 도움이 될 것이다. 둘째, 미국 반트러스트법에 대한 이해는 1세기 이전에 설립된 법집행 기관들을 21세기에 어떻게 바라보아야 하는가를 평가함에 있어 중요한 참고가 될 수 있다. 미국 반트러스트법 시스템은 오늘날 경쟁법 체제들이 직면하고 있는 것과 매우 다른 상황에서 형성되었던바, 이러한 '반트러스트법 형성 이야기(creation story)'는 미국 반트러스트법의 특수성을 이해하는데 도움이 된다.[1)]

---

1) 미국 반트러스트법의 발전에 관한 대표적인 논의에 대해서는 Herbert Hovenkamp, *Enterprise and American Law, 1836-1937* (Cambridge, Massachusetts 1991); Rudolph Peritz,

미국 의회가 1890년 제정한 셔먼(Sherman)법은 기존에 존재하지 않았던 새로운 법이었다. 당시에는 반트러스트법은 물론이고 반트러스트에 관한 사고 자체가 없었다.[2] 물론, 당시 미국 정부는 오늘날 반트러스트법의 영역으로 볼 수 있는 임무를 수행하고자 간헐적으로 노력하긴 했지만, 경쟁제한적 행위에 대한 규제를 주된 임무로 하는 일반법에 대한 인식은 없었다. 이는 당시 입법자들이 비교·참고할 어떤 모델이나 아무런 경쟁법 집행 경험도 없는 상황에서 셔먼법을 제정했음을 의미한다. 뿐만 아니라, 입법자들에게 지침이 될 수 있거나, 가능한 입법 방안 및 각 방안에 따라 발생할 수 있는 결과에 관해 설명하는 어떠한 학술적 문헌도 없었다. 의회는 이런 '암흑 속에서 셔먼법을 제정(shot in the dark)'했는데 그 과정에서 어떤 체제나 새로운 법역을 만들어낸다는 것을 인식하고 있었다는 증거는 거의 없다. 셔먼법 제정 당시 연방정부의 규모와 역할이 매우 제한적이었다는 점을 고려할 때, 이 법의 적용을 위해 새로운 기관을 창설하기는 사실상 어려웠다. 그 결과 기존 기관이 셔먼법 적용 임무를 수행해야 했던바, 이는 법원이 셔먼법의 적용, 발전에 관한 임무를 부담해야 했음을 의미한다.

의회의 셔먼법 제정은 대중으로부터의 정치적 압력에 대응하기 위함이었다.[3] 당시 몇몇 대규모 '트러스트(trusts)'(한 명 또는 소규모의 인원들에 의해 지배를 받는 회사들 간의 결합)들이 자신들의 경제력을 통해 경쟁 사업자를 배제하고 공급자에게 부당한 거래 조건을 강요했으며 소비자 가격을 인상하고 있다는 인식이 광범위하게 퍼져 있었다. 이로 인해 대중들은 몇몇 지역에서 광범위하

Competition Policy in America, 1888-1992 (New York 1996); William Kovacic and Carl Shapiro, 'Antitrust Policy: A Century of Economic and Legal Thinking' (2000) 14 J Econ Perspectives 43; and William Letwin, *Law and Economic Policy in America: the Evolution of the Sherman Antitrust Act* (Chicago 1981) 참조.

2) Sherman Act 15 USC 1 et seq. 일년 전인 1889년 캐나다가 경쟁법을 제정하긴 했지만, 이 법은 경쟁법 발전에 관한 이후의 진행에서 확실히 부차적인 역할을 할 수밖에 없었다. An Act for the Prevention and Suppression of Combinations Formed in Restraint of Trade SC 1889 Chapter 41 (Canada) 참조. 셔먼법 제정 직전에 몇몇 주들은 독자적으로 법을 제정하기도 했는데, 이러한 제정법들은 셔먼법에서 발전한 반트러스트법에 비해 그 범위와 개념이 훨씬 좁았다. 이에 관한 논의에 대해서는 예컨대 James May, 'Antitrust Practice and Procedure in the Formative Era: The Constitutional and Conceptual Reach of State Antitrust Law' 1880-1918, (1987) 135 U Pa L Rev 495 and Hovenkamp, ibid 241-46 참조.

3) 예컨대 Letwin, *supra* note 1, at 53-95 and Peritz, *supra* note 1, at 13-26 참조.

게 불만을 표출했고 거대 사업자들의 경쟁제한적 행위를 규제해야 한다고 강력히 주장했다. 따라서, 트러스트의 경제력을 규제하고 이들이 생산자들, 소비자들에게 피해를 발생시키지 않도록 하라는 대중들의 요구가 셔먼법 제정의 동력이 되었다.

의회는 달리 특별히 참고할 모델이 없었던 상황에서 최소한 의회 구성원들에게는 간단한 해결방안을 선택했다. 의회는 기존에 다른 목적으로 활용되어 왔던 두 법개념을 '연방규정으로 채택했다(federalized)'. 즉, 연방법으로 '거래제한(restraints of trade)'과 '독점화(monopolization)'를 금지하고 위반시 제재를 부과하도록 했다. 이 두 개념들은 영국에서 기원하고 미국법의 발전기반이 되기도 한 보통법(common law)에 이미 존재하고 있었던 개념들(다만, 이 개념들은 19세기 미국, 영국에서 널리 활용되지는 않았다)이다.[4] 이는 거래제한과 독점화에 관한 종전까지의 선례들이 새롭게 제정된 셔먼법의 해석, 적용 과정에서 선례로서 별다른 가치가 없음을 의미한다. 뿐만 아니라 셔먼법의 문언은 지나치게 광범위해서 이 법을 어떻게 해석해야 할 것인지에 대한 기준도 사실상 없었다. 의회는 또한 이 법을 적용할 새로운 기관이나 절차를 창설하지도, 법집행 방법론을 제시하지도 않았다. 그 결과 셔먼법은 연방 기관 또는 사인이 종전까지 다른 절차에서 했던 바와 같이 연방 법원에 제소하는 방법으로 집행될 수밖에 없었다.

셔먼법 제정과정에서 내려진 위 결정들은 이후의 미국 반트러스트법 발전 방식에 영향을 끼쳤다. 법원은 의회로부터 아무런 가이드라인도 제공받지 못한 상황에서 중요한 역할을 맡게 되었고, 판사들은 반트러스트법의 목적, 규범을 고안해 내는 한편, 법집행 기관의 역할까지 수행해야 했다. 이러한 초기 과정 및 이후에 이르기까지 국제적 이슈들이나 이에 대한 고려는 거의 없었다. 의회는 국제 상황을 고려하거나 자신들이 내리는 결정이 국제적으로 어떤 영향을 미칠 것인지 고려할 이유가 없었다. 이와 같은 당시 상황은 오늘날 사실상 거의 모든 국가의 경쟁법에 관한 의사결정권자들이 처한 상황과 완전히 반대되는 것이었다.

4) Letwin, *supra* note 1, at 18-52 참조.

B. '고전' 반트러스트법 체제(1975년 이전)

미국 법원과 법률가들은 셔먼법의 간략한 법률 문언에 의미를 부여하고 총체적인 규범을 발전시켰으며 법집행 기관들의 역할을 분장해 나갔던바, 이러한 작업은 1970년대에 이르러 완성되었다. 본서는 이 체제를 '고전(classical)' 반트러스트법으로 지칭하기로 하는바, 이는 이후 살펴보는 바와 같이 1970년대 이후 위와 같이 확립된 이론적 체제의 일부에 극적인 변화가 일어나기 때문이다. 판례법에 기반한 미국 반트러스트법의 특징으로 인해 미국 밖에서 이를 관찰하는 사람들이 이러한 변화를 인식하지 못하는 경우가 종종 있는바, 이러한 변화 및 이것과 국제경쟁법 발전 간의 관계가 규명될 필요가 있다. 미국의 고전 반트러스트법 체제는 미국 반트러스트법의 모델과 인식의 틀을 형성했다.

1. 정치 · 경제적 상황

미국 반트러스트법이 어떤 상황에서 운용되는지는 이 법의 발전 및 그로 인한 영향을 파악함에 있어 결정적으로 중요하다고 할 것인데, 이는 오늘날 다른 국가 경쟁법이 처한 상황들과 몇 가지 점에서 결정적인 차이가 있다. 먼저 특히 두드러지는 것은 정치 · 사회적 상황이다. 미국에서 경쟁은 오랜 기간 동안 핵심적인 가치로서 사회적으로 뿌리 깊고 광범위한 지지를 받아 왔던바, 이는 다른 지역에서 거의 찾아볼 수 없다. 경쟁은 거의 항상 긍정적인 정치-사회적 가치로서 지지받아 왔다(다만, 대공황 기간 동안 일시적으로 부정적인 것으로 비춰지기도 했다).[5] 이로 인해 반트러스트는 미국에서 거의 '종교'에 준하는 지위를 얻었다.[6] 경쟁법 체제가 발전하기 위해서는 '경쟁 문화(competition culture)'의 육성이 중요한데, 미국에서는 경쟁 문화가 이미 우월적인 지위를 점하고 있었다. 이러한 차이점은 아무리 강조해도 지나치지 않을 정도로 중요하다.

5) 1930년대 반트러스트 집행을 둘러싼 논란에 관한 논의에 대해서는 Ellis W Hawley, *The New Deal and the Problem of Monopoly* (Princeton 1966) 283-383 참조.

6) Edwin S Rockefeller, *The Antitrust Religion* (Washington DC 2007) 참조.

미국의 경제 상황 역시 여러 면에서 독특했다. 미국 반트러스트법이 집행되는 미국 시장은 거대하고, 단일하며, 풍요로운 시장이었으므로, 전반적으로 충분한 경쟁이 가능할 수 있었다. 미국 시장은 1970년대 이후 법률적·실질적으로 모두 개방되었고 외국 기업들 역시 미국 시장에서 본격적으로 경쟁하게 되었다. 미국시장의 규모와 풍요로움은 많은 외국 기업들에게 매력적으로 비춰졌고, 미국 정부는 이들의 미국시장 진입을 거의 제지하지 않았다. 그 결과 대부분의 미국 시장에서 경쟁 강도가 더욱 높아지게 되었다. 이러한 경제적 상황은 미국 반트러스트법의 목표와 기능을 인식, 집행하는 방식에 영향을 미쳤다.

미국 반트러스트법과 다른 법과의 관계도 상당히 특이하다. 미국 반트러스트법은 일반적인 법체제의 형식, 절차에 의해 작동한다. 많은 국가들이 경쟁법을 집행할 별도의 기관을 설립, 운용하는 것과 달리, 미국 반트러스트법은 경쟁법 집행을 전담하지 않는 기관과 절차에 주로 의존하면서 발전해 왔다. 예를 들어, 미국 법무부는 반트러스트법을 집행하기 위해 일반 연방법원에 제소하고 일반 소송에 통상적으로 적용되는 절차를 따라야 한다. 이는 미국 반트러스트법 체제 작동이 이와 같은 일반 기관들, 절차들의 역할, 지위, 특징으로부터 영향받음을 의미한다.

2. 경쟁법의 법목적에 대한 생각

미국 반트러스트법 체제는 일반 법원의 역할이 중요하다는 점에서 사실상 다른 모든 국가의 경쟁법 체제와 구분된다. 법원의 핵심 업무는 반트러스트법의 목적을 제시하는 것인데, 이는 추상적 규범의 형태가 아니라 개별 구체적 사건의 결정 과정에서 이루어진다. 법목적에 따라 실체 규범이 형성된다는 점을 고려할 때, 법원이 개별 구체적 사건에서 반트러스트법의 목적을 어떻게 제시하는가는 매우 중요하다. 법원은 한 세기를 넘는 기간 동안 변화하는 상황에 대응하면서 정치·사회·경제적 가치의 토대들을 만들어 냈고, 이에 터잡아 반트러스트법에 관한 결정을 내리고 이에 정당성을 부여해 왔다.[7)]

7) 이러한 이슈들에 관한 전통적인 논의에 대해서는 예컨대 Robert Pitofsky, 'The Political Content of Antitrust' (1979) 127 U Pa L Rev 1051 and Eleanor Fox, 'The Modernization of

이런 방식으로 고안된 반트러스트법 목적들은 시간이 지남에 따라 변해왔고 최근까지도 완전히 구조화되어 정리되지 않은 채 축적되고 있다.[8] 예를 들면, 적정한 소비자 가격, (특히 중소규모 기업들을 위한) 공정성, (잠재적 경쟁 사업자를 포함한) 경쟁 사업자에 대한 기회균등, 경제적 자유가 반트러스트법의 목적으로 포함된 사례가 여럿 있다. 이런 법목적들을 전부 또는 일부 저해하는 것처럼 보이는 행위들에 대해 비교적 쉽게 '경쟁제한적'이라는 평가가 내려졌다. 여러 법목적들이 혼재되어 있음에도 (또는 바로 이러한 다양한 목적들의 존재로 인해) 반트러스트법은 중요한 정치 문제가 되곤 했다. 고전 반트러스트법 기간 동안 정치적 수사로든 감정을 자극하는 이미지로든 반트러스트법이 많이 언급된 사실은 이 법의 정치적 비중을 반영한다고 할 것이다. 예를 들면, Marshall 대법관은 1972년에 다음과 같이 언급하기도 했다;

> [A]ntitrust laws in general, and the Sherman Act in particular, are the Magna Carta of free enterprise. They are as important to the preservation of economic freedom and our free-enterprise system as the Bill of Rights is to the evolution of our fundamental personal freedoms.[9](반트러스트법 일반, 특히 셔먼법은 자유기업의 대헌장이라 할 수 있다 이들 법률들은 권리장전이 우리의 기본권 발전에 중요한 만큼 경제적 자유와 자유 기업 체제의 보전에 중요하다.)

미국 정치 담론 및 일반인들의 인식에서 헌법 조항이 갖는 중요성을 고려하면, 위와 같은 언급은 다른 국가에서는 상상하기 어려울 정도로 강력한 것임을 실감할 수 있다.

3. 실체 규범: 법원칙과 규칙들

법원은 반트러스트법의 목적을 고안한 것 이외에도 실체 규범과 원칙을

Antitrust: A New Equilibrium' (1991) 66 Cornell L Rev 1140 참조.

8) 이에 관한 논의에 대해서는 David J Gerber, 'Competition' in Peter Cane and Mark Tushnet (eds), *Oxford Book of Legal Scholarship* (Oxford 2003) 510 참조.

9) *United States v Topco Associates Inc* (1972) 405 US 596, 610.

형성하는 데에도 핵심적 역할을 했다. 즉, 법원은 반트러스트법에 내용을 부여했다. 반면, 미국 입법부는 대부분 국가의 경쟁법 체제와 달리 반트러스트법의 내용에 미미한 영향을 미쳤을 뿐이다.

미국 반트러스트법 규범은 대부분 다른 국가들의 경쟁법 규범과 상이하고, 이러한 차이는 미국 반트러스트법에 대한 다른 국가들의 인식 및 다른 국가의 경쟁법에 대한 미국의 인식에 영향을 미쳤으므로, 그 특징을 특히 주의깊게 살펴볼 필요가 있다. 미국 반트러스트법 규범의 핵심적 특징은 실체 규범이 일관성 없고 불명확한 판례들에서 도출된다는 점이다. 반트러스트법에 관한 성문법의 문언은 매우 광범위해서 개별 구체적 사안에 바로 적용하기 어렵다. 셔먼법은 개별 구체적 사례에서 결정을 내리기 위한 출발점에 불과하다. 이로 인해 반트러스트법에서 사용되는 개념들은 통상적으로 어떤 체계적 구조 하에서 사용되기보다 개별 사례를 해결하기 위해 '상황에 따라(ad hoc)'으로 사용된다. 즉, 미국 반트러스트법의 개념은 개별 구체적 상황에서 당사자들 간의 분쟁을 해결하기 위해 고안된 것으로서 다른 나라의 경쟁법 체제 같이 추상적인 형태로 제시되지 않는다. 그 결과 미국 반트러스트법 개념은 체계화 · 구조화되어 있지 않다. 이는 미국 반트러스트법이 '독점화(monopolization)'라는 용어와 같이 의사결정권자들에게 아무런 지침이 되지 못하는 지나치게 추상적인 규범과 특정 사실 관계에 대응하기 위해 내려진 매우 특수한 구체적 규범으로 이루어져 있음을 의미한다.

연방법원 판사들은 반트러스트법에 관한 실체 규범을 제정, 확립하는 과정에서 다양한 요소들로부터 영향받는다. 판사들은 적어도 최근까지 자신들의 임무가 대중의 의사를 대변하는 것이라고 생각했고, 이에 반트러스트법에 관한 결정을 내릴 때 자신이 인식하는 사회적 가치들을 반영하기 위해 노력하곤 했다.[10)] 셔먼법의 '경제헌법(economic constitution)' 이미지와 미국 사람들이 헌법의 역할에 대해 갖는 인식으로 인해 판사들은 셔먼법이 변화하는 사회 · 경제적 상황에 적절히 들어맞도록 노력해 왔다. 보통법 판사의 전통에서 판사들

10) 이에 관한 논의 및 사례에 대해서는 예컨대 Thomas C Arthur, 'Workable Antitrust Law: The Statutory Approach to Antitrust' (1988) 62 Tul L Rev 1163, especially 1187-91 and David W Barnes, 'Non-efficiency Goals in the Antitrust Law of Mergers' (1989) 30 Wm & Mary L Rev 787, 828-32, 835-41 참조.

은 자신의 경험뿐만 아니라 다른 판사들이 선례에서 채택했던 경험들까지 고려하여 판결하도록 기대된다. 이에 판사들은 자신들에게 제기된 사건들의 사실관계에 적절히 대응하기 위해 재량권을 보유하게 되었다.

1960년대 후반에 이르기까지 입법부는 정치적 대의명분을 내세우면서 과도하게 모호한 내용의 법을 제정했고, 사법부는 광범위한 사법적 판단을 내려야 하는 부적절한 임무를 수행하게 된 결과 반트러스트법의 내용은 모호해졌다. '기업 행위의 당부를 어떤 규칙에 따라 판단해야 하는가?'라는 질문에 답하기는 급속히 어려워졌다. 이로 인해 거대 기업들은 물론이고 비교적 작은 기업들까지도 사업활동 과정에서 반트러스트법을 위반하지 않기 위해 전문 변호사들에게 막대한 비용을 지출해야 했다. 이런 상황은 미국의 법조 및 기업의 의사결정권자에게 미치는 영향과 동등한 정도의 중요한 국제적 영향을 미쳤지만 거의 주목받지 못했다. 미국 실체 규범의 이러한 불투명성으로 인해 다른 나라 사람들은 미국 반트러스트법 체제에 소요되는 비용 기타 이 체제가 갖고 있는 약점을 제대로 인식할 수 없었다. 미국 반트러스트법은 다른 나라들에게 모델이긴 하나, 이 모델을 받아들인 사람들 중 이 법의 실상을 제대로 알고 있는 사람들이 거의 없었다는 점은 상당한 아이러니였다.

미국 반트러스트법 규범 구조 및 개념도 다른 나라 사람들이 이 법에 대해 이해하는데 장애가 되었다. 입법부로부터 구체적인 가이드라인이 제공되지 않은 상황에서, 실체법은 상대적으로 무작위적으로 발생하는 사건들에 대한 판단을 내리는 과정에서 성문법의 문언을 해석하는 방식으로 발전했다. 한 유형의 사건들에 대한 판례법은 다른 유형의 사건들과 어느 정도 독립되어 발전했다. 판사들은 특정 유형에 해당하는 개별 구체적인 사건에서 반트러스트법을 적용함에 있어 그 유형에 관한 선례들만을 주로 참고했는데, 고전 반트러스트법 기간 동안 이 각 유형은 거의 상호 연관되지 않았다. 이처럼 반트러스트법이 일정한 가치관에 따라 체계적으로 정렬되지 못한 상황에서 정치적인 영향까지 더해지면서, 외국 사람들뿐만 아니라 심지어 미국 내의 사람들까지도 반트러스트법에 관한 결정이 어떤 이론에 터잡아 이뤄지는지 이해하는데 어려움을 겪었다.

본서는 여기서 반트러스트법의 세 가지 주요 영역인 경쟁제한적 합의, 독점화, 합병 규제에 관해 보다 면밀히 살펴보기로 한다. 이를 통해 각 영역의 기본적인 실체 규범이 무엇인지, 이런 규범이 어떻게 발전해 왔는지, 이 규범들이 상호간 또는 국제경쟁법과의 관계에서 어떤 역할을 했는지 검토하고자 한다. 이 규범들은 여러 국가의 경쟁법 체제 발전에 많은 영향을 미쳐 왔던바, 이들 규범들의 발전 내용은 이러한 영향을 올바로 이해하고 미국 반트러스트법과 다른 나라의 경쟁법을 제대로 비교하지 못하는 오류를 막는데 중요하다. 여기에서는 또한 이 규범들이 매우 특이하면서도 당시 상황과 긴밀하게 연관되어 발전해 온 내역에 관해서도 간략히 살펴보기로 한다. 이후 살펴보는 바와 같이 미국법 체제의 특유한 절차·기관적 상황은 미국 반트러스트법의 기능에도 영향을 미쳤는데, 다른 국가들의 경쟁법 체제들은 미국에서와 같은 기능을 하지 못하거나, (설령 미국에서와 동일한 기능을 하더라도) 미국과는 매우 다른 방식, 방법에 의하곤 한다.

a. '거래제한' 개념의 적용

셔먼법 제1조는 '거래를 제한하는(restraints of trade)' 합의를 금지하고 있다. 셔먼법은 거래제한의 의미가 무엇인지, 이러한 합의 금지를 통해 어떤 법 목적을 달성하고자 하는지에 대해서는 아무런 설명도 하지 않는다. 그 결과 미국 법원은 법 제정 직후부터 셔먼법 제1조를 어떻게 적용할 것인지 고민해 왔다. 셔먼법 제1조에 관한 개념들은 시간에 따라 상당한 변화를 겪어왔고 반트러스트법 체계 내에 상당한 불확실성과 혼동을 초래한 주된 원인이 되었다. 특히 미국 밖의 관찰자들은 셔먼법 제1조의 내용, 역할을 제대로 이해하기 위해 몇 배의 노력을 기울여야 했던바, 이들은 과거부터 현재에 이르기까지 셔먼법 제1조의 내용이 종종 불명확하다는 점을 인정하지 않으려 하곤 했다.

'당연위법 원칙(per se)'과 '합리의 원칙(rule of reason)'은 셔먼법 제1조를 이해하는 핵심적 도구 개념인 한편, 다른 나라의 관찰자들이 셔먼법 제1조를 잘못 이해하게 하는 주된 요인이기도 하다. 미국 법원은 '거래 제한'이라는 모호한 개념을 구체적 사례에 적용하기 위해 이러한 개념들을 고안해 냈다. 셔먼법 제정 직후, 법관들은 '거래 제한'이라는 문언이 지나치게 광범위하여 개별 사례에 그대로 적용하기 어려움을 깨닫게 되었다. 이에 법관들은 '부당하게(unreasonably)' 거래를 제한하는 합의들만이 셔먼법 제1조에 규정된 '거래 제한'에 해당한다고 결정했다. 이 결정이 '합리의 원칙'의 기원이다. '합리의 원칙' 적용에 있어, 물론 다른 방법도 있긴 했지만, 법원은 기본적으로 문제되고 있는 행위가 발생시키는 경쟁제한효과와 경쟁촉진효과를 비교형량한다.[11] 그 결과 경쟁제한효과가 경쟁촉진효과를 능가하면 그 행위는 '거래를 제한하는' 행위가 된다. 이처럼 사실 합리의 원칙은 실제로 경제 활동을 하는 사업자들에게 제시된 준칙이라기보다는 법원이 합의의 경쟁제한성 여부를 판단하고 소송절차를 진행하는데 활용되는 지침이다. 합리의 원칙은 '조사 결과 그 행위가 실제로 어떤 결과를 가져왔는가?'에 초점을 맞춘다. 합리의 원칙은 소송 절차에서 어떤 증거가 어떤 범위까지 제공될 수 있는지, 제공된 증거물을 어떻게 평가할 것인지에 관한 지침을 제시한다.

반트러스트 소송에 막대한 비용이 지출되고 그 결과를 사전에 확실히 예측하기 어렵다는 점에 대응하기 위해, 법원은 '당연위법'이라는 개념을 고안해 냈다. 이에 따르면 몇몇 특정 유형의 행위는 그 성질상 명백히 불합리하므로 당해 행위로 인해 실제로 어떤 효과가 발생했는지에 관해 전면적으로 분석할 필요가 없다. 예를 들면, 경쟁 사업자들 간의 가격에 관한 합의는 미국 반트러스트법상 당연위법으로 분류되었고 현재까지도 그대로 유지되고 있다. 당연위법의 기본적 생각은 법원이 특정 유형의 행위에 대해서는 경쟁제한성을 확신할 수 있을 정도로 충분한 경험을 갖고 있다는 것이다.

법원이 당연위법이라는 행위 범주를 고안한 결과 두 가지 주요한 효과가 발생했다. 첫째, 반트러스트법의 관점에서 특정 유형의 행위에 대한 위법성 평가가 간소화되었다는 점이다. 사업자들은 어떤 행위를 하면 반트러스트법 문제를 겪게 될 것인지 더 쉽게 예측할 수 있게 되었고, 법원은 특정 유형의 행위에 대해서는 실제 초래되는 효과를 형량하지 않고 전통적인 법률적 추론 방법을 통해 반트러스트법 위반 여부를 판정할 수 있게 되었다. 둘째, 원고의 소송 비용을 현저히 낮추고 승소가능성을 제고함으로써 법집행의 효율성을 제고했다는 점이다. 어떤 행위가 일정한 범주의 행위에 속한다는 사실을 입증하는 것은, 합리의 원칙에 따라 개별 구체적인 사실관계를 전반적으로 조사한

---

11) 이에 관한 논의에 대해서는 예컨대 Rudolph J Peritz, 'The 'Rule of Reason' in Antitrust Law: Property Logic in Restraint of Competition' (1989) 40 Hastings L J 285; Thomas C Arthur, 'A Workable Rule of Reason: A Less Ambitious Role For the Federal Courts' (2000) 68 Antitrust L J 337; and Michael A Carrier, 'The Real Rule of Reason: Bridging the Disconnect' (1999) B Y U L Rev 1265 참조.

후 경쟁제한효과가 우세하다는 사실을 입증하는 것에 비해 훨씬 작은 비용이 든다.

당연위법으로 인정되는 행위 유형들은 고전 반트러스트법 시기 (특히 1960년대)에 지속적으로 증대되어 왔다.[12] 이후 살펴보는 바와 같이, 이러한 추세는 반트러스트법에 관한 혁명적 사고 전환으로 바뀌게 되고, 대부분의 행위 유형들이 당연위법의 범주에서 제외되었다. 이러한 모든 발전이 셔먼법의 모호한 규정에 실체적인 규범 내용을 부여해야 할 필요에서 연유한 것이라는 점을 유의할 필요가 있다. 사실상 모든 국가 법체제들이 특정 행위에 대해 미국보다 상세한 성문 법률 규정을 두고 있고, 이러한 규정을 해석함에 있어 참조할 수 있는 목적 규정까지 두고 있는 것이 통례이다. 따라서, 다른 국가들이 미국 반트러스트법의 발전과 그 과정에서 활용되었던 개념들을 얼마나 잘 활용할 수 있을지는 의문이라 할 것이다.

b. 경쟁 사업자들 간의 합의

셔먼법은 사업자들 간 합의를 세부적으로 유형화하거나 구별하진 않았지만, 법원은 경쟁 사업자 간의 소위 '수평적 합의(horizontal agreements)'와 경제적 역할이 다른 사업자 간의 소위 '수직적 합의(vertical agreements)'를 구분하고, 양자에 대한 분석을 달리해야 함을 인식하게 되었다. 수직적 합의에는 도매업자-소매업자간 합의, 제조업자-유통업자간 합의 등이 포함된다. 거의 모든 경쟁법 체제가 수평적 합의와 수직적 합의를 구분해야 한다는 입장을 취하고 있지만, 법경제 혁명(law and economics revolution)은 이러한 구분이 전제하고 있는 몇몇 명제들에 의문을 제기한다.

대체적으로 '카르텔(cartels)'로 불리는 수평적 합의는 반트러스트법 역사의 대부분 기간 동안 주된 규제대상이었다. 그 이유 중 하나는 수평적 합의에 대해서는 전통적인 사법심사 방식을 쉽게 적용할 수 있었기 때문이다. 두 경쟁 사업자가 현재 또는 잠재적 경쟁요소에 관해 경쟁하지 않기로 합의할 경우, 법관들은 별다른 어려움 없이 이를 '경쟁제한적' 합의라고 판단할 수 있다. 개념적으로도 이러한 합의로 인해 경쟁의 일부가 직접적으로, 명백하게, 고의적으

12) 예컨대 Mark A Lemley & Christopher R Leslie, 'Categorical Analysis in Antitrust Jurisprudence' (2008) 93 Iowa L R 1207 and Peritz, *supra* note 1, at 181-251 참조.

로 소멸되었음이 인정될 수 있다. 그 결과 법원은 곧 가격에 영향을 미치거나 경쟁 사업자들 간의 시장을 분할하는 등 몇몇 유형의 수평적 합의들을 당연위법으로 인정했다. 법경제 혁명 역시 비록 세부 내용은 기존 이론과 상이하지만, 수평적 합의 금지를 당연위법으로 금지하는 것에 대해 유사한 정도로 강력한 이론적 근거를 제시했다.

이처럼 전통적 사법심사가 용이하고 법관들 및 정치가들이 합의로 초래되는 경쟁제한 효과를 쉽게 인지할 수 있다는 특징으로 인해 카르텔 사건의 원고는 승소하기 쉬웠고, 이는 카르텔에 관한 공적·사적 집행의 증대로 이어졌다. 정치인들 역시 생산자들이 소비자들에게 배분되어야 할 자원을 부당하게 얻는다는 이미지로 인해 카르텔에 관한 규제를 지지하곤 했다.

c. 수직적 합의

수직적 합의에 대한 법은 수평적 합의와 다른 발전 과정을 겪었다. 수직적 합의를 어떻게 규율할 것인지에 대해 많은 논쟁이 있었고, 실제 규율 역시 시간의 흐름에 따라 많은 변천을 겪었다. 수직적 합의에 대한 규율 방안은 국제 경쟁법에 관한 향후 전망에서 핵심적 문제라고 할 것인바, 이는 미국(최근에는 유럽도 미국과 동일한 입장을 취하고 있다)과 다른 국가들이 상이한 입장을 취하고 있기 때문이다. 이러한 입장 차이는 지난 30년간 커져 왔음에도 종종 (때로는 의도적으로) 간과되고 평가절하되어 왔다.

고전 반트러스트법 기간 동안 법원은 수직적 합의를 수평적 합의와 유사한 관점에서 분석해 왔다. 법원은 정태적 관점에서 경쟁을 정량적 문제로 개념화하여 만약 합의로 어떤 경쟁 요소가 소멸된다면 경쟁제한적이라는 결론을 내려 왔다. 예를 들어, 만약 유통업자가 제조업자가 설정한 가격으로만 제품을 판매하기로 하는 이른바 '재판매 가격 유지'의 경우, 법원은 유통업자가 가격을 통해 경쟁할 권리를 침해받았다는 점만을 들어 경쟁제한성을 인정했다. 이런 합의는 명백히 경쟁제한적인 것처럼 보였다.

법원은 이상과 같은 논리에 터잡아 여러 유형의 수직적 합의들에 대해 수평적 합의를 유추함으로써 당연위법으로 판단해 왔다. 예를 들면, 수직적 합의가 수평적 합의와 유사하다는 점은 재판매가격 유지 합의를 당연위법으로 하는 논리의 핵심을 이루고 있었다. 제조업자가 각 유통업자의 판매구역을 할당하고 그 이외의 지역에서 판매활동을 금지하는 내용의 합의에 대해서도 동일한 논리가 적용되었다. 물론 일부 법원들은 이런 논리가 항상 옳지 않을 수 있음을 인식하긴 했지만, 전반적으로 법원은 1970년대 초 이전까지 지속적으로 수직적 합의 유형들을 당연위법으로 인정해 왔다. 그러나, 법원의 이러한 입장은 미국 기업들에게 상당한 부담이 되었다.

d. 단독기업의 행위: '독점화'

반트러스트법이 본래 규제하고자 했던 '악(evil)'은 독점 또는, 보다 정확히 이야기해서, 소비자들에게 해악을 끼치고 경쟁을 제한하는 시장지배적 기업의 경제력이었다. 대기업을 불신, 반대했던 사람들이 반트러스트법을 정치적으로 지지하곤 했고, 이 법이 시장지배적 기업의 경쟁제한적 행위를 효과적으로 억지할 수 있을 것이라는 기대가 높았다. 셔먼법은 이러한 행위를 인식, 금지하기 위해 '독점화(monopolization)'라는 개념을 사용했다. 의회는 '거래 제한'과 마찬가지로 보통법 체제에서 예전부터 있었던 용어를 차용했다.

독점화 논리는 이해하기 쉽다. 독점은 경쟁의 반대되는 개념으로 인식하기 쉽다. 따라서 이러한 개념을 연장하면 독점금지는 경쟁보호와 등치시킬 수도 있다. 그러나, 경쟁을 통해서도 독점이 형성될 수 있음을 인식함에 따라 셔먼법 제정자들은 독점 자체를 금지하지 않고 독점에 이르는 과정에 초점을 두어 경쟁에서 승리하는 것 이외의 방법으로 독점을 달성하려는 행위를 금지하기로 결정했다. 이들은 법원으로 하여금 합법적인 독점과 위법한 독점화 행위를 구분하는 임무를 부여했다. 이러한 방식으로, 이미 존재하고 있거나 '합법적인(legitimate)' 경쟁으로 형성된 독점은 셔먼법의 영향을 받지 않게 되었다.

법원은 결국 독점화 행위에 적용할 일반 '규칙(rule)'을 고안해 냈다. 이에 따르면, 독점화는 기업이 특정 시장에서 독점력을 보유하고 있는 상황에서 이를 유지, 확대하기 위해 '배제적 행위(exclusionary conduct)'를 할 경우 인정된다. 여기서 '독점력(monopoly power)'란 일반적으로 시장 가격에 상당한 정도의 영향을 미칠 수 있는 힘을 의미한다. 법원은 약탈적 가격설정(predatory pricing), 거래거절(refusal to deal), 지적재산권을 활용한 경쟁 방해 등 몇몇 독점화 행위 유형을 발견해 냈다.

약탈적 가격설정에 관한 법리는 많은 교훈을 주는데, 이는 단순히 셔먼법

집행이 여기에 초점을 맞추었기 때문만은 아니다. 약탈적 가격설정에 관한 기본적 생각은, 사업자가 경쟁자를 시장에서 축출하고 시장가격을 '경쟁가격(competitive price)' 이상, 즉 경쟁자가 있을 경우 책정했을 가격 수준 이상으로 설정하기 위해 자신의 제품을 비용 이하의 가격으로 판매할 경우 경쟁제한성이 인정된다는 것이다. 고전 반트러스트법 기간 동안에는 약탈적 가격설정에 대해 상당한 우려가 있었고, 시장지배적 기업이 이러한 행위를 할 수 있다는 점을 의심했던 사람은 거의 없었다. 시장지배적 기업은 약탈적 가격설정을 할 인센티브를 갖고 있었고, John D. Rockefeller의 Standard Oil 트러스트와 같은 유명한 기업이 실제로 이러한 행위를 추구했던 것과 같은 사실적 증거도 있었다.[13)]

법원은 수십 년간의 노력에도 불구하고 독점화에 관해 일관되고 현실에 적용될 수 있는 법원칙들을 발전시키지 못했다.[14)] 독점화에 관한 규범의 모호성, 독점화 사례에 관한 소제기시 발생할 비용과 법률적 위험으로 인해 많은 독점화 사례들이 축적되지 못했다. 부분적으로 이런 이유들로 인해, 거의 대부분의 국가들이 시장지배적 기업의 행위에 관한 미국의 접근방식을 받아들이지 않았고, 시장지배적 지위의 남용이라는 개념을 더 선호했다. 그럼에도 불구하고 독점화에 관한 법은 미국 반트러스트법 전반에 대한 정치적 지지 제고에 매우 중요한 역할을 했다. Standard Oil 트러스트, 보다 최근의 Microsoft와 같이 시장지배적 기업들의 행위를 규제하는 사례들은 널리 대중의 관심을 끌었던바, 이로 인해 대중들은 반트러스트법을 적극적으로 집행해야 한다는 점을 보다 확신하게 되었다.

e. 경제력 집중; 기업결합과 반트러스트법

경제력 집중 심화는 시장지배적 지위로 이어져 경쟁제한과 유사한 결과를 초래할 수 있다. 셔먼법 제정자들은 기업결합을 규제 대상에 포함시키지 않았지만, '거대 사업자(big business)'가 미국의 정치 · 경제 발전에 막대한 영향을

13) John S McGee, 'Predatory Price Cutting: The Standard Oil (N.J.) Case' (1958) 1 J Law & Econ 137 and Bruce Bringhurst, '*Antitrust and the Oil Monopoly: The Standard Oil Cases, 1890-1911* (Westport, Connecticut 1979) 참조.

14) 예컨대 Einar Elhauge, 'Defining Better Monopolization Standards' (2003) 56 Stan L Rev 253-34 참조.

미치고 이에 '뭔가 조치를 취해라(do something)'는 여론이 비등해짐에 따라 1914년 기업결합에 관한 규제를 추가했다.[15] 미국 반트러스트법에서 셔먼법 다음으로 주요한 법인 클레이튼법(Clayton Act)은 기업결합에 대한 규제를 시도했지만, 이전까지 경제력 집중으로 인한 해악을 규제하기 위해 법을 활용해 본 경험이 없었고, 사업자들은 거래구조를 변경함으로써 클레이튼법 적용을 쉽게 회피할 수 있었으므로, 이 법은 수십 년 동안 거의 적용되지 못했다. 1950년 클레이튼법의 규제상 헛점이 보강되어 사실상 모든 유형의 기업결합이 이 법의 적용을 받게 되었다. 그럼에도 불구하고 기업결합에 대한 법집행은 활발하지 못했는데, 이는 정부 관료들이 기업결합에 관한 충분한 정보를 갖지 못했고, 규제 여부에 관한 정보를 습득했을 때에는 이미 기업결합이 종료한 상태였으므로 시정조치를 부과하기에 어려움이 있었고 많은 비용지출을 수반했기 때문이다. 이러한 문제에 대처하기 위해 Hart-Scott-Rodino Pre-merger Notification Act of 1976이 제정되었다. 이 법은 대규모 기업결합의 당사자들에게, 동 기업결합의 효력 발생 이전에 이에 관한 정보를 연방정부에 보고할 의무를 부과한다.[16] 고전 반트러스트법 기간 동안 국경을 넘는 기업결합은 거의 없었다. 당시 기업결합 규제의 주된 관심사는 무엇이 미국의 정치·경제에 적합한가였을 뿐, 미국 밖의 상황에 어떤 영향을 미칠 것인지에 대해서는 거의 관심이 없었다.

다른 반트러스트법 영역에 관한 법과 비교해서 기업결합 규제에는 적어도 다음의 두 가지 중요한 차이점이 있다. 첫째, 사인이 소를 제기하는 것이 제한되어 있어서 법원의 역할도 상당히 제한되어 있다는 점이다.[17] 기업결합 분야에서는 사인보다는 반트러스트법을 집행하는 공적 기관이 문제를 제기할 가능성이 더 높으므로, 이 분야에서는 공적 기관의 기업결합 및 관련 규제에 대한 해석이 훨씬 더 중요하게 된다. 둘째, 클레이튼법은 기업결합의 경쟁제한성 여

15) Clayton Act: 15 USC sec 18. Letwin, *supra* note 1, at 270-78; and Hovenkamp, *supra* note 1, at 236-38 참조.

16) 예컨대 Joe Sims & Deborah P Herman, 'The Effect of Twenty Years of Hart-Scott-Rodino on Merger Practice: A Case Study in the law of Unintended Consequences Applied to Antitrust Legislation' (1997) 65 Antitrust L J 865, 869-80 참조.

17) Spencer Weber, 'Prosecution by Regulation: The Changing Nature of Antitrust Enforcement' (1998) 77 Or L Rev 1383 참조.

부를 판단함에 있어 '맹아 기준(incipiency standard)'를 적용한다. 이에 따라 경쟁을 상당히 제한할 수 있거나, 독점이 형성되는 방향으로 향하는 경향이 있다고 인정되는 기업결합이 금지될 수 있다.[18] 클레이트법 규정에 따라 정부 관료들과 법원은 기업결합으로 형성되는 시장 구조뿐만 아니라 경제력이 집중되는 '경향(trend)'의 관점에서 당해 기업결합이 초래할 결과를 평가해야 한다. 그러므로 법원의 결론은 경제력 집중이라는 보다 더 넓은 관점에서, 문제되는 기업결합이 어떤 결과를 가져올 것인지에 대한 판단에 따라 좌우된다. 이처럼 기업결합에 대한 심사 관점은 사법적 관점과 소송 절차를 통해 어느 정도 걸러지기는 하지만 기본적으로는 광범위하고 모호한 경제적 평가이다. 기업결합 심사에서는 당연위법 원칙이 적용되지 않는다. 이와 같은 기업결합 규제의 특징은 미국 반트러스트법에 관한 일반적 설명이 기업결합 규제에서는 적용될 수 없음을 의미한다. 미국 밖의 관찰자들은 이러한 점을 간과하곤 한다.

경제력 집중 이슈가 1950년대와 1960년대에 많이 논의됨에 따라 법원은 이 이슈에 민감하게 반응했고, 경제력 집중 증대로 미국 경제와 사회의 기본 구조에 많은 변화가 발생함에 따라 기업결합 규제에 대한 관심도 증대되었다. 한 기업이 전국이나 지역에서 1위 사업자가 되기 위해 다수의 소규모 기업들(이들은 종종 특정 지역에 기반을 두고 있었다)을 매수하는 과정에서 기업결합이 빈발했다. 많은 지역의 소매 아웃렛들의 숫자가 감소했고, 이는 광범위한 도로 건설과 결합해 오늘날 미국인들의 생활패턴이 된 교외화(suburbanization)를 촉진했다. 이런 기업결합은 또한 지역 기반 사업자들의 시장지배력을 약화시켰고, 이에 많은 사람들은 이러한 변화를 두려워하고 반대했다. 이런 우려는 1960년대 동안 행정·사법 영역에서의 기업결합 규제에 지배적인 영향을 미쳤다.

세 가지 유형의 기업결합들, 즉 수평, 수직, 혼합 기업결합에 관한 규제가 각각 발전해 온 양상은 미국 경제 구조의 근본적 재편과 이에 수반하는 사회적 변화라는 상황적 배경에서 검토되어야 한다. 이 각 발전은 세계 시장과는 아무런 연관을 맺지 않고 이루어졌다.

법원과 논평가들은 경쟁 사업자들 간의 수평적 기업결합이 경쟁제한적 효

---

18) 15 USC Sec 18.

과를 가져올 수 있다는 점을 쉽게 인식할 수 있는데, 이는 수평적 기업결합이 기존 경쟁을 직접적으로 소멸시키기 때문이다. 따라서, 문제는 수평적 기업결합이 경쟁을 소멸시키는지 여부가 아니라 '얼마만큼의(how much)' 경쟁이 소멸되는지였다. 1960년대 법원은 수평적 기업결합으로 시장점유율이 조금이라도 증가하면 이를 금지하려는 입장을 취했는데, 이는 시장점유율의 상승이 시장구조를 더욱 집중시키는 추세를 나타낸다고 생각했기 때문이다.

수직적 기업결합에 관한 문제는 수평적 기업결합과는 달랐다. 제조업자와 소매업자 사이의 기업결합에서 발생하는 경쟁제한성은 수평적 기업결합만큼 명확하지 않다. 법원과 행정부는 수평적 합의와 동일한 분석방법에 따라 정량적 관점에서 경쟁을 인식했고, 그 결과 시장에서 경쟁 사업자가 감소됨으로써 경쟁 자체가 저해된다는 견해를 취했다. 이는 경쟁제한성을 시장 구조적 관점에서 판단하는 것이다. 제조업자가 유통업자를 인수하는 기업결합의 경우, 제조업자가 속한 시장에서 경제력 집중이 촉진되고, 유통단계에서의 경쟁의 총량이 감소한다. 이러한 효과들 중 어느 하나라도 시장구조를 더욱 집중시키는 경향이 있다고 판단될 경우, 이러한 수직적 기업결합은 금지될 수 있다.

이른바 '혼합(conglomerate)' 결합이라 불리는 세 번째 유형의 기업결합은 결합 당사자들 사이에 아무런 경제적 관계가 없는 기업결합을 의미하는데, 그 규제에 대해서도 수평적 기업결합과 동일한 논리가 적용되었다. 혼합결합은 1960년대에 활발히 이루어졌다. 규제 당국과 법원은, 혼합결합으로 인해 결합 당사자들의 시장지위나 역량이 상당한 수준으로 제고될 경우 경쟁제한성을 인정할 수 있다고 판단했다. 물론 이러한 논리가 법원으로부터 최종적으로 승인되지는 않았지만, 1960년대와 1970년대 초반에 이러한 논리에 따라 혼합결합을 금지하면 어떠한 결과가 초래될 것인지에 대한 많은 우려가 있었다.[19)]

행정부와 법원은 1970년대 중반까지 국제적 상황을 거의 고려하지 않고 기업결합에 관한 규제 방안을 발전시켜 왔다. 당시까지 미국에 대한 외국인 직접 투자는 거의 없었고, 미국 기업이 다른 나라의 회사를 인수하는 것이 당시 초국가적 기업결합의 통상적인 모습이었다. 1970년대 들어 경제 상황이 급변하여 외국 자본이 미국 경제에 투자하게 되고 미국 기업이 기업결합의 대상이

19) 1960년대 혼합결합에 대한 분석에 대해서는 통상 Patrick A Gauhan, *Mergers, Acquisitions, and Corporate Restructuring* (4th edn Hoboken, New Jersey 2007) 40-47 참조.

되는 경우가 빈번해지자, 기업결합에 관한 규제 방향도 근본적으로 재설정되었다. 미국 반트러스트법을 참조하는 다른 나라들은 미국의 기업결합 규제가 이러한 특유한 경제·사회적 요소들에 의한 영향을 받았다는 점을 간과하곤 한다.

4. 반트러스트의 역학관계: 법적용과 집행

국제적 측면에서 미국 반트러스트법의 역할은 실체 규범의 내용뿐만 아니라 미국 반트러스트법 내부의 역학관계에 의해서도 영향받는다. 반트러스트법에 관한 결정들은 여러 이론, 기관들, (반트러스트) 공동체, 사고패턴들의 상호작용의 영향을 받는다.[20] 여기에서 핵심이 되어야 할 물음은 '누가 어떤 방식으로 반트러스트에 관한 결정들에 영향을 미칠 수 있는가'이다. 이 이슈들은 단순히 미국에만 적용되는 것이 아니고 모든 나라의 경쟁법 체제를 제대로 이해하는데 필요한 핵심 요소임이 분명하지만, 다른 나라의 관찰자들은 종종 개별 구체적인 사례들만 살펴보고 이를 통해 자신들이 발견했다고 생각한 '법칙'에만 몰두한다. 그 결과 미국 밖의 관찰자들은 미국 반트러스트법에 관한 결정이 어떻게 내려졌는지 제대로 알지 못하고, 결정의 배경이 된 요소들의 중요성을 제대로 인식하지 못하거나 이에 대해 근거없이 추정(이는 실제 상황을 심각하게 오도할 수 있다)하곤 한다.

미국 반트러스트법 체제를 구성하는 조직의 기본 골격은 1914년 연방거래위원회(Federal Trade Commission－FTC)가 추가된 것을 제외하고는 반트러스트법 도입 이후 별다른 변화가 없었다. 법원은 여전히 반트러스트법에 관한 주된 결정을 내리고 있는바, 이러한 결정은 경쟁법의 특성을 고려한 맞춤형 절차가 아닌 민형사 소송에서 활용되는 일반 소송 절차에 따라 이루어지고 있다. 또한 사인에 의한 소송이 매우 중요하다. 따라서 이하에서는 현대화 시기(modern period)에 중요한 변화가 발생한 부분을 제외하고는 현재 시제를 사용해 반트러스트 영역의 역학관계를 간략히 언급하기로 한다.

---

20) 법체제의 역학관계 개념에 관한 논의에 대해서는 David J Gerber, 'System Dynamics: Toward a Language of Comparative Law' (1998) 46 Am J Comp L 719 참조.

a. 법집행: 공적 집행과 사적 집행

미국 반트러스트법이 서로 다른 두 개의 메커니즘에 의해 집행된다는 점은 매우 두드러지는 특징이다. 하나는 정부의 행정 기능을 활용하는 반면, 다른 하나는 일반 법원을 통한 사적 소송을 활용한다. 이 두 메커니즘간 상호작용은 미국 반트러스트법 체제 작동에 중요한 방식으로 영향을 미치고, 각 메커니즘의 의사결정을 좌우하기도 한다. 미국을 제외한 일반적인 경쟁법 집행 방식은 행정부의 공적인 법집행이다. 전세계 대부분의 법제에서 공적 행정 조직은 경쟁법을 집행할 전속적인 임무를 부담하고, 사적 소송은 아예 허용되지 않거나 (설령 허용된다고 하더라도) 그 비중이 높지 않다. 이로 인해 다른 나라의 관찰자들은 미국 반트러스트법 집행에서 사적 소송이 수행하는 역할 및 그 중요성을 간과하고, 사적 소송이 공적 집행 및 법원 의견에 어떤 영향을 미치는지 제대로 이해하지 못하곤 한다. 그 결과 다른 나라의 관찰자들은 미국 반트러스트법에 대해 왜곡된 시각을 갖고 이에 터잡아 (자국 경쟁법과) 잘못된 비교를 하기에 이른다.

이러한 역학관계는, 미국 반트러스트법의 공적 집행이 상호 독립되어 있으면서도 가끔은 상호 경쟁관계에 있는 두 개의 연방기구에 의해 집행된다는 사실로 인해 더욱 복잡해진다. 두 연방기구 중 하나는 미국 행정부의 일부로서 정치적 영향에서 완전히 자유롭지 못한 법무부이다. 앞서 살펴본 바와 같이 법무부는 반트러스트법을 직접 적용할 수 없으므로 일반 법원에 소를 제기해야 한다. 법무부는 행위의 경중, 사업자의 의도 등 다른 요소들을 고려해 민형사 소송을 선택하여 제기할 수 있다. 따라서 법무부는 법집행 목적 달성을 전적으로 법원에 의존할 수밖에 없게 되고, 이로 인해 법원의 권한과 역할의 중요성이 더욱 제고된다. 다른 연방기구는 연방거래위원회이다.[21] 연방거래위원회는 독립된 기관이긴 하나 의회로부터 예산을 확보해야 하므로 역시 정치적 영향에서 완전히 자유롭지는 못하다. 연방거래위원회는 직접 행정 명령을 발할 수

21) 이에 관한 전반적인 논의에 대해서는 Mark Winerman, 'The FTC at Ninety: History Through Headlines' (2005) 72 Antitrust L J 871; idem, 'The Origins of the FTC: Concentration, Cooperation, Control, and Competition' (2003) 71 Antitrust L J 1; and Robert A Katzmann, *Regulatory Bureaucracy: The Federal Trade Commission and Antitrust Policy* (Cambridge, Massachusetts 1980) 참조.

는 있지만, 법원이 (절차적 정당성을 넘어) 당해 명령의 실체적 당부까지 판단할 수 있으므로, 역시 일반 법원에 법집행 목적 달성을 의존할 수밖에 없다. 연방거래위원회는 어떤 시점에는 반트러스트법을 집행하는 중요한 역할을 하기도 하지만, 그렇지 않은 기간에는 법무부에 비해 미미한 역할을 해 왔다.

사적 집행은 이상과 같은 공적 집행 메커니즘과 병행하여 작동하는데 동일한 실체법 원칙이 적용되고, 동일한 법원이 활용되며, 대부분의 경우 절차 역시 동일하다.[22] 반트러스트법의 공적 집행과 사적 집행은 많은 지점에서 상호 작용하고 다양한 방식으로 상호 영향을 미친다. 예를 들면, 공적 집행을 담당하는 기관이 어떤 행위에 대해 문제삼지 않기로 결정했는데 사적 소송을 통해 반트러스트법 위반을 인정받기는 현실적으로 쉽지 않다. 법원 역시 공적 집행을 담당하는 기관의 결정 이후 제기된 사적 소송에서 반트러스트법 위반을 인정하는데 소극적인 경우가 종종 있는데, 이로 인해 사적 소송이 억제된다. 반대로 공적 기관이 특정 행위 유형 규제에 역량을 집중하면 사적 소송 역시 (법원이 당해 행위 유형에 대한 규제에 반대하는 결정을 내릴 때까지) 증대될 가능성이 매우 높다.

공적 집행과 사적 집행은 상호 영향을 주고받는다. 즉, 사적 집행이 공적 집행에 영향을 미치기도 한다. 예를 들어, 경쟁당국의 관료들은 사적 집행으로 인해 반트러스트법 발전에 관한 의제를 전적으로 통제하는데 제약을 받는다. 개인은 소송 비용 및 소송을 통해 얻을 수 있을 것으로 예상되는 이익을 주관적으로 형량하여 사적 소송의 제기 여부를 결정한다. 이처럼 사적 소송의 제기 여부는 공적 집행을 담당하는 경쟁당국 관료들의 전략과 무관하게 결정되므로, 경쟁당국이 경쟁법 집행에 대한 전적인 혹은 주된 책임을 지는 다른 나라와 달리, 미국에서는 경쟁당국 관료들이 특정 유형의 주장을 발전시키거나 특정 유형의 사례에 법집행 역량을 집중하더라도 그 효과는 제한적이다.

이상의 요인들 기타 다른 사유들로 인해 일반 법원은, 다른 나라의 법원들

22) 전반적으로 Clifford A Jones, *Private Enforcement of Antitrust Law in the EU, UK and USA* (Oxford 2005) and Herbert Hovenkamp, *The Antitrust Enterprise: Principle and Execution* (Cambridge, Massachusetts 2005) 57-77. For comparative analysis, see David J Gerber, 'Private Enforcement of Competition Law: A Comparative Perspective' in Thomas Mollers & Andreas Heinerman (Eds), *The Enforcement of Competition Law in Europe (The Common Core of European Private Law)* (Cambridge 2007) 참조.

이 경쟁당국의 결정을 행정 절차적 측면에서 적법성을 갖추었는지 여부만을 검토하는 것에 비해, 상대적으로 더 핵심적인 위치에서 반트러스트법의 발전과 작동에 관여하게 된다. 미국 법원은 단순히 경쟁당국을 견제하는 제한적인 역할에 머무르지 않고, 반트러스트법 체제의 핵심으로서 법의 내용을 결정하고 법원칙과 규칙을 확립하는데 주된 역할을 한다. 법원의 결정은, 경쟁당국에 의한 공적 집행이든 사적인 법률가들에 의한 사적 집행이든 관계없이 경쟁법 집행을 시도하는 사람들의 의사결정에 주된 참고사항이 된다.

반트러스트법은 사적 소송을 장려하는 강력한 인센티브를 제시한다. 그 중 가장 중요한 것은 원고가 승소하면 법위반 행위로 입게 된 피해뿐만 아니라 실제 피해의 3배에 해당하는 금액까지 배상받을 수 있도록 한 조항이다. 이러한 3배 배상 조항은 특히 사적 소송을 독려하기 위해 고안된 것으로서 오랜 기간 동안 반트러스트법 집행 방식을 결정하는데 핵심적인 역할을 했다.

미국 법조 직역의 공격적 성향 및 미국의 소송 문화도 사적 집행 메커니즘의 핵심 요소들이다. 사적 집행이 효과적으로 기능하기 위해서는 공격적으로 사적 소송을 제기하려는 의지와 능력을 갖춘 변호사들이 충분해야 한다. 미국 법률가들 조직, 정치적 역할, 직업적 특징으로 인해 사적 소송의 기회뿐만 아니라 이를 활용하려는 인센티브가 생성되었다. 법률가들은 소송을 장려하고 이를 용이하게 하는 방식으로 조직화되어 있다. 예를 들면, 다수의 '소속(associate)' 변호사들과 '법률지원인(paralegal)'(기본적인 법률 지식을 보유하고 있으면서 일정 유형의 자료 수집 기타 업무를 수행할 수 있도록 허락된 사람들)들이 대규모의 팀을 구성해 대단위의 협업에 신속히 투입될 수 있다는 점뿐만 아니라, 고객이 반트러스트 소송에서의 결과에 따라 보수를 지급하게 되는 성공보수금 조건을 활용할 수 있다는 점이 이에 해당한다.[23)]

마지막으로, 사회적 분위기도 일정한 역할을 한다. 미국에서 소송, 특히 기업간 소송은 흔히 발생하는 일로 문화적으로 널리 승인되고 있다. 소송 과정에서 많은 비용을 지급하는 것 역시 (불만이 없는 것은 아니지만) 일반적으로 받아들여지고 있다. 더욱이, 경쟁 과정은 높은 가치를 인정받고 있다. 즉, 경쟁

---

23) 성공보수금 조건(대륙법 체제에서는 'pacta de quota litis'라는 말로 알려져 있곤 하다)에 따르면, 원고측 변호사는 승소할 경우 승소 금액의 일정 비율에 상당하는 금액을 지급받게 되는 반면, 패소할 경우에는 아무런 보상도 받지 못하게 된다.

과정을 보호해야 한다는 명제는 상당한 정치적 지지를 받고 있다. 이로 인해 사적 반트러스트 소송이 장려된다.

다른 나라의 관찰자들은 이와 같은 미국의 독특한 법집행 메커니즘, 법체제 내의 결정에 영향을 미친 요소들을 간과한 채 미국 반트러스트법을 모델로 원용하곤 한다. 미국 반트러스트법 집행의 역학관계는 거의 전세계 국가들과 상당히 다르므로, 이에 대한 고려 없이 미국의 실체법을 따르거나 절차를 도입하면 어떤 결과가 될 것이라고 주장하는 것은 실질적으로 근거없는 것이다.

b. 절차: 일반 소송 절차에 의한 법집행

미국 반트러스트법이 일반 법원을 통해 집행되어야 하고, 사적 소송에서 활용되는 절차법이 공적・사적 집행을 불문한 반트러스트 소송에 적용됨으로 인해, 반트러스트법의 집행은 일반 법원의 일반 소송 절차에 따라 이루어질 수밖에 없다. 반트러스트 소송 절차는 반트러스트법에 맞춰 특별히 고안된 절차가 아니다. 반트러스트 소송 절차는, 전형적으로 계약서 해석에 관한 분쟁이나 부동산에 관한 분쟁이 다루어지는 일반 사적 소송 절차에 따라 진행되지만 공공 정책의 집행을 추구한다는 점에서 일반 사적 소송과는 근본적으로 상이한 목표를 추구하고 있다. 이는 반트러스트 소송 절차들이 반트러스트법과 무관한 이슈에 의해 변할 수도 있고, 이러한 변화로부터 상당한 영향을 받을 수 있음을 의미하기도 한다.

예를 들면, 1940년대 이후 이른바 '증거개시 권한(discovery rights)'이 극적으로 확대되었는데, 이로 인해 소송 당사자는 상대방 당사자, 나아가 경우에 따라 사건 당사자가 아닌 제3자에게까지 광범위한 정보를 요구할 수 있게 되었다. 원칙적으로, 각 당사자는 특정 정보가 법원이 받아들일 수 있는 다른 정보를 확보할 수 있게 할 것이라는 점이 합리적으로 기대되는 한 어떤 정보라도 제공해 줄 것을 요청할 수 있다.[24] 이러한 절차적 변화는 반트러스트 소송 범위를 엄청나게 확대했고 실체법 내용까지 변화시키기에 이르렀다. 이러한 절차적 변화는 또한 경제학적 분석의 중요성을 결정적으로 제고하는데 중대하게 기여했다. 나아가 판사들이 사실관계에 관한 주장을 평가하는 방식에도

24) 이에 관한 논의에 대해서는 예컨대 Geoffrey C Hazard Jr, 'From Whom No Secrets are Hid' (1998) 76 Tex L Rev 1665 참조.

영향을 미쳤고, 사실관계의 미묘한 변화에 따라 결론이 달라지거나, 사실관계를 매우 중시하는 법률 이론이 발전하게 되었다. 이런 변화는 또한 경쟁법 소송을 훨씬 더 복잡하게 하고 더 많은 비용이 소모되도록 했다. 이런 상황들은 대부분의 다른 국가들과 극명한 대조를 이루는데, 이들 다른 국가들에서는 법원만이 특정 정보가 그 자체로 당사자의 주장을 입증하는 증거가 될 수 있다는 점에 대한 합리적 기대가 있는 경우에만 당해 정보의 제공을 명할 수 있다.[25)]

c. 반트러스트 공동체

미국 반트러스트 공동체의 특징은 법집행 기관들과 절차적 패턴들이 어떻게 상호작용하면서 의사결정에 이르렀는지를 이해하는데 필요한 또 다른 중요한 열쇠이다. 연방법원은 반트러스트 공동체가 미치는 다양한 영향들, 인센티브들, 압력들의 영향을 받을 수밖에 없다. 따라서 반트러스트 공동체 구조에 관한 보다 상세한 검토가 필요하다. 공동체 구성원은 누구인가? 공동체 내의 세부 그룹들은 어떻게 상호작용하는가? 공동체 내에서 누가 영향력을 미치고 있고 이를 강화, 약화시키는 요소들은 무엇인가? 본서는 이에 대한 간략한 분석을 위해 법률 실무가, 법관, 행정관료, 학자 등 직업적으로 반트러스트법과 관련된 모든 사람들을 이 공동체에 포함시키기로 한다.

반트러스트 공동체는 규모가 크고 지역적으로 분산되어 있다. 공동체의 규모는 반트러스트 소송의 수와 이에 수반하는 비용, 위험에 따라 결정된다. 공동체의 지역적 분산은 미국 영토의 크기와 주요 기업들의 본사들이 지역적으로 분산된 결과이다. 반트러스트 소송의 대부분을 차지하는 사적 소송은 미국 전역의 어느 연방지방법원에서도 개시될 수 있다.

그러나, 구조적 관점에서 반트러스트 공동체 내에는 중요한 공통 요소가 있다. 그 중 가장 중요한 것은 아마도 법률가들의 역할일 것이다. 반트러스트법 형성에서 소송이 차지하는 역할의 중요성과 관료주의 체제인 연방 정부의 채용 관행, 문화가 결합한 결과, 민간 영역에서 소송을 수행하는 변호사들이

---

25) 증거개시 절차에 관한 비교법적 관점에서의 논의에 대해서는 David J Gerber, '"Extraterritorial Discovery and the Conflict of Procedural Systems: Germany and the United States"' (1986) 34 Am J Comp L 745 참조.

핵심적 역할을 수행한다. 예를 들면, 미국 반트러스트법의 핵심 특징이 사적 소송임을 고려할 때, 소를 제기, 유지하는 변호사들은 반트러스트법 체제에서 중심적 역할을 하게 된다. 사실상 모든 법관들, 교수들, 행정부 관료들이 변호사 출신으로서 관련 실무를 수행한 바 있으므로 변호사들의 역할은 더욱 중요해진다. 다른 나라들의 상황은 미국과는 사뭇 달라서 경쟁법 공동체 내의 전문가들의 영역은 엄격히 구분되어 있는데, 예컨대 변호사들은 공적 소송과 사적 소송을 수행하는 변호사로 구분되고, 변호사들, 법관들, 행정 관료들 역시 상호 구분되어 있고 직역간 교류는 거의 없다. 그러나, 미국에서는 이런 구분이 아예 존재하지 않거나 (설령 존재한다고 하더라도) 그로 인한 영향은 극히 미미하다. 마지막으로 반트러스트법 영역의 법률가 출신 고위직 관료들은 대부분 현직으로 임명되기 전까지 반트러스트법 실무에 종사했었고, 퇴직 이후 민간 영역으로 돌아가 관련 실무를 수행하는 것이 통례이다. 이런 이유들 기타 다른 이유들로 인해 법률 실무가들의 이해관계, 관점, 가치관은 반트러스트법 체제에서 중심적인 역할을 한다.

법무부와 연방거래위원회의 고위직 관료들 역시 반트러스트 공동체 내에서 일정한 지위를 갖고 있긴 하나, 그 지위는 경쟁법이 확립된 다른 나라와는 상당한 차이가 있다. 미국 행정부 내 고위 관료가 그 직위에서 오랜 기간 동안 근무하는 사례는 거의 없다. 심지어 보장된 임기 중에도 정치적 압력에 직접 노출되는 경우도 있다. 나아가 이미 살펴본 바와 같이, 이들 대부분은 임명되기 이전에 대형 법률사무소에서 근무했고, 몇 년간의 공직 근무를 마치면 다시 민간영역으로 복귀하여 관련 실무에 종사한다. 반면, 예를 들어 일본과 독일의 경우 독일 연방 카르텔청(German Federal Cartel Office)이나 일본 공정취인위원회(Japanese Federal Trade Commission) 소속 공무원들은 정부 조직에서만 커리어를 쌓으며 광범위한 경험을 축적하고 외부로부터의 정치적 압력으로부터도 보호받는 것이 보통이다.

고전 반트러스트법 기간 동안, 전반적으로 로스쿨 교수들이 반트러스트 공동체에서 주된 역할을 해 왔다. 이들 중 일부는 서면 작성, 주요 로펌이나 반트러스트법 집행 기관에 대한 자문을 통해 Washington의 반트러스트 정책 그룹을 주도해 왔다. 나머지 더 많은 숫자의 교수들은 자신들이 근무하는 곳에서 원고나 교재를 집필하거나, 소송에서 전문가 증인으로 증언하고 근무지 근처에서 진행되는 반트러스트 소송에서 변호사들과 고객들에게 자문해 왔다. 이에 비해 경제학자들은 전반적으로 그 수가 많지 않았고, 영향력도 미미했다. 이들은 제2차 세계대전 이후 법집행 기관 내에서 이전보다 주도적인 역할을 하긴 했지만, 1970년대 법경제 혁명 이전까지는 반트러스트 공동체를 주도하진 못했다.

이러한 초기 기간 동안 미국 반트러스트 공동체는 국제적 이슈들에 거의 관심을 갖지 않았다. 이후 살펴보듯 미국은 경쟁법 분야를 항상 선도했고 미국 이외에 실질적인 경쟁법 경험을 보유한 국가는 거의 없었다. 더욱이 외국 기업들이 미국에서 사업활동을 하는 것도 매우 드물었으므로 법률 실무에 종사하는 사람들이 국제적인 이슈들에 신경쓸 인센티브도 없었다. 이처럼 미국 반트러스트 공동체는 외국으로부터의 영향에서 자유로웠었다.

5. 혁명 이전의 고전 반트러스트 체제

이러한 '고전' 반독점법 체제는 1970년대까지, 비록 이전처럼 열정적으로 추진되진 않았지만, 미국에서 활동하는 기업이 고려해야 할 법률 환경의 중요한 일부분이었다.[26] 대기업들은 자신들의 의사결정이 반트러스트법상 어떤 결과를 초래할 것인지 알기 위해 변호사들에게 많은 비용을 지출해야 했다. 반트러스트법 위반으로 제재를 받을 가능성이 비교적 높은 상황에서 전문가 도움 없이 제대로 된 분석을 하기는 어려웠고, 반트러스트 소송에 연루될 경우 엄청난 비용지출이 발생하고 기업활동이 상당히 제한될 위험이 있었다. 특히 수십 년 동안 당연위법 원칙의 적용 범위(이는 특히 수직적 거래관계에서 두드러졌다)가 확대됨에 따라 공적 집행 기관이나 사인이 반트러스트 소송에서 승소할 가능성이 상당히 높아졌다. 반트러스트 이슈는 일부에게는 과도할 정도로 중요한 문제가 되었다. 그러나, 이런 상황은 곧 바뀌게 되었다.

---

26) Richard Hofstadter, 'What Happened to the Antitrust Movement' in Richard Hofstadter, *The Paranoid Style in American Politics and other Essays 188-237* (Cambridge, Massachusetts 1964) 참조.

C. 미국 반트러스트의 변화: 법경제 혁명

1970년대에 접어들면서 미국 반트러스트법 체제에 일부 변화가 생겼고, 이는 미국 반트러스트법이 세계에서 수행하는 역할에 심대한 영향을 미쳤다. 그러나, 미국 반트러스트법 체제의 대부분은 종전과 동일하다. 따라서, 이러한 변화를 분명히 인식할 필요가 있는데, 이는 미국법 체제를 심도 깊게 이해하고 있지 않은 다른 나라의 관찰자들이 이러한 변화를 감지하기가 어렵기 때문이다. 미국 반트러스트법 체제의 핵심이라고 할 수 있는 셔먼법 및 기타 기본적인 조직적 · 절차적 특징은 그대로 유지되고 있다. 다만, 반트러스트법의 규범적 기초 및 그에 따른 실체법적 내용, 즉 반트러스트법의 목적과 내용에 관한 기본적 사고방식에 변화가 일어났다. 다른 나라의 많은 관찰자들은 이러한 변화의 범위 및 그 한계를 명확히 인식하지 못하고 있는바, 이로 인해 미국 반트러스트법에 대한 상당한 오해가 생기고, 이러한 오해는 국제경쟁법 발전에도 영향을 미치게 된다.

국제 정치 · 경제 구도의 극적인 변화는 반트러스트법에 관한 강력한 이론적 움직임과 결합해 반트러스트법 영역에서 가히 '혁명(revolution)'이라 부를 수 있을 정도의 근본적인 변화로 이어졌다.[27] 1970년대 초 오일쇼크로 인해 미국의 반트러스트법과 정책이 미국 내에서만 영향을 미친다는 생각은 완전히 설득력을 잃었다. 오일쇼크는 미국과 나머지 전세계 간의 경제적 관계에 변화를 가져왔다. 당시 미국 기업들은 안정적으로 유지되던 환율에 기반해 해외 사업을 하면서 많은 이익을 얻고 있었던바, 1974년 변동 환율제의 도입은 달러 가치의 급락으로 이어졌다. 이에 유럽과 일본 기업들은 미국에 대한 투자를 늘렸고, 미국 시장은 이후 10년간 외부로부터의 경쟁 압력에 노출되었다. 자동차 산업과 같은 미국의 주요 산업들은 이제 미국 내에서뿐만 아니라 외국으로부터의 경쟁에 직면하게 되었다. 유럽과 일본 기업들은 수십 년 동안 미국 소비자들에 대한 판매를 위한 경쟁 기회를 거의 갖지 못한 상태에서 발전해 왔는데, 1970년대 이러한 기회가 증대되자 여러 기업들이 이에 잘 준비되어 있음을 입증했

27) 전반적으로 John E Kwoka Jr and Lawrence J White, *The Antitrust Revolution: Economics, Competition, and Policy* (5th edn New York 2009) 참조.

다. 그 결과 미국 기업들 다수가 국제적 경쟁을 많이 의식하게 되었다.

1. 새로운 방향이 제시한 매력

반트러스트법이 주로 국내 문제만을 다룬다고 이해하는 한 별다른 문제점이 발생하지 않는다. 다른 법영역과 같이 반트러스트법 영역에서도 판례법 체제는 느리고, 부정확하며, 유연하게 작동한다. 물론 몇몇은 이런 미국 반트러스트법 체제를 비판해 왔다. 특히 1960년대에 반트러스트법 체제가 제대로 확립되지 못했다는 점, 충분한 예측가능성이 담보되지 않는다는 점을 지적하는 비판들이 있었다. 그러나 이런 문제제기들은 미국 기업들이 외국의 경쟁 사업자들과의 경쟁 압력으로부터 위기의식을 느끼기 전까지 충분한 정치적 지지를 얻지 못했다.[28)]

앞에서 살펴본 바와 같이 미국 기업이 처한 경제 상황이 급변함에 따라 반트러스트법에 대한 불만이 급증했다. 그 핵심은 미국 기업들이 자국의 반트러스트법으로 인해 과도한 비용부담을 지고 있다는 것이었다. 당시 대부분의 외국 경쟁기업들은 미국과 유사한 반트러스트 부담을 지지 않았고(일본), 경쟁법이 있는 경우에도 그로 인한 부담이 미국 기업들에게는 거의 알려지지 않았으므로(독일), 미국 기업들은 과거 어느 때보다도 강력한 어조로 자국의 반트러스트법으로 인해 국제적인 경쟁에서 밀리게 된다고 비판했다. 이들 주장에 따르면, 이들은 미국 반트러스트법으로 인해 세계 시장에서의 경쟁에 손해를 보고 있다는 것이다. 이런 불만들은 미국 경제정책이 국내상황보다는 세계 시장에서의 경쟁력 확보를 중시하는 방향으로 바뀌어야 한다는 인식 변화에 포함되는 것이었는데, 이런 인식 변화는 미국 반트러스트법 및 그 역할에 대한 문제제기로 이어졌다.

이와 같은 미국 반트러스트법에 대한 불만 표출 이후, 새롭게 등장한 이론은 법과 경제의 관계에 관해 정립된 논리를 활용해 기존의 반트러스트법의 목

---

28) 예컨대 Richard A Posner, 'A Program for the Antitrust Division' (1971) 38 U Chi L Rev 500; Donald F Turner, 'The Scope of Antitrust and Other Economic Regulatory Policies' (1969) 82 Harv L Rev 1207: and Milton Handler, 'Some Misadventures in Antitrust Policymaking Nineteenth Annual Review' (1966) 76 Yale L J 92 참조.

적, 수단에 관한 이론적 대안을 제시했다. 새 이론은 쉽게 활용할 수 있었고, 쉽게 이해할 수 있었으며, 상당한 설득력이 있었다. 십 년 이상의 기간 동안 소수의 대학들과 씽크탱크들은 이에 관한 고도의 발전을 이뤄냈다. 이러한 지적 발전은 여전히 과거의 지배적 견해를 신봉하는 사람들로 인해 1970년대까지 정부, 법원에 별다른 영향을 미치진 못했지만 외국으로부터의 경쟁 압력이 증대됨에 따라 급속도로 많은 반향을 불러 일으켰다. 이는 '법경제 혁명(law and economics revolution)'이었다.

법경제 혁명이 제시하는 핵심 명제는 두 가지이다. 첫째, 경제학이 반트러스트법의 근거가 되어야 한다는 것이다. 둘째, 경제학 중에서도 특정 유형의 경제학이 이 역할을 해야 한다는 것이다. 이 경제학 유형은 신고전주의 경제학(neoclassical economic theory)에 기반한 것으로서 통상 시카고 학파(Chicago School)로 불린다. 시카고 학파는 가격이론이라 불리우는 경제학 이론의 용어와 방법론을 활용해 특정 행위의 경쟁제한성 유무를 판단한다. 가격이론이란 명칭이 의미하듯, 시카고 학파는 특정 행위가 시장 가격에 어떤 영향을 미쳤는가에 초점을 맞춘다. 가격이론은 가격 인상이나 산출량 감소의 방지가 반트러스트법의 유일한 법목적이 되어야 한다고 주장한다. 반트러스트법에서 이런 이론을 따라야 하는지에 대해서는 경제학자들 사이에서조차 의견이 분분했지만, 그 기본적 이론 자체는 반트러스트법의 주류적 이론이 되었다.

이상과 같은 이론 도입으로 촉발된 반트러스트법의 기본 규범 및 방향의 구조적 변화는 미국의 법률적 사고 방식의 더 큰 변화의 일부로서 그 변화와 궤를 같이 함으로써 정치적 · 경제적 지지를 얻었다. 이러한 사고 전환은 초기 소수의 로스쿨에서 시작되었고 이후 많은 학자들에 의해 수용되어 많은 법 분야에 영향을 미쳤던바, 반트러스트법 분야는 그 시작점이었다. 많은 지지자들에게 이러한 사고 전환은 법과 경제에 관한 사고의 발전으로 이어지는 교두보 역할을 했으므로 특히 열성적으로 추진되었다.[29]

이러한 발전은 경제학 내부의 이론적 방향의 근본적 변화와 연계되어 있었다.[30] 제2차 세계대전 이후 수십 년 동안, 케인즈 학파(Keynesian)의 이론은

29) 법경제 혁명 운동에 관한 논의에 대해서는 Richard A Posner, *Economic Analysis of Law* (7th edn New York 2007) 참조.

30) 이에 관한 논의에 대해서는 Herbert Hovenkamp, 'The Rationalization of Antitrust' (2003)

많은 경제학자들에게 지도원리가 되어 왔다. 케인즈 학파는, 경제 성장과 안정을 위해 정부가 재정정책이나 이에 관련된 정책을 활용해 시장에 영향을 미쳐야 함을 강조한다. 1950년대와 1960년대의 기간 동안 경제학 및 반트러스트법에 막대한 영향을 미쳤던 또 다른 이론은 이른바 '하바드 학파(Harvard School)'로 알려진 이론이었다. 이 이론은 산업조직론으로 알려진 경제학 이론과 긴밀하게 연관되는 것으로서, 시장 구조, 즉 시장 참여자들 상호간의 구조적 관계에 주목하여 산출량을 예측하고 반트러스트 규범을 평가한다. 이에 따르면 반트러스트법은 시장의 경쟁을 소멸시키거나 시장 집중도를 높이는 방법을 통해 시장력(market power)을 형성, 제고하는 행위를 규제해야 한다는 것이다. 이 이론을 지지하는 학자들은 일반 원칙을 고안, 적용하기보다 사안에 따라 시장에 존재하는 세부적 특징을 강조하는 개별주의적 경향을 보인다.

반면, 1970년대에 널리 받아들여진 신고전주의 경제학은 일반적으로 적용될 수 있는 이론 발굴에 초점을 맞춘다. 신고전주의 경제학은 합리적 경제인을 상정하고 공식을 활용한 모델과 계량적 방법을 이용한다. 신고전주의 경제학의 득세로 경제학자들은 보다 정교한 이론적 도구를 얻게 되었고, 이를 활용하여 학계에서의 위치를 확보하고 사람들로부터 신뢰를 얻게 되었다.

법과 경제에 관한 시카고 학파는 위와 같은 원칙, 방법에 터잡아 형성되었고, 이를 활용하여 법이 시장에 어떤 영향을 미치는지 분석했다. 시카고 학파는 시장이 건전하고 '스스로의 정화작용을 통해(self-control)' 시장지배적 사업자의 시장지위를 제거할 수 있다고 믿었다. 이에 시카고 학파는 정부가 시장에 개입하면 전체적으로 해로운 결과가 초래될 것이라고 역설했다. 반트러스트법 영역에서 시카고 학파는 경쟁제한성 판단을 위해 가격 이론을 광범위하게 활용하는 입장을 취했다.

시카고 학파가 제시한 이론은 분명 놀랄 만큼 빠른 속도로 연방 법원과 미국 반트러스트법 공동체 전체를 지배하게 되었다.[31] 시카고 학파의 이론이 이처럼 빠르게 받아들여진 데에는 몇 가지 요인들이 있다. 첫째, 시카고 학파의

---

115 Harv L Revl Johan Van Overtveldt, *The Chicago School* (Chicago 2007); and Mark Skousen, *Vienna & Chicago, Friends or Foes?* (Washington DC 2005) 참조.

31) 반트러스트 영역에서 시카고 학파가 제시한 경제학적 사고의 영향력 증대에 관한 논의에 대해서는 Mark Allen Eisner, *Antitrust and the Triumph of Economic Institutions, Expertise, and Policy Change* (Chapel Hill, North Carolina 1991) 참조

이론은 그 자체로 매력적이다. 시카고 학파는 논리적으로 일관되고 이론적으로도 설득력 있는 반트러스트법 개념을 제공함으로써, 많은 사람들이 일관성을 결여하고 심지어는 상호 모순되기까지 하다고 생각했던 기존 반트러스트법의 목적, 가치, 수단을 대체했다. 기존의 고전적 접근방식은 유연성과 현실 적응성의 면에서 강점을 갖고 있었지만, 국제적 경쟁 압력이 급속히 증대됨에 따라 빠른 속도로 그 매력을 잃어 갔다. 법정책적 관점에서, 시카고 학파가 제시한 새로운 접근 방법은 정부 조치를 보다 정교하게 분석할 수 있게 하는 도구를 제공했다. 반트러스트법이 미국 기업들에게 과중한 부담을 지우고 있다는 비판이 비등함에 따라, 관료들, 학자들, 판사들은 기업들의 부담을 정당화하고 부당한 부담 철폐를 정당화할 수 있는 설득력 있는 이론을 모색했다. 경제학에 기반한 새로운 접근 방법은 이러한 필요에 잘 부합했다. 즉, 새로운 접근 방법은 논리적으로 더 일관될 뿐만 아니라, 실제로 반트러스트법의 다양한 영역에 존재했던 기존 규제를 감소시키는 데에도 기여했다. 따라서, 새로운 접근 방법은 강력한 기업들의 이해관계인들(특히 대기업 대표들), 유럽이나 일본 기업으로부터의 투자 유치에 더욱 관심을 갖게 된 미국 정부와 노조 지도자들에게 매력적으로 비춰졌다.

세 번째, 정치적 요소이다. Ronald Reagan 대통령의 재임기간 동안 '기업을 내버려 둬라(leaving business alone)'라는 구호는 정치적으로 많은 지지를 받았다. 이는 반트러스트법에서 불필요한 부분을 철폐하려 했던 법경제 혁명의 노력에 대한 제도적 지지로 이어졌다. Reagan 대통령 역시 전반적으로 새로운 접근 방식을 지지하는 다수의 법관들을 연방 법원의 판사로 임명했다. 정부의 시장 개입에 대한 반감에는 이념적인 요소도 있었는데, 이로 인해 정부의 경제에 대한 개입 축소를 정치적 소신으로 하는 많은 사람들이 새로운 접근 방식을 지지했다. 마지막으로, 이러한 변화는 많은 경제학자들에게 인센티브로 작용하기도 했다. 반트러스트법에서 경제학의 활용이 급증하면서 많은 경제학자들은 새로운 수입원을 얻게 되었던바, 실제로 반트러스트법에 관한 자문은 경제학자들에게 부수적 사업 활동이 되었다.

2. 반트러스트 법목적의 재정의

법경제 혁명을 지지하는 사람들은 반트러스트법이 판례법에서 도출할 수 있는 모든 가치들을 추구해야 한다는 고전적인 인식에 문제를 제기하며 반트러스트법의 법목적을 보다 좁혀야 한다고 주장했다.[32] 이들은 기존의 반트러스트법 목적에 관한 인식이 지나치게 모호하고 예측가능성을 주지 못한다고 평가한다. 더욱이, 기존 인식에 따를 경우 실제로는 경쟁촉진적인 행위까지 규제하게 되는 과도한 법집행의 우려도 있다고 본다. 이들은 고전적인 인식 대신 전적으로 신고전주의 경제학 기준에 따라 반트러스트법의 목적을 결정해야 한다고 주장하면서, 신고전주의 경제학이 의사결정에 관한 명확한 가이드라인을 제시하고 반트러스트법 자체의 일관성을 확보하는 수단이 될 것이라고 주장했다. 이들은 신고전주의 경제학이 경쟁촉진 행위를 규제하는 것을 방지할 수 있을 것이라고 주장했다. 이와 같은 근본적 사고 변화는 곧 법원에 의해 받아들여졌고, 이로 인해 반트러스트법의 내용 역시 직접적으로 변하게 되었다.

그러나, 반트러스트법의 목적에 관한 개념은, 단순히 경제학이 반트러스트법에 관한 결정의 유일한 근거가 되어야 한다는 명제보다 더욱 구체적이었다. 시카고 학파는 경제적 효율 증진과 신고전주의 경제학이 정의하고 있는 내용에 따른 '소비자 후생(consumer welfare)' 증대가 반트러스트법의 유일한 목적이 되어야 한다고 본다. 이 두 개념들은 모두 특정 행위가 가격, 산출량에 어떤 효과를 미치는지에 주목한다. 만약 어떤 행위가 시장 가격을 경쟁적 가격이나 '시장 청산적(market-clearing)' 가격 수준 이상으로 올리면 경쟁제한성이 추정된다. 반면, 어떤 행위가 이러한 가격 인상 효과를 발생시키지 않으면 경쟁제한적 행위로 인정되어서는 안된다. 특정 행위가 가격에 미치는 영향을 평가하기 위해 경제학 모델과 계량적 방법이 활용되는데, 이러한 접근 방법은 반트러스트법에 관한 결정에 있어 계산가능하고, 개념적으로 일관된 근거를 제공할 수 있으며, 적어도 경제학적 관점에서 경쟁촉진적 행위로 볼 수 있는 행위에 대한 규제를 막을 수 있다.

이와 같이 새롭게 정립된 이론의 세부 내용에 대해서는 1990년대까지 많

---

32) Robert Bork, *The Antitrust Paradox* (New York 1978)는 이에 관한 고전적인 논의를 담고 있다.

은 이견이 제기되었다. 그러나, 이런 반론들 역시 경제학이 반트러스트법의 목적과 핵심적 수단을 제공해야 한다는 시카고 학파의 기본적인 제안까지 문제 삼지는 않았다. 반론들은 대신 구체적인 반트러스트법 분석 과정에서 경제학을 어떻게 활용해야 하는가에 초점을 맞췄고, 일부 반론들은 나아가 가격 효과에 관한 분석이 유일한 이슈가 되어야 한다는 기본 주장에 문제를 제기했다. 반론들 중 일부는 시카고 학파의 접근방식을 뒷받침하는 경제적 합리성 개념에 대해 문제를 제기했다. 이들은 경제학자들이 소비자 후생 기준을 적용하는 과정에서 의존하고 있는 합리적 행동 모형이 지나치게 편협한 것이라고 주장했다. 게임이론(game theory)이나 이른바 '행동 경제학(behavioral economics)'과 같은 경제분석 이론들이 이런 주장에 터잡아 새롭게 제시된 이론들에 해당한다. 게임이론은 합리적 경제인이 독자적으로 의사결정을 하는 대신 타인의 행동으로부터 시사점을 얻고 이에 터잡아 합리적으로 어떻게 반응하는지와 같은 요소들을 고려해야 한다고 주장한다.[33] 비교적 최근에 형성되고 있는 행동 경제학은 경제적 합리성 이외에도 심리적 요소 및 이에 관련된 요소들이 기업 행동에 어떤 영향을 미치는지 연구한다.[34]

또 다른 유형의 반론은 시카고 학파가 채택하고 있는 반트러스트법의 목적에 대해 이견을 제시한다. 이 견해는 철저히 경제학적 관점을 취하기는 하지만 소비자 후생 분석과는 근본적으로 상이하다. 이 견해를 가장 열렬히 주창하는 사람은 저명한 기업 경제학자인 Michael Porter이다. 그는 시카고 학파가 추구하는 효율성이 경제에서의 경쟁의 본질과 역할을 과도하게 좁히고 있다고 주장한다. 그에 따르면, 반트러스트법은 경제적 생산성을 증대하는데 활용되어야 하는데, 현재의 소비자 후생 기준은 이러한 역할을 제대로 수행하지 못하고

33) 전반적으로 F M Scherer, 'Conservative Economics and Antitrust: A Variety of Influences' in Robert Pitofsky (Ed), *How the Chicago School Overshot the Mark* (New York 2008) 30 참조. 게임이론이 미친 영향에 대해서는 Willard K Tom, 'Game Theory in the Everyday Life of an Antitrust Practitioner' (1997) 5 Geo Mason L Rev 457; Dennis W Carlton et al, 'Communication Among Competitors: Game Theory and Antitrust' (1997) 5 Geo Mason L Rev 423: and Bruce H Kobayashi, 'Game Theory and Antitrust: A Post-Mortem' (1997) 5 Geo Mason L Rev 411 참조.

34) Maurice E Stucke, 'Behavioral Economics at the Gate: Antitrust in the Twenty-First Century' (2007) 38 Loy U Chi L J 513; Colin Camerer et al, *Advances in Behavioral Economics* (Princeton 2004); and Matthew Rabin, 'Psychology and Economics' (1998) 36 J Econ Lit 11 참조.

있다는 것이다.[35] 그는 생산성에 영향을 미치는 경제 요소들도 반트러스트법에 관한 경제적 분석의 대상이 되어야 한다고 주장하는바, 진입장벽, 경쟁강도, 소비자의 협상력, 공급자의 협상력, 대체 가능성 등이 이러한 요소들에 포함된다. 어떤 행위가 생산성 증대를 심각하게 저해하면 반트러스트법의 관점에서 면밀히 검토할 필요가 있다. 그의 이론은 아직 완전히 정립되었다고 보기 어렵고, 본인 스스로도 법원이 자신의 이론을 채택할 것인지에 거의 관심을 갖고 있진 않지만, 적어도 그가 제시한 이론 자체는 소비자 후생을 반트러스트법의 유일한 법목적으로 보는 인식에 대한 직접적인 문제제기라 할 수 있다.

3. 방법론의 수정: 주장과 가정들

반트러스트법의 법목적이 이상과 같이 변화함에 따라 반트러스트법의 방법론도 변해 왔다.[36] 전통적인 법률적 방법론인 선례에 대한 분석이 반트러스트법 분야에서 여전히 중요하긴 하지만, 이제는 경제학이 주된 문제제기 및 그에 대한 답변 제공을 주도하고 있다. 만약 반트러스트법의 법목적이 경제학에 의해 결정된다면, 이러한 목적에 이르는 방법론 역시 경제학에 의해 제공될 필요가 있다. 법목적과 방법론은 언제나 상호 연관되어 있지만, 반트러스트법 영역에서 양자간 연관은 훨씬 중요하다고 할 수 있다. 그럼에도 불구하고 이러한 점은 간과되어 오곤 했다.

이미 살펴본 바와 같이, 소비자 후생 기준을 적용함에 있어 핵심적인 이슈는 특정 행위가 가격에 어떤 효과를 미치는지이다. 이를 위해서는 일관되고 반복가능한 방식으로 시장을 획정하고, 시장 가격 수준에 영향을 미칠 수 있는 요소들을 평가하며, 그 행위로 발생하는 효과를 평가할 수 있는 데이터를 수집, 해석하는 등 사실관계에 관한 조사가 필요하다. 이와 같은 작업들은 경제학적 방법론을 필요로 한다. 법률가들은 이런 방법론을 적용하는 과정에서 역할이 제한될 수밖에 없다. 법률가들은 경제학자들과 협업해 경제분석에 필요

35) Michael Porter, 'Competition and Antitrust: Towards a Productivity-Based Approach to Evaluating Mergers and Joint Ventures' in *Perspectives on Fundamental Antitrust Theory* (Chicago 2001) 125-79 참조.

36) Herbert Hovenkamp, 'Post-Chicago Antitrust: A Review and Critique' (2001) 2001 Col Bus L Rev 257 참조.

한 데이터를 실제로 수집하고, 수집된 데이터 및 그 분석 결과에 터잡아 법률적 주장들을 발굴하며, 의사결정권자(법원 또는 고객)에게 그 결론을 제시한다. 그러나, 경제학적 방법론이 주된 역할을 하는 것은 분명하다.

4. 반트러스트 규범들에 대한 재검토

반트러스트법의 법목적과 방법론의 변화는 정도의 차이는 있지만 반트러스트법의 모든 영역에 심대한 영향을 미쳤다. 이로 인해 두 가지 기본적 패턴들이 생성되었다. 첫째, 당연위법의 범주에 속했던 많은 행위 유형들이 여기에서 제외됨에 따라 '규칙들(rules)'은 아예 없어지거나 그 의미가 퇴색했다. 둘째, 수평적 합의, 수평적 기업결합에 대한 관심이 증대된 반면, 수직적 합의, 수직적 기업결합, 단독행위에 대한 관심이 크게 줄었다.

경제분석으로 인해 특정 행위의 유형에 초점을 맞춰 결론을 내리는 규칙(form-based rules)이 소멸되었다. 경제학자들은 대부분의 반트러스트법 영역에서 특정 행위의 배경이 되는 경제적 상황을 폭넓게 확인하지 않고 그 행위가 어떤 효과를 발생하는지 정확히 예견하기 어렵다는 점을 효과적으로 증명해 냈다. 이에 경제학자들은 수평적 합의와 같이 경제학적 관점에서도 경쟁제한적 효과가 발생할 개연성이 높다는 점을 확실히 예측할 수 있는 일부 행위 유형을 제외하고는 당연위법 원칙을 폐기해야 한다고 주장했다. 법원은 이러한 분석을 수용해 당연위법에 해당하는 행위 유형을 점진적으로 줄여 나가 거의 모든 행위를 합리의 원칙의 심사 대상으로 했다.

당연위법 행위 유형의 소멸, 축소는 엄청난 영향을 미쳤다. 먼저, 공적, 사적 반트러스트법 집행 비용이 급증했다. 개별 구체적 사실관계에서 특정 행위가 어떤 효과를 발생시켰는지 분석하기 위해 방대한 자료 수집이 필요해졌다. 경제학자들은 수집된 데이터를 상세히 분석해야 했고, 법률가는 경제학자와의 협업을 통해 소송 전략과 개별적인 주장을 고안해 냈다. 이 모든 과정은 상당한 비용 지출을 수반하곤 했다. 소송 비용 증대와 병행하여 법집행의 예측가능성도 낮아졌다. 당연위법 원칙이 적용되지 않는 상황에서, 기업들은 자신들의 행위가 경쟁제한적인 법위반 행위가 될 지 확신하지 못하는 일이 빈번했다. 이러한 고비용과 낮은 예측가능성으로 인해 공적, 사적 집행 모두 위축되었다.

일부 법원들은 조사 범위를 한정하고 비용을 절감하기 위해 합리의 원칙에 따른 전면적 분석 대신 이른바 '약식 합리의 원칙(quick-look)' 절차로 불리는 구조화된 분석 방법을 활용하기 시작했다. 한편, 다른 법원들은 법관이 주장의 타당성과 해악을 예측·평가하는 작업을 고려해 사실관계 확인을 위한 조사범위를 정할 수 있도록 하는 재량권을 폭넓게 인정했다. 최근 대법원 판례는 이런 입장들 사이에서 나름대로 절충점을 모색하고자 했지만, 이에 대해서는 많은 비판들이 제기되기도 했다.[37]

a. 카 르 텔

수평적 합의는 이상과 같은 일련의 변화에 별다른 영향을 받지 않았다. 그럼에도 불구하고 가격에 관한 합의, 경쟁 사업자들간 시장분할 합의와 같은 수평적 합의의 핵심 유형들에 대한 당연위법 원칙이 다소 완화되었다. 이처럼 수평적 합의에 대한 영향이 거의 없었던 기본적 이유는 경제분석들 역시 대부분 전통적 반트러스트법 분석과 동일한 결론에 이르렀기 때문이다. 경제분석은 이전의 선례들이 경쟁제한성을 인정한 행위 유형에 대해 동일한 결론에 이르렀다. 수평적 합의에 관한 한 미국 반트러스트법과 다른 나라의 경쟁법 간에는 별다른 차이가 없다. 1990년대 카르텔 규제는 법집행의 효율성을 제고하기 위한 절차를 혁신하는 데 초점을 맞췄다. 특히 미국은 리니언시 프로그램을 고안하여 카르텔 참여 사업자가 반트러스트법을 집행하는 경쟁당국 관료들에게 카르텔에 관한 정보를 제출하면 책임을 감면해 주었다. 리니언시 프로그램은 많은 성공을 거두었고 이에 많은 다른 나라들도 이 프로그램의 기본적 취지를 수용했다.[38]

---

37) *California Dental Association v FTC* (1999) 526 US 756 and *Texaco Inc v Dagher* (2006) 547 US 1. 이에 대한 비판에 대해서는 Stephen Calkins, 'California Dental Association: Not a Quick Look but not the Full Monty' 67 *Antitrust L J* 495 (2000) 참조.

38) 미국 리니언시 프로그램의 관점에서 이러한 문제들에 관한 논의에 대해서는 Bruce H Kobayashi, 'Antitrust, Agency, and Amnesty: An Economic Analysis of the Criminal Enforcement of the Antitrust Laws Against Corporations' (2001) 69 Geo Wash L Rev 715 and Gary R Spratling, 'Detection and Deterrence: Rewarding Informants for Reporting Violations' (2001) 69 Geo Wash L Rev 798 참조. 이 외에도 Antitrust Division, United States Department of Justice, Corporate Leniency Program (10 August 1993) 참조. 〈http://www.usdoj.gov/arr/public/guidelines/0091/htm〉.

b. 수직적 합의

수직적 합의는 법경제 혁명에 의해 가장 큰 영향을 받았던바, 그 결과 이 분야에서의 당연위법 원칙은 모두 소멸했다.[39] 국제경쟁법 분야에서 미국은 수직적 합의 규제에 대해 중요한 역할을 했다. 법경제 학자들은 오랜 기간 동안 기존의 수직적 합의 규제 이론을 비판해 왔던바, 법경제학이 최초로 관여된 수직적 합의 사례는 제조업자가 유통업자의 판매지역을 제한한 사례이다. 이런 유형의 제한은 1960년대에는 당연위법으로 인정되고 있었으나, 미국 연방대법원은 Continental TV Inc v GTE Sylvania 사례에서 경제분석의 관점에서 이런 제한에 대해 당연위법 원칙의 적용이 정당화될 수 없다고 판시했다.[40] 이 사건에서 법원은, 경제분석의 결과 이러한 사례들에서 소비자들에게 미치는 효과는 그러한 제한이 부과된 상황, 특히 문제되고 있는 시장의 구조에 따라 결정된다는 입장을 취했다. 법원은 이런 입장에서 수직적 합의에 적용되고 있던 당연위법원칙을 거의 대부분 폐기하기 시작했다. 몇몇 사람들은 법원이 재판매가격 유지와 같이 수십 년 동안 거의 신성불가침의 당연위법 유형으로 보았던 행위 유형에 대해서까지 이 원칙을 폐기하지는 않을 것이라고 생각했지만, 연방대법원은 2007년 이에 대한 당연위법 원칙도 폐기했다.[41]

c. 독 점 화

경제학에 기반한 분석 방법은 단독행위 규제에도 많은 영향을 미쳤다. 앞에서 살펴본 바와 같이, 법원은 고전 반독점법 기간에서조차 독점화라는 모호한 기준을 적용하기 위해 일관되고 작동가능한 규칙을 찾는데 상당한 어려움을 겪어 왔다. 법경제 혁명조차도 이런 상황을 개선하지 못했다. 경제학자들은 기업의 단독행위로 발생하는 경쟁제한성을 인식하는데 어려움을 겪었다. 경제학적 관점에서만 보면 기업의 단독행위는 경쟁촉진적인 것으로 추정되는바, 이는 기업의 단독행위가 시장에서의 경쟁력 제고를 위해 행해지고 시장지배적

39) 이에 관한 논의에 대해서는 예컨대 Mark A Lemley and Christopher R Leslie, 'Categorical Analysis in Antitrust Jurisprudence' (2008) 93 Iowa L R 1207 especially 1219-20 참조.

40) *Continental TV Inc v GTE Sylvania Inc* (1977) 433 US 36.

41) *Leegin Creative Leather Products Inc v PSKS Inc* (2007) 551 US 877.

사업자라고 하더라도 실체적·잠재적 경쟁 사업자의 시장 진입 가능성을 의식할 수밖에 없으므로 자신의 경쟁력 제고 없이 오로지 경쟁 사업자를 배제, 견제하기 위해 단독행위를 한다고 보기는 어렵기 때문이다. 이로 인해 법집행 기관이나 법원이 단독행위에 대한 규제 여부 및 그 강도를 결정함에 있어 어떤 요소들을 고려해야 할 것인지에 대한 불확실성이 높았다.

이와 같은 상황의 일면을 보여주는 사례가 있다. 앞에서 살펴본 바와 같이, 약탈적 가격설정은 오랜 기간에 걸친 독점화 규제 패러다임의 변천을 보여주는 대표적인 행위 유형이다. 시카고 학파의 분석에 따르면, 사업자가 경쟁사업자 배제를 위해 가격을 인하하고 이 과정에서 입은 경제적 손실을 경쟁 사업자의 퇴출 이후 가격 인상으로 회수할 수 있다는 전망에 따라 가격을 인하하는 것은 전반적으로 비합리적인 행위이다. 약탈적 가격설정으로 경쟁을 없앨 수 있다는 점 자체를 거의 확신하기 어렵고, 설령 경쟁이 제거된다고 하더라도 시장가격에 못미치는 가격 판매로 입은 손실을 가격 인상을 통해 회복할 수 있다는 점 역시 거의 확신하기 어렵다. 시카고 학파의 이러한 분석은, 시장이 건전하게 작동한다면 설령 어떤 사업자가 약탈적 가격설정 행위를 시도하더라도 다른 사업자들이 시장에 진입할 것이므로 해당 사업자가 가격 인상을 통해 손실을 회복할 수 없을 것이라는 점을 전제하고 있다. 따라서 법원 역시 이러한 논리에 기반해 약탈적 가격설정을 주장하는 원고에게, 피고가 약탈적 가격설정으로 입은 손실을 회복할 수 있다는 점을 합리적으로 기대할 수 있다는 점을 입증하도록 요구한다.

학문적인 논평과 일부 법원들은 이러한 분석에 대해 이견을 제기했다. 포스트 시카고 학파는 기업이 약탈적 가결설정을 할 상당한 전략적인 인센티브를 갖게 되는 상황이 있음을 증명했다.[42] 포스트 시카고 학파는 시카고 학파가 의존하고 있는 인간행동의 합리성 및 단기간의 이익극대화에 관한 가설들을 적용할 때는 매우 신중해야 한다고 주장한다.

42) 이에 관한 논의에 대해서는 Patrick Bolton, Joseph F Brodley and Michael H Riordan, 'Predatory Pricing: Strategic Theory and Legal Policy' (2000) 88 Geo L J 2239; William E Kovacic, 'The Intellectual DNA of Modern U.S. Competition Law for Dominant Firm Conduct: The Chicago/Harvard Double Helix' (2007) Colum Bus L Rev 1; and Herbert Hovenkamp, 'Post-Chicago Antitrust: A Review and Critique' (2001) Colum Bus L Rev 257, 311-318 참조.

일부 학자들은 더 나아가 약탈적 가격설정과 이에 관련된 독점화 이슈들에 내재된 기본적인 법개념이 지나치게 협소하므로 이를 좀 더 확대해야 한다고 주장한다. 이들은 어떤 행위가 경쟁 사업자의 제거를 추구하고 있는지 여부에만 주목하면 경쟁제한적 행위를 제대로 포착하지 못할 수 있다고 주장한다. 이러한 점을 가장 잘 드러내는 사례는 경쟁 사업자의 비용을 인상하는 전략이다. 이에 대해서는 상당한 논쟁이 있었다.[43] 이러한 주장을 지지하는 사람들은 시장지배적 사업자가 굳이 경쟁 사업자를 시장에서 완전히 배제하지 않더라도 그 사업자의 비용을 인상시킴으로써 사업성과와 직접적인 관련이 없는 경쟁상 이익을 얻고자 하는 인센티브를 갖게 되는 경우가 종종 있다고 주장했다. 약탈적 가격설정은 경쟁 사업자에게 시장지배적 사업자의 의사를 효과적으로 전달함으로써 실제로 경쟁 사업자를 퇴출시키려는 시도까지 나아가지 않더라도 경쟁 사업자에게 영향을 미칠 수 있다는 점에서 유용한 전략이 될 수 있다는 것이다. 게임이론은 이러한 효과를 쉽게 확인할 수 있게 해 주었다.

d. 기업결합

경제학에 터잡은 새로운 분석방법으로 인해 몇몇 유형의 기업결합 검토 기준들에 상당한 변화가 발생했다. 이에 따르면 일반적으로 기업결합은 경쟁사업자들 간의 기업결합(수평적 기업결합)이 아닌 한 경쟁촉진적인 것으로 추정된다. 합리적인 기업은 기업결합을 통해 자원 활용의 효율을 증대하고 경쟁력을 강화할 것이라고 생각하지 않는다면 기업결합을 하지 않을 것이기 때문이다. 이러한 이유로 기업결합은 경쟁촉진적일 것이다. 경쟁사업자와의 결합을 제외하면 기업결합은 또한 일반적으로 경제에도 효율적인 결과를 가져올 것이다. 이런 견해는 법집행 기관들 내부에서 지배적인 견해가 되었고 그 결과 지난 수십 년 동안 수직적 기업결합, 수평적 기업결합에 대한 법집행이 현저히 감소했다.[44]

포스트 시카고 학파는 수평적 기업결합이 경쟁제한의 우려가 가장 높다는

---

43) Thomas Krattenmaker and Steven Salop, 'Anticompetitive Exclusion: Raising Rivals' Cost to Achieve Power over Price' (1986) 96 Yale L J 209 참조.

44) 예컨대 James Langenfeld and Daiel R Shulman, 'The future of U.S. Federal Antitrust Enforcement: Learning from Past and Current Influences' (2007) 8 Sedona Conf J 1 참조.

점에는 동의하지만, 그 중 일부는 다른 유형의 기업결합이 시카고 학파가 추정한 바와 같이 아무런 경쟁제한성 문제를 발생시키지 않는지 의문을 갖고 있다. 예를 들면, 연구자들은 단기적 효율성이 아닌 다른 전략적 이유로 (수평적 기업결합 이외의) 기업결합을 하는 것과 같은 특수한 상황에서 시카고 학파가 의존하고 있는 합리성에 관한 추정들이 유효하지 않음을 규명해냈다.[45] 다른 비판자들은 시카고 학파가 제시하는 효율성 및 소비자 후생 증대 기준 자체가 부적절하다고 주장하면서, 효율성 증대보다는 생산성 증대라는 관점에서 기업결합에 대한 규제 근거를 근본적으로 재정비해야 한다고 제안하기도 했다. Michael Porter는 효율성에 기반한 분석이 지나치게 협소하다고 비판하면서 기업결합 규제에 대한 보다 현실적이고 적합한 근거를 찾아야 한다는 점에 초점을 맞췄다.

e. 법, 경제학 그리고 반트러스트법의 역학관계

경제학에 기반한 법체제 발전은 반트러스트법의 역학 관계도 변화시켰다. 이런 변화는 잘 보이지 않아 인식하기 쉽지 않는데, 그 이유 중 하나는 이런 변화가 반트러스트법 공동체 내의 주도권이라는 민감한 이슈와 관련되기 때문이다. 외관상으로만 볼 때 반트러스트법 공동체 자체에는 아무런 변화도 발생하지 않았다. 판사들은 여전히 법을 만들고, 기본적인 법집행 기관들과 절차들 역시 그대로 유지되고 있다. 그러나 이면을 살펴보면 반트러스트법에 관한 의사결정에 영향을 미치는 요소들이 변했음을 알 수 있다. 경제학이 핵심적 역할을 함에 따라 반트러스트법 공동체의 구조와 그 내부 관계에 변화가 일어났다. 새로운 인센티브가 생성되었고, 새로운 요소가 권위를 갖게 되었으며 기존의 다른 요소들의 역할도 변하게 되었다.

경제학자들은 반트러스트법 공동체의 중심을 차지하게 되었다. 전적으로 경제적 관점에서 반트러스트법의 법목적을 인식해야 하는 상황에서, 경제학자들은 반트러스트법의 의미와 그 적용방법을 결정하는데 놀라운 권위를 얻었

45) Michael H Riordan and Steven Salop, 'Evaluating Vertical Mergers: A Post-Chicago Approach; (1995) 63 Antitrust L J 513; and Jeffrey Church, The Impact of Vertical and Conglomerate Mergers on Competition (2004) 26-129 〈http://ec.europa.eu/comm/competition/mergers/studies_reports/merger_impact.pdf〉 참조.

다. 법원과 규제 기관이 경쟁법에 관해 결정하는 과정에서 경제 이론과 이를 발전, 적용하는 문헌들은 최소한 과거 판례법만큼 중요해졌다. 많은 경제학자들이 반트러스트 분야를 전문적으로 연구하고 있다. 이들 중 몇몇은 대학교수지만, 반트러스트법 및 다른 법역에서 경제학의 중요도가 높아짐에 따라 전문적인 컨설팅 업무를 수행하는 회사에 전속적으로 근무하는 경제학자들도 많아졌다.[46] 그 결과 경제학자들은 부족한 대학교수 자리를 확보하기 위해 필사적으로 노력하지 않아도 되고, 보다 많은 수입을 얻을 가능성을 확보하게 되었다. 서비스를 제공하는 모든 집단들과 같이, 경제학자들은 이런 변화를 겪으면서 단체의 입장을 정하고 직역의 이해관계를 증대할 수 있는 절차를 정비하게 되었던바, 그 결과 법률가들과는 한편으로 협력하면서도 종종 갈등하는 복잡한 관계를 형성하게 되었다.

법률 실무에 종사하는 변호사들은 반트러스트법 체제에서 여전히 중요한 역할을 하고 있지만, 이들의 업무 수행 방식은 일부 변화를 겪었다. 변호사들은 여전히 고객들에게 반트러스트법과 그 절차에 관해 자문하고 고객이 어떤 의사결정을 하거나 어떤 사건이 발생했을 때 어떤 결과가 초래될 것인지 설명한다. 이들은 여전히 소송을 진행하고, 소송 절차에서 정보를 얻는 절차에 관한 의사결정을 하며, 행정부 및 사법부의 의사결정권자 앞에서 논리적 주장을 제시하는 최종적인 책임을 부담하고 있다. 그러나, 오늘날 변호사들은 사건에 관련되는 정보 유형을 파악, 평가, 해석하는 것과 같은 핵심적 작업을 수행하는 과정에서 경제학자들에게 의존할 수밖에 없다. 변호사들은 법률적 주장을 고안함에 있어 경제학자들과의 협업을 통해 그 주장이 경제학 및 선례에서 확립된 경제적 기준에 부합하게 해야 한다. 물론 판사들이 변호사 자격을 갖고 있고 사실상 모든 판사들이 임용되기 전에 변호사 실무에 종사했음을 고려하면, 변호사들은 앞으로도 반트러스트법 공동체 내에서 핵심적 역할을 할 것이

46) 예를 들면 반트러스트법에 관한 자문을 제공하는 선도회사들 중 한 곳인 LEXECON의 웹사이트: 〈http://www.compasslexecon.com/practice_areas/Pages/antitrust.aspx〉; 또는 CRA International 웹사이트 http://www.crai.com/ConsultingExperience/content.aspx?tID=960〉 참조. 경제학의 역할 증대에 대해서는 David D J Slottje (ed) *The Role of the Academic Economist in Litigation Support* (New York 1999). Lawrence J White, 'The Growing Influence of Economics and Economists on Antitrust: An Extended Discussion' (2008) NYU Law and Economics Working Paper 119 〈http://lsr.nellco.org/cgi/viewcontent.cgi? article=1123&context=nyu/lewp〉(2009년 10월 22일 마지막 접속) 참조.

다. 변호사들과 판사들은 교육, 직업적 경험을 공유하고 있고 동일한 지적 배경을 갖고 이야기를 하며 이런 경험에 근거해 개인적인 유대를 지속할 것이다.

반트러스트법 공동체 내에서의 법학자들(legal scholars)의 역할도 변화했다. 반트러스트법 혁명으로 인해 법학자들의 학문적 성향도 상당히 변화했다. 판례법을 중시하는 전통적인 반트러스트법 연구 방법의 중요성에 대한 인식은 반트러스트법 혁명으로 급속히 현저하게 감소했다. 반트러스트법을 연구하는 법학자들 역시 이러한 변화에 의해 영향받았다. 이들은 경제학을 더 공부해야 했고, 그렇지 않으면 반트러스트법 공동체에서 설 자리를 잃게 되었다. 이들은 최소한 경제학적 추론과 방법론에 익숙해져야 했고, 일부는 법학 학위 이외에 경제학 박사학위까지 받기도 했다. 반트러스트법에 관한 저널들은 경제학자들이 경제학자들을 위해 경제학 용어로 쓴 글을 이전보다 더 많이 싣게 되었다. 이런 변화가 일어나는 동안 법학자들 간의 긴장관계가 있었고, 일종의 세대간 갈등도 있었던바, 상당한 경제학 지식을 갖춘 소장학자들은 반트러스트법 공동체에서 더 많은 영향력을 갖게 된 반면, 보다 전통적인 분석은 학문적 담론의 변방으로 밀려났다. 어쨌든 21세기에 이르기까지 경제학이 반트러스트법 공동체의 핵심적 위치를 차지하게 된 점은 널리 인정되고 있다.

f. 국제적 영향

미국 반트러스트법의 법목적, 방법, 역학관계의 근본적 변화는 국제적으로도 많은 영향을 미쳤다. 그 중 첫째는 다른 나라 관찰자들의 미국 반트러스트법에 대한 인식이다. 이미 살펴본 바와 같이, 미국 반트러스트법의 이러한 변화는 간과되거나 오인되기 쉽다. 이런 변화는 새로운 법률, 기관, 새로운 절차 등을 통해 바로 확인되는 것이 아니고 개별 사건의 결정문이나 실제로 법체제가 운용되는 과정에 숨겨져 있다. 그 결과 다른 나라의 관찰자들은 이러한 변화를 아예 인식하지 못하거나, 그로부터 발생하는 영향을 제대로 알지 못하는 경우가 빈번하다. 예를 들어, 다른 나라의 관찰자들은 경제학에 기반한 미국식 체제를 지지하면서 이 체제가 불확실성을 줄이고 반트러스트법을 간명하게 하며 비용을 줄일 수 있을 것이라고 주장하곤 했다. 이런 주장은 개념적으로는 일리 있는 것이지만, 실제 상황은 이보다 훨씬 더 복잡다기하다.

둘째, 결정적으로 중요한 영향으로서 미국 반트러스트법 체제와 다른 나라들의 경쟁법 체제간 차이의 범위 및 유형이다. 즉, 미국 반트러스트법과 다른 나라들의 경쟁법 체제 간의 '거리(distance)'이다. 미국 반트러스트법의 법과 경제학에 관한 개념들은 미국과 유럽 간의 거리를 많은 영역에서 좁혔던 반면, 미국과 다른 나라들 간의 차이를 여러 모로 더욱 벌려 왔다.[47] 예를 들어, 미국 반트러스트법의 법목적은 거의 모든 나라들에 비해 훨씬 좁다. 미국 반트러스트법 체제에서 활용되는 방법론 역시 거의 다른 모든 나라들과 상이하다. 특히 사실관계에 관한 자료에 대해 훨씬 더 광범위한 접근을 허용하는 미국법으로 인해 경제학이 제 역할을 할 수 있고, 경제학자들은 다른 나라의 법체제에 비해 훨씬 더 큰 역할을 하게 된다. 이런 사례들만을 살펴보아도 미국 반트러스트법의 급격한 변화가 가져 온 국제적 이슈들을 일부 확인할 수 있다. 본서는 Chapter 8, 9에서 이러한 영향들 중 몇몇에 관해 살펴보기로 한다.

마지막으로, 국제경쟁법 분야에 참여하는 미국 반트러스트법 공동체 구성원의 태도와 인식도 이와 같은 급속한 변화로부터 영향받았다. 열성적인 '개혁가(reformers)' 그룹은 고전 반트러스트법 체제가 바람직하지 않고 피해를 가져올 뿐이라고 확신했다. 이들 그룹은 오랜 기간 동안 별다른 주목을 받지 못한 가운데 전열을 갖춰 이미 확립되어 있었던 고전 반트러스트법 체제에 반대하는 사고방식을 발전시켜 왔다. 이들의 이론은 이 과정에서 일관성을 갖추었고, 상호간 지지를 형성했으며, 고전 반트러스트법 체제를 '전복(overthrow)'시켜야 한다는 점에 관해 강한 공감대를 이뤘다.[48] 이들은 10년도 채 되지 않는 기간에 성과를 거두었고, 이에 자신들이 추구하는 목적의 당위성을 확신하기에 이르렀다. 즉, 이들의 생각이 이처럼 단기간에 성공을 거두었던 이유는 그 생각

47) 이러한 차이들에 관한 분석에 대해서는 David J Gerber, 'U.S. Antitrust Law and the Convergence of Competition Laws' US National Report for International Congress of Comparative Law 2002, (2002, supplement) 50 Amer J of Comp Law, reprinted in Jurgen Basedow (ed) *Limits and Control of Competition With a View to International Harmonization* (The Hague 2003) 참조.

48) 이에 관한 논의에 대해서는 Peritz, *Competition Policy in America, supra* note 1, at 236-246; Richard A Posner, *Antitrust Law* (2nd edn Chicago 2001) *vii-x; idem*, 'The Chicago School of Antitrust Analysis' (1979) 127 U Pa L Rev 925; John E Lopatka and William H Page, 'Posner's Program for the Antitrust Division: A Twenty-Five Year Perspective' (1995) 48 SMU L Rev 1713 and William H Page, 'The Chicago School and the Evolution of Antitrust: Characterization, Antitrust Injury, and Evidentiary Sufficiency' (1989) 75 Va L Rev 1221 참조.

이 더 좋은 것이기 때문이다. 이들은 이런 경험을 통해 자신들의 생각이 모든 상황에서 보편적으로 '옳다(right)'고 여기기 쉬웠고, 실제로도 빈번하게 이와 같이 생각했다. 이들은 전쟁에서 승리한 자가 갖게 되는 일종의 자기 확신에 빠졌고 자신들의 생각과 다른 관점들을 고려할 생각을 갖지 않게 되곤 했다. 이후 살펴보는 바와 같이 이런 경험들로 인해 미국의 반트러스트에 관한 사고 방식이 우월하다고 확신하는 경향이 생겼다.[49)]

D. 미국 반트러스트법에 대한 인식: 모델로서의 역할

미국 반트러스트법 및 그에 관한 경험은 사실상 전세계 경쟁법 발전에 중심적 역할을 했고 국제경쟁법 발전의 중심에 있었다. 미국법 체제는 빈번히 '모델(model)'로 언급되었고, 이러한 모델로서의 역할은 국제경쟁법 발전의 역학관계에 영향을 미쳤다. 많은 나라들의 관료들, 논평가들이 미국 반트러스트법을 따라야 한다고 생각한다.[50)] 그 이외의 다른 나라 사람들은 미국 반트러스트법이 자신들이 처한 상황에 적합한지에 대해 회의적이다.

본서는 '모델'이라는 용어를 보다 넓은 의미로 사용하고자 한다. 본서에서의 모델이란 다른 사람들이 통상적으로 이야기하는 법원칙과 조직들의 총합을 의미한다. 이런 의미에서 미국 반트러스트법은 사람들로부터 빈번하게 모델로 불리우고 있으므로 모델이라 할 수 있다. 앞으로 살펴볼 바와 같이, 모델은 여러 가지 기능을 할 수 있고, 다양한 방식으로 활용될 수 있다. 다만, 본서에서 미국 반트러스트법이 수행하는 역할을 검토할 때, 이러한 역할들이 미국법 체제에 대한 폭넓은 이해보다는 대부분 미국법에 대한 이미지에 터잡은 것임을 주목할 필요가 있다. 한편, 본서에서 모델이라는 용어를 사용하고 있긴 하지

---

49) 예를 들면 Ky P Ewing, *Competition Rules for the 21st Century: Principles from America's Experience* (The Hague 2003). For discussion of this view, see David J Gerber, 'Competition' in Peter Cane and Mark Tushnet (eds), T*he Oxford Handbook of Legal Studies* (Oxford 2004) 510 and Spencer Weber Waller, 'Bringing Globalism Home: Lessons from Antitrust and Beyond' (2000) 32 Loy U Chi L J 113 참조.

50) Eleanor Fox, 'Antitrust and Regulatory Federalism: Races Up, Down, and Sideways' (2001) 75 NYU L Rec 1781 and Waller, ibid 참조.

만, 이에 내재된 모든 특징들을 긍정적으로만 평가하는 것은 아니다.

1. 미국 반트러스트법이 수행하는 다양한 역할

미국 반트러스트 모델은 다양한 역할과 기능을 하고 있다. 이를 명확히 구별하기는 쉽지 않지만, 이를 간과하면 오늘날 국제경쟁법의 역학관계에 대한 분석 및 향후 경쟁 정책 평가시 오류를 범할 수도 있다. 기본적으로, 미국 모델은 국제경쟁법 영역에 참여하는 거의 모든 사람들에게 공통의 참조 대상이라는 점에서 중요하다. 이들 중 일부는 정식으로 미국 반트러스트법을 공부했지만, 대부분은 제한적인 지식만을 갖고 있을 뿐이다. 물론 모든 사람들이 미국 반트러스트법의 특징들 중 일부에 관해 어느 정도 알고 있긴 하다. 미국 반트러스트 모델이 공통의 참조 대상이라는 점은, 비록 잘 인식되지 않곤 하지만, 미국 반트러스트법을 바라보는 시각, 국제경쟁법이 나아가야 할 방향에 대한 가정에 영향을 미친다. 많은 사람들은 미국 반트러스트법이 동등한 정도로 이해되고 있지 않다는 점을 잘 알지 못하고 이러한 인지상의 차이가 미치는 영향을 평가절하하기 쉽기 때문에, 이러한 인지적 요소를 제대로 이해하는 것이 중요하다.

미국 반트러스트 모델이 공통의 참조 대상이라는 점은 복잡한 이슈들에 관해 생각할 때 미국 모델이 인지도구로 활용된다는 점과 연계된다. 미국 반트러스트법에 대한 기본적 이미지가 경쟁법 이슈들에 관한 논의를 이끌고 이러한 논의에 사용될 용어를 제공하는 경우가 빈번하다. 국제경쟁법에 관한 논의에서 '우리가 미국 반트러스트법 체제로 나아가고 있다'라든지 '이것은 미국 반트러스트 모델과 유사하다'와 같은 언급들이 종종 등장한다. 미국 반트러스트 모델은 이와 같은 방식으로 복잡한 정보를 단순화, 구조화하고 나아가 달리 공동으로 참조할 대상을 갖고 있지 않은 논의에 참여하는 사람들로 하여금 경쟁법에 관한 이슈들을 쉽게 논의할 수 있게 한다.

미국 반트러스트법은 사람들에 의해 공통의 참조 대상으로 활용되면서 다른 경쟁법 체제를 비교, 평가하는 기준으로도 자연스럽게 활용된다. 'X국의 경쟁법은 미국 반트러스트법과 비교할 때 아직 성숙하지 않았거나 덜 발전된 상태이다'와 같은 논평은 흔히 있다. 이는 미국 반트러스트법 체제가 단순한 참조 대상을 넘어 보다 우월하고 성숙한 시스템으로서 다른 나라가 마땅히 따라야 할 대상이라는 점을 전제로 하는 것이다.

미국 반트러스트 모델은 또한 보다 구체적인 차원에서 규범적 역할을 하기도 한다. '경쟁법은 어떠해야 하는가(what competition law should be)'에 관한 주장을 함에 있어 미국 반트러스트 모델은 해당 주장에 권위를 부여하는 근거가 되어 오곤 했다. 이 때 다른 나라에서 특정한 관점, 결정을 주장하는 사람은 미국 반트러스트법이 자신과 동일한 입장임을 주장하면서 설득력을 제고하려 한다. 이 때의 미국 반트러스트법은 일종의 규범적 '권위(authority)'로서 다른 나라의 경쟁법 체제에서 특정 주장을 지지하는데 활용될 수 있다. 즉, 어떤 주장이 미국 반트러스트법과 유사할 경우 이는 그 자체로 정당성을 확보하게 되고 추가적으로 다른 근거를 제시할 필요가 없게 된다. 이러한 유형의 권위에 의존한 주장은 별다른 비용 부담을 수반하지 않으므로 가용 자원이 제한되고 경험이 부족하며 기타 숙련된 분석이 사실상 불가능한 상황에 처한 사람들에게 특히 매력적으로 비춰진다.

마지막으로, 미국의 반트러스트법 경험은 또한 자료의 원천이기도 하다. 여기에서는 미국 반트러스트법의 내용보다 미국 모델이 발전해 온 과정에 초점이 맞춰져 있다. 미국 반트러스트법이 갖고 있는 오랜 역사는 귀중한 반트러스트 경험이다. 한 세기를 넘는 기간 동안 다른 나라와 비교할 수 없을 정도로 방대한 사법적 의견이 축적되어 왔고, 그 중 많은 의견들이 해당 분야에 관해 다른 나라에서 얻을 수 있는 것보다 훨씬 많은 자료들을 포함하고 있다. 뿐만 아니라, 반트러스트법에 관한 학문적인 글도 방대한데, 여기에는 다양한 이론적 관점들이 포함되어 있다. 중요한 것은, 이러한 글들이 영어로 쓰여 있기 때문에 20세기에 상당한 경쟁법 경험을 축적한 독일과 같은 다른 나라의 경쟁법 자료보다 훨씬 더 쉽게 접근할 수 있다는 점이다.

2. 모델로서의 역할의 발전

미국 반트러스트 모델이 수행하는 기능들은 서로 연계되어 있고, 각 기능은 시대에 따라, 전반적으로 20세기 국제 정치, 경제 상황에서 미국의 변화되는 역할과 병행하여 그 상대적 중요성이 바뀌어 왔다. Chapter 2에서 살펴본 바와 같이, 제2차 세계대전 이전의 미국 반트러스트법에 대한 평가는 전반적으로 부정적이었는데, 이런 평가들은 미국 법체제에 대한 충분한 지식에 근거한 것으로 보이지 않는다. 당시 경쟁법에 관한 논평들은 종종 경쟁제한적인 것처럼 보였던 유형의 행위를 단순 금지하는 '과격한(radical)' 실무에 초점을 맞추곤 했다. 유럽의 정치적 현실과 경제적 사고에서 이와 같은 미국 반트러스트법의 단순 금지는 타당성을 담보할 수 없는 비현실적인 것이었다. 더욱이 이러한 금지로 인해 기업들은 법을 위반하지 않기 위해 상호 협력하기보다는 기업결합을 하도록 강제되었고, 이는 20세기 유럽인들이 두려워했던 산업 집중 현상의 강화로 이어졌으므로, 당시 유럽인들은 미국 반트러스트법 체제가 해악을 발생시킨다고 인식했다.

유럽의 이와 같은 인식은 제2차 세계대전 이후 극적으로 변했다. 미국은 시장경제를 지향하는 지역에서 지배적인 지위에 올랐고, 민주주의와 평화를 번창케 하고 부를 창출할 수 있는 도구로서 반트러스트법을 적극적으로 홍보했다. 많은 사람들은 1920년대 유럽에 미국과 다른 모델의 경쟁법이 있었다는 사실을 망각한 채 미국 반트러스트 모델과 경쟁법을 등치시켰다. 이후 40년 동안 미국 법원과 관련 기관들은 미국 반트러스트법을 전세계적으로 적용하려는 입장을 취했고, 미국이 헤게모니를 갖고 있는 상황에서 다른 나라들은 이를 사실상 거부할 수 없었던 결과, 미국 반트러스트법은 세계 시장에서 실효적으로 적용될 수 있었다. 이는 전세계에서 경쟁법 분야에 종사하는 학자들, 법률가들, 관료들로 하여금 미국 반트러스트법을 어느 정도나마 배우고 이 법이 미칠 영향을 고려하도록 했다.

소련의 붕괴와 1990년대 미국 경제의 활황은 미국 반트러스트법의 역할에 새로운 장을 열었다. 국제 경제가 다시 지배적인 현상이 됨에 따라 경쟁법에 대한 새로운 관심이 생겼는데, 그 대부분은 미국 반트러스트법의 모델로서의 역할을 강조하는 것이었다. 미국 관료들, 법률가들, 경제학자들은 이 기간 동안 국제적 네트워크 형성을 주도했다. 이들은 미국 반트러스트법의 사고 방식을 확산시키고, 과거 시장경제 원칙을 채택하지 않았던 나라가 정치적 안정과 경제적 번영을 달성함에 있어 이 법이 중요하다는 점을 적극 주장했다. 새롭게 경쟁법을 도입한 많은 국가의 관료들은 기술적 지원을 원했고, 미국은 이를 제공할 의사와 능력을 갖고 있었다. 이러한 모든 사정들로 인해 미국 반트러스트법은 경쟁법 분야의 '리더'로 더욱 확고하게 인식되었다.

3. 미국 반트러스트법이 미친 영향과 인센티브들

다른 나라들이 미국 반트러스트법 모델을 이해하고 활용하며 추종하려는 이유는 무엇인가? 이러한 요소들은 국제경쟁법의 현재 역학관계와 향후의 전략 수립에 영향을 미치므로 별도로 살펴볼 필요가 있다. 첫째 요인은 미국 반트러스트법이 전세계에서 역사가 가장 오래되고 잘 정비되어 있다는 점이다. 미국 반트러스트법은 이런 '경쟁법의 아버지(father)' 이미지만으로도 상당한 권위와 지위를 인정받고 있다. 다른 나라, 특히 경쟁법 발전이 미미한 곳의 의사결정권자는 전세계에서 가장 오래되고 '성숙한(mature)' 체제를 따른 것이라는 점을 근거로 자기 주장을 정당화하려 하곤 한다. 미국 반트러스트법의 역사와 경험은 이러한 주장에 정당성을 부여한다. 이보다 정제된 주장은, 미국 반트러스트법이 가장 오래되었다는 이유만으로 권위가 있는 것은 아니지만 오랜 기간 동안 시행착오를 거치면서 오류를 시정해 왔으므로 더 좋은 시스템이 되었다고 주장하는 것이다. 미국의 문헌들은 이 주장을 더 선호하는데, 미국이 1950년대와 1960년대에 겪었던 경험들은 상대적으로 경제학의 활용이 낮았던 경쟁법 체제의 오류를 보여준다고 주장하곤 한다.

미국의 경제적 성공, 특히 1990년대와 2000년대 초반의 경제적 성공은 미국 반트러스트 모델을 따를 또 다른 인센티브가 된다. 많은 사람들이 이 기간의 미국 경제의 웅비가 미국 경제 정책의 우월성을 입증한다고 여겼다. 반트러스트법은 미국 경제 정책의 일부였으므로 미국 경제 정책의 성공을 통해 위상과 권위를 얻는다. 이념적 요소들도 때때로 미국 반트러스트법을 더욱 매력적으로 보이게 하고, 그 권위를 더욱 제고하는데 기여했다. 미국 반트러스트법은 정부의 기업에 대한 규제를 반대하는 '미국식 자본주의(US-style capitalism)'의 상징이었으므로, 정부 규제를 반대하는 사람들은 미국 반트러스트법 원칙과 실무를 자국의 법체제에 적극적으로 도입하려 했다. 2008년 금융 위기 이전까지 약 20여 년 동안 전세계 거의 모든 정부는 이러한 미국의 경제 정책을 최소한 일부라도 모방하고자 노력했다.

미국 반트러스트법은 또한 경쟁에 관한 국제적 기준의 대리변수로 여겨지곤 한다. 경제적 측면에서의 세계화에 관한 국제적 기준을 찾으려는 움직임이 있곤 한데, 이러한 경향은 경쟁법 분야에서 특히 두드러진다. 경쟁법에 관한 의사결정권자는 자기의 주장이 '다른 사람들이 하고 있는 것(what the others are doing)', 즉 국제적 기준에 부합하는 범위에서 다른 사람들의 지지를 기대할 수 있다. 물론 경쟁법 분야에서 국제적 기준이라는 것이 존재하지 않지만, 많은 사람들은 미국이 자국의 국력에 기반해 자국 반트러스트법을 국제적 기준으로 요구할 것이라고 생각한다.

미국의 정치·경제적 역량도 미국 반트러스트법의 영향을 직접적으로 제고하기도 한다. 이는 거의 논의되진 않지만 실제로는 광범위한 영향을 미칠 수 있다. 먼저 정부는 이러한 역량에 터잡아 미국 반트러스트법의 영향력을 높일 수 있다. 미국 정부는 외국 법체제 발전에 영향을 미치고자 적극적으로 노력해 왔다. 이런 노력은 때로는 공공연히 대중에게 알려지기도 하는데, 예를 들면 1990년대 초 미국 정부는 일본 정부에 반트러스트법 집행을 강화해 미국 기업이 일본 시장에 보다 잘 접근할 수 있게 하라는 압력을 가하기도 했다. 보다 흔한 것은 원조나 기술지원 프로그램을 통한 압박이다. 이 때 다른 나라는 미국으로부터 도움을 받기 위해 미국의 요구에 상응하는 조치를 취할 필요가 있다.

민간 영역의 힘과 영향도 정부와 유사한 역할을 한다. 이런 유형의 영향은 정부에 비해 명확하진 않지만, 더욱 설득력 있는 역할을 할 가능성이 있다. 민간 영역의 힘과 영향은 직접적인 정부 조치 대신 보다 '간접적(soft)'인 형태, 즉 강제력 행사 없이 다른 국가들이 민간 당사자들의 이해관계에 부합하는 결정을 하도록 유도하는 형태를 취한다.[51] 1990년대 중반 이후 급속히 보편화되고 있는 국제경쟁법 컨퍼런스는 이와 같은 간접적 영향력이 행해지는 경로 중 하나이다. 변호사들, 경제학자들, 공무원들은 이를 통해 각자의 의견과 경험을 제시, 교류하면서 종종 상대방에게 영향을 미치고자 한다. 미국 관료들과 법률가들은 이러한 컨퍼런스에서 주도적 역할을 해 왔다. 이들이 가장 권위 있는 컨퍼런스를 주관하고, 가장 주목받는 발표자가 되는 경우가 빈번하다.[52] 이들

51) 이러한 간접적 영향력 기타 다른 유형의 '간접적 영향력'에 관한 논의에 대해서는 *Soft Power: The Means to Success in World Politics* (New York 2004).

52) 이러한 컨퍼런스들 중에서 가장 영향력 있는 것은 the Fordham Corporate Law Institute's

의 주도적 역할은 국제경쟁법 문제들에 대한 경험, 미국에서 이루어지는 풍부한 학문적 논의, 세계에서 미국 반트러스트법 집행이 차지하는 현실적 중요성 등 여러 요소들에 기인한다. 미국 법률가들과 경제학자들 역시 자신들이 속한 기관들의 영향력을 통해 이익을 얻는다. 특히 1990년대 이후 초거대 로펌들이 형성되어 전세계적으로 사업을 하는 대기업들에게 서비스를 제공해 왔다. 이들 로펌들은 외국의 의사결정권자들이 고객의 이해관계에 우호적인 조치를 취하도록 하는데 상당한 자원을 투자하곤 한다. 이로 인해 다른 나라의 법률가들, 경제학자들, 공무원들은 고객 소개 등과 같은 이익을 얻기 위해 이들 로펌들과 관계를 맺을 인센티브를 갖게 된다. 경쟁법 분야에서 다국적 대기업은 법률가들이나 컨설턴트들에게 엄청난 수입원이 될 수 있다. 이러한 요소들은 반트러스트법의 내용에도 영향을 미친다.

E. 인식틀로서의 미국 반트러스트법 경험: 지도자로서의 관점

미국의 반트러스트법 경험은 또한 미국 반트러스트 공동체 구성원들 및 그 관계자들이 국제경쟁법 이슈들이나 다른 나라 경쟁법을 바라보는 기준으로 활용되기도 한다. 미국 반트러스트 공동체 구성원들이 흔히, 자국의 반트러스트법이 다른 나라의 경쟁법보다 전반적으로 나으므로, 고전 반트러스트법 시기의 일부 판례와 같이 모순되거나 설득력이 낮은 것을 제외하고는 다른 나라가 미국의 입장을 따라야 한다고 생각한다. 이런 생각은 미국 반트러스트법 체제 특유의 발전 과정과 미국 법과 다른 나라 경쟁법 간의 관계로부터 영향받았다. 그 결과 미국 반트러스트 구성원들은 경쟁법 영역에서 자국의 법체제를 확신하게 되고 다자간 합의 방식에 반감을 갖게 되었다. 본서는 이하에서 미국 반트러스트 공동체 사고방식의 특징들과 이로 인해 형성된 이미지에 관해 간략히 살펴보기로 한다.

미국 반트러스트 공동체 사고방식의 핵심 특징은 '시야가 좁다(narrow focus)'는 점이다. 미국 반트러스트 공동체는 시야를 넓혀 자국법이 많은 경쟁법

---

annual international antitrust law conference 이다.

들 중 하나에 속한다고 볼 인센티브가 없다. 미국 반트러스트 관료, 학자, 법률가가 다른 나라의 경쟁법을 살펴보거나, 그로부터 무언가를 배울 수 있는 기회는 거의 없었다. 예를 들면, 반트러스트 분야에서 각 국의 경쟁법을 비교, 분석한 문헌은 거의 없었고, 설령 이런 문헌이 있다고 하더라도 그 내용은 대부분 미국 반트러스트법이 다른 나라의 경쟁법을 이끌어야 한다는 것이었다. 외국 경쟁법 체제를 분석하는 글의 전반적 취지는 미국 반트러스트법을 기준으로 해당 국가 경쟁법 체제의 문제점을 지적하는 것이다.

이와 관련된 다른 특징으로, 정치적 · 사회적 요소들이 반트러스트법 및 그로 인한 영향을 고려함에 있어 아에 고려되지 않거나 극히 미미하게 고려되는 경향을 들 수 있다. 미국 반트러스트법은 법원에 의해 형성되었다. 거의 모든 다른 나라들과 달리, 입법부는 반트러스트법 역사에서 극히 미미한 역할을 했던바, 이로 인해 정치적 요소들이 반트러스트법에 직접적인 영향을 미칠 수 없었다. 그 결과, 미국 반트러스트 공동체는 주로 정치적 지지에 별로 구애받지 않는 법원의 결정에 주목해 왔다.

이러한 특징들로 인해 미국 반트러스트 공동체 구성원들은 미국 반트러스트법의 기본 원칙과 접근 방식에 만족하고 있고, 최소한 다른 대안들보다는 더 낫다고 여긴다. 물론 미국 반트러스트법이 완전무결하다고 생각한 사람들은 거의 없겠지만, 대부분은 이 법이 기본적 측면에서 '옳은(right)' 것이라고 생각한다. 경제학에 기반한 반트러스트 이론이 급속히 주류적 견해가 됨에 따라 반트러스트 공동체 구성원들은 현재 미국 반트러스트 이론이 반트러스트에 관한 기본적 물음에 대한 '정답(right answer)'이라고 확신하게 되었다. 미국에게 옳은 것이 다른 나라들에게도 옳다는 생각에 대해서는 거의 반론이 존재하지 않는다. 즉, 이런 생각은 미국 반트러스트법에 대한 보편적 견해라 할 수 있다. 미국 반트러스트 공동체는 자국의 경험이 힘든 과정을 거쳐 얻어진 '더 좋은 방식 중 하나(a better way)'에 불과하다고 생각하지만, 이는 미국의 국력, 영향력과 결합해 다른 나라에게 거만하게 비춰지기 쉽다.

미국 반트러스트법의 '우월성(superiority)'에 대한 확신은 새로운 것이 아니다. 이는 미국 반트러스트법 공동체 내에서 오랜 기간에 걸쳐 보편적으로 존재해 왔다. 미국 반트러스트법은 최초의 본격적인 반독점 체제였고, 미국 반트러스트 공동체 구성원들은 오래 전부터 자국 법체제를 현대 경쟁법의 '아버지

(father)'로 여겨 왔고, 다른 사람들 역시 이러한 인식에 익숙해져 왔다. 이러한 '아버지' 이미지는 다른 나라들도 미국 시스템을 따라야 한다는 인식을 생성, 유지해 왔다.

이상과 같은 인식은 제2차 세계대전 이후 더욱 강화되었다. 미국은 독일, 일본과 같은 나라에서 군정을 종식하고 시장경제 원칙과 민주주의를 확산하는 '임무(mission)'의 일환으로 반트러스트를 적극 추진했다. 이로 인해 많은 사람들이 전쟁 이전 유럽에 다른 유형의 경쟁법이 있었다는 사실을 망각하게 되었다. 미국 반트러스트법은 반독점법의 바로 그 모델이 되었다. 이처럼 반트러스트를 자신의 임무로 여기고 추진하는 움직임은, 비록 일부 변화하고 그 강도가 약해지긴 했지만 이후에도 지속되었다.

미국 반트러스트 구성원들은 1970년대부터 시작된 반트러스트법 사고 혁명을 겪으면서 자신들이 반트러스트에 관한 문제들에 대한 정답을 발견했다고 더욱 확신하게 되었다. 이들은 경제학에 기반한 반트러스트법이 공정성과 기업규모 등과 같은 이슈들을 주로 고려했던 기존 반트러스트법보다 우월한 이론이라고 주장했다. 이에 따르면, 미국 반트러스트법은 과거의 시행착오를 통해 각성했고 이제 설득력있고 일관성있는 반트러스트 이론을 정립했다. 많은 반트러스트 공동체 구성원들은 이러한 인식에 터잡아 과거 미국의 '잘못된(mistakes)' 모델과 유사한 다른 나라의 경쟁법을 얕잡아 보는 경우가 많아졌다. '우리도 그렇게 해 봤는데, 잘 되지 않았어(we did that, and we know that it doesn't work)'라는 식의 언급은 쉽게 확인할 수 있다. 이런 입장에서 국제경쟁법 이슈를 바라보면, 미국에서 이미 통용되지 않는 공정성을 중시하는 다른 나라의 경쟁법 체제를 높게 평가하지 않게 된다.

1990년대 미국 반트러스트법의 선도적 역할에 다시 많은 관심이 쏠렸다. 미국은 자국 경험에 터잡아 기술 지원을 주도했고, 그 이후 미국 관료들, 법률가들은 세계 여러 지역에서 국제경쟁법 관련 논의를 전반적으로 주도했다. 이러한 모든 요소들로 인해 미국이 경쟁법 체제에서 가장 앞선 국가, 즉 리더라는 인식이 강화되었다.

마지막으로, 미국 반트러스트법이 반독점을 집행하는 '올바른 방식(the right way)'이라는 이미지로 인해 미국 반트러스트 공동체 구성원들은 일거리를 확보할 수 있게 된다. 미국의 법률가들, 경제학자들, 관료들(그 중 대다수는 다시 민간 영역으로 복귀한다)은 미국식 접근방식이 우월함을 적극적으로 알리려는 인센티브가 있다.[53] 다른 나라들은 미국식 체제를 채택할 경우 예외없이 미국에 조언을 구할 것이다.

F. 미국 반트러스트법의 영향력과 특이성: 미국 반트러스트 리더십의 역설

미국 반트러스트법과 그 집행 경험은 오랜 기간 동안 경쟁법 논의의 중심에 있었다. 다른 나라 사람들이 의사결정을 위해 미국 반트러스트법을 주로 참조하는 것은 빈번한 일이었다. 미국 반트러스트 공동체 구성원들은 자국의 법 운용 경험에 터잡아 다른 나라의 경쟁법을 인식, 평가해 왔고, 개별 국가 및 국제적 차원의 경쟁법의 향후 모습을 모색해 왔다. 이러한 역할들로 인해 미국 반트러스트법 운용 경험은 특별하고 매우 중요한 것이 되었다. 이러한 경험은 다른 나라 및 국제경쟁법 발전에 중요한 가치를 갖고 있지만, 한편으로는 발전을 저해할 수도 있다.

미국 반트러스트법 운용 경험이 다른 나라 및 국제경쟁법 발전에도 적용될 수 있는지에 관한 두 가지 기본적인 인식이 있다. 첫째, 미국의 반트러스트법 운용 경험을 보편적으로 유효한 '최선의(best)' 경쟁법 발전 방식으로 보는 것이다. 이러한 인식에서는 미국이 다른 어느 국가보다도 오랜 기간 동안 경쟁법을 운용해 왔고, 일련의 시행착오를 통해 비효율적 접근방식을 소거해 왔으므로 다른 나라도 이를 따라야 한다고 주장하게 된다. 이러한 견해에 따르면, 미국의 반독점법 운용 경험은 세계적으로 유용하게 활용될 수 있고 국제경쟁법 발전의 모델이 될 수도 있다는 것이다. 둘째, 미국 반트러스트법 운용 경험이 다른 나라 및 국제경쟁법 발전에도 구체적인 지침이 될 수 있는지 따져보는 것이다. 경쟁법의 목적을 세우고, 그 달성을 위해 조직을 창설, 운용했던 미국

53) 미국과 공산주의 체제를 종식한 국가들에서 미국법 '모델'과 이에 관한 입장에 관한 정교한 분석에 대해서는 Jacques de Lisle, 'Lex Americana?: United States Legal Assistance, American Legal Models, and Legal Change in the Post-Communist World and Beyond' (1999) 20 U Pa J Int'l Econ L 179 참조.

의 경험이 세계적 차원에서 경쟁법을 발전시키는 과정에서 직면하게 되는 문제점, 이슈들을 해결하기에 구체적으로 적용될 수 있는가? 이에 대한 답은, 미국의 반트러스트법 운용 경험이 매우 가치 있는 것이기는 하지만 다른 나라 및 국제경쟁법 발전에 이러한 경험을 활용하기 위해서는 미국 반트러스트법 체제의 고유한 특성에 대해 세심한 주의를 기울일 필요가 있다는 것이다.

Chapter 6.
유럽 경쟁법: 시장, 공동체 그리고 통합

경쟁법 분야에서 미국 반트러스트법의 비중으로 인해 다른 경쟁법 경험이나 사고방식들은 간과되곤 한다. 그 결과, 경쟁법에 관한 시야가 좁아지고, 경쟁법 이슈들, 특히 국제경쟁법에 관한 이슈들에 대한 인식이 제약되기도 한다. 심지어는 이로 인해 유럽의 방대한 경쟁법 경험조차도 제대로 조망받지 못하는 경향이 있다. 유럽 경쟁법이 어떻게 발전되었는지에 대한 전반적 인식은 거의 없고, 이 경험이 국제경쟁법 발전에 어떤 시사점을 주는지 인식하지 못하게 되는 경우도 종종 있다.[1]

유럽 경쟁법 운용 경험에 대한 관심이 미미한 데는 몇 가지 요인들을 들 수 있다. 첫째, 유럽 경쟁법은 복잡하다. 유럽 경쟁법 체제 내에는 많은 국가들, 행위자들, 기관들이 있고, 개별 국가 기관들의 상호 관계 및 이 기관들과 유럽 기관의 상호 관계는 자주 변해 왔다. 유럽 경쟁법 운용은 일정한 패턴을 따르면서도 상당한 변형을 겪어왔던바, 이로 인해 유럽 경쟁법을 제대로 이해하려는 의욕이 감퇴되고, 피상적이고 잘못된 이미지만 형성된다. 둘째, 언어적인 문제로 인해 개별 국가 경쟁법에 대한 이해가 어려워진다. 유럽 개별 국가의 경쟁법 체제에 대한 정보의 대부분은 그 국가의 언어로 되어 있어 많은 사람들이 이해하는데 어려움이 있다.

---

1) 나는 여러 차례에 걸쳐 유럽의 경쟁법 발전을 규명하고자 노력해 왔다. 이 중에서도 특히 David J Gerber, *Law and Competition in Twentieth Century Europe: Protecting Prometheus* (Oxford 1998, paperback 2001) 참조.

셋째, 미신(myths)과 오해(misunderstanding)를 들 수 있다. 이는 유럽 내 개별 국가의 경쟁법을 연구할 인센티브를 더욱 감소시킨다. 예를 들면, 유럽의 경쟁법은 미국 반트러스트법을 대충 베낀 것이거나, 단순히 행정부가 경제를 규제하는 방법에 불과하다는 주장이 때때로 제기된다. 본서는 이러한 주장이 근본적으로 잘못된 것임을 살펴볼 것이나, 이러한 주장들은 매우 흔한 것이어서 유럽 경쟁법 운용 경험에 대한 관심을 감퇴시킨다. 넷째, 대부분의 주요 경쟁법 사건들에 대해 개별 국가의 법 대신 유럽 연합의 법을 적용하도록 한 2004년 EU 결정을 들 수 있다. 이 결정으로 유럽 경쟁법의 '고전 기간(classical period)'은 종식되었고, 개별 국가 경쟁법의 중요성이 현저히 감소했다. 예를 들어, 독일 경쟁법은 2004년 이전까지 동아시아의 많은 지역에 영향을 미쳤으나, 위 결정으로 독자적인 경쟁법 발전이 어려워지게 되어 이후 영향력이 상당히 감소했다.

유럽의 경쟁법 운용 경험들은 이상의 요인들로 인해 그 가치를 제대로 평가받지 못하는 경향이 있지만, 여러 측면에서 미국의 경험보다도 더 중요할 수도 있다. 특히 유럽 경쟁법 경험의 다음 세 가지 측면은 국제적 차원에서 매우 중요한 시사점을 제시한다. 이 각 측면은 미국 반트러스트법에는 아예 없거나 극히 미미하다. 첫째, 유럽 경쟁법 경험은 경쟁법 발전을 도모하는 나라들에게 귀중한 가치가 있을 수 있다. 이제 경쟁법 발전을 도모하는 나라의 의사결정권자들은 과거 유럽 경쟁법이 경험했던 것과 기본적으로 유사한 상황에 직면하고 있다. 예를 들면, 유럽 경쟁법은 국가의 경제에 대한 적극적인 개입을 옹호하는 강력한 기존 이론에 대항해 정당성과 정치적 지지를 얻어야 했다. 이런 상황에서 경쟁은 주된 역할을 하지 못했고, 경쟁법을 도입, 강화하려는 사람들은 종종 강력한 저항에 부딪쳤다. 이는 경쟁법이 본래 목적인 경쟁 제고 이외에 경쟁이라는 가치에 대한 지지까지 고양시켜야 했음을 의미한다. 즉, 경쟁법은 '단순한 법집행(enforce the law)' 이상의 역할을 해야 했다. 이는 21세기 여러 나라들이 직면하고 있는 것과 동일한 문제다. 반면, 미국 반트러스트법은 이와 같은 정치적 이유로 경쟁법의 정당성 자체를 계몽해야 할 상황을 거의 겪지 않았던바, 이는 미국에서 경쟁이라는 가치가 오랜 기간에 걸쳐 널리 수용되었고 강력한 정치적 지지를 받았기 때문이다.

경제 발전을 위한 경쟁법 활용은 앞에서 살펴본 경쟁법의 시장 형성 기능

(market-building function)과 관련된다. 대부분 유럽 국가들은 자국 경제를 발전시키려는 노력의 일환으로 경쟁법을 인식, 시행했다. 각 국 경쟁법의 실체법 내용과 이를 운용하는 기관 구성 역시 이러한 인식으로부터 영향을 받았다. 오늘날 대부분의 개발도상국들 및 최근에 개발된 국가들 역시 유럽과 같이 자국 경제 발전의 수단으로 경쟁법을 바라보는 것이 보통이다. '경쟁법이 우리 나라 경제 발전에 도움이 될 것인가, 방해가 될 것인가?'와 같은 이슈는 경쟁법에 대한 정치적 지지의 존부를 결정하는 핵심적 요소가 되곤 했다. 이 역시 미국 반트러스트법 경험에서는 찾아볼 수 없는 것이다.

강력한 대기업을 규제해야 한다는 광범위한 인식은 이상의 두 가지 요소들과 서로 엮여 있다. 경제 규모가 그리 크지 않은 대부분의 유럽 국가에서 정부의 시장에 대한 적극적 개입으로 여러 시장에서 다수의 시장지배적 사업자가 등장했다. 특히 1990년대 초반부터 많은 국영 독점 기업들이 민영화되었는데, 이들 기업들 다수는 오늘날까지도 강력한 경제적 우위를 유지하고 있다. 그 결과 시장지배적 사업자의 행위에 대한 규제는 경쟁법 이론 및 실무 법집행의 주된 관심사항이 되어 왔다. 물론 미국도 경제력 이슈를 중요한 문제로 다루기도 했지만, 이 경우에도 이 이슈는 경쟁에 우호적인 정치적·사회적 상황에서 논의되어 왔다. 뿐만 아니라, 최근 수십 년 동안 미국 경제의 규모와 개방성이 증대되고 정치적 상황이 변화함에 따라 이러한 이슈들에 대한 관심도 급감했다.

유럽의 경쟁법 집행 기관들과 절차들은 또한 아시아, 라틴 아메리카, 아프리카 지역의 국가들이 경쟁법을 발전하는 과정에서 활용해 왔던 기관, 절차와 유사해지는 경향이 있다. 예를 들면, 이들 국가들은 대부분 전통적으로 civil law 체제를 유지해 왔는데, 이 체제는 공법과 사법을 준별하고 각 영역의 법원칙과 집행기관을 별도로 운용하는 특징이 있다. 이러한 준별은 경쟁법 영역에서 많은 영향을 미쳤다. 그 중 특히 주목할 만한 것은, 사인이 경쟁제한적 행위에 대한 규제와 같은 공법적 목적 달성을 위해 스스로 소송을 할 인센티브가 거의 없다는 점이다. 그 결과 대부분 유럽 국가들에서 경쟁법 집행은 전적으로(또는 최소한 거의 대부분) 행정부내 소관 기관에 의해 이루어지는데, 대부분 국가들이 이런 체제를 선호하고 있다. 반면, 미국에서는 이러한 공사법 영역의 준별이 별다른 의미가 없고, 사적 소송이 미국 반트러스트법 운용의 핵심적 위치를 차지해 왔다.

국제경쟁법 발전과 관련해 유럽 경쟁법 경험이 주는 두 번째 시사점은, 각 개별 국가 경쟁법 간의 상호작용과 각 국 경쟁당국이 유럽 경쟁당국과 형성하는 관계이다. 유럽은 개별 국가 경쟁법이 지역의 정치적·경제적 통합과 상호 연계되는 중요한 경험을 갖고 있는 유일한 지역이다. 1957년 유럽 공동시장(European Common Market) 형성 이후 유럽에는 개별 국가의 경쟁법과 유럽 경쟁법이 공존해 왔다. 이들은 다양한 방식으로 상호 관련되어 왔던바, 이 발전상은 전세계적 차원에서 각 경쟁법 체제가 어떻게 조율되고, 상호 협력할 수 있는지에 관한 통찰을 제시해 준다. 물론 유럽 차원에서 이루어진 경험을 곧바로 전세계 경쟁법 체제들 간의 조율과 협력에 적용하기에는 그 범위와 강도 면에서 상당한 간극이 있다. 그렇지만, 유럽에서의 상호 작용 경험은 국제경쟁법 발전에 관한 생각에 상당한 시사점을 줄 수 있을 것이다.

마지막으로, 국제적 요소들은 개별 국가 차원 및 유럽 차원에서의 경쟁법에 급속히 많은 영향을 미쳐 왔다. 미국 반트러스트법이 아주 최근까지도 국제적 이슈에 별로 관심을 두지 않고 발전해 왔던 것과 달리, 유럽 경쟁법은 미국 반트러스트법의 그늘 하에서 발전해 왔다. 유럽의 많은 국가들은 경쟁법에 관한 이론을 정립하고 법을 집행하는 과정에서 막강한 영향력을 행사하는 미국 반트러스트법 이론, 법집행 기관들과 지속적으로 대면해 왔다. 뿐만 아니라, 유럽화와 세계화는 유럽 경쟁법의 작동에 급속도로 중요한 역할을 해 왔다. 이러한 점에서, 유럽 경쟁법이 세계 시장과 맺고 있는 관계는 다른 많은 나라의 경쟁법들이 현재 직면하고 있거나 향후 직면할 상황과 유사하다.

이상의 요소들은 경쟁법 발전에 대한 시야를 넓히고, 국내 시장뿐만 아니라 세계 시장에서 행해지는 경쟁제한적 행위를 규제할 대안을 제시해 준다. 국제 경쟁의 보호에 관한 이슈들을 생각할 때 미국의 반트러스트법 경험만을 참고하면, 사고의 폭이 제한될 수 있고 경쟁법 기능을 수행할 대안을 제대로 인식하지 못하게 된다.

본 Chapter는 두 가지를 목적으로 한다. 첫째, 유럽 경쟁법 경험의 핵심적 특징을 살펴보고 이를 통해 유럽 경쟁법 경험이 국제경쟁법 발전에 관한 논의와 분석에 반영될 수 있게 하는 것이다. 유럽의 경쟁법 경험은 불완전하고 편향된 시각에서 분석되어 제대로 이해되지 못하곤 한다. 그러므로, 유럽 경쟁법 발전 과정을 정확히 이해하는 것은 많은 의의가 있다고 할 것인바, 이는 자국의 경쟁법 발전을 도모하는 나라들에게 특히 그러하다. 둘째, 유럽 통합 과정에서 경쟁법이 수행했던 역할을 살피고, 이 경험이 국제경쟁법 발전에 활용될 수 있는 방안을 연구하는 것이다. 여기서는 유럽의 경험이 개별 국가 차원 및 국제적 차원에서의 경쟁법 발전에 기여할 수 있는 주요 영역을 확인하고, 이러한 목적으로 유럽의 경험을 활용하는데 제약이 되는 사항들을 살펴보기로 한다.

A. 유럽 경쟁법 경험에 대한 왜곡된 이미지

국제경쟁법 발전 과정에서 유럽 경쟁법 경험이 수행하고 있고 향후 수행할 역할을 평가함에 있어, 유럽 경쟁법에 대한 인식에 영향을 미치는 몇몇 이미지들을 짚고 넘어갈 필요가 있다. 유럽 사람들 및 다른 지역 사람들 모두 이러한 이미지들로 인해 유럽 경쟁법을 올바로 이해하는데 어려움을 겪곤 한다.[2)]

우선 지속적으로 존재해 왔던 오해로서, 유럽 경쟁법은 미국 반트러스트법을 단순히 수입한 것에 지나지 않는다는 인식을 들 수 있다. 제2차 세계대전 이후 미국이 독일에 주둔했는데 이 때 독일 경쟁법이 도입되었다. 많은 사람들은 이에 주목해 당시 도입된 경쟁법에 터잡아 독일 경쟁법이 발전했고, 나머지 유럽국가들이 이후 이와 같이 발전한 독일 경쟁법을 받아들였다고 생각한다. 유럽 경쟁법에 관한 많은 논의에서 '유럽은 미국의 아이디어를 모방했는데, 아직까지도 제대로 모방하지 못했다'는 식의 생각이 깔려 있다. 이러한 인식은 근본적으로 잘못된 것이다. 유럽 경쟁법은 미국 반트러스트법으로부터 상당한 영향을 받으면서 발전하긴 했지만, 그 이전에도 수십 년 동안 미국과 확실히 다른 독자적인 방식으로 경쟁법에 관한 사고, 법집행 기관, 경쟁법에 관한 입장 등을 발전시켜 왔다.

다음으로 광범위하게 퍼져 있는 또 다른 오해로서, 2004년 이전까지 유럽 각 국의 경쟁법은 상호 관련되지 않았다는 인식이다. 유럽 각 국은 매우 상이

2) 이에 관한 추가적인 논의에 대해서는 David J Gerber, 'Europe and the Globalization of Antitrust Law' (1999) 14 Conn J Intl L 15.

한 경쟁법을 보유하고 있고, 각기 상이한 법집행 경험을 쌓아 왔으므로 이에 대한 연구는 거의 필요없다는 식의 이야기가 회자되곤 한다. 이는 유럽 각 국의 경쟁법 경험에는 일정한 패턴이 존재하지 않아 이를 파악하고 다룰 수 있는 인지적 '틀(hook)'이 없음을 전제하고 있다. 그 결과 유럽의 경쟁법 경험을 이해하려는 노력에 지장이 초래되는데, 이 역시 잘못된 인식이다. 유럽 개별 국가들의 경쟁법 운용 경험들 간에 상당한 차이점이 있는 것은 맞지만, 유럽식의 경쟁법 '모델(model)'로 볼 수 있는 일정한 패턴들은 존재하기 때문이다.

앞서 살펴본 내용과 관련되는 것으로서, 유럽 경쟁법은 대기업에 대한 정부 규제의 산물에 불과하다는 인식이 있다. 전후 유럽에서 행정부의 역할이 매우 컸고, 실제 일어난 사실에 대한 설명이 제대로 이루어지지 않았던 탓에, 일부 사람들은 경쟁법이 행정부 관료들의 권한을 확대하려는 노력의 산물에 불과하다고 생각한다. 이는 유럽 경쟁법에 대한 이미지를 근본적으로 왜곡하는 것이다. 행정부 관료들은 이미 산업 '규제(regulate)'에 필요한 모든 수단을 갖고 있었으므로 경쟁법과 같은 새로운 형태의 법을 필요로 하지 않았다. 경쟁법의 주된 목적은 대부분 정부 기능의 확대가 아닌 경쟁 확대의 촉진 및 지지였다.

마지막으로, 유럽 경쟁법 집행은 행정부에 의한 통제에 불과할 뿐, 어떤 특정한 가치관이나 메시지를 반영하지 않는다는 인식이 종종 존재한다. 미국 반트러스트법 집행이 경제적 자유 및 경쟁의 중요성이라는 메시지를 전파했던 것과 달리, 유럽 경쟁법이 어떤 가치를 추구했는지, 이러한 가치의 의의와 지지의 원천이 무엇인지 확인하기가 쉽지만은 않다. 유럽 경쟁법은 종종 별다른 특징이 없어 보이고, 유럽 경쟁법 발전은 중요한 정치적·지적 기반을 결여한 것처럼 보인다. 그러나, 유럽 경쟁법 발전은 매우 복잡다기하고, 기관들, 이해관계들, 사상들 간의 갈등으로 가득 차 있다. 일부 유럽 국가들은 최소한 미국 반트러스트법 역사의 많은 기간 동안 미국이 그러했던 만큼 경제적 자유를 증대하고 경쟁을 사회적 가치로 내재화하고자 열정적으로 노력했다.

이상에서 살펴본 것 기타 다른 잘못된 믿음과 오해로 인해 유럽 경쟁법 경험이 국제적 차원의 경쟁법 발전을 모색함에 있어 어떤 잠재가치를 갖는지 제대로 평가하는데 어려움이 있다. 따라서, 이 Chapter의 나머지 부분에서는 유럽 경쟁법 경험을 보다 정확히 살펴보고자 한다.

B. 초기 유럽 경쟁법의 발전

본서의 검토 목적에 비추어 볼 때, 유럽 경쟁법의 초기 발전은 두 가지 측면에서 중요하다.[3] 우선 이는 이후의 유럽 경쟁법 발전의 이해에 필요하다. 그러나, 최소한 이에 버금가게 중요한 이유는, 유럽 경쟁법의 초기 발전 상황이 이후 경쟁법 발전을 촉진, 저해했던 여러 요소들(이 요소들은 종종 상충되기도 했다)을 이해하는 단서가 되기 때문이라는 점이다. 이 요소들은 또한 다른 나라의 경쟁법 발전에도 영향을 미칠 수 있다.

유럽 경쟁법은 많은 사람들이 생각하는 바와 같이 미국이 독일에 주둔했을 때 시작한 것이 아니다.[4] 유럽 경쟁법에 관한 대부분의 기본적인 생각은 훨씬 이전인 1890년대 비엔나에서 이미 고안되었다. 당시 비엔나는 여러 학문, 철학, 예술 분야의 창의적 생각이 넘치던 곳이었다. 합스부르크 왕조 정부가 오스트리아의 경제를 진작하고 당시 급격히 발전하고 있던 독일을 따라잡기 위한 방법을 모색함에 따라, 정치·사회적으로 영향력 있는 관료들, 학자들은 법으로 경쟁 과정을 보호하는 아이디어에 관한 연구를 시작했다. 이들은 법과 경제적 자유를 강조하는 고전적 자유주의로부터 많은 영향을 받아, 이 두 가치를 통합해 경제 성장을 촉진하고자 했다. 이들은 법으로 경제적 과정(economic process)을 보호하는 아이디어를 고안해 냈다. 경제를 '일종의 과정(a process)'으로 인식하는 새로운 경제학 이론이 오스트리아에서 발전하기 시작했음을 고려할 때, 이와 같은 계획들이 오스트리아에서 일어난 것은 놀라운 일이 아니다. 경제를 과정으로 인식하기 시작하면, 이러한 과정을 보호하기 위해 법을 활용하려는 아이디어는 쉽게 떠오를 수 있다.

오스트리아 정부는 위와 같이 제시된 권고에 따라 경쟁을 보호하는 법을 제안했다. 오스트리아 정부는 높은 위상을 갖고 있는 비엔나의 관료 조직을 활

3) 이 section과 다음 Section과 관련하여, 나는 *Law and Competition, supra* note 1에서 이에 관해 상세히 살펴본 바 있다. 위 책은 방대한 근거 자료와 참고 자료들을 포함하고 있으므로 참고하기를 바란다. 나는 위 책에 포함된 자료들 중 특별히 지정할 필요가 있는 경우에만 해당 자료를 언급하고 해당 자료가 이 책의 어느 부분에 관한 것인지를 언급했다. 이 section에 대해서는 *Law and Competition*, at 43-164 참조.

4) 상세한 내용에 대해서는 David J Gerber, 'The Origins of the European Competition Law Tradition in Fin-de-Siecle Austria' (1992) 36 Am J Leg Hist 229 참조.

용해 경쟁을 보호하려 했다. 법안의 실질적 내용은 주로 경쟁 과정에 대한 잘 정립된 개념과 경쟁 보호의 주목표가 소비자 후생이라는 인식에 초점을 맞추고 있었다. 이 법안은 오스트리아뿐만 아니라 인근 독일의 정치, 경제, 학자 그룹 내에서 광범위하게 논의되었다. 이 법안은 오스트리아 내에서 광범위한 지지를 받아 1897년 입법 직전까지 이르렀지만, 1890년대 후반에 발생한 정치적 대재앙으로 인해 실제 입법되지는 못했다.

그러나, 이러한 생각은 독일에서 더욱 발전했고, 그 과정에서 지적 내용이 보강되었으며, 더욱 강력한 정치적 지지도 받게 되었다. 중소 규모의 사업자들은 소비자, 노동조합과 더불어 이러한 생각을 열렬히 지지했다. 그러나, 독일은 여전히 황제의 통치를 받고 있었고, 황제는 거의 모든 법안에 대해 거부권을 행사할 수 있었던바, 당시 황제였던 Wilhelm II세는 육군, 해군의 강화를 위해 주로 의존하던 사업자들에게 피해를 미칠 수도 있는 법제정에 소극적이었다. 이로 인해 경쟁법을 제정하려는 생각은 다시 좌초되었다.

20세기 최초의 대참사였던 제1차 세계대전으로 인해 경쟁법같은 이슈들에 별다른 관심이 기울여지지 않았지만, 1920년대에 발생한 악명 높은 인플레이션 위기에 대응하는 과정에서 전쟁 이전 논의되었던 경쟁법에 관한 아이디어 중 일부가 독일에서 법제화되었다. Chancellor Gustav Stresemann을 포함해 경쟁법 도입에 관여했던 많은 사람들은 전쟁 이전의 경쟁법에 관한 논쟁의 중심에 있었고, 전후 자신들이 지지했던 아이디어를 법제화할 수 있는 위치에 있었다.

독일 경쟁법은 유럽 최초의 경쟁법이었다. 이전에 유럽에서 논의된 바에 따라, 독일 경쟁법은 행정부 기관이 경쟁법에 관한 주된 결정을 내리게 했는데, 이는 이후 유럽 경쟁법의 핵심적인 특징이 되었다. 그러나, 독일 경쟁법은 촉박한 일정에 따라 제정된 탓에 관련 논의를 심도 깊게 담아내지 못했다. 더욱이 당시 바이마르 공국은 정치적 위기를 겪으며 안정적으로 유지될 수 있는지 불확실했으므로, 독일 경쟁법은 충분한 정치적 지지를 받지 못했다. 그럼에도 불구하고 독일 경쟁법은 시행되었다. 많은 사례들이 있었고, 법률가와 학자 모두 경쟁법에 적극적인 관심을 가졌다. 당시 증언에 따르면, 독일 경쟁법은 때로는 기업들의 행동에 중대한 영향을 미쳤다. 그 결과, 독일 최초의 경쟁법이 경쟁제한적 행위를 특히 효과적으로 억제하진 못했지만, 많은 사람들이 경쟁법을 경험하게 되었고, 다른 나라들 역시 경쟁법의 필요성 및 도입가능성을 인식하게 되었다.

오스트리아와 독일의 이상과 같은 경험으로 인해 1920년대 진행된 국제경쟁법 발전에 관한 논의에 유럽의 관심이 고조되었다. 전세계 많은 지역(특히 유럽)에서 국제 카르텔이 빈발하는 추세였고, 이에 대처하기 위해 경쟁법을 활용해야 한다는 논의가 많이 있었다. 몇몇 국가는 이런 논의로부터 영향받아 경쟁법 도입을 위해 진지하게 노력했다. 예를 들면, 노르웨이는 1926년 잘 정비된 경쟁법을 제정했다. 1920년대 말까지 여러 국가들이 선호하는 경쟁법 유형에 대한 일종의 컨센서스가 형성되었다. 이에 따르면 앞에서 살펴본 바와 같이 행정부가 경쟁법 집행을 주도하게 되는바, 이는 놀라운 일이 아니었다. 그러나, 이상과 같은 발전은 대공황으로 인해 곧바로 소멸되었고, 제2차 세계대전 이후 어느 누구도 이에 대해 언급하지 않았다. 이는 당시의 발전이 '막다른 길(dead end)'에 이른 것처럼 보였을 뿐만 아니라, 어느 누구도 1930년대와 1940년대에 발생한 재앙의 원인이 되었던 정치 · 경제 정책들을 다시 돌아보고 싶지 않았기 때문이기도 하다.

C. 개별 국가 경쟁법과 유럽 모델의 발전: 1945-2004

제2차 세계 대전 후 유럽에서 재개된 경쟁법 발전 노력은 성공을 거두었고 유럽 통합의 전과정에서 핵심적인 역할을 했다. 이러한 노력은 때때로 미국으로부터 지원을 받기도 했지만, 다른 많은 요소들도 이에 기여했다.

하바나 헌장이 좌초된 후 유럽 각 국의 경쟁법은 일시적으로 두 가지 방식으로 이루어졌다. 하나는 독일에서 발전한 경쟁법이고, 다른 하나는 대부분의 다른 유럽 국가에서 발전한 경쟁법이다. 이후 1958년 유럽 공동시장의 창설로 인해 또 다른 방식이 추가되었는데, 유럽 경쟁법도 각 국의 경쟁법과 상호 영향을 미치며 발전해 왔다. 이 세 가지 방식은 이후 유럽 통합이라는 상황에서 결국 모두 통합되었다. 유럽인들은 이 기간 동안 20세기 전반에 있었던 재앙의 재발을 방지할 수 있는 정치 · 경제 유형을 모색했는데, 이 과정에서 경쟁법이 두드러진 역할을 하곤 했다.

이러한 발전이 시작했던 당시 상황을 되돌아 볼 필요가 있다. 제2차 세계대전 이후 수년간 유럽에서 경쟁과 경제적 자유에 대한 전망은 암울해 보였다. 전후 수년간 전쟁으로 인한 참화에서 재건해야 한다는 절박한 의식이 팽배해 있었던바, 재건이 갖는 의미, 이에 대한 입장과 경험들은 경쟁법이 등장하는데 영향을 미쳤다. 대부분의 유럽 정부들이 또 다시 황폐해진 경제를 재건하고 취약한 정치 체제를 안정시킬 필요에 직면하고 있었던바, 이로 인해 많은 사람들의 시야가 좁아졌다. 많은 사람들이 굶주렸고, 생필품을 포함한 상품 공급이 터무니없이 모자라곤 했다. 공급부족은 또한 인플레이션을 초래했던바, 인플레는 10년 또는 그 이상의 기간 동안 대부분 국가에서 중요한 경제 문제가 되었다. 이런 상황에서 정부는 가격을 통제하고 의도적인 공급 감소 행위를 규제할 수밖에 없었으므로, 가격 통제는 정부 경제 정책의 핵심 기조가 되었다. 많은 지식인들은 미래 유럽의 모습이, 사회주의에 따라 정부가 경제를 강도 높게 통제하고 개인의 자유와 경제적 경쟁의 영역이 축소되는 것이라고 생각했다. 그러나, 서부 유럽은 20년에 걸쳐 이러한 정책 방향을 근본적으로 수정했다. 시장 경제는 1960년대 중반 이후 다시 중심이 되었고, 경쟁 과정(competitive process)은 수십 년전 잃어버렸던 지지를 다시 얻었다.

1945년 이후 수년간 유럽인들은 유럽 기업들이 자본, 규모, 경영 능력의 측면에서 미국 기업들과 경쟁하기에 부족함을 목격해 왔다. 이와 같은 유럽인들의 경제적 '열등의식(backwardness)'은 이후 유럽 경쟁법 발전에 영향을 미치곤 했다. 물론 시간의 경과에 따라 유럽인들이 열등의식을 가졌던 분야들이 변해 왔지만, 그 기본적 의식 자체는 여전히 잔존하고 있다. 이러한 인식은 초기에 각 국 정부로 하여금 해외의 경쟁사업자들로부터 특정 분야의 자국 사업자들을 보호, 지원하려는 정책을 정당화했는데, 이러한 전통적인 '산업정책(industrial policies)'은 경쟁법의 목적과 상충하곤 했다. 그러나 경쟁의 역할에 대한 유럽 국가들의 견해는 이후 수십 년에 걸쳐 점진적으로 변화했다. 여러 국가들이 기업들로 하여금 국내 시장에서 경쟁하도록 하고 이를 통해 세계 시장에서도 보다 효과적으로 경쟁할 수 있도록 하기 위해, 즉 전적으로 자국 산업의 경쟁력을 제고하기 위해 경쟁법을 도입했다.[5)]

5) 이러한 경쟁법 입법에 관한 조사에 대해서는 Stefan A Riesenfeld, 'The Protection of Competition' in Eric Stein and Thomas Nicholson (eds), II *American Enterprise in Europe:*

경쟁법을 활용하려는 이유는 무엇인가? 한 가지 요인으로 제1차 세계대전 이후 제2차 세계대전 이전까지의 기간 동안 경쟁법에 관한 논의가 이루어졌던 점을 들 수 있다. 당시 논의에서 경쟁법 활용 방식과 각 국의 많은 지도자들이 매력을 느낄 만한 경쟁법 모델이 제시되었다. 1920년대 후반에 진행된 경쟁법 관련 논의에 참여했던 사람들은 1940년대 및 1950년대 자국의 경제 정책 결정에도 많이 관여했다. 이들은 과거 논의에서 경쟁법이 어떤 가치가 있을 수 있는지에 관한 주장들을 종종 접했다. 하바나 헌장에 관한 논의에 참여했던 주요 국가들의 다수가 경쟁법 도입에 동의했었기 때문에, 하바나 헌장에서의 논의는 경쟁법이 갖는 이러한 긍정적 이미지를 더욱 강화했다. 일부 유럽 정부들은 하바나 헌장이 발효될 것으로 예상하고 경쟁법 도입을 준비했었던바, 이는 이후의 입법에 상당한 추동력으로 작용하기도 했다.[6)]

미국 역시 제2차 세계대전 직후 수년에 걸쳐 일부 유럽 국가들(특히 영국)에 경쟁법 도입을 강하게 요구했다. 많은 사람들이 경제력 집중과 카르텔이 독일과 이탈리아에서의 파시즘을 확산시키고 다른 국가의 정치·경제적 상황을 악화시키는데 기여했다고 생각했는데, 미국과 일부 유럽의 관료들은 경쟁법을 통해 이를 규제할 수 있다고 생각했다. 물론 유럽 국가들이 미국의 압박에 직접적인 영향을 받아 경쟁법을 도입하거나, 반대로 이에 저항했다는 점에 관한 증거는 거의 없지만, 제2차 세계대전 이후 수년간 많은 유럽 국가들이 미국으로부터의 원조에 의존할 수밖에 없었던 상황에서, 미국의 요구를 대놓고 무시하기는 쉽지 않았다.

국내 정치적 상황 역시 경쟁법 활용에 호의적이었다. 전후 유럽에서 '경제적 정의(economic justice)'는 더 민감한 문제가 되었는데, 이런 상황에서 경쟁법이 제시하는 아이디어가 매력적으로 비춰졌다. 대공황과 세계대전을 거치면서 경제적 불평등이 시정되어야 하고 정부가 이를 위해 경제적 불평등을 유지, 조장하는데 기여하는 경제력 활용을 규제해야 한다는 요구가 고조되었다. 경쟁법 도입은 이에 대한 대응방안이었다. 예를 들면, 경쟁법을 제정하는 정치가들

A Legal Profile (Ann Arbor 1960) 197-342; and Hans B Thorelli, 'Antitrust in Europe: National Policies after 1945' (1959) 29 U Chi L Rev 222 참조.

6) Corwin D Edwards, *Control of Cartels and Monopolies: An International Comparison* (Dobbs Ferry, New York 1967) 231-32.

은 자신들이 소비자들에 대한 착취나 소규모 사업자들의 피해를 막기 위해 노력하고 있다고 주장할 수 있었다. 이 주장들은 정치적으로 매력적인 주장이었다. 뿐만 아니라, 사회주의자들 및 사회민주주의자들은 경쟁법을 통해 다수 노동자들에 대한 착취를 규제하고 이들의 복지를 향상시켜야 한다고 주장하곤 했던바, 세계대전 이후 이들의 정치적 영향력이 급속히 증대됨에 따라 경쟁법에 대한 이들의 지지 역시 더욱 많은 영향을 미쳤다.

마지막으로, '눈사람(snowball)' 효과도 들 수 있다. 각 국의 의사결정권자들은 다른 나라가 어떤 경제 정책을 취하는지 대략적으로 알고 있었고, 특히 1940년대 후반 OEEC[Organization for European Economic Cooperation, 동 기구는 이후 OECD(Organization for Economic Cooperation and Development)가 되었다]가 활동하면서 이를 보다 쉽게 인식할 수 있게 되었다. 경쟁법을 도입하지 않은 국가들은 다른 국가들이 새로 경쟁법을 도입할 때마다 더 많은 압박을 느끼게 되는 경향이 있었다. 경쟁법은 점차 유행이 되어 갔다.

1. 독일 경쟁법 모델과 그 영향

독일 경쟁법은 가장 심도 깊은 지식 기반과 가장 강력한 정치적 지지를 갖추고 있었고, 유럽의 다른 개별 국가들과 유럽 전체의 경쟁법 발전에 많은 영향을 미쳤다.[7] 그러나, 독일 경쟁법이 기원했을 당시의 상황은 매우 비우호적이었다. 독일 경쟁법의 기원은, 독일식 '질서자유주의(ordoliberalism)' 또는 법경제학의 '프라이부르그 학파(Freiburg School)'로 일컬어지곤 하는 움직임의 일부인데, 이는 최근까지도 독일 밖에서는 거의 알려지지 않았다.[8] 1930년대 일군의 법률가들, 경제학자들은 법을 활용해 경쟁 과정을 보호하고 이를 통해 대규모의 경제력을 갖춘 기업들을 제대로 통제하지 못했던 바이마르 공국의 약점 및 국

7) 보다 상세한 내용과 참고 자료에 대해서는 Gerber, *Law and Competition, supra* note 1, at 232-333 참조.

8) 프라이부르그 학파에 관한 추가적인 논의에 대해서는 David J Gerber, 'Constitutionalizing the Economy: German Neo-liberals, Competition Law and the "New Europe"' (1994) 42 AM J Comp L 25-84 참조. 프라이부르그는 독일 남서부의 도시 이름인바, 이 지역의 경우 나치의 통제가 다른 지역에 비해 다소 느슨했고, 독립성과 자유의 전통이 나치에 대한 이러한 저항 노력을 지지했다.

민들의 경제, 사회적 삶에 과도한 국가 간섭을 초래했던 나치즘의 재앙을 모두 방지할 수 있는 가능성을 체계적으로 모색하기 시작했다. 프라이부르그 학파 회원들은 국가나 대규모 경제력을 보유한 사적 주체로부터 경제적 자유와 경쟁을 보호할 수 있는 방법을 모색했다. 이들은 이를 위해 법을 어떻게 활용할 것인가에 관한 생각을 체계적으로 발전시켰다. 경쟁법은 이러한 생각의 중심에 있었는데, 이는 경쟁법이 시장에 대한 접근을 보호하고 과거 전체주의가 지배했던 국가를 재건하며 방향을 재설정하는 가장 직접적인 방법이었기 때문이다. 독일 질서자유주의자들은 나치 집권기간 동안에도 상당한 개인적 비용과 위험을 감수하면서 '암암리에(underground)' 활동했다.

본서는 독일 질서자유주의자들의 생각을 상세히 살펴보지는 않을 것이다. 저자는 이미 다른 글에서 이러한 작업을 한 바 있다.[9] 다만, 이들이 주장했던 핵심적 원칙은, 정부가 경쟁과 경제적 자유에 입각한 경제 체제를 세우고 이와 같이 정립된 질서를 지키기 위해 노력해야 한다는 것이다. 정부의 경제 체제 결정은 '경제 헌법(economic constitution)'의 채택과 같이 인식되어야 하고, 정치적 헌법 수호를 위해 법을 활용하는 것과 같이 이러한 경제 헌법의 수호를 위해 법을 활용해야 한다는 것이다. 이들은 경쟁법을 경제 헌법을 수호하는 핵심 도구로 인식했다.

a. 경쟁법 제정

제2차 세계대전 후 미국이 독일을 점령하던 기간에 프라이부르그 학파가 전면에 등장했다. 독일에 있던 미국 관료들이 이들의 아이디어를 좋아했던 데다가, 이들은 나치당과 사실상 어떤 관련도 없었다. 그 결과 프라이부르그 학파에 속한 많은 사람들이 독일 경제 정책을 입안·집행하는 부서에서 고위직을 차지하게 되었다. 이들은 이전까지의 독일 정치 체제와 근본적으로 상이한 '새로운 독일(new Germany)'을 발전시키고자 했던 소장 변호사들, 경제학자들, 행정가들로 구성된 그룹의 핵심이 되었다. Ludwig Erhard는 이러한 노력을 지지했던 핵심인물로서, 미국 점령기에는 경제 정책 집행부의 수장을, 이후에는 경제부처의 수장, 수상까지 역임하면서 20여 년 동안 독일 경제 정책 결정에

9) 예컨대 ibid 참조.

가장 큰 영향력을 미쳤다.

이들 그룹이 경쟁 보호를 중시했음을 고려할 때 경쟁법 제정이 최우선적 추진 사항에 포함된 것은 놀랍지 않은 일이다. 경쟁법 입법은 미국측 주둔 관료들의 우선 추진 사항이기도 했다. 앞에서 살펴본 바와 같이, 미국 관료들은 독일과 일본에서의 경제력 집중이 독재의 발전과 군국주의의 강화를 촉진했다고 믿었다. 이에 이들은 독일에서 카르텔을 금지하는 법률을 제정, 시행했다. 그 결과 많은 독일 사람들이 경쟁법 개념에 친숙하게 되었고, 관료들과 학자들 역시 경쟁법 개념에 따라 관련 법률들의 시행과 결과를 검토하게 되었다.

독일 관료들은 이미 1947년부터 미국 점령이 종료하면 독일식의 경쟁법을 제정하는 방안을 생각했다. 이는 독일식 질서자유주의를 지지하는 사람들과 대기업측 인사들 간의 논쟁으로 이어졌고, 10년 이상이나 지속되었다. 독일 기업가들은 경쟁법이 자신들의 사업활동을 제약할 것을 우려했다. 그러나, 어떤 형태로든 경쟁법 도입이 불가피하다는 점을 인식하자 1920년대 보편적이었던 법률들과 마찬가지로 특정 행위를 무조건적으로 금지하는 것보다는 행정부가 전반적으로 재량권 행사를 통해 규제 여부를 결정하도록 하는 보다 온건한 경쟁법이 제정되도록 하는데 역량을 집중했다. 반면, 독일 질서자유주의자들은 미국의 지지를 업고 행정부의 재량 여지를 배제하여 특정 유형의 행위를 단순 금지하는 보다 강력한 내용의 경쟁법 도입을 강하게 주장했다. 경쟁법 도입 프로젝트는 거의 10년간 지속되면서 국내 신문의 헤드라인을 장식하곤 했다.

이러한 논쟁이 진행되는 동안, 미국 관료들은 독일 질서자유주의자들을 지지하면서 많은 조언을 했다. 그러나, 가장 중요한 것은 이들이 독일 정부에게 경쟁법 도입을 요구하면서 이를 독일 주둔을 종료하는 합의 내용의 일부로 포함시킬 것을 주장했다는 점이다. 다만, 미국 정부는 경쟁법의 구체적 내용에 대해서는 특별한 요구를 하지 않았다. 미국 정부는 독일 주둔시 자신들이 집행했던 법을 그대로 유지하라고 요구하지 않고 독일 정부가 독자적으로 경쟁법이라는 새로운 법역을 발전시키도록 했다. 독일 내에서 오랜 기간 동안 지속된 논의 끝에 1957년 전반적으로 질서자유주의자들의 주장을 반영한 독일 경쟁제한 방지법(the German Law against Restraints of Competition－GWB)이 제정되었던바, 이는 유럽 최초의 경쟁법이었다.

독일 경쟁제한 방지법은 독일 질서자유주의자들의 생각에 미국 반트러스트법에 대한 경험, 과거 독일의 경쟁법 경험 등 여러 요소들을 모두 통합, 반영한 혼합물이었다. 이 법은 기존의 어떤 경쟁법과도 판이했고, 이 점에서 유럽 경쟁법 발전에서 매우 중요한 가치가 있다. 독일 경쟁제한 방지법은 경쟁법 원칙의 집행을 위해 주로 행정부 메커니즘에 의존했지만, 전쟁 이전의 유럽식 경쟁법 모델 및 대부분 유럽 국가들의 경쟁법 발전의 지도원리였던 '남용행위(abuse)' 모델과 중요한 측면에서 차이가 있었다. 그 중 가장 중요한 것은, 이 법이 경쟁법을 본질적으로 '사법적(judicial)' 시스템으로 보았다는 점이다. 행정부 관료들이 경쟁법에 관한 기본적인 의사결정을 하긴 하지만, 이들은 국가 경제 정책보다는 잘 발전된 사법적 방법, 절차에 따라 의사결정을 내려야 했다. 즉 독일 경쟁제한 방지법은 단순한 정책이 아닌 안정성을 갖춘 '법'이었다.

b. 실체 규범과 법원칙

독일 경쟁제한 방지법의 지도 이념은, 사인이 경제력을 활용하여 경쟁을 제한하고 경쟁 과정을 왜곡하는 것을 방지하는 것이었다. 그 핵심적 생각은 독일 질서자유주의자들에 의해 '완전 경쟁(complete competition)'이라고 일컬어지는 상태, 즉 어떤 개별 기업도 가격 기타 경쟁조건을 임의로 조종하지 못하는 경쟁 상태를 유지해야 한다는 것이었다. 본래 독일 경쟁제한 방지법은 교통, 농업, 보험과 같은 주요 산업에 적용되지 않았던바, 이에 대해서는 경쟁법이 아닌 다른 규제 체제들이 적용되었다. 이후 이러한 경쟁법의 적용제외 영역은 점진적으로 감소했고, 20세기 후반에 이러한 추세가 특히 두드러졌다.

최초 독일 경쟁제한 방지법에는 세 가지 유형의 실체법 규범이 있었다. 가장 중요한 것은 카르텔 금지였다. 다만, 산업 '합리화(rationalize)'를 위한 협의, 특정 상품에 대한 표준 설정 합의와 같은 몇 가지 유형의 합의는 예외 조항을 통해 금지 대상에서 제외되었다. 둘째, 경쟁을 제한할 수 있는 '다른 합의(other agreements)'이다. 기본적으로 끼워팔기(tying agreements), 라이선스 계약(licensing contracts), 배타조건부 거래 조항(exclusive dealing provisions) 등과 같은 수직적 합의들이 여기에 해당한다. 이러한 합의는 전적으로 금지되지 않는다. 법을 입안한 사람들은, 이러한 유형의 합의가 카르텔과 달리 개별 구체적 상황에 따라 상이한 경쟁 효과를 미칠 수 있음을 인식하고, 카르텔과는 상이한 접근방식을 택했다. 이러한 조항들은 상황에 따라 일부 중요하기도 했지만, 전반적으로는 경쟁법 체제 발전에 부수적인 역할을 했다. 셋째, 경제력 '남용(abuse)'을 규제하는 조항들이다. 독일 경쟁제한 방지법은 남용행위 유형을 법에 구체적으로 규정하는 대신, 독일 연방 카르텔청(German Federal Cartel Office－FCO)으로 하여금 시장지배적 기업이 경제력을 활용하여 경쟁 과정을 저해하지 못하도록 조치하게 했다. 기본적으로, FCO는 기업에게 일정한 행위를 하지 못하도록 할 수 있고 이를 준수하지 않을 경우 과징금을 부과할 수 있다.

c. 방법론과 법집행 기관

FCO의 기본 역할은 특정 정책 방향을 결정, 실행하는 것보다 법률을 해석, 적용하는 것이다. FCO 내부 절차 역시 이를 반영하고 있다. FCO의 결정은 주로 'decision section'에서 전반적으로 법원과 유사한 절차에 따라 이루어진다. FCO 결정은 법원에서 활용되고 있는 정립된 법률적 방법에 따라 이루어짐으로써 정당성을 확보해야 한다. FCO의 조직적 특성(정규 행정조직의 위계를 벗어난 지위)과 사법부에 유사한 운영상 특징을 강조하기 위해, 독일 경쟁제한 방지법은 FCO의 결정에 대해 행정 법원으로 하여금 행정 행위의 당부를 심사하게 하는 통상적인 방법 대신 일반 법원으로 하여금 사법 심사를 하게 했다. 이 때 일반 법원은 행정 법원이 채택하곤 하는 재량의 일탈 남용 여부에 대한 심사에 그치지 않고 FCO가 법률을 적절히 해석, 적용했는지 여부까지 심사한다. 원칙적으로, FCO의 조치에 대해서는 전담 연방 항소 법원(현재 뒤셀도르프에 소재해 있다)에 불복할 수 있고, 이 법원의 결정에 대해서는 연방법원(Bundesgerichtshof－BGH)에 다시 불복할 수 있다. 이러한 구조로 인해 경쟁법 사건을 담당하는 판사들은 독일 경쟁법 공동체에서 많은 비중을 차지하곤 한다.

FCO는 관료주의가 지배하는 행정부로부터 상당한 독립성을 갖고 있고, 따라서 정치적 압력으로부터도 매우 자유로운 편이다. 그럼에도 불구하고, 독일 경쟁법 체제는 정치적 영향이 미칠 수 있는 경우를 구체적으로 규정하고 있다. 이는 이른바 '행정부에 의한 허가(ministerial permission-Ministererlaubnis)'라는 것으로, 연방 경제성 장관은 FCO가 규제했던 행위에 대해 '위법성을 능가하는 사회적 · 경제적 이유(overriding social or economic reasons)'가 있다고 판단하면 이를 적법하다고 인정할 수 있다. 이 조항은 매우 제한적으로 적용될 수 있는데, 실제로는 거의 사용되지 않는다.

최초 독일 경쟁제한 방지법은 사인이 일반 법원에 손해배상청구 또는 금지청구를 할 수 있게 했지만, 이는 모든 실체법 규범 위반이 아닌 특히 '개인에 대한 보호(individual protection-Individualschutz)'를 의도하고 있다고 인정되는 일부 소수 조항 위반에 대해서만 가능한 것이었다. 가격 차별이나 보이코트에 대한 규제와 같은 일부 조항들이 이에 해당하는데, 이 경우 피해를 입은 사람들로 하여금 자신들이 입은 손해에 대한 배상을 청구할 수 있게 할 필요가 있다. 사인에 의한 경쟁법 적용은 이런 일부 조항들과 관련해서는 매우 중요하다고 할 수도 있지만, 전반적으로는 독일 경쟁제한 방지법 적용에서 부수적 역할을 했다.

d. 1958-1973: 경쟁법의 실효성과 권위의 확립

다른 유럽 국가들과 달리, 독일 경쟁법은 정치・경제・법률 생활에서 급속히 중요해졌다. 이렇게 된 데에는 세 가지 주요한 요소들이 있다. 첫째, 경쟁법이 지향하는 생각과 법목적에 대한 광범위한 지지 기반, 즉 경쟁법을 적극적으로 수용하려 했던 사회 분위기를 들 수 있다. 이는 전후 수십 년 동안 독일 경제의 놀라운 재건을 이끌었던 Ludwig Erhards의 사회적 시장 경제사상(social market economy concept)과 일체를 이루는 부분이었다. 그 기본 생각은, 시장은 사회의 일부로서 사회가 요구하는 바를 구현해야 하지만, 동시에 사회도 경쟁을 지지해야 한다는 것이었다. 이런 이미지는 수십 년간 독일에서 특히 많은 영향을 미쳤는데, 경쟁법은 사회의 핵심 '임무(mission)'였다.

경쟁법의 문언과 구조는 이와 같은 임무를 수행하기 위해 고안되었다. 경쟁법 문언은 기업들의 개별 행위에 대한 가이드라인이 되기에는 지나치게 추상적이었던 반면, FCO와 법원이 해석, 적용하기에는 별다른 무리가 되지 않을 정도로 구체적이었다. 경쟁법 문언은 특정 행위의 객관적 특징에 주목하는 대신(이 방식은 영국법과 같이 다른 유럽 지역에서 보편적으로 채택되던 방식이었다) 문제되는 행위가 어떤 경제적 효과를 미치는지에 초점을 맞췄다. 이러한 규정 방식은 형식적 분석을 최소화하는 한편, 법률의 맹점을 이용하여 법적용을 회피하려는 기업들의 인센티브를 감소시켰다.

그러나, 경쟁법의 권위와 효력을 확립함에 있어 핵심은 FCO였다. FCO는 경쟁법 체제를 작동시킬 주된 책임을 지고 있었고, FCO 및 경쟁법의 역할에 대한 존중과 확신을 발전시켜야 했다. FCO의 역할 수행에는 상당한 장애들이 있었다. 새롭게 도입된 경쟁법은 과거에 적법하고 심지어는 바람직하다고 인정받기도 했던 행위를 규제하고 강력한 기업들이 이를 따르도록 하고자 했다. 무엇보다도, 경쟁법은 과거 수십 년 동안 독일에서 만연했던 경제적 조직(카르텔)을 금지했다.

독일의 행정부적 전통으로 인해 FCO의 행위는 존중되고 권위를 인정받아야 한다고 여겨졌고, 이는 FCO의 임무 수행을 지지하는 요소로 작용했다. 나아가, 관료 조직은 나치의 잔재를 일소하면서 전후 독일이 나아가야 할 새로운 방향을 제시하는 핵심 주체로서 높은 위상을 갖게 되었다. 그러나, FCO 성공의 관건은 소속 관료들이 어떻게 임무를 수행하는가에 달려 있었다. 모든 면에서 FCO의 초기 관료들은 자신들의 업무를 최상의 헌신, 심지어는 '열정(passion)'까지 요하는 매우 중요한 '임무(mission)'로 여기곤 했다.[10] 독일 경쟁제한 방지법은 단순히 하나의 법이 아니었고, FCO 역시 또 하나의 행정 기관에 불과하지 않았다. 이 양자는 과거 실패했던 체제에 대한 거부와 민주주의적 대안에 대한 확신을 나타냈다.

행정부적 전통으로 인해 FCO 소속 관료들은 외부의 영향으로부터 보호받을 수 있었다. 관료들은 해임되지 않고 전체 경력을 행정부 내에서 근무하는 것이 통례였으므로, 이들에 대한 정치적 영향이 최소화되었다. 더욱이, FCO의 내부 조직 구성과 절차들은 사법부에서 활용되는 원칙, 절차에 기반하고 있었으므로 (이는 지금까지도 유지되고 있다), 기업들이 특정 관료에게 영향을 미칠 수 있는 가능성도 감소했다.

FCO의 지도자들은 '새로운(new)' 독일 건설을 지향하는 이러한 열정을 잘 수용했다. 이들은 조심스럽게 임무를 수행하는 접근 방식을 취했다. 교육과 협상은 이들의 주요한 전략이었다. FCO 관료들은 신문, 법경제 저널, 사업자들과의 만남을 통해 독일 경쟁제한 방지법을 설명하고, 이 법이 지향하는 목적과 이를 구현하는 방법론을 옹호했다. 또한, 기업 지도자들이 이 법을 받아들이고

10) 이들은 종종 '특정 경제적 · 정치적 아이디어의 열정적 주창자'로 묘사되곤 했다. Werner Benisch, '10 Jahre Praxis des Bundeskartellamts' in Arbeitskreis Kartellgesetz (ed), *10 Jahre Kartellgesetz 1958-1968: Eine Würdigung aus des der Sicht der deutschen Industrie* (Bergisch Gladbach 1968) 12.

지지하도록 열심히 설득했다. 이들이 이처럼 조심스럽게 노력했던 이유 중 하나는 초기 FCO에게 강력한 법집행 수단이 없었기 때문이다. FCO는 몇몇 경우에 과징금을 부과할 수 있었지만, 이것만으로 법집행을 담보하기는 어려웠고, 법집행 초기에는 과징금 부과조차도 극히 예외적으로 이루어졌다. FCO가 임무 수행에 조심스러운 접근방식을 택했던 것도, 경쟁법의 성공적 집행이 재교육 과정과 연계되어 있고 이러한 과정없이 단순히 법을 강제할 경우 효과적인 법집행이 불가능할 것이라는 믿음이 있었기 때문이다.

FCO의 사법부적 특성은 사업자들이 FCO 및 경쟁법의 전반적인 역할을 점진적으로 수용하게 한 중요한 요인이었다. FCO는 사법부적 방법, 절차에 따라 제한된 권한만을 행사할 수 있었고, 그 결정에 대해 법원에 의한 사법 심사를 받았다. 이로 인해 사업자들은 일반적으로나마 법해석상 허용되는 범위를 예측할 수 있게 되었고, 이에 터잡아 사업계획을 세울 수도 있게 되었다. 이런 프레임웍은 FCO가 지나치게 공격적으로 권한을 행사할 수도 있다는 우려와 이 경우 발생할 수도 있는 불확실성을 줄이는 효과를 가져왔다.

외부적 요인들도 FCO의 임무 수행을 지지했다. 독일 경제의 발전은 당연히 FCO의 임무 수행에 힘을 실어주었다. 일부 독일 기업들이 FCO에 대한 비판을 제기하긴 했지만, 대부분 기업들이 세계 대전 종전 직후 수년 내에 상상조차 못했을 정도로 발전했고, 모든 기업들은 자신들이 이처럼 놀라운 경제 재건에 동참하고 있음을 인식했다. 이런 상황에서 FCO에 대한 비판은 큰 호응을 얻지 못했다. 더욱이, 이러한 경제적 성공의 대부분이 Ludwig Erhard의 사회적 시장 경제 정책의 결과이고, 경쟁법이 이러한 정책들의 핵심 요소라는 인식이 광범위하게 퍼져 있었다.

법원 역시 FCO의 임무 수행을 지지했다. FCO 창설 직후 초창기 일부 항소법원 및 BGH(기본적으로 연방대법원에 해당)은 최소한 FCO가 채택한 분석 방법 및 (때때로) 분석 결과에 긍정적인 입장을 취해 왔다. FCO 및 FCO의 결정을 심사하는 두 법원들은 단기간 내에 같은 방법론을 적용하게 되었고, 이러한 의견일치로 인해 FCO 결정을 받은 사업자는 불복할 인센티브가 감소했으며, 이에 FCO는 자신들이 독일 경쟁제한 방지법이 추구하는 법목적을 구현하고 있다고 더욱 확신하게 되었다.

마지막으로 학계도 경쟁법 발전에 중요한 역할을 했다. 경제 정책과 경쟁법에 관한 연구를 하는 학자들 사이에서 질서자유주의는 상당한 권위가 있었다(질서 자유주의의 권위는 이후 수십 년에 걸쳐 서서히 감소했을 뿐이다). 질서자유주의는 관료, 법률가, 경제학자들을 망라하는 경쟁법 '공동체(community)' 생성에 영향을 미쳤던바, 경쟁법에 관한 모든 논의는 이 공동체를 통해 이루어졌다. 당시 경제적 · 법률적 논의들은 전반적으로 이 공동체가 제시하는 분류와 기본 원칙을 활용해 FCO 및 법원의 결정을 설명하고, 정당화하며, 비판했다.[11] 공동체의 논의가 주로 사법적 영역에 더 치중했다는 점을 특히 주목할 필요가 있다. 경쟁법을 단순히 단기간 내에 이루어내야 할 공공 정책에 관한 문제가 아닌 권리나 개인의 자유의 문제로 인식하는 것은 경쟁법의 역할에 대한 생각과 기대를 형성하는데 지대한 영향을 미쳤다.

이상의 지지 요소들로 FCO는 독일 사회에서 권위를 얻고 경쟁법의 위상도 제고할 수 있었다. FCO는 정치, 법률, 사업자들 공동체에서 오랜 기간 동안 지속될 수 있는 기본적인 행위 유형과 사고방식을 정립했다. 물론 이후 세부적인 내용들이 지속적으로 발전, 변화해 왔지만 적어도 그 기본적인 개념 자체는 오늘날까지도 유지되고 있다.

FCO는 초창기 카르텔에 초점을 맞추었는데, 몇 년이 지나자 기존에 광범위하게 만연했던 카르텔은 거의 소멸하거나, 최소한 공개적으로는 확인할 수 없게 은밀해졌다. 물론 이 기간 동안에도 재판매가격 제한을 금지하라는 여론이 비등했고, FCO 역시 이를 근절하기 위해 상당한 노력을 했지만, 전반적으로 수직적 거래제한에 대한 규제는 부수적 역할을 했다. 한편, 시장지배력 남용에 대한 규제는 매우 조심스럽게 이루어졌다. FCO는 시장지배적 기업들이 법적 책임을 질 수도 있다는 점을 알리기 위해 이들에 대한 규제가능성을 시사했지만 실제로 최종 결정에까지 이른 사례는 거의 없었고, 법원이 사법심사를 행한 사례는 더더욱 없었다. 그러나, 최근 시장지배력 남용에 대한 규제 해석에 불명료한 부분이 많다는 의견이 대두되었다. 시장지배력 남용에 관한 가이드라인이 제정, 적용되어야 함에도 불구하고, 이는 상대적으로 더 익숙한 문제 또는 보다 즉각적인 조치가 필요한 문제에 대한 규제보다 훨씬 많은 시간이 걸

11) 이에 관한 논의에 대해서는 David J Gerber, 'Authority, Community and the Civil Law Commentary: An Example from German Competition Law' (1994) 42 Am J Comp L 531-542 참조.

렸다.

FCO를 핵심으로 하는 독일 경쟁법 체제는 작동 이후 10년간 그 작동 방식을 발전시키면서 많은 기대를 받았는데, 이러한 기대는 기본적으로 현재까지도 유지되고 있다. FCO는 전후 새로운 독일에서 중요한 정치적 · 법률적 조직이 되었고 지지자들이 FCO에 기대했던 목표들을 다수 달성했다는 점에서 성공을 거뒀다. 무엇보다도, FCO는 경쟁법 규범 준수를 이끌어냈다. 기업들은 초기 카르텔 금지에 반발하고 경쟁법을 무력화하기 위해 노력했지만, 이제는 전반적으로 경쟁법에 협력하는 태도를 보이고 이를 준수하고 있다. 그 이유 중 하나는, 기업들이 경쟁법을 준수하면서 사업활동을 할 수 있다는 점과 나아가 경쟁법이 자신들의 사업활동에 도움이 된다는 점이 분명해졌기 때문이다.

e. 경쟁법 체제의 '개선': 1960년대 후반부터 2004년까지

1960년대 말에 이르자 이전까지 독일 경제 재건에 많은 기여를 한 것으로 인정되었던 경쟁법에 대한 의문이 제기되었고, 때로는 비판이 제기되기도 했다. 독일 경제는 20여 년간의 빠른 성장 이후 정체되기 시작했는데, 새롭게 등장한 사회민주당 정부(social democratic government)는 경제 성장에 초점을 맞추었다. 기업 대표들은 장기간에 걸쳐 질서자유주의의 완전 경쟁 모델이 시대에 뒤쳐진 것으로서 '비현실적(unrealistic)'이라고 주장했다. 이들은 독일 기업들이 급속히 강화되는 국제 경쟁에서 완전 경쟁 개념에 기반한 독일 경쟁법으로 인해 생존에 필요한 규모의 경제 달성에 어려움을 겪고 있다는 점을 강조했다. 이들은 경쟁법을 유연하게 적용하고 동태적 분석을 강화하는 '새로운 모델(new model)'을 채택해야 한다고 주장했다.

학계 움직임 역시 이러한 변화를 견인하는데 기여했다. 경제에 대한 정부 개입을 최소화하려는 움직임은 독일 체제 발전에 공헌했지만 미국, 영국에서는 이미 오래 전에 유행을 지났다. 미국, 영국의 경제학자들은 경제에 대한 정부의 적극적 개입을 옹호하는 케인즈적 사고를 더 선호했다. 독일 경제학자들은 국제 경제에 관한 논의에 재진입하면서 이러한 논의를 접하게 되었고, 이에 많은 사람들이 독일 이외의 다른 지역의 경제 이론에 관한 논의에 더 관심을 기울이게 되었다.

경쟁 정책이라는 개별 분야에서, 미국 경제학자인 John M Clark가 고안하고, Eberhard Kantzenbach가 독일에 소개했던 '작동가능한 경쟁(workable competition)'과 '동적 과정으로서의 경쟁(competition as a dynamic progress)'이라는 생각이 유행했다.[12] Clark는 오랜 기간 동안 경제 정책에 많은 영향을 미쳤던 시장 기능에 의한 평형 모델(equilibrium model)이 현실성이 떨어져 경쟁을 촉진하기보다 오히려 저해할 수도 있다고 주장했다. 그는 사업자의 경제력 획득은 용인하되 이들이 '독점적(monopolistic)' 지위에서 경쟁을 저해하지 못하는데 주력하는 경쟁 정책을 옹호했다. 그의 주장의 핵심은 경제력 집중이 오히려 경쟁을 '강화(intensify)' 하는 경우가 많다는 것이었다. 따라서 경쟁법은 모든 경제력 집중을 근절하기보다는 경쟁을 저해하는 행위를 통제하고 독점이 발생할 수 있는 경제력 집중을 금지하는데 집중해야 한다는 것이었다.

새롭게 경제부처의 수장으로 취임한 Karl Schiller는 이러한 변화뿐만 아니라 FCO의 정책 집행 노력에 대한 정치적 지지 기반을 확대할 필요성도 강조했다. 전직 경제학 교수였던 Schiller는 소비자를 이롭게 하는 수단으로서 경쟁법을 지지했고, 사회민주주의자로서 소비자 보호를 노동자 보호와 연계시켰다.[13] 이처럼 소비자를 노동자로 보는 관점은 이후 경쟁 정책 발전의 핵심이 되었다.

독일 정부는 1973년 법개정을 통해 독일 경쟁제한 방지법의 내용을 강화함으로써 경제성장을 더 촉진하고자 했다. 이 법개정은 사회민주당의 주요 지지자들의 지지를 받았던바, 구체적으로 소비자에게는 가격 인하를 약속하고, 노동자에게는 대기업의 힘을 견제할 수 있는 수단을 추가로 제공하며, 소상인에게는 경쟁사업자들(특히 외국의 경쟁사업자들)의 존재에도 불구하고 더 많은 사업 기회를 주는 것처럼 보였다. 기업결합 규제는 법개정 내용의 핵심이었다. 최초 독일 경쟁제한 방지법은 기업결합에 대한 규제를 포함하고 있지 않았는데, 1960년대 후반의 기업결합 붐으로 인해 일부 산업 분야에서 급격한 경제력 집중 현상이 발생하게 되었다. 이에 경제 부처의 관료들은 이러한 현상을 어떤 식으로든 통제할 필요성을 느꼈고, 일반 대중들도 이에 대한 규제를 급속히 강하게 요구했다. 시장지배적 사업자에 대한 규제도 더욱 강화되었고, 중소 사업

12) 예컨대 John M Clarks, *Competition as a Dynamic Process* (Washington DC 1961) 참조.

13) 이 기간 동안 Schiller의 정책과 관점에 관한 논의에 대해서는 Jörg Hahn, *ökonomie, Politik and Krise: Diskutiert am Beispiel der ökonomischen Konzeption Karl Schillers* (Würzburg 1984) 참조.

자들은 카르텔 규제에 대한 우려 없이 더 자유롭게 상호 '협력(cooperate)'할 수 있게 되었다. 이러한 조치는 중소 사업자들이 상호 협력으로 효율성을 높여 해외 시장에서 경쟁력을 제고할 수 있도록 하기 위한 것이었다.

그러나, 전체적으로 보면 위 법개정 이후 30년 동안 독일 경쟁법 체제는 거의 바뀌지 않았다. 입법부는 독일 경쟁제한 방지법을 더욱 빈번하게 조금씩 개정하면서 경쟁법 체제에서 점점 더 큰 비중을 차지하게 되었고,[14] 법집행 기관들의 역할은 경쟁법의 이론적 기반이 되는 경제학 이론이 수정되었음에도 불구하고 그대로 유지되고 있었다. FCO는 전반적으로 대중으로부터 많은 지지를 받고 있었고 최고 수준의 인재를 채용할 수 있을 정도로 높은 위상을 유지하고 있었다. 대학에서는 경쟁법을 자주 가르쳤고, 많은 교수들과 훌륭한 박사 과정 학생들이 경쟁법의 해석 및 관련 이론을 연구했다. 독일 성문 경쟁법은 이후 살펴볼 2004년 EU법의 '근대화(modernization)'로 인해 많이 변했고 유럽 지역에서의 영향력 역시 축소되었지만, 그 이전까지의 독일 경쟁법의 방대한 경험의 가치가 간과되어서는 안될 것이다.

2. 독일 이외의 유럽: '고전'적인 행정부 주도 모델

독일 이외의 다른 서부 유럽 국가들은, 비록 유럽 통합 과정에서 합쳐지기는 했지만, 초기에는 독일과 다른 경로를 택했다.[15] 이들 국가들의 경쟁법 발전은 제2차 세계대전 이후 40년 동안 매우 더디게 이루어졌다. 이들 국가들은 처음에는 세계대전 이전의 모델인 행정부 주도 모델을 채택했다. 이들 국가들의 경쟁법 체제는 대부분 별다른 역할을 하지는 못했지만, 각 국, 유럽, 세계 상황의 변화에 따라 점차 중요한 역할을 하게 되었다. 입법부는 자국 경쟁법

14) 예를 들면, 1976년 개정에는 방송업의 기업결합에 관한 특별한 조항들이 신설되었다. *Drittes Gesetz zur Änderung des Gesetzes gegen Wettbewerbsbeschränkungen* (28 June 1976) BGB 1 I 1697. 1980년 개정의 주된 내용은 기업결합 규제 조항의 강화였다. *Viertes Gesetz zur Änderung des Gesetzes gegen Wettbewerbsbeschränkungen* (26 April 1980) BGB1 I 458. 1989년 개정에는 중소규모 사업자들을 보호하기 위해 기업결합 규제, 남용행위 규제, 카르텔 조항들에 대한 변경되었다. *Fünftes Gesetz zur Änderung des Gesetzes gegen Wettbewerbsbeschränkungen* (22 December 1989) BGB1 I 2486.

15) 이에 관한 보다 상세한 내용과 자료들에 대해서는 Gerber, *Law and Competition, supra* note 1, at 165-231 and 392-416 참조.

시스템에 점진적으로 사법부적 요소를 가미해 나가면서 기존의 행정부 주도 모델에서 점차 벗어났다.

초기 행정부 주도 모델에서 관료들은 상대적으로 모호하게 규정되어 있는 경쟁법을 집행하면서 상당한 영향력을 행사할 수 있었던바, 이들의 결정은 거의 사법심사의 대상이 되지 않았고, 심사대상이 되더라도 그 범위는 행정법 원칙의 위반 여부라는 좁은 범위로 한정되었다. 이런 모델에서 경쟁법은 전체 경제 정책의 일부에 불과했다. 행정부 관료들은 경쟁법 운용의 핵심적인 역할을 수행하면서 주로 정책적 측면을 고려해 결정을 내렸던바, 이러한 고려사항들은 그 속성상 상황에 따라 변할 수밖에 없었다. 오스트리아, 벨기에, 덴마크, 핀란드, 프랑스, 네덜란드, 노르웨이, 스웨덴, 영국 등 대부분의 유럽 국가들이 정도의 차이가 있긴 했지만 기본적으로 이러한 경쟁법 모델을 채택하고 있었다.

이런 모델에서 경쟁법에 관한 실체법적 행위 규범은 일반론에 그치거나 모호하게 규정되는 경향이 있어 당해 규범의 적용 대상이 될 수 있는 행위가 무엇인지에 대해 실질적인 정보를 제공하지 못하게 된다. 예를 들면, 1960년 벨기에 경쟁법은 '경제력 남용(abuse of economic power)'이라는 개념에 전적으로 의존하고 있었던바, 이에 관한 문언은 다음과 같다;

> "[T]here is an abuse, within the meaning of this Act, when one or more persons possessing economic power shall harm the public interest through practices which distort or restrict the normal play of competition or which interfere either with the economic freedom of producers, distributors or consumers or with the development or production or trade"[16)](본법의 의미에서 경제력을 보유하고 있는 한 명 또는 그 이상의 사람들이 경쟁의 정상적인 역할을 왜곡, 제한하거나 생산자, 배급업자, 소비자들의 경제적 자유 또는 생산, 무역의 발전을 저해할 경우 남용이 인정된다)

이러한 법률 규정으로 인해 기업들이 사전에 어떤 상황에서 규제를 받을 것인지를 예상하기는 거의 불가능했다.

---

16) Act of May 27, 1960, *Moniteur Belge* (22 June 1960) 4674. 이 법의 입법 경위 및 배경에 관한 상세한 논의에 대해서는 *Pasinomie Année 1960* (VII Série) 554-94 참조.

통상 위와 같은 조항들은 어떤 행위 유형을 특정하여 규정하는 대신 문제되는 행위로 어떤 효과가 발생했는지에 초점을 맞추면서 행정부 관료들로 하여금 행위 유형에 구애받지 않고 해악을 발생시키는 행위를 규제할 수 있도록 했다. 특정한 유형의 행위나 특정한 '약정(arrangements)'(예를 들면 카르텔)에 대한 제재는 거의 부과되지 않았다. 이는 경제적으로 강력한 기업들(또는 이들 기업들간의 약정)만이 법률상 요건을 충족하거나 법이 금지하는 효과를 발생시킬 수 있으므로 경쟁법이 주로 이들 기업들에만 적용됨을 의미하기도 했다. 초기 경쟁법은 일반적으로 기업결합에 관한 규정을 두지 않았고, 설령 규정이 있다고 하더라도 구체적인 내용을 거의 담고 있지 않았다. 그러나, 1970년대부터 많은 경쟁법들이 기업결합을 규제하기 시작했다. 고전 경쟁법 기간 동안 행정부 주도 모델은 가격 차별이나 거래 거절과 같은 수직적 거래제한에 법집행을 집중했던바, 그 이유 중 하나는 이러한 행위 유형들이 소비자들에게 직접적인 피해를 입하는 것처럼 비춰졌기 때문이다.

행정부 주도 모델에서 관료들은 일차적인 의사결정권한을 행사한다. 사인에 의한 경쟁법 소송은 거의 허용되지 않았고, 설령 허용된다고 하더라도 매우 예외적으로만 가능할 뿐이었다. 행정부 결정에 대해서는 행정부 내의 재판부나 이를 전담하기 위해 특별히 설립된 특별 위원회 또는 법원에 의한 심사를 받는 것이 통례였다. 이 재판부들은 구체적인 면에서는 많은 차이가 있긴 했지만, 통상 판사가 될 수 있는 자격을 보유한 행정부 관료를 재판장으로, 기업, 근로자, 소비자들의 입장을 대변할 수 있는 '중립적 성향(neutral)'의 전문가나 대표자들을 나머지 구성원으로 하여 구성되었다.

행정부 주도 모델에서의 경쟁법 집행은, 특히 1950년대와 1960년대의 기간 동안, 전체적으로 '온건했다(soft)'. 당시 경쟁법 집행의 지도원리는 행정부 관료들이 기업들의 행위에 과도하게 개입해서는 안된다는 것이었다. 행정부 관료들은 경쟁법 준수를 위한 일차적 수단으로 법집행보다는 여론, 간접적 영향력 행사 등의 방식을 더 선호했다. 경쟁당국 관료들은 계약을 무효로 하거나 과징금을 부과하는 것과 같이 더 강력한 법집행 수단을 확보하게 되었지만, 형사제재를 할 수 있는 권한은 갖지 못하거나 극히 제한적으로 행사할 수 있을 뿐이었다.

이 기간의 유럽 경쟁법 경험에는 몇 가지 두드러지는 특징들이 있다. 첫째, 이 기간에 제정된 경쟁법들간 기본적·구조적 유사성은 세계대전 이전의 사고와 실무로부터 영향받았다는 점이다. 제2차 세계대전 이후 제정된 경쟁법들과 1930년 International Parliamentary Union에 제시된 경쟁법 모델은 놀라울 정도로 유사하다. 그러나, 이 점은 거의 주목받지 못했는데, 그 주된 이유는 양 세계대전 사이에 이루어졌던 논의가 공식적으로 거의 인정받지 못했기 때문이다. 물론, 전쟁 과정에서 형성된 정부의 실무 관행이 그대로 유지된 사례들도 있다. 유럽 정부들은 제1차 세계대전에서와 같이 제2차 세계대전 기간 동안 사업자들을 광범위하게 규제했고, 종전 후에도 이러한 규제 기조를 그대로 유지했다.

둘째, 이 기간의 경쟁법 체제들은 유럽 국가들이 동일한 상황, 아이디어, 이념틀, 인센티브 등을 공유했음을 나타낸다. 이런 요소들은 총합적으로 행정부 주도의 경쟁 보호 방안을 매력적으로 보이게 했다. 대부분의 유럽 국가들은 두 차례의 세계대전, 대공황, 빈발했던 국내 갈등 등 불확실한 상황과 혼란을 겪으며 특정 경제 정책에 확신을 갖지 못했다. 일부는 특정 해결 방안이 제시하는 비전을 강하게 신뢰했지만, 이를 지지할 수 있는 경험칙적 근거가 없는 경우가 많았다. 뿐만 아니라, 유럽 각 국의 정부 지도자들은 자국 경제를 빠르게 발전시켜야 했으므로 기업의 의사결정에 개입해서는 안된다는 엄청난 압박을 받곤 했다. '신중함(caution)'은 경제 문제에 관한 지침이 되었다.

전후 다수의 경제 정책 입안자들 또한 경쟁법의 가치를 제대로 인정하지 않는 사회주의(socialist) 또는 기독교-공산사회주의(Christian-communitarian)의 이념적 배경을 갖고 있었다. 각 이념 모두 경제적 의사결정이 '사회(society)'를 위해 이루어져야 함을 강조했다. 이는 실무적으로는 정부가 경제적 의사결정을 통제해야 함을 의미했다. 이런 이념적 입장은 나아가 국가에 대한 인식에도 영향을 미쳐, 국가 활동을 우호적이고 건설적인 지침을 제공하는 것으로 이해하게 되었다. 경제 과정에 관해 이러한 시각을 갖고 있는 사람들이 경쟁 보호 자체를 목적으로 추구해야 함을 강조할 가능성은 극히 낮았다. 경제 정책에 관한 논의들은 착취나 힘의 남용으로부터의 보호와 같은 목적들을 선호했던 반면, 경쟁을 이와 동등하게 중요한 것으로 보지 않았다. 이러한 이념적 그룹의 지도자들은 또한 이른바 '미국식 자본주의(US form of capitalism)'를 따르면 사회적으로 해악이 발생할 것임을 강조하면서 이를 비난했다.

행정부 주도 모델은 정치가들, 관료들에게도 이익이 되었다. 행정부 주도 모델에서 행정부 관료들(때로는 정치인들)은 강력한 경제력을 보유한 기업의 행위에 직접 영향을 미칠 수 있었다. 행정부 및 정치 지도자들은 추상적인 행위 규범을 제정해 사법부적 방식으로 중립적으로 적용하는 대신 광범위한 재량권을 확보했다. 이들은 이렇게 확보한 재량권을 한편으로는 기업 행위를 교정하기 위한 협상 도구로, 다른 한편으로는 규제 대상 기업으로부터 다른 공적·사적 이익을 얻는 수단으로 활용하기도 했다. 행정부 모델은 정치적 이익을 제공하기도 한다. 행정부 주도 모델을 확립·유지·운용하는 세력들은 '대기업(big business)' 및 경제력 남용을 규제함으로써 정치적 이익을 얻을 수 있었다. 실제로 행정부 주도 모델은, 세계 대전 이후 정부가 자국 산업 육성 정책을 통해 사회 전체의 발전에 필요한 역량을 확보하고, 이러한 정책에 힘입어 강력한 경제력을 얻는 기업들은 그 대가로 공적인 통제를 받아야 한다는 내용의 암묵적인 사회적 합의의 실행에 기여했다. 행정부 주도 모델은 작은 비용으로 별다른 위험 없이 구성, 운용될 수 있다는 점에서 정치권이 선호하기도 했다. 정부는 별다른 비용 부담 없이 법을 제정해 행정부에게 '남용(abusive)' 행위를 규제해 경쟁을 보호하도록 하는 권한을 부여할 수 있었다. 행정부 주도 모델에서는 실체법, 절차법에 관한 상세한 규정을 둘 필요가 없었으므로 입법에 많은 노력이 소요되거나 광범위한 협상이 필요하지 않았다. 법이 제정되면 그에 따라 소관 행정부처가 설립되고 이에 속한 소수의 관료들이 법이 제시한 지침을 실행할 수 있었다. 따라서, 행정부 주도 모델에 의한 규제는 작은 비용으로 신속하게 이루어질 수 있었다.

행정부 주도 모델에서 정치적 부담은 적어도 일정 기간 동안 크지 않았던 바, 이는 법집행 주체가 아닌 외부 관찰자들이 경쟁법 실행에 어느 정도의 비용이 소요되어야 하는지를 알기 어려웠기 때문이다. 정부는 소비자와 소상공인 보호로 정치적 이익을 얻을 수 있었지만, 언론과 일반 대중은 정부가 실제로 기업에 영향을 미치는지(따라서 그 과정에서 실제로 정책적, 개인적 부담을 부담하는지) 알기 어려웠다. 전후 정치인들은 경쟁법보다 급박한 경제 정책 문제를 해결해야 했던 상황에서 행정부 주도 모델을 더 선호했었던 것이 분명하다. 뿐만 아니라, 행정부 주도 모델은 일반 대중들에게는 강력한 기업들이 규제를 받고 있다는 인상을 주면서도 실제로는 기업들에 별다른 영향을 미치지 않았으므로, 기업들 역시 이 모델이 유용한 '위장(cover)'이 될 수 있다고 생각했다.

경쟁 과정에 대한 인식과 평가도 행정부 주도 모델을 지지한 측면이 있다. 이미 살펴본 바와 같이, 양 세계대전 사이의 기간에 경제 이론가들과 정치가들은 카르텔과 대기업이 일반적으로 사회 전반과 (특히) 경쟁에 해악을 미칠 수 있다는 점을 인식하고 있었음에도 카르텔로 인해 오히려 긍정적인 효과도 발생할 수 있다는 점을 수 차례에 걸쳐 강조해 왔다. 나아가, 특히 종전 이후 수십 년 동안 정부는 국제 경쟁력 강화를 위해 자국 내의 경제력 집중과 강력한 대기업 육성의 필요성을 인정하고 이를 지지해 왔다. 대기업이 초래할 수도 있는 피해는 그들이 가져올 효용에 비하면 중대한 문제로 여겨지지 않았으므로, 대기업 형성을 초래하는 기업결합에 대한 규제는 극도로 위축되었다.

1950년대 및 1960년대에 유럽의 많은 경제학자들이 지지했던 케인즈 학파의 이론은 경제에 대한 정부의 적극적 개입을 더욱 강조했고, 경쟁이 경제 활동을 규율할 수 있는 역할에 대해 별다른 가치를 부여하지 않았다. 거시경제적 관점에서 계획을 수립하고 숙련된 회계 조치를 통해 개별 구체적인 경제 상황을 미세조정하는 것이 경제 정책의 중심이 되었다. 이러한 이론적 배경에서 경제학자들이 경쟁 과정을 보호하는데 거의 신경쓰지 않았던 것은 놀라운 일이 아니다.

이 기간 동안 유럽 개별 국가의 경쟁법 집행에서 가장 두드러졌던 특징은 경쟁법에 대한 정치적 지지가 전반적으로 미약했다는 점이다. 대부분의 경쟁당국은 임무수행에 필요한 인력을 거의 제공받지 못했다. 이는 경쟁법 위반 소지가 있는 혐의 사실에 대한 조사, 경제적 자료 분석에 가용한 관료들 기타 지원 인력이 거의 없음을 의미한다. 정치 지도자들은 구색을 맞추거나 기업들이 경제력을 악용할 경우 규제권을 발동할 수 있다는 주장에 대한 근거를 제시하기 위한 목적으로만 경쟁법을 활용하곤 했다. 경쟁당국의 관료들은 경쟁법 준수를 강제할 권한을 보유하지 않았거나 극히 제한된 수단만을 취할 수 있었고, 충분한 정치적 지지를 받지 못했으며, 강력한 조치를 취할 인센티브를 갖지 않았던 경우가 빈번했던 상황에서, 자국 산업 및 해당 산업의 발전에 '개입(interfere)'할 경우 초래될 정치적 반발을 무릅쓰고 경쟁법을 집행하는데 소극적이었다. 이 기간 동안의 유럽 개별 국가의 경쟁법 체제들은 '법'보다는 경제

정책적 고려에 따라 작동하는 경향을 보이곤 했다. 이 체제들의 규범들은 경쟁당국의 관료들이 경제 정책적 고려 이외의 목표를 추구하지 못하도록 하곤 했다. 이러한 체제에서 법률 문언과 절차들은 전반적으로 사법적 의사결정보다는 경제 정책의 집행을 위해 활용되었다.

유럽 각 국의 경쟁법이 수행하는 임무와 전달하는 메시지는 분명하지 않은 경향이 있었다. 각 국은 모두 경쟁 보호를 추구했지만, 때로는 보호주의(protectionism)과 같은 다른 목표를 추구하기 위해 경쟁법을 활용하기도 한 결과, 경쟁법 목표에 대한 혼선과 불확실성이 초래되곤 했다. 경쟁법 목표에 관한 지배적인 지도원리는 사실상 없었다. 금지행위를 정의하고, 보호대상이 되는 권리를 확립하며 규제대상이 될 사회적 해악을 제시하는 등의 집행가능한 경쟁법 규범이 제정되는 것이 아니라, '공공의 이익(public interest)'이나 '경제력 남용(abuse of economic power)'과 같이 모호한 개념들이 경쟁법 규범의 중심이 되었다. 그 결과, 행정부 주도 경쟁법 모델은 공공의 삶의 미미한 일부에 불과했고, 심지어 법률 전문가들 사이에서조차 제대로 인식되지 못하곤 했다. 법과 대학의 교수들은 강좌를 개설하거나 시험문제를 출제할 때 경쟁법에 거의 관심을 기울이지 않았고 비교적 소수의 학자들만이 경쟁법을 연구했을 뿐이었다.

국제경쟁법 발전이라는 관점에서 유럽 각 국의 경쟁법 역사를 살펴볼 때, 미국의 영향이 직접적이지 않았음을 유의할 필요가 있다. 유럽 국가들은 자신들만의 길을 걸어 왔다. 미국이 반트러스트법의 '아버지(father)'이고 수십 년에 걸쳐 경쟁법 이슈들에 관해 수준 높은 문헌들을 발표해 왔던 것은 분명하지만, 미국이 유럽 각 국에 중대한 영향을 미쳤음을 입증하는 증거는 거의 없다. 이러한 점은 전반적으로 간과되어 왔다. 그러나, 미국이 서부 유럽 국가의 정부들과의 관계에서 막대한 정치·경제적 영향력을 행사했다는 점 및 미국 관료들이 자국의 반트러스트법을 유럽에 도입하기 위해 노력했으며 그 과정에서 일부 유럽 국가들에 대해 압력을 행사하기도 했다는 점을 감안할 때, 이러한 사실을 더욱 주목할 필요가 있다. 미국 반트러스트법은 지적으로나 조직적으로나 유럽에 들어 맞지 않았고, 유럽이 연구하고 고려해야 할 모델이나 경험으로서가 아니라 미국의 경제적 영향력에 따라 유입되는 것처럼 여겨졌다.

3. 행정부 주도 모델의 사법화

1960년대 이후 유럽의 모든 경쟁법 체제들은 행정부의 단기적, 재량적 정책 판단에 의존하던 종전 방식에서 점진적으로 탈피해 방법론적 근거를 갖춘 법원칙을 적용하고 특정 행위 유형을 금지하는 방향으로 나아갔다. 본서는 이처럼 사법부적 경쟁법 운용 방식(즉, 행정부 조직보다는 법원에서 통상적으로 이루어지는 의사결정 과정)으로 급속히 발전하는 과정을 '사법화(juridification)'라 지칭하기로 한다.[17] 예를 들면, 행정부의 의사결정에 대해 단순히 재량권의 일탈・남용 여부만을 심사하는 것이 아니라 실체법적 관점에서 그 결정의 당부를 판단하도록 하고, 행정부 소속 법원이 아닌 일반 법원으로 하여금 사법심사를 받도록 하며, 경쟁당국에 보다 많은 자율성을 부여하는 것이다. 경쟁법 체제들은 빠른 속도로 외부의 정치・경제적 영향에서 의사결정권자들을 보호했고, 유사한 사실관계에 대해 일관된 결정을 내려야 함을 강조했으며, 의사결정 절차의 투명성을 강화했다. 일부 국가는 법개정을 통해 경쟁법 시스템의 사법적 성격을 가미했던 반면, 다른 국가들에서는 경쟁당국 스스로 사법적 요소를 발전시켜 나갔다. 이러한 변화는 국가별로 그 진행 속도와 정도가 달랐던바, 심지어 오늘날까지도 몇몇 국가들(특히 EU에 새로 가입하는 국가들) 사이에서 지속되고 있다.

이러한 사법화 과정과 병행하여 경쟁제한적 행위에 대한 경쟁당국의 규제 수단도 상당히 발전했다. 경쟁법의 적용 범위도 확대되었다. 경쟁법 집행 기관들은 보다 안정된 지위에서 더 많은 자원을 확보할 수 있게 되었고, 개별 기업을 조사, 제재하는 이들의 역량도 제고되었다.

그러나, 이상과 같은 발전에도 불구하고 행정부 주도 모델이 지속적으로 중요한 역할을 했음을 간과해서는 안된다. 행정부 주도 모델은 대다수 유럽 국가들이 최초로 굳건히 확립한 경쟁법 체제였고, 다른 경쟁법 개념들은 이 모델에 기반해 정의, 성문화되었다. 행정부 주도 모델은 경쟁법이 무엇이고, 어때

17) 사법화에 관한 최근의 문헌에 대한 분석 및 언급에 대해서는 Lars Chr Blichner and Ander Molander, 'Mapping Juridification' (2008) 14 Eur L J 36-54 참조. 이와 관련된 개념인 '법률화(legalization)'에 관한 의미 있는 분석에 대해서는 Kenneth W Abbott el al 'The Concept of Legislation' (2000) 54 Int'l Org 401-419 참조.

야 하는지에 관한 기대치를 확립했고, 이러한 기대는 유럽 전역에서 광범위하게 공유되어 왔다. 이 모델은 또한 경제 분야에서의 정부 역할 및 서서히 변해왔던 현대 시장 경제의 역학관계에 관한 특정한 인식을 반영해 왔다.

경쟁이 중요하고 경쟁제한적 요소에서 경쟁을 보호해야 한다는 인식의 증대는 사법화 과정을 이끌었다. 유럽 통합이 진행되고 1990년대 경제적 세계화가 본격화됨에 따라 정부가 이전처럼 경제 발전을 통제할 수 없다는 점이 분명해졌다. 경쟁이 경제 발전을 견인함에 따라 경쟁의 보호가 중요해졌다. 뿐만 아니라, 이전의 경쟁법은 목표를 확고하게 추진할 수 있게 하는 정치적 지지가 없는 상황에서 경제 발전, 경쟁 보호와 같은 목표들을 설정했었다. 그러나, 공동체와 이익단체들이 경쟁제한적 행위에 대한 규제의 필요성을 충분히 인식함에 따라, 경쟁법 체제 역시 이상과 같은 본래의 목표를 달성할 수 있는 역량을 제고하는 방향으로 점진적으로 수정되었다.

두 가지의 외부적 요소들도 사법화 과정을 지지했다. 하나는 독일의 경쟁법 경험이다. 이미 살펴본 바와 같이, 독일 경쟁법은 1950년대 중반에 사법적 요소를 강화했던바, 독일 경제가 급격히 성장하자 주변 국가들은 경쟁 과정을 보호하려 했던 독일의 노력이 경제 성장에 어느 정도 기여했었을 것이라고 생각했다. 그 결과 독일 경쟁법에 대한 관심이 높아졌고, 프랑스 같은 국가들은 독일 경쟁법의 아이디어와 법집행 실무를 차용하기도 했다.

그러나, 보다 중요한 요소는 EU 경쟁법이 보다 안정화, 진보화되고 강력해졌다는 점이다. 1970년대에 이르자 일부 회원국들은 경쟁법 체제에 관한 결정을 내림에 있어 EU 경쟁법을 참고하기 시작했다. 이후 살펴보는 바와 같이, EU 경쟁법은 사법적 요소를 더 강화한 체제였고 EU 법원은 체제 내에서 핵심적인 역할을 했다. 이에 유럽에서 새롭게 제정되는 경쟁법들은 EU 경쟁법 요소들을 급속히 반영해 나갔다.

본서는 유럽 각 국의 경쟁법 체제의 유사성을 강조했지만, 기본적인 문제에 관해 체제간에 상당한 차이점들이 있는 것도 부정할 수는 없다. 각 국은 경쟁법 제정, 집행 과정에서 국가 규모, 지정학적 위치, 산업화 패턴, 정치적 제휴관계 등 외부적 환경의 영향을 받는다. 각 국 경쟁법은 또한 법률 문화, 행정부의 전통, 경제학적 사고나 경제학자들의 성향과 지위에 의해 영향받기도 한다. 이러한 요소들의 다양성으로 인해 경쟁법의 기본적 운용 방식이나 발전 궤적에 있어 각 국 경쟁법 간의 유사성은 더욱 두드러져 보이게 된다.

D. 경쟁법과 유럽 통합: 1958-2004

EU 경쟁법은 유럽 경쟁법 발전의 세 번째 요소이다.[18] EU 경쟁법은 각 국의 경쟁법 경험에서 유래했으면서도 각 국 경쟁법에 급속도로 영향을 미치기도 했다. 각 국 경쟁법은 2004년 '현대화(modernization)'로 일컬어지는 중요한 변화를 겪기 전까지 공식적으로는 EU 경쟁법과는 별도로 독자적으로 발전해 왔다. 본 Section에서는 EU 경쟁법의 형성과 2004년까지의 발전 상황을 살펴보고, 다음 Section에서는 EU 경쟁법의 현대화에 관해 살펴보고자 한다. 본서는 현대화 시기에 대비하여 그 이전의 시기를 EU 경쟁법 발전의 '고전적(classical)' 기간으로 지칭하고자 한다.

경쟁 조항은 1957년 European Economic Commission('EEC')을 창설한 로마 조약에 포함되었다. 프랑스, 이탈리아, 독일, 베네룩스 3국은 로마 조약 체결을 통해 상호간의 무역 장벽을 철폐해 '공동시장(common market)'을 형성하려 했고, 이를 저해할 우려가 있는 사인의 행위를 억지하기 위해 경쟁 조항을 조약에 포함시켰다. 그러나, 경쟁 조항들은 매우 간략했고 이 조항들이 실제로 어떤 기능을 할 수 있을지는 매우 불확실했다. 프랑스를 포함한 일부 회원국 대표들은 경쟁 조항이 자신들이 지향하는 목적을 선언적으로 규정한 것에 불과하다고 보았던 반면, 다른 회원국(특히 독일) 대표들은 이 조항이 법률적 원칙에 따라 발전, 적용되어야 할 유럽 경제 헌법의 일부로서 매우 중요한 의미를 갖는다고 생각했다.

그러나, 몇 년 지나지 않아 경쟁법은 로마 조약에 기반한 법체제의 핵심 요소가 되었고 새롭게 형성되는 EU 법체제의 '지주(pillar)'가 되었다. 경쟁법은 각 국의 무역 장벽을 허무는데 자주 활용되었고 이를 통해 경제 발전에 도움이 되는 조건들을 확립하는데 공헌했다. 유럽 집행위원회와 유럽 법원(European Court of Justice–ECJ) 역시 유럽 통합을 위해 경쟁 조항을 활용하고자 했고, 특

18) 이에 관한 추가적인 분석과 언급에 대해서는 Gerber, *Law and Competition, supra* note 1 at 334-416.

히 유럽 통합에 대한 정치적 지지가 약화될 때 이 조항에 더욱 의존했다.

EU 경쟁법 체제는 행정부 모델에 따른 절차와 메커니즘을 활용하여 유럽 집행위원회의 역할을 결정하고 경쟁법을 발전시켜 왔다. 이런 의미에서 EU 경쟁법 체제는 행정부 주도 모델을 따르면서도, 이를 ECJ와 나중에 형성된 Court of First Instance가 주된 역할을 수행하는 사법적 프레임웍에 포함시켰다. 이러한 구조는 부분적으로 독일 경쟁법의 영향을 받은 것이다.

고전적 기간 동안, EU 경쟁법은 각 국의 경쟁법과 독립되어 있었고, 양 경쟁법 체제 간의 상호 작용은 특별히 중요하지 않았다. 그럼에도 불구하고, 일부 회원국들은 EU 경쟁법 발전에 영향을 미쳤고, EU 경쟁법 역시 회원국들의 경쟁법에 급속히 영향을 미쳤다. 그 중 독일 경쟁법은 가장 중요한 영향을 미쳤다. EEC 창설 당시 독일은 전쟁 이전의 기간 및 카르텔 해제 법(Allied decartelization law)에 이르기까지 상당한 경쟁법 경험을 쌓는 등 실질적인 경쟁법 경험을 보유한 유일한 국가였다. 더욱 중요한 것은 경쟁법 이슈들이 독일에서 거의 10여 년 동안 공개적인 격론의 대상이 된 논의 주제였다는 점이다. 특히 초기 EU 경쟁법 발전 단계에서, 독일 학자들과 경쟁당국 관료들은 (EU 경쟁법 집행 기관이 소재한) 브뤼셀에서 특히 많은 영향을 미쳤다. 이들은 EU 경쟁법 집행 기관의 지도부에도 다수 포진했다. 2002년까지 단 2년을 제외하고 독일측 인사들이 브뤼셀 경쟁 당국의 수장(the head of the Competition Directorate)을 도맡았다. 다른 국가들 (특히 영국, 프랑스, 이탈리아) 역시 EU 경쟁법 체제가 발전하면서 보다 많은 영향을 미쳤다. 예를 들면, 경제학자로서 2000년대 영국 경쟁 당국(the Office of Fair Trading)의 수장을 역임했던 John Vickers 및 John Fingleton, 프랑스 경쟁당국의 수장이었던 Bruno Lasserre는 유럽 차원의 경쟁법 발전이라는 개념 발전에 특히 지대한 영향을 미쳤다.

1. 경쟁법의 법목적

고전적 기간 동안 EU 경쟁법은 유럽 통합 및 경쟁제한적 행위로부터의 경쟁 보호라는 두 가지 목적을 표방해 왔다. 이는 EU 경쟁법 형성에 핵심적 요소였다. 유럽 통합은 EU 경쟁법 발전이 지향하는 핵심 목적이었던바, 경쟁법에 관한 다수의 리딩 케이스들은 이러한 입장을 반영하고 있다. 그러나, 유럽 시장의 통합은 다양한 층위로 구분되어 있는 정치적·법률적 과정이므로, 추상적인 이론적 분석을 통해 이를 적용하거나 이해하는 것은 적절하지 않다. 기본적으로 유럽 집행위원회와 유럽 법원은 하나의 유럽 시장에 대한 광범위한 비전을 공유했고, 이를 저해할 수 있는 행위를 규제하는데 경쟁법을 유용하게 활용할 수 있을 것이라고 여겼다. 예를 들면, 이들 기관들은 사적 당사자들이 특허제도를 활용해 각 국의 경계에 따라 시장을 분할하기로 하는 합의를 규제하는데 경쟁법을 이용하곤 했다. 유럽 시장 통합이라는 목적은 그 중요성이 점진적으로 감소했고, 다음 Section에서 살펴볼 현대화 과정에서 근본적인 변화를 겪게 되었다.

EU 경쟁법의 또 다른 목적인 경쟁 보호는 초기에는 그 의미조차 불분명했지만 시간이 경과하면서 그 구체적 의미가 형성되어 왔다. EU 경쟁법 체제의 발전 과정에서 경쟁 보호의 의미에 대해서는 몇몇 아이디어들이 나름의 역할을 한 결과, 여러 가치들이 경쟁 보호의 개념에 포함되었다. 경쟁 보호에 내재된 각 가치는 상황에 따라 그 상대적 비중이 달라졌는데, 이는 시카고 학파 이전의 미국 상황과 어느 정도 유사한 면이 있다. 초기 경쟁 보호는 질서자유주의자들의 사고와 경험으로부터 많은 영향을 받았는데, 그 주요한 이유는 EU 경쟁당국의 다수가 이에 관한 교육을 받았기 때문이다. 이미 살펴본 바와 같이, 질서자유주의적 관점에서는 경제력을 갖춘 기업들이 시장의 원활한 작동을 저해하고 있으므로 이들 기업들의 지위(경제력) 자체를 규제함으로써 '완전(complete)'하거나 '완벽한(perfect)' 경쟁에 가까운 상황을 만드는 것을 경쟁법의 핵심 목표로 해야 한다고 본다. 이러한 견해는 1990년대에 이르기까지 점진적으로 그 영향력을 잃어가긴 했지만 경쟁법에 관한 사례들과 문헌들에 많은 영향을 미쳤다.

경쟁 보호에 관한 두 번째 생각은 경제적 자유에 초점을 맞췄다. 경제적 자유는 고전적 유럽식 자유주의에 그 뿌리를 두고 있는데, 이를 추구하는 것은 힘들지만 가치 있는 목표로 받아들여졌다. 주로 독일측 인사들로 구성되었던 명망 있는 학자들은 경제적 자유가 경쟁법 적용의 핵심 목표가 되어야 한다고 주장했던 반면, 다른 학자들은 경제적 자유가 경쟁법에 관한 의사결정에 유용한 지침이 되지 못한다고 주장했다. 1960년대 후반부터 '작동가능한 경쟁(workable competition)'이라는 개념이 영향력을 미치기 시작했다. 개념적으로 더욱 확실한 근거를 찾을 필요성에 따라 이를 모색하고 있던 경쟁당국 관료들과 학자들은 경제학 이론에 의존하게 되면서 결국 작동가능한 경쟁이란 아이디어를 경쟁법에 편입시켰다. 이들은 경쟁법이 시장 참여자들을 배제하거나 경쟁하지 못하도록 방해하는 행위를 규제함으로써 유효한 경쟁(effective competition)이 이루어질 수 있는 조건을 확립, 보존해야 한다고 생각했다.

여러 가지 법목적을 추구하는 것은 EU 경쟁법의 발전 과정에서 오랜 기간 동안 바람직하다고 여겨졌다. 1960년대 후반부터 경쟁 보호의 의미에 관해 매우 다른 생각에 터잡은 이견들이 제시되었지만, 오랜 기간 동안 별다른 주목을 받지 못했다. 이 견해들은 EU 경쟁법이 효율성을 더 중시해야 하고 따라서 경제학에 기반한 미국 반트러스트법과 유사한 태도를 취해야 한다고 제안했다. 이 견해를 지지하는 사람들은 미국 학계로부터 전파된 논리들을 활용해 EU 경쟁법의 의사 결정에 영향을 미치는 여러 가지 목적들이 너무 모호해 실효성있고 예측가능한 지침을 제공하지 못하므로, 경제적 효율성이 유럽 통합이라는 경제적 목표에 가장 부합하는 경쟁법 목적이라고 주장했다.[19)]

2. 방법론과 법집행 기관

유럽 집행위원회는 EU 경쟁법을 발전, 적용할 일차적 임무를 수행한다. 집행위원회 관료들의 열정, 판단력, 효과적인 업무 수행은 EU 경쟁법에 내용과 집행력을 부여했고, 유럽 통합을 이끄는 핵심 동력으로 작용했다. 초기부터 EU 경쟁당국의 경쟁법 전담기관인 the Directorate General for Competition ('DG Comp')은 행정부의 재량권 행사보다는 법률 적용에 기반한 절차를 발전, 적용했다. 그 결과 전 유럽이 집행위원회를 신뢰하고 위원회가 지향하는 목적을 지지하기에 이르렀다.

그러나, 유럽 집행위원회의 성공은 EU 법원의 지지에 힘입은 바 크다. 1991년까지 유일한 유럽 경쟁법 법원이었던 ECJ는 경쟁법에 대한 유럽 집행위

19) 이들 중에서도 Rene Joliet and Valentine Korah가 특히 영향력이 있었다. 예컨대 Rene Joliet, *The Rule of Reason in Antitrust Law* (The Hague 1967) and Valentine Korah, 'Interpretation and Application of Article 86 of the Treaty of Rome: Abuse of a Dominant Position within the Common Market' (1978) 53 Notre Dame L R 768 참조.

원회의 접근 방식을 전반적으로 지지했다. ECJ는 유럽 집행위원회와 다른 결론을 내릴 때에도 최소한 집행위원회가 채택한 방법론과 논리적으로 배치되는 방법론을 채택하진 않았다. 유럽 집행위원회는 이러한 상호작용을 거치면서 법원으로부터 승인받을 만한 방법론에 입각해 결정을 내리고자 노력했고, ECJ는 집행위원회가 발전시킨 기본적 용어를 사용했다. 1991년 CFI 창설로 이러한 상호작용 구도가 조금 더 복잡해지긴 했지만 전체적인 구도 자체는 상당 기간 동안 변하지 않았다.

DG Comp는 충분한 역량을 보유한 조직으로서 특별한 사정이 없는 한 EU 체제에서 최고의 정치적 권위를 보유한 기관인 the Council of Minister의 승인(승인 여부는 전반적으로 정치적 의사결정 과정을 통해 결정된다) 없이 활동할 수 있다. 다만, 주요한 경쟁법 결정에 대해서는 반드시 유럽 집행위원회로부터 전체회의에 의한 승인을 받아야 했고, 일부 경우에는 the Council of Minister의 승인도 받아야 했던바, 이는 외부적 요인이 경쟁법 결정에 영향을 미칠 수 있음을 의미하는 것이다. 일부 사람들은 이러한 정치적 요소에 주목해 경쟁법에 관한 의사결정에서 '법의 지배(rule of law)' 원칙이 잠식되므로 독립적인 EU 경쟁법 집행 당국을 별도로 창설할 필요가 있다고 주장했지만, 충분한 정치적 지지를 얻지는 못했다.[20)]

유럽 집행위원회는 EU 경쟁법의 발전 및 집행이 어디에 중점을 두고 어떻게 형성되어야 하는지를 결정하는데 중심적인 역할을 했다. 미국에서는 사인에 의한 소제기에 따라 법원이 경쟁법 집행 및 그에 관한 개념 발전 과정에 핵심적 역할을 수행했던 반면, 유럽에서는 고전적 기간 동안 유럽 집행위원회가 이러한 역할을 전반적으로 주도했다. 이후 살펴보는 바와 같이, EU 경쟁법의 현대화로 인해 각 회원국의 경쟁당국이 이러한 역할을 일부 맡게 되었지만, 집행위원회는 여전히 각 회원국의 경쟁법 집행을 지도하면서 중요한 역할을 하고 있다. ECJ 및 CFI 역시 유럽 집행위원회가 발전시켜 온 개념들을 일부는 수용하고 일부는 배척했으며, 아직 다뤄지지 않은 부분에 대해서는 독자적으로 개념을 발전시키는 등 다양한 방식으로 경쟁법의 실체적 내용에 영향을 미쳤다. 고전적 기간 동안 ECJ는 유럽 통합을 지지하면서 유럽 통합을 뒷받침하는

20) 예컨대 Claus-Dieter Ehlermann, 'Reflections on a European Cartel Office' (1995) 32 Comm Mkt L R 47 참조.

경쟁의 역할에 관해 분명한 비전을 제시하고, 이 비전 안에 실체법적 내용을 담아내려는 집행위원회의 노력을 지지하는 중심적 역할을 했다.

3. 실체 규범: 초점들

EU 경쟁법의 실체법적 내용은 로마조약 제81조, 제82조에 근거하고 있다. 제81조 제1항은 경쟁을 제한하는 합의를 금지하고 있다. 구체적으로 이 조항은, '… 경쟁을 방지, 제한, 왜곡하는 목적이나 효과를 갖고 있는 …' 합의, 동조적 행동, 기타 그에 유사한 행위를 금지하고 있다. 이 조항 Paragraph (3)은 합의가 생산성이나 소비자에 미치는 효과와 같은 이슈에 관해 일정한 요건을 충족할 경우 예외적으로 금지 대상에서 제외하고 있다. 고전적 기간 동안 오직 유럽 집행위원회만이 이러한 예외를 인정할 수 있었다. 제82조는 시장지배적 기업의 남용행위를 규제하고 있다. 이 조항에 대한 예외 규정은 없다.

a. 합의에 대한 분석

합의에 관한 경쟁법 발전의 핵심 요소는 제81조 제1항의 경쟁 '제한(restriction)'의 개념을 매우 광범위하게 해석한 법원 결정이었던바, 이로 인해 경쟁의 자유를 제한하는 사업자들 간의 모든 합의가 이 조항의 적용 대상에 포섭되었다. 법원 결정은 제81조 제1항에의 해당 여부가 아닌 이에 대한 예외들에 모든 관심을 집중시켰다는 점에서 중요한 의미를 갖는다. 본래 합의에 대한 예외들은 유럽 집행위원회로 하여금 사안에 따라 개별적으로 규제 여부를 판단할 수 있도록 한 것이지만, 실제로는 제대로 작동할 수 없는 것으로 밝혀졌던바, 특히 EU가 1970년대 회원국을 확대함에 따라 그 작동가능성이 더욱 낮아졌다. 이에 유럽 집행위원회는 '일괄적용 면제(block exemption)(역자 주: 일정 산업에 대해 EU 경쟁법 적용을 면제해 주는 것으로서, 비규제 확인이 처음부터 EU 경쟁법에 위반되지 않는다는 점을 확인해 주는 것과 달리, EU 경쟁법에 위반되는 행위에 대해 그 적용을 면제해 주는 것임)'와 '비규제 확인(negative clearance)'과 같은 절차적 장치들을 발전시켰는데, 기업들은 이를 통해 자신들이 관여하는 합의가 집행위원회의 규제 대상이 될 것인지에 관해 비교적 신뢰할 수 있는 정보를 얻을 수 있었다. 당시 집단적 면제의 인정 여부는 전반적으로 형식적 요건을 충족했는지 여부, 즉 계약 조항의 문언에 좌우되었다. 이런 형식주의에 대해서는 현대화 기간 동안 많은 비판이 제기되었다.

유럽 집행위원회는 카르텔 합의에 제81조 제1항을 적용하는데 조심스럽게 접근했던바, 그 이유 중 하나는 많은 사람들이 카르텔 금지를 생소하게 여기고 의아해 했기 때문이다. 집행위원회는 수십 년 동안 카르텔 규제에 상대적으로 제한적인 역량을 투입했다. 이러한 조치는, 경쟁제한적 효과를 초래할 수도 있는 계약을 체결한 당사자들에게 해당 계약을 집행위원회에 사전 통지하도록 한 행정 규칙으로 인해 어느 정도 정당화될 수도 있다. 이러한 규율은 집행위원회로 하여금 경쟁제한적 효과의 우려가 있는 계약을 더 쉽게 인식할 수 있도록 하기 위함이었다. 집행위원회가 카르텔 규제에 조심스러운 태도를 취했던 것은 오랜 기간 동안 정상적 행위로 인식되어 온 행위를 갑자기 규제하면 엄청난 정치적 파장이 발생할 수도 있음을 우려했기 때문이라고도 할 수 있다. 마지막으로, 카르텔을 분석할 개념적 근거가 확립되어야 했는데, 유럽 집행위원회와 법원이 전유럽으로부터 공감을 얻고 지지를 받을 수 있는 개념적 근거를 고안해 내는데 수년이 걸렸기 때문이기도 하다.

고전적 기간 동안, 유럽 집행위원회는 수직적 거래제한 규제에 중점을 두곤 했는데, 그 주된 이유는 사업자들이 이를 통해 각 국의 국경을 기준으로 시장을 분할하기 쉬웠기 때문이다. 예를 들면, 제조업자는 국가별로 하나의 유통업자를 지정하고, 계약서에 명시하든, 아니면 간접적으로 지적재산권 제도를 활용하든, 각 유통업자가 국경을 넘어 판매활동을 하지 못하게 할 수 있다. 따라서, 집행위원회는 유럽 통합이라는 목적 달성을 위해 이러한 수직적 거래제한을 규제해야 할 입장에 처해 있었다.

b. 시장지배적 지위의 남용

유럽 집행위원회와 법원은 시장지배적 사업자의 남용행위의 개념을 해석, 적용함에 있어 훨씬 더 조심스러운 태도를 취했다. 집행위원회는 1958년 이후 10년 이상의 기간에 걸쳐 이 이슈를 연구하고, 전문가들로부터 자문을 받았으며, 규제를 정당화할 수 있는 확실한 이론적 근거를 찾기 위해 노력해 왔다. 집행위원회는 1960년대 말부터 시장지배적 사업자를 규제하기 시작했다. 유럽 집행위원회는 ECJ와 함께 여러 사건들을 처리하면서 '지배력(dominance)'과

'남용(abuse)' 등 핵심 개념들을 정의했다. 이 사건들은 권위 있는 선례로 인정되었다. 시장지배적 사업자의 남용행위 규제는 EU와 미국이 첨예하게 대립하는 몇 안 남은 분야 중 하나이다. EU가 미국과 입장을 달리 하는 부분 중 두드러지는 것은, 시장지배적 사업자는 자신이 보유한 경제력을 남용하지 않을 '특별 책임(special responsibility)'를 부담한다고 보는 것이다. 따라서, 시장지배적 사업자는 일반 사업자보다 엄격한 기준을 적용받게 된다고 본다. 시장지배력 남용은 과거 국영 독점기업이었다가 민영화된 기업들이 시장지배적 지위를 확보하게 되는 일이 빈번해짐에 따라 1990년대 경쟁법의 핵심적인 화두가 되었다.

c. 기업결합

유럽 집행위원회는 1970년대(독일이 1973년 자국 경쟁법에 기업결합에 관한 조항을 포함시킨 직후)부터 기업결합 규제 여부를 논의했지만, EU 경쟁법은 1989년까지 기업결합을 규제하지 않았다. 이 25(역자 주: 이는 15년의 오기로 보임)년에 걸친 논쟁의 핵심은 기업결합 규제의 필요성과 적절성 여부였다. 많은 사람들이 기업결합을 규제할 필요가 없고 규제가 적절치 않다고 주장했다. 마침내 도입된 기업결합 규제 조항들은, 특정 기업결합이 EU 내에서 '시장지배적 지위를 형성 또는 강화'할 것으로 예상될 경우 조치를 취하도록 규정하고 있다. 기업결합을 분석하기 위해서는 정교한 분석 도구가 필요한데, EU 경쟁법이 기업결합 규제를 도입했을 당시 오직 독일 경쟁당국의 관료들만이 이러한 분석 도구를 활용했던 경험을 갖고 있었다. 그 결과 EU 경쟁법에서 독일의 리더십이 더욱 강화되었다. 기업결합 분석은 1990년대 유럽 집행위원회의 경쟁법 집행에서 중요한 아젠다가 되었다. 많은 문헌들이 기업결합에 관한 분석론을 발전시켰고, 널리 인정받는 행정적 결정과 사법적 사례들이 기업결합 분석의 형식과 내용을 채워나갔다.

E. 유럽 경쟁법의 '현대화': 법집행 기관, 아이디어, 영향력

EU 경쟁법의 기본 체제를 '현대화(modernize)'하려는 계획은 1990년대 후반부터 구체화되었다. 현대화 계획은 초기에는 경쟁법 체제의 조직적 요소 기타 절차적 요소를 바꾸는데 초점을 맞췄으나, 이후 점차 중요한 실체법적 요소들의 변화로 이어졌다. EU 경쟁법의 기본 체제는 현대화 과정에도 불구하고 별다른 변화 없이 유지되었던바, 현대화 과정에서 무엇이 변했고 무엇이 변하지 않았는지를 구분하는 것은 EU 경쟁법 경험을 제대로 평가하기 위해 중요하다고 할 것이다.[21] 본서는 우선 경쟁법 집행기관의 조직상 변화를 살펴보고, 이후 실체법적 변화에 관해 검토하기로 한다. 이 두 변화 과정은 상호 긴밀하게 연계되어 영향을 주고 받아 왔다.[22]

1. 초기 단계

EU 경쟁법을 '현대화'하려는 최초 동력은 소련의 붕괴까지 거슬러 올라갈 수 있다.[23] 유럽 집행위원회의 고위 관료들은 소련의 붕괴가 동부 유럽 국가들의 독립으로 이어져 유럽 통합 과정에 중대한 변화를 초래할 것임을 깨달았다. 동부 유럽 국가들 다수가 EU에 가입할 가능성이 높다는 것이 분명해졌다. EU가 1995년 회원국 추가를 통해 회원국 증대의 문호를 열어 두었던 상황에서, 회원국 증가는 DG Comp를 비롯한 다수 총국들의 업무량 증대를 의미했다.

이에 따라 DG Comp는 대응방안을 모색하기 시작했다.[24] 당시 DG Comp

21) EU 경쟁법에 관해 영문으로 된 대표적인 문헌으로는 Richard Whish, *Competition Law* (6th edn Oxford 2008) and Peter Roth & Vivien Rose, *Bellamy and Child: European Community Law of Competition* (6th edn OUP, Oxford 2009)가 있다.

22) 이 Section은 David J Gerber, 'Two Forms of Modernization in European Competition Law' 31 *Fordham Intl L J* 1235 (2008)를 주로 활용했다.

23) Commission of the European Communities, Commission Report on Modernisation of EC Antitrust Enforcement Rules, *Modernisation of EC antitrust enforcement rules: Council Regulation (EC) No 2003 and the modernisation package* (2004) 〈http://ec.europa.eu/comm/competition/publications/publications/modernisation_en.pdf〉. 이에 관한 추가적인 논의에 대해서는 David J Gerber and Paolo Cassinis, 'The Modernisation of European Community Competition Law: Achieving Consistency in Enforcement Part I' (2006) 27 Eur Comp L Rev 10; and 'Part II' (2006) 27 Eur Comp L Rev 51. For background, see David J Gerber, 'Modernising European Competition Law: A Developmental Perspective' (2001) 22 Eur Comp L Rev 122 참조.

24) Claus-Dieter Ehlermann, 'Implementation of EC Competition Law by National Anti-Trust Authorities' (1996) 17 Eur Comp L Rev 88 참조.

의 사무총장이었던 Claus-Dieter Ehlermann은 각 회원국에게 EU 경쟁법을 집행하고 사인에 의한 소제기의 인센티브를 제고하는데 더욱 노력하도록 독려했다. 이에 더해 집행위원회는 각 회원국 경쟁당국과의 정보 교류 및 협력을 증대함으로써 각 회원국 경쟁당국이 더 많은 경쟁법 집행 책임을 부담하도록 하고자 했다.

그러나, 이 조치들은 완전히 성공적이지는 않았다. 회원국들은 EU 경쟁법 집행을 제고할 인센티브가 없었다. 회원국들은 전반적으로 자국 경쟁법을 적용하기를 선호했다. 유럽 집행위원회가 카르텔 규제에 대한 예외를 인정할 전속적 권한을 보유하고 있었던 점 역시 회원국들의 자국법 선호 성향 이상으로 중요한 요인이었다. 집행위원회는 이 권한을 활용해 각 회원국의 카르텔 규제 시도를 통제할 수 있었다. 한편, 사인에 의한 경쟁법 집행을 제고하라는 권고 역시 기본적으로 이와 유사한 이유로 인해 별다른 성과를 거두지 못했다. 유럽 집행위원회의 예외 인정 권한으로 인해 사인은 회원국에서 소를 제기하더라도 그 결론을 예측하기 매우 어려웠다. 그러나, DG Comp의 노력이 별다른 성공을 거두지 못했던 보다 근본적인 이유는 EU 기업들이 각 회원국 경쟁법을 적용하는 규제에 익숙해 있었다는 점에 있다.

1995년 EU 회원국이 15개 국으로 늘어났고, 10~15개 국이 추가로 가입할 것이라는 예상이 확산되면서, EU 경쟁법 정비를 통해 이에 대비해야 한다는 목소리가 높아졌다. 회원국 증가에 대한 대비책과 관계없이 EU 경쟁법 변화를 지지했던 사람들까지도 이러한 상황을 유리하게 활용하기 위해 EU 경쟁법에 대한 비판에 가세했다. 우선 비판 대상이 되었던 것은 경쟁제한의 우려가 있는 계약에 대한 통지의무를 부과한 규정이었다. EU의 확대로 이 규정은 경쟁당국에 상당한 업무 부담을 주었고, 이에 많은 사람들은 이 규정이 그 정도의 가치가 있는지 의구심을 표했다. 두 번째 비판 대상은 유럽 집행위원회가 전속적으로 카르텔 규제에 대한 예외를 인정할 수 있도록 한 조약 제81(3)이었다. 일관성 있는 경쟁법 집행을 위해 집행위원회가 전속적으로 예외 인정 권한을 행사해야 한다는 점이 오랜 기간 동안 인정되었고, 만약 이와 달리 다른 기관들도 집행위원회와 병행해 예외를 인정할 수 있게 되면 법집행의 일관성이 담보될 수 없게 되며, 각 회원국의 이해관계가 우선하게 될 것이라는 우려가 있었다. 그러나, 예외 인정의 절차와 형식적 요건이 더욱 복잡해짐에 따라 이러한 절차가 시대착오적이라는 인식이 급속히 확산되었다.

EU 경쟁법의 변화를 요구하는 목소리는 여러 곳에서 터져 나왔다. 대규모의 EU 기업들과 이들의 법률 자문인들은 유럽 집행위원회의 절차가 많은 비용을 지출하게 하면서도 확실한 예측가능성을 주지 못한다는 우려를 나타내면서, 경쟁제한의 우려가 있는 계약에 대한 통지의무는 별다른 효과도 없이 과도한 규범준수비용만 발생시킨다고 불평했다. 이들은 또한 집행위원회의 절차들(특히 기업결합에 관한 절차)이 전체적으로 정비되어야 한다고 주장했다.[25] EU 경쟁법의 변화를 촉구하는 움직임은 유럽 밖에도 있었다. 미국 정부(특히 법무부 소속 관료들)는 그 중 하나였는데, 이들은 EU 경쟁법의 현대화 과정에 많은 관심을 표하면서, 집행위원회의 절차가 생산적이지 않고 과도한 비용을 발생시키며 비유럽 국가 기업들(즉, 미국 기업들)을 차별할 소지가 있다는 불만을 표했다.[26]

마지막으로, '국경을 초월한(transnational)' 새로운 유형의 압박이 등장하기 시작했다. 이는 본서가 '범대서양 경쟁법 모임(trans-Atlantic competition law group－TCL Group)'이라고 지칭하는 모임에서 등장했다. 이 모임은 비교적 느슨하게 구성되어 있는데, 주로 국제적인 대형 로펌에 근무하면서 EU 경쟁법 업무를 전문으로 수행하는 변호사들, 미국 및 유럽 경쟁당국의 최고위급 인사들, 그리고 때에 따라 소수의 학자들로 구성되어 있다. 이 모임은 두 개의 현대화 과정이 시작되었던 1990년대 중반 모습을 갖추고 지속적으로 발전해 나갔다. 모임의 멤버들은 국제 컨퍼런스 참여 등을 통해 자주 모여 심도 깊은 의견교환을 했던바, 이는 모임의 성격에 영향을 미친 하나의 요인이 되었다. 또 다른 요인은 경쟁법 집행에서 국제 협력이 급속히 중요해진 것이다. 범대서양 경

---

25) 예컨대 Mario Siragusa, 'The Millennium Approaches: Rethinking Article 85 and the Problems and Challenges in the Design and Enforcement of the EC Competition Rules' in Barry Hawk (ed) (Fordham Corporate Law Institute, New York 1997) 271; and Frank Montag, 'The Case for a Reform of Regulation 17/62: Problems and Possible Solutions from a Practitioner's Point of View' in Barry Hawk (ed) 1998 (Fordham Corporate Law Institute, New York 1999) 157 참조.

26) 예컨대 William Kolasky, Department of US Assistant Attorney General 'U.S. and E.U. Competition Policy: Cartels, Mergers and Beyond' (Speech at the Council for the US and Italy Bi-Annual Conference in New York City) (New York 25 January 2002) 〈http://www.usdoj.gov/atr/public/speeches/9848〉 참조.

쟁법 모임은 전통적 의미에서의 '이익단체(interest group)'에 해당하지 않았고, 회원이 되는데 특정한 규정이나 절차가 있지 않았다. 그럼에도 불구하고, 회원들 간의 정규적인 접촉의 정도, 관련 경쟁법 이슈들에 대한 공감 정도, 공통의 이해관계에 대한 인식 공유 등의 요인으로, 1990년대 중반부터 모임에 대한 일종의 소속감이 형성되어 현재까지 이어지고 있다.[27]

2. 절차적 현대화 방안의 제정

이상과 같은 우려와 압박에 대응해 경쟁 총국은 내부적으로 경쟁법에 관한 절차들을 검토해 합의에 이르렀고, 유럽 집행위원회는 1999년 4월 경쟁법 절차 현대화에 관한 백서를 발표했다.[28] 집행위원회는 2009년 9월 백서의 논의에 기반하여 절차 개정안을 제안했다.[29] 현대화 계획은 the Council의 승인 대상이었으므로, 집행위원회는 각 회원국이 제안의 타당성을 확신하도록 해야 했다. 회원국들간 합의 도출에는 거의 2년이 소요되었다. 최종 제안인 Regulation 1/2003은 2002년 12월 16일에 통과되어 2004년 5월 1일에 발효되었다.[30]

이와 같은 오랜 심의 과정은 집행위원회가 본래 추구했던 주된 목표를 달성했다는 점에서 위원회의 확실한 '성공'을 나타냈다. 집행위원회는 조약 제81조에 규정된 계약 당사자의 통지의무를 폐지하고, 제83조에 규정된 전속적인 합의 규제 예외 인정 권한을 포기했다. 또한 각 회원국이 EU 경쟁법을 적용할 일차적 임무를 부담하고, 위원회는 일부 제한적인 상황에서만 경쟁법을 집행할 것임을 분명히 했다. 각 회원국간 관계는 각 국 경쟁당국 관료들 간의 네트워크 형태로 체계화되고, 집행위원회는 이 네트워크의 논의를 주도, 통제하는 역할을 하게 되었다.

---

27) 국제적인 법률 발전에서 이러한 그룹들의 중요성 증대에 관한 분석에 대해서는 Anne-Marie Slaughter의 노작인 *A New World Order* (Princeton 2004) 참조.

28) Commission of the European Communities, Whiter Paper on Modenisation of the Rules Implementing Articles 85 and 86 of the EC Treaty, COM (99) 101 Final (Apricl 1999).

29) Proposal for a Council Regulation on the Implementation of the Rules on Competition laid down in Articles 81 and 82 of the Treaty and Amending Regulations (EEC) No 1017/68, (EEC) No 2988/74 (EEC) No 4056/86 and (EEC) No 3975/87, COM (00) 582 final (September 2000).

30) Commission Regulation 1/2003, 2003 OJ (L 1) 11.

한 가지 중요한 측면에서, 이상의 모임들은 집행위원회가 당초 기대했던 바를 넘는 성과를 가져왔다. 집행위원회는 공식적으로 절차법적 측면의 현대화를 추진하면서 유럽 차원에서 문제되는 모든 경쟁제한 행위에 대해 EU 경쟁법을 집행하는 것이 바람직하다(필요하다)고 결정했다.[31] 그 결과, EU 경쟁법 절차는 근본적 변화를 겪게 되었고, 집행위원회의 위상과 역할은 한층 강화되었다.[32] 각 회원국은 자국 영토 안에서만 영향을 미치는 일부 예외적인 사례를 제외한 모든 사건에서 원칙적으로 EU 경쟁법을 적용할 것이다.

3. 절차적 현대화의 역학관계

현대화 과정은 자체적인 역학관계에 따라 발전했다. 현대화 과정은 기존에 집중된 권력을 분산시키고 집행위원회가 향후 경쟁법 발전을 제어하도록 하기 위해 노력하는 과정이다.[33] 각 회원국이 EU 경쟁법 집행 책임을 분담하게 되었다는 점에서 현대화 과정은 분권화 과정이라 할 수 있다. 그러나, 집행위원회는 현대화 과정 전반을 통제했다. 집행위원회는 여러 제안을 했고, 논의 모임을 운영했으며, 논의 아젠다를 통제했고, 이를 통해 유럽 경쟁법 발전을 효과적으로 제어할 수 있는 체제를 이뤄냈다.

회원국들은 현대화 과정에 전반적으로 별다른 관심을 나타내지 않았다.

31) Commission Report on *Modernisation of EC antitrust enforcement rules: Council Regulation (EC) No 1/2003 and the modernisation package* (2004) 〈http://ec.europa.eu/comm/competition/publications/publications/modernisation_en.pdf〉(2007년 2월 13일 최종 접속).

32) Regulation 1/2003 제3조는 개별 국가의 경쟁 당국들로 하여금 '회원국들간의 무역에 영향을 미칠 수 있는' 행위에 대해서는 EU법(조약 제81조와 제82조)을 적용하도록 규정하고 있다. 이 Regulation은 개별 국가의 경쟁 당국이 조약 제81조와 제82조에 배치되는 자국법을 적용하는 것을 금지하고 있지만, 단독행위에 대해서는 EU법보다 '더 엄격한(stricter)' 자국법을 적용하는 것은 허용하고 있다.

33) 현대화에 대해서는 두 가지 유형의 문헌이 있어 왔다. 하나는 기존의 권위와 권한이 개별 회원국들에게 분산되는 과정에 초점을 맞춘 것으로서 그 예로는 Ian Forrester, 'Modernization of EC Competition Law' (2000) 23 Fordham Int'l L J 1028를 들 수 있다. 다른 하나는 집행위원회가 영향력을 더욱 제고하는 과정을 강조한 것으로서 Stephen Wilks, 'Agency Escape: Decentralisation or Domination of the European Commission in the Modernization of Competition Policy?' (2005) 18 Governance 431; and Alan Riley, 'EC Antitrust Modenisation: The Commission Does Very Nicely-Thank you! Part One: Regulation 1 and the Notification Burden' (2003) 24 Eur Comp L Rev 604 등이 그 예이다.

유럽 집행위원회는 현대화 과정이 위원회가 보유하고 있는 권한을 각 회원국에게 양도하는 것이라고 설명했고, 회원국들은 이를 긍정적으로 받아들였다. 현대화 과정은 유럽 연합의 보완성 원칙(the principle of subsidiary)(역자 주－마스트리히트 조약 규정에 따라 EU는 전속적 권한에 속하지 않는 조치에 대해 회원국이 독자적으로 충분한 효과를 거둘 수 없고 EU 차원에서 조치를 취할 필요가 있을 때에만 조치를 취할 수 있다는 원칙)이 정치적으로 인기를 끌고 있었을 때, 각 회원국에게 (유럽 집행위원회가 소재한) 브뤼셀로부터 더 많은 자율권을 주는 것처럼 여겨졌다. 현대화 과정은 또한 각 회원국 의사결정권자들의 지위를 제고하는 것으로 여겨지기도 했다. 이에 회원국들은 전반적으로 현대화 조치들의 발전 과정에서 비교적 수동적인 역할을 했다.

다만, 독일은 이상과 같은 전반적인 경향에 대한 주요한 예외로서 현대화 과정에 민감한 이해관계를 갖고 있었다.[34] 독일 경쟁당국 관료들은 현대화 과정의 몇 가지 주요한 부분에 대해 반대했다. 예를 들면, 이들은 유럽 차원의 문제로 볼 수 있는 모든 경쟁제한 행위에 EU 경쟁법을 적용하는 것과 경쟁제한의 우려가 있는 계약에 대한 통지 의무를 폐지하는 것 모두에 반대했다.[35] 독일은 대부분 유럽 국가들과 이해관계가 달랐다. 독일 FCO는 유럽에서 최초로 실질적인 발전을 이룬 경쟁당국으로서 유럽에서 가장 중요한 지위를 유지해왔다. 이런 상황에서 현대화 과정은 FCO의 영향력 상실을 의미했다. 뿐만 아니라, 독일은 경쟁법 분야에서 영향력 있는 교수들을 다수 보유하고 있었는데, 이들 역시 현대화 과정으로 경쟁법에 대한 불확실성이 증대되고 경쟁법의 실효성이 잠식될 것이라는 점을 주된 논거로 전반적으로 반대 입장을 취했다. 이들은 독일 정부에 유럽 집행위원회의 제안들 중 여러 핵심 사항에 대해 반대하도록 영향력을 행사했다.

마지막으로, 절차법적 현대화 과정의 역학관계에서 중요한 부분으로 TCL Group의 형성, 통합을 들 수 있다. 현대화 과정은 TCL Group의 발전과 내부적 통합에 촉매제 역할을 했다. 이 Group에 속한 회원들은 정규적으로 모임을

34) 이에 관한 논의 및 배경에 대해서는 Hannah L Buxbaum, 'German Legal Culture and the Globalization of Competition Law: A Historical Perspective on the Expansion of Private Antitrust Enforcement' (2005) 53 Berkeley J Int'l L 474,489 참조.

35) 예컨대 Alison Jones and Brenda Sufrin, *E.C. Competition Law: Text, Cases and Materials* (Oxford 2001) 1032-33 참조.

가졌다. 뿐만 아니라, 회원들은 모임에서 경쟁법의 법목적들을 정의하는 것에 관해 논의했던바, 논의 참여자들은 이를 통해 유럽 집행위원회, 대규모 국제 로펌들, 일부 회원국 대표들이 많은 이슈들에서 이해관계를 조율할 수 있음을 분명히 인식하게 되었다.

F. 실체법적 현대화: '보다 경제학적 접근방식'의 지향

절차법적 현대화 과정이 이와 같이 진행되는 동안, 또 다른 유형의 '현대화'도 모습을 갖춰가고 있었다. 이 과정은 EU 경쟁법의 실체법적 내용에 관한 사고 방식의 상당 부분을 재조정하는 것이다. 유럽 집행위원회는 이 과정을 거치면서 경쟁법의 행위 규범에 의미를 부여하는 기본적 방식을 바꾸었던바, 이는 실체법 규범의 내용 변경으로 이어졌다. 실체법적 현대화 과정은 절차법적 현대화 과정과 대략적으로 같은 기간 동안 진행되었다. 실체법적 현대화는 특정 시점에 어떤 확고한 계획에 따라 시작되진 않았지만, 이를 지지했던 사람들이 변화를 인식하고 이를 자신들이 추구하는 아젠다에 포함시킴에 따라 점차 실질적인 모습을 갖춰 나갔다.

절차법적 현대화와 마찬가지로, 실체법적 현대화 과정이 시작하기 전 수년간, 즉 1990년대 중반에 EU 경쟁법의 실체법적 내용에 관한 비판이 거의 없었다는 점을 상기할 필요가 있다. 경쟁총국 관료들은 전반적으로 작동가능하고 실효성 있는 법원칙과 방법론이 발전하고 있음을 확신하고 있는 것처럼 보였다.[36] 경쟁법의 법목적에 대한 의문은 거의 제기되지 않았고, ECJ와 집행위원회가 유럽의 경제적 통합을 위해 경쟁법의 역할을 발전시키는 방식을 칭찬하는 목소리가 높았다. 그러나 모든 사람들이 당시의 EU 경쟁법에 만족한 것은 아니었다. 경쟁법의 실체법적 규범을 결정, 집행함에 있어 유럽 집행위원회와 법원이 어떤 입장을 취하는지 예측하기 어렵다는 비판들이 있었

36) 당시 경쟁총국의 경쟁법 커미셔너는 '(중략) 집행위원회에 속한 우리가 답해야 하는 질문은 "과거에 이처럼 성공적으로 시행되었던 정책이 어느 정도까지 바뀌어야 하는가이다" (중략)'고 언급하기도 했다. Karel Van Mierr, 'The Future of Competition Policy' (Address at BASF Headquarters, Corsendock on 18 November 1997) 〈http://ec.europa.eu/comm/competition/speeches/text/sp1997_064_en.html〉.

다.[37] 그럼에도 불구하고, 기본적인 실체법 개념을 바꿔야 한다는 주장은 거의 없었다. ECJ와 집행위원회가 EU 상황에 적절하고 효과적인 실체법 프레임웍을 발전시켜 왔다는 것이 당시의 일반적인 인식이었다.[38]

1. 현대화의 의미: '보다 경제학적 접근방식'의 지향

실체법적 현대화 과정에는 두 가지 요소가 포함되어 있는바, 이 양자는 종종 잘 구분되지 않는다. 첫째, 경쟁법의 법목적을 좁게 보는 것이다. EU 판례법이 유럽 경제 통합과 경쟁보호를 동시에 추구하면서 발전시켜 온 법목적들을 대신해, 새로운 경쟁법 개념은 신고전주의 경제학이 이해하고 있는 것과 같은 '소비자 후생(consumer welfare)'을 핵심 목표로 설정한다. 둘째, 경쟁법의 법목적을 이상과 같이 좁힐 때 수반하는 것으로서, 경쟁법의 법목적뿐만 아니라 구체적인 판단기준과 방법론까지도 신고전주의 경제학에 따라 결정되어야 한다는 것이다. 이 두 요소들은 서로 결합해 신고전주의 경제학의 언어, 방법론, 관점이 EU 경쟁법의 핵심이 되도록 했다. 유럽에서는 이를 통틀어 '보다 경제학적인 접근방식(more economic approach)'이라 일컬었다.

'보다 경제학적인 접근방식'이라는 용어는 실체법적 현대화 과정의 내용을 제대로 나타내지 못하는 경향이 있다. 이 용어는 실체법적 현대화가 제한적으로 이루어졌고 경쟁법의 무게 중심이 점진적으로 변화한 것임을 암시한다. 즉, 과거부터 활용되었던 경제학이 보다 자주 활용된 것에 불과하다는 점을 암시하고 있다. 이는 어떤 측면에서는 정확한 지적이다. 경제적 추론은 EU 경쟁법 발전 기간 내내 활용되어 왔고, 실체법적 현대화 과정을 통해 더 빈번히 활용되었다. 그러나, '보다 경제학적인 접근방식'은 이 점진주의적 용어가 암시하는 것보다 훨씬 많은 의미를 담고 있다. 사실 경제학은 이미 오래 전부터 개별 구체적인 상황에 따라(ad hoc) 사실관계를 분석하거나 기업결합과 같은 특정 행

37) 예컨대 Mario Siragusa, 'The Millennium Approaches: Rethinking Article 85 at the problems and Challenges in the Design and Enforcement of the EC Competition Rules' in Barry Hawk (ed), 1996 (Fordham Corporate Law Institute, New York 1997) 271: and Alberto Pera & Mario Todina, 'Enforcement of EC Competition Rules: Need for Reform?', ibid at 125 참조.

38) 예컨대 Ian Forrester, 'Modernization of EC Competition Law' (2000) 23 Fordham Int'l L J 1028, 1037 참조.

위가 어떤 결과를 초래할 것인지 예측하는 수단으로서 실체법 규범 적용에 조력해 왔다. 그러나, '보다 경제학적인 접근방식'으로의 변화는, 신고전주의 경제학이 EU 경쟁법의 법목적, 실체법 규범뿐만 아니라 이를 구현하는 주된 방법론까지 제공해야 함을 전제하는 것이다. 이처럼 '보다 경제학적인 접근방식'의 핵심은 경제학을 보다 근본적으로, 훨씬 더 비중있는 역할을 수행하도록 활용하는 것이라 할 수 있다.[39]

2. 변화의 원동력

1980년대 유럽의 학계에서 보다 미국식 접근방식에 따라 경쟁법을 바꿔야 한다는 목소리가 광범위하게 확산되기 시작했다. 미국 반트러스트법의 법경제 혁명은 미국 경제 발전에 기여하면서 그 유용성을 입증했고, 일부 유럽 학자들은 이러한 미국식 사고에 매료되었다. 특히 Valentine Korah 교수는 미국의 주류 이론이 되어가고 있었던 경제학 이론과 같이 경제학 활용을 증대해야 한다고 주장했다.[40] 그러나, 이러한 주장은 수년간 별다른 호응을 얻지 못했다.

그러나, 1990년대 중반에 이르러 이러한 주장에 대한 호의적인 의견들이 생겨났다. 사람들은 1980년대 미국 반트러스트법에 극적인 변화를 가져 왔던 이른바 '시카고 학파 이론'에 관심을 갖기 시작했다. 유럽 집행위원회의 일부 관료들도 이 이론을 진지하게 받아들이기 시작했다. 특히 시카고 학파 이론의 입장에서 유럽의 수직적 거래제한 규제를 비판하는 주장이 설득력을 얻기 시작했다.[41] 행위의 효과보다는 행위의 유형에 초점을 맞춰 규제 여부를 결정했던 기존 EU 경쟁법에 대해 '형식주의적(form-based)'이라는 비판이 급격히 확산되었다. 많은 사람들은 이와 같이 행위 유형을 중시한 것이 현재 활용되고 있는 실체법적 분석 방법에 의한 것이 아니라 전반적으로 절차법적 고려에서 연

39) 이에 관한 추가적인 논의에 대해서는 David J Gerber, 'The Future of Article 82: Dissecting the Conflict' in Claus-Dieter Ehlermann and Mel Marquis (eds), *2007 Eur Compet L Annual* (Oxford 2008) 37 참조.

40) 예컨대 Valentine Korah, 'From Legal From Toward Economic Efficiency-Article 85 (1) of the EEC Treaty in Contrast to U.S. Antitrust (1990) 35 Antitrust Bull 1009 참조.

41) Barry Hawk가 1996년 발표한 수직적 거래제한에 관한 논문은 많은 관심을 받았다. Barry Hawk, 'System Failure: Vertical Restraints and EC Competition Law' (1995) 32 Comm Mark L Rev 973.

유했음을 알지 못했다. 수직적 거래제한의 경쟁제한적 효과 여부는 당사자간의 합의가 행해지는 개별 구체적인 경제적 상황에 따라 결정되므로 이에 대해 형식주의적 접근 방식을 취하는 것은 부적절하다고 주장되었다. 어떤 사람들은 수직적 거래 제한의 당부 판단은 합의의 효과를 분석하는 접근방식을 필요로 하는데, 합의의 유형만으로는 합의의 효과에 관한 어떤 법률적 결론도 제시하지 못한다고 주장하기도 했다. 효과 기반(effects-based)의 접근방식을 취할 경우 법률적 결론은 경제적 관점에서 제반 사실관계에 대한 분석을 통해서만 도출될 수 있다.

유럽 집행위원회가 이전과 태도를 달리해 이러한 주장들에 긍정적인 입장을 취하게 된 데에는 몇 가지 요인들이 있는데, 그 중 상당수는 절차적 현대화 과정을 촉진했던 요인들과 같은 것들이다. 첫째, 1999년부터 2005년까지 경쟁 커미셔너(Commissioner for competition)을 역임했던 경제학자인 Mario Monti의 역할이다. 그는 높은 지적 능력과 개방적 태도로 경제학을 중시하는 방향으로의 변화를 이끌었고, 이를 통해 유럽 전역에 많은 영향을 미쳤다.[42] 또한, 앞서 언급한 TCL Group의 생성과 발전을 들 수 있다. EU와 미국 경쟁 당국의 관료들은 이 그룹을 통해 자주 만나면서 같은 컨퍼런스에 참여하게 되었던바, 두 지역의 법률가들(최근에는 경제학자들도 급속도로 추가되었다)도 이 컨퍼런스에 참석했다. 이 모임의 참석 대상, 중요성이 높아지고, 모임 회수도 더욱 빈번해짐에 따라, 참여자들은 전반적으로 미국 반트러스트법 문헌과 법집행 경험에서 발전한 논의를 공유하게 되었다. 모임 참여자들은 모임을 통해 유럽 집행위원회의 최고위급 관료들과 잘 알게 되고, 미국 경쟁당국의 관료들과 실무가들 역시 이를 통해 집행위원회를 비판하고 압박할 수 있었다.

1990년대 미국과 유럽의 경제적 성과의 대비도 어느 정도 영향을 미쳤다. 미국이 놀라운 경제 성장을 이루었던 10년 동안 유럽은 뒤쳐졌다. 이에 많은 유럽 기업인들은 집행위원회가 기업활동(특히 경쟁법 분야)에 대한 간섭을 줄여야 한다고 주장했다.[43] 미국의 경우 반트러스트법의 법경제 혁명으로 카르텔

---

42) 예컨대 Margaret Bloom, 'The Great Reformer: Mario Monti's Legacy in Article 81 and Cartel Policy' (2005) 1 Comp Pol Intl 55-78 참조.

43) 예컨대 Union of Industrial and Employers' Confederation of Europe ('UNICE'), *European Business Says: Barcelona Must Revitalise the Lisbon Process* (2002) 〈http://www.cbi.org.uk/ndbs/positionsoc.nsf/1f08ec61711f29768025672a0055f7a8/CCDF31BC541EF39A80256

을 제외한 모든 경쟁법 분야에서 반독점법의 집행이 감소했던바, 유럽 기업 지도자들은 유럽이 미국과 경제 발전에서 경쟁하기 위해서는 경쟁법 영역에서 미국과 유사한 발전을 이룩해야 한다고 주장했다.

마지막으로, 사인들의 이해관계도 영향을 미쳤다. TCL Group이 모습을 갖추고 이 그룹이 대변하는 조직들이 규모와 재정에서 급격히 성장함에 따라, 집행위원회에 대한 압박도 더욱 강력해졌다. 경제학자들, 경영 컨설턴트, 미국 변호사들은 경쟁법에서 경제학의 역할이 증대되는 것을 매우 환영했다. 경제학의 역할 증대는 각 그룹에 속한 사람들에게 광범위한 신규 시장에서 자신들의 경험과 지식으로 이익을 얻을 수 있는 기회를 약속하기도 했다.

유럽 집행위원회 관료들은 점차 이러한 총체적 압박들이 나름의 근거를 갖고 있음을 확신하게 되었고, 이에 자신들의 의사결정 실무를 보다 잘 정당화해 줄 수 있는 이론적 근거를 모색했다. '보다 경제학적인 접근방식'은 최소한 수직적 거래제한에 대한 규제 상황에서 의사결정을 내리는데 보다 구체적인 참고 대상으로서 기존 EU 경쟁법보다 잘 정립되어 있고 예측가능성을 제고할 수 있는 것처럼 보였다.

3. 실체법적 현대화의 진행

실체법적 현대화 과정은, 참여자들이 절차법적 현대화 과정을 경험하면서 기존 경쟁법 체제를 변화시킬 수 있음을 인식함에 따라 오랜 시간에 걸쳐 천천히 모습을 갖춰나갔다. 이 과정은 초기에는 경쟁법의 중요 분야 중 하나인 수직적 거래제한에 대한 규제와 관련되었다. 1997년 유럽 집행위원회는 이미 살펴보았던 비판들에 대해 미국 반트러스트법 분야를 관통한 새로운 이론에 주로 의거해 수직적 거래제한 규제에 관한 새로운 가이드라인을 제안했다.[44] 이

B750054E909/$file/unice2002.pdf〉(2009년 10월 27일에 최종접속) 참조.

44) Green Paper on Vertical Restraints in EC Competition Policy (22 January 1997) 〈http://europa.eu/documents/comm/green_papers/pdf/com96_721_en.pdf〉. Follow-up to green Paper on Vertical Restraints : Proposal for a Council Regulation (EC) amending Regulation No 19/65/EEC on the application of Article 85(3) of the Treaty to certain categories of agreements and concerted practices and Proposal for a Council Regulation (EC) amending Regulation No 17: First Regulation implementing Articles 85 and 86 of the Treaty (30 September 1998) 〈http://ec.europa.eu/comm/competition/antitrust/com 1998546_en.pdf〉.

가이드라인은 수직적 거래관계에서 체결되는 계약의 적법성 여부를 종전과 같이 계약의 유형에만 의존해 결정하지 않고 계약 체결의 배경이 되는 개별 구체적인 사실관계에 따라 어떤 효과가 발생했는지를 감안해 결정할 것이라는 입장을 천명했다. 수직적 거래관계에서 체결되는 계약의 효과는 시장 특성, 당사자들의 관계, 계약 당사자들의 시장력(market power) 등의 요소에 따라 결정될 것이다. 이 가이드라인은 집중적인 공개 토론을 거친 후 정식으로 제정되어 EU 경쟁 정책의 주요한 변화로 자리매김했다.[45)]

수직적 거래제한 분야에서 이러한 기본 제안이 성공적으로 실행되자, 다른 경쟁법 영역에서도 이러한 방식을 활용해야 한다는 목소리가 높아졌다. 이에 유럽 집행위원회는 2001년 수평적 합의에 대해 유사한 가이드라인을 제정했다.[46)] 집행위원회는 이를 통해 조약 제81조를 적용할 때 신고전주의적 관점에 따른 '소비자 후생(consumer welfare)'을 주된 기준으로 활용할 것임을 천명했다. 조약 제81(3)의 예외 조항 적용 여부와 관련하여 이전에는 여러 가지 사유들을 고려해 그 적용 여부를 결정했지만, 이제는 단일한 분석 방법을 적용하게 되었다. 이 분석 방법은 집행위원회가 2002년 제정한 기업결합 규제 수정안의 기초가 되기도 했다.[47)]

이러한 변화가 완결됨에 따라, 단독행위(시장지배적 지위 남용 행위) 규제는 실체법적 현대화 과정에 따른 새로운 접근방식이 제대로 영향을 미치지 못한 유일한 분야가 되었다. 집행위원회 내의 경쟁총국은 논의 백서(discussion paper)를 통해 단독행위 규제에 있어서도 다른 분야와 같이 완전히 효과 기반 접근방식을 채택하려 했다.[48)] 그러나, 이에 대해서는 다른 경쟁법 분야와 달리 강력한 저항이 있었던바, 이에 대한 논의는 현재까지도 완결되지 못했

45) Regulation 2790/99, 1999 OJ L336/21 and a set of guidelines explaining the Commission's interpretation of Regulation 2790/99, 2000 OJ L 291/1.

46) Commission of the European Communities, Guidelines on the Application of Article 81 EC to Horizontal Cooperation Agreements, 2001 OJ L3/2 (2001).

47) Commission of the European Communities, Commission Notice an Appraisal of Horizontal Mergers Under the Council Regulation on the Control of Concentrations Between Undertakings, (11 December 2002) 〈http://europa.eu.int/comm/competition/mergers/review/final_draft_en.pdf〉.

48) DG Commission discussion paper on the application of Article 82 of the Treaty to exclusionary abuses 〈http://ec.europa.eu/comm/competition/antitrust/others/discpaper2005.pdf〉 (last accessed on 19 December 2005).

다.[49] 집행위원회는 단독행위 규제에 관한 가이드라인을 발표하고자 했으나 이에 필요한 충분한 지지를 얻지 못했던 결과 2008년 일반적 관점에서 기본적인 법집행 원칙의 개요를 설명한 '안내 백서(guidance paper)'를 발표했다.[50]

4. 실체법적 현대화의 역학관계

유럽 집행위원회는 절차법적 현대화 과정에서와 같이 실체법적 현대화 과정도 주도했지만, 그 구체적인 양상은 달랐다. 절차법적 현대화 과정과 달리 집행위원회는 실체법 규범의 변화를 위해 Council로부터 정치적 영향을 받는 승인을 얻을 필요가 없었다(참고로, 조약 제82조 자체를 수정하는 방안은 기술적인 이유로 인해 훨씬 복잡했다). 위원회는 단순히 사례에 적용할 분석 방법을 바꾸었음을 알리고 이를 적용함으로써 스스로 실체법 규범을 바꿀 수 있었다.

실체법적 현대화는 자체적으로 동력을 확보했고, 집행위원회는 이를 통해 현대화 과정을 지속, 확대했다. 신고전주의 경제학에 따라 경쟁법의 법목적을 결정해야 한다는 주장이 수용되면, 모든 경쟁법 영역에 이러한 논리와 접근방식을 적용하려는 인센티브가 강해진다. 이미 살펴본 바와 같이, 집행위원회는 최초에 수직적 거래 제한에 대한 규제에서 처음 채택한 분석 방법을 다른 경쟁법 분야에도 거침없이 적용해 나갔다.

실체법적 현대화를 이끈 또 다른 동력은, 기존의 경쟁법 의사결정 및 법집행 방법이 실제로는 EU 경제 발전에 기여하기보다 오히려 저해했다는 인식의 제고였다. 경쟁법의 가치에 대한 이와 같은 엄청난 인식 변화는 실체법적 현대화 과정을 이해하는데 결정적인 요소이다. 경쟁법은 최초 도입 단계에서부터

49) 예컨대 'Round-Table: Monopolization Versus Abuse of a Dominant Position' in Barry Hawk (ed), 2003 (Fordham Corporate Law Institute, New York 2004) 341; John Vickers, 'How does the prohibition of dominance fit with the rest of competition policy?' (Paper for the 8th annual EU competition law and policy workshop at the European University Institute, Florence on 6 June 2003); and Eleanor M Fox, 'Monopolization, Abuse of Dominance, and the Indeterminancy of Economics: the US/EU Divide' (2006) Utah L Rev 799 참조.

50) DC Competition, Communication from the Commission, Guidance on the Commission's Enforcement Priorities in applying Article 82 EC Treaty to Abusive Exclusionary Conduct by Dominant Undertakings (Brussels 3 December 2008) 〈http://ec.europa.eu/comm/antitrust/art82/guidance.pdf〉.

전반적으로 유럽 기업의 경쟁력을 제고하는 수단으로 인식되었다. 경쟁법은 경쟁제한적 요소를 철폐하고, 유럽 시장의 효율성을 제고하며, 소비자를 이롭게 하고, EU기업들의 생산성을 향상시킬 수 있는 도구로 여겨졌다. EU 기업들은 이와 같은 생산성 제고에 힘입어 유럽 밖에서도 보다 효과적으로 경쟁할 수 있는 준비를 갖출 것으로 기대되었다.

그러나, 영향력 있는 관료들과 법률가들의 이러한 인식은 1990년대 두 가지 요소들로 인해 바뀌게 된다. 하나는 미국의 법경제 혁명 운동에서 논의된 경쟁법에 관한 관점이다. 이에 따르면 경쟁법은 다른 모든 정부 활동과 같이 또 다른 방식의 규제에 불과하므로 필연적으로 경제의 자유로운 기능을 간섭해 경제적 효율성을 저하시킨다는 것이다.[51] 또 다른 요인은 외부적 상황들과 관련되는 것이다. 1990년대 미국 경제의 성장과 유럽 경제의 침체가 대비되자 유럽에서는 미국의 발전을 따라잡기 위해 기존 경쟁법을 바꾸어야 한다는 생각이 급속히 확산되었다. 이에 EU의 산업 경쟁력 증진을 위한 여러 조치들이 등장하게 되는데, 여기에는 집행위원회가 2000년 공포했던 이른바 '리스본 프로그램(Lisbon Program)'도 포함된다. 이런 상황에서, EU 경쟁법은 미국 반트러스트법보다 엄격해 EU 기업들의 경쟁력 제고를 막고 있다고 인식되었다.[52]

동유럽 국가들의 대거 EU 가입이 임박하면서 이 두 요소들의 영향력은 더욱 증폭되었다. 신규 가입국들 다수가 오랜 기간 동안 경쟁 과정을 별로 중시하지 않는 경제를 운용해 왔으므로, 이들 국가들의 경쟁당국 관료들이나 법원이 경쟁의 보호나 발전이 아닌 다른 법목적을 위해 경제학적 방법론에 확고하게 기반하지 않은 경쟁법을 집행할 것이라는 우려가 브뤼셀에서 제기되었다. 이런 상황에서, '보다 경제학적인 접근방식'은 팽창하는 EU 전체의 경쟁법 분석 방법을 통합할 뿐만 아니라, 개별 국가가 경쟁 보호 이외의 목적으로 경쟁법을 악용하는지를 점검하는 데에도 활용될 수 있을 것으로 여겨졌다.

EU 및 미국 경쟁 당국 간의 주목할 만한 몇몇 갈등 사례들도 DG Comp 지도자들로 하여금 미국 반트러스트법과 보다 부합하는 입장을 취하도록 하는

---

51) 이에 관한 보다 상세한 논의에 대하서는 예컨대 Frank Easterbrook, 'The Limits of Antitrust' (1984) 63 Tex L Rev 1, 24 참조.

52) UNICE report, *supra* note 43, at 2 (이 보고서는 유럽이 미국에 뒤쳐져 있다는 점과 투자와 성장을 자극할 수 있는 보다 자유롭고 개방된 시장이 필요함을 언급하고 있다) 참조.

데 기여했다. 특히 언론의 집중 조명을 받았던 GE와 Honeywell간 기업결합에서 빚어진 양 경쟁당국간 갈등은 유럽 집행위원회가 보다 경제학적인 접근방식으로 컨버전스하도록 압박했다(Chapter 4 참조).

EU 법원들도 경쟁법의 변화를 압박했다. 특히 Court of First Instance가 2002년 기업결합에 관해 내렸던 세 가지 판결은 유럽 집행위원회로 하여금 기존의 경쟁법 집행 방법을 돌아보게 하는 계기가 되었다.[53] 위 사건들에서, CFI는 유럽 집행위원회가 기업결합이 초래할 개연성 있는 효과에 관해 실체법적인 분석을 하지 못했다는 점을 이유로 집행위원회 결정을 파기했다. 물론 법원이 직접적으로 '보다 경제학적인 접근방식'을 요구했던 것은 아니지만, 이 판결로 인해 유럽 집행위원회는 이전과는 비교할 수 없는 강도로 새로운 경제학적 방법론을 채택하라는 압박을 받게 되었다.[54]

실체법적 현대화 과정 기간 전반에 걸쳐, TCL Group은 점차 더욱 안정적인 모습을 구축했고, 회원들은 공통의 이해관계로 보다 긴밀하게 연계되었다. 즉, 회원들은 세계에서 가장 중요한 두 경쟁법 체제(미국과 EU)의 상호 조화시 얻게 될 이익에 대한 기대로 협력을 더욱 강화할 인센티브를 갖게 되었다. 보다 효과적이고 효율적인 경쟁법 체제라는 공통의 이해관계에 더해, 실체법적 현대화 과정은 TCL Group 회원들에게도 개인적인 이익을 주었다. 예를 들면, 미국 경쟁당국의 관료들과 법률가들은, 미국 반트러스트법에 기반한 경쟁법 체제의 컨버전스로 이익을 얻었다. 미국 법률가들의 경험은 그 가치가 더욱 높아졌고, 미국 법률가들은 더 많은 영향력을 행사하고 자신들의 업무에 대해 더 높은 가치를 인정받게 수 있었다. 경제학자들에게 경쟁법 체제의 컨버전스는 보다 직접적이고 중요한 인센티브가 되었다. 경쟁법 체제에서 경제학자들의 역할은 더욱 중요해 졌고, 이들의 경험은 더 높은 가치를 인정받았다.

---

53) Case T-342/99 *Airtours v Commission* [2002] ECR II-2585; Case T-310/01 *Schneider Electric v Commission* [2002] ECR II-4071; and Case T-5/02 *Tetra Laval v Commission* [2002] ECR II-4381.

54) 이에 관한 분석에 대해서는 예컨대 David J Gerber, 'Courts as Economic Experts in European Merger Law' 2003 Fordham Corp L Inst (2004) 475 참조.

G. 절차법적·실체법적 현대화 과정의 상호관계

이상 살펴본 절차법적·실체법적 현대화 과정들은 중요한 측면에서 상호 연관되어 있다. 먼저 이 과정들은 대략 비슷한 시기에 진행되었다. 많은 사람들이 이 두 과정에 모두 관여했고, 동일한 요인들이 이 두 과정에 모두 영향을 미쳤다. 각 과정은 서로에게 영향을 미쳤다. 무엇보다도, 각 현대화 과정을 이해함에 있어 이 두 과정간 상호 의존성은 매우 중요하다.

각 현대화 과정은 기존 EU 경쟁법을 변화시켜야 한다는 주장을 확산시켰고, 이러한 주장이 수용되면서 이익을 얻었다. 각 현대화 과정이 진행되면서, 기존 경쟁법을 근본적으로 바꾸는 것이 바람직하고 필요하다는 이미지가 강화되었다. 이 각 과정은 서로 결합해 현대화 자체가 바람직하다고 주장했다. 이는 각 현대화 과정이 어떻게 추동력을 얻고 한 쪽의 '성공(success)'이나 '진전(progress)'이 다른 현대화 과정에 어떻게 힘을 실어 주었는지를 설명하는데 도움이 되었다. 절차법적 현대화에 관한 주장은 실체법적 현대화에 관한 논의의 물꼬를 트는데 도움을 주곤 했다. 절차법적 현대화에 관한 논의가 활발해짐에 따라 현대화는 '유행하는 것(fashionable)'처럼 여겨졌고, 의사결정권자들도 이를 따르고 지지할 인센티브를 갖게 되었다.

무엇보다도, 절차법적 현대화 과정에서의 실질적 성과는 실체법적 현대화에 힘을 실어주었다. 절차법적 현대화는 변화를 거부하는 초기의 저항을 약화시키는 일종의 '해빙(icebreaking)' 작용을 했고, 이를 통해 변화에 관한 논의가 더 쉽게 수용될 수 있게 했다. 절차법적 현대화 과정에서 법집행 기관들은 변화의 필요성을 반복해서 강조했다. 이 과정이 공개적으로 이루어지지 않았다면, 집행위원회는 실체법 규범의 근본적 변화를 추구하는 과정에서 정치적 입지가 더 약했을 것이다.

절차법적 현대화 과정에서 이루어진 EU 경쟁법의 의무 적용 조항(조약 제3조)는 실체법적 현대화를 더욱 직접적으로 추동하는 메커니즘이 되었다. 이 조항은 각 경쟁당국이 어떤 경쟁법을 적용하는가에 관한 절차적 문제에 관한 규정이다. 그러나, 일단 이 조항이 적용되자 EU 경쟁법의 실체법적 내용을 평가하는 새로운 기준이 형성되었고, 실체법적 현대화 과정을 이끄는 새로운 동력이 생성되었다. 이 조항으로 인해 개별 국가 차원 및 유럽 차원 양 측면에서 경쟁법 집행기관들이 실체법적으로 일관된 법률적 언어를 사용하고 일관된 결정을 내리는 것이 중요해졌다. 이는 경쟁법 원칙이 여러 기관들이 일관되게 적용하기에 적절하면서도, 기관간 의사소통과 '공유(share)'가 가능할 정도로 추상적이어야 함을 의미했다.

이처럼 새롭게 고안된 기준으로 인해 경쟁법 집행의 일관성을 확보해야 한다는 인식이 제고되었고, 이는 실체법적 경쟁법 규범을 바꾸는 강력한 동력으로 이어졌다. 유럽 전역에서 거의 모든 경쟁법 사건에 대해 EU 경쟁법을 적용하도록 한 조약 제3조를 추가할 수 있었던 데에는 이러한 필요성이 크게 작용했다. 유럽 집행위원회 및 그 지지자들은 유럽 전역에서 일관된 경쟁법 집행이 이루어질 수 있도록 많은 노력을 기울여 왔던바, 이러한 목표 실현에 기여할 실체법적 원칙을 만들어 내야 할 필요성을 느꼈다. 절차법적 현대화 문제는 이러한 미묘한 과정을 거쳐 실체법적 현대화 문제로 전환되었다. 일관된 경쟁법 집행을 위해 다수의 경쟁당국들은 일반적 법원칙·이를 적용할 법절차뿐만 아니라 분석 방법까지 일치시킴으로써 모호한 면이 많았던 경쟁법 개념들에 의미를 부여해야 할 상황에 놓이게 되었다.

이상과 같은 상황으로 보다 경제학적인 접근방식은 아주 매력적으로 비춰졌다. 신고전주의 경제학은 전세계 대부분의 경제학자들이 적용하는 일관된 방법론과 언어를 제공했다. 이러한 요소들은 일관된 지적 프레임웍을 의미했다. 더욱이 경쟁법 전문가와 비전문가 모두 이러한 방법론과 언어를 쉽게 공유할 수 있었다. 경쟁법 비전문가들이라 하더라도 '효율성(efficiency)'과 '소비자 후생(consumer welfare)'과 같은 기본적 원칙을 쉽게 공유할 수 있었고 국제화된 경제학계에서는 이러한 지적 프레임웍의 더 수준 높은 논의를 쉽게 공유할 수 있었다.[55] 경제학자인 John Vickers는 2000년대 초 영국 경쟁당국의 수장으로서 유럽 경쟁당국 관료들에게 보다 경제학적인 접근방식의 가치를 설명하고 이 방식이 실제로 수용되도록 하는데 특히 막대한 영향을 미쳤다고 알려져 있다.[56]

55) A W Coats (ed), *The Post-1945 Internationalization of Economics* (Durham and London 1996) 참조.

56) Interview with Marie-Dominique Hagelsteen, president of the French Council de la

실체법적 현대화 과정도 절차법적 현대화 과정에 도움을 주었다. 특히, 각 경쟁당국으로 하여금 원칙적으로 EU 경쟁법을 적용하도록 한 결과, 양 과정은 상호 연계되어 서로를 강화시켜 주었다. 경제학이 일관된 규칙 적용을 가능하게 하므로 경쟁법 적용의 기본적 방법으로 활용되어야 한다면, 경쟁법을 집행하는 조직 역시 일관된 규칙 적용이 가능하도록 정비될 필요가 있다. 이를 위해서는 각 경쟁당국 자체가 잘 조직되어 있어야 할 뿐만 아니라 경쟁당국간 정보 공유 메커니즘도 잘 조직되어야 한다. 이와 같이 기관들이 효과적으로 작동하기 위해서는, 정보 흐름과 의사결정 체제를 조율하고, 원칙에 어긋난 법집행을 최소화할 수 있는 고도의 중앙집중화도 필요하다. 많은 사람들이 EU가 팽창하면서 신규 가입국들이 사법부 및 이로부터 형성되는 판례법에 더 많이 의존하는 경쟁법의 방법론을 얼마나 제대로 이해하고 적용할 수 있을지 우려했던 상황에서, 이러한 중앙집중화는 더욱 매력적으로 비춰졌다. 이상의 요인들로 유럽 집행위원회가 경쟁당국간 정보 흐름을 통제하고 행정적 결정을 내려야 한다는 집행위원회의 주장이 총체적으로 설득력을 얻었다. 이러한 필요성에 대한 인식에 터잡아 유럽 경쟁법 네트워크(European Competition Network－'ECN')가 창설되기에 이르렀다.[57]

현대화 과정들은 이상과 같은 상호 강화 효과에 더해 동일한 요소로부터 영향받음으로써 더욱 긴밀하게 연계되었다. 어떤 한 요소가 현대화 과정들 모두에 영향을 미칠 경우, 한 과정에 미친 영향이 다른 현대화 과정으로 전파되는 경향이 있다. 미국 반트러스트법은 양 현대화 과정에 모두 영향을 미쳤던 주요 요소들 중 하나였던바, 이로 인해 EU는 미국에 보다 접근하게 되었다.[58] EU 내에서 보다 미국식 경쟁법을 향한 움직임은 어떤 때에는 명백한 의도에 따라 이루어지기도, 또 어떤 때에는 잘 드러나지 않는 간접적인 방식으로 이루어지기도 했다. 어떤 측면에서, 이런 움직임은 미국 경쟁법 경험에 대한 대응

Concurrence from 1998 to 2004 (Paris 3 May 2006).

57) 이에 관한 논의에 대해서는 David J Gerber, 'The Evolution of a EU competition law Network' in Claus-Dieter Ehlermann and Isabella Atanasiu (eds), *EU competition law Annual 2002: Constructing the EU Network of Competition Authorities* (Oxford 2005) 43-64 참조.

58) 예컨대 Margaret Bloom, 'The US and EU move towards substantial antitrust convergence on consumer welfare based enforcement' (2005) 19 Antitrust 18 참조.

을 의미하는 것이었다. 예를 들면, 미국 반트러스트법이 EU 경쟁법의 통지 의무와 같은 절차 없이도 매우 효과적으로 작동했다는 사실은 이러한 의무를 폐지하자는 주장의 논거로 활용되곤 했다. 일반화시키면, 미국으로 접근했던 유럽의 움직임은 1990년대 미국 경제의 '성공(success)'에 자극받아 미국을 '따라잡기(catch up)' 위해 EU 정책결정권자들이 취했던 노력의 일환이라 할 수 있다. 그러나, 다른 측면에서 살펴보면, 이런 움직임은 EU 경쟁총국이 미국식의 실체법적 분석의 지적 기반이 되는 이론을 보다 확신하게 되어 미국의 입장을 적극적으로 수용한 것이라고 볼 수도 있다. 유럽 집행위원회의 주요의사결정권자들은 미국법 체제에서 활용된 이론과 정책적 주장의 설득력을 빠르게 인정했다.[59)]

EU가 처했던 지정학적 상황으로 인해 미국 반트러스트법의 모델로서의 역할이 제고되고 미국 경쟁법 체제를 따르려는 움직임이 강화되었다. 이런 지정학적 상황 중 하나는, 미국 반트러스트법 법률가들 및 학자들이 미친 영향과 미국의 공적, 사적 기관들의 역량이다. 미국 반트러스트법 집행 당국은 유럽에 경제학에 기반한 특징을 수용하도록 강력히 압박했다. 둘째, 이와 관련된 것으로서 GE/Honeywell사건(Chapter 4 참조)과 같이 미국 반트러스트법과 EU 경쟁법 간의 충돌을 피하려 했던 의도를 들 수 있다. 마지막으로, 경제적 세계화로 인해 EU, 미국, 다른 국가들이 컨버전스할 수 있는 공통의 경쟁법 모델을 채택할 필요가 있었던 상황에서 미국만이 이러한 모델을 제시할 수 있었던 점도 미국식 모델로의 접근을 정당화하는 요소가 되었다.[60)]

실체법적 현대화 과정 자체에 대한 지지도를 평가하기 위해 이상과 같은 요소들을 고려할 필요가 있다. '보다 경제학적인 접근방식'을 지지하는 사람들은 흔히 효과주의에 기반해 EU 경쟁법을 해석하게 된 변화가 EU 내에서 빠르

59) 예컨대 Mario Monti, Comments at the Conference 'Antitrust in a Transatlantic Context' (Brussels 7 June 2004). 〈http://ec.europa.eu/comm/competition/speeches/text/sp2004_005_en.pdf〉 참조. ['우리는 반트러스트 정책과 법집행에 관한 최근까지의 발전을 이룩할 수 있도록 도와 준 미국에 큰 빚을 지고 있다'(We have a great debt to the United States in helping us forget our developments, including very recent ones, in antitrust policy and enforcement.')]

60) 이에 관한 논의에 대해서는 David J Gerber, 'United States of America' in Jürgen Basedow (ed), *Limits and Control of Competition with a view to International Harmonization* (The Hague 2002) 411 참조.

게 전폭적인 지지를 받아 안착했다고 생각한다. 그러나, 실체법적 변화를 지지했던 사람들 중에서도 일부는 구체적인 방법론에 있어서 효과주의적 경쟁법 해석에 동의하지 않았음을 고려할 때, 이러한 생각은 실제 사실을 다소 과장한 측면이 있다. 이 점은 실체법적 변화를 압박했던 요인들에 구속되지 않는 각 회원국 판사들이 집행위원회가 내린 실체법적 변화를 어느 정도 따를 것으로 기대할 수 있는가의 문제로 연결된다는 점에서 특히 중요하다.[61]

마지막으로, 양 현대화 과정들은 TCL Group의 발전 및 통합과 연계되어 있는바, 이들은 각자 서로를 지원해 왔다. TCL Group은 양 현대화 과정을 모두 지지했다. 회원들은 TCL Group을 통해 서로의 이해관계와 역량을 모아 상황에 따라 유연하게 각 현대화 과정을 지지했다. TCL Group은 역량을 집중하고 그룹 내의 자원을 중점적으로 배치할 수 있는 공통의 인센티브 구조를 확립했다.

H. 유럽의 경쟁법 경험과 국제경쟁법 발전

유럽 경쟁법에 관한 몇몇 오해들을 제거하고 세계적 관점에서 유럽 경쟁법 경험을 살펴보면, 이 경험이 국제경쟁법 발전에 중요한 의미가 있음을 보다 분명히 인식할 수 있다. 개별 국가 차원에서, 유럽은 다른 국가들이 21세기에 맞닥뜨리고 있는 광범위한 문제와 상황을 경험했다. 유럽 차원에서, 유럽의 경쟁법 경험은 개별 국가의 경쟁법들이 실제로 상호 조율한 역사상 유일한 사례라는 특징이 있으므로 경쟁법들간 상호 조율 과정에서 발생할 수 있는 이슈들에 대해 매우 가치 있는 통찰을 제시한다.

유럽 경쟁법은 미국과 다른 기원과 상황에서 발전했던바, 이 점만 보더라도 국제경쟁법 인식에서 미국 반트러스트법 경험이 제시하는 시야보다 넓은 시각이 필요함을 알 수 있다. 유럽 경쟁법이 발전하는 동안, 많은 국가들은 취약한 경제, 낮은 소득, 정치적 무능력에서 시장기반 경제로 전환했고 이를 통해 번영과 안정을 얻었다. 경쟁법은 이러한 변화 과정의 일부였다. 독일과 같

61) 예컨대 Mario Siragusa, 'A Critical Review of the White Paper on the Reform of the EC Competition Law Enforcement Rules' (2000) 23 Fordham Int'l L J 1089, 1122 참조.

은 몇몇 사례들에서, 경쟁법은 시장이 사회에 뿌리내리게 하고, 시장의 생산성을 제고하며, 이를 통해 시장이 정치·경제의 모든 양상을 결정하도록 함으로써 국가 발전의 모습을 갖춰 나가는데 핵심적인 역할을 했다.

유럽 경쟁법의 발전은 미국의 발전에 가끔 영향을 받긴 했지만 이에 전적으로 통제되진 않았다. 유럽의 의사결정권자들이 미국의 반트러스트법 경험 요소를 참조하긴 했지만, 유럽 경쟁법의 기본 개념, 목적, 조직 구성은 유럽 기관들이 유럽의 상황에 대처하는 과정을 통해 형성되었다. 유럽 경쟁법은 미국과는 다른 지적 연원과 전통에서 출발해 어떤 면에서는 미국 반트러스트법에 접근하기도 했지만, 다른 면에서는 그렇지 않았다. 최근 유럽은 대부분의 실체법 분야에서 미국에서 발전한 접근방식을 수용했지만, 단독행위에 대한 규제와 같이 일부 분야에서는 미국의 입장을 추종하지 않았다. 뿐만 아니라, 유럽과 미국 간에는 절차법적 측면, 법집행 기관 구성 및 운영 등의 측면에서 여전히 근본적인 차이가 있고, 경쟁법이 어떻게 집행될 수 있는지, 어떻게 집행되어야 하는지에 관해 매우 상이한 입장들이 그대로 유지되고 있다.

유럽 개별 국가 차원의 경쟁법 경험은 경쟁법을 발전시키고자 하는 국가의 의사결정권자들에게 고유한 가치가 있는 통찰을 제시할 수 있다. 개별 국가의 경쟁법 경험은 다른 방법으로는 발견되지 않았을 이슈들, 장애들, 경쟁법에 대한 지지의 근원을 인식할 수 있게 해 준다. 유럽 국가들은 제2차 세계대전 이후 수십 년 동안 정부 주도의 경제모델에서 벗어나는 과정을 겪으면서 광범위하고 다양한 이슈들과 장애에 맞닥뜨렸다. 이 과정에서 유럽 국가들은 경쟁법에 대한 정치적·재정적 지원을 늘리고 경쟁법 집행 기관들의 독립성과 안정적 지위를 제공하는 등 경쟁법에 더욱 의존했다. 경쟁법을 발전시키려는 국가들은 유럽이 겪었던 것과 많은 면에서 비슷한 이슈들과 장애를 겪게 된다. 유럽 국가들의 경험은 특히 중소 규모 국가들과 대륙법계 국가들에게 특히 유용하다고 할 수 있는바, 국제경쟁법 발전의 성패를 좌우할 대다수 국가들이 여기에 해당한다.

유럽 경쟁법 경험은 진보의 역사라 할 수 있다. 전후 첫 10년간 대부분의 유럽 국가들은 경쟁법을 알지 못했다. 법학 교수들조차 거의 경쟁법을 논의하지 않았고, 경쟁법 집행 임무를 담당했던 기관들은 제대로 된 지지나 자원을 제공받지 못했으며, 사실상 독립적으로 의사결정을 하지 못했다. 그러나, 앞에서 살펴본 조치들이 이루어지면서, 경쟁법은 1950년대 초부터 느리지만 놀랄 만한 발전을 이루어냈다. 이 기간 동안, 경쟁법의 법목적과 법집행 기관들은 경쟁법이 작동하는 사회의 필요에 따라 발전해 왔다.

개별 국가 경쟁법 체제들의 상호 작용과 상호 조율은 세계적 차원에서의 경쟁법 체제 조율이라는 유사한 문제를 해결함에 있어 귀중한 통찰을 제공한다. 1990년대 이전까지 유럽에서 각 국의 경쟁법 체제를 상호 연계하려는 시도는 거의 없었다. 각 국 경쟁법은 독자적으로 작동했고, 다른 국가와 거의 상호 작용하지 않았다. 유럽 통합의 진전에도 불구하고, 회원국 경쟁당국들은 상호 입장을 조율하기는 커녕 의사소통하는 것에도 거의 관심을 두지 않았다. 그러나, 유럽 집행위원회가 상호 조율을 할 수 있는 보다 명확한 방법을 인식하게 되자, 각 국 경쟁당국도 서로간의 상호의존적 관계를 자각하게 되었고, 각자가 가진 경험, 장점, 역량을 교류하는 것이 상당한 가치가 있을 수 있음을 인지하게 되었다. 회원국들은 급속히 서로를 이해하고 상대방으로부터 배우고자 노력했다. 이들은 국가간 교류에만 머무르지 않고 EU를 통해 더욱 자주 의사소통했다. 물론, 각 국이 세계적 차원에서 상호 조율하는 것은 유럽의 경우보다 훨씬 더 어렵고 복잡하다. 그렇지만, 유럽의 이러한 경험은 세계적 차원의 상호 조율 과정에서 발생하는 문제점 및 이를 극복할 수 있는 조치들을 인식하는데 도움이 될 것이다.

국제경쟁법에 관해 막연하고 일반적으로 논의하는 것과 비교할 때, 유럽의 경쟁법 경험을 보다 상세히 살펴보고, 이 경험이 국제경쟁법 발전에 어떤 가치를 가질 수 있는지를 연구하는 방법을 통해 훨씬 더 많은 이슈, 해결 방안, 발전 방향 등을 확인할 수 있다. 미국 반트러스트법 경험이 오랜 기간 동안 경쟁법 역사의 중심에 있었지만, 세계적 관점에서 볼 때 미국 반트러스트법 발전 경위와 이에 포함된 이슈들은 다소 협소한 감이 있다. 유럽과 비교할 때, 미국의 경험은 다른 국가의 의사결정권자들 및 다른 많은 사람들이 국제경쟁법 발전에서 중요하게 여기는 이슈들에 대한 충분한 시사점을 주지 못하는 경우가 종종 있다. 따라서, 유럽 경쟁법 발전에 대한 분석은 개별 국가의 경쟁법 발전의 역학관계를 이해하고, 국제경쟁법 발전 방안 및 양식에 관한 시각을 넓힐 수 있다는 점에서 매우 가치있다고 할 것이다.

Chapter 7.
세계화, 발전 그리고 '다른 국가들'; 인식틀의 확대

미국 반트러스트법의 범주를 넘어 국제경쟁법 발전에 관해 논의할 때에도, 그 통상적인 범위는 유럽을 포함하는 것에 그친다. 미국, 유럽이 아닌 '다른(other)' 국가들의 경쟁법 체제 및 법집행 경험에 관한 논의는 거의 대부분 가볍게 언급되는 수준에 그친다. 미국, 유럽의 '서구(Western)' 국가들이 다른 국가들보다 훨씬 방대한 경쟁법 경험을 보유하고 있음을 고려할 때 이는 놀라운 일이 아니다. '다른' 국가들의 경쟁법 경험에 관한 논의에서도 이러한 경험들이 지역적이고 일시적인 관심 표명에 불과하다는 점(즉, 다른 국가들의 경쟁법 및 국제경쟁법 발전에 별로 중요하지 않다는 점)이 전제되어 있곤 한다. '다른' 국가들의 경쟁법들은 '덜 발전했거나(underdeveloped)', '덜 성숙되었거나(immature)' 기타 다른 이유로 그 국가 이외의 다른 국가의 경쟁법 발전에 중요하지 않다고 여겨지는 경우가 빈번하다. 그러나, 이후 살펴보는 바와 같이, 몇몇 잘 발달된 경쟁법들이 있다. 더 중요한 것은 이러한 국가들이 국제경쟁법 발전에 핵심적 역할을 한다는 점이다.

'서구' 경쟁법에 대한 집중은 세계 시장에서의 경쟁법에 관한 사고에 영향을 미쳤다. 예를 들면, 만약 '다른 경쟁법 체제들이 '성숙하지 않은' 것처럼 보이면, 미국과 유럽이 전세계의 다른 국가들을 위해 경쟁법의 지향점을 당연히 알려 줄 것이고, 다른 모든 사람들은 서구의 생각과 실무를 따르거나 최소한 이를 기준으로 삼아야 한다는 생각으로 이어지기 쉽다. 이러한 생각으로 인해 미국은 국제경쟁법 발전의 기본 전략으로서 다자간 합의보다 다른 국가들의 자발적 컨버전스를 유도하는 방안을 더 선호하게 되었다. 본서는 다음 Chapter에서 국제경쟁법 발전 전략에 관해 보다 상세히 검토할 것이지만, 일단 여기에서는 국제경쟁법 발전 전략의 선택에 관한 문제가 '다른' 경쟁법에 대한 이러한 생각에 뿌리를 두고 있음을 지적하고자 한다.

이상과 같은 생각들을 인식하게 되면, 어떤 요소들이 이러한 생각을 지지하고 있는지 확인할 필요가 있다. '다른' 나라들이 서구 법집행 경험을 통해 생성된 경쟁법 체제들을 (적어도 법목적과 방법론의 상당한 수정 없이) 당연히 따라야 한다고 볼 근거는 거의 없다. 설사 서구 경쟁법 체제를 수용하더라도 이에 기반한 법집행 기관, 법규범, 법절차들이 서구와는 상황이 다른 나라에서 미국, 유럽과 동일하게 작동할 가능성은 별로 없다. 따라서, 서구 경쟁법 체제 수용이 국제경쟁법이 지향하는 주된 목표로 인정되곤 하는 국제적 규범 통합으로 이어질 가능성도 거의 없다. 이러한 이유로 '다른' 국가의 경쟁법 경험과 이 경험이 국제경쟁법과 어떤 관계를 갖고 있는지 살펴볼 필요가 있다.

이 문제는 명백하지만 종종 과소평가되고 있는 사실, 즉 국제경쟁법의 미래가 미국이나 유럽 이외의 지역 국가들의 결정에 좌우된다는 사실 때문에 결정적으로 중요하다. 이들 국가들의 결정은 미국, 유럽의 법집행 경험에 의해 형성된 것과는 매우 다른 요소들에 의한 영향을 받을 것이다. 예를 들면, 다른 국가들이 세계 시장과 맺고 있는 관계들은 미국, 유럽과는 사뭇 다르다. 미국, 유럽은 또한 정치적·경제적 우위를 보유하고 있고, 국제 경제 기구들에서도 우월적 지위에 있다는 점에서도 다른 나라들과 상이하다. 뿐만 아니라, 미국, 유럽은 법, 법률 관련 기관에 관한 경험, 시장에 대한 경험의 측면에서 전세계의 다른 국가들과 근본적으로 상이한 경험을 갖고 있는 경우가 종종 있다. 따라서, 서구 모델은 다른 나라들이 수용하기에 불가능하거나 부적절한 것인바, 다른 나라들은 그럼에도 불구하고 어떤 유형의 경쟁법으로부터 많은 이익을 얻을 수도 있을 것이다. 그러므로, 국제경쟁법 전략은 그 성패를 좌우할 '다른' 나라들의 필요와 이해관계에 관해 근거없는 가정에 의존해서는 안 된다.

따라서, 본 Chapter는 국제경쟁법 발전에 관한 논의에서 이러한 '다른' 국가들의 경험들이 보다 드러날 수 있도록 자리매김하는 것을 우선 목표로 한다. 둘째, 미국, 유럽 이외의 국가들의 경쟁법에 영향을 미치는 다양한 법목적, 방법론, 이해관계들을 살펴보고자 한다. 셋째, 이 '다른' 국가들의 경험과 미국, 유럽 국가들의 경험간의 유사점과 차이점을 확인하는 것이다. 이들 국가들은 제2차 세계대전 이후 수십 년 동안 유럽과 유사한 경쟁법 경험을 했지만, 현재 미국, 유럽 경쟁법과 보조를 맞추고 있는 경쟁법 분야는 거의 없다. 넷째, 이에 관련된 것으로서 다른 국가들의 경쟁법 경험이 국제경쟁법 이슈에 관한 의사결정을 하는 사람들의 사고 패턴, 기대, 이해관계에 어떤 영향을 미쳤는지 살펴보는 것이다. 이러한 비교 분석을 통해 미국, 유럽의 지도자들이 추구했던 목적, 전략들이 이 '다른' 국가 사람들에게 어떻게 이해되는지, 미국, 유럽의 경쟁법 모델이 '다른' 국가들의 필요와 경험에 얼마나 부합할 수 있는지를 가늠할 수 있다. 이후 살펴볼 바와 같이, 다른 국가들의 경쟁법 경험을 살펴보면, 과연 미국, 유럽의 모델이 이들에게 얼마나 '확산(transportable)'될 수 있을 것인지 다소 회의가 드는 것을 이해할 수 있게 된다.

이 '다른' 국가들의 경쟁법 체제들을 분석함에 있어 본서는 세 가지 유형의 영향들, 즉 국내적 관심(domestic incentive structure), 해외로부터의 압박(foreign pressure), 해외에 대한 인식에 따른 영향(foreign cognitive influence)이 경쟁법 발전에 미친 영향들에 특히 주목할 것이다. 물론 이러한 영향들은 미국, 유럽의 경쟁법 발전 과정에서도 영향을 미쳤다. 그러나, 이러한 영향들은 미국, 유럽에서는 오랜 기간에 걸쳐 보다 복잡하게 진행된 발전 과정의 일부였던 반면, 새롭게 경쟁법을 도입한 국가들에서는 상대적으로 뚜렷하게 확인할 수 있는 역할을 했다. '국내적 관심'이란 경쟁법 작동에 영향을 미치는 의사결정을 하는 사람들이 직면한 국내의 정치적 인센티브를 지칭한다. 이러한 인센티브는 경쟁법을 둘러싼 국내의 정치적 상황을 의미한다. 일반적으로, 다른 모든 영향들은 국내의 정치적 상황에 의해 걸러지고 이와 결합해 경쟁법 결정에 영향을 미치게 된다. '해외에 대한 인식에 따른 영향'이란 경쟁법에 관한 의사결정권자들이 해외의 경쟁법 및 그 경험에 대해 갖고 있는 지식, 즉 해외 상황에 대한 그들의 인식 기반을 지칭하는 것이다. 의사결정권자들이 외부의 개별 국가 및 국제적 경쟁법 경험에 대해 어떻게 인식하고, 획득한 정보를 어떻게 해석하는가는 경쟁법 발전 과정에서 중요한 역할을 한다. 본서는, 한 국가가 명시적 · 암묵적으로 다른 국가에 대해 일정한 성과 기준(performance criteria)을 제시하고 그 이행 여부에 따라 포상 · 제재를 하겠다는 의사를 공표하는 상황을 의미하는 용어로 '해외 기관에 의한 압박(foreign institutional pressure)'이라는 용어를 사용하기로 한다. 이 경우 성과 기준을 제시받는 국가가 얼마나 압박을 느끼는지는 기준의 명확성과 정확성, 기준 준수 여부를 평가하기 위해 사용되는 방법, 포상·제재가 실제로 이루어질 가능성, 포상·제재가 미칠 영향 등의 요인들에 따라 좌우된다.[1)]

본 Chapter는, 비록 구체적인 검토 정도에 차이가 있겠으나, 일부 국가들(일본, 한국, 중국, 캐나다, 호주)와 두 개의 국가 그룹(남아메리카, 사하라 사막 이남 아프리카)의 경쟁법 경험을 개별적으로 살펴보고자 한다. 다만, 모든 세부 사항을 백과사전과 같은 방식으로 살펴보는 대신 각 경쟁법 경험 중 국제경쟁법 발전에 관한 결정에 영향을 미칠 수 있는 요소들을 주로 확인하고자 한다. 이 국가들, 그룹들을 검토 대상으로 선정한 것은 이들의 경쟁법 경험이 국제경쟁법 발전에 영향을 미치거나 그 역학관계에 특히 중요한 통찰을 제공할 수 있기 때문이다.

일본의 경쟁법 경험은 서구 경쟁법 경험과 다른 지역의 많은 국가들의 성장지향적 경쟁법 경험을 모두 갖고 있다는 점 등을 고려할 때 주목할 가치가 있다. 서구 경쟁법 모델이 도입될 때 일본은 전통적인 정치·법률적 상황에서 빠른 경제 발전을 추구하고 있었던바, 이는 다른 국가들, 특히 아시아 국가들이 처해 있던 상황에 많은 시사점을 주었다. 더욱이, 일본은 세계 경제에서 중요한 역할을 하고 있고, 다른 지역의 경쟁법 발전에 영향을 미치기 위해 열심히 노력해 왔다. 한국의 경쟁법 경험은 일본과 몇 가지 특징들을 공유하고 있긴 하지만, 국제경쟁법 발전의 역학 관계에 독자적인 시각을 제공하고 있다. 한국 경쟁법은 유럽 경쟁법 경험으로부터 보다 많은 영향을 받았다. 더욱 중요한 것은, 한국 경쟁법이 일본보다 최근에 제정되었고, 오늘날 경쟁법 발전을 추구하는 많은 국가들이 처해 있는 것과 유사한 세계화의 흐름 속에서 발전해 왔다는 점이다.

중국의 경쟁법 경험을 검토 대상으로 한 것에는 두 가지 주요한 이유가 있다. 첫째, 중국 경쟁법이 전세계적인 관심 속에서 아주 최근에 제정되었다는

1) 나는 이러한 유형의 영향에 관해 David J Gerber, 'Economics, Law and Institutions: The Development of Competition Law in China' (2008) 26 Wash U J Law & Policy 271, 273-280에서 보다 상세히 다룬 바 있다.

점이다. 따라서, 중국 경쟁법은 새로운 세계 무대에서 작동하는 모든 요소들을 반영하고 있다. 중국은 경제력 및 시장 규모의 측면에서 독자적인 지위를 갖고 있지만, 인접 국가인 한국, 일본 기타 개발도상국과 비슷한 문제 · 이슈 · 요인들에 직면해 있다. 둘째, 세계 경제에서 중국이 차지하는 비중으로 인해 중국 경쟁법 규칙들과 그 역학관계가 국제경쟁법 발전에 중요한 영향을 미칠 것이라는 점이다.

본서는 그 다음 라틴 아메리카와 남부 사하라 아프리카 지역의 경쟁법 경험을 살펴보기로 한다. 라틴 아메리카에서 경쟁제한 요소들을 규율하는 법률 조항들은 수십 년 동안 흔히 있어 왔지만 정치 · 경제 · 법률적 측면에서 사실상 아무런 역할을 하지 못하곤 했다. 그러나, 1990년대 이후 일부 국가들이 경쟁법을 진지하게 받아들이고 경쟁법 집행을 지지했다. 남부 사하라 아프리카 지역의 경쟁법은 더욱 최근에 시작되었지만, 일부 국가들이 경쟁법 발전을 위해 노력해 왔다. 본서는 이 각 그룹에 속한 국가들의 경쟁법 발전 상황과 이에 영향을 미친 몇몇 요소들을 살펴보기로 한다. 이를 통해 양 지역 모두에 공통된 이슈, 갈등, 역학관계를 확인할 수 있는데, 이러한 요소들은 전세계 개발도상국들이 모두 직면해 있고, 전세계적으로 경쟁법을 발전시키려는 노력에 대한 이들 국가들의 대응에도 영향을 미칠 것이다.

마지막으로, 본서는 캐나다와 호주의 경쟁법 경험에 관해서도 몇 가지 언급하기로 한다. 캐나다와 호주는 정치적 · 법률적으로 영국의 영향을 받았다는 점, 경제와 사회 발전의 정도가 유사하다는 점, 세계 경제에서 많은 역할을 하고 있다는 점(이 국가들의 경제규모가 비교적 크지 않다는 점을 고려할 때, 이는 매우 주목할 만하다) 등 몇 가지 점에서 유사하다. 이 국가들은 세계 경제에서 강력한 영향력을 행사한다고 보긴 어렵지만, 국제경쟁법 발전에서는 중요한 역할을 한다. 각 국은 다른 국가들, 특히 지리적으로 인접한 국가들, 미국이나 유럽보다 이들의 경쟁법 모델이 자국 상황에 부합한다고 생각하는 국가들에게 모델과 같은 역할을 한다.

물론 위 국가들 이외에도 많은 국가, 지역들이 잠재적으로 중요한 경쟁법 경험을 갖고 있으므로, 경쟁법 발전에 대한 전면적인 분석을 위해서는 이러한 경험들도 검토대상에 포함되어야 할 것이다. 특히, 동유럽, 인도, 러시아, 인도네시아의 경쟁법 경험들은 보다 상세히 다룰 필요가 있다. 그러나, 지면과 범위의 제한을 고려하여 본서에서 이에 대한 검토는 생략하기로 한다.

A. 경쟁법과 국가의 발전: 일본

미국, 유럽을 제외할 때 일본은 가장 광범위한 경쟁법 경험을 보유하고 있다고 할 수 있다.[2)] 본서에서 일본을 가장 먼저 검토하고 그 경쟁법 경험에 중요한 의미를 부여하는 데에는 몇 가지 이유가 있다. 첫째, 일본의 수십 년간의 기본적 정치・경제 상황은 중요한 측면에서 미국, 유럽에 비견할 수 있다는 점이다. 일본의 경제는 소득수준과 산업화 수준이 높고 세계 경제에 통합되어 있다. 일본은 안정된 민주주의, 독립성을 갖춘 법원, 양질의 노동력, 강력하면서도 전문적 역량을 갖춘 중앙 정부 관료조직을 보유하고 있다. 둘째, 일본의 경쟁법 경험은 미국, 유럽의 경쟁법 모델로부터 광범위한 영향을 받았다. 일본의 법체제는 전반적으로 유럽식 모델에 기반하고 있지만, 경쟁법의 경우 제2차 세계대전 이후 미국 관료들에 의해 시행되었고 최근 들어 미국의 영향력이 다시 커지고 있다. 그럼에도 불구하고, 일본의 경쟁법 경험은 전세계 많은 지역에서 발생하는 중요한 긴장관계를 나타낸다. 일본 경쟁법은 외견상 서구 모델을 따른 것처럼 보이지만, 실제로는 미국, 유럽과 사뭇 다른 원칙과 문화적 패턴에 따라 운용되곤 한다. 셋째, 일본의 초기 경쟁법 경험은 21세기에 경쟁법을 새롭게 도입하는 많은 국가들이 직면하고 있는 상황, 특히 주로 경제 성장을 위해 경쟁법을 도입하는 상황에 대한 의미 있는 시사점을 제시한다. 넷째, 일본의 경쟁법 집행 궤적은 일종의 '성공 스토리(success story)'라 할 수 있다. 일본

2) 일본의 경쟁법 경험을 이해하는데 특별히 도움이 되는 내용에 대해서는 Michael L Beeman, *Public Policy and Economic Competition in Japan: Change and Continuity in Antimonopoly Policy*, 1973-1995 (London 2002); Tony Freyer, *Antitrust and Global Capitalism*, 1930-2004 (Cambridge 2006) 160-244; Eleanor M Hardley, *Antitrust in Japan* (Princeton, New Jersey 1970); John O Haley, *Antitrust in Germany and Japan: The First Fifty Years*, 1947-1998 (Seatle 2001); *idem, Authority without Power: Law and the Japanese Paradox* (Oxford 1991); Hiroshi Iyori, *Antimonopoly Legislation in Japan* (New York 1969), Hiroshi Iyori and Akinori Uesugi, *The Antimonopoly Laws and Policies of Japan* (New York 1994); and Mitsuo Matsushita, *International Trade and Competition Law in Japan* (Cambridge 1993) 74-169 참조.

경쟁법은 최초 시행된 후 수십 년 동안 별다른 주목을 받지 못했지만, 이후 정치인들, 관료들의 입장 변화로 1990년대 이후 강력히 집행되었다. 경쟁법은 사실상 유명무실한 법규범에서 경제적·법률적 측면에서 중요한 요소가 되었던바, 이러한 변화를 살펴보면 경쟁법에 규범력을 부여한 요소들을 확인할 수 있다. 마지막으로, 일본은 태국, 베트남과 같은 동남아시아 국가들뿐만 아니라, 한국, 중국과 같은 후발 경쟁법 도입 국가들에게 지속적으로 영향을 미쳐오고 있다. 물론 일본 경쟁법의 '고유한 특이성(uniqueness)'을 유의할 필요가 있긴 하나, 일본의 경쟁법 경험은 개별 국가의 경쟁법 발전에 영향을 미친 요소들에 대한 중요한 통찰을 제공한다.

본서는 네 가지 주제를 집중적으로 다루기로 한다. 첫째, 경쟁법과 경제발전의 관계다. 일본 경쟁법은 전후 일본에 주둔했던 미국 관료들에 의해 최초 도입되었으므로 신속한 경제 발전을 정부 경제 정책의 핵심으로 여겼던 정치적 상황에서 운용되었다. 초기에 경쟁은 경제 발전을 저해한다고 여겨졌지만, 1990년 이후 경쟁 및 경쟁법에 대한 인식에 변화가 일어났다. 경쟁법은 이후 경제발전을 위해 활용되어 왔다. 둘째, 이와 관련된 주제로서, 경쟁법과 산업정책(정부가 경제 발전을 주도적으로 이끌어야 한다는 생각)의 관련성이다. 경쟁법은 몇몇 측면에서 산업정책과 배치되지만, 몇몇 사람들은 경쟁법이 산업정책의 일부에 해당한다고 보기도 한다. 일본 경쟁법 경험은 이 양자간 관련성의 중요한 측면에 관한 시사점을 준다. 셋째, 일본과 미국, 유럽 간의 관계이다. 일본 경쟁법은 한편으로는 해외 기관들이 부과한 정책들, 다른 한편으로는 국내적 요구, 정책적 순위, 사회적·정치적 기관들 간의 긴장에 의해 영향받으면서 발전해 왔다. 이러한 긴장은 국제경쟁법 발전에 핵심적인 문제이다. 마지막으로, 일본 경쟁법과 다른 아시아 국가들 및 다른 개발도상국들의 경쟁법 발전과의 관계이다. 일본 경쟁법 경험과 다른 아시아 지역 국가들의 경쟁법 발전 간의 비교는 상당한 가치가 있을 수 있는데, 일본 정부는 다른 아시아 국가들에 자국 경쟁법을 전파하고자 적극적으로 노력해 왔다.

1. 제2차 세계대전 이전의 일본 경쟁법

일본은 19세기 후반부터 20세기 초반까지 급속도로 서구화·산업화 되었는데, 이 과정에서 확립된 패턴은 이후에도 반복되곤 했다. 일본 기관들은 서구의 사상에 관한 방대한 정보를 습득했고, 이 중에서 필요한 요소들을 신속하고 효과적으로 선별하여 자국의 사정에 맞게 수용했다. 그 결과 일본이 채택한 서구 요소들은 실제로는 서구에서와는 사뭇 다른 방식으로 운용되곤 했다.[3)]

일본은 1800년대 후반부터 서구의 경제 방식과 정치적 기관 구성을 매우 빠르고 효과적으로 수용해, 불과 수십 년 만에 폐쇄적으로 고립되고 경제적으로 뒤쳐졌던 섬나라에서 여러 면에서 서구 국가에 비슷해진 세계적 경제 강국으로 변모했다. 그러나, 일본은 서구로부터 정치 · 경제 · 법률 제도를 받아들이면서 자국 상황에 맞게 변용했다. 본서의 검토 목적인 경쟁법과 관련하여, 국가는 경제발전에서 중추적 역할을 했다. 이 기간 동안 정부는 서구의 통상적인 경우보다 훨씬 더 큰 역할을 했다. 일본이 문호를 개방했던 1859년 전까지 대략 300여년 동안 정부는 모든 경제적 상황을 매우 적극적으로 통제해 왔던 바, 이러한 추세는 매우 완만하게 완화되었을 뿐이다. 정부의 경제에 대한 높은 통제는 이후에도 지속되어 심지어 오늘날까지도 어느 정도 유지되고 있다. 그 결과 경제에 관한 정치적 · 법률적인 생각은 이러한 국가의 역할로부터 영향을 받았다. 예를 들면, 최근까지도 경제적 자유와 국가로부터의 경제의 독립성을 주장하는 고전적 자유주의 사상은 일본에서 강력한 저항에 부딪쳐 수정되곤 했다.

일본이 받아들였던 서구식 기관, 제도들에 대한 정치적 · 사회적 · 이론적 기반이 얼마나 취약했는지는 양 세계대전 사이 기간 동안 빈번하게 드러났다.[4)] 1920년대 일본은 1923년 막대한 피해를 초래한 도쿄 대지진 이후 경제적 기근을 겪었고, 때때로 심각한 경제적 혼란과 정치적 불안을 겪었다. 경제의

3) 메이지 유신 기간 및 이러한 유형의 패턴의 형성에 관한 논의에 대해서는 예컨대 Marius B Jansen and Gilbert Rozman (eds), *Japan in Transition: From Tokugawa to Meiji* (Princeton 1986) and Edward Seidensticker, *Low City, High City* (Cambridge, Massachusetts 1991) 참조. 이 기간 동안 일본의 서구 세계와의 문화적 교류에 관한 논의에 대해서는 Christopher Bentley, *The Great Wave: Gilded Age Misfits, Japanese Eccentrics, and the Opening of Old Japan* (New York 2003) 참조.

4) 양 세계대전 사이의 기간 동안 일본에서의 경제적 아이디어의 발전에 관한 논의에 대해서는 Bai Gao, *Economic Ideology and Japanese Industrial Policy: Developmentalism from 1931 to 1965*, (Cambridge 1997) 18-66 참조.

급속한 변화, 외세의 영향에 대한 경계, 가족을 중시하고 정부가 경제에 개입하는 일본 고유의 전통이 복합적으로 결합해 독특한 경제 조직이 일본에서 생성되었다. 대규모 기업들이 이른바 'zaibatsu'[5](역자 주: 재벌. 19~20세기 일본에서 형성된 거대 금융그룹집단을 의미함. 실질적 대주주인 재벌가가 계열회사에 대한 독점적 지배권을 행사함)라 불리는 몇 개의 조직으로 재편되었다. 통상 이러한 조직의 중심에는 은행이나 하나 또는 그 이상의 시장지배적 제조업체들이 있고, 하청업체나 유통채널의 역할을 하는 다수의 (비교적) 소규모 사업자들이 그 주위를 에워싸고 있다. 이처럼 강력히 결속된 조직은 본래 가족 관계에 기반한 것으로서 일본 역사에서 오래 전부터 존재해 왔지만, 세계 경제에 대한 일본의 참여가 증대됨에 따라 그 중요성과 영향력이 새삼 높아지게 되었다. Zaibatsu는 해외에서 사업활동을 하려는 기업들에게 많은 도움이 되었고, 제2차 세계대전 직전에는 일본 경제를 지배하게 되었다.

Zaibatsu를 이끄는 사람들은 정부 관료들과 긴밀하게 연결되어 있곤 했다. 1930년대 민족주의와 군국주의가 득세하면서, 이들 간의 긴밀한 연대는 일본의 군사화를 촉진하거나 (아마도) 적극 장려했던바, 일본 산업에 필요한 원자재 조달을 위해 이러한 군사화가 필요하다고 정당화되곤 했다. 민족주의와 경제발전간의 이러한 연계는 제2차 세계대전 이후 수십 년 동안 일본 정치 · 경제에 깊이 내재되어 유지되었다. 경쟁의 가치와 관련하여, 고전적 자유주의에 터잡은 생각은 대안으로서 제대로 발전할 기회를 거의 갖지 못했다. 세계대전 사이의 기간 동안 소수의 엘리트 학자들과 관료들이 이러한 생각에 대해 논의를 하긴 했지만 전반적으로 별다른 영향을 미치지 못했고, 이 역시도 1930년대 민족주의자들의 득세로 지워져 버렸다.

2. 세계대전 이후 일본과 경쟁법의 미미한 역할

일본 경쟁법은 외부적 힘에 의해 급작스럽게 도입되었다. 제2차 세계대전 이후 미국 관료들은 자국이 점령한 지역에 경쟁법을 시행하기 시작했다.[6] 그

---

5) 이에 관한 논의에 대해서는 예컨대 Saburo Okita, Zaibatsu: *The Rise and Fall of Family Enterprise Groups in Japan* (Tokyo 2002) 참조.

6) 제2차 세계대전 이후의 기간에 관한 분석에 대해서는 Freyer, *supra* note 2, at 160-183;

러나, 같은 시기 경쟁법을 도입한 독일과 달리, 일본은 경쟁법을 집행할 이론적・제도적 준비가 전혀 되어 있지 않았다. 일본은 경쟁법을 거의 연구하지 않았었고, 학자들과 관료들도 자국의 재건을 위해 진지하게 경쟁법을 수용할 의사가 별로 없었다. 일본과 독일 간에는 또 다른 차이도 있었다. 독일은 미군 주둔 당시 도입했던 경쟁법을 주둔이 종료하자마자 폐지하고 독자적인 경쟁법 발전을 위해 노력했다. 반면, 일본은 미군 주둔 기간에 도입된 경쟁법을 주둔이 종료한 이후에도 그대로 유지했다.

미국 관료들은 zaibatsu가 일본의 군국주의 동원에 기여하고 일본 정부가 전쟁으로 나아가도록 유도했다고 생각했으므로 경쟁법을 도입하는 주된 목적이 zaibatsu의 철폐라고 주장했다. 그 결과 일본 경쟁법 집행은 주로 zaibatsu에 관련된 이슈들에 집중되곤 했다. 더 일반적으로 이야기하면, 일본의 경쟁법 도입은 경쟁이라는 개념을 통해 권위주의와 경제에 대한 정부의 통제를 약화시키고, 경제적 자유를 촉진하며, 나아가 민주주의를 지지하도록 하기 위함이었다. 일본이 경쟁법을 시행하면 위계질서에 의해 경제를 통제하는 것보다 경쟁과 시장원리를 더 선호하게 될 것이라는 희망이 있었다.

일본 반독점법(antimonopoly law－'AML')은 미국 반트러스트법의 원칙, 절차를 모델로 하긴 했지만, 일본의 법률적 전통에 부합하도록 하고 즉각적으로 적용될 수 있도록 하기 위해 판례법을 축적하는 방식 대신 성문법 형태를 갖췄다. 일본은 미군 주둔 기간 동안 미국의 조언에 따라 반독점법을 적용했고 나름의 성공을 거뒀다. 일본 반독점법은 zaibatsu 철폐에 기여했고, 종전까지의 경제에 관한 사고방식, 법률 체제에 변화를 가져왔다. 실제로 미국 관료들은 일본 반독점법 집행으로 보다 경쟁지향적인 경제가 형성되었다고 보고하기도 했다. 그러나, 이들은 일본 반독점법이 승전국인 미국의 군사력을 배경으로 도입되어 일본의 전반적인 경제・법률 체제에서 이질적인 것으로 인식되고 있고, 많은 일본인들이 이를 수치스럽게 생각하고 있다는 점을 전혀 깨닫지 못했다.

미국은 1955년 일본 주둔을 종료하면서 일본에 반독점법의 유지를 요구했고, 일본은 이를 받아들였다. 그러나 이후 수십 년 동안, 일본 반독점법은 정

Haley, *First Fifty Years, supra* note 2, at 3-142; and Hadley, *supra* note 2, at 3-19 and 77-146 참조.

치·경제적으로 미미한 역할을 했을 뿐이다.[7)] 미국 주둔이 끝나자마자, 일본은 반독점법의 몇몇 '독소 조항(teeth)'를 없앴다. 뿐만 아니라, 남은 조항들도 제한적으로 집행되었다. 경쟁법 집행에 대한 정치적 지지가 충분하지 않은 상황에서 일본 경쟁당국인 Japanese Fair Trade Commission('JFTC')는 일본 관료 조직에서 영향력 있는 기관으로 인식되지 않았다. JFTC는 일본 경제를 중흥할 임무를 부여 받고 일본의 놀라운 경제 성장을 견인했다는 평가를 받은 Ministry for International Trade and Industry('MITI')가 추진하는 산업정책을 방해하지 말라는 요구를 받았다.[8)] 추가적으로, 비록 일본 법률상 사인에 의한 경쟁법 관련 소송 제기가 허용되긴 했지만 실제 소송은 거의 없었는데, 그 이유 중 하나는 소송을 할 인센티브가 거의 없었기 때문이다.[9)]

일본 경쟁법의 역할을 더욱 축소시킨 몇 가지 요소들이 있다. 그 중 하나는, 본서 앞 부분에서 살펴본 바와 같이 정부가 경제를 주도했던 관행이다. 정부 관료들은 경제 발전의 방향, 특히 국제 무역에 관한 경제 발전 방향을 '설정(direct)'하는데 중요한 역할을 했고 이는 당연시되었다. 일본은 전쟁으로 인한 폐허에서 빠르게 경제를 성장시켜야 했지만 시장의 자연적인 힘만으로 이를 달성하기는 불가능했으므로, 정부 관료 조직이 산업정책으로 경제 성장을 주도해야 한다는 인식이 광범위하게 퍼져 있었다. 수출에 절대적으로 의존하는 일본 경제의 특성상, 일본 기업들은 MITI가 관료 조직을 활용해 기업들의 이해관계를 강력하게 조정하는 것이 이익이라고 생각했다. MITI는 또한 이러한 이해관계 조정을 실행할 다양한 정책 수단을 갖고 있었다. 예를 들면, MITI는 기업들이 대출받을 수 있는 금액 및 구체적인 대출조건에 영향력을 행사할 수 있었고, 해외 시장에 관한 중요 정보에 대한 접근을 통제할 수 있었다. 이처럼 산업정책이 정치적·경제적 지지를 받음에 따라 경쟁법은 오랜 기간 동안 제 역

7) 이 기간에 대한 전반적인 개관에 대해서는 Beeman, *supra* note 2 참조.

8) 이에 관한 표준적인 설명은 Chalmers Johnson, *MITI and The Japanese Miracle: The Growth of Industrial Policy*, 1925-1975 (Stanford, California 1982) 참조.

9) 소를 제기할 인센티브에 대해서는 면밀한 분석이 있어 왔다. John O Haley, 'The Myth of the Reluctant Litigant' (1978) 4 J Jap Stud 359-390; J Mark Ramseyer, 'Reluctant Litigant Revised: Rationality and Disputes in Japan' (1988) 14 J Jap Stud 111-23 and Tom Ginsburg and Glenn Hoeker, 'The Unreluctant Litigant? An Empirical Analysis of Japan's Turn to Litigation' in Harry N Scheiber and Laurent Mayali (eds), *Emerging Concepts of Rights in Japanese Law* (2007) 93-118 참조.

할을 하지 못했다.[10] '경쟁(competition)'이라는 개념 자체가 사회에서 중요한 가치로 널리 수용되지 못했다. 일부 분야에서 치열한 경쟁이 있긴 했지만, 전반적으로 일본 기업들은 정부가 수출 발전을 위해 후원하고 조율하는 것을 수용했다.

3. 1990년대: 두려움과 단호함

일본 경쟁법은 1990년대 초반 새로운 변화를 겪게 된다. 정부는 경쟁법을 보다 진지하게 받아들이기 시작했고, 경쟁법의 역할 및 그에 필요한 자원을 대폭적으로 증강했다. 이러한 변화에는 두 가지 상이한 요인들이 있다. 하나는 1980년대 일본의 경제적 성공에 대한 해외의 반응이고, 다른 하나는 1990년대 급작스러운 경제 침체로 생성된 내부적 움직임이다.

외부로부터의 압박은 주로 미국에서 발생했다. 1980년대 미국과 일본 간 무역 역조 급증은 달러화에 대한 엔화 가치 절상으로 이어졌다. 미국 무역 관료들은 무역 역조를 시정하고 수출 기업을 보호하기 위해, 일본의 경쟁제한적 거래 관행들이 무역 장벽이 되어 미국 기업들이 일본 시장에 진입하는데 어려움을 겪고 있다고 주장했다. 미국 입장에서 이런 주장은 정치적으로 편리하고 매력적이었던바, 미국 정부는 일본에게 경쟁법 집행 강화를 촉구했다. 이런 압박은 이른바 'strategic impediments initiative('SII')'라는 정례 회합을 통해 이루어졌는데, 미국 관료들은 이를 통해 일본에게 경쟁법 집행을 보다 강화해 미국 상품이 일본 시장에 보다 용이하게 접근할 수 있도록 하라고 요구했다.[11] 이에 일본 정부는 법률을 개정해 JFTC가 부과할 수 있는 과징금을 대폭 상향하는 한편, 미국에 경쟁법 집행 강화 의지를 전하기 위해 JFTC의 인적·물적 자원을 확충했다.

---

10) 제2차 세계대전 이후 법률과 경제의 관계에 관한 이론적·정치적 배경에 관한 논의에 대해서는 Eisuke Sakakibara, Beyond Capitalism: *The Japanese Model of Market Economics* (Lanham, Maryland and London 1993) 67-124, and James Vestal, *Industrial Policy and Japanese Economic Development*, 1945-1990 (Oxford 1993) 참조.

11) 예컨대 Abbott B Lipsky Jr, 'Current Development in Japanese Competition Law: Anti-Monopoly Act Enforcement Guidelines Resulting from the Structural Impediments Initiative' (1991) 60 Antitrust L J 279 참조

일본 내부의 압박은 일본 내의 사고방식 및 제도가 중대한 변화를 겪게 된 데에 따른 결과이다. 일본 버블 경제 붕괴는 10여 년간의 '경기침체(recession)'로 이어졌다.[12] 1980년대 일본의 놀라운 경제 발전은 다른 국가들이 참고해야 할 대상으로 비춰졌지만, 경기침체를 겪으면서 이전까지 일본을 이끌던 정치·경제 기관에 대한 의구심이 제기되고, 오랜 기간 동안 성공적이었던 일본의 정치·경제 모델에 대한 자신감이 감소했다. 일본 정부는 이를 극복하기 위해 수년에 걸쳐 재정·회계 정책을 추진했지만 별다른 성과를 얻진 못했다. 국내 경제 성장이 침체하자 정부는 수출에 집중할 수밖에 없었다.

일본은 경기 침체를 겪으면서 경제 정책 전반을 재검토한 결과 경쟁과 경쟁법의 역할 증대를 선호하게 되었다. 일본은 경쟁이 기존의 정부-경제 관계를 대신해 경제 성장을 가능하게 할 것임을 급속히 확신하게 되었다. 과거 관료 조직이 주도했던 모델은 이제 그 수명을 다했다고 여겨졌다. 이러한 새로운 사고 방식은 일본 기업이 세계화 상황에서 경쟁력을 되찾기 위해서는 경쟁을 활용해야 한다고 보았다. 그 결과, MITI 관료 조직은 경제 발전을 주도할 영향력을 거의 상실했고, 역할과 위상을 재정립하기 위해 Ministry of Economy, Trade and Industry('METI')로 명칭을 변경했다. METI는 더 이상 의심의 여지 없는 일본 경제 정책의 중심이라 보긴 어렵다.

JFTC의 위상 제고와 인적·물적 자원의 확충은 경쟁 및 경쟁법에 대한 일본의 입장 변화를 잘 보여 준다. Kazuhiko Takeshima를 JFTC 위원장으로 임명한 것은 이를 상징하는 사건이다. 이전까지 일본 관료 조직에서 별다른 영향력이 없는 인물들이 JFTC의 의장이 된다고 인식되었으나, Takeshima는 일본 관료들 중에서도 지도적인 위치에 있었고, 당시 일본 총리였던 Junichiro Koizumi와도 긴밀한 관계를 유지하면서 강력한 지원을 받고 있었다. 그를 임명한 것은 일본 기업 및 정치 지도자들에게 일본 정부(또는 JFTC)가 경쟁법에 관해 종전과 다른 입장을 취할 것임을 시사하는 것이었다. 그의 임명과 함께 JFTC에 대한 예산도 대폭 증액되었는데, JFTC는 이를 활용해 인력을 확충하고 법집행 활동을 강화할 수 있었다. 일본 반독점법도 개정되어 과징금 상한

12) '버블 경제의 붕괴(burst of the bubble)'와 1990년대의 경기 침체와 관련하여 일본의 경제적 구조 및 사고방식의 발전에 관한 분석에 대해서는 Bai Gao, *Japan's Economic Dilemma: The Industrial Origins of Prosperity and Stagnation* (Cambridge 2001) 참조.

이 높아졌다. 그 결과 일본 경쟁법의 집행 및 과징금 모두 대폭 증가했다.

새로운 조치들은 또한 사인에 의한 소제기를 장려했다. 그럼에도 불구하고, 사인에 의한 소제기는 곧바로 증가하지 않았다. 이는 일본에서 소를 제기할 인센티브가 크지 않았기 때문인 것으로 보인다. 그러나, 법원이 전반적으로 정부의 입장을 지지하고 있다고 일반적으로 인식되고 있었던 것도 또 다른 이유가 되었다. 일반적으로, 법원은 일본 경쟁법 발전을 안정화하고 이에 적법성을 부여하는 역할을 했지만, 전체적으로는 정부 입장을 지지하는 성향을 보여왔다.

4. 법집행의 초점

경쟁법에 대해 우호적 분위기가 새롭게 조성된 상황에서, 일본의 경쟁법 집행의 초점은 일본 경쟁법을 이해하는 것뿐만 아니라, 이 법이 국제경쟁법과의 관계에서 어떤 입장을 취했는가라는 점에서도 중요하다. 일본 경쟁법 집행 초점 중 하나는 수직적 거래제한이었다. 역설적인 것은 미국이 SII를 통해 일본에게 수직적 거래제한에 대한 규제를 강력히 요구했다는 점이다. 미국은 자국에서는 수직적 거래제한에 대한 규제를 대폭 축소하면서도 일본에게는 이를 적극적으로 규제하도록 요구했다. 이미 살펴본 바와 같이, 1990년에 이르기까지 미국 반트러스트법의 지배적인 견해는 수직적 거래제한이 경쟁을 촉진한다는 것이었지만, 미국 관료들은 일본에 대해서는 이에 대한 규제 강화를 요구했다. 적어도 일부 학자들과 관료들은 미국 주장의 이러한 모순을 간파하고 미국의 요구를 적극적으로 수용할 의사를 표명하지 않았던 것으로 추정된다. 일본에 대한 미국 관료들의 요구는 전세계적으로 보다 실효적인 반트러스트 환경을 조성하기 위해 일본의 협력을 요구한다기보다는 자국 기업들을 이롭게 할 협상 수단으로 경쟁법을 활용한다고 인식되었다.[13]

---

13) 미국의 영향에 관한 이러한 특정 사례는 사실 제2차 세계대전 이후 수십 년 동안의 미국과 일본의 훨씬 더 넓고 깊은 관계의 일부이다. 이에 관한 추가적인 논의에 대해서는 Gavan McCormack, Client State: *Japan in the American Embrace* (London and New York 2007) and Steven K Vogel (ed), U.S-*Japan relations in a Changing World* (Washington DC 2002) and Leonard Schoppa, *Bargaining with Japan: What American Pressure Can and Cannot Do* (New York 1997) 참조.

그러나, 일본이 수직적 거래제한에 대한 규제에 관심을 가졌던 것은 미국의 압박에만 기인한 것은 아니다. 일본 경제 구조의 특징 자체가 수직적 거래제한 규제에 대한 관심을 불러 일으켰다. 제2차 세계대전 이후 zaibatsu가 소멸되긴 했지만, 유사한 경제 조직들이 형성되기 시작했다. 이 조직들은 Keiretsu (역자 주: 계열. 사장회를 중심으로 상호주식보유제도를 갖고 있고 실질적인 대주주가 없다는 점에서 재벌과 구분됨)로 불리는 것으로 은행과 하나 이상의 주요한 제조업체가 중심이 된 다수의 기업들로 구성되었다. 은행은 Keiretsu 내에서 금융을 제공하고, 핵심 제조업체는 조직 내의 공급업체, 판매업체와 복합적인 네트워크를 유지한다. 이러한 네트워크로 경제적 관계가 안정화되고 공급망과 배급망이 확보되며, 대부분의 참여 기업들의 경영상 위험이 감소하게 된다. 빠른 경제 성장을 필요로 했고 이를 위해 수출에 의존해야 했던 일본의 경제 상황에 대한 인식은 이러한 유형의 경제 조직들을 지지해 왔다. 이러한 조직들은 일본의 무역 성공을 견인했고 현재 일본 경제의 중추를 형성하고 있다. 이후 살펴보는 바와 같이, 한국 및 다른 아시아 국가들에도 이와 유사한 경제 조직들이 있다. JFTC의 한 관료에 따르면, 일본과 다른 동아시아 국가들의 경쟁당국 관료들간 논의에서 이러한 경제 조직에 대한 규제 방안은 가장 중요한 논의 주제가 되곤 한다고 한다.

수직적 거래제한 이외의 영역에서의 JFTC의 경쟁법 집행 노력은 영역 별로 다소간의 차이가 있긴 했지만 전반적으로 수직적 거래제한보다는 그 강도가 낮았다. 일본 반독점법이 독점을 금지하는 조항을 포함하고 있긴 했지만, 이를 실효적으로 집행하기 어렵다는 점이 증명되었다. 뿐만 아니라 JFTC도 시장지배적 기업을 규제할 인센티브가 많지 않았던바, 이는 이들 기업들에 경제발전을 의존해 왔던 전통으로 인해 더욱 그러했다. 기업결합 규제 역시 제한적으로 이루어졌는데, 그 중 중요한 원인은 적어도 최근까지 기업결합 자체가 상대적으로 많지 않았고, 기업결합 당사자들 다수가 일본 정부로부터 명시적·묵시적으로 규제받고 있었기 때문이다. JFTC가 최근 법집행 초점을 맞추고 있는 또 다른 영역은 국제 카르텔인바, 이는 국제 카르텔을 퇴치해야 한다는 미국의 요구가 높아지는 것에 대한 대응으로 보인다.[14]

14) 이에 관한 논의에 대해서는 Tashiaki Takigawa, 'The Prospect of Antitrust Law and Policy in the 21st Century: In Reference to the Japanese Anti-Monopoly Law and Japan Fair Trade

5. 일본의 경쟁법 경험과 국제경쟁법 발전

일본의 경쟁법 경험을 살펴보면, 미국, 유럽 이외에 새롭게 경쟁법을 도입하는 국가들의 경쟁법 발전 과정에서 흔히 발견되는 특징들을 확인할 수 있다. 예를 들면, 일본의 경쟁법 경험은 경쟁법에 관한 논의에서 흔히 발생하는 형식주의의 오류(formalist fallacy)를 보여준다. 이 오류는 '표면적 수용의 역설(apparent acceptance paradox)'이라고 지칭할 수 있다. 예를 들면, 어떤 국가가 외부 영향에 따라 특정한 내용의 법을 제정하고 관련 조직을 구비하기로 하는 의사결정에 이르더라도, 이러한 조치들이 당초 기대되었던 성과로 연결되는 경우는 거의 없다. 국내 법집행 기관들은 이처럼 타율적으로 도입된 조치들을 좀처럼 제대로 집행하지 않으므로, 이러한 조치들이 기업들에 별다른 영향을 미치지 못하는 경우가 빈번하다. 일본 경쟁법은 미국 관료들에 의해 최초 시행되었던 탓에 일본의 정치·경제·법률 부문에서 별다른 반향을 일으키지 못했고, 수십 년 동안 경쟁법을 집행할 인센티브는 없었다. 많은 일본인들이 수십 년 동안 경쟁법을 일본 경제·법률에서 이질적 요소로 여겼던바, 이처럼 타율적으로 시행된 경쟁법에 대한 반감으로, 이러한 상황이 아니었다면 가능했었을 수도 있는 경쟁법 발전이 오히려 저해되었다.

일본의 경쟁법 경험을 살펴보면 경쟁법 발전을 추구하는 국가들이 흔히 맞닥뜨리게 되는 장애물들도 몇몇 확인할 수 있다. 예를 들면, 일본인들은 경쟁법이 일본의 이익에 잘 부합하지 않는다고 생각하곤 했다. 일본에서 국제 경제 정책에 관해 결정하는 정치인들과 관료들은 일본에게 부담을 줄 수도 있는 경쟁법을 왜 발전시켜야 하는지 이해하지 못했다. 세계 경제에서 일본이 차지하는 위치상 해외 시장을 개척하고 필요한 기술력을 갖추기 위해 경쟁 촉진보다는 자국 내의 역량을 통합, 조율하는 것이 더욱 필요하다고 여겨졌다. 일본은 경쟁법을 집행해 기업들의 사업 전략을 규제하기보다 대규모 기업들을 육성해 세계 시장에서의 경쟁에서 승리할 수 있는 강력한 역량을 갖추도록 하는 것을 선호했다. 경쟁법은 강력한 영향력을 갖고 있는 관료 조직의 이해관계에도 배치되었던바, 이러한 이해관계는 일부 국제 경쟁력에 대한 고려에서 연유

Commission (2002) 1 Wash U Global Stud L R 275 참조.

하기도 했지만 대부분은 일본의 정치・경제적 전통과 관련이 있다. 일본에는 오랜 기간 동안 중앙 정부의 관료 조직이 경제 발전의 중요한 측면을 지도해야 한다는 산업 정책이 존재해 왔는데, 이를 통해 관료 조직은 경제에 대한 통제 권한을 유지할 강력한 이해관계를 갖게 되었다. 더욱이, 일본 정치의 구조상 이러한 관료 조직의 힘과 권한에 거의 의문이 제기되지 않았다. 훨씬 더 일반적으로 살펴보면, 경쟁은 일본의 문화적 토양에 거의 뿌리내리지 못했다. 경쟁 자체가 별다른 가치를 인정받지 못했으므로, 법으로 경쟁을 보호하는 것은 일본 상황에 들어맞지 않고 부적절한 것으로 여겨지곤 했다.

그러나, 결국 일본에서 경쟁에 대한 저항이 소멸되고 경쟁법의 위상과 역할이 제고되었던바, 이에 기여한 몇 가지 요인들이 있다. 첫째, 일본의 국익에 대한 인식 변화다. 기존의 일본 경제 모델은 성공적으로 작동했고, 경제적인 성공을 일구어 냈으므로, 이를 변화시킬 인센티브가 없었다. 그러나, 1990년대 일본 경제의 침체로 인해 기존 모델에 대한 의구심이 생겼고 변화가 가능한 여건이 조성되었다. 일본의 지도자들과 논평가들이 장기간의 경기 침체를 분석함에 따라, 많은 사람들이 세계 경제에서 일본의 위치가 변했고 과거의 개발 정책이 더욱 역동적으로 변화하는 세계 경제에 적절하지 않다는 결론에 이르렀다. 세계 시장은 너무도 빠르게 변하고 불확실성이 급증하고 있으므로, 정부 관료들이 기업의 성공을 견인하기는 불가능해졌다. 경쟁은 정부의 어떤 노력도 압도할 것이다. 뿐만 아니라, 세계적으로 사업활동을 하는 일본 기업들은 이제 충분한 규모를 갖췄고 상당한 성공을 거두었으므로 더 이상 정부 지원을 필요로 하지 않았고, 오히려 정부 개입으로 사업활동에 지장을 받기에 이르렀다. 경쟁이 세계 시장에서 유일하게 작동하는 게임이라면, 정부는 경쟁을 촉진할 수밖에 없다.

일본의 국익에 대한 이러한 인식변화로 일본의 경제 정책 역시 20세기 대부분을 지배해 왔던 산업정책을 전반적으로 탈피하게 되었다. 이제 경쟁은 변화된 상황에 대처하기 위해 일본이 취해야 할 미래지향적인 새로운 정책 방향으로 받아들여졌다. 이러한 인식변화로 정부의 정책 방향도 근본적으로 바뀌었는데, 경쟁은 세계화되는 세계에서 더 신뢰할 수 있는 성장 동력으로 여겨졌다. 그 결과 경쟁에 대한 정치적 지지가 제고되었을 뿐만 아니라, 정치인들과 행정부 관료들도 경쟁 발전에 자원을 배분할 인센티브가 더 많아졌다.

관료 조직에 의한 경제 통제에 대한 신뢰 상실을 더욱 가속화시킨 세 가지의 국내적 요인들이 있다. 첫째, 행정부의 최고위 관료들이 연루된 일련의 정치적 '스캔들(scandals)'이다. 경제 규제에 관여하는 관료 조직 구성원들에 대한 금전 제공이 전형적인 형태인데, 이로 인해 관료들이 경제에 영향력을 행사하는 것에 대한 정치적 지지가 감소했다. 둘째, 일본 내의 소비자 단체, 정당 내부에서 소비자들의 이해관계에 대한 목소리가 커진 것이다. 1990년대 경기 침체로 인해 제2차 세계대전 이후 별다른 장애물 없이 일본을 지배해 왔던 자민당(Liberal Democratic Party)에 대한 지지도가 낮아졌고, 정치 지도자들은 소비자의 이익에 보다 관심을 기울이라는 요구를 받았다. 소비자 그룹들과 소비자들의 이해관계는 가격 인하를 위해 경쟁 강화를 지지하는 경향이 있었다.[15] 셋째, 미국과 정책적인 보조를 맞추려는 움직임으로서, 이는 특히 2000년대 초반 Koizumi 총리 체제 기간 동안 주된 흐름이 되었다. 실질적으로 미국 및 다른 국가들은 이러한 정책에 힘입어 일본의 경제 정책에 더 많은 영향력을 행사할 수 있게 되었다.

정부의 경제에 대한 개입을 축소해야 한다는 세계적 추세는 이러한 일본의 국내 정책 변화를 뒷받침했다. 이미 살펴본 바와 같이, 정부 개입의 축소는 1980년대에 미국, 영국에서 본격적으로 시작되었지만, 1990년대 더욱 많은 지역에서 보다 강력하게 전개되었다. 정부 개입 축소는 유행이 되었고 이를 시행한 국가들은 거의 20여 년의 기간 동안 놀라운 경제 발전을 이루어내곤 했다. 1990년대 미국의 역동적인 경제 성장이 가장 주목할 만하지만, 영국, 아일랜드나 당시 동유럽 국가들같이 많은 유럽 국가들도 경쟁을 보다 중시하고 정부의 시장 개입을 축소하는데 주력함으로써 비슷한 경제적 성과를 일구어냈다.

JFTC도 경쟁법에 대한 지지를 '얻어냈다(earned)'. 소속 관료들은 경쟁제한적 행위를 인식하고 일본의 정치적 상황에 부합하는 방식으로 경쟁법을 집행하는 방법을 개발하면서 경험과 전문성을 축적해갔다. 전후 대부분의 기간 동안 이러한 경험과 전문성은 공개적으로 알려지지 않았고, 심지어는 아예 알려지지도 않았지만, 1990년대 경쟁법 역할을 제고할 기회가 오자 JFTC는 축적된

15) 일본 경쟁법에서 소비자들의 역할에 관한 논의에 대해서는 Iwakazu Takahashi, 'The Rights of Consumer and the Competition Law and Policy in Japan' in *Competition Law and Policy in Indonesia and Japan* (Japan External Trade Organization, Tokyo 2001) 215-33 참조.

경험과 전문성을 활용해 더 많은 권한과 책임을 맡았다.[16] JFTC는 1990년대 전까지는 일본 경제 정책을 결정하는 주된 동력은 아니었지만, 도쿄 관료조직에서 점차 인정받는 관료들을 확보했다. Akinori Uesugi와 같은 JFTC의 지도자들은 일본 내외에서, 특히 국제적인 '경쟁 커뮤니티(competition community)'의 윤곽이 구성될 무렵에, 높은 지명도를 갖고 있었다.

국제적 경쟁법 발전도 일정한 역할을 했다. 세계적으로 영향력 있는 경쟁당국간, 특히 미국과 EU의 상호 교류가 증대된 결과, 이러한 '논의 그룹의 일원(part of the group)'이 되는 것은 일본 경쟁당국 관료들에게 중요한 문제가 되었다. 이 논의 그룹이 국제 카르텔에 보다 많은 관심을 기울이자, 일본 경쟁당국 관료들 역시 이러한 추세를 따라야 할 압박을 받게 되었다. 다양한 민간 기관들이 경쟁당국의 실효성을 평가하자 JFTC 관료들은 자신들의 순위를 올리기 위한 조치를 취할 압박을 받게 되었다. 이러한 요소들 및 기타 이에 관련된 국제적 요소들이 급속히 중요해져 일본의 경쟁법 발전을 뒷받침했다.

일본의 경쟁법 발전은 일본의 정치·경제적 관계를 반영해 왔다. 미군 주둔시 최초로 시행된 경쟁법은 주둔 종료 이후 전반적으로 관심을 받지 못했다. 이후 수십 년 동안, 일본의 전반적인 경제 전략은 가치가 매우 높은 제품들을 수출하는데 주안점을 둔 특정 유형의 성장지상주의에 의존해 왔다. 국내 시장의 경쟁 촉진에는 상대적으로 관심이 낮았고, 소비자들의 이해관계 역시 전체 경제 정책에서 별다른 목소리를 내지 못했다. 일본 내에서 경쟁법에 대한 지지가 제고된 것은 이러한 기존 경제 모델에 대한 자신감 소멸과 일본의 경제적 이해관계를 세계 시장과 세계적인 규제 네트워크에 보다 가깝게 통합해야 한다는 믿음에 따른 것이다. 일본의 구체적인 경제 발전 상황은 다른 국가들과 상이할 수 있지만, 그 경쟁법 발전 경험은 경쟁법을 발전시키고 세계 시장과의 관계에서 자국 경쟁법의 위상을 정립하려는 국가들에게 높은 가치가 있을 것이다.

16) Michael Beeman은 JFTC의 이러한 역량의 발전에 관해 연구한 바 있다. Beeman, *supra* note 2 참조.

B. 경쟁법과 발전: 한국이 취한 변용

한국 경쟁법은 일본보다 늦은 1981년에 도입됐지만, 일본 경쟁법이 일본 경제에서 중요한 역할을 하기 시작한 시기와 대략 같은 기간인 1990년대 들어 한국 정치 · 경제에서 중요한 요소가 되었다.[17] 한국 경쟁법 경험에는 일본과 동일한 몇몇 요소들이 포함되어 있지만, 일본과 구분되는 중요한 요소들도 있다. 한국 경제의 놀랄 만큼 빠른 성장은 세계 경제 발전의 맥락에서 특히 가치 있는 사례 연구 대상이 된다. 다른 개발도상국들(특히 아시아 지역)은 한국의 사례를 참조하면서 자국의 경제 발전을 도모해 왔다.

1. 한국의 상황과 일본과의 비교

일본과 마찬가지로, 한국 전쟁 이후 빠른 경제 성장은 경제 정책에서 가장 중요한 과제로서 경제에 관한 규범적 프레임웍을 형성했다. 그 결과, 경제에 대한 정부의 강력한 영향력 행사 역시 한국 경쟁법 경험에 영향을 미쳤다. 한국은 1960년대까지도 '개발 도상에 있거나(developing)', 심지어는 '가난한(poor)' 국가로 분류되곤 했다. 한국은 40여 년의 기간 동안 경제적 번영을 달성했고, 고도의 산업화를 이룩했으며, 국제 경제에서 중요한 역할을 하게 되었다.[18]

한국 경제 발전 과정은 일본과 몇 가지 점에서 유사하다. 한국 정부는 빠른 산업화 달성에 경제적 역량을 집중했던바, 초기에는 중공업 분야에 이후에는 전자산업이나 기술기반 소비재 산업 분야 육성에 점차 관심을 기울였다. 전반적으로, 정부는 이러한 목적을 달성하기 위해 직접 기업을 소유하는 대신 강력하고 인정받는 중앙 관료 조직으로 하여금 산업정책을 입안하는 방식으로 경제 발전을 견인하고자 했다. 한국 정부는 세계 시장(특히 미국)의 수요를 공략하는 전략을 구사했다. 이 전략은 세계 시장에서 효과적으로 경쟁할 수 있는 소수의 기업들(통상 '재벌'로 알려져 있다)의 이해관계를 적극적으로 증진하는 것

---

17) 본서에서 한국은 모두 남한(공식 명칭으로는 대한민국)을 의미한다.

18) 이 기간 동안의 한국의 경제적 · 정치적 발전에 대해서는 예컨대 Samuel S Kim (ed), *Korea's Globalization* (Cambridge 2000) 참조.

에 집중했다. 그 결과 한국 경제는 전체적으로 재벌을 중심으로 조직화되어 이들이 원하는 바를 적극적으로 구현했다. 일본과 마찬가지로, 미국 정부는 특히 한국 전쟁 직후 경제 발전을 추진했던 한국 정부를 조력해 왔다. 1950년대 초반 한국 전쟁이 끝나자, 미국은 상당수의 자국 군대를 한국에 주둔시켰으므로 한국 경제의 빠른 발전과 정치적 안정에 매우 높은 전략적 이해관계를 갖고 있었다. 마지막으로, 한국과 일본에 내재된 유교 문화는 국민들로 하여금 근면, 성실하게 노력하도록 했고, 이를 통해 양국의 경제 발전에 기여했다.

그러나, 한국과 일본 간에는 뚜렷한 차이점들도 있다. 일본은 미국이 세계대전 후 주둔하기 전까지 역사적으로 외국의 침범을 받거나 외국으로부터 지배를 받지 않았던 반면, 한국은 반복적으로 외세의 압박을 받아 왔다. 그 결과, 한국의 정치 문화는 일본과 매우 상이했다. 한국의 급속한 산업화는 많은 부분 박정희에 의한 군사 독재 하에서 이루어졌던바, 그는 산업화 달성에 정부 역량을 집중했다. 이후 1987년 군사 정권이 끝나고 매우 역동적이고 경쟁력을 갖춘 민주주의가 등장했던바, 이는 자민당 및 그에 소속된 정치 엘리트들이 제2차 세계대전 이후 오랜 기간 동안 집권해 왔던 일본과 극명히 대비된다.[19] 이후 한국에서는 사회 민주 세력과 보수 세력이 번갈아 가며 집권했는데, 그 과정에서 공정과 평등의 문제가 정치적으로 중요한 역할을 했다. 민주화는 또한 소비자 그룹들이 국가 정책에 더 많은 영향력을 행사할 수 있는 기회를 제공했고 이들의 활동을 장려했다.

2. 경쟁법과 한국의 경제 발전

한국 경쟁법은 군사 정권에 의해 도입된 것은 아니다. 한국 정부는 해외로부터 금융 지원을 얻기 위해 해외 채권자들(특히 세계 은행)을 만족시킬 수 있는 내용의 완전한 경쟁법을 도입하라는 압박을 받았다. 일본이나 다른 여러 아시아 국가들과 달리, 한국은 자국 경쟁법(Monopoly Regulation and Fair Trade Act of 1980–'MRFTA')의 세부 내용을 자체적으로 결정할 수 있었다.[20] 이 법의 내

19) 한국의 민주화 과정에 관한 논의에 대해서는 예컨대 Chung-in Moon and Jongryn Mo (eds), *Democratization and Globalization in Korea: Assessments and Prospects* (Seoul 1999) 참조.

20) 경쟁에 관한 법은 그 이전(특히 1975년)부터 제정되긴 했었지만, 경쟁법 영역 전반에 관해 규

용에 누가 가장 큰 영향을 미쳤는지에 대해서는 논란의 소지가 있긴 하지만, 권오승 교수는 초안 작성에 주로 관여한 사람들 중 한 명이다. 권 교수는 독일에서 수학하면서 주로 독일 학자들로부터 조언을 받았다. 독일은 오랜 기간 동안 한국법 사고에 영향을 미쳐 왔고, 한국의 저명한 학자들 다수가 독일에서 수학했다. 그 결과, MRFTA는 독일 경쟁법으로부터 많은 영향을 받았다. 법제정 이후에도 경쟁당국의 관료들과 학자들은 법 해석, 집행 과정에서 독일 경쟁법 사례들을 참조했으므로, 독일 경쟁법의 영향은 더욱 제고되었다.

그러나, 1990년대 전까지 MRFTA 집행에 대한 정치적 지지는 미미했다. 한국 경쟁당국인 Korean Fair Trade Commission('KFTC')는 운영 원칙을 세우고, 정부 통제에서 벗어나는 과정을 겪고 있던 경제 상황에서 경쟁법에 대한 인식을 제고하려 했다. 민주주의가 복원되자 경제적(또한 정치적) 힘을 통제하는 수단으로서 경쟁법에 대한 관심이 제고되었다.[21] 한국의 급속한 경제 발전으로 인해 경쟁법을 지지하는 외부적 요인도 새롭게 생성되었다. 한국은 경제발전으로 외부적 압박에 급속히 노출되었다. 한국 관료들은 이제 OECD와 같이 국제 경제 정책을 논의하는 선진국들의 모임에 참여하게 되었는데, 이러한 모임에서 경쟁정책이 논의되곤 했다. 이러한 모임에서 진행되는 토의나 협의에서 일정한 목소리를 내려는 의욕은 경쟁법 발전의 인센티브가 되었고, 경쟁법을 집행하는 도구와 구체적인 방법론에 대한 인식을 제고시켰다.

1998년부터 2007년까지 중도진보 세력이 집권했는데, 이들 역시 재벌의 경제력에 대한 대중주의자들의 우려를 자주 대변하면서 경쟁법 발전을 지원하는 경향이 있었다. 권오승 교수는 2004년부터 2009년까지 KFTC의 위원장으로 재직했던바(역자 주-권오승 교수의 재직 기간은 2006. 2. 10.부터 2008. 3. 5.까지이므로 이는 저자의 착오로 보임), 그는 재직 기간 동안 재벌의 시장지배적 지위 남용 규제에 정책 역량을 집중했다. 권오승 위원장은 국무회의에 참석했고, 당시

정한 것은 MRFTA가 최초였다. 한국의 경쟁법과 경쟁 정책의 발전에 관한 논의에 대해서는 Youngjin Jung and Seung Wha Chang, 'Korea's Competition Law and Policy in Perspective' (2006) 26 Northwestern J Intl L & Bus 687 참조.

21) 한국의 경쟁법 발전에 관한 논의에 대해서는 Korean Fair Trade Commission, A Journey to Market Economy (Seoul 2004) 9-48 and Joseph Seon Hur, *Competition Law/Policy and Korean Economic Development* (Seoul 2006) 참조. 한국에서 '경쟁 문화(competition culture)'의 형성에 관한 논의에 대해서는 Dennis Hart, *From Tradition to Consumption: Construction of a Capitalist Culture in South Korea* (2nd edn Seoul 2003) 참조.

대통령이었던 노무현 대통령으로부터 전폭적인 지지를 받았다.[22] 권오승 위원장은 독일 경쟁법 및 그 집행 경험에서 도출된 실무례와 법원칙을 적용하려 하곤 했고, 언론을 활용한 새로운 방식으로 대중들이 이러한 요소들에 관심을 갖게 하기 위해 노력했다. 권오승 교수는 KFTC 위원장이 되기 이전부터 한국을 대표해 동아시아의 경쟁법 발전을 주도하기 시작했었고, 위원장이 된 후 자신의 철학을 적극적으로 정책에 반영했다.[23]

한국은 미국, 유럽의 경쟁법 담론을 급속도로 접하게 되었는데, 이 역시 또 다른 방식으로 한국 경쟁법 발전에 영향을 미쳤다. 이러한 담론에서, 미국 경쟁 당국의 관료들과 학자들은 보다 경제학에 기반한 경쟁법 관점을 발전시키고 있었고, 이는 유럽에서 그 영향력을 증대시키고 있었다. 이에 한국 역시 이와 동일한 방향으로 나아갈 인센티브를 갖게 되었다. 법학, 경제학의 소장 학자들은 독일보다 미국에서 수학하는 경우가 많았는데, 이들은 점차 한국의 경쟁법 논의에서 영향력을 제고해 나갔다.

재벌의 역할은 한국 경쟁법 발전에서 핵심적 논의대상이었다. 이러한 '거대 기업들(mega-firms)'은 한국 경제 발전을 견인해 왔으므로, 경쟁법을 활용해 이들의 경쟁력에 악영향을 미칠 수도 있는 규제를 하는 것에 대한 강한 저항이 있어 왔다. 다른 한편으로는, 재벌이 경제적·사회적으로 보유하고 있는 막대한 영향력으로 인해 대중들은 재벌에 대한 분노를 표출해 오곤 했다. 특히 재벌에 제품을 공급하는 다수의 중소 사업자들은 재벌에 의존하게 되는 경우가 빈번하므로, 제대로 협상력을 발휘하지 못하곤 한다. 이런 사정으로 이들 간에 체결된 계약을 공정하다고 할 수 있는지에 대한 의문이 제기된다. 이에 KFTC는 재벌의 권한 남용 규제에 역량을 집중해 대중들의 요구에 부응하라는 압력과 재벌의 국제 경쟁력을 저해하는 조치를 취해서는 안된다는 정치적으로 상반된 압력을 받고 있다.

---

22) Interview with President Oh-Seung Kwon, KFTC, Seoul, Korea (6 September 2006).

23) 예컨대 Oh-Seung Kwon, 'Applying the Korean Experience with Antitrust Law to the Development of Competition Law in China' (2004) 3 Wash U Global Stud L J 347 참조.

3. 한국과 세계화: 급속히 진행되는 경쟁법 발전의 역학관계

이상 간략히 살펴본 바에 따르더라도, 한국의 경쟁법은 일본과 상이한 경로로 발전해 왔음을 알 수 있다. 한국 경쟁법은 국내적 요인과 국제적 요인 간의 복합적인 상호작용에 영향을 받아 급속도로 발전해 왔다. 한국은 경제적 번영을 통해 국제 경제 기구에서 위상을 제고했고, 이러한 기구들과 연계된 국제경쟁법 네트워크의 급속한 발전에 참여할 인센티브를 더 많이 갖게 되었다. 한국의 관료들 및 정치인들도 국제 사회에 자국의 경쟁법을 자랑스럽게 알리기 위해 경쟁법을 발전시킬 인센티브를 더 많이 갖게 되었다. 추가적으로, 아시아의 경제 정책에 관한 논의에서 한국의 역할이 증대되었던바, 대부분의 아시아 국가들은 아예 경쟁법을 보유하고 있지 않았거나 극히 제한된 경험만을 갖고 있었으므로, 한국은 이들을 '선도하는(leader)' 지위에 있었다. 국내적으로는 경쟁법을 통해 이익을 얻을 수 있을 것이라고 생각했던 소비자들과 같은 집단들 및 시장지배적 남용행위 규제에 대한 약속을 통해 정치적 이익을 얻고자 했던 정당들이 민주화를 계기로 제대로 목소리를 낼 수 있게 되었다. 한국의 경쟁법 발전은 이와 같은 국내외의 정치 · 경제 · 사회적 요인들로부터 영향을 받아 이루어졌다.

C. 경쟁법과 중국의 사회주의 시장 경제

중국 최초의 경쟁법은 2007년에 제정되어 2008년 8월에 발효되었다.[24] 경쟁법은 1993년 시장 경제를 지향하는 조치들의 일부로 제안되었지만, 경쟁법 자체에 대한 거부감 및 일부 특정 조항들에 관한 갈등으로 인해 10여년 이상 도입 여부가 결정되지 못했다. 경쟁법 도입에 이처럼 오랜 기간이 걸린 것은 오늘날 심대한 세계화 상황에서 경쟁법 발전 과정에 작동하는 요소들에 대한 의미 있는 통찰을 제공한다. 중국은 이러한 압력들과 기타 다른 요소들의 영향

24) 중국 경쟁법 제정의 발전에 관한 상세한 논의에 대해서는 H Stephen Harris Jr, 'The Making of an Antitrust Law: The Pending Anti-Monopoly Law of the People's Republic of China' (2006) 7 Chicago J Int'l L 169, 174-83 참조. 중국 경쟁법 제정 과정의 역학관계에 관한 추가적인 분석에 대해서는 Gerber, *Economics, Law and Institution, supra* note 1를 참조하기 바란다. 나는 위 문헌을 상당 부분 참고해 이 section을 집필했다.

하에서 경쟁법을 제정, 발전시킨 최초의 국가이다.

중국의 경쟁법 경험은 두 가지 점에서 국제경쟁법 발전에 특히 중요하다. 첫째, 경제 · 법률적 양 측면의 세계화가 중국 반독점법 제정을 촉진했고 이는 내부의 다른 요소들과 결합해 반독점법의 구조를 결정했다는 점이다. 이런 요소들은 향후 중국 반독점법의 집행에 영향을 미칠 가능성이 높으므로, 이를 살펴봄으로써 중국 반독점법의 향후 집행 동향을 예측할 수 있을 것이다. 둘째, 중국이 세계 경제에서 차지하는 비중으로 인해 중국 반독점법의 발전, 적용이 세계 경제 전반, 특히 국제경쟁법 발전에 중요한 영향을 미칠 것이라는 점이다. 중국은 경쟁법 제정 과정에서 외부 요소들과 압박에 대응하는 한편, 자국의 경제 발전 및 이와 세계의 정치 · 경제 체제가 어떤 관계가 있는지에 대한 자국의 인식 변화를 드러내기도 했다. 중국의 경쟁법 발전은 특히 개발도상국들의 경쟁법 발전에 중요한 의미가 있다.

1. 중국의 경쟁법 발전 상황

중국 경쟁법 발전의 배경이 된 정치 · 경제 · 문화 상황은 몇 가지 측면에서 일본, 한국과 유사하다. 이 국가들은 모두 유교적 전통에 뿌리를 두고 있어 중앙 관료 조직의 역할을 인정하고 국가의 경제에 대한 적극적 개입을 지지한다. 유교적 전통은 정책 결정 과정에서 사회 전체의 조화를 중시하고 국가, 집단, 개인의 이해관계의 조율을 강조하는 반면, 개인의 경제적 자유에 대해서는 상대적으로 관심을 덜 갖는 경향이 있다. 또한, 빠른 경제 성장이 어떤 가치보다도 우선적인 정책 목표였다. 이들 국가들은 모두 다른 시기(일본은 1950년대부터 1980년대까지, 한국은 1970년대부터 1990년대까지, 중국은 1980년대부터 2000년 초반까지)에 급속한 경제 성장을 이루었고, 경제 정책의 목표에서 일부 차이가 있긴 하지만, 자국의 상황에 맞는 성공적인 경제 성장 모델을 구축했다는 공통점이 있다.

그러나, 중국은 다른 측면들에서 한국, 일본과 근본적으로 다른 상황에 있었다. 19세기 엄청난 사회적 혼란은 군벌의 등장, 외세 침략이라는 굴욕으로 이어졌고 이후 20세기 공산주의의 등장으로 중국 문화의 양상과 여러 행동 양식에 근본적인 변화가 일어났다. 뿐만 아니라, 중국은 영토가 방대하고 인구가 많아 상대적으로 영토가 작고 통합되어 있었던 일본, 한국과는 실질적으로 상황이 달랐다. 중국 중앙정부는 1949년 이후 전체 주민을 통제해 왔지만, 지방 정부들은 종종 정치적으로 강력한 의견을 냈던바, 양 정부가 추구하는 정책 목표들이 충돌해 긴장이 조성되는 경우도 종종 있었다. 마지막으로, 중국의 정치적·이론적 지도자들은 아주 최근까지도 외부(특히 미국, 유럽)와 지금보다 훨씬 덜 접촉해 왔다.

추가적으로, 중국에 관한 다음의 몇 가지 측면들은 중국 경쟁법 발전을 분석함에 있어 특히 유용하다. 첫째, 정치 지도자들의 권력 기반이다. 1949년 이후, 중국 정치 지도자들은 세 가지의 목적, 즉 거의 1세기에 걸친 굴욕과 분열의 역사 이후 중국을 재통합하는 것, 세계에서 중국의 위상을 새롭게 확립하는 것, '인민(masses)'에게 나름대로 '공정(fair)'하다고 인식되는 빠른 경제 성장을 위해 공산당이 권력을 보유해야 한다고 주장함으로써 정치 권력을 정당화해 왔다. 이 목적들은 서로 연관되어 있다. 중국의 통합과 위상 제고는 상당 부분 경제 성장에 의존하고, 경제 성장은 국민 전체의 지지에 크게 의존한다. 이러한 상호 연관으로 인해 중국 정부는 빠른 경제 성장을 지속해야 한다는 강력한 압박을 받았다.

공산당의 이념은 이러한 목적에 대한 열망을 강화했을 뿐만 아니라 이러한 열망을 적절히 분출시키기도 했다. 공산당 이념은 '인민'을 이롭게 할 것을 약속했던바, 이는 공산당이 모두에게 충분한 일자리를 보장하고, '공정한(fair)' 소비자 가격을 제공하겠다는 의미로 이해되었다. 마오 쩌둥 주석이 내걸었던 구호(rhetoric)는 없어졌지만, 정부가 인민이 원하는 바를 실현해야 한다는 그의 사상은 후진타오 총서기에 의해 21세기부터 10년간 새롭게 조명 받아 (물론 가끔씩 의문이 제기되긴 했다) 여전히 강력히 유지되고 있다. 이로 인해 경제 발전에 대한 필요성과 중국 사회에 경쟁을 내재화할 필요성 간의 긴장관계가 조성되었다. 이런 상황에서 경쟁법은 어느 정도까지는 이 두 필요를 모두 충족시키는 도구로 활용될 수 있다.

세계화는 중국 경쟁법 발전을 견인했다. 전세계가 중국의 경쟁법 발전에 높은 관심을 보였고, 그만큼 영향을 미치고자 많은 노력을 기울였다. 외국의 학자들은 물론 관료들, 법률가들, 기업의 지도자들 및 이들의 조언자들(advisors)은 공개 대상이 아닌 중국 경쟁법안의 사본을 얻기 위해 많이 노력했고, 법안이 변경될 경우 이를 기초하는 사람들이 어떤 생각을 하고 있는지 끊임없이 추측했다. 다른 국가들과 비교할 때, 중국 경쟁법 제정에 대한 사람들의 관심, 분석, 압박은 유례 없는 것이었다.[25)]

2. 경쟁법을 향한 오랜 여정

중국 반독점법 제정에 오랜 기간이 소요된 것은 공산당 관료 조직 내에서 경쟁법의 필요성 및 내용에 관한 합의 도출이 어려웠음을 의미한다. 경쟁법 제정 움직임이 시작된 1994년 중국은 시장 경제 경험이 일천했고, 1949년 '새로운 중국(new China)' 건국 이후 대부분의 기간 동안 경쟁은 사회적으로 높은 가치를 인정받지 못했다. 중국 반독점법이 제정된 2008년에 이르기까지 중국은 세계 경제에 깊숙히 참여했고, 시장 경제를 통해 놀라운 경제 성장을 일구어 냈다. 이러한 급속한 변화로 인해 중국 내에서 경쟁법 프로젝트에 관한 갈등은 필연적인 것이었다.

중국 경쟁법 제정을 저해했던 두 가지 요소들이 있었다. 첫째, 경쟁법 제정이 갖는 상징적 의미이다. 공산당 이념은 중국 사회에서 경쟁의 가치를 인정하는데 소극적 입장을 취해 왔다. 국가와 공산당이 경제를 통제해야 한다는 인식이 일반적이었는데, 경쟁법은 이에 배치되는 것이었다. 경쟁법은 경쟁이 경제 체제의 중심이 되어야 함을 의미할 뿐만 아니라, 국가에게 경쟁 과정을 적극적으로 보호하라고 요구한다. 경쟁법이 제정되면 일반적 인식과 갈등이 생성되게 되고, 이는 중국의 정치적 리더십에 영향을 미칠 수밖에 없었다.

둘째, 공산주의 이념에서 발전한 경제 및 지배 구조에 기반한 요소들이다. 국가 소유 기업들(state-owned enterprisers–'SOE')은 중국 반독점법 제정을 반대하는 주요 요소였다.[26)] 국가 소유 기업들은 특히 1990년대 들어 그 수가 감소

25) 중국 경쟁법은 미국이나 유럽과는 근본적으로 다른 상황에서 발전했다. 이들 지역들의 경우 의사결정권자들은 경쟁법을 발전시킴에 있어 기본적으로 자국의 요구 사항이나 정치적인 인센티브만을 살펴 보았다. 반면, 중국의 경우 중국 경쟁법이 전세계에 엄청난 영향을 미칠 것으로 전망되었던 탓에 외부로부터 엄청난 관심과 압박이 있었던 결과, 중국의 지도자들은 이러한 외부적 요소들에 관심을 갖지 않을 수 없었다.

26) 예컨대 Lillian Yang, 'Anti-Monopoly Law for Review' *South China Morning Post* (7 November 2006); Westlaw 2006 WLNR 19250668, 4 참조.

했지만, 중국 반독점법 법안이 작성될 당시에도 여전히 다수가 있었다(이들은 오늘날에도 잔존하고 있다). 한편, 강력한 권한을 갖고 있는 정부 부처들은 여러 주요 시장에서 시장지배적 지위 또는 보호받는 지위에 있는 기업들을 직간접적으로 지배, 통제하고 있었다. 이런 기업들의 경영, 관리 업무를 담당하는 관료들, 관리자들에게 경쟁법은 자신들의 권한(시장을 통제하고 시장에서 활동하고 있는 기업들의 자원을 배분할 권한)을 제한할 가능성이 있었으므로 위협을 느꼈다. 예를 들면, 경쟁법은 시장지배적 기업이 높은 가격을 부과하거나 신규 기업의 시장진입을 방해하기 위해 계약을 체결하는 것을 금지할 수도 있다.

이상과 같은 저해 요소들에도 불구하고, 점차 경쟁법 도입을 지지하는 인센티브들과 고려 사항들이 우세해지기 시작했다.[27] 그 중 하나는 국가, 성, 지방 등 중국의 모든 정부들이 경쟁이 자신들의 목표(정치적 측면의 목표일 수도 있고 다른 측면의 목표일 수도 있다) 실현을 위해 필요한 자원을 조달할 수 있게 하는 경제 성장을 가능케 한다고 약속하고 있음을 인식했다는 점이다. 중국 정부는 자금과 (막대한 인구에 제공할) 일자리를 필요로 했다. 더욱이, 중국은 해외자본을 유치해 빠른 경제 성장을 추구하는 전략을 주로 취해 왔는데, 시장을 개방하면 해외 투자자들의 관심이 전반적으로 증대되는 경향이 있었다.

여러 이념적 요소들도 경쟁법 도입을 지지했다. 경쟁법 도입에 관한 논의가 이루어졌던 수년 동안, 후진타오 총서기 및 기타 정부 지도층 인사들은 중국 사회 내에서의 '부의 분배(spreading wealth)'에 각별한 관심을 가졌던바, 경쟁 과정을 개선하면 중국 사회 전반에서 개인과 기업들에게 보다 낮은 가격, 보다 많은 경제적 기회가 제공될 것이므로, 정부는 경쟁법 도입으로 이를 위해 노력하고 있다고 주장할 수 있게 될 것이었다.[28] 정부 역시 경제 체제의 효율성을 증대해야 한다는 점을 강조했던바, 경쟁법은 이 목적에도 부합했다.[29] 이에 더해 경쟁법은 중국 정부가 강조했던 '법의 지배(rule of law)' 원칙에도 부합

27) 중국 경쟁법 상황에서의 인센티브 이슈들에 관한 논의에 대해서는 Bruce M Owen, Su Sun, and Wentong Zheng, 'Antitrust in China: The Problem of Incentive Compatibility (2005) 1 J Competiton L & Econ 123 참조.

28) 예컨대 Joseph Kahn, 'China Worries About Economic Surge That Skips the Poor' *New York Times* (4 March 2005) A 10 참조.

29) 예컨대 Dali Yang, *Reforming the Chinese Leviathan: Market Transition and the Politics of Governance in China* (Palo Alto, California 2004) 65-109 참조.

했다.[30] 물론 중국 정부가 법의 지배라는 용어를 어떤 의미로 사용했는지는 언제나 명확하진 않았지만, 경쟁법은 정부의 경제에 대한 개입이 단순히 정치적 호불호나 개인적 이익이 아닌 법률적 절차에 따라 이루어져야 한다는 입장을 취했으므로 법의 지배에 관한 기본적 아이디어를 전반적으로 지지했다. 따라서 경쟁법은 시장이 사회의 자원 분배 과정에서 중심적인 역할을 해야 한다는 점을 지지할 뿐만 아니라, 관료들의 수뢰 또는 경제에 대한 부적절한 영향력 행사에 대한 점증하는 비판을 무디게 하기도 했다. 마지막으로, 경쟁법은 정부가 소비자 보호를 통해 '인민(the masses)'도 보호한다는 주장에 활용될 수도 있었다.

해외에도 경쟁법 도입을 지지하는 요소들이 있었다. 중국 지도자들은 대부분의 선진국들이 경쟁법을 운용하고 있고, 경쟁법이 경제발전에 기여했다는 점에 대한 광범위한 믿음이 있음을 잘 알고 있었다. 이들은 또한 경쟁법이 전반적으로 시장을 지지하는 법적 프레임웍에서 사실상 필수적인 요소로 인식되고 있다는 점도 알고 있었다. 따라서, 중국이 시장경제를 도입, 운용하고자 하면, 경쟁법을 보유할 필요가 있다는 결론이 도출될 수 있었다. 더욱이, 미국, 유럽 정부들은 물론 OECD, UNCTAD와 같은 국제 기구들까지도 중국 지도자들에게 경쟁법 도입을 촉구했다. 결정적인 계기는 중국의 WTO 가입이었다.[31] 물론 경쟁법 도입이 WTO 가입조건은 아니었지만, WTO 가입으로 무역 장벽을 축소하고 시장 경제 원칙을 지지할 일반적 의무가 부과되었다. 경쟁법은 가입국이 이러한 의무를 진지하게 이행할 의사를 갖고 있음을 나타내는 일종의 대리변수(proxy) 역할을 할 수 있다. 중국 관료들에게 경쟁법 도입은 국제 사회에서의 중국의 역할을 확대하고자 하는 의사를 알리는 것이었고, 이러한 의사 전달은 실제로 중국의 역할 확대에 대한 승인과 지지를 얻어내는 과정에서 중요한 가치가 있었다.

---

30) 이에 관한 논의에 대해서는 Randall A Peerenbom, *China's Long March toward the Rule of Law* (Cambridge, Massachusetts 2002) and Albert H Y Chen, 'Discussion in Contemporary China on the Rule of Law' in *The Rule of Law: Perspective from the Pacific Rim* (Washington DC 2000) 13 참조.

31) WTO 가입이 중국 법체제에 미친 영향에 관한 논의에 대해서는 Donald C Clarke, 'China's Legal System and the WTO (2003) 2 Wash U Global Leg Stud Forum 97 참조.

3. 경쟁법 제정에 영향을 미친 요소들

중국 경쟁법 도입에 영향을 미쳤던 요소들 중 대다수는 경쟁법의 구체적 유형과 내용에도 영향을 미쳤다. 그러나, 경쟁법의 유형과 내용을 결정하는 과정에는 더욱 많고 더욱 복잡한 이슈들이 있었다. 중국 내의 경쟁법 전문가들뿐만 아니라 중국 경쟁법 내용에 영향을 미치고자 했던 많은 해외 기관들이 경쟁법에 관한 많은 제안을 했던바, 의사결정권자들은 이 중에서 선택해야만 했다. 본서는 개별 조항별로 이러한 영향들을 확인하는 대신 이에 관한 일정한 패턴을 확인하고자 한다. 경쟁법 제정 추진 초기, 중국 관료들은 해외의 조언과 정보를 필요로 하긴 했지만, 해외 입법례를 그대로 '차용하는(borrowing)' 방식으로 경쟁법을 제정하진 않을 것이라는 입장을 분명히 했다. 이들은 중국의 정치 · 경제 상황에 부합하는 경쟁법을 제정할 필요가 있음을 강조했다.[32] 이들의 입장은 중국 경쟁법에 영향을 미치려는 요소들과 총체적인 긴장관계를 형성했고, 중국 경쟁법 초안 내용에 영향을 미쳤다.

외국의 경쟁법 경험에 대한 중국의 인식, 외국으로부터 제공되는 정보에 대한 중국의 해석은 이상과 같은 긴장관계에 영향을 미쳤다. 예를 들면, 외국 경쟁법 모델 및 법집행 경험이 얼마나 참고할 수 있는지는, 중국이 이를 얼마나 효율적인 것으로 인식하는지, 이를 중국의 정책 선택시 얼마나 반영할 수 있다고 인식하는지에 따라 결정되었다. 외국 경쟁법 모델 및 법집행 경험의 참고 정도는 중국 관료들이 자신들이 활용할 수 있는 경제 이론이나 특정 전문역량의 근원에 얼마나 확신을 갖고 있는지에 따라 결정되기도 했다. 중국 학자들과 지도자들은 1990년대 이전까지 경쟁법에 관한 세계적인 이론적 논의에서 상대적으로 소외되어 있었고, 그 이후에도 언어 등 현실적인 문제로 인해 해외 법률 자료를 쉽게 접하기 어려웠으므로, 이러한 문제점들이 더욱 중요하게 부각되었다.

중국이 경쟁법 전반에 대한 경험이 없었음을 고려할 때, 중국에게는 경쟁

---

32) 예컨대 Dongsheng Li, Deputy Director-General of the State Administration for industry and Commerce (SAIC), 'China Needs and Antitrust Law' (Comments at International Competition Law Forum, Beijing on 18 June 2005) 〈http://www.saic.gov.cn/hdxw/news/.asp?newsid=771〉 참조.

법을 도입하는 과정에서 해외의 경쟁법 경험들과 경쟁법 모델들을 참조하는 것 이외에 사실상 다른 선택의 여지가 없었다. 중국 정부와 유관 기관들은 해외 자료들, 특히 2000년경 이후 자료들로부터 정보와 아이디어를 얻기 위해 노력했다. 예를 들면, 중국 정부와 중국 사회과학원(the Chinese Academy of Social Science)은 수차례에 걸쳐 해외의 전문가들을 초청해 컨퍼런스와 토론회를 개최했고, 중국 관료들과 학자들은 해외 경쟁법에 관한 정보를 얻기 위해 여러 차례 미국, 유럽으로 연구 출장을 가기도 했다. 외국 정부들과 국제 기구들 역시 중국의 경쟁법 도입을 담당하는 관료들과 논의하기를 원했다. 미국, 유럽, 독일, 일본, 호주, 한국의 경쟁당국 관료들은 경쟁법 이슈를 논의하는 한편, (아마도) 그 내용에 영향을 미치기 위해 베이징을 방문한 것으로 알려져 있다.

1990년대 중반 중국 경쟁법 초안을 작성하는 단계 초기 중국 관료들과 학자들의 해외 경쟁법 지식은 매우 제한적이었다. 해외 경쟁법 및 법집행 경험에 관해 심도 깊은 연구를 차치하고 어느 정도라도 연구를 한 사람들이 거의 없었다. 해외 경쟁법 및 법집행 경험에 관한 책이나 이를 심도 깊게 분석한 논문들도 거의 없었다. 이러한 상황은 한편으로는 중국 내 극소수의 전문가들과 자료들의 영향력을 더욱 제고했지만, 다른 한편으로는 중국 의사결정권자들로 하여금 해외 경쟁법에 관한 지식 습득을 위해 외국 경쟁당국 관료들 및 학자들과의 논의에 많이 의존하도록 했던바, 이들은 이를 통해 외국의 관료들과 학자들 역시 자신들만의 아젠다와 편견을 갖고 있음을 인지하게 되었다. 그러므로, 전반적으로 볼 때 중국 의사결정권자들이 경쟁법 초안을 작성하는 과정에서 참조했던 지식들은 종종 불충분했고, 이에 경쟁법 제정에 대한 회의적인 시각에서 비판이 제기되곤 했다.

중국이 참조한 해외 경쟁법 지식에는 일본과 한국의 경쟁법 경험도 포함되어 있었지만, 미국과 유럽의 경쟁법 경험에 관한 정보가 주를 이뤘다. 이러한 지식 기반은 언어적 요인에 의한 것이다. 중국 관료들과 학자들이 영어 이외의 외국어에 익숙치 않았기 때문에 이들이 얻을 수 있었던 자료들 중 그 내용을 이해할 수 있었던 것은 주로 영어로 된 것들이었다. 영어로 된 자료들이 주로 미국 반트러스트법과 그 법집행 경험에 관해서만 초점을 맞추고 다른 국가들의 경쟁법에 대해서는 극히 제한적으로 기술하거나 피상적으로 논의했던 것은 놀라운 일이 아니다. 예를 들면, 독일은 미국을 제외하면 전세계 어느 국가와 비교하더라도 훨씬 더 광범위한 경쟁법 경험을 갖고 있지만, 거의 대부분의 중국 관료들이 독일어를 읽을 수 없었으므로, 그 경쟁법 경험은 미국에 비해 극히 제한적으로 참조되었을 뿐이었다.[33]

중국의 의사결정권자들이 얻게 되는 정보 유형은 정보획득에 소요되는 비용과 특정 정보를 얻으려 하는 의사의 강도에 따라 영향받았다. 중국 관료들은 전반적으로 현재 유효한 경쟁법(실체법)과 그 집행 실무에 관한 정보를 가장 낮은 비용으로 얻을 수 있으면서도 가장 직접적으로 유용한 정보로 여겼다. 이들에게 긴급했던 이슈는 경쟁법을 어떻게 발전시켜야 하는지였던바, 이를 위해서는 현재와 과거의 실무를 면밀히 비교할 필요가 있었지만, 과거 실무에 대한 정보를 얻고 이를 평가하는 것은 더 어려운 일이었다.[34]

중국은 특히 미국 반트러스트법 경험에 관심을 가질 여러 인센티브들이 있었다. 미국은 경쟁법의 '원조(father)'로 널리 인정받아 왔고, 특히 다른 국가보다 훨씬 광범위한 반트러스트법 경험을 갖고 있었다. 엄청난 수의 반트러스트 사례들이 보고되고, 그 중 다수가 사실적, 법률적 이슈에 대한 분석뿐만 아니라 사실관계 자체에 관한 상세한 자료들을 담고 있다. 미국 반트러스트 사례들은 최종 판결까지 수년이 소요되고 놀랄 만큼 광범위한 이슈들과 상황들을 다룬다. 뿐만 아니라, 미국 반트러스트법에 관한 학계, 실무계의 문헌은 다른 어느 지역과 비교하더라도 훨씬 광범위하다.[35] 이로 인해 미국 반트러스트법은 특히 중요한 정보의 원천이 되었고, 학자들과 관료들 역시 이를 연구할 인센티브를 갖게 되었다. 추가적으로, 이처럼 광범위한 경쟁법 경험으로 인해 미국 반트러스트법 모델이 다른 어느 지역보다도 세련되고 발전된 경쟁법 모델이 되었다는 추정이 생성되기도 했다.[36] 마지막으로 특히 중요한 인센티브로

---

33) 그럼에도 불구하고, 중국 경쟁법 분야에서 가장 영향력 있는 전문가라 할 수 있는 중국 사회과학원 {the Chinese Academy of Social Science (CASS)}의 Wang Xiaoye 교수는 독일에서 박사학위를 받았고 중국에 독일 경쟁법에 관한 많은 정보를 소개했다.

34) 유럽 경쟁법 발전에 관해 방대하고 상세한 연구를 담고 있는 나의 책이 중국에서 중국어로 번역되어 출간된 것은 이러한 관심을 보여주는 하나의 사례에 해당한다. David J Gerber, *Law and Competition in Twentieth Century Europe* (Oxford 1998; paperback edn 2001) 참조.

35) 미국 반트러스트법이 미국 이외 지역의 경쟁법에 관한 생각에 수행했던 역할에 관한 논의에 대해서는 David J Gerber, 'Comparative Antitrust Law' in Mathias Reimann and Reinhard Zimmermann (eds), *Oxford Handbook of Comparative Law* (Oxford 2007) 1193-1224 참조.

36) 미국은 오랜 경쟁법 경험을 통해 세련된 경쟁법을 이룩했지만, 이러한 미국의 경험이 중국의 경쟁법 집행 조직의 상황에서도 당연히 유용할 것이라고 보기는 어렵다. 미국 경쟁법 경험이

서 미국 반트러스트법이 경쟁법 분야에서 지배적인 지위를 보유하고 있었다는 점을 들 수 있다. 미국 반트러스트법은 경쟁법에 관한 여러 논의에서 공통적인 참조 대상이었고, 최근 미국 경제가 성공을 거두고 유럽이 미국 반트러스트법과 보조를 맞추기 위해 노력하고 있는 점을 고려할 때, 많은 사람들은 미국 반트러스트법이 전세계가 따라야 할 경쟁법 모델일 수 있다고 생각했다.

그러나, 미국 반트러스트법에 관한 정보의 참조 가치를 낮추는 요소들도 있었다. 아마도 가장 중요한 것으로 들 수 있는 것은, 미국의 반트러스트법 경험 자체가 특이하고, 미국과 중국의 정치・경제・역사적 상황이 매우 다르다는 점이다. 이로 인해, 미국 반트러스트법 경험이 중국에 적합하다는 주장의 설득력은 감소했다.[37] 더욱이, 미국이 어떤 특정한 경쟁법 방향으로 '밀어부치기(push)' 위해 압박하는 것이 일종의 강제로 비춰질 수 있었던바, 적어도 일부 중국 지도자들과 관료들이 이에 저항하려는 인센티브를 받았다는 점을 나타내는 사례들이 있다.

유럽 경쟁법 역시, 비록 미국보다도 훨씬 더 제한적인 정보가 제공되었을 뿐이었지만, 중국 경쟁법 초안 작성에 영향을 미쳤다. 중국 경쟁법 초안을 작성하는 사람들은 전반적으로 '유럽식(European)' 모델을 따랐는데, 특히 독일 경쟁법으로부터 많은 영향을 받았다.[38] 그 이유 중 하나는 유럽의 법체제(특히 독일법)가 전통적으로 중국에서 높은 위상을 갖고 있었기 때문이다. 중국 법체제는 독일 기타 유럽 국가들에서 유래한 특징들을 많이 포함하고 있었던바, 이러한 특징들은 일본을 통해 전파된 경우가 빈번했다. 이러한 상황은 유럽 경쟁법이 중국 법체제에 더 잘 '들어 맞을(fit)' 것이므로 중국에 가장 적합할 것이라는 주장의 근거로 활용되는 경향이 있었다.

마지막으로, 중국의 관료들과 학자들은 또한 일본과 한국의 경쟁법 및 그 집행 경험에 관한 많은 자료를 얻을 수 있었던바, 이로 인해 얻어진 지식들은

중국에 어떠한 기여를 할 수 있을 것인지에 관한 논의에 대해서는 David J Gerber, 'Constructing Competition Law in China: The Potential Value of EU and US Experience' (2004) 3 Wash U Global Stud Rev 315.

37) Ibid, at 319-21.

38) Xiaoye Wang, 'Issues in the Drafting of China's Anti-Monopoly Law' (2004) 3 Wash U Global Stud L Rev 285-296 참조. 중국 경쟁법은 유럽 경쟁법과도 많은 면에서 유사하다. 이에 관한 논의에 대해서는 예컨대 Mark Furse, 'Competition Law Choice in China' (2007) 30 World Comp L Rev 323-40 and Harris, *supra* note 24 참조.

비교적 높은 가치를 인정받았다. 일본과 중국의 법체제에 비슷한 면이 많음을 고려할 때, 중국은 앞서 독일법에 관해 살펴보았던 것과 비슷한 이유로 일본법에 많은 관심을 갖고 있었다. 일본법은 중국법의 중요 내용의 원천으로서 전반적인 영향을 미쳤고, 일본은 동아시아에서 경쟁에 관해 가장 방대한 경험을 갖고 있었다. 그러나, 일본과 중국 사이에는 엄청난 상이점들이 있었고 20세기 일본이 중국에 저질렀던 행위로 인한 반일감정이 여전히 존재하고 있었으므로, 일부 중국인들에게는 일본의 영향력이 다소 줄어들었다. 한국의 경쟁법 경험은 최근의 것으로서 일본만큼 방대하진 않지만, 한국이 이미 겪었던 것과 상당히 비슷한 몇몇 중요한 문제들을 맞닥뜨린 중국에게 역시 중요한 참고 대상이었다.

외국 경쟁법 및 그 집행에 관한 정보들을 받아들이고 해석하는 과정에는 많은 요소들이 영향을 미쳤다. 이러한 인지 구조(cognitive structure)에는 외국 경쟁법에 관한 정보를 걸러내고 걸러진 정보를 중국의 의사결정권자들의 사고와 논의에 재배치하는 메커니즘이 포함된다. 본서는 경쟁법 이슈들에 관한 중국의 사고 방식 형성에 영향을 미쳤던 것으로 보이는 몇 가지 요소들을 살펴보기로 한다.

첫째, 중국어이다. 중국에서 '경쟁'이란 개념은 세계 대전 이후 1979년 이전까지 정책 결정 과정에서 고려되지 못했고, 그 이후 완만하게 공감을 얻었을 뿐이었다. 1990년대에 접어든 지 한참이 지날 때까지도 경쟁은 주로 경멸적이거나 기껏해야 모호하고 의심스러운 느낌으로 사용되고 있었던 것으로 보인다. 중국 경쟁법 분야에서 영향력 있는 전문가 중 한 명인 Xiaoye Wang의 설명과 같이 경쟁은 '사악한 자본주의자들이 고안한 괴물(evil capitalist monster)'로 여겨졌다.[39] 경쟁법에서 사용되는 용어들은 특히 생소해서 해외 경쟁법에 관한 정보를 제대로 받아들여 이해하기가 쉽지 않았다. 예를 들면, 중국 경쟁법 논의에서 '효율성(efficiency)'과 '실효성(effectiveness)'이라는 용어들은 제대로 구분되지 않곤 했던바, 경쟁법에 관해 가장 많은 지식을 갖고 있는 사람들조차 이를 혼동하곤 했다. 이는 중국 언어 자체의 문제라기보다 이들이 미국·유럽의 경쟁법 논의의 개념, 사상에 대한 경험이 일천했기 때문이다.

39) Xiaoye Wang, 'Recent Development in Chinese Legislation on Antitrust Law' (Paper presented at the Asian Competition Law Forum on 12 December 2005).

정치적 구호(rhetoric) 또한 외국 경쟁법 경험에 대한 인식에 영향을 미칠 수 있는 인센티브 기타 이에 관련된 요소들을 생성해 냈다. 중국은 20년 이상 스스로 '사회주의 시장 경제(socialist market economy)'라 칭하는 경제 체제를 추진해 왔다. 이 개념은 전반적으로 경쟁의 본원적 가치를 최대한 낮추는 이념적 프레임웍에 뿌리를 두고 있다. 이런 관점에서 경쟁의 가치는 어떤 결과를 가져왔는가(즉, 경제 발전을 얼마나 효과적으로 촉진했는가)라는 관점에서만 평가받는다. '경쟁'의 가치는 몇몇 부정적 관념들과 연계됨으로써 긍정적 가치로 인정받기 어려웠을 뿐만 아니라, 철저히 경제 발전이라는 목표를 어느 정도 구현했는가라는 도구적 가치로서만 긍정적인 평가를 받을 수 있었다. 이러한 견해가 지배적인 한 경쟁법은 독립적인 위상을 확보하지 못하고 상황에 따라 경제 발전이라는 목표를 실현하는 과정에서 더 중요하다고 인정되는 다른 정책적 고려에 우선순위에서 열위에 처하기 쉽다.

과거 중국의 경험 역시 외국 경쟁법 경험에 대한 인식에 영향을 미쳤다. 역사적으로 정부는 경제 활동에 상당한 영향력을 행사해 왔고, 1949년부터 아주 최근까지 사실상 경제 활동을 직접 조종한다고 할 정도로 영향을 미쳐 왔다. 그 결과, 경쟁 과정을 보호한다는 생각, 시장의 자연적인 힘을 제한해서는 안된다는 생각, 시장이 경제 · 사회에서 중심 역할을 해야 한다는 생각은 생소한 것이었다. 뿐만 아니라, 지난 1세기 반 동안의 중국의 역사적 경험으로 인해 외국의 영향에 대한 강력한 반감이 있었다. 경쟁법이 '외국'에서 유입되었고 서구의 정치 · 경제적 이해관계에 우호적인 법으로 의심받았던 점을 고려하면, 경쟁법 도입에 대해 외국의 영향에 대한 공포 · 우려 · 문제제기가 있었던 것은 당연한 것이었다. 중국이 다른 국가들과 달리 '특별하다(special)'는 중화사상은 아마도 중국 역사에서 가장 근간이 되는 요소라 할 수 있다.[40] 중국은 비록 서구의 발전 중 중요한 내용을 따르고 여전히 미국, 유럽이 주도하는 국제 사회에서 나름대로의 역할을 수행하고자 했지만, '서구(the West)'에 그대로 동화되길 바라지는 않았다. 이로 인해 중국에서는 경쟁법의 역할과 가치에 대해 회의적인 시각이 생성될 수밖에 없었다.

마지막으로, 중국인들이 자국 기관들의 역할, 역량에 대해 갖고 있던 인식

40) 중국의 '신 민족주의(new nationalism)'에 관한 논의에 대해서는 Peter Hays Gries, *China's New Nationalism: Pride, Politics and Diplomacy* (Berkeley, California 2004) 참조.

은 경쟁법에 관한 의사결정을 하고 해외의 경쟁법 경험을 중국의 상황에 맞게 변용하는 역할을 하는 사람들의 인센티브에 영향을 미쳤다. 중국 기관들에 대한 인식은 법규 준수를 제고하기 위해 어떤 기관들을 어떤 방식으로 활용할 경우에 대한 비용 · 편익을 추산하는 데에도 영향을 미쳤다.

여기에서는 이 중 두 가지만을 언급하기로 한다. 첫째는 법원에 대한 인식이다. 법원은 미국 반트러스트법 집행에서 중추적 역할을 하고, 유럽에서도 중요한 역할을 하곤 한다. 그러나, 외국 경쟁법 경험을 활용함에 있어, 중국 관료들은 자국 법원이 미국, 유럽에 비해 몇몇 중요한 측면에서 다르다는 점을 인지했다.[41] 예를 들면, 적어도 정치 · 경제적으로 민감한 사건들에 관한 한 중국 내의 많은 지역에서 법원의 독립성에 대해 의구심이 있었는데, 경쟁법 사건들의 다수는 정치 · 경제적으로 민감한 요소들을 포함하고 있었다.[42] 중국 정부는 법원의 독립성 증진을 위해 여러 조치들을 취했고, 이는 베이징이나 상하이 같은 대도시에서는 상당한 효과가 있었다. 그러나, 법원의 독립성에 대한 의구심은 여전히 남아 있었던바, 이는 사법부가 경쟁법 체제에서 중요한 임무를 부여받지 못하는 요인이 되었다. 중국 경쟁법에서 법원의 역할에 영향을 미쳤던 추가적인 요소는 법관들이 경제 관련 법 분야에 대해 충분한 훈련을 받거나 숙련된 역량을 갖추지 못했다는 점이었던바, 이는 법관들에게 경쟁법의 적용 및 집행 권한을 부여하는데 주저하게 하는 요인이 되었다.

또 다른 요소로 언급할 수 있는 것은 행정부의 의사결정에 대한 인식이다. 중국 관료 조직은 오랜 역사를 갖고 있고 높은 평가를 받아 오곤 했다. 관료 조직은 현대 중국에서도 높은 위상을 갖고 권위를 유지해 왔으며, 이에 우수한 사람들은 관료 조직에 들어가려는 인센티브를 갖게 되었다. 그럼에도 불구하고, 관료 조직의 의사결정에서는 정치적 요소들이 중요한 역할을 하곤 했고, 이에 관료들 역시 시장이 스스로 발전하도록 방임하기보다 경제 과정을 통제하려는 인센티브를 갖게 되었다.

41) Mark Williams는 중국 사법체제의 불완전함이 중국 경쟁법의 효과적인 발전을 가로막는 장애물이라고 주장한다. Mark Williams, *Competition Policy and Law in China, Hong Kong and Taiwan* (Cambridge 2005) 412-36.

42) 경쟁법 분야에서의 법원의 독립성의 발전에 관한 논의에 대해서는 예컨대 Stephanie Balme, 'The Jurisdiction of Politics and the Politicisation of the Judiciary in China (1978-2005)' (2005) 5 Global Jurist Frontiers 1 〈http://www.bepress.com/gj〉 참조.

중국 기관들이 구체적 임무를 수행하는 능력과 방식에 대한 이상과 같은 인식들은 경쟁법이 작동할 수 있는 방식, 경쟁법이 작동해야 하는 방식 —즉, 누가 어떤 임무를 할 것인가— 에 관한 생각에도 영향을 미쳤다. 이러한 인식들은 법집행 기관에 어떤 임무를 부여하고, 어느 정도의 재량권을 인정할 것인지에 대해서도 영향을 미쳤다. 이는 나아가 중국 상황에서 경쟁법의 가능성과 한계에 관한 생각에도 영향을 미쳤다.

외국 기관들의 압박들도 중국 경쟁법 발전에 나름대로의 역할을 했다. 이러한 압박은 중국에 경쟁법 도입을 촉구하는데 머무르지 않고, 그 구체적 내용에까지 영향을 미치려 했다. 이와 관련하여, 해외 기관들은 상대적으로 직접적인 압박 수단이 없었으므로, 이들의 압박은 더 인식하기 어렵고 보다 미묘한 형태로 이루어지곤 했다. 그 결과 해외 기관들의 압박은 간접적으로 이루어지게 된다. 즉, 해외 기관들은 자신들이 원하는 결과를 제시하고 중국 관료들이 이러한 요구, 요청, 경고에 대해 어떤 입장을 취하는가에 따라 다른 결과가 발생할 수 있음을 알려주거나 암시한다.[43]

국제 기구들은 중국 경쟁법의 개요뿐만 아니라 개별 조항들에 대해서도 영향을 미치려 했다. 예를 들면, 중국이 WTO에 가입할 때, WTO는 경쟁법을 차별적으로 적용하지 않는 것이 중요함을 언급했고,[44] OECD는 2007년 7월 베이징에서 개최된 중국 경쟁법 컨퍼런스를 후원하기도 했다. OECD 대표단은 전반적으로 경쟁법의 발전, 적용에서 경제학을 적극적으로 활용하는 '미국식(US-style)' 경쟁법을 지지했다. 중국 경쟁법에 영향을 미치려 했던 모든 국제 기구들이 OECD만큼 미국식 경쟁법에 대한 확신을 갖고 있진 않았다. 어쨌던, 국제 기구들은 중국 내에 영향력을 미칠 직접적인 수단을 보유하고 있지 않았다. 다른 많은 국가들과 달리, 중국 정부는 국제 기구로부터의 자금 지원을 필요로 하거나 경제적 도움을 요구하지 않았으므로, 이들 국제 기구들의 영향력은 제한적이었다.

---

43) 미국 변호사 협회(American Bar Association)가 중국 반독점법 초안에 대해 상세한 검토 의견을 제공한 것은 외국 기관들의 이러한 관심을 잘 보여 주는 사례이다. The Joint Submission of the American Bar Association's Sections of Antitrust Law and International Law and Practice on the Proposed Anti-Monopoly Law of the People's Republic of China (15 July 2003) 〈http://www.abanet.org/intlaw/divisions/regulation/chin715IIpdg〉 참조.

44) 이에 관한 언급 및 추가적인 논의에 대해서는 Furse, *supra* note 38, at 332-35 참조.

외국 정부들도 중국 경쟁법 제정에 영향을 미쳤다. 국제 기구들과 마찬가지로, 이러한 영향들 역시 간접적으로 이루어지곤 해서 명확히 인식하기 어렵다. 미국 반트러스트법 경쟁당국 관료들이 특히 두드러졌다. 미국 경쟁당국 관료들은 베이징을 자주 방문해 중국 경쟁법에 관한 문제를 논의했고, 중국의 경쟁법 관련 관료들과 학자들을 미국으로 초빙하기도 했다. 미국은 전반적으로 중국이 이전까지 만들어진 경쟁법 초안을 폐기하고 보다 미국 반트러스트법에 유사한 입장을 취하도록 설득하고자 했다.[45] 미국은 특히 중국 경쟁법이 수평적 거래제한에 대한 규제에 초점을 맞추고 단독행위에 대한 규제는 최소화하거나 아예 폐지하며, 기업결합에 대해서는 규제하지 않거나 그 강도를 약화시켜야 한다고 주장했다. 외국의 논평가들은 중국의 경쟁법 법안이 외부로부터의 경쟁에서 중국 기업을 보호하는데 활용될 가능성을 우려하곤 했다.[46]

중국 내부의 강력한 이해관계들은 경쟁법의 몇몇 핵심적 이슈들에 영향을 미쳤다. 예를 들면, 기업결합에 관한 조항들을 경쟁법에 포함시킬 것인가와 같은 실체법적 문제들과 관료 조직 내의 어떤 기관들로 하여금 경쟁법 집행 업무를 수행케 할 것인가와 같은 조직법적 문제들이 이러한 이슈들에 포함된다. 이런 이슈들에 대해 수년 간 분명히 진지한 논의·논란이 있었다. 경쟁법 조항들의 구조나 스타일, 특정 규범의 구체적 문언, 경쟁법 집행에서 활용할 절차 등 대부분의 이슈와 관련해 국내 기관들은 해외로부터 조언을 구할 인센티브가 거의 없었다.

4. 중국의 반독점법: 독자노선

2007년 8월 중국 반독점법이 마침내 정식으로 입법되었고, 그 다음 해 발효되었다. 중국은 경쟁법 제정 과정에서 자국만의 방식을 따르는 한편, 실용적이면서도 신중한 접근방식을 통해 국내적 요소들과 외국의 경쟁법 발전을 모두 반영했다. 중국 반독점법은 미국, 유럽에서 확립된 기본적인 패턴과 아예

45) 미국의 입장을 중국 반독점법 제정 과정에서 반영하고자 했던 미국 정부의 입장을 보여 주는 사례에 대해서는 예컨대 William Blumenthal (Presentation to the International Symposium on the Draft Anti-Monopoly Law of the People's Republic of China on 23-24 May 2005) 〈http://www.ftc.gov/speeches/blumenthal/20050523SCLAOFinal.pdf〉 참조.

46) 예컨대 Rebecca Buchman, *China Hurries Antitrust Law* (11 June 2004) Wall St J A 7 참조.

단절하진 않았지만, 중국 고유의 정치 구조적 특성이나 경제 발전에 대한 필요성을 도외시하지도 않았다. 중국 공산당 지도부는 미국, 유럽 같은 발전된 '자본주의(capitalist)' 국가들과 비슷한 방식으로 경쟁 과정을 보호할 뿐만 아니라 중국 고유의 특징들을 일부 포함한 내용으로 법을 제정하기로 했다.

중국 반독점법은 실체법적 측면에서 기본적으로 현대 유럽, 특히 독일의 입장을 따랐다. 중국 반독점법은 경쟁제한적 합의와 시장지배력 남용을 금지한다. 이 법은 또한 기업결합에 대해 사전신고의무를 부과하고, 심사 결과 시장지배력 및 경쟁제한효과에 관한 요건들을 충족하는 기업결합을 금지한다. 중국 반독점법의 문언들은 비교적 일반개념적인 용어를 사용하는데, 이는 다양한 해석을 가능하게 해 구체적인 상황 변화에 적절히 대처할 수 있게 한다. 이미 살펴본 바와 같이, 중국 반독점법 제정 과정에 국내외에서 엄청난 압박이 있었으므로 구체적인 규정까지 신경쓸 인센티브는 거의 없었다. 또한 중국 공산당(Chinese Community Party－'CCP')이 반독점법을 해석, 적용할 기관에 대한 통제권한을 행사할 것이었으므로, 규정의 내용을 구체적으로 명시할 이유도 거의 없었다. 중국의 경쟁법 제정 과정을 지켜보던 미국, 유럽측 사람들은 이처럼 구체적 내용이 규정되지 않는 점에 대해 많은 우려를 표했던바, 특히 기업결합에 대한 규제와 시장지배적 지위 남용 행위 규제 조항들이 외국 기업들을 차별하고 중국 기업들을 보호하는 수단으로 활용될 수 있을 것이라고 했다. 그러나, 초기 중국 반독점법 시행 사례를 보면 이러한 우려에 특별한 근거가 있는 것은 아닌 것 같다.

중국 반독점법에는 다른 경쟁법에서는 찾아볼 수 없는 몇몇 실체법 조항들이 있는데, 그 중 가장 두드러진 것은 '행정부에 의한 독점(administrative monopolies)'의 금지 조항이다. 이 조항은 일반적인 문언으로 정부의 권한을 활용해 독점적 지위를 유지하는 것을 금지한다. 이 조항은 주로 지방, 지역 정부가 특정 기업의 경제적 지배력 형성, 유지를 목표로 하는 행위를 규제하고자 한다. 이 문제에 대해서는 오랜 기간 동안 많은 갈등이 있었고, 조항의 구체적인 내용에 대해서도 상당한 격론이 있었다. 중국 반독점법 초기 안에는 이러한 행위 규제에 관한 구체적인 내용이 포함되어 있었지만, 최종안에는 매우 일반적인 문언으로 대체되었다.

중국 반독점법 집행 기관 및 집행 절차는 기존 서구 방식과의 차이점이 더욱 두드러진다. 그 중에서도 경쟁법 집행 업무를 별개의 세 기관들, 구체적으로 Ministry of Commerce가 기업결합 규제를, State Administration for Industry and Commerce('SAIC')가 시장지배력 남용 규제를, National Development and Reform Commission('NDRC')이 기타 경쟁제한적 합의 규제를 분담하고 있는 점은 아마도 가장 중요한 차이점이라 할 수 있을 것이다. 위 각 기관의 고위 관료들로 구성된 협의체는 각 기관의 결정을 조율할 임무를 부담한다. 모든 고위 관료들이 공산당원임을 고려할 때, 이러한 방식은 중국 정부가 반독점법을 정치적으로 통제함을 의미한다. 법원은 어느 정도 행정부 결정의 당부를 심사할 수 있지만, 그 구체적 심사범위는 중국 반독점법 조항의 실체법적 내용을 적극적으로 해석, 규명하는 것이라기보다는 행정부의 결정이 재량의 일탈・남용과 같은 행정법 원칙을 위반했는지 여부에 대한 심사로 제한되어 있는 것으로 보인다. 사인에 의한 소송은 허용되긴 하지만 중국 반독점법 발효 후 2년간 실제 소송은 거의 없었다. 사인에 의한 소송에서 법원이 중국 반독점법을 어느 정도까지 적극적으로 해석할 것인지는 매우 불분명하다.

5. 중국 반독점법의 시행

중국 반독점법이 어떻게 시행될 것인지는 초미의 관심사였다. 중국 경쟁법 발효 후 2년간 행정부가 실제로 내린 조치들은 극히 드물었다.[47] 중국 경쟁당국은 중국 반독점법의 해석 및 시행에 관한 가이드라인들을 제정했는데, 그 중 다수는 2009년에 발표되었다. 중국 반독점법이 어떻게 집행될 것인가에 관해 의미 있는 결론을 도출하기에는 매우 이르지만, 초기 집행 상황을 보면 몇 가지 특징들을 확인할 수 있는바, 이러한 특징들은 중국 반독점법 제정 과정에서 살펴보았던 패턴들과도 일치하고 있다. 중국 반독점법의 추진, 제정 과정에서 확인했던 요소들은 법집행 단계에서도 유사한 역할을 하고 있다.

첫째, 중국 반독점법은 여러 요소들을 고려하면서 조심스럽게 집행되고 있다는 점이다. 이미 살펴본 바와 같이, 전방위에 걸친 여러 요소들이 반독점

47) 기업결합 심사 사례들에 관한 최근의 검토에 대해서는 Xinzhu Zhang and Vanessa Yanhua Zhang, Chinese Merger Control: Patterns and Implications (25 July 2009) 〈http://ssrn.com/abstract=1439765〉 참조.

법에 관한 의사결정에 영향을 미칠 수 있다. 이로 인해 반독점법에 관한 의사결정이 쉽게 이루어지지 못했고, 빠른 결정을 내릴 인센티브도 감소했다. 뿐만 아니라, 국가소유 기업들(SOE)과 같은 그룹들이 반독점법의 적극적 집행에 반대할 인센티브를 지속적으로 갖고 있었던 상황에서 2008년 세계 경제 위기로 적어도 단기간 동안 이들 그룹들이 중국의 경제 정책 전반에서 더욱 중요한 위치를 차지하게 된 것처럼 보인다. 중국 관료들의 입장 역시 반독점법을 서둘러 집행할 필요는 없다는 것처럼 보인다. 중국의 이러한 상황은 많은 유럽 국가들 및 다른 국가들이 경쟁법 시행 초기 겪었던 상황들과 일치한다.

둘째, 경쟁당국 관료들은 다른 나라들의 관심사와 패턴들을 적절히 존중, 고려하기 위해 노력하고 있지만, 실제로는 중국 내의 고유한 정치·경제적 상황을 반독점법 발전의 중요한 기준으로 삼고 있다는 점이다. 중국의 반독점법 관련 결정을 해석함에 있어, 경쟁법 도입을 지지했던 요소들 중 상당 부분이 중국의 대외 관계와 관련되어 있음을 상기할 필요가 있다. 경쟁법 제정은 최소한 어느 정도는 중국이 전세계에 경쟁 과정을 보호할 계획과 의사가 있음을 알리는 것이었다. 그러나, 중국 관료들은 경쟁법이 SOE와 같은 자국 기업들에 어떤 영향을 미칠 것인지도 매우 중요하게 생각했다. 이는 중국 경쟁법 프로젝트에 관한 두 가지 두드러지는 관점, 즉 국제적 관심에 부응해야 한다는 것과 중국 관료들 및 기관들이 더 즉각적이고 직접적인 이해관계 관점에서 경쟁법 이슈들을 바라보는 것을 나타낸다. 중국 반독점법 자체는 외견상 서구 경쟁법을 지향했고 어느 정도 서구 경쟁법에서 사용되는 용어와 외국 투자자들의 기대를 고려해 작동하고자 했지만, 실제 집행 과정에서는 중국이 처해 있던 고유한 상황들을 많이 고려했다.

셋째, 중국의 역사, 문화가 반독점법 집행 과정에 많은 영향을 미쳤다는 점이다. 여기에는 두 가지 중요한 인식이 있다. 하나는 이미 앞에서 언급한 중국인들의 중화사상이다. 이로 인해 중국과 근본적으로 상이한 외국의 영향을 받는다는 것은 중국의 이해관계를 위협할 수 있다는 생각이 있었다. 다른 하나는 서구 정부들의 의도를 전반적으로 회의적으로 보는 것이다. 이 두 인식들은 중국이 경쟁법에 관한 문제에서 미국, 유럽의 태도를 맹종하지 않을 수 있음을 시사하는 것이다.

6. 중국과 국제경쟁법 발전

국제경쟁법 발전에서 중국이 차지하는 지위는 제대로 측정하기도, 과장하기도 어려울 정도로 중요하다. 중국의 경제적 중요성으로 인해 중국 시장에 적용될 경쟁법 규칙들은 다른 국가들의 꼼꼼한 관찰 대상이 되고 세계 시장에 영향을 미칠 것이 분명하다. 일반적으로 시장이 크면 클수록 그 시장에 적용되는 경쟁 규칙의 영향력도 증대되는바, 중국 시장은 오랜 기간 동안 급속한 팽창 추세를 지속할 것이다.

중국 경쟁법은 우선 중국에서 사업활동을 하고 있거나 이를 계획하고 있는 외국 기업들에게 영향을 미칠 것이다. 중국 정부는 경쟁법을 제대로 집행하겠다는 입장을 천명한 바 있다. 중국 정부는 경쟁법 발전을 위해 상당한 역량과 정치적 자원을 투자했고, 경제 정책 나아가 정치 정책을 구현하는 수단으로 경쟁법을 활용할 의도를 갖고 있는 것이 확실하다. 두 번째, 중국 경쟁법은 세계 시장 자체에도 영향을 미칠 것인바, 이는 중국의 선택이 전세계의 투자 결정에 영향을 미칠 것이기 때문이다. 이러한 투자 결정은 실질적으로 미국, 서유럽을 제외한 사실상 모든 국가들에 대한 투자 인센티브에 영향을 미칠 것이다. 이는 또한 중국 경쟁당국 관료들이 내리는 경쟁법 결정이 다른 국가들의 경제 정책에 관한 결정에도 영향을 미칠 것임을 의미하기도 한다.

중국 경쟁법 경험은 또한 다른 경쟁법 체제, 특히 아시아 지역 국가 및 기타 개발도상국의 경쟁법 체제에 직접적인 영향을 미칠 것이다. 이들 국가들 대부분은 국제경쟁법의 미래에 확실한 전망을 갖고 있지 않다. 특히, 아시아 및 다른 지역에서 최근에 제정된 경쟁법을 살펴보면, 미국 경쟁법 모델이 지나치게 협소하고 최소한 몇몇 측면에서 자국에 도입하기 적절하지 않은 내용들을 담고 있다는 우려를 확인할 수 있다. 이런 상황에서 많은 사람들은 중국 경쟁법의 발전을 면밀히 관찰하면서 중국이 미국, 유럽과 매우 상이한 자국 상황에서 경쟁법을 어떻게, 어느 범위에서 받아들이는지 확인하려 한다. 중국은 적어도 기존 경로와는 다른 경쟁법 발전 과정을 밟아나가고 있는바, 이는 다른 국가들이 자국 경쟁법 발전을 도모함에 있어 더 많은 선택 가능성을 제공한다.

셋째, 이상 살펴본 영향들과 연관된 것으로서, '국제적 기준 설정(international standard setting)'이라 할 수 있는 일반적 이슈이다. 미국 반트러스트법은 수십 년 동안 홀로 국제 기준의 역할을 해 왔다. 세계 경제에서 중국의 부상으로 인해 이러한 미국의 역할에 대한 문제가 제기되고, 아마도 미국의 역할 자체가 수정될 가능성이 상당한바, 중국이 실제로 이러한 조치로 나아갈지, 그 경우 미국의 역할을 어느 정도까지 대체할 것인지는 명확하지 않다.

D. 라틴 아메리카: 영향력, 이데올로기 그리고 경쟁법에 대한 생각

라틴 아메리카의 경쟁법 경험은 각 국의 개별적인 경쟁법 경험보다 이 지역에서 공통적으로 발견되는 패턴 위주로 살펴보기로 한다. 경쟁법 조항들은 몇몇 라틴 아메리카 국가들의 '책(on the books)'에는 존재했지만(즉, 성문법 심지어는 헌법에 존재하긴 했지만) 최근까지도 별다른 역할을 하지 못했다. 소련의 붕괴, 보다 민주적인 정치 체제의 발전, 세계 시장이 라틴 아메리카에 도움이 될 것이라는 확신의 전파에 힘입어 몇몇 국가의 정부들이 1990년대 경쟁법을 보다 진지하게 받아들였지만, 대부분의 라틴 아메리카 국가들의 경쟁법 경험은 '제한적(limited)'이라 할 수 있다.[48)]

본서는 라틴 아메리카의 경쟁법 경험을 살펴봄에 있어 과거 이 지역의 경쟁법 발전을 저해했던 요소들 및 1990년대 이후 새로운 방향으로의 변화를 견인했던 요소들을 살펴보기로 한다. 또한 라틴 아메리카가 세계적 경쟁법 발전 노력에서 했던 역할들(이 역할들은 때로는 파란만장했다)에 관해서도 살펴보기로 한다. 이 지역은 매우 방대하고, 지역 내 국가들의 경쟁법 경험들 역시 천차만별이다. 이에 본서는 이 지역에서 전반적으로 발견되는 패턴들을 확인하고, 경쟁법 발전에 영향을 미쳤던 요소들과 이런 요소들이 국제경쟁법 발전 분야에서 할 수 있는 역할들을 살펴보고자 한다. 이러한 검토에 특히 유용한 경쟁법 경험을 갖고 있는 네 국가인 브라질, 칠레, 멕시코, 페루에 대해 특히 주의를 기울여 살펴보고자 한다.

---

48) Ignacio De León, *Latin American Competition Law and Policy: A Policy in search of Identity* (The Hague 2001) 참조.

1. 경쟁법 발전의 상황

라틴 아메리카의 경쟁법 발전의 정치적 상황은 본서에서 이제까지 살펴보았던 국가, 지역, 사례와는 놀랄 만큼 상이하다. 라틴 아메리카의 정치 체제는 종종 불안정했고, 군사개입 등 외부로부터의 직접적인 충격에 취약했다. 많은 국가들에서 방대한 토지와 산업을 소유하고 있는 계층과 경제·사회·교육 분야의 지도층이 결합된 소수 엘리트 계층이 정치 조직을 지배하고 있었는데, 이들이 대중들로부터 충분한 정치적 지지를 받고 있는지는 종종 의문스러웠다. 중산층은 많지 않았고 그 정치적 영향력은 상대적으로 미약했던바, 그 주요한 이유는 이들 국가들의 경제 활동이 대부분 농업 기타 채취 산업(extractive industries)에 기반해 있었기 때문이다. 그 결과 정치·경제·사회적 관계들이 상호 긴밀하게 연계되어 있는 경우가 빈번했고, 이에 많은 사람들이 정부 정책의 목표나 의사결정권자들의 외부 요인들로부터의 독립성에 대해 회의적으로 바라보았다. 1990년대 이후 정치 상황이 전반적으로 안정되었고 민주적 요소들이 더 두드러졌다.

라틴 아메리카의 경제는 농작물 생산과 채취 산업에 많이 의존하는 특성이 있다. 산업화 수준이 상대적으로 낮고, 기업들은 브라질의 상파울로 같은 일부 지역에 집중적으로 분포해 있다. 많은 국가들에서 기업 소유권은 소수의 가족들이나 외국인들에게 집중되는 경향이 있다. 중소규모의 기업들 및 이들이 대면하곤 했던 경쟁 문화는 통상 전체 경제에서 극히 제한적인 역할만을 했다. 전반적으로 라틴 아메리카의 국가별 경제 상황은 그 모습이 크게 다르지 않다. 더욱이, 전세계적 기준에 비춰 볼 때 상대적으로 경제적 불평등이 심하다.

라틴 아메리카의 대부분 지역의 경제 성장률도 낮게 유지되어 왔다.[49] 물론 아르헨티나 같은 국가들은 19세기 후반에 원자재와 농업으로 잠시 경제적 번영을 누리기도 했고, 다른 국가들이 두 차례 세계 대전을 거치면서 생산 시설 파괴 또는 전쟁 물자 동원 등의 이유로 상품을 제대로 생산하지 못하게 되

49) 이에 관한 논의에 대해서는 예컨대 Facundo Albornoz, Jayasri Dutta, Political Regimes and Economic Growth in Latin America 〈http://papers.ssrn.com/sol3/papers.cfm?abstract_id=88921〉(2009년 10월 22일에 최종 접속) 참조. 또한 Norman Loayza, Pablo Fajnzylber and César Calderón, *Economic Growth in Latin America and the Caribbean: Stylized Facts, Explanations, and Forecasts* (Washington DC 2005) 참조.

자 라틴 아메리카 국가들이 일부 공급을 대체하면서 몇 차례 경제적 특수를 누리기도 했다. 그러나, 20세기 대부분의 기간 동안 경제 발전은 부진했고 일관되게 이루어지지 못했다. 세계 대전 기간을 제외하고, 제조업은 전반적으로 우선 순위에서 밀렸었고, 농업과 원자재 판매는 세계 수요에 전반적으로 의존하면서 미국 및 다른 지역의 경제적 번영 여하에 따라 등락해 장기적인 경제 발전의 기반이 되진 못했다.

정부 경제 정책이 이러한 경향의 형성·유지에 중요한 역할을 했다는 점은 의심의 여지가 없다. 정부의 경제에 대한 적극적 개입은 라틴 아메리카 지역 정부들의 경제 정책의 전반적 특징이라 할 수 있다. 이러한 정부 개입은 세 가지 국면으로 구분할 수 있다. 첫째, 고전적인 패턴으로 식민지 지배 및 그 직후의 경제 통제이다. 유럽 국가들의 수세기에 걸친 식민지 지배를 거치는 동안, 라틴 아메리카 국가들의 기본 임무는 유럽에 설탕, 커피와 같은 농산품이나 금, 은과 같은 광물을 공급하는 것이었다. 정부는 국내 기업 활동이나 국내시장의 발전을 장려할 인센티브가 거의 없었고, 오히려 인구를 통제하고 자유로운 경제적 선택을 제한하려는 인센티브가 강했다. 정부의 이러한 강력한 통제는 20세기 전반 식민 통치가 종료한 이후에도 지속되었던바, 이는 소수의 엘리트들이 이전에 식민통치를 하던 자들로부터 많은 경작지를 얻고 식민통치 당시 경제 정책을 대부분 유지했기 때문이다.

제2차 세계대전이 끝나자, 라틴 아메리카 정부들은 새로운 목표를 갖고 종전과 다른 이론에 기반해 경제에 대한 통제를 유지하거나 (오히려) 더욱 강화했다. 이 기간은 '종속(dependencia)' 이론(역자 주-근대화 이론과 발전이론에 대한 대안으로 등장한 것으로, 제3세계 국가의 낮은 발전이 그 국가 내의 재화나 용역 등의 부족에 기인한 것이 아니라 전세계적 차원에서 중심부·주변부의 분화에 따른 것이며, 주변부 국가는 중심부 국가에 정치·경제·사회·문화적으로 종속되어 있다는 이론. 이에 따르면 제3세계의 낮은 발전은 유럽을 중심으로 한 서구 세계의 국제적 팽창과정 속에서 제3세계 국가가 식민지로 편입된 결과라고 이해하게 됨) 시대라고 할 수 있는데, 이에 따르면 라틴 아메리카는 경제 발전을 위해 해외로부터 수입을 차단해 해외 시장 및 생산자들에 대한 의존을 종식해야 한다는 것이었다.[50] 이러한 관

---

50) 종속이론에 관한 고전적인 언급에 대해서는 Celso Furtado, *Economic Development of Latin America: A Survey from Colonial Times to the Cuban Revolution* (Cambridge 1970) 참조.

점에서는 외국으로부터 수입을 차단하면 국내 소비자들은 국내 생산자들로부터 구매를 해야 하므로 국내 산업이 발전할 수 있다고 본다. 이러한 조치는 또한 '미성숙한(infant)' 국내 산업을 보호하고, 미국, 유럽으로부터의 수입을 국내 자체 생산으로 대체함으로써 국가 경제를 발전시킬 수 있다고 여겨지기도 했다. 종속이론은 라틴 아메리카 국가들이 항상 스페인, 포르투갈, 미국 기타 다른 국가들에 의존해 왔기 때문에 경제가 발전하지 못했다고 주장했다. 이 이론은 또한 수입 대체 정책을 취하지 않으면 라틴 아메리카 국가들이 미국, 유럽을 절대로 '따라 잡을(catch up)' 수 없다고 주장하기도 했다. 아르헨티나의 저명한 경제학자인 Raoul Prebish는 이 이론을 열정적으로 고안, 설명했던바, 20세기 초반 라틴 아메리카 지역 경제가 상당한 성공을 거두자 이 이론은 타당한 것처럼 보였다.[51]

그러나, 수입 대체 전략은 라틴 아메리카의 경제를 강화하기보다는 오히려 약화시켰다. 관료 조직의 규제와 이에 수반하는 정치적 인센티브는 경제 활동에 급격한 부담을 주었고 시장 생산성을 저해했다. 이미 전속적인 판매 시장을 확보한 기업들의 생산성은 세계적으로 경쟁할 수 있는 수준에 현저히 미치지 못했다. 1980년대까지 수입 대체 전략은 부채 급증과 결합해 엄청난 인플레를 초래했고, 이는 다시 시장 생산성 저하라는 악순환으로 이어졌다.

대부분의 라틴 아메리카 국가들은 1990년대 들어 정책 목표를 급격히 수정했다.[52] 과거 수십 년간 유지되었던 수입 대체 전략이 실패했다는 인식이 급속히 확산되었던바, 시장을 통한 문제 해결과 규제 철폐를 중시하는 전세계적 추세에 따라 라틴 아메리카 정부들 역시 과거 경제 정책의 근간이었던 종속이론을 버리고 이와 근본적으로 상이한 자유 시장 정책을 채택해 경제 발전을 도모했다. 수입 제한조치들도 기업에 대한 정부 규제와 마찬가지로 급속히 줄어

51) 20세기 초반 라틴 아메리카 지역의 발전에 관한 Prebisch의 검토에 관한 논의에 대해서는 Raúl Prebisch, Edgar J Dosman and David H Pollock, *Raúl Prebisch: Power, Principle, and the Ethics of Development* (Washington DC 2006) 참조.

52) 이에 관한 분석에 대해서는 Michael Reid, Forgotten Continent: The Battle for Latin America's Soul (New Haven 2007) and Jeromin Zettlemeyer, Growth and Reforms in Latin America: a Survey of Facts and Arguments, IMF Working Paper WP/06/210 (2006) 〈http://www.imf.org/external/pubs/ft/wp/2006/wp06210.pdf〉(2009년 10월 22일 최종접속) 참조. 또한 Ronald H Chilcogte, Development in Theory and Practice: Latin American Perspectives, (Lanham, Maryland 2003) 참조.

들곤 했다. 경쟁이 미국, 아시아 기타 다른 지역의 신속한 경제 성장을 견인한 주역으로 인정되었던 바와 같이 라틴 아메리카에서도 신속한 경제 성장을 가능케 할 것이라는 생각이 새롭게 지배적인 견해로 자리매김했다. 외부 요소들도 라틴 아메리카의 경제 정책 변화에 영향을 미쳤다. 수십 년간의 경기침체와 인플레이션으로 많은 라틴 아메리카 정부들은 막대한 부채를 지게 되었다. 이들 정부들은 World Bank로부터 자금을 지원받기 위해 시장 메커니즘을 보다 중시하는 방향으로 경제 정책을 재조정해야 하곤 했다.

새로운 경제 정책은 성공적이었다. 1990년대 인플레이션은 극적으로 감소했고 라틴 아메리카 전역의 경제 발전이 증대되었다. 그럼에도 불구하고 지속적인 경제 성장을 찾아보기는 어려웠다. 경제 여건 개선은 사람들의 기대를 밑돌곤 했고, 이러한 상황이 몇 년간 지속되자 일부 국가에서는 불만에 찬 대중들이 World Bank 및 워싱턴 합의(Washington Consensus)를 무비판적으로 수용하는 정부에 반발하기 시작했다.

라틴 아메리카의 경쟁법 발전 상황을 제대로 평가하기 위해서는 미국의 역할을 반드시 고려해야 한다. 미국은 19세기 초부터 라틴 아메리카에서 중요한(때때로 지배적인) 역할을 했다.[53] 미국은 라틴 아메리카 국가들이 자국이 원하는 정치·경제 체제에서 지나치게 벗어나지 않도록 하기 위해 정치적 압력은 물론, 심지어는 군사적 압력까지 가하기도 했다. 칠레 Allende 정부 전복은 가장 잘 알려진 사례지만, 그 이외에도 많은 사례들이 있다. 정부 차원의 압력 이외에도, 미국 기업들은 라틴 아메리카의 산업(특히 구리와 같은 광물을 채취하는 산업)에 막대한 금액을 투자하고, 이 과정에서 해당 국가의 정부 정책에 상당한 영향을 미치곤 했다. 1990년대 동안 라틴 아메리카 국가들은 미국을 이웃 국가들을 겁주거나 귀찮게 하는 국가라기보다는 본받고 싶은 국가로 여겼다. 그러나, 라틴 아메리카 지역의 경제 성장이 정체되고 2008년 세계 경제 위기가 발발함에 따라 미국의 정책 및 의도에 대한 신뢰는 다시 하락했다.

---

53) 미국과 라틴 아메리카 국가들 간의 관계에 관한 핵심적인 분석으로는 Greg Grandin, *Empire's Workshop: Latin America, the United States, and the Rise of the New Imperialism* (New York 2006) 참조.

2. 기본 패턴: 경쟁법에 대한 낮은 지지

라틴 아메리카의 경제 정책에서 경쟁의 비중은 낮았고, 경쟁법의 비중은 더욱 낮았다. 제2차 세계대전 이전 정부 및 이에 관련된 엘리트들은 경쟁을 장려할 인센티브가 없었다. 이들은 합심하여 경제적 자원과 경제 과정을 통제했다. 이들은 때때로 국가 전체의 이익을 추구하긴 했지만 또한 자신들의 정치적 권력을 활용해 최대한의 이익을 얻기 위해 상호 협력하기도 했다. 농업 및 채취 산업의 기반이 되는 토지 대부분이 통상 이러한 엘리트들의 소유였음을 고려할 때, 경쟁 제고를 통해 더 많은 이익을 얻을 수 있다는 점은 생각조차 하기 어려웠다.

이러한 인센티브 구조는 라틴 아메리카 역사에서 종속 이론이 맹위를 떨치던 기간 동안 거의 변하지 않았다. 당시 경제 정책의 기본 목표는 대부분의 재화에 대한 경쟁(특히 외부로부터의 경쟁)을 감소시키는 것이었다. 라틴 아메리카의 지배 엘리트들은 세계 시장에서 경쟁력을 갖추지 못한 산업을 장려하고자 했다. 이런 조치들은 정부가 세계 시장에서 경쟁할 수 가능성이 있는 몇몇 기업들을 지원할 것이라는 생각에 따른 것이다. 그러나, 정부로부터 지원받는 동안, 기업들은 정부가 주도하는 폐쇄 경제 내에서 사업활동을 하게 될 것이다. 이런 상황에서 경쟁 보호는 기껏해야 미미하게 고려될 수 있는 것에 불과할 것이다.

경쟁법 발전에 대한 인센티브가 없는 것에 더해 경쟁법 발전을 저해하는 중대한 방해요소들이 있었다. 우선 종속 이론은 그 자체로 경쟁법 발전을 저해했다. 교양 있고, 좋은 교육을 받았으며, 종종 부까지 갖췄던 라틴 아메리카의 지배 엘리트들은 자국이 외국 투자자(특히 미국 투자자)에 의존하는 상황에 불만을 표출하곤 했다. 이들이 이러한 의존을 낮추기 위해 많이 노력하곤 했던 것은 별로 놀라운 일이 아니었다. 많은 사람들에게 이런 노력은 최소한 일부 산업이라도 독립성과 수익성을 모두 갖출 수 있도록 하기 위해 경제를 통제해 국가 자원을 집중하는 것을 의미했다. 이 과정에서 정부 지원은 해당 기업들의 소유주들에게 이익을 보장했다.

둘째, 이념적 장애로서, 이는 라틴 아메리카 사회에서 엘리트 계층 이외의 계층에 주로 영향을 미쳤다. 이는 몇몇 유형의 계층 기반 평등주의(class-based egalitarianism)를 포함하고, 아주 최근까지도 마르크스주의에서 사용하는 용어를 사용하곤 했다.[54] 이러한 생각은 라틴 아메리카의 엄격한 계층 구분과 극심한 소득 불평등으로 인해 주로 노동차 계층과 몇몇 지식인 그룹(이들은 1980년대 파리와 유럽의 다른 수도들에 퍼졌던 마르크스주의에 대한 열광과 관련되어 있다) 사이에서 확산되었다. 이에 따르면, 경쟁이란 라틴 아메리카 사회, 미국, 유럽의 힘있는 사람들이 통제하는 시장을 의미했다. 이처럼 경쟁은 장려되거나 보호되어야 할 대상이 아닌 통제되고 걸러져야 할 대상이었다.

이처럼 1990년대 이전까지 경쟁법은 라틴 아메리카 어느 지역에서도 거의 지지를 받지 못했다.[55] 경쟁법은 여러 국가들에서 도입되긴 했지만 거의 활용되지 못했다.

3. 1990년대: 워싱턴 컨센서스와 그 너머

1990년대 라틴 아메리카 경제가 기존의 통제 경제 모델에서 보다 시장에 의존하는 방향으로 나아갔던 결과 경쟁법 발전은 새로운 국면으로 접어들었다. 경쟁이 정부 통제를 대체해 경제 정책의 근간이 되면, 경쟁법 제정이 정부 경제 정책의 초점이 되어야 함은 명백해 보였다. 그러나, 이런 정책 변화는 라틴 아메리카의 일부 국가에서 그것도 제한된 범위에서만 이루어졌다.

시장을 통한 문제해결에 대한 확신이 높아지자, 경쟁법 도입과 기존 경쟁법 강화에 대한 지지도 전반적으로 높아졌다. 여기에는 몇몇 국내적 요소들이

54) 예컨대 Luis E Aguilar, *Marxism in Latin America* (New York 1968) 참조.

55) 라틴 아메리카 지역의 경쟁법 발전에 관한 광범위한 분석에 대해서는 Ignacio De Léon, supra note 48, *and idem, An Institutional Assessment of Antitrust Policy: The Latin American Experience* (Alphen aan den Rijn 2009) 참조. 라틴 아메리카 지역의 경쟁법 발전에 관한 최근의 가치 있는 문헌들과 검토 의견으로는 Eleanor M Fox & D Daniel Sokol, *Competition Law and Policy in Latin America* (Oxford 2009). 또한 Organisation for Economic Co-operation and Development, *Competition Law and Policy in Latin America Peer Reviews of Argentina, Brazil, Chile, Mexico and Peru* (Paris 2006) 참조. 라틴 아메리카 지역의 법과 경제의 발전에 관한 최근의 심포지움으로는 'Symposium: Law and Economic Development in Latin America: A Comparative Approach to Legal Reform' (2008) 83 Chicago-Kent L R 1-471 참조. 또한 Ana Maria Alvarez & Pierre Horna, 'Implementing Competition Law and Policy in Latin America: The Role of Technical Assistance' (2008) 83 Chicago-Kent L R 91-128 참조.

영향을 미쳤던바, 국내 경제를 세계 시장 질서에 편입시킬 필요 및 이러한 통합 과정에 경쟁법을 이용할 필요에 대한 인식이 그것이다. 일본, 한국, 중국의 경우와 같이, 세계화는 국내 경제를 더 개방하도록 요구하는 것처럼 보였고, 이에 성공하면 국가 소득을 더욱 제고할 수 있다고 약속했다. 일부 국가에서 진행된 민주화 제고는 경쟁법 도입의 추가적인 동력이 되었다. 이전까지 라틴 아메리카에서 흔히 볼 수 있었던 정치적 불안, 과두 정부 체제(oligarchy), 전제적 통치의 다양한 부작용들이라는 패턴들이 전반적으로 민주적 정치 과정에 더 많이 의존하는 방향으로 변화했다. 이로 인해 소비자들의 이해관계가 경제 정책 결정 과정에서 더 많은 역할을 하게 되었다.

외부 요소들도 경쟁법 도입에 영향을 미쳤다. 해외의 자금 제공자들(특히 World Bank)들은 가장 직접적인 영향을 미쳤다. 수십 년간의 보호무역주의, 통제 경제, 높은 인플레이션으로 인해 많은 라틴 아메리카 국가들의 재정 상황이 악화되었고 신용도가 급락했다. 그 결과, 이들 국가들에게는 World Bank와 같은 국제적 자금 제공자들로부터 자금을 차입하는 것 이외에 다른 방법이 없었다. 그런데, 당시 World Bank의 자금 제공 프로그램은 경쟁법 도입을 자금지원의 전제조건으로 요구하곤 했다. 뿐만 아니라, 많은 국가들이 해외로부터의 직접 투자를 필요로 했는데, 투자자들은 투자 대상 국가들이 다시 산업 정책을 추진하는 것을 우려했다.[56] 경쟁법 도입은 과거 정부 개입 정책에서 탈피하려는 입장을 상징적으로 천명하는 효과를 가져올 수 있었다.

그럼에도 불구하고, 많은 국가들에서 경쟁법 발전은 별다른 진전을 이루지 못했다. 이미 살펴본 바와 같이, 역사적으로 라틴 아메리카 사람들은 경쟁을 독립적인 가치를 가진 중요한 경제 과정으로 인식할 기회가 거의 없었고, 사회적으로도 경쟁을 지지할 계기는 더더욱 없었다. 나아가, 일부 국가들의 경우 관료 조직이 외부로부터의 압력을 이겨내고 실제로 경쟁 조건을 개선하기 위해 경쟁법을 활용할 수 있는 역량을 갖고 있는지에 대해 신뢰받지 못했다. 그 결과, 경쟁법이 도입된 국가에서도 그 집행은 제한적으로 이루어지곤 했다.

---

56) 이에 관한 논의에 대해서는 R Shyam Khemani and Ana Carrasco-Martin, 'The Investment Climate, Competition Policy, and Economic Development in Latin America' (2008) 83 Chicago-Kent L R 67-90 참조.

본서는 4개국의 사례를 검토함으로써 1990년대 이후 라틴 아메리카의 경쟁법 발전에 영향을 미쳤던 요소들을 몇몇 확인하고자 한다. 일반적으로, 상대적으로 영토가 넓고 경제가 발전된 국가들이 경쟁법 체제 발전을 위해 유의미한 조치들을 취했는데, 이 과정에서 외부적 요인들이나 국제 사회에서 차지하고 있는 정치·경제적 위상을 상당히 고려하곤 했다.

a. 브 라 질

브라질 경쟁법은 라틴 아메리카의 경쟁법들 중 가장 중요하게 인식되곤 한다.[57] 브라질 경쟁당국은 1990년대에 특히 기업결합 부문에서 활발히 활동했다. 브라질은 라틴 아메리카에서 가장 규모가 컸고 (논란의 소지가 있긴 하지만) 경제가 가장 발전되어 있었는데, 1990년대 세계화를 적극적으로 받아들이고 경제 정책을 빠르게 변화시켰다. 또한, 1990년대 빠른 경제 성장을 통해 10%를 초과했던 인플레이션을 낮추고 경제에 대한 정부의 개입을 줄여나갔다. 많은 기업들이 브라질의 이러한 조치들을 반기며 브라질에 자회사를 설립했던바, 이는 브라질로 하여금 경쟁법 발전을 추진하게 하는 촉매제로 작용했다. 기업결합을 예로 들면, 이는 많은 국제적 기업결합들이 결합 당사 회사들의 자회사가 브라질에 있다는 이유만으로 브라질 경쟁당국의 승인 대상이 되었음을 의미했다. 뿐만 아니라, 라틴 아메리카에서 사업활동을 하는 주요 기업들은 사업전략 수립시 브라질 경쟁법을 고려하게 되었다. 실질적으로, 세계화에 따른 경제적 통합으로 인해 브라질은 자국 기업에 영향을 미칠 수도 있는 세계적 경쟁구조를 형성하는 과정에서 나름의 역할을 하기 위해 자국 경쟁법 집행을 발전시킬 인센티브를 더 많이 갖게 되었다. 경쟁법 집행 강화는 또한 브라질이 세계 경제 정책 분야에서 더 중추적인 역할을 할 수 있도록 뒷받침했다. 개발도상국들 사이에서 브라질의 리더십 역시 브라질로 하여금 기업결합과 남용행위

57) 이에 관한 논의에 대해서는 Gesner Oliveira & Thomas Fujiwara, 'Competition Policy in Developing Economies: The Case of Brazil' (2006) 26 Northwestern J Intl L & Bus 619; and Germano Mendes de Paula, 'Competition Policy and the Legal System in Brazil' in Paul Cook et al (eds), *Competitive Advantage and Competition Policy* (Cheltenham 2007) 109-136 참조. 또한 Claudio Considera and Paulo Correa, 'The Political Economy of Antitrust in Brazil: From Price Control to Competition Policy' in Barry E Hawk (ed) 'Fordham Corporate Law Institute, International Antitrust Law and Policy' (New York 2001) 참조.

와 같이 여러 개발도상국들이 관심을 갖는 분야에 대한 규제를 강화하는데 기여했던 것으로 보인다.

이와 같이 경쟁법 발전을 추동하는 국제적 요소들은 국내적 요소들과도 부합했다. 특히 Lula da Silva가 대통령으로 선출된 2002년 이후 시장 경제를 발전시켜 브라질 사회에 내재화하기 위한 노력이 집중적으로 이루어졌다.[58] 이 기간의 정치적 메시지는, 제2차 세계대전 이후 수십 년 동안 유럽에서 경쟁법을 발전시켰던 사회적 시장 경제가 제시했던 메시지와 유사했다. 그 결과 경쟁법은 사회 전체의 이익을 증진하는 수단이라는 정치적 위상을 구축했고, 기업결합 규제 및 시장지배적 기업들(특히 브라질 밖의 기업들)의 경쟁제한적 남용행위에 대한 규제는 브라질 경쟁법 적용의 핵심적인 특징이 되었다.

b. 칠 레

칠레에서도 경쟁법은 더 중요해졌고, 국내외에서 더 높은 위상을 차지하게 되었다.[59] 그러나, 칠레 경쟁법 발전과 이를 추동했던 요소들은 브라질과

58) 예컨대 Lael Brainard Martinez0Diaz, Brazil as an Economic Superpower? : Understanding Brazil's Changing Role in the Global Economy (Washington DC 2009); and Werner Baer, The Brazilian Economy: Growth and Development, (6th edn Boulder, Columbia 2007) 참조. 또한 Jeffrey W Cason, 'Searching for a New Formula: Brazilian Political Economy in Reform' (2007) 42 Lat Am Res Rev 212 참조.

59) 이에 관한 논의에 대해서는 예컨대 Alexander Galetovic, *Competition Policy in Chile* (June 2007) 〈http://papers.ssrn.com/sol3/papers.cfm?abstract_id=1104007〉 참조. 또한 Bruce M Owen, *Competition Policy in Latin America*, in Stanford Institute for Economic Policy Research ('SIEPR') 2003 〈http://papers.ssrn.com/sol3/papers.cfm?abstract_id=456441〉(2009년 10월 15일에 최종접속) 참조. Owen에 따르면,
'몇몇 법집행 기관들의 적극적인 활동은 상당한 성공을 거둔 것처럼 보인다. 칠레의 경우 아마도 산업 분야의 개혁 부문에서 대표적인 사례에 해당하고, 멕시코는 가격 담합과 기업결합 규제에서 성공을 거두었다. 위 사례들 모두 시장 개혁에 상당한 국가적 노력이 있다. 반면, 시장 개혁에 대한 정치적·사회적 노력을 기울일지에 대해 견해가 일치하지 않은 지역이거나 시장 개혁에 우선하는 다른 사항들이 있는 국가들의 경우, 경쟁 당국은 상대적으로 저조한 성공을 거둔 것으로 보인다. 아르헨티나나 브라질이 이러한 범주에 해당한다(Some of the active agencies seem to have been quite successful, with Chile probably the leading example in sectoral reform and Mexico in price fixing and merger enforcement. In both cases there is a substantial national commitment to market reforms. In countries where the political and social commitment to market reforms is more ambivalent, or where other priorities prevail, competition agencies appear to have been less successful. Argentina and Brazil fall into this category)' page ii 참조.

매우 달랐다. 1973년 미국의 지원에 의해 Salvador Allende 정부가 전복되고 군사 독재가 들어섬에 따라, 라틴 아메리카에서 경제가 가장 발달하고 산업구조가 가장 고도화된 국가들 중 하나였던 칠레의 경제 정책은 경제 발전의 잠재력을 실현하고 시장의 인센티브를 증대하는 방향으로 변했다. 이러한 변화는 수준 높은 교육을 받은 경제학자들(이들 중 다수는 University of Chicago에서 수학했고 시카고 학파의 경제관을 지지했다)에게 영향을 미쳤다.[60] 이후 칠레 경제는 다른 라틴 아메리카 국가들과 비교해 부패와 격변을 덜 겪으면서 수십 년 동안 상당한 성과를 이루었다. 칠레는 시장 개방도 전반적으로 무난하게 이루어냈다. 1990년 Pinochet 대통령의 사임 이후 정치적 무게추가 반대 방향으로 기울기는 했지만, 경제 발전은 여전히 상대적으로 높은 수준을 유지했다.

칠레의 경쟁법 발전 역시 전반적인 시장 메커니즘 지향에 힘입어 정치적 지지를 얻었다. 경쟁법은 시장 성과의 증대를 추구했던 경제 정책에 잘 부합하는 것이었다. 그러나, '시카고 요소(Chicago Factor)'는 경쟁법 발전 초기 다소 딜레마적 상황을 초래했다. 이미 살펴본 바와 같이, 시카고 학파는 시장의 자정 능력을 강조하고 법으로 시장을 보호할 필요가 낮다는 입장을 취해 왔다. 시카고 학파는 미국의 경쟁법 적용을 축소해야 한다고 주장했고, 이에 몇몇 사람들은 이러한 주장이 칠레의 경쟁법 발전을 지지하는 강력한 기반이 될 수는 없다고 생각했다.

그러나, 이미 밝혀진 바와 같이, '시카고 학파의 영향을 받은 학자들(Chicago Boys)'의 주장은 경쟁친화적 정책에 기여했지만, 칠레의 경쟁법 발전을 눈에 띄게 저해하진 않았다. 칠레 관료들과 입법자들은 칠레의 정치·경제 체제에 부합할 뿐만 아니라, 미국, 유럽 경쟁법의 기본 패턴과도 보조를 맞추는 경쟁법을 점진적으로 발전시켰다. Pinochet 집권 당시 정부로 들어온 경제학자들을 보면 칠레의 경제 정책에서 경제학자들과 경제학적 사고가 두드러졌음을 확인할 수 있지만, 이러한 특징은 칠레의 정치적·지적 역사에 보다 깊은 뿌리를 내리고 있기도 하다. 어쨌든, 칠레 고위 관료들은 경쟁법을 선호했다. 칠레 경쟁당국은 경쟁법을 일관되고 효율적으로 발전시키는데 적극적이었고, 그 과정

---

60) 이러한 경과에 관한 논의에 대해서는 Juan Gabriel Valdes, *Pinochet's Economists: The Chicago School in Chile* (Cambridge 1995) 참조.

에서 폭넓은 지지를 받았다.

c. 멕 시 코

멕시코의 경쟁법은 1990년대 중반 이후, 특히 2000년대에 위상과 효율성이 급속도로 높아졌다. 1990년대까지만 해도, 대부분의 경쟁법 학자들은 멕시코에 주목할 만한 경쟁법이 없다고 여겼고, 멕시코에서 사업활동을 하는 사람들 역시 이에 동감했다.[61] 멕시코 경쟁법의 변화 역시 라틴 아메리카 지역 전반의 경제 정책 방향의 일부에 해당하기는 하지만, 이것만으로는 충분한 설명이 되지 못한다. 멕시코는 초기 경쟁법과 관계 없이 정부 개입을 줄이고 보다 시장에 의존하는 방식으로 멕시코 경제를 '현대화(modernize)'하고자 했다.

북미자유무역협정('NAFTA') 협상 및 창설은 경쟁법 발전의 또다른 촉매제였다. NAFTA 가입으로 많은 멕시코 기업들은 미국, 캐나다 기업들과 경쟁해야 했고, 멕시코 정부는 이전만큼 자국 기업들을 보호하기 어렵게 되었다. 멕시코 기업들은 경제적으로 번영하기 위해 또는 최소한 생존하기 위해 이전보다 경쟁력을 제고해야 했다. 이미 살펴본 다른 국가 및 지역의 사례와 마찬가지로, 이러한 상황에서 경쟁력을 제고하기 위해 경쟁법을 도입해야 한다는 강력한 지지가 형성되었다. NAFTA는 또한 몇몇 경쟁에 관한 조항들을 포함하고 있었다.[62] 이 조항들은 그 자체로 협정의 중요 요소는 아니었지만, 의심의 여지 없

---

61) 이에 관한 논의에 대해서는 Jay C Shaffer, 'Competition Law and Policy in Mexico' (2007) 8 OECD J Competition L & Pol 9-71; Claudia Schatan and Eugenio Rivera Urrutia (eds), *Competition Policies in Emerging Economies: Lessons and Challenges from Central America and Mexico* (Ottawa 2008); 'Symposium: The Brazilian Antitrust Regime' (2005) 1 Competition Law Intl 1-31. Gabriel Castenda Gallardo, 'Antitrust Enforcement in Mexico 1993-1995 and Its Prospects' (1996) 4 US-Mexico L J 19-34; United Nations Economic Commission for Latin America and the Caribbean, *Competition Policies in Emerging Economies: Lessons and Challenges from Central America and Mexico* (New York 1008); and Adrian ten Kate and Gunnar Niels, 'Mexico's Competition Law: North American Origins, European Practice' in Phillip Marsden (ed), *Handbook of Research in Trans-Atlantic Antitrust* (Cheltenham, UK 2006) 718-731. For a highly valuable symposium volume in Spanish, see José Roldán Xopa & Carlos Mena Labarthe (eds), *Competencia Económica: Estudios de Derecho, Economía y Politica* (Mexico City 2007) 참조.

62) Jorge G Castaneda, 'Competition Policy and Economic Integration in NAFTA and MERCOSUR' (1998) 26 Intl Bus Lawyer 496-503; and Peter Glossop, 'NAFTA and Competition Policy' (1994) 15 Eur Comp L Rev 191 참조.

이 북미 시장을 지배하는 규범적 프레임웍의 일부였다. 이로 인해 멕시코 정부는 경쟁법에 대한 지지를 강화하고, 이를 통해 이러한 프레임웍의 향후 발전과정에서 보다 독자적인 목소리를 내려는 인센티브를 갖게 되었다.

멕시코 경쟁법 발전을 가능케 한 추가적이면서도 중요한 요소는 영향력 있는 인물을 경쟁 당국의 수장으로 임명한 것이다. 전 WTO 멕시코 상설 대표(former Permanent Representative of Mexico to the WTO)였던 Eduardo Pérez Motta가 2004년 멕시코 경쟁 당국의 수장이 되었다. 그는 멕시코 경쟁 당국의 자원을 확충하고, 일반 대중들이 경쟁 당국의 역할을 더 잘 이해하도록 했으며, 경쟁법 집행 노력을 강화했다. 전체적으로, 그의 이러한 노력으로 멕시코 내의 경쟁 당국의 위상은 더욱 제고되었다. 그는 또한 국제경쟁법 모임에서 저명인사로서 존경받는 인물이 되었고, ICN이나 학술 컨퍼런스와 같은 포럼들에서 멕시코의 경쟁법 발전에 관해 많은 발표를 했다.[63]

d. 페　　루

마지막 사례는 페루이다.[64] 페루 사례는 라틴 아메리카 지역의 경쟁법 발전의 가능성과 취약성을 모두 보여준다. 21세기 이전까지 페루에서 경쟁법은 거의 발전하지 않았던바, 정부는 세계 시장에 동화되기 위해 Beatriz Boza를 페루 경쟁 당국의 수장으로 임명했다.[65] 미국에서 수학했던 경제학자인 Boza는 능력 있는 젊은 관료들을 불러 모았고, 전반적으로 경제학적 접근방식을 중시하는 미국 반트러스트법의 입장에 따라 경쟁법을 발전시키고자 했다. 이러한 움직임은 다른 지역의 관료들의 관심도 불러 일으켰고, 페루의 경쟁법 발전에 대한 낙관적인 전망이 제시되었다. 그러나, 이러한 움직임은 페루 내에서 저항에 부딪치기도 했다. 이후 수년이 경과하자 Boza는 물러났고, 그녀의 사임

63) 예컨대 Eduardo Pérez Motta, 'Industrial and competition policies in Mexico' (2008) 83 Chicago-Kent L Rev 31-39 참조.

64) 페루의 경쟁법 경험에 관한 논의에 대해서는 Terry Winslow, *Competition Law and Policy in Peru: a Peer Review*, (Inter-American Development Bank, Washington DC 2004). See also, OECD, *Competition Law and Policy in Latin America: Peer Reviews of Argentina, Brazil, Chile, Mexico and Peru* (2006) 참조.

65) 경쟁법에 관한 Boza의 견해에 대해서는 Beatriz Boza, 'The Role of Indecopi in Peru: The First Seven Years' in *The Role of the State in Competition and Intellectual Property Policy in Latin America: Towards an Academic Audit of Indecopi* (Lima 2000) 3-27 참조.

과 함께 경쟁법 발전의 추동력도 감소하게 되었다.

4. 라틴 아메리카와 국제경쟁법

라틴 아메리카 국가들은 국제경쟁법 분야에서 때때로 중요한 역할을 했던 바, 이러한 역할들과 각 국의 경쟁법 경험은 상호 영향을 미쳤다. 예를 들면, 하바나 헌장에 관한 협상 당시 아르헨티나와 라틴 아메리카 지역의 다른 몇몇 국가들은 헌장에 포함된 제안들 중 일부에 대해 반대하면서, 자신들의 요구가 수용되지 않으면 협상을 중단하겠다고 할 정도로 강력한 목소리를 냈다. 이들은 기본적으로 ITO 창설 방안에 포함된 내용들로 인해 라틴 아메리카 시장이 외국으로부터의 경쟁에 노출되어 미국, 유럽에 더욱 의존하게 되는 것을 막고자 했던바, 결국 ITO 창설 방안에 포함된 몇몇 경쟁 관련 원칙을 약화시키는 성과를 얻어내기도 했다.

1980년대 초 UNCTAD Set 협상 상황(Chapter 4 참조)에서 라틴 아메리카 국가들은 다시 개발도상국에 대해서는 특별한 고려가 필요하다는 주장을 주도하곤 했다. 보다 최근에 이들은 개발도상국 그룹에 가담해 WTO 내에 경쟁법 조항을 포함시키는 방안에 반대하기도 했다. 이처럼 라틴 아메리카 국가들은 방대한 경쟁법 경험을 갖고 있진 않지만 향후 국제경쟁법 발전에 관한 논의에서 핵심적 역할을 할 가능성이 높다.

5. 결론: 위험한 도약, 세계 시장 그리고 경쟁법

1990년대 보다 자유로운 무역과 국제 경쟁을 지향하는 움직임은 전세계의 많은 국가들에게 상당히 위험한 진전으로 받아들여지긴 했지만, 라틴 아메리카 국가들만큼 위험과 희망을 동시에 느낀 국가들은 없었다. 이러한 움직임은, 한편으로는 빠른 경제 성장에 대한 약속에, 다른 한편으로는 외국의 압력이나 이에 동참하지 않을 경우 초래될 지속적인 경기 하강에 대한 두려움에 의해 이끌어져 왔다. 그러나, 정부가 오랜 기간 동안 경제를 통제해 왔던 전통과 사회적 갈등, 분노가 결합한 결과, 라틴 아메리카의 정치 지도자들은 '과도한 경쟁(too much competition)', 즉 경쟁을 지나치게 강조하고 경쟁을 위한 경쟁을 강요하는 것을 우려했다.

라틴 아메리카의 여러 국가들에서 경쟁법은 역사, 이념적 전통, 일부 국민들의 시장·정부 관료·법원에 대한 불신 등 여러 주요한 장애들과 마주쳤다. 1990년대 및 2000년대 초 몇몇 지역에서는 지배 엘리트에 대해서뿐만 아니라 때로는 세계화와 미국의 영향력에 대한 불만이 표출되곤 했다. 경쟁법은 양자 모두와 긴밀하게 연계되어 있었다.

그러나, 이러한 장애들을 고려할 때, 몇몇 국가들은 인상적인 경쟁법 발전을 이루어내곤 했다. 종속 이론에 기반한 경제 정책으로 심각한 경제 침체가 초래되자 많은 사람들은 경쟁과 세계 시장에 동화하는 것이 지속적인 경제 발전을 가능케 하는 유일한 방안이라고 확신하게 되었다. 더욱이, 브라질, 칠레, 멕시코와 같은 일부 라틴 아메리카 국가의 경쟁법이 상당한 발전을 이루자, 다른 국가들 역시 이에 준하는 발전을 이룰 수 있다는 인식이 확산되었다.

경쟁법이 더욱 발전하기 위해서는 추가적으로 국내외로부터 동력(impetus), 인센티브(incentives), 기구(vehicle)가 필요할 것이다. 제2차 세계 대전 이후 라틴 아메리카 역사를 살펴보면 정부가 과도하게 경제를 통제할 경우 피해가 발생한다는 사실이 명백하고, 이 지역의 정치 엘리트들과 기업들 역시 이를 급속히 인식하고 있다. 이는 그 자체로 경쟁을 보호하려는 강력한 인센티브가 된다. 라틴 아메리카는 또한 자체적으로 상당한 자본과 전문적 경영 역량이 있으므로, 아시아, 아프리카의 여러 국가들같이 경쟁법 발전 역량 부족이라는 제약을 받지 않는다. 마지막으로, 보다 실효적인 민주적 기관들은 소비자들의 보다 낮은 가격에 대한 요구를 경쟁법을 지지하는 정치적 압력으로 전환시킬 수 있다.

경쟁을 보호하려는 추동력은, 정치 지도자들이 경쟁이 일부 엘리트 계층이 아닌 전체 사람들을 이롭게 하는데 기여한다는 점을 일반 대중에게 얼마나 잘 확신시킬 수 있는지에 그 강도가 결정될 것이다. 라틴 아메리카의 많은 지역에 만연한 '자본주의(capitalism)'에 대한 회의적 시각으로 인해, 경쟁법은 공정성과 같은 문제들이나 중소 규모 사업자들의 이익을 얼마나 고려하고 있는지에 따라 그 가치를 평가받을 것이다. 유럽 경쟁법 발전 과정에서 매우 빈번하게 확인된 바와 같이, 경쟁으로 '도약(leap)'하는 것이 예상보다 위험할 것이라는 우려가 있다.

국제적 요인들도 향후 라틴 아메리카 지역의 경쟁법 발전에 중요할 것이다. 경쟁법 발전이 시장의 실효성을 제고하면서도 그로 인해 영향을 받는 사람들의 관심을 반영한 기준에 따라 국제 경쟁을 규율하는 더욱 거시적이고 세계적인 과정의 일부로 비춰진다면, 이는 과거 경쟁법 발전을 저해했던 사항들을 극복할 수 있는 효과적인 방법이 될 수 있다. 예를 들면, 이러한 경쟁법 발전은 라틴 아메리카 지역에 대한 기술 지원의 효과를 제고하고, 국제적 협력에 대한 정치적 지지를 강화하는데 기여할 수 있을 것이다.

E. 개발도상국의 주제: 사하라 이남 아프리카

남아프리카 공화국을 제외하면, 사하라 이남 지역 아프리카 국가들의 경쟁법 경험은 라틴 아메리카보다도 훨씬 미미하다. 베트남과 같은 동남아시아의 여러 국가들과 카자흐스탄과 같은 중부 아시아의 여러 국가들과 함께, 이들 국가들은 국제경쟁법 무대에 가장 최근에 등장했다. 이들 국가들이 경쟁법에 관해 거둔 성과를 살펴보면, '성공(successes)'이라 할 수 있는 사례들(사건이 발생하고, 경쟁법이 실효적으로 집행되며, 기업들의 행위가 개선되는 것과 같은 사례들)은 거의 없을 것이다. 그러나, 시야를 좀 더 넓혀 보면, 아프리카 및 전세계적 차원에서 향후 경쟁법 발전에 중요한 역할을 할 요소들을 확인할 수 있다. 사하라 이남 지역 국가들은 2000년부터 10년간 경쟁법에 더 많은 관심을 갖고 이를 지지하기 시작했던바, 이 지역의 경쟁법 발전은 이제까지보다 향후의 국제경쟁법 발전에 훨씬 더 중요해질 것이다.

여기에서는 세 가지 관점에서 사하라 이남 지역의 경쟁법 경험을 간략히 검토하기로 한다. 첫째, 아프리카 대륙에서 경쟁법 발전을 저해해 왔던 요소들을 확인하는 한편, 경쟁법이 이 지역의 정치·경제에서 별다른 역할을 하지 못한 이유들을 살펴보는 것이다. 둘째, 최근 아프리카 지역(특히 남아프리카 지역)에서 경쟁법에 대한 관심과 지지가 증대된 상황과 그 원인들 몇몇을 살펴보는 것이다. 셋째, 아프리카 경쟁법이 국제경쟁법 발전과의 관계에서 어떤 위치를 갖는지 확인하는 것이다. 이 과정에서 국제경쟁법이 아프리카 경쟁법 발전에 미치거나 미칠 수 있는 영향뿐만 아니라, 아프리카 경쟁법이 국제경쟁법 발전에 미치거나 미칠 수 있는 영향에 대해서도 살펴보기로 한다.

본 Section에서는 개별 국가의 세부적인 사항 대신 지역에서 공통적으로 발견되는 패턴을 살펴보기로 한다. 물론, 사하라 이남 지역의 국가간에도 국가별로 상당한 차이점이 있다. 몇몇 아프리카 국가들은 사실상 경쟁법 자체를 보유하고 있지 않은 반면, 남아프리카 공화국은 1990년 이후 상당한 경쟁법 경험을 축적했고 현재 비교적 발전된 경쟁법 체제를 갖고 있다. 아프리카 국가들이 겪었던 기본적 문제들과 이슈들의 상당수는 다른 개발도상국의 새로운 경쟁법에도 그대로 발생할 수 있으므로, 본 Section에서 이를 확인하는 것은 다른 지역의 문제와 이슈를 인식하는 데에도 도움이 된다.[66)]

1. 정치 · 경제적 상황

유럽 강대국들이 1885년 베를린 회의를 통해 아프리카 지역을 분할 통치하기로 합의한 후, 식민주의는 사하라 이남 지역의 정치적 · 경제적 발전에 영향(처음에는 식민통치를 통해 현실적인 영향을 미쳤고, 식민통치 이후에도 그 잔재를 통해 간접적인 영향을 미쳤다)을 미쳤다.[67)] 식민주의로 형성된 의존 관계는 냉전으로 더욱 심화되었고, 이후에도 때때로 세계화라는 압력을 통해 지속되었다. 이런 상황에서, 아프리카 기업들의 경쟁력에 기반한 발전을 강화하는 것은 잠

---

66) 개발도상국에서 경쟁법 이슈는 최근들어 주목받기 시작했다. 이에 관한 가치 있는 개관에 대해서는 Bernard Hoekman and Petros C Mavroidis, 'Economic Development, Competition Policy and the World Trade Organization' (2003) 37 J World Trade 1: Michael Gal, 'The Ecology of Antitrust: Preconditions for Competition Law Enforcement in Developing Countries' in UNCTAD, *Competition, Competitiveness and Development: Lessons from Developing Countries* (UNCTAD/DITC/CLP/2004/1, Geneva 2004) 21. Hassan Qaqaya and George Lipimile, *The Effects of Anti-Competitive Business Practices on Developing Countries and their Development Prospects* (UNCTAD/DITC/CLP/2008/1, Geneva 2008) 〈http://www.unctad.org/Templates/webflyer.asp?docid=10698&intItemID=4150&lang=1〉. Susan Joekes and Phil Evans, *Competition and Development* (Ottawa, 2008); and Simon Evenett, 'What is the relationship between Competition Law and Policy and Economic Development?', in Douglas H Brooks & Simon j Evenett (eds), *Competition Policy and Development in Asia* (New York 2005).

67) See eg Crawford Young, *The African Colonial State in Comparative Perspective* (New Haven, Connecticut 1994); and Mahmood Mamdani, *Citizen and Subject: Contemporary Africa and the Legacy of Late Colonialism* (Princeton, New Jersey 1996) 참조.

재 가치가 높았지만, 그 실행을 막는 강력한 장애들이 있었다.

1960년 즈음 대부분의 아프리카 식민지들이 독립했을 때, 신생국들은 엄청난 정치적 곤경과 경제적 문제에 직면하곤 했다. 식민주의의 유산 중 하나는 국내 정치 문화에 뿌리를 둔 정치 기관들이 부족했다는 점이다. 아프리카 국가들은 본래 유럽 국가들의 이익을 위해 식민지가 되었다. 식민지 이전의 법률 문화들은 전반적으로 무시되었고 식민지 규정에 따라 사실상 소멸되곤 했다(물론, 소규모 군락 단위에서 일부 남아 있을 수 있다). 식민지 정치 구조는 파리, 런던, 리스본의 관료들로부터 상당한 영향을 받았던바, 이들의 주된 목표는 식민지 주민들이 아닌 식민통치 국가의 이익을 구현하는 것이었다. 일부 식민지는 식민통치가 종료 약 10여 년 전부터 변화가 생겨났지만, 이러한 변화는 모든 지역에서 발생하지 않았을 뿐더러 그 수준 역시 미미했다. 식민통치 종료 무렵 몇몇 예외를 제외하면, 식민 정부의 하급 관료들이나 식민정부와 연관되어 있던 기업들의 직원들 이외에 아프리카 사람들 전반에 대한 교육은 거의 제대로 이루어지지 못했다. 그 결과 식민통치 종료시 정치적 공백을 메꿀 적임자가 거의 없었다. 국민들 중에서 정책 수립, 실행에 관한 상당한 경험을 보유하고 있거나 정부 고위 관료직을 역임했던 사람들은 거의 없었다. 이로 인해 예견된 대로 정치적 불안정과 불확실성이 초래되었다. 이러한 경험들의 잔재는 지금까지도 몇몇 국가들에 남아 있다.

아프리카 국가들은 식민 통치자들로부터 독립하긴 했지만, 대부분 독립 직후부터 새로운 유형의 의존관계에 놓이게 되었다. 이 관계는 과거의 의존관계와 다르고, 덜 직접적이며, 제대로 인식하기 더 어렵지만, 과거 못지 않게 불안정한 상황을 초래했다. 역사적으로 돌이켜보면, 아프리카 국가들이 독립했을 당시의 정치·경제적 상황은 우호적이지 않았다. 당시 냉전이 최고조에 달해 있었다. 다수의 아프리카 국가들은 이들에 대한 영향력을 확대하려 했던 소련, 미국이 제공하는 원조에 많이 의존했다.[68] 아프리카 국가들에 대한 양국의 주도권 경쟁은 다양한 측면에서 이루어졌는데, 항상 이념적 문제와 정치·경제

68) 이에 관한 논의에 대해서는 Thad Dunning, 'Conditioning the Effects of Aid: Cold War Politics, Donor Credibility, and Democracy in Africa' (2004) 58 Intl Org 409-423; and David D Newsom, 'After the Cold War: U.S. Interest in Sub-Saharan Africa' in Brad Roberts (ed), *U.S. Foreign Policy after the Cold War* (Cambridge, Massachusetts 1992) 143-158 참조.

의 역학관계에 영향을 미치려는 노력을 수반했다. 소련은 사회주의 정부 형태를 선호하는 아프리카 동맹국들을 '매수(purchase)'했고, 미국은 (적어도 표면적으로는) 민주주의와 경제적 자유를 증진하려 했다. 그러나, 양국 모두 주로 아프리카 국가들에 대한 지원을 통해 현지 지도자들의 지지를 얻으려 했다. 양국의 지원은 아프리카 국가들의 민주적 정치 구조 발전에 거의 기여하지 못했을 뿐만 아니라, 오히려 지원을 확보하려 했던 국내 세력들간의 군사적 충돌을 유발하곤 했다.

그러나, 소련 붕괴 이후 1990년대 들어 또 다른 유형의 의존관계가 형성되기 시작했다. 소련뿐만 아니라 미국으로부터의 지원도 감소했고, 지원 여부도 불확실해졌다. 냉전이 종식된 상황에서, 양국은 아프리카에 영향력을 미칠 인센티브가 없었다. 아프리카 국가들은 이전까지의 지정학적 가치를 순식간에 상실했다. 그 결과 아프리카 여러 국가들의 정치적 역학관계는 근본적으로 바뀌게 되었다. 아프리카 국가들은 이제 냉전 종식으로 중단된 지원을 대체하기 위해 국제 기구들로부터 자금을 제공받아야 했다. 이는 World Bank나 IMF로부터 자금을 제공받기 위해 이들의 요구를 충족하는 법을 제정해야 함을 의미하곤 했다. 외국으로부터 자금을 제공받기 위해 하루 또는 일주일만에 법을 제정한 사례들이 매우 많았다. 이런 법률들은 '무늬만 (apparent)' 법률, 즉 내부로부터의 정치적 지지를 거의 받지 못해 제대로 집행될 수 없는 법률에 불과한 경우가 빈번했다.

이상과 같은 유형의 의존관계들로 인해 아프리카에서 보편적으로 발견되는 세 가지 유형의 패턴들이 있다.[69] 물론 국가에 따라 상이한 패턴이 상이한 시기에 두드러지는 경우가 있긴 했지만, 대부분의 국가에서 하나 또는 그 이상의 패턴이 독립적으로 또는 서로 결합해 두드러졌다. 첫째, 정치적 불안정성과 불확실성이다. 통상 국경에 따라 구분되는 정치 문화가 확고히 뿌리를 내리지 못했던 탓에, 정통성없이 군사력에만 기반한 정부가 들어서는 경우가 빈번했고, 군사력을 보유하고 있던 여러 세력들이 정부 권력을 쟁취하기 위해 각축하는 상황이 자주 발생했다. 이로 인해 내전이나 1990년대 르완다에서 발생한 비극적 인종학살까지 발생했다. 둘째 요소는 보기에 따라서는 정치적 불안정성

69) 이에 관한 논의에 대해서는 예컨대 Kenneth Cooper, Africa Since 1940 (Cambridge 2002); and Martin Meredith, *The Fate of Africa* (New York 2005) 참조.

과 정반대되는 상황이지만 확고한 정치적 뿌리의 결여로 발생했다는 점에서 공통된다. 본서는 이를 카리스마나 군사력을 갖추고 있는 지도자를 중심으로 한 권력집중 현상으로 지칭하기로 한다. 특히, 아프리카 독립전쟁을 승리로 이끈 전설적인 지도자들은 독립 이후 정부 권력을 확보하고, 때에 따라 수십 년간 통치권을 행사한다. 이러한 패턴이 두드러지는 사례로 세네갈의 Leopold Senghor, 탄자니아의 Julius Nyrere, 잠비아의 Kenneth Kaunda 등을 들 수 있다. 이들은 정부 권력을 통해 자신들과 지지자들이 개인적으로 많은 이익을 얻을 수 있고, 자신들을 대체할 세력이 존재하지 않음을 알게 되면 시간이 지날수록 급격히 독재화되는 사례가 많았다. 셋째, 위 두 가지 패턴들과 관련되는 것으로, 독립성, 안정성, 적법성을 확보한 상태에서 정책을 개발, 적용할 수 있는 역량을 갖춘 정치 기관들이 부족하다는 점이다.

물론 이상과 같은 일반적 패턴들에 언제나 중요한 예외들이 있음을 유의할 필요가 있다. 세네갈, 잠비아, 케냐와 같은 국가들은 여러 차례에 걸쳐 정치적 안정, 적법성, 민주주의를 유지했었다. 더욱이, 1990년대 이후 44개[70] 사하라 이남 지역 국가들 대부분의 정치적 안정성이 전반적으로 증대되었다. 놀랄만한 발전을 이룬 몇몇 사례들도 있다. 고등교육을 받고 헌신적인 정부 관료들이 비교적 실질적 권한을 행사하는 정부 기관에서 나름의 역할을 한 사례들도 여럿 있다. 물론 이처럼 정치적으로 안정된 정치 기관들을 발전시켰던 사례들은 거의 대부분 확립된 패턴으로까지 이어지진 못했지만 국제경쟁법 발전 상황에서 중요하다고 할 것이다. 독특한 역사와 인종차별 정책(apartheid) 종료 이전에 발달된 비교적 안정된 정부 기관들 등 여러 면에서 특별한 사정이 있긴 하나, 남아프리카 공화국은 새로운 정치 체제와 실효적인 통치 기구들을 발전시키는 과정에서 성과를 냈던바, 이는 아프리카 전역에서 칭송의 대상이 되기도 했다.[71]

이러한 정치적 역학관계는, 경제 발전 및 경제적 의존 패턴들과 서로 얽혀 있는데, 이러한 패턴들은 국제경쟁법 발전 이슈에도 관련된다. 식민주의는 1885

70) 통상 사하나 이남 아프리카 지역에 포함되곤 했던 Seychelles, Mauritius, and Madagascar는 여기에서는 포함되지 않았다.

71) 예컨대 Scott D Taylor, *Business and the State in Southern Africa: The Politics of Economic Reform* (Boulder, Columbia 2007) 참조.

년 이후 대부분의 기간 동안 영향을 미쳤다. 식민통치 기간에 형성된 경제적 의존관계는 정치적 독립 이후에도 유지되었다. 식민통치 국가들은 자국의 이익을 위해 식민지 경제를 통제했다. 식민통치 체제들의 주된 목표는 원자재나 농산품과 같은 일차 제품을 생산해 유럽의 소비자들에게 공급하는 것이었다. 정부 또는 정부에 연계된 기업들만이 이러한 경제 활동에 필요한 규모의 투자를 할 수 있었는데, 이러한 투자는 전반적으로 유럽 각 식민지 센터에 수출할 수 있는 품목에 집중되었다. 예를 들면, 도로와 기차 노선들은 수출 촉진을 위해 건설되었으므로, 대부분의 노선들은 대륙 내부의 산지와 해안 지역의 항구를 연결하는 것이었다. 반면 지역 사회를 연결하거나 현지인들간 왕래를 원활히 하기 위해 도로나 기차 노선이 들어서는 경우는 거의 없었다. 아프리카 지역 대부분의 교통 인프라가 매우 부족하다는 것은 이러한 정책의 한 잔재로 볼 수 있는데, 경제학자들은 이것이 경제 발전의 주된 장애가 된다는 점을 보여주었다.[72] 이런 여건에서, 현지인들은 실질적인 경제 발전을 할 수 있는 기회를 거의 갖지 못했다. 물론 일부 사람들이 서구식 교육을 받았고, 일부는 정부 부처나 사기업의 '인턴(clerk)', 교사, 선교사가 되었다. 그러나, 대부분의 아프리카 사람들은 단순 노동 업무에만 종사했다.

이러한 경제적 패턴들은 식민통치 종료 이후에도 지속되곤 했다. 정부가 바뀌었음에도 불구하고, 사회 기반 인프라는 빠르게 구비되지 못했다. 기업 및 광산, 고무, 코코아 농장들과 같은 생산시설의 소유권이 바뀌는 경우도 있었지만, 이전 소유자가 최소한 일정 기간 동안 그대로 소유권을 보유하는 경우도 많았다.

식민통치 종료 후 새롭게 정치 권력을 얻게 된 현지인들은 이러한 기존의 경제적 패턴을 개선할 역량이 없었고, 자신들을 선출해 준 국민들에 대한 의무를 제외하면 이를 바꿀 인센티브도 없었다. 정부와 기업은 최소한 일정 기간 동안 기존 생산방식을 유지할 수밖에 없었다. 뿐만 아니라, 과거 식민통치 권력은 자신들의 이익에 도움이 되는 정책들과 패턴들을 오랜 기간 동안 유지했고 식민통치가 종료된 이후에도 이를 유지하기 위해 식민지 지역에 광범위한 영향력을 행사하곤 했다.

---

72) Supee Teravaninthorn and Gael Raballand, *Transport and Cost in Africa: A Review of the International Corridors* (Washington DC 2009) 참조.

식민통치 후 새롭게 들어선 정부 지도자들은 여러 방법을 통해 이러한 이익을 일부 공유했고, 그 중 다수는 10년 또는 그 이상의 기간 동안 이렇게 확보한 이익을 보건, 교육, 기타 다른 공공 서비스를 확실히 개선하는데 일부 활용했다. 1960년대 아프리카 경제에 대한 낙관론이 지배함에 따라 국가 전체가 희망으로 넘쳤고 대중들의 경제 참여도 활발했다. 남아프리카 공화국에서는 다이아몬드와 금을 지속적으로 채굴했고, 잠비아는 구리 채취를 통해 부를 축적했으며, 가나와 나이지리아(이보족)은 코코아 플렌테이션 농업으로 경제를 발전시켰다. 물론 일부 국가들이 섬유 기타 제조업 발전에도 신경을 쓰긴 했지만, 대부분은 일차 제품, 특히 채취 산업(extractive industries)에서 생성되는 제품 수출에 주력했던바, 이는 지금까지도 유지되고 있다. 이러한 경제적 패턴으로 인해 경쟁 원리가 작동하는 시장이 발전하거나, 경쟁의 가치 및 그 잠재적 중요성을 충분히 인식하는 중산층이 육성될 여지가 거의 없었다.

1970년대 중반, 1960년대 완만히 이루어졌던 경제 성장조차 멈추자 아프리카 경제는 쇠퇴하기 시작했다. 이 기간에 발생했던 '오일쇼크'와 연계되곤 했던 전세계적 경기 하강으로 인해 아프리카 국가들이 공급했던 일차 제품에 대한 서구 국가들의 수요가 감소하자, 하나 또는 몇몇 일차 제품의 생산에 전적으로 의존하는 아프리카 경제의 취약성이 드러나게 되었다. 정부 지도자들은 자금을 제공받기 위해 국제적인 자금 제공 기관에 매달리곤 했다. 이러한 경로로 제공된 자금은 아프리카 경제를 어느 정도 지탱해 주었지만 경제의 구조 자체를 변화시키진 못했다. 이러한 자금 제공은 경우에 따라 정부에게 교육, 보건과 같은 사회적 지출에 필요한 예산을 삭감하도록 요구함으로써 발전을 지연시켰을 수도 있다. 자금 제공은 정부 부채나 자원의 무분별한 사용을 줄이는 긍정적 효과가 있었고 실제로 경제적 이익을 제공했었을 수도 있지만, 일차 제품에 의존하는 대부분의 아프리카 국가들의 기본적 경제 구조 자체를 바꾸지는 못했다. 이처럼, 전반적으로 볼 때 자금 지원은 아프리카 경제의 경쟁력 제고에 거의 기여하지 못했다.

2. 경쟁법 발전의 지연

이상과 같은 정치 · 경제적 상황으로 인해, 아프리카의 지도자들은 경쟁법을 도입, 발전시킬 인센티브가 거의 없었다. 하나 또는 소수의 일차 제품의 생산・수출에 주로 의존하고, 정부가 제품 생산의 전부 또는 대부분을 소유, 통제하는 상황에서, 정부는 국내 소비자들보다는 생산자들과 같은 이해관계를 가질 가능성이 높다. 이런 상황에서 경쟁이 발전할 기회는 거의 없고, 지도자들도 이를 추진할 이유가 거의 없다. 개발 도상국들이, 경쟁법이 자국 기업들에게 피해를 미치는 방식으로 활용될 수 있다고 우려하는 것은 흔한 일이다.[73] 이런 맥락에서, 자금력을 갖춘 서구 기업들이 개발도상국들에게 보다 강력한 지적재산권법을 도입하도록 요구하고 이를 활용해 자신들의 이익을 추구하는 방식들이 자주 언급되곤 한다.

보다 근본적인 문제는 대부분의 아프리카 지역에서 경쟁법이 구현할 수 있는 가치에 대한 인식이 부족한 것처럼 보인다는 점이다. 이런 상황이 지속되는 한, 경쟁 과정을 보호하려는 인센티브도 부족할 것이다. 소비자들은 경쟁이 발생하기 어려운 상황에 익숙해져 있다. 이 현상들은 때때로 특정 브랜드(남아프리카 공화국의 경우 Rand, 잠비아의 경우 Kwatcha)에 경쟁할 수 있는 브랜드와 소매 아웃렛이 없기 때문이다. 이와 달리, 소비자들이 고정 가격이나 공급 부족에 익숙해서 경쟁이라는 개념 자체를 인식하지 못하기 때문인 경우들도 있다. 공급 부족이 일상적으로 발생하면, 소비자들은 강력한 기업들이 임의로 가격을 조작할 위험이 있는 자유 시장 경제보다 정부가 개입해 가격을 안정시키는 것을 더 선호할 가능성이 높다.

정치 권력을 보유하고 있는 정당이 경쟁법 발전에 대한 인센티브가 없을 뿐 아니라, 경쟁법을 지지하는 요소들도 거의 없다. 정치 조직들이 소비자들이나 중소 사업자들(small and medium-sized enterprisers－'SMEs')의 이해관계를 정치적 의사결정 과정에 효과적으로 반영하지 못하기 때문에 경쟁법에 대한 정치적 지지가 부족한 경우가 빈번하다. 1990년대 아프리카 국가들이 확실히 복수 정당제로 나아가긴 했지만, 강력한 지도자들이나 인종적 구분에 따라 형성된 집단들(이들은 집권층 밖의 사람들이 상당한 정치적 영향력을 행사하는 것을 용납

73) 이에 관한 논의에 대해서는 예컨대 George K Limpimile, 'Competition Policy as a Stimulus for Enterprise Development' in UNCTAD, *Competition, Competitiveness and Development: Lessons from Developing Countries* (UNCTAD/DITC/CLP/2004/1, Geneva 2004) at page 176 〈http://unctad.org/en/docs/ditcclp20041ch3_en.pdf〉 참조.

하지 않는다)이 체제를 통제하는 경우가 종종 있다.

경쟁법 발전에 필요한 충분한 재정적 지원이 거의 없는 경우도 빈번하다. 공공정책 분야에서 경쟁법이 특별히 많은 비용을 필요로 하는 것은 아니지만, 많은 아프리카 국가들은 규모가 작았고 공공 자원이 극도로 부족했다. 이런 상황에서, 가뜩이나 부족한 자원을 경쟁법에 지출하자는 안건은 별로 설득력이 없었다. 대부분의 아프리카 국가들에서 경쟁법 발전을 지지하는 이론적 연구가 제대로 되어 있지 않았다. 유럽, 일본, 한국 심지어는 중국조차 교수들과 전문가들이 경쟁법을 지지하는 중요한 역할을 수행했던 반면, 아프리카에 이에 상응하는 지지가 있었다는 점에 대한 증거가 거의 없다.

경쟁법에 대한 저항과 반대도 흔하다. 외국 직접 투자(foreign direct investment-'FDI')에 대한 절박한 필요는 이러한 저항의 한 요인이다. 각 국이 FDI를 유치하기 위해 경쟁하는 상황에서 잠재적 투자자가 투자대상국의 경쟁법으로 인해 수익률이 저하될 수 있다는 우려를 표할 경우, 정부 관료들은 경쟁법 도입을 단념하거나 적어도 경쟁법을 공격적으로 집행하지 않으려 한다. 일부 국가들에 있었던 다른 장애 사유로 정부 기관들에 대한 신뢰 부재를 들 수 있다.[74] 다수의 개발도상국에서 그러했듯이, 아프리카의 정부 관료들은 충분한 경제적 보상을 받지 못하므로 부패에 취약한 경우가 빈번하다. 이들은 또한 제대로 된 직무 훈련을 받지 못했었을 수도 있다. 이러한 관료들이 경쟁법을 집행할 경우 경쟁이 촉진되기보다 오히려 저해될 수도 있으므로 경쟁법 집행 대상인 국내외 기업들이 반발할 가능성이 높아진다. 정부가 강력한 경제력을 보유한 이해관계인들에 대해 법을 실효적으로 집행할 수 있는 힘을 보유하지 못한 경우, 특히 이해관계인들이 외국인이고 당해 국가가 간절히 필요로 하는 자원을 제공할 경우 이러한 문제가 발생하게 된다. 이 경우, 사업규모 및 네트워크에서 비교 열위에 있는 경쟁사업자들은 부패한 관료들이 강력한 경제력을 갖춘 대규모 사업자들이 아닌 자신들에게 경쟁법을 적용할 가능성을 우려할 수 있다.

74) 예컨대 William E Kovacic, 'Getting Started: Creating New Competition Policy Institutions in Transition Economies' (1997) 23 Brooklyn J Intl L 403, and *idem*, 'Institutional Foundations for Economic Legal Reform in Transition Economies: The Case of Competition Policy and Antitrust Enforcement' (2002) 77 Chicago-Kent L REv 265 참조.

설령 경쟁법이 중립적으로 적용된다고 하더라도, 경쟁법 및 이 법의 효과에 대한 회의적인 시각이 있는 경우가 빈번하다. 경쟁법은 서구 기업들의 지배적인 지위를 유지하고 아프리카 기업들의 발전을 저해하는 수단으로 활용된다고 여겨지곤 한다. 경쟁법에 대한 보다 일반적인 장애 사유는 경쟁법을 '이질적(alien)'인 것이라고 보는 인식이다. 경쟁은 때때로 그 자체가 '아프리카의 것이 아닌(not African)' 것으로 묘사된다. 정부가 경제적 경쟁 과정을 보호해야 한다는 생각이 일반 대중들에게 전달, 수용될 기회는 거의 없었다. 이러한 이질감은 경쟁법에 대한 사고 방식 및 경험 부족으로 더욱 가중되었다. 경쟁법이 외부(가장 전형적인 경우로서 World Bank와 같이 경제 발전을 지원하려는 국제 기관들) 압력에 의해 제정되었다는 사실은 이러한 이질감을 더욱 뒷받침했다. 이러한 관점에서도 경쟁법은 '아프리카에서 생성되었거나(native)', '자연스러운(natural)' 것이 아니라고 보기 쉬웠다. 유럽조차 아주 최근까지도 경쟁법에 대해 이질감을 느꼈었다는 점을 기억하면, 아프리카의 이러한 이질감이 유별난 것은 아니라고 할 것이다.

3. 아프리카의 경쟁법 경험

이상과 같은 경쟁법 발전 저해 요소들을 고려할 때, 아프리카 지역에는 실질적인 경쟁법 경험이 없었다고 생각할 수 있는데, 이는 일반적으로는 옳다고 할 수 있다. 아프리카의 경쟁법 경험은 '빈약하다(thin)'. 세네갈과 같은 일부 국가들은 독립 직후 자국을 식민 통치했던 국가들의 법을 본받아 경쟁법을 제정하기도 했다. 그러나, 경쟁법을 진지하게 집행할 의사가 있었다고 볼 증거는 거의 없는바, 경쟁법은 독립의 상징으로 제정된 것에 불과한 것으로 보인다.[75] 다수의 아프리카 국가들은 또한 World Bank나 다른 국제적 자금 제공 기관들의 요구사항을 충족하기 위해 경쟁법을 제정하기도 했다.[76] 이미 살펴본 바와 같이, 이들 기관들의 요구 사항들은 1990년대 구조조정 프로그램에서 흔히 발

75) 예컨대 세네갈의 경우 독립 직후인 1964년에 경쟁법이 최초로 제정되었다. 이 법은 1994년 The Loi no. 94-63 du 22.81994 sur les prix, la concurrence et la contentieux économique, *Journal Officiel de la République du Sénégal* ('JORS'), 27 August 1994 at 384로 개정되었다.

76) 예컨대 Lipimile, *supra* note 73, at 174 참조.

견된다. 그러나, 극히 일부 예외를 제외하면, 실제로 경쟁법 위반이 문제된 사례는 거의 없었고, 경쟁법의 집행 및 발전에 대한 지지도 극히 미미했다.

아프리카 경쟁법 경험에서 두드러지는 두 번째 사항으로 '법전상의(on the books)' 법과 '실제 집행되는(in action)' 법이 상이하다는 점을 들 수 있다. 아프리카 국가들 다수가 경쟁법을 제정했지만, 실제로는 이를 집행하지 않거나 매우 제한적으로 집행했을 뿐이다. 국제적 자금 제공 기관들, 외국 정부들, 해외의 요구사항을 충족하기 위해 고용된 외국 로펌들이 경쟁법의 내용에 영향을 미치곤 했음을 고려할 때, 많은 사람들이 이렇게 제정된 경쟁법이 아프리카의 실정에 적합한지 의구심을 가질 수 있다. 그 결과, 경쟁법은 아예 무시되거나 성문법 문언과 달리 적용될 수도 있다. 예를 들면, 세네갈 경쟁법은 경제적·사회적 상황에 따라 필요한 경우 정부가 상품, 서비스의 가격을 결정할 수 있는 권한을 부여했다. 2006년 11월, 밀 값이 앙등하자, 정부는 이 조항을 활용하여 밀 값을 고정했다. 세네갈 정부의 이러한 조치가 경쟁법 목적들과 배치된다고 인식한 사람은 거의 없었다.[77)]

그러나, 이상의 장애들에도 불구하고, 몇몇 국가들은 주목할 만한 경쟁법 발전을 이루어냈다. 여기에서는 두 개의 사례들을 살펴보기로 한다. 첫째, 남아프리카 공화국의 경우, 경쟁법은 정부 정책 수립 및 기업의 사업 계획에 중요한 요소가 되었다.[78)] 남아프리카 공화국 경쟁 당국은 1990년대에 활발히 활동했다. 1990년대 이후 경쟁 당국은 다수의 기업결합 사건들을 조사했고, 그 결과에 따라 기업결합을 금지하거나 시정조치를 부과했다. 경쟁 당국은 국내

77) 이에 관한 논의에 대해서는 Mor Bakhoum, "L'articulation du droit communautaire et des droits nationaux de le concurrence dans l'Union Economique et Monétaire Ouest Africaine ('UEMOA') (Zurich 2007) 410-2 참조.

78) Simon Roberts, 'The Role of Competition Policy in Economic Development: The South African Experience' (2004) 21 Development Southern Africa 227-243; Michal Gal, 'The Ecology of Antitrust: Preconditions for Competition Law Enforcement in Developing Countries' in UNCTAD, *Competition, Competitiveness and Development: Lessons from Developing Countries* (UNCTAD/DITC/CLP/2004/1/, Geneva 2004) 21; and Trudi Hartzenberg, 'Competition Policy and Enterprise Development: Experience from South Africa' in UNCTAD, *Competition, Competitiveness and Development: Lessons from Developing Countries* (UNCTAD/DITC/CLP/2004/1/, Geneva 2004) 21. See also David Lewis, 'Chilling Competition' (Speech at Fordham Corporate Law Institute in New York in October 2008) 참조.

기업들뿐만 아니라 다국적 기업들에 대해서도 적극적으로 경쟁법을 집행했다. 경쟁법에 대해서는 정치적 지지뿐만 아니라 대중적 지지도 있었던바, 이는 남아프리카 공화국 경쟁법이 성공적으로 집행될 수 있는 하나의 요인이 되었다. 경쟁법에 대한 이러한 지지는 사안의 특성에 따라 경쟁법을 탄력적으로 집행함으로써 형성되었다고 할 수 있다. 경쟁 당국 지도부는 경쟁법 집행 과정에서 어떻게든 기업들과 대중들의 요구에 부응하기 위해 노력했다. 이런 측면에서, 남아프리카 경쟁 당국(Competition Commission)의 수장인 David Lewis와 같은 관료들은 경쟁의 가치를 사회에 내재화했다. 특히 역사적으로 불이익을 받았던 계층들(기본적으로 흑인들과 유색인들)에 대해 특별한 고려를 할 수 있도록 한 경쟁법 조항은 주목할 만하다.[79)]

물론, 남아프리카 공화국 사례는 몇 가지 특유한 사정들이 있다. 1994년 인종분리 정책이 종료하기 이전 비교적 강력하고 실효적인 관료조직 기구가 있었고, 경쟁 당국은 이러한 관료 조직의 경험과 전문성을 활용할 수 있었다. 남아프리카 공화국은 또한 사하라 이남 지역에서 단연코 가장 부유한 국가였고, 다수의 외국 기업들이 아프리카 거점 사무실들을 두고 있었다. 이러한 요소들로 인해 정부는 외국의 잠재적 투자자들로부터의 압박에서 다소 자유로울 수 있었다. 국민들이 이미 많은 외국 기업들의 존재를 인식하고 있었던 덕분에, 경쟁법을 제정하여 이들 기업들을 규제하려고 했던 정부의 움직임에 대한 정치적 지지도 쉽게 형성될 수 있었다.

잠비아의 경우 남아프리카 공화국에 있었던 것과 같은 경쟁법 발전에 특히 우호적인 제반 조건들이 없었다. 그럼에도 불구하고 잠비아는 진정한 경쟁법 발전을 이룩한 두 번째 사례이다. 잠비아에서는 경쟁 조건을 개선하기 위해 국내외 기업들의 이해관계들을 적극적으로 조정하려 했던 사람이 있었던바, 그는 이를 통해 대중들로부터 정치적 지지를 받았고 이를 적절히 활용했다. 그는 2000년대 초반 잠비아 경쟁 당국의 수장이었던 George Lipimile이다. 그의 용기와 노력에 언론의 관심이 집중되었고, 이는 경쟁 당국의 위상 강화로 이어

79) Competition Act, no 89, 1998, Chapter 1, no 2, Purpose of the Act, Point (f) which states: 'The purpose of this Act is to promote and maintain competition in the Republics in order (…) "to promote a greater spread of ownership, in particular to increase the ownership stakes of historically disadvantaged persons."' 참조.

졌다. 몇몇 사람들에 따르면, 그는 신문을 통해 자신의 주장과 결정을 알리곤 했다.[80] 이는 많은 용기를 필요로 하면서도, 다른 사람들의 반감을 불러 일으킬 수도 있었다. 그는 결국 경쟁 당국의 수장에서 사임했고 이후 스위스 제네바의 UNCTAD 경쟁 분과에서 일하게 되었다.

지역 단위 협력은 아프리카 국가들이 경쟁법 발전 과정에서 맞닥뜨렸던 문제점을 해결하는 방안의 하나로 추진되었다. 이러한 협력은 동부와 남부 아프리카 지역의 Common Market for Eastern and Southern Africa('COMESA'), 서부 아프리카 지역에서 국가들간의 무역 장벽을 낮추고 경제 협력을 권장하는 WAEMU와 같이, 더 광범위한 경제발전 프로젝트의 일부로 이루어져 왔다.[81] 유럽의 경제 통합은 이러한 프로젝트의 직접적인 모델로서 프로젝트의 추진을 고취하기도 했다. 이렇게 결성된 조직들은 지금까지도 느슨하게나마 유지되고 있는데, 경쟁법은 여기에서 특히 활발히 발전된 분야는 아니었지만, 몇몇 지역에서 경쟁법을 과거보다는 진지하게 받아들이고 있다는 신호들이 감지되고 있다.[82]

지역 단위의 협력이라는 관점에서 경쟁법의 목표 중 하나는, 각 국 경쟁 당국의 관료들이 강력한 외국 기업들을 대상으로 자국 경쟁법을 실효적으로 집행할 수 있도록 하는 더 많은 수단을 제공하는 것이다. 여기에서는 이에 관한 한 가지 사례를 언급하기로 한다. 남아프리카 공화국 경쟁 당국의 한 관료에 따르면, 국내에서 활동하고 있는 다국적 기업들이 시장 분할을 통해 경쟁을 줄이고자 인접 국가로 배급하는 사업자들에게 계약을 통해 유사한 제약을 부

80) '잠비아 언론들은 George Lipimile의 일거수 일투족을 취재했던바, 그가 외국으로 출장을 가자 한 주요 신문에서는 이러한 사실을 보도하는 한편 경쟁법 이슈에 관한 특별 칼럼을 게재하기도 했다(The media in Zambia followed George Lipimile so closely that his travels outside of the country were reported in the press and a special column was given over to competition issues in a major newspaper)' Taimoon Stewart et al, *Competition Law in Action: Experiences from Developing Countries* (IDRC publication 2007) at 27 〈http://www.crdi.ca/uploads/user-S/11781215481Competition_Law.pdf〉.

81) COMESA에 대해서는 Competition Policy, Trade and Development in the Common Market for Eastern and Southern Africa (COMESA) 〈http://www.comesa.int/〉 참조. WAEMU에 대해서는 〈http://www.uemoa.int/index.htm〉 참조.

82) 예를 들면, 케냐 경쟁당국의 전직 수장이었던 Peter Ngoyo는 최근 COMESA의 수장으로 지명되었다. Ibid, Competition Policy, Policy, trade and development in the common market for eastern and Southern Africa 참조.

과하고 있다고 한다. 한 국가의 경쟁 당국이 이에 대해 조치를 취할 수 있음을 시사하면, 이 기업은 오히려 당해 국가에 대한 공급망을 폐쇄하고 인접 국가의 공급망을 활용해 해당 국가에 대한 공급을 계속하겠다고 위협하는 방식으로 대응할 수 있다. 그러나 이 경우 각 국 경쟁 당국 관료들은 상호 협력을 통해 이러한 위협에 보다 효과적으로 대응할 수 있게 된다.[83] 이러한 지역적 협력(regionalization)은 상당한 성과를 약속하기도 하는 반면 단점들도 있다. 서부 아프리카 지역의 경쟁법에 관한 지역 협력에 관한 상세하고 통찰력 있는 연구에서, Mor Bakhoum은 각 국에 지역적 협력에 관한 합의에 관한 효과적인 인센티브 구조를 제공하기가 어려운 몇몇 사정들을 규명하기도 했다.[84]

전반적으로 보면, 아프리카는 아주 최근까지도 국제경쟁법 발전 과정에서 기껏해야 미미한 역할만을 했을 뿐이지만, 이후 더 큰 역할을 할 것이라고 볼 몇몇 요소들이 있다. 초기 국제경쟁법 발전에 관한 움직임이 있었을 당시 대부분의 아프리카 국가들은 독립하지 못했었고, 심지어 1980년대 초반 Set에 관한 협상이 진행될 때에도 별다른 관심을 나타내지 않았다. 그러나, 이후 경쟁법을 WTO에 포함시킬지 여부를 논의할 때, 아프리카 국가들은 전반적으로 브라질, 인도 및 이를 반대하는 다른 국가들을 지지했다. 아프리카 국가들은 ICN에서는 별로 존재감이 없었던바, 남아프리카 공화국의 David Lewis가 ICN 기타 다른 국제 회의에서 아프리카와 다른 개발도상국들의 이슈들을 대변해 목소리를 높였을 뿐이었다.[85]

4. 아프리카와 경쟁법: 짧은 이야기 또는 긴 역사의 서문

아프리카의 경쟁법은 이제 막 시작했다. 아프리카의 일천한 경쟁법 경험

83) 이와 관련되는 이슈들에 관한 논의에 대해서는 Frederic Jenny, 'Cartels and Collusions in Developing Countries: Lessons from Empirical Evidence' (2006) 29 World Competition 109 at 134 참조.

84) 보다 구체적인 사정들에 대해서는 Mor Bakhoum, supra note 77, and idem, 'Delimitation and exercise of competence between West African Economic and Monetary Union (WAEMU), and its Member States in Competition Policy' (2006) 29 World Competition 674 참조.

85) David Lewis 및 그가 남부 아프리카에서 수행했던 역할에 관한 인터뷰에 대해서는 'David Lewis: A Competition Pioneer' (2009) 2 Concurrences 1 참조.

이 단순한 일회성 경험에 불과한지, 아니면 이후 보다 광범위한 경쟁법 경험의 서두가 될 것인지 알기에는 너무 이른 감이 있다. 남아프리카 공화국 정도를 제외하면 아프리카 대륙에서 경쟁법은 아직 중요한 요소가 아니다. 많은 사람들이 경쟁법을 독자적이고 고유한 특징을 갖고 있는 과정으로 인식하는데 혼란을 겪고 있고, 설령 이와 같이 인식하더라도 경쟁 과정을 보호해야 한다는 주장에 대한 지지가 있었다고 볼 증거가 없는 경우가 많았다. 이런 상황에서 경쟁법을 발전시키는 것은 중대한 과제이지만, 이런 상황은 1970년대 유럽 대부분의 국가들, 심지어는 그 이후에도 일부 유럽 국가들이 겪었던 것과 동일함을 상기할 필요가 있다.

아프리카는 경쟁법을 통해 특히 엄청난 이익을 얻을 수 있으므로, 내재적으로 경쟁법을 발전시킬 강력한 인센티브를 갖고 있다고도 할 수 있다. 경쟁법은 가격 인하, 소비자 선택권 제고, 보다 효율적이고 유연한 경제의 실현 등 일반적인 이익을 제공하는 것 이외에 아프리카 지역 경제의 다양성 확대라는 근본적인 문제를 해결해 줄 수도 있다. 대부분의 경우, 다수의 아프리카 국가들이 직면하고 있는 가장 중요한 문제는 경제의 다양성이 부족하다는 점이다. 식민 통치에 의해 도입된 국가에 의한 통제 경제 모델이 바뀌기 어려운 것으로 증명되었지만, 이러한 구조적 변화 없이는 아프리카 국가들은 주기적으로 경제를 피폐하게 했던 세계 시장의 급변하는 상황에 그대로 노출될 것이다.

물론 경쟁법이 경제 구조를 근본적으로 변화시킬 수는 없지만, 다른 지역의 경쟁법 경험에 비추어 볼 때, 시간이 경과하면서 경제 구조를 바꾸는데 중요한 역할을 함을 알 수 있다. 이를 위해서는 시간, 교육, 자원, 변화를 추진하는 정치적 의지가 필요하다. 뿐만 아니라, 단순한 자금 원조가 아닌 협력, 조율, 정치적 지지와 같은 외부의 지원도 필요할 것이다. 개발도상국의 상당수가 아프리카 국가들이므로, 이 지역에서 진전이 있으면, 경쟁법이 장기적으로 경제적 성과를 개선시킬 수 있다는 점이 다른 국가들에게도 알려질 수 있을 것이다.

국가 숫자, 시장 잠재력, 아프리카가 생산하는 많은 일차 제품에 대한 수요가 점증하고 있는 점을 고려할 때, 향후 경쟁법 분야에서 아프리카의 목소리가 더욱 중요해질 가능성은 매우 높다.

F. 캐나다와 호주: 가교와 모델

캐나다와 호주는 경쟁법 발전에서 핵심이라고 하기는 어렵지만 나름대로 중요한 역할을 해 왔고, 앞으로도 이러한 역할을 할 가능성이 높다. 양국은 한편으로는 미국, 유럽을, 다른 한편으로는 나머지 전세계를 잇는 가교 역할을 해 왔고, 몇몇 국가들은 정책 수립 과정에서 이들 국가들을 모델로 삼기도 했다. 양국 경쟁법은 국제경쟁법에 관한 논의를 지배하거나 중심적인 역할을 하진 못했고, 다른 국가들이 따라야 할 대상이 되지도 못했다. 그러나, 양국 경쟁법은 경쟁법 발전을 추구하는 국가들, 특히 미국, 유럽으로부터 과도한 영향을 받는 것을 경계하는 국가들에게 중요한 지침이 되어 왔다. 일정 부분 이러한 사정으로 인해 양국 경쟁법은 국제경쟁법 발전에 관한 논의에서 때때로 중요한 역할을 하기도 했다.

양국 경쟁법 경험에서 공통적으로 발견되는 몇 가지 중요한 특징들이 있다. 첫째, 양국 경쟁법은 영국 제도들의 영향을 받았다. 양국 정치 기관들은 과거 영국으로부터 식민지배를 받으면서 법률적 의사 결정을 존중하고 관료 조직의 과도한 권한 행사를 견제하는 '법의 지배(rule of law)' 원칙으로부터 많은 영향을 받았다. 경쟁법 영역에서 이는 양국이 경쟁법에 관한 의사결정 과정에서 주로 영국, 미국을 참고했음을 의미하기도 한다. 물론 캐나다의 경우 영국, 미국으로부터 받는 영향에 프랑스 법이 수정을 가하기도 했다. 양국은 또한 영연방(British Commonwealth)에 관련되는 논의와 네트워크에 참여하기도 했다. 양국 모두 국민소득이 높고, 제조업, 농업, 채취 산업이 혼합된 경제 구조를 갖고 있다. 양국 모두 영토가 넓고, 인구가 편재되어 있으며, 도시와 지방의 정치적 이해관계가 균형을 이루고 있다.

본서는 극히 제한된 지면을 통해 양국 경쟁법이 국제경쟁법 발전에서 수행했던 몇 가지 역할들을 확인하고, 개별 국가 차원의 경쟁법 발전의 이해에 있어 추가적인 도움을 줄 수 있는 양국 경쟁법의 발전 패턴들을 살펴보기로 한다.

1. 캐나다: 경쟁법 모델들의 취사선택

캐나다는 미국이 셔먼법을 제정하기 1년 전인 1889년(역자 주－원문은 1899년으로 기재하고 있으나, 미국 셔먼법은 1890년 제정되었으므로 1889년의 오기로 보임) 경쟁법을 제정했다. 그러나, 당시는 경쟁법을 받아들일 여건이 성숙하지 않았던 탓에, 경쟁법이 경제·법률의 중심이 되진 못했다. 명성이 높은 캐나다 대학의 경륜 있는 한 교수는 농담조로 '캐나다는 제대로 된 경쟁법을 감당할 수 없고, 독점 기업을 좋아한다. 캐나다는 이들이 미국 기업과 경쟁하도록 할 필요가 있다(We can't afford a serious competition law. We like monopolies. We need them to compete against US firms)'고 언급하기도 했다. 그러나, 캐나다 경쟁법은 오랜 역사를 갖고 있고 국내외에서 상당한 영향력을 행사하곤 했다.[86)]

캐나다의 경쟁법 발전에서 주목해야 할 특징은 절충주의(eclecticism)이다. 캐나다 경쟁법은 미국, 유럽의 경쟁법 요소들을 취사선택하면서 발전해 왔다. 경쟁법에 관한 의사결정권자들과 학자들은 오랜 기간 동안 미국, 유럽의 경쟁법 경험들을 평가해 왔고, 자국 사정에 적절하다고 생각되는 요소들을 받아들이는 한편, 이를 상황변화에 따라 수정해 왔다. 미국은 유럽에 대해 그러했듯이 캐나다 경쟁법에도 영향을 미치고자 노력해 왔지만, 캐나다는 어느 한쪽으로부터만 영향받는 것을 경계하면서 자국의 필요에 따라 경쟁법을 변경해 왔다. 캐나다 경쟁법 경험은 이런 점에서 다른 많은 국가들이 21세기에 처한 상황—여러 유형의 경쟁법 모델들을 접하면서 선택을 해야 하는 상황— 에 대한 통찰을 제시한다. 캐나다의 경쟁법 경험은 어떻게 하면 기존 경쟁법 모델들을 취사선택하고 이를 자국의 고유한 상황에 맞게 수정해 독자적인 경쟁법을 발전시킬 수 있는지를 잘 보여준다.

캐나다는 국제경쟁법 발전에 관여하는 과정에서도 여러 면에서 국내 경쟁

86) 이에 관한 논의에 대해서는 예컨대 Leonard Waverman, 'Canadian Competition Law: 100 Years of Experimentation' in W S Comanor et al (eds), *Competition Policy in Europe and North America: Economic Issues and Institutions* (Chur, Swtizerland 1990); Thomas W Ross, 'Viewpoint: Canadian Competition Policy: Progress and Prospects' (2004) 37 Canadian J Econ 243-68; and Robert D Anderson et al, 'Competition Policy and Regulatory Reform in Canada, 1986-1997' (1998) 13 Rev Ind Org 177-204 참조.

법 발전과 유사한 태도를 취해 왔다.[87)] 캐나다는 미국의 압력에도 불구하고 국제경쟁법 발전에 있어 특정 국가와 보조를 맞추지 않았다. 캐나다는 가교 역할을 하면서 국제경쟁법 발전과 이에 관한 담론을 지지해 왔다. 그 결과 캐나다는 상대적으로 경제 규모와 인구가 작음에도 불구하고 국제경쟁법 발전 과정에서 큰 역할을 해 왔다. 캐나다는 이러한 가교 역할을 능숙하게 수행하면서 국제경쟁법 분야에서 영향력을 행사해 왔다.

캐나다 경쟁법은 한 걸음 나아가 때때로 국제경쟁법 분야에서 중심 역할을 하기도 했다. 제2차 세계대전 이후 국제경쟁법 체제 발전을 위한 움직임은 그 중 하나이다. Chapter 2에서 살펴본 바와 같이, 캐나다 관료들은 전후 국제기구 체제(post-war institutional systems)를 확립했던 미국, 유럽간 협상에서 중심적인 역할을 했다. 이들은 자신들이 충분한 영향력을 갖고 있지 않다는 점(lack of power)을 오히려 최대한 활용함으로써 이해관계와 관점이 상이한 미국, 유럽 관료들 사이에서 전후 세계 체제에 관한 합의를 이끌어낼 수 있었다. 캐나다 관료들은 ITO 협상에서 더 광범위한 차원에서 가교 역할을 했던바, 미국과의 긴밀한 관계를 활용해 미국, 유럽, 라틴 아메리카 국가/그룹들간의 가교가 되었다. 캐나다는 이 과정에서도 자국의 힘이 부족함을 적극 활용했다.

둘째, 보다 최근의 사례로서, ICN 창설과 관련하여 캐나다가 국제경쟁법 발전에서 수행했던 주요한 역할을 들 수 있다. 1997년부터 2003년까지 캐나다 경쟁 당국(Canadian Competition Bureau) 수장을 역임했던 Konrad von Finckenstein과 직원들은 캐나다가 ICN에 관한 논의를 주도하는 것에 대해 다른 국가들의 지지를 받는데 결정적인 역할을 했다.[88)] ICN 프로젝트 추진 초기 많은 국가들은, 미국이 이를 통해 국제경쟁법 발전에 자국의 의지를 관철시키려 한다고 인식하고 있었으므로 회의적인 입장이었다. 캐나다 대표단은 이러한 시각을 누그러뜨리는 역할을 했던바, 이는 ICN 프로젝트가 진행되는데 '결정적(critical)' 역할로 평가되고 있다. 캐나다가 미국과 친하면서도 독립적인 지위를 유지해왔다는 인식은 유럽, 개발도상국들 대표들로 하여금 ICN 프로젝트를 신

87) G Bruce Doern, *Fairer Play: Canadian Competition Policy Institutions in a Global Market* (Toronto 1995) 참조.

88) 이에 관한 논의에 대해서는 R Hewitt Pate 'The Honorable Konrad von Finckenstein and North American Antitrust Enforcement' (Address to the Canadian Bar Association on 3 October 2003) 〈http://www.usdoj.gov/atr/public/speeches/201336.htm〉 참조.

뢰하도록 하는데 기여했다.

2. 호주: 경쟁법의 홍보

호주의 경쟁법 경험은 경쟁법 발전에서 두 가지 추가적인 면을 부각시켜 준다. 하나는 개별 국가적인 차원에 관한 것이고, 다른 하나는 국제적 차원에 관한 것이다. 개별 국가 차원에서, 호주의 경쟁법 경험에는 극적인 요소가 있다. 호주 경쟁법은 1950년대와 1960년대에 걸쳐 대략 영국의 모델에 기반해 점진적으로 발전해 왔다. 호주 경쟁법은 영국과 다른 국가들의 경쟁법 모델을 차용했고 자국 상황에 따라 새로운 요소들을 고안해 내기도 했다. 그러나, 전반적으로 호주 경쟁법은 1990년대 이전까지 경제·사회적으로 별로 중요하게 인식되지 않았다.[89]

이러한 상황은 1995년 호주 경쟁 당국(Australian Competition and Consumer Commission-'ACCC')이 설립되고 초대 수장으로 경제학자인 Allan Fels가 임명되면서 급변했다.[90] Fels는 경쟁법에 대한 인식 제고 및 경쟁 당국에 대한 지지 확보를 위해 언론의 중요성을 인식했다. ACCC는 경쟁법 집행을 강화하기 시작했고, Fels는 이를 적극 '홍보'했다. 그는 저녁 뉴스에 자주 출연해 ACCC의 조치 내용, 경쟁제한적 행위로 인한 피해 발생 위험, 보다 적극적인 경쟁법 집행의 필요성에 관해 설명했다. 그 결과, 경쟁 당국이 제시하는 아젠다에 대한 정치적·대중적 지지가 올라갔고, Fels는 어떤 면에서 유명인사가 되었다. Fels는 최근 '권력의 모습(portrait of power)'라는 부제의 자서전을 발간하기도 했던바, 이처럼 그의 영향력은 전반적으로 언론을 능숙하게 다루었던 것에서 나왔다.[91]

국제적 차원에서, 호주는 지역 내의 경쟁법 '모델(model)'이다. 다른 아시

---

89) 호주의 경쟁법 및 경쟁 정책의 발전에 관한 논의에 대해서는 예컨대 Bill Scales, 'Industry Policy and Deregulation of the Australian Economy' (1995) 25 Economic Analysis and Policy 41-51; Grant Fleming and Dorothy Terwiel, 'What Effect did Early Australian Antitrust Legislation Have on Firm Behaviour? Lessons from Business History' (1999) 27 Australian Bus L Rev 47-56; Neville R Norman, 'The Evolution of Antitrust Policy in Australia' (1994) 9 Rev Ind Org527-45 and Maureen Brunt, 'The Australian Antitrust Law after 20 Years-A Stocktake' (1994) Rev Ind Org 483-526 참조.

90) 이에 관한 논의에 대해서는 Tony A Freyer, *Antitrust and Global Capitalism* (Cambridge 2006) 315-392 참조.

91) Fred Brenchley, *Allan Fels: Portrait of Power* (Milton, Queensland 2003).

아 국가들은 1990년대 경쟁에 대해 보다 관심을 기울였고, 여러 국가들이 호주에 조언, 도움을 요청했다.[92] 이런 상황에서 Fels는 Hank Spier와 함께 다른 국가들과 적극적으로 소통하고 이를 장려하는 중요한 역할을 했다. 이와 관련해 호주는 아시아 국가들과 근접해 있다는 이점이 있었다. 이는 호주가 인접 국가들과 공통된 이해관계를 갖게 될 수 있음을 의미한다. 뿐만 아니라, 캐나다와 마찬가지로 호주 경쟁법은 '다른 경쟁법과 무조건적으로 보조를 맞추지 않는(not-aligned)' 체제였다. 호주 경쟁법은 자국 경제 발전의 필요를 고려해 다른 국가들의 경쟁법을 주의 깊게 반영, 변용하는 절충적 체제였다.

캐나다와 호주의 경쟁법 경험을 살펴보면 경쟁법 발전의 역학관계에서 중요한 몇 가지 요소를 추가적으로 확인할 수 있다. 양국 경쟁법 경험에는 경쟁법에 대한 지지를 확산시킴에 있어 두 가지의 중요한 요소들, 즉 다른 국가들의 경쟁법을 자국 상황에 맞게 받아들이고, 경쟁법의 효용 증대를 위해 정치적 과정을 능숙하게 활용하는 것이 두드러진다. 양국 경쟁법 경험은 또한 국제경쟁법에 관한 논의에서 영향력을 행사하기 위해 반드시 크고 강력한 힘이 필요한 것은 아님을 보여주기도 한다. 양국은 국제경쟁법 체제에서 '나름의 역할을 한 국가'이긴 하지만, 이는 영향력 행사에 통상적으로 필요하다고 인식되는 요소들에 기반하진 않았다. 양국은 중립성, 독립성, 절충주의, 영향력 부족 등의 요소를 활용해 가교와 모델이 되었다. 이러한 역할의 인식, 수행 과정에서 한 개인이나 그룹이 중심 역할을 하곤 했다.

G. 경쟁법의 다양성: 법목적, 법규범, 언어 그리고 법집행 경험

이상 간략히 살펴본 바에 따르더라도, '새롭게 경쟁법을 도입한 국가들(newer player)'들의 경쟁법 경험은 모든 측면에서 상이하다. 각 국이 처했던 상황, 경쟁법 목표, 규범, 방법, 기관은 천차만별이었다. 여기에서는 새롭게 도입

---

92) 2002년 7월 15일 호주 Canberra에서 Hank Spier와의 인터뷰. Hank Spier, 'Australian Competition Law: Experience and Lessons for Drafting Competition Law' in Tran Van Hoa (ed), *Competition Policy and Global Competitiveness in Major Asian Economies* (Cheltenham, UK 2003) 211-231 참조.

된 경쟁법들간 차이점의 유형 및 범위를 살펴보고 이를 통해 국제경쟁법 발전에 도움이 될 수 있는 일정한 패턴들을 살펴보기로 한다.

여러 국가들에서 공통적으로 발견되는 두 가지 특징은 경쟁법 집행 경험이 일천하다는 점과 경쟁법의 역할 및 장래가 불확실하다는 점이다. 이들 그룹에 속한 국가들 대부분은 최근에 이르러서야 경쟁법을 중요한 정책적 고려 대상으로 인식하기 시작했다. 캐나다같이 상대적으로 오랜 경쟁법 경험을 보유한 국가들에서조차 경쟁법의 역할은 미미하곤 했다. 비교적 최근에 경쟁법을 도입한 국가들에서 경쟁법은 경제 분야에서 미미한 역할을 하고 있고, 경제 정책을 수립하는 사람들조차 경쟁법이 경제 발전에 기여할 수 있음을 거의 인지하지 못하는 경우가 종종 있다. 그 결과 경쟁법 및 그 역할에 대한 불확실성이 생성된다. 많은 사람들이 경쟁법이 정확히 무엇에 관한 것이고, 어떤 기능을 할 수 있는지 제대로 인식하지 못했다. 이와 같은 경쟁법 경험 부족과 경쟁법에 대한 불확실성은 정부 관료들뿐만 아니라 지도자들까지도 경쟁법의 가치를 의심하곤 했음을 의미한다.

1. 경쟁법 경험에서의 주요 주제들과 그 변형

이상과 같은 두 가지 공통된 특징 이외에, 여러 주제들과 다양한 변형(variation)이 있다. 본서는 경쟁법 작동 과정에서 발생하는 방대한 차이들을 확인하고자 한다. 경쟁법 집행 상황은 의사결정에 영향을 미치는 인센티브, 이에 반대되는 인센티브, 압력들을 만들어낸다는 점에서 중요하다. 그럼에도 불구하고, 국제경쟁법 이슈에 관한 많은 논의들이 개별 경쟁법 체제가 얼마나 상이한 상황에 처해 있는지에 대해 거의 관심을 기울이지 않는 것은 놀라운 일이다.

a. 상　황

각 국의 경쟁법에 관한 의사결정권자들은 다음과 같은 여러 핵심적인 경제적 조건들에 관해 상이한 상황에 처하게 된다. 첫째, 각 국의 경제 규모다. Michal Gal이 효과적으로 설명했던 바와 같이,[93] 경제 규모는 종종 경쟁 당국

93) Michael Gal, *Competition Policy for Small Market Economies* (Cambridge 2003).

관료들의 인센티브 구조에 중요한 차이를 발생시킨다. 시장은 경제적 요소들에 의해 결정되기도 하지만, 정치적 국경에 의해 결정되기도 한다. 경쟁 당국의 관료들, 판사들, 학자들이 거의 같은 교육을 받고 동일한 방법론을 적용하더라도, 이스라엘과 같이 규모가 작은 국가의 경쟁 당국 관료들은 미국의 관료들과는 상당히 다른 문제들에 접하게 될 것이다. 각 국의 경제가 얼마나 개방되어 있는지는 이에 관련된 변수이다. 국경으로 인해 무역, 투자에 상당한 지장을 겪는 국가가 접하는 경쟁 이슈는 다른 국가들과는 매우 상이할 것이다.

국가 경제의 발전 정도도 경쟁법 발전의 한 요인이 된다. 라틴 아메리카 및 아프리카의 사례들에서 살펴본 바와 같이, 경제 발전의 정도는 여러 시장에서 경쟁 특징, 시장에 유입되는 상품들 및 그 원산지, 중소사업자들에 부여되는 기회, 자금 조달 가능성, 경영자 및 피고용인이 될 수 있는 사람들의 교육 정도 기타 여러 요소들에 영향을 미친다. 예를 들면, 아프리카 경쟁 당국 관료들은 극히 일부의 예외를 제외하면 선진국에서는 아예 문제되지 않거나 다른 방식으로 문제되는 상황들을 접하고 있다. 정부가 국제 기구들로부터 자금을 제공받아야 할 때, 이는 그 자체로 선진국에서는 발생하지 않을 경쟁법에 관한 갈등을 발생시킨다. 국가는 자국의 경제 상황으로 인해 국제적 자금 제공 기구의 요구사항들을 기본적으로 모두 따라야 하는데, 이러한 요구에는 경쟁법 제정 또는 특정 경쟁법 조항 삽입 등이 포함된다. 국가는 또한 경쟁법 조항들을 효과적으로 적용할 수 있는 자원이 부족하다. 미국, 유럽에 비해 새롭게 경쟁법을 도입한 국가들의 경제 발전 수준이 낮으므로, 이들 국가들이 국제경쟁법 프로젝트에 동참할 수 있도록 하기 위해서는 이들 국가들이 경제 발전 과정에서 프로젝트로부터 도움을 받을 수 있게 할 필요가 있다.

경쟁법의 배경이 되는 정치적 상황 역시 다양하다. 예를 들면, 일본, 한국, 중국과 같은 몇몇 국가들은 정부가 안정되어 있고, 전통적으로 관료 조직 및 전통이 잘 갖춰져 있다. 이들 국가들은 경쟁법을 제대로 시행, 집행하는데 필요한 재정을 충분히 구비하고 있다. 관료들도 상당한 전문성을 보유하고 좋은 훈련을 받은 경우가 빈번하다. 반면, 국가 규모가 상대적으로 작고 경제도 덜 발달한 여러 국가들은 경쟁법 운용에 필요한 공공 자원이 부족하다. 이들 국가들은 경쟁법 집행에 필요한 자금이 부족하고, 경쟁 당국의 관료들은 경쟁법에 관한 훈련을 제대로 받지 못했으며, 외부 압력으로부터 영향받지 않는 법률적 원칙에 따른 의사결정을 지지하는 전통도 거의 없다. 이런 요소들은 경쟁법 발전을 저해하는 경향이 있다. 마지막으로, 정부가 특정한 사적 이해관계에 얼마나 영향받는지도 매우 상이하다. 민주주의가 효과적으로 작동하는 상황에서 정부는 소비자들이나 경쟁법 발전을 지지할 가능성이 높은 집단들의 의견을 잘 반영하는 경향이 있다. 반면, 민주주의가 잘 작동하지 않으면 정부가 부유층이나 대기업으로부터의 압박과 인센티브에 취약할 가능성이 더 높다.

각 국의 경제적 자원, 정치력, 국제 사회에서의 위상의 차이는 경쟁법 발전에서 중요하게 작용할 또 다른 요소이다. 이러한 차이점들은 경쟁법 발전에 관한 논의에서 간과되는 경향이 있다. 미국, 유럽과 같이 국민소득이 높은 국가들은 방대한 인적, 재정적 자원을 보유하고 있다. 그 결과 이들 국가들은 다른 국가들의 경쟁법 관련 의사결정에 막대한 영향력을 행사하고 국제 기구에서도 영향력 있는 자리들을 다수 차지하게 된다. 경쟁법을 새로 도입한 대부분의 국가들은 이러한 자원이 훨씬 부족하다. 중국과 일본을 제외하면 본 Chapter에서 검토한 국가들, 지역들 대부분이 이에 해당한다. 이는 이들 국가들이 국제 기구, 국제 회의, 국제적 네트워크 등 국제적 차원에서 자국의 정책 목표를 뒷받침할 수 있는 충분한 정치적 · 경제적 역량을 갖고 있지 못함을 의미한다.

이상의 요소들은 경쟁법에 대한 이론적 기반과도 관련이 있다. 이미 살펴본 바와 같이, 미국, 유럽, 일본과 같은 국가들에서 경쟁법에 대한 충분한 이론적 뒷받침은 경쟁법 발전에 중요한 역할을 했던바, 이러한 이론적 뒷받침은 지적 역량의 육성, 발전을 가능케 할 정도의 자본이 충분하고, 학자들과 학생들이 국제적인 연구, 논의와 전문가들 간의 네트워크에 참여할 수 있는 기회가 충분할 때 가능하다.

b. 법 목 적

국가와 정책 입안자들이 추구하는 경쟁법의 목표들도 다양하다. 미국, 유럽이 이제 소비자 후생을 경쟁법의 유일한 목표로 인식하곤 하는 것에 비해, 각 국은 현재 이와 훨씬 동떨어진 목표를 추구하고 있다. 미국, 유럽을 제외한 대부분의 경쟁법 체제들은 법제정 단계에서뿐만 아니라, 경쟁 당국 및 법원에 의한 법집행 단계에서도 다양한 목표를 추구하고 있다. 경제 발전이 경쟁법의 주된 목표로 설정되는 경우도 많지만, 권력 분산과 같은 정치적 목표와 시장 접근성 증대와 같은 사회적 목표가 경쟁법의 목표로 설정되는 경우도 흔히 있다. 뿐만 아니라, 다수의 경쟁법 체제들은 공정성을 주된 목표로 설정하고, 이를 통해 경쟁법에 대한 정치적 지지를 얻으려 하곤 했다. 경쟁의 가치에 대한 확신이 없는 사회에 경쟁 및 시장 가치를 내재화하기 위해 경쟁법이 고안, 적용된 경우들도 많았다. 이런 국가들에서 경쟁법은 더 규모가 크고 보다 강력한 힘을 가진 기업들(이들 기업들은 해외 기업들인 경우가 빈번하다)의 경쟁제한적 행위로부터 규모가 작은 기업들(이들 기업들은 국내 기업들인 경우가 빈번하다)의 경쟁 기회 보호를 위해 활용되곤 한다.

c. 법 규 범

각 국의 성문 경쟁법 규범들 간의 차이는 크지 않다. 대부분의 성문법들은 카르텔, 보다 강력한 기업들이 공급업자들이나 유통업자들이 경쟁하는 것을 제한하는 특정 유형의 수직적 거래제한을 금지하는 규정들을 두고 있다. 성문법들은 또한 일정 요건을 충족하는 기업결합들에 대해 일정 기준에 의한 심사를 받도록 하고, 시장지배력을 보유한 기업의 남용행위를 규제하는 규정을 두고 있는 것이 통례이다. 이러한 기본적 금지 유형들은 표준이 되었다. 물론 각 성문법의 세부 규정은 상당히 다양하고, 이러한 차이는 몇몇 사례에서 중요한 의미가 있기도 하다. 예를 들면, 브라질과 남아프리카 공화국은 기업결합 심사 대상 결정, 심사 절차에 관해 미국과는 다른 태도를 취했던바, 이는 기업결합의 구조를 결정함에 있어 중요한 의미를 갖기는 하나, 기본적으로는 같은 주제에서 일부 세부 내용이 다른 것에 불과하다고 할 것이다.

물론 일부 성문법에만 규정되어 있는 경쟁법 조항들이 있긴 하나, 이는 그 국가의 고유한 정부 구조나 역사적 상황에 따른 것이다. 예를 들면, 중국 반독점법의 행정부에 의한 독점 조항은 중국 특유의 정치적·경제적 상황(정부, 지역, 지방 정부가 기업들을 소유, 지배하는 경우가 빈번한 것)에 대처하기 위해 고안되었다. 다른 국가들이 이런 생소한 조항들에 영향을 받을 것인지 판단하기는 아직 시기상조다. 남아프리카 공화국의 경우, 흑인이 소유하고 있는 기업들에 대해 특별한 우대 조치를 할 수 있도록 한 조항들은 과거 인종차별 정책의 유산이라고 할 수 있다. 이러한 특수한 조항들은 경쟁법의 기본적 주제들과는 벗어나 있지만 실질적으로는 정치적으로 중요한 경우가 종종 있다.

논의 대상을 성문 경쟁법이 아니라 경쟁법이 실제로 운용되는 기준으로 바꿔보면, 각 국 경쟁법들간 차이점은 더욱 크다. 이미 살펴본 바와 같이, 다수 국가들의 성문법 규정들은 의사결정권자들이 실제로 적용하는 규범 및 판단기준을 거의 반영하지 못하고 있다. 경쟁이 활발하지 않고 일관성과 예측가능성이 없는 방식으로 경쟁법을 집행하는 곳에서는 성문 경쟁법 규정들과 비공식적인 법집행 방식 간에 광범위한 불일치가 있을 것이다.

d. 방법론과 법집행 기관

경쟁법의 집행 방법 및 집행 기관은 각 경쟁법 체제들 간의 차이가 가장 극명한 부분이라 할 수 있다. 이러한 차이는 주로 경쟁법 집행 기관들의 권한 분장, 집행 기관 상호간의 영향 또는 '권력(power)', 독립성, 법집행 전략 등의 국면에서 발생한다.

경쟁법을 해석하고 적용하는 권한은 때로는 매우 복잡한 방식으로 분장된다. 가장 흔한 방식은, 한 행정 기관에 경쟁법을 적용, 집행하도록 하는 핵심적인 권한을 부여하는 것이다. 이 경우 그 행정 기관은 독자적으로 경쟁법 위반 사건에 관한 조사를 개시할 수 있다. 경쟁법은 이 기관의 주도에 의해서만 집행될 수 있다. 다수의 경쟁법 체제에서 이러한 행정 기관의 결정에 대해 행정법원 또는 일반 법원으로 하여금 사법 심사를 하도록 하고 있다. 사법심사의 범위가 행정 기관의 재량권 일탈·남용 여부와 같은 행정법적 이슈로 제한되는 경우들이 종종 있다. 그러나, 그렇지 않은 경우(예컨대 독일) 법원은 경쟁법을 직접 해석할 수 있고, 행정기관은 이러한 해석에 '구속(bind)'되는 경우가 보통이다. 한편, 복수의 기관들(중국의 경우 3개)이 경쟁법 집행을 담당하는 일부 체제에서 행정부 주도의 경쟁법 집행 구조는 복잡해진다.

미국을 포함해 사적 집행을 허용하는 일부 경쟁법 체제들에서는 매우 상이한 상황이 발생한다. 이 체제에서 사인은 법원을 통해 경쟁법 집행 절차를 개시할 수 있다. 사인에 의한 소제기가 활발한 경쟁법 체제에서는 법원이 경쟁법 집행의 중심이 된다. 법원 결정은 경쟁법의 발전 방향을 효과적으로 주도하게 된다. 일부 경쟁법 체제들에서는 사인이 소를 제기하기 위해 반드시 경쟁당국의 절차에 기반하고 있어야 하므로 공적 집행과 사적 집행이 절차적으로 상호 연계된다. 법원과 행정부 소속의 경쟁 당국 간의 관계는 자료에 대한 접근, 자료에 대한 통제, 자료에 대한 해석 등을 포함한 법체제의 전반적인 규칙, 절차에 따라 좌우된다.

또 다른 이유로, 경쟁법 집행 기관들의 영향력, 권한, 위상에 관한 이슈들도 있다. 많은 요소들이 이에 관련되지만, 모두 결국에는 경쟁법에 대한 정치적 지지의 정도 및 유형과 연관된다. 경쟁법에 대한 정치적 지지는 경쟁법 집행에 대한 재정 지원을 결정하고, 나아가 경쟁 당국 관료들의 수준과 경쟁 당국의 조사, 소송 수행능력에까지 영향을 미친다. 경쟁 당국의 위상도 중요한 요소인데, 이는 그 국가의 관료 조직 전반의 일반적 평판에 의해 영향을 받곤 한다. 다수의 국가에서 경쟁 당국은 실질적인 정치적 지지를 받지 못하고, 심각한 예산 부족을 겪으며, 따라서 효과적인 조사를 하거나 자료를 제대로 해석할 충분한 역량이 부족하다.

경쟁법 집행 기관들의 독립성도 국가별로 차이가 있다. 경쟁법 집행을 항상 위협하는 두 가지 유형의 외부적 간섭이 있다. 그 중 하나는 정치적 요소이다. 정치 권력을 보유한 사람들은 자신들의 정치적·개인적 목표에 부합하는 결정이 내려지도록 경쟁 당국에 압력을 행사할 수 있다. 다른 하나는 경제적 요소이다. 기업들은 자신들의 재정 능력을 활용해 직접적으로는 경쟁 당국의 관료들에게 금전을 제공하는 방법으로, 간접적으로는 자신들의 이해관계를 지지할 것으로 보이는 정치인들을 후원하는 방법으로 경쟁법 결정에 영향을 미치려 할 수 있다. 경쟁 당국이 이러한 위협들로부터 얼마나 영향을 받는지는 바로 앞에서 언급했던 요소들인 경쟁 당국의 재정적 능력, 경쟁 당국 관료들에 대한 경제적 보상, 행정부의 관행 등에 따라 좌우된다.

마지막으로, 국가별로 경쟁법 집행 전략도 상이하다. 일부 국가의 경쟁 당국 관료들은 소송 또는 기타 방법을 활용한 경쟁법 집행에 모든 역량을 기울인다. 반면 다른 경쟁 당국 관료들은 기업들을 대상으로 경쟁법을 교육하거나, 채찍과 당근을 모두 활용해 기업들의 행동에 영향을 미치는데 역량을 집중한다. 대부분의 경쟁 당국들은 이러한 법집행 방법 전반에 역량을 골고루 분산한다.

2. 경쟁법 발전에 영향을 미치는 요소들

본 Chapter에서는 경쟁법 발전에 영향을 미치는 요소들에 관해 많은 검토를 했다. 국제경쟁법 발전을 추진하는 궁극적인 목적이 세계 시장에서의 경쟁제한적 행위를 감소시키는 것임을 감안할 때, 국제경쟁법 발전 방안을 모색함에 있어 이러한 요소들을 제대로 인식하는 것은 결정적으로 중요하다. 이와 관련되어 내포되어 있는 이슈는 경쟁법이 기업 행위에 얼마나 영향을 미칠 것인가이다. 그러나, 이를 직접 측정하기가 어려우므로 본서는 네 가지의 상호 관련된 기준들을 대리변수(proxy)로 활용하기로 한다. 첫째, 사회 내에서 경쟁법 규범에 관한 지식이 전파, 제공될 수 있는지이다. 만약 경쟁법 규범이 알려지지 않는다면 기업 행위에 영향을 미칠 수 없다. 둘째, 경쟁법 결정에 대한 예측가능성이다. 만약 경쟁법 규범이 예측가능하게 실행되면 그렇지 않은 경우보다 기업 행위에 영향을 미칠 가능성이 높다. 셋째, 경쟁 당국의 의사결정 권자들이 정치·경제적 압박에서 얼마나 독립적인지 여부이다. 경쟁 규범이 그 자체의 내용 및 그에 대한 객관적 해석 이외의 요인에 따라 적용되면 이는 기업 행위에 별다른 영향을 미치지 못할 것이다. 마지막으로, 경쟁법의 위상에 대한 인식도 경쟁법이 기업들에 미치는 영향을 가늠할 수 있는 유용한 대리변수이다. 경쟁법의 위상이 높을수록 기업 행위에 더 많은 영향을 미칠 것이다.

국제경쟁법 발전에 관한 대부분의 논의들은 공식적인 규칙들(특히 성문법 문언)에 초점을 맞추고 있지만, 이런 규칙들은 실제 경쟁법 발전에 거의 영향을 미치지 못하는 경우가 빈번하다. 물론 사회적으로 허용되는 경제적 행위에 관한 인식을 공유하기 위해 성문 경쟁법 규범 제정이 필요하다고 할 수 있다. 그러나, 적어도 상당수 국가에서 성문 경쟁법 자체는 그 이상의 가치를 갖고 있지 않다. 이는 형식적인 성문법 문언에만 초점을 맞춘 경쟁법 발전에 관한 논의는 사실상 무가치함을 의미한다. 경쟁법 발전에 관한 실질적인 논의를 위해서는 성문법 문언을 넘는 다른 이슈들로 나아가야 한다.

예를 들면, 본서는 경쟁을 인식할 수 있는 경제적 과정으로 보는 인식이 광범위하게 확산될 경우 경쟁법 발전을 견인하는 결정적인 추동력이 됨을 확인한 바 있다. 정부가 경제 활동을 통제하거나 주도하는 국가에서 의사결정권자들을 포함한 사람들은, 경쟁이 독자적이고 지각할 수 있는 경제적 과정으로서 경제를 체계적으로 구조화하는데 필요한 특질과 요소를 갖고 있음을 인식하지 못하곤 한다. 이러한 인식이 없을 경우 경쟁법은 사실상 중요성을 인정받지 못한다.

경쟁 과정에 대한 인식이 광범위하게 확산되고 경쟁 과정이 효용을 가져올 수 있다는 인식이 있다고 하더라도, 경쟁법에 대한 지지가 발전하기 위해서는 경쟁 자체에 대한 긍정적인 인식이 필요하다. 경쟁은 한 세기를 넘는 기간 동안 다수의 국가들에서 강력한(powerful) 힘을 가진 것으로 인식되어 왔지만, 한 걸음 더 나아가 긍정적(positive)인 힘을 가진 것으로 인식된 것은 극히 최근에 이르러서였다. 예를 들면 다수의 사회주의 이념 체제에서 경쟁은 긍정적이라기보다 부정적인 이미지로 비춰졌다. 다른 체제에서도 경쟁은 공동체를 중시하는 가치관과 충돌하는 것으로 여겨져 부정적으로 인식되었다. 경쟁에 대한 이러한 우려는 경쟁이 공동체 규범으로부터 전혀 통제받지 않거나 (최소한) 영향받지 않는다고 인식될 때 더욱 증폭되었다. 경쟁이 공동체 규범에 합치하는 여부를 판단할 때 공정성에 관한 다양한 관념이 활용되었다.

경쟁이 효용을 가져올 수 있다는 인식만으로는 경쟁법에 대한 실질적인 지지로 연결되지 않을 수 있다. 경쟁에 대한 지지는, 사람들이 정부가 경쟁의 효용을 실제로 구현할 수 있는 역량을 갖추고 있다고 확신할 때에만 형성될 수 있다. 정부 기관들이 무능하거나, 국내외의 특정 이해관계와 같은 입장을 취하고 있다고 인식될 경우 경쟁법 발전이 저해되는 것이 일반적이다.

국내적 차원에서 경쟁법에 대한 지원 정도 및 그 유형은 경쟁법의 성패를 좌우하는 결정적 요소이다. 무엇보다도, 정부가 전체 경제 정책에서 경쟁법을 얼마나 비중있게 대하는가가 결정적으로 중요한 것으로 보인다. 예를 들면, 일본 정부의 전반적인 경제 정책의 기조 변화는 1990년대부터 시작되었던 경쟁법 발전에 더욱 박차를 가했다. 경쟁 당국 관료들의 급여, 법집행 비용에 소요되는 비용 기타 조직 운영의 다른 측면들 등 경쟁 전략의 집행에 보다 많은 자원을 투자할 경우 이와 같은 정책적 지원의 효용이 극대화되는 것이 통례이다. 경쟁법에 대한 이론적·대중적 지지는 통상 정치 조직 기타 권력 구조를 통해 걸러져서 영향을 미친다.

본 Chapter에서 살펴본 각 국가 및 지역의 경쟁법 경험과 관련하여, 외부로부터의 영향은 개별 국가의 경쟁법 발전에 광범위한 영향을 미쳤다. 외국 경쟁법에 대한 인식이 미치는 영향(외국 경쟁법 모델 및 동 모델의 위상에 대한 인식)은 모든 지역의 경쟁법 제정 과정에 중대한 영향을 미쳤다. 중국은 경쟁법을 제정하기로 결정한 후 백지상태에서 출발하지 않았다. 중국 지도자들은 경쟁법 제정 과정에서뿐만 아니라 법집행 단계에서도 외국의 기존 경쟁법 체제, 개념, 용어들을 활용했다. 물론 중국 지도자들이 자국의 사정을 고려하여 외국 경쟁법의 요소와 실무를 일부 수정했고 새로운 요소를 추가하기도 했지만, 이들의 경쟁법 경험은 외국 경쟁법 경험에 대한 인식으로부터 영향받았다. 대부분의 국가들이 자국 경쟁법의 도입, 발전을 위해 외국 경쟁법 체제의 사상, 기관 구성, 전반적인 평가를 참고하는 것은 흔한 일이다.

마지막으로, 외부로부터의 압박은 제2차 세계대전 이후 경쟁법 발전에서 급격히 중요한 역할을 해 왔다. 외국은 어떨 때는 경쟁법 제정을 지지했고, 또 어떨 때는 경쟁법을 방해했었을 수도 있다. 예를 들면, 독일, 일본의 경우 외국은 경쟁법 제정에 중요한 추동력을 제공했다. EU는 동유럽과의 관계에서, 미국이 독일, 일본에 행사했던 것보다는 덜 노골적인 압력을 행사하긴 했지만, 동유럽 국가들이 EU에 가입하기 위해서는 경쟁법에 관한 몇 가지 기준을 충족해야 했었음을 고려할 때, 직접적인 압력 못지 않은 성과를 거뒀다. 다수의 사례에서, 국제 기구들은 모델안 제시, 다자간 협의, 기술적 지원 제공, 자금 제공 협상에서의 경쟁법 조건 포함 등의 방법으로 경쟁법 발전을 지지해 왔다. 그러나, 외국으로부터의 압력은 종종 개별 국가에 대한 간섭으로 비춰지고, 외국 정부나 기업의 목표를 달성하려는 시도로 인식되곤 한다. 이 경우, 개별 국가는 외부로부터의 압력에 저항하려는 경향이 있다. 구체적인 저항 방법 관련하여, 어느 정도 정치적 · 경제적 위상이 있는 국가는 공개적으로 외국으로부터의 압력에 반대하는 반면, 이러한 여건을 구비하지 못한 국가는 '이질적(alien)' 요소인 경쟁법을 적극적으로 지지하지 않는 소극적인 방식으로 압력을 무력화한다.

H. '다른 국가들'과 국제경쟁법 발전: 인식틀 확대의 가치

국제경쟁법에 관한 시야를 넓혀 미국, 유럽 이외의 '다른(other)' 국가들의 경쟁법 경험을 살펴본 결과, 이 국가들이 최소한 최근 수십 년 동안 미국, 유럽과 매우 다른 목표, 방법, 기대, 제약들을 갖고 있었음을 확인할 수 있었다. 검토 결과 다양한 경쟁법들이 있다는 점이 두드러진다. 이처럼 경쟁법에 관해 보다 광범위한 사고와 경험이 세계 시장에서의 경쟁법 발전에 영향을 미치고 있는바, 성공적인 국제경쟁법 발전 전략을 모색하기 위해서는 경쟁법들 간의 차이와 유사성을 제대로 이해하고 분석할 필요가 있다.

이미 살펴본 바와 같이, 미국, 유럽은 서로에게 많은 주의를 기울여 왔고, 이는 여러 가지 면에서 타당한 것으로 여겨져 왔다. 그러나, 이러한 시각은 지나치게 협소하고, 전세계적으로 실효성있는 국제경쟁법 체제에 참여할 필요가 있는 다른 많은 국가들의 이해관계를 제대로 담아내지 못한다. 이런 구도에서, 미국, 유럽 이외의 다른 국가들이 자신들의 이해관계나 목소리가 제대로 대변되거나 반영되지 않은 국제경쟁법 체제를 흔쾌히 수용, 집행할 것이라고 기대하기에는 무리가 있다. 이러한 '다른' 국가들이 향후 국제경쟁법 발전의 열쇠를 쥐고 있으므로, 실효성 있는 국제경쟁법 전략을 도출하기 위해서는 이들 '다른' 국가들이 경쟁법을 통해 추구하고자 하는 목표들을 구현할 수 있어야 한다. 그렇지 않으면, '다른' 국가들은 국제경쟁법 전략을 수용하지 않거나, 어쩔 수 없이 수용해야 하는 상황에 처하더라도 이를 지지하지 않을 것인바, 이 경우 경쟁법은 과거에 그랬던 것처럼 전세계 대부분 지역에서 '공상(fantasy)'으로만 남게 될 것이다.

나름대로 일관성 있고, 참여자의 이해관계가 조율되며, 예측가능성이 있는 경쟁법 체제를 형성하기 위해서는, 이상과 같은 차이점들을 무시, 과소평가하서는 안 되고 각 경쟁법의 차이점을 인정하고 이를 출발점으로 삼아야 한다. 본서는 마지막 Part에서 국제경쟁법 발전 정책 평가를 위해 이러한 차이점들, 유사점들, 법집행 경험의 패턴들을 모두 묶어서 살펴보기로 한다.

PART Ⅲ
국제적 프로젝트로서의 경쟁법

PART III
국제적 프로젝트로서의 경쟁법

본 Part에서는 국제경쟁법 발전에 관한 근본적 이슈들과 문제 상황에 관한 검토의 전제가 되는 개별 국가 및 국제적 차원의 경쟁법 경험에 관해 이전 Chapter들에서 살펴본 내용을 활용하기로 한다. 본서는 경제학과 다른 사회과학이 제시하는 통찰들을 살펴보고 이를 활용해 경쟁법 경험들을 검토했다. 이와 같이 이론과 실제 경쟁법 경험을 통합해 검토하는 방식은 한 가지 요소에만 의존하는 것보다 더 충실하고 의미 있는 분석을 가능하게 한다. 이러한 분석은 경제 · 법률의 세계화가 상호작용하는 다른 상황에서도 유용할 것이다.

최근 경쟁법 집행에서 국제적 협력이 급속히 증대되는 것에서 확인할 수 있듯, 세계 시장에서의 경쟁제한적 행위를 규제하는 프레임웍으로서 일방적 관할주의는 급속도로 뚜렷한 한계를 보이고 있다. 일방적 관할주의의 문제점을 극복하기 위해 기본적으로 두 가지 다른 유형의 대응방안들이 등장했다. 하나는 경쟁법 체제가 자발적으로 컨버전스함으로써 기존의 국제경쟁법 프레임웍인 일방적 관할주의 메커니즘의 실효성이 의미 있는 수준으로 제고될 수 있다고 보는 견해이다. 이에 기반한 방안은 국가들 간의 명시적인 합의나 의무부과를 회피한다. 다른 하나는 이와는 정반대의 것으로서 합의를 통해 상호 조율을 모색하는 것이다. 이러한 방안에 따르면 각 정부는 세계 시장의 경쟁을 보호할 의무를 부담하게 된다. 이 방안은 이처럼 기존의 관할권 기반 모델을 넘어 보다 새로운 유형의 국제법 형성으로 나아가는 것이다.

Chapter 8에서는 컨버전스 전략을 검토하기로 한다. 이미 살펴본 바와 같이 WTO의 틀에서 경쟁법을 발전시키려는 시도의 좌초로 다자간 합의에 기반한 전략은 사실상 포기되었다. 이에 각 국의 경쟁법을 컨버전스하는 방안에 관심이 모였고, 이를 통해 각 국 경쟁법 체제가 보다 유사해지면 관할권 기반 모델의 약점들이 해결될 수 있을 것이라는 기대가 형성되었다. 본서는 컨버전스 전략에 기반한 대응방안을 살펴보고, 이 전략의 잠재가치에 영향을 미칠 수 있는 특징들을 확인하며, 나아가 이 전략 자체의 장점, 기능, 잠재 가치에 관해 검토하기로 한다. 검토 결과, 컨버전스 전략은 몇몇 분야에서는 긍정적인 효과를 가져올 수도 있지만, 이는 제한적으로 일어나는 효과에 불과해 세계 시장의 경쟁을 보호하는 효과적인 프레임웍이 될 수 없음을 확인할 수 있다.

Chapter 9에서는 컨버전스 전략에 대한 주된 대안인 다자간 합의에 기반한 전략을 살펴보기로 한다. 다자간 합의의 잠재 가치를 확인하고, 이 전략의 가능한 유형, 차원(dimension), 메커니즘에 관해 살펴보기로 한다. 그 다음 국제경쟁법 발전을 위한 합의의 가치를 극대화하기 위해 고안된 구체적인 방안을 확인하기로 한다. 본서는 이 방안을 'commitment pathway' 전략이라 부르기로 한다. 본서는 이 전략의 실효성에 영향을 미칠 가능성이 높은 요소들을 살펴보고, 다른 유형의 다자간 합의 전략을 비판했던 관점에서 이 전략을 평가하기로 한다. 검토 결과, commitment pathway 전략은 국제경쟁법 발전 전략으로서 상당한 잠재가치가 있음을 확인할 수 있다.

마지막 Chapter에서는 이제까지의 분석 내용들을 모두 종합하기로 한다. 이 Chapter에서는 보다 넓은 관점에서 본서 이전의 부분에서 분석했던 개별 국가 및 국제적 차원의 경쟁법 경험들을 상호 연계해, 이를 실효성 있는 국제경쟁법 전략의 발전이라는 과제의 관점에서 살펴보기로 한다. 이 Chapter는 21세기 심대한 세계화라는 더 넓은 상황에서 국제경쟁법 발전의 잠재적 이익과 불확실한 약속을 살펴본다.

Chapter 8.
컨버전스 전략: 범위와 한계

WTO에 경쟁법을 포함시키려는 시도의 좌초로 많은 사람들은 컨버전스가 국제경쟁법 발전을 가능케 할 유일한 전략이라고 생각하게 되었다. 컨버전스는 경쟁법 체제의 내용을 최대한 일치시킴으로써 일방적 관할주의의 약점을 보완해 줄 수 있다고 약속한다. 몇몇 사람들은 이러한 컨버전스가 가능하다고 믿었던 반면, 다른 사람들은 컨버전스 자체와 그로 인한 효과가 얼마나 실현가능한지 그만큼 확신하지 못했다. 컨버전스는 핵심적인 이슈가 되었다. 만약 컨버전스가 상당한 정도로 이루어지고 국제 경쟁이 효과적으로 보호될 수 있다면 굳이 다자간 합의를 추구할 이유가 없다. 그러나, 위 두 조건들 중 어느 하나라도 충족되지 않는다면 이런 문제에 대한 대응방안으로서 다자간 합의(이는 Chapter 9의 주제이다)가 경쟁 정책 수립의 초점이 되어야 할 것이다.

본 Chapter에서는 일방적 관할주의의 문제들에 대한 대응방안으로서 컨버전스를 살펴보기로 한다. 컨버전스란 무엇인가? 컨버전스는 어떻게 작동하는가? 컨버전스를 실행, 지지하는 메커니즘과 인센티브는 무엇인가? 컨버전스의 한계는 무엇이고, 어떤 유형으로 이루어질 수 있는가? 만약 컨버전스가 상당한 정도로 이루어지면 이미 확인되었던 관할권 기반 국제경쟁법 체제의 약점들이 치유될 수 있는가? 만약 그렇다면 어느 정도까지 치유될 수 있는가? 이러한 물음에 대한 답은 다자간 조율에 의한 전략을 추구할 필요가 있는지를 판단함에 있어 결정적인 요소가 된다.

컨버전스 전략은 다자간 합의 없이 국제경쟁법의 기본적 프레임웍으로서 일방적 관할주의가 컨버전스를 통해 더 효과적으로 작동할 수 있음을 전제로 한다. 그러나, 컨버전스 전략에 대한 언급은 전반적으로 매우 모호해서, 컨버전스가 어떻게 작동할 것인지, 컨버전스에 무엇이 수반하는지에 관한 정보는 거의 없다. 컨버전스 전략은 부적을 문지르며 무언가 좋은 일이 일어날 것을 기대하는 것처럼 보이곤 한다.

본 Chapter의 주된 목표는 네 가지이다. 첫째, 국제경쟁법 발전 전략이 작동하는 정치·경제적 배경을 개략적으로 살펴본다. 본서는 Chapter 4에서 경제적 세계화에 관해 간략히 살펴본 바 있다. 여기에서는 경제적 발전의 차원 및 이것이 경쟁법에 미치는 영향에 관해 살펴보기로 한다. 본서에서 '심대한 세계화(deep globalization)'로 지칭하는 경제적 세계화의 역학 관계는 국제경쟁법 전략을 평가하는 핵심 요소이다. 둘째, 컨버전스에 대한 개념적 분석이다. 컨버전스는 용어 자체가 매우 광범위하고 일관성없이 사용되고 있으므로, 이 용어를 분석적으로 또는 국제 경제 정책의 기반으로 사용하고자 한다면 그 정확한 개념과 의미를 보다 면밀히 살펴볼 필요가 있다. 셋째, 전략으로서 컨버전스의 유형, 메커니즘, 컨버전스를 견인하는 인센티브 등을 살펴보기로 한다. 마지막으로, 컨버전스 전략의 효과에 관한 주장들을 검토하기로 한다.

A. 심대한 세계화 상황: 보다 넓고 심대하며 복잡한 경쟁

본서는 먼저 국제 경쟁에 관한 상황과 이러한 상황이 국제경쟁법 발전에 제기하는 문제 상황에 관해 살펴보기로 한다. 경쟁은 경제적 과정이긴 하나, 정치, 사회, 심지어 문화적 요소와도 상호 연계되어 있으므로 경쟁에 대한 고찰 역시 이러한 연관관계 속에서 이루어질 필요가 있다.

1. 국제 경쟁: 개념 정의와 그 국면

국제 경쟁에 관한 문제와 관련되는 논의에 활용되는 용어들은 모호하거나 일관성이 부족한 측면이 있으므로, 이후 논의를 위해 몇 가지 기본적 개념들을 정의할 필요가 있다. 본서는 '국제(global)' 경쟁을 경쟁이 정치적·지정학적 또는 위치에 기반한 장벽으로 인해 심각한 지장을 받지 않는 상황을 지칭하는 것으로, '세계 시장(global market)'은 이러한 국제 경쟁이 이루어지는 시장의 의미로 사용하고자 한다. 물론 이러한 개념 정의는 정교하게 다듬어진 것은 아니지만, 적어도 본서의 검토 목적에 부족하지 않을 것이다.[1)]

지리적 위치는 경제 활동에 여러 유형의 제약이 될 수 있다. 가장 우선적으로 일단 거리 자체를 들 수 있다. 멀리 떨어진 곳에 제품을 운송하거나 서비스를 제공하는 것은, 제품의 종류, 거리의 장단, 운송수단 기타 요인들에 따라 상당한 비용을 발생시킬 가능성이 높다. 거리의 이격으로 초래되는 시간적 요소는 그 자체로 비용과 기회를 수반하면서 경쟁에 영향을 미친다. 몇몇 제품과 서비스에서 운송 기타 거리에 관련된 비용은 거래 위험이나 비용을 상당히 증가시킬 수 있다.

지리적 위치에 기반한 또 다른 제약으로 각 국의 정치적 국경을 들 수 있다. 국내법은 규제를 통해 기업들에게 규범준수비용을 지출하도록 할 수 있고 이를 통해 무역을 제한할 수 있다. 예를 들면, 한 정부가 다른 정부에 비해 현저히 높은 제품 안전 기준을 적용할 경우, 외국 기업들은 이 시장에 진입해 경쟁을 할 것인지 여부 및 이 경우 어떻게 경쟁할 것인지를 결정하기 위해 이와 같은 규제를 고려해야 하는바, 이는 그 자체로 외국 기업들의 시장 진입을 저해하는 장벽이 될 수 있다. 정부는 또한 관세 부과, 쿼터 책정 기타 국경 간 무역 조치를 통해 자국 시장에 대한 진입 장벽을 만들어낼 수 있는바, 때로는 의도적으로 이러한 조치를 활용해 자국의 경제적 이익에 위협이 될 수 있는 외국의 경쟁사업자들을 배제하거나 불이익을 주기도 한다. 이처럼 정부는 세계 시장을 형성하는데 핵심적인 역할을 하는바, 국제경쟁법 전략이 성공을 거두기 위해서는 각 국 정부의 지원이 결정적으로 중요하다.

문화적 경계도 정치적 국경과 유사한 효과를 가져올 수 있다. 여기에는 언어, 관습, 가치관, 기호의 차이가 포함된다. 외국 기업들은 다른 문화권의 소비자들을 확보하기 위한 경쟁에서 이런 요소들을 극복해야 하므로 추가적인 비용 지출을 감수해야 한다. 이러한 비용에는 문화적 요소들 및 이로 인해 기업

1) 세계화에 관해 일반적인 설명, 역사적인 전개, 내용에 관한 구체적인 기술에 대해서는 이 책의 Chapter 4.를 참조. 이 Chapter에서는 주로 세계화 및 그 결과를 분석하는 문헌들을 주로 언급하기로 한다.

의사결정에 미치는 영향에 관한 지식을 얻는데 소용되는 비용과 같은 인지 비용(knowledge cost), 문화적 차이를 극복할 수 있는 전략을 고안, 실행하는데 소요되는 비용이 포함된다.

마지막으로, 본서의 검토 목적상 가장 중요한 것으로서, 사인에 의한 제한은 국제 경쟁에 막대한 영향을 미칠 수 있다. 예를 들면, 소수의 기업들은 자신들의 시장력을 이용해 경쟁사업자를 배제해 자신들의 지배력을 더욱 강화하기로 합의할 수 있다. 또 다른 예로, 국내 기업들은 공급업자들이나 유통업자들(정부 관료들도 포함될 수도 있다)과 외국 경쟁사업자들의 시장진입을 방해하기로 하는 전국가적 카르텔을 유지할 수도 있다. 이러한 다양한 제약들은 종종 상호연관되기도 하고, 자체적으로 강화되기도 한다.

2. 심대한 세계화: 시간에 따른 진행 과정

'시장(market)'이란 용어는 보통 특정 시점에서의 경제적 관계를 지칭하지만, 본서의 검토 목적을 고려할 때 시장에서의 경쟁은 역동적으로(즉, 시간적 경과를 고려해) 바라볼 필요가 있다. 본서는 이러한 시간적 요소를 포함시키기 위해 '경제적 세계화(economic globalization)'란 용어를 사용하기로 한다. 경제적 세계화란 두루뭉술하게 사용되는 용어지만 본서에서는 이에 보다 구체적인 의미를 부여하고자 한다. 본서는 경제적 세계화를, 위치에 기반해 국경을 넘어서는 경쟁을 제한하는 장벽을 줄이는 과정을 의미하는 용어로 사용하고자 한다.[2)] 예를 들면, 정치·법률적 관계의 변화와 교통, 통신 기술의 진보로 위치에 기반한 경쟁제한적 요소들은 상당히 감소했다. 이 때의 '세계화(globalization)'란 과정을 의미하는 용어이다. 세계화는 최종 상태가 아니고, 정치적 구호도 아니며, 변화하고 상호작용하면서 기업의 의사결정에 영향을 미치는 요소들을 의미한다.

위치에 기반한 경쟁제한적 장벽을 낮추는 과정 자체는 특별히 새로운 것이 아니다. 국경을 넘는 운송비, 통신비를 낮춘 모든 기술적 진보와 정치적 결정은 위치에 기반한 경쟁제한적 장벽을 낮추었다는 점에서 세계화 과정의 일

2) 세계화의 다층적 모습에 대해서는 Peter L. Berger and Samuel P Huntington (eds), *Many Globalizations* (Oxford, 2002) 참조.

부에 해당한다고 볼 수 있다. 그러나, 20세기 후반 수십 년 동안 진행되었던 세계화 과정은 이전에 비해 중요한 면에서 차이가 있다. 본서는 이러한 차이를 부각하기 위해 이러한 과정을 '심대한 세계화(deep globalization)'로 지칭하기로 한다. 이전까지의 세계화는 기본적으로 국제 무역의 장벽을 축소해 왔다. 경쟁이 주로 상품의 물리적 운송을 통해 이루어졌으므로, 이런 방식의 무역 장벽 축소가 가장 중요한 것이었다. 이에 비해 심대한 세계화는 단순한 무역 장벽의 축소 이외에도 추가적인 요소들을 포함하고 있다. 심대한 세계화는 더 광범위하고, 더 깊이 있으며, 더욱 복잡하다.

심대한 세계화는, 더 많은 의사결정권자가 더 많은 방안들을 고려하여 보다 광범위한 의사결정을 한다는 점에서 기존의 세계화보다 더욱 광범위하다. 심대한 '세계화'는 더욱 복잡하고 상호연관되어 있는 국제 경제 체제에서 작동한다.[3] 무역에만 기반했던 이전까지의 세계화 개념에 따르면 기업은 주로 어떤 제품을 어디에서 어떻게 생산할 것인지, 생산된 제품을 어디로 어떻게 운송할 것인지, 제품 가격을 얼마로 할 것인지 등에 관한 문제만 결정하면 된다. 반면 21세기 세계화 상황에서 기업은 경쟁 기능을 보다 세분할 수 있으므로 이전보다 훨씬 더 많은 사항들에 관해 추가적으로 의사결정을 해야 한다. 이러한 기업의 경쟁 기능에는 마케팅, 제품 생산, 제품 공급 기타 전략적 이슈들이 해당한다. 예를 들면, 기업 생산의 가치 사슬(value chain)(역자 주－1985년 발간된 Michael Porter의 'Competitive Advantage: Creating and Sustaining Superior Performance'에서 유래한 용어로, 어떤 특정 산업에서 활동하는 기업이 시장에 가치 있는 재화, 서비스를 공급하기 위해 수행하는 일련의 전략적 활동을 의미함)은 이제 더 작은 단위로 분화되고, 더욱 빈번하게 여러 국경을 넘어 이루어진다. 제품의 개별 부품들이 여러 장소에서 여러 방식으로 생산될 수 있게 되었고, 여러 지역의 다수의 의사결정권자들 역시 생산, 운송 기타 각 요소들의 통합뿐만 아니라 가치 체인의 구체적 분배에 대해서까지 의사결정을 하게 되었다. 정치적 국경은 이러한 각 의사결정에서 중요한 역할을 할 수 있고, 정부는 국경을 넘는 기업

3) 이 책의 분석에서 여러 국가들의 상호의존성 및 그로 인한 효과는 핵심적으로 중요하다. 바로 이것이 이전의 세계화와 '심대한(deep)' 세계화를 구분하는 요소이다. 복잡한 시스템을 학제적으로 연구하는 과학인 complexity science는 이러한 복잡한 상호작용들을 분석하는데 필요한 분석틀을 제시하고 있다. 예컨대 Milanie Mitchell, *Complexity: A Guided Tour* (Oxford 2009) and John H Miller & Scott E Page, *Complex Adaptive Systems* (Princeton 2009) 참조.

들의 경제활동 과정에서 경쟁 관련 의사결정에 영향을 미칠 수 있다.

세계화가 심대하게 이루어진다는 것은, 경쟁 기능들이 국경을 넘어 상호 의존관계를 이루고 이를 통해 경쟁이 실행되는 사회에도 영향을 미침을 의미한다.[4] 기업은 경쟁을 하면서 생산, 자금 조달 기타 기업전략과 경쟁상 우위의 관점에서 상호 연관되는 기능을 수행한다. 세계 시장에서 이런 기능들은 여러 국경들을 넘나들며 상호 연관된다. 하나의 시장에 판매하기 위한 경쟁 전략을 실현하기 위해 여러 국가의 사람들이 고용, 해고되고, 공장이 지어지며, 자금이 조달되고, 원자재가 구매된다. 이러한 경쟁 전략은 여러 국가의 정치 · 경제 상황에 영향을 미칠 수 있으므로, 해당 국가들 정부들의 대응과 정부에 영향을 미치려 하는 경쟁사업자들의 대응을 유발할 수 있다. 세계 시장에 참여하는 사업자들 상당수는 다수의 의사결정기구를 갖춘 대규모 조직으로 구성되어 있고, 이에 기반해 정치적 영향력을 행사할 수 있는 경우가 종종 있다.

의사결정이 공적 · 사적 영역에서 다양하게 이루어지면서 경쟁 전략은 급격히 복잡해진다. 세계 시장에서의 경쟁 전략 결정을 위해 다수 국가들의 경쟁사업자들과 경쟁 조건에 관한 정보를 확보할 필요가 있다. 이는 여러 곳에서 정보를 모색, 발견, 해석, 저장해야 함을 의미한다. 또한 개별 국가의 경계를 넘는 전문성이 개발되어야 한다. 정부는 직간접적인 방법으로 기업들의 경쟁 전략에 관한 의사결정에 영향을 미칠 수 있으므로, 기업들은 정부 조치를 예측하고, 정부에 자신들의 입장을 적극적으로 주장하며, 정부 조치가 초래할 효과를 평가해야 한다. 이러한 정부 결정들은 국제적 규제 네트워크와도 연계될 수도 있다.

이처럼 세계 시장에서의 경쟁을 위해서는 경제 활동에 관해 국경을 넘어서는 촘촘한 의사결정 과정들이 필요해진다. 각 개별 요소들이 언제나 새로운 것은 아니지만, 각 요소의 정도 및 이들이 집적되어 만들어내는 효과는 새로운 것이다.[5] 이 요소들이 상호 결합한 결과, 한 국가 내에서의 사적인 경제적 의

---

4) 세계화가 사회에 미친 복잡한 효과에 관한 논의에 대해서는 Pietra Rivoli, *The Travels of a T-Shirt in the Global Economy: An Economist Examines the Markets, Power, and Politics of World Trade* (Hoboken, New Jersey 2009) and Anna Lowenhaupt Tsing, Friction: *An Ethnography of Global Connection* (Princeton 2009) 참조.

5) 예컨대 Robert Gilpin, The Challenge of Global Political Economy: Understanding the International Economic Order (Princeton 2001) 참조.

사결정은 다른 여러 국가들의 공적인 측면에 다양하고 중요한 영향을 미치게 된다. 더욱이 이런 영향들은 미리 예측하기는 고사하고 인식하기도 어려울 정도로 복잡하게 상호 연관되어 있곤 하다. 그 결과, 세계 시장에서의 승패는 여러 국가의 정치 · 경제 · 사회에 영향을 미칠 수 있다.

이상과 같은 요소들로 인해 정부와 시장참여자들의 이해관계가 더욱 상충하게 되는 경향이 있다.[6] 경쟁사업자들의 관점에서 세계시장은 기회의 원천일 수도 있지만, 정부는 이들이 이러한 기회를 활용하는 것을 제한할 수 있다. 기업들은 운영 비용을 최소화하려 하지만, 각 국의 경계를 넘을 때마다 규범준수 비용을 부담하게 될 수 있다. 기업들은 또한 불확실성을 낮추고 사업계획의 예측가능성을 제고하려 하나, 다수의 법체계로 인해 이러한 목표 달성에 곤란을 겪기도 한다. 정부 관점에서 세계 시장은 고용이나 세수 증대와 같은 경제적 이익을 얻을 수 있는 기회가 될 수도, 정치 · 경제 · 사회적 피해를 입을 위협요소가 될 수도 있다. 일반적으로 국가들은 자국 이해관계에 피해를 끼칠 수 있는 행위를 통제할 수 있는 능력을 보유(적어도 보유하고 있는 것처럼 보이는 것)하길 원한다.[7]

3. 심대한 세계화: 이익과 피해

경쟁법은 경쟁 보호를 추구하므로, 경쟁이 심대한 세계화 상황에서 어떤 효용과 피해를 가져올 것인지 개략적으로나마 살펴볼 필요가 있다. 국제경쟁법은 개별 국가로부터 지지를 받아야 하는데, 각 국의 지지는 이들이 국제 경쟁의 효용과 피해를 어떻게 인식하는지에 상당 부분 좌우된다. 국제 경쟁이 거

6) 이러한 이해관계들 간의 갈등에 관한 논의에 대해서는 예컨대 Susan Strange, State and Markets (London, 1988): Barbara Stallings (ed), *Global Change, Regional Response* (Cambridge 1995); Suzanne Berger and Ronald Dore (eds), *National Diversity and Global Capitalism* (Ithaca, New York 1996); Robert O Keohane and Helen V Milner (eds), *Internationalization and Domestic Politics* (Cambridge 1996); Ha-Joon Chang (ed), *Globalisation, Economic Development and the Role of the State* (London 2003); and Robert Boyer and Daniel Drache (eds), States against Markets: *The Limits of Globalization* (London 1996) 참조.

7) 그러나, 정부가 언제나 이러한 능력을 갖기를 원하는 것은 아니다. 정부는 때로는 구체적인 규제 조치를 취하지 못했음을 이유로 비판받는 것을 회피하기 위해 아예 그러한 조치를 취할 능력이나 권위를 갖고 있지 않았다고 주장하기도 한다.

의 피해를 발생시키지 않고 많은 효용을 제공한다고 보는 관점이 있는 반면, 아무런 효용 없이 많은 피해를 초래한다고 보는 관점도 있다. 국제 경쟁을 어떤 관점에서 어떻게 인식하는가는 핵심적인 것으로서, 경쟁법은 이에 영향을 미칠 수도, 이로부터 영향받을 수도 있다.

국제적 관점에서, 국제 경쟁은 광범위한 효용을 가져다 줄 수 있다. 그 중에서 가장 핵심적인 효용은 시장으로 하여금 급속도로 광범위해지는 제품들, 서비스들, 기능들과 역시 급격히 증대되는 시장참여자들 사이에서 경제적 자원들을 최대한의 효용을 창출하도록 분배하게 함으로써 전반적인 국제 경제적 후생을 제고할 수 있다는 점이다. 국제 경제학은 최근 수십 년 동안 국제 경쟁이 가져올 수 있는 이러한 효용들에 대해 새로운 통찰을 제시했던바, 이는 세계화에 관한 논의의 핵심 화두가 되었다.[8] 경쟁 장벽을 낮추면 시장은 더욱 커지고 효율성이 증대되며, 자원 낭비가 줄어들고, 가용 자원이 최대한 활용되어 생산 증대 및 소비자 가격 인하로 이어질 수 있다.

세계화는 또한 경제 성장을 촉진하고 이를 통해 전체 후생을 증대시키며, 일자리를 창출하고, 다른 정치·사회 활동 등을 재정적으로 뒷받침한다. 특히 1990년대부터 시작된 기술 및 기타 다른 발전으로 인해 국경간 경쟁 장벽이 낮아짐에 따라, 전세계 경제는 대부분 비약적으로 성장했다. 2008년 세계 경제 위기를 계기로 위험을 과소평가하는 금융 시장의 인센티브가 이러한 성장 메커니즘을 어느 정도 저해할 수 있음이 드러나기도 했지만, 국제 경쟁이 경제 성장을 가능케 한다는 점 자체에 대해서는 의문이 제기되지 않았다.[9]

물론, 모든 시장 참여자들이 세계화가 가져다 주는 이익을 균등하게 향유하지는 않는다. 세계 시장 형성으로 생긴 기회를 잘 활용한 제조업자는 높은 수입을 거둘 수 있는 반면, 외국 제조업자와 경쟁할 수 있는 자원·역량을 갖추지 못한 제조업자는 거의 수입을 얻지 못하거나 손해를 보게 된다. 소비자 후생은 전체적으로는 증대되지만 그 구체적인 규모는 국가별로 차이가 난다. 경제 성장은 전체적인 고용을 증대시키는데, 일부 국가의 몇몇 직종에 종사하는 근로자들은 이익을 얻는 반면, 다른 근로자들의 보수는 오히려 종전보다 감

---

8) 예컨대 Jagdish Bhagwati, *In Defense of Globalization* (Oxford 2004) 참조.

9) 예컨대 Paul Krugman, 'The Return of Depression Economics and the Crisis of 2008 (New York 2009) 참조.

소하게 된다. 마지막으로, 몇몇 국가들은 다른 국가들보다 더 많은 이익을 얻게 된다.

한편, 심대한 세계화는 현실적이고 인식가능한 피해를 초래하기도 한다.[10] 경제적 이익의 불균등한 배분은 그 자체로 피해가 된다. 이로 인해 상대적으로 작은 이익을 얻는 사람들은 세계화를 '불공정(unfair)'하다고 생각하게 된다. 제조업자, 소비자, 국가 모두 주변과 비교해 자신들이 불공정한 대우를 받고 있다고 생각할 수도 있다. 이러한 '공정성'에 대한 인식은 국제 경쟁에 대한 입장에 어느 정도 영향을 미치는바, 세계화에 대한 반감은 그 결과가 공정하지 않다고 인식하는 데에 상당 부분 기인한다. 이러한 인식은 전세계 많은 지역에서 실질적인 경쟁법을 발전시키는데 주된 장애 요인이 될 가능성이 높으므로, 이에 적절히 대처하지 못하면 세계 시장에 대한 경쟁법 발전 전략은 성공하기 어려울 것이다.

개별 국가 또는 지역적 관점에서, 세계화로 초래되는 피해는 그로 인한 이익보다 더욱 두드러져 보일 수 있다.[11] 몇몇 국가의 기업들은 다른 국가의 기업들에 비해 상대적으로 불이익을 입을 뿐만 아니라, 만약 외국의 경쟁사업자들(이들은 더 잘 조직되어 있고, 자금 사정이 더 양호하며, 경영 수준도 더 높다)과 경쟁할 수 없을 경우 심지어 자국 시장에서도 퇴출될 수도 있다. 소비자들은 국제 경쟁을 통해 전반적으로 이익을 얻을 것으로 기대되긴 하나, 외국 기업들이 국내 시장에서 가격을 올리거나 소비자의 선택권을 제한할 수 있는 충분한 역량을 보유하고 있을 경우 피해를 입을 수도 있다. 국제 경쟁으로 인해 자원 배분이 보다 넓은 지역을 대상으로 이루어지고, 개별 지역의 인력 수요에 변화를 초래함에 따라, 고용 시장은 변하게 되고 몇몇 노동자들은 실직하게 될 것이다. 특정 지역의 숙련된 노동자들은 그렇지 않은 노동자들보다 더 많은 이익을 얻게 될 것이다. 마지막으로, 심대한 세계화의 결과 개별 국가의 의사결정권자

---

10) 세계화가 경제 성장에 미치는 다양한 효과들에 관해 특히 영향력 있고 유용한 경제적 분석에 대해서는 Joseph E Stiglitz, *Globalization and Its Discontents* (New York 2002) and Dani Rodrik, *One Economics, Many Recipes* (Princeton 2007) and *In Search of Prosperity: Analytic Narratives on Economic Growth* (Princeton 2003) 참조.

11) 세계화로 초래되는 피해에 대한 강력한 비판으로는 예컨대 Ugo Mattei and Laura Nadar, *Plunder: When the Rule of Law is Illegal* (Malden, Massachusetts 2008): Amy Chua, *World on Fire* (New York 2003) 127-175; and Michael Hardt and Antonio Negri, *Empire* (Cambridge, Massachusetts 2000) 참조.

들은 종종 이상과 같은 결과에 영향을 미치기 어려워질 수 있을 것이다. 일반적으로 정부는 외국 기업들(특히 대규모 기업들)에 대해서는 국내에 본사를 두고 있는 기업들에 비해 제한적인 영향력을 행사할 수 있을 뿐이다. 더욱이, 정부는 외국으로부터의 직접 투자를 유치·유지하고 외국 투자자들에게 더 우호적인 협상 조건을 제공해야 하는 상황에 처할 수도 있다.

이처럼 국제 경쟁으로 인한 비용과 효용에 대한 평가는 이를 바라보는 관점에 따라 좌우된다. 국제적 관점에서는 국제 경쟁으로 창출되는 효용을 전면에 부각하는 반면, 개별 국가 및 지역적 관점에서는 이로 인해 불확실성이 증대되고 효용을 능가하는 피해를 초래할 것을 우려한다. 이와 같이 상이한 관점들간의 긴장 관계는 각종 제한 요소들로부터 세계화 과정을 보호하려는 움직임의 중심에 있을 것이다.

B. 국경을 넘는 경쟁법 발전의 함의

국제경쟁법은 이상과 같은 특정한 경제적·법률적 상황에서 경쟁 과정을 보호하는 것이다. 국제경쟁법은 한편으로는 국제 경제적 차원의 결정, 전략, 과정, 다른 한편으로는 개별 국가 차원의 경쟁 유형에 관한 규제의 교차점에 놓여 있다. 더욱이, 경쟁법은 국제 경쟁으로 창출되는 국제적 효용과 개별 국가나 지역이 입게 되는 피해(또는 피해를 입는다는 인식)가 교차하는 중심 지점이기도 하다. 개별 국가 및 지역의 의사결정권자들이 국제적으로 효용을 확대, 유지하지만 동시에 개별 국가 및 지역에 피해를 입힐 수도 있는(또는 피해를 입힐 수 있다고 인식되고 있는) 국제경쟁법 체제에 참여하도록 하기 위해 어떤 국제경쟁법 체제가 필요한가?

심대한 세계화는 두 가지 측면에서 국제경쟁법 체제의 잠재적 효용을 더욱 제고했다. 첫째, 심대한 세계화는, 국제경쟁법 체제가 더 넓은 지리적·사회적·경제적 영역의 경쟁 과정을 보호함을 의미하고, 따라서 이를 통해 더 넓은 지역의 더 많은 사람들에게 더 많은 경제적 효용을 제공하게 됨을 의미한다. 예를 들면, 세계 시장에서의 가격 인상 합의는 상품, 서비스가 구매되는 모든 지역의 소비자들에게 피해를 미치므로, 이를 규제할 경우 모든 소비자들에게 이익이 된다. 둘째, 심대한 세계화로 인해 경쟁제한적 행위를 할 수 있는 기회가 급증하는 반면, 이를 적발, 억지하기는 더욱 어려워지는바, 국제경쟁법 체제는 이처럼 급격히 복잡해진 경제 상황에서 경쟁을 보호할 수 있다.

그러나 국제경쟁법 체제가 이러한 이익들을 얼마나 구현할 수 있는지는 각 국의 의사결정권자들의 지지에 달려 있다. 국제경쟁법 전략에 관한 평가에서 중요함에도 불구하고 종종 간과되는 사실은, 전략의 실효성이 개별 국가의 입법, 행정, 사법부 구성원들의 의사결정에 좌우된다는 점이다. 개별 국가의 이해관계인들과 국민들을 설득할 필요가 있다. 그러나, 이미 살펴본 바와 같이, 개별 국가의 관점에서 국제 경쟁이 어떤 이익이 있는지 확인하고 그 가치를 평가하기 어려운 경우가 빈번하다.

본서는 Chapter 4에서 일방적 관할주의에 기반한 국제경쟁법 발전이 적절치 않다는 인식이 급속도로 확산되고 있음을 살펴보았던바, 이제 심대한 세계화가 일방적 관할주의의 약점을 어떻게 더 심화하는지 확인할 수 있다.[12] 첫째, 심대한 세계화 상황에서 일방적 관할주의를 고수할 경우 전세계적으로 이루어지는 경쟁제한적 행위를 인지·억지하기는 더욱 어려워진다. 심대한 세계화로 시장은 더욱 넓고 복잡해질 뿐만 아니라 경쟁제한적 행위에 관한 정보가 쉽게 국경을 넘어 은폐될 수 있으므로, 증거의 발견·수집이 더욱 어려워진다. 경쟁제한적 행위를 적발해 조치를 취하는데 더욱 많은 비용이 소요되고, 만약 가치 체인 내의 일부 부품에 관한 경쟁제한적 행위로 인해 개별 국가 내에 극히 미미한 경쟁제한 효과가 발생하는 것에 불과하다면, 각 국이 이러한 행위를 적발해 조치를 취하려는 인센티브가 감소하는 경향이 있다. 더욱이 세계 시장에서의 경쟁제한적 행위는 여러 국가에 영향을 미칠 수 있으므로, 각 국은 다른 국가가 이를 규제해 줄 것을 기대하면서 스스로 적극적인 규제 조치를 취할 인센티브가 감소하게 된다(이른바 '무임승차' 효과).

둘째, 심대한 세계화는 관할간 갈등을 초래할 가능성을 높이고 그 정도도 심화시키므로, 이를 해결하는데 더 많은 비용과 노력을 요할 수 있다. 세계 시

12) David P Cluchey, 'Competition in Global Markets: Who Will Police the Giants' (2007) 21 Temple Intl & Compar L J 59 and W Adam Hunt, 'Business Implication of Divergences in Multi-jurisdictional Merger Review by International Competition Enforcement Agencies' (2007) 28 Nw J Intl L & Bus 147 참조.

장에서는 더 많은 경쟁 당국이 있고, 더 많은 국제 거래가 있으며, 더욱 복잡한 상호 관계가 있다. 그러나, 관할권 기반 체제의 범위 및 역학관계는 원칙적으로 국가를 단위로 하는 것이다. 각 국의 경쟁법 집행 기관들은 국가들간 다양한 이해관계를 고려하고 이를 중재할 중립적 결정권자가 아니다. 경쟁법 집행 기관들은 전적으로 (또는 주로) 자국 국민들의 입장을 고려한다. 뿐만 아니라, 개별 국가에서 소를 제기하는 방식의 경쟁법 집행은 많은 비용이 들고, 상당한 기간이 소요되며, 그 결과도 불확실하므로 국제적인 관할간 갈등을 해결하기에 적절하지 않다.

마지막으로, 관할권 기반 체제는 경쟁이나 경쟁법에 대한 지지를 끌어내는데 제한이 있다. 이 체제는 국가들에게 서로에 대한 의무를 부과할 수 없으므로, 전세계적 관점에서 의사결정의 일관성을 직접적으로 제고할 수 없고, 경쟁법 집행 기관들의 지위도 보장되지 못하며, 이 기관들의 의사결정에 대한 예측가능성이 담보되지도 않는다. 관할권 기반 체제 하에서 각 국은 다른 국가 경쟁법 기관들의 법집행을 제대로 예측할 수 없으므로, 국가들간의 효과적인 협력 관계를 발전시킬 수 있는 메커니즘도 작동하지 않는다. 뿐만 아니라, 이 체제는 소비자들과 기업들에게 경쟁의 잠재 가치를 충분히 보여주지 못한다. 이러한 체제에 기반한 전략은 전반적으로 '뚜렷이 보이지 않고(invisible)', 언론 역시 이런 체제를 지지할 인센티브가 거의 없다. 요약하면, 일방적 관할주의의 약점은 심대한 세계화로 인해 더욱 심화된다.

C. 컨버전스: 개념 정의와 그 국면

컨버전스 전략에 대한 평가는 이상과 같은 심대한 세계화 상황에서 이루어져야 하지만, 그 이전에 먼저 컨버전스의 의미와 그에 기반한 전략을 살펴볼 필요가 있다. 이에 관한 주된 질문들은 다음과 같다: 컨버전스란 무엇인가? 컨버전스의 내용은 무엇인가? 컨버전스는 무엇을 지향하고 있는가? 컨버전스를 실현하는 메커니즘은 무엇인가? '국제경쟁법 컨버전스에서 기대할 수 있는 결과는 무엇인가?'

본서에서는 '컨버전스'를 국가들이 독립적으로(즉, 합의를 하지 않고 독자적으로 선택하여) 내리는 결정의 의미로 사용하고자 한다. '컨버전스', '조화(harmonization)'과 같은 용어들은 느슨하고 일관성없이 사용되어 완전히 다른 생각들, 즉 어떤 사항에 대해 합의하는 것과 합의하지 않는 것을 제대로 준별하지 못하는 경우가 빈번하다. 그러나, 이 양자를 제대로 구분하지 못할 경우 잘못된 분석에 이를 수 있다. 본 Chapter는 본서에서 정의된 컨버전스에 관해 살펴보기로 한다. 이후 Chapter 9에서는 경쟁법에 관한 다자간 합의를 검토할 것이다. 다자간 합의에는 각 국 경쟁법을 더욱 유사하게 하는 내용의 합의도 포함되어 있긴 하나, 이 경우 각 국은 독자적으로 경쟁법을 유사하게 하는 것이 아니라 합의에 따른 의무 이행으로 상호 유사성을 제고하게 된다.

1. 개념: 컨버전스의 정의

1990년대 초부터 컨버전스의 개념에 관해 많은 관심이 모아지긴 했지만, 그 정확한 의미에 대해서는 아직도 많은 혼란이 있다.[13] 컨버전스는 각 경쟁법 체제의 상호 유사성이 급속히 제고되는 현상을 지칭하기 위해 매우 일반적인 방식으로 사용되곤 하나, 그 이상 별다른 의미를 담아내지 못하는 경우가 많다. 본서는 컨버전스라는 용어를 의미 있게 사용하기 위해 그 의미를 정하고자 한다. 가장 기본적 차원에서, 컨버전스는 서로 다른 상태에서 보다 유사한 상태로 나아가려는 움직임을 의미한다. 따라서, 본서에서는 컨버전스를 여러 경쟁법 체제들이 공통되는 특성을 높이고 그렇지 않은 특성들을 줄이려는 움직임으로 지칭하기로 한다.[14] 그러므로 컨버전스는 여러 시점을 기준으로 (즉, 여러 시점들을 상호 비교하는 방식으로) 둘 이상의 특성을 비교하는 것을 의

13) 컨버전스를 둘러싼 이슈들에 관한 선도적인 논의에 대해서는 예컨대 Eleanor M Fox, 'Toward World Antitrust and Market Access' (1997) 91 Am J Int'l L 1; William E Kovacic, 'Achieving Better Practices in the Design of Competition Policy Institutions' (2005) 50 Antitrust Bull 511; Randolph W Tritell, 'International Antitrust Convergence: A Positive View' (2005) 19 Antitrust 25; and Angela Wigger, 'The Convergence Crusade: The Politics of Global Competition Laws and Practices' (Paper prepared for the 46th Annual ISA Convention in March 2005) 〈http://www.arccgor.nl/uploads/File/The%20Convertgence%20Crusade.pdf〉 참조.

14) 여기서의 '컨버전스'에는 현재 경쟁법 체제를 보유하고 있지 않은 국가들이 경쟁법을 도입함으로써 이미 경쟁법 체제를 보유하고 있는 다른 국가들과 더욱 유사해진다는 생각이 담겨 있다.

미한다.

그러나, 이러한 비교가 의미를 갖기 위해서는 비교 대상이 되는 특성들의 상대적 현저성과 중요도도 고려되어야 한다. 예를 들면, 각 경쟁법 체제의 의사결정 과정에서 행정부의 역할과 같은 근본적 특징이 더욱 상이해지는 반면, 기업결합 신고기간과 같이 덜 중요한 특징이 서로 유사해질 경우, 이를 컨버전스라고 할 수는 없을 것이다. 따라서, 본서에서의 컨버전스는 단순히 여러 경쟁법 체제간의 공통점이 제고되고 차이점이 감소하는 것뿐만 아니라, 여러 경쟁법들이 전반적으로 작동하는 상황에서 상대적으로 중요한 영역의 공통점이 제고되는 것까지를 포괄하는 의미로 사용하고자 한다.

컨버전스는 또한 각 국 경쟁법이 지향해야 할 지점을 미리 상정한다. 그러나, 컨버전스에 관한 국제적 논의에서 이러한 지점들을 먼저 결정하는 경우는 거의 없다. 물론 컨버전스 상황을 살펴보면, 몇몇 경쟁법 분야들, 국제적 논의에 활용되는 몇몇 개념들에서 유사성이 제고되는 패턴들을 확인할 수 있지만, 그 자체가 컨버전스 과정에 해당하진 않는다. 컨버전스는 국가들, 기관들, 그룹의 각 멤버들이 일정한 지향점을 인식함을 암시한다. 예를 들면, ICN이나 기타 다른 몇몇 그룹들이 제시하는 이른바 '모범 실무(best practice)'는 이러한 일정한 지점을 언급하면서 참여 국가들이 이를 지향해 주기를 바란다. 여기에서 컨버전스 지점이 특정되는데, 이는 막연하지 않고 각 국이 지향해 주길 바라는 지점이다. 컨버전스 지점은 이전에 발생한 상황을 묘사하는 것이 아니라, 향후 지향되길 바라는 실무이다.[15)]

2. 컨버전스의 목적과 국면

컨버전스는 국제경쟁법 상황에서 어떤 의미를 갖는가? 국제경쟁법에 관한

15) 국제경쟁법 분야에서의 컨버전스 개념에 대한 분명하고 명쾌한 분석이 없다는 점은 국제경쟁법 이슈가 최초로 등장하게 된 상황에 일부 원인이 있다. 1990년대 경쟁법 발전의 흐름에서 여러 국가들은 경쟁법 체제를 도입했고, '컨버전스'라는 용어는 이들 국가들의 경쟁법 도입이 이미 경쟁법 체제를 보유하고 있었던 다른 국가들과 유사해지는 결과를 가져온다는 점을 나타내기 위해 빈번하게 사용되어 왔다. 여기서의 컨버전스의 요체는 경쟁법을 보유하게 된다는 조건이었던바, 단순히 경쟁법을 갖는다는 정도의 컨버전스 상황에서는 컨버전스 과정에 대한 면밀한 분석이 필요하지 않았다.

논의들은 종종 컨버전스의 목표와 차원(dimensions)에 관한 기본적인 질문들을 제시하지 못하곤 하는데, 이러한 이슈들이 명확히 규명되지 않으면, 컨버전스에 관한 언급들은 별다른 의미를 갖지 못하게 된다. 이러한 질문들 중 하나는 '컨버전스란 무엇인가'이다. 대부분의 논의들은 컨버전스란 각 국 성문 경쟁법 문언이 상호 수렴하는 것이라고 언급한다. 한 국가가 다른 국가의 성문 경쟁법과 비슷한 조항들을 제정할 때 컨버전스되었다고 이야기된다. 그러나, 컨버전스에 관한 논의들은, 성문 경쟁법 문언의 컨버전스가 어느 정도 '실질적인 효과(real world effect)', 즉 실질적인 경쟁법 집행에 어느 정도 직접적으로 연결되는 효과를 갖고 있음을 암시하곤 하나, 경쟁법 영역에서 '법전상의 법(law on the book)'과 '실행되는 법(law in action)' 간에 상당한 간극이 있다. 성문 경쟁법 규정은 정부의 규제 의사 표현으로서 중요할 순 있지만 사람들의 행위에 실질적인 영향을 미치는 경쟁법 규범으로서의 의미는 거의 없다. 컨버전스 개념을 유용하게 사용하기 위해서는 경쟁법 체제의 어떤 측면에 관한 컨버전스인지를 확정할 필요가 있다. 단순히 성문 경쟁법 문언의 컨버전스에 관한 것인가? 아니면 실제 경쟁법에 관한 의사결정 내용의 컨버전스에 관한 것인가? 이 질문들은 개별적으로 중요할 수도 있지만, 이 각 질문의 의미와 그에 따른 결론에는 매우 큰 차이가 있다. 의도적이든 아니든 이러한 차이를 분별하지 않고 컨버전스라는 용어를 사용하면 혼선을 초래하거나 논의를 오도할 수 있으며, 최적의 정책 결정에 이르지 못할 수도 있다.

컨버전스에 관해 실질적으로 논의하기 위해서는, 경쟁법 영역을 세분하거나 경쟁법 체제의 측면들을 구분할 필요가 있다. 구체적으로 어떤 경쟁법 영역에 관한 것인지를 전제함이 없이 뭉뚱그려 언급할 경우 논의가 잘못 진행될 수 있다. 예를 들면, 카르텔 규제에 관한 성문 경쟁법 조항들은 다른 영역에 비해 유사성이 제고될 수 있겠지만, 시장지배력 남용이나 기업결합에 대한 규제 등 다른 분야에서는 규범이 수렴하지 않을 수도 있다. 뿐만 아니라, 기업결합에 대한 규제 내에서도 한 가지 요소에 대해서는 컨버전스가 이루어지고 다른 요소에 대해서는 그렇지 않을 수도 있다. 예를 들면, 기업결합에 대한 신고 절차에서의 유사성을 제고하는 것이 중요할 수 있지만, 이것이 기업결합에 대한 실체법적 심사 기준에서도 컨버전스가 일어나고 있음을 의미하지는 않는다.

컨버전스 논의에서 또 다른 핵심 이슈는 경쟁법 체제 간의 거리이다. 컨버전스는 상이한 규범들간 차이가 감소함을 의미하지만, 경쟁법 간의 간격을 어떻게 개념화할 것인지, 경쟁법간 간격의 증감을 어떻게 측정할 것인지에 관한 논의는 거의 이루어지지 않았다. 그러나, 거의 유사한 경쟁법 규범들이 완전히 동일해지는 것과 매우 상이한 경쟁법 규범들이 이전보다 유사해지는 것은 아주 다른 것이다. 따라서, 컨버전스에 관한 의미 있는 논의 진행을 위해서는 경쟁법간 간격을 논의하고 이러한 간격과 그 변화를 측정할 구체적 기준을 정립할 필요가 있다.[16]

D. 컨버전스 메커니즘: 개별 국가들의 자발적 동참 예측

컨버전스는 어떤 메커니즘에 따라 형성, 유지될 수 있는가? 컨버전스에 관한 언급들 중 그 작동 방식에 관한 설명은 거의 없다. 그러나, 컨버전스 전략에 관한 주장들이 진지하게 고려되기 위해서는 컨버전스가 어떠한 인과관계에 따라 이루어지는지에 관한 납득할 만한 설명이 필요하다. 컨버전스에 관한 주장들은, 컨버전스가 어떻게 작동할 것인지에 대해 분명하지 않고 사실상 인정되기 어려운 가정들에 입각한 것처럼 보이곤 한다. 그러므로, 실제로 컨버전스를 '가능케' 할 요소들, 즉 각 국이 경쟁법 분야에서 자발적으로 다른 국가들과 컨버전스하기로 결정하게 할 요소들을 살펴볼 필요가 있다.[17]

컨버전스 메커니즘에 관해 국제경쟁법에 관한 논의에서 자주 등장하는 세

16) 경쟁법간 체제간 거리 측량에 활용될 수 있는 요소들에 관한 논의에 대해서는 David J Gerber, 'U.S. Antitrust Law and the Convergence of Competition Laws' in Juergen Basedow (Ed), *Limits and Control of Competition With a View to International Harmonization* (The Hague 2003) 411-448 참조.

17) 예컨대 Colin Bennett, Review Article, 'What is Policy Convergence and What Causes it?' (1991) 21 Brit J Pol Sci 215-33; Toshiaki Takigawa, 'Harmonization of Competition Laws after Doha: Substantive and Procedural Harmonization' (2002) 36 J World Trade L 1111-1124; Harry First, 'Towards an International Common Law of Competition' in Roger Zäch (ed), *Towards WTO Competition Rules* (The Hague 1999); and Thomas J Bierstreker, 'The "Triumph" of Neoclassical Economics in the Developing World: Policy Convergence and Bases of Governance in the International Economic Order' in James N Rosenau and Ernst Otto Czempiel (eds), *Governance without Government: Ordering and Change in World Politics* (Cambridge 1992) 참조.

가지 가정들이 있다. 첫째, 합리성이라는 '보이지 않는 손'에 의해 컨버전스가 이루어질 것이라는 가정이다.[18] 이 생각은, 더 좋은 경쟁법 체제가 있고 모든 사람들이 이 방식의 우월성을 인지하게 되어 이에 기반한 결정을 내릴 것이므로, '합리적'으로 경쟁법을 집행하는 주체들이 결국 비슷한 결정에 이르게 된다는 것이다. 이러한 생각은 미국에서 진행되는 컨버전스 논의에서 특히 두드러진다. 미국의 다수의 경쟁법 논평가들은 미국 반트러스트 공동체가 이러한 '더 나은 방식(the better way)'을 발견했고, 외국의 의사결정권자들이 조만간 이 방식을 인식, 선택할 것이라고 믿고 있다.

그러나, 경쟁법 분야에 보편적으로 통용되는 '합리성'이 있다거나, 모든 '합리적인' 관찰자들이 특정한 경쟁법 이슈에 관해 같은 결론에 도달할 것이라는 점에 관한 증거는 거의 없다. 설령 이러한 가정을 받아들인다 하더라도, '합리적인' 관찰자들은 경쟁법을 직접 집행하는 주체가 아니며 개별 국가의 입법, 행정부 구성원들에게 사실상 어떤 영향력도 행사할 수 없을 것이다. 경쟁법에 관한 결정들은 각 국의 정치적·개인적 이해관계에 따라 내려진다. 이런 이해관계들은 각 국의 경제, 사회, 문화에 기반한 관점을 통해 인식되므로 국가별로 상이할 수밖에 없다. '모범 실무(best practice)'와 같은 개념들은 특정 그룹의 구성원들이 어떤 방식을 최선으로 생각하는지를 알 수 있게 해준다는 점에서 중요한 의미가 있을 수 있다. 이 특정 그룹이 광범위한 경험과 전문성을 갖고 있다고 인정되면, 이 그룹에 속하지 않는 사람들 역시 이들의 견해를 진지하게 고려할 가능성이 높은바, 이는 그룹 밖의 사람들이 그 그룹과 유사한 수준의 경험과 전문성을 갖고 있지 않은 경우에 특히 그러하다. 그러나, 각 국의 의사결정권자들은 경쟁법에 관한 결정을 내림에 있어 주로 자신들의 이해관계 또는 자신들이 대표하는 사람들의 이해관계를 구현하고자 노력한다.

둘째 가정은 의사결정권자들간의 사회화(socialization)에 관한 것이다. '경쟁법 이슈에 관한 논의가 컨버전스로 이어질 수 있다(talking about the issues that will lead to the convergence)'라고 하거나 '상호 의사소통과 협력이 컨버전

18) 예컨대 Timorthy Muris, 'Competition Agencies in a Market-Based Global Economy' (Speech presented at the Annual Lecture of the European Foreign Affairs Review in Brussels on 23 July 2002) 〈http://www.ftc.gov/speeches/muris/020723brussels.shtm〉; and Ky P Ewing, 'Competition Rules for the 21st Century: Principles from America's Experience' (The Hague 2006) 참조.

스를 형성할 수 있다(communication and cooperation are likely to generate convergence)'라고 하는 언급들은 이러한 가정을 잘 나타낸다. 여기에는 각 국의 의사결정권자들이 상호 논의를 통해 일정 수준 '사회화'되어 비슷한 사고방식을 갖게 되고, 특정 경쟁법 양식이 다른 방식에 비해 더 낫다는 점을 인식하게 됨으로써 각 경쟁법 체제를 보다 가깝게 변화시킬 것이라는 생각이 깔려 있다.[19] 이런 생각에 기반해 '경쟁 문화(competition culture)'라는 다소 생소한 개념을 언급하는 견해도 있다.[20] 이 견해는 각 국 경쟁 당국의 관료들과 학자들 사이에 국제적 '공동체(community)'가 있는데, 이 공동체는 '문화(culture)'라고 할 수 있는 경쟁법에 관한 보편적 생각에 이르게 되고, 각 국 의사결정권자들은 이에 영향을 받아 공동체의 '지혜(wisdom)'를 따르게 된다고 본다.

이러한 가정은 나름대로 근거가 있긴 하지만, 이를 받아들임에 있어서는 상세한 주의가 필요하다. 경쟁법에 관한 국제적 논의, 토론이 확산됨에 따라 몇몇 국가들이 일부 경쟁법 영역에서 상호 접근을 이룬 것은 사실이다. 특히 미국, 유럽은 이러한 과정을 통해 실체법 영역에서 상당한 규범 수렴을 이루었다. 그러나, 다음과 같은 점들을 고려할 때 이러한 사실만으로 나머지 경쟁법 영역이나 다른 국가들 사이에서 이상과 같은 과정을 통해 규범이 수렴할 것이라고 보기는 어렵다. 첫째, 단순한 절차적 표준화를 넘어서는 실질적인 컨버전스는 아직까지 경제 발전 수준이 비슷하고, 정치적·문화적으로 공통점이 많으며 체계적인 경쟁법을 보유하고 있는 국가들, 체제들 사이에서만 이루어지고 있다. 미국, EU의 관계를 제외하면, 정식으로 집행되는 주요 실체법 분야에

19) '부드러운 법(soft law)' 개념을 활용하는 이러한 입장에 관한 정치한 주장에 대해서는 Diane P Wood, 'International Harmonization of Antitrust Law: The Tortoise or the Hare?' (2002) 3 Chi J Int'l L 391, 406 참조.

20) 주로 경쟁 당국의 관료들이 연설을 통해 이러한 경쟁 문화라는 용어를 언급하는 경향이 있다. 예컨대 Mario Monti, 'International Antitrust-A Personal Perspective' in Barry E Hawk (ed), 2004, Fordham Corporation Institute (New York 2004) 참조. 1990년대 미국 법무부 반독점차관보였던 Joel Klein은 경쟁 당국들끼리 경쟁법에 관한 논의를 통해 '경쟁 문화(a culture of competition)'가 형성되고 이로 인해 각 국 경쟁법 체제가 더욱 컨버전스할 수 있을 것이라는 자신의 믿음을 역설했다. 예컨대 Joel Klein, 'Anticipating the Millenium: International Antitrust Enforcement at the End of the Twentieth Century' (1998) Fordham Corp L Inst 1 참조. 개별 국가의 경쟁법 체제에서 경쟁 문화를 형성하는 과정에 관한 분석에 대해서는 Ki Jong Lee, 'Culture and Competition National and Regional Levels' (2008) 21 Loy Consumer L Rev 33 참조.

서 주목할 만한 컨버전스가 이루어졌다는 점에 관한 증거는 별로 없다. 다수의 국가들이 경쟁법에 대한 접근방식에서 어느 정도 컨버전스를 이루었지만, 실제 경쟁법 집행 및 그 집행 결과에서 실질적인 컨버전스는 확인되진 않고 있다. 둘째, 유럽이 미국의 실무에 보다 접근하기로 한 것은 EU 집행위원회 내의 상대적으로 소수의 관료들에 의한 결정이었으므로, 이를 근거로 광범위한 컨버전스가 가능하다고 주장하기에는 다소 무리가 있다. 의사결정권자들의 사회화는 컨버전스를 견인하는 메커니즘으로 작동할 순 있지만, 이에 기반해 경쟁정책을 추진할 수 있을 정도의 컨버전스가 이루어지기 위해 어떤 조건들이 구비되어야 하는지는 거의 규명되지 않았다.

셋째, 이상과 관련된 것으로서 여러 국가들과 국제 기구들이 각 국의 의사결정권자에게 경쟁법 규범을 수렴시키는 의사결정을 하도록 설득, 권고하는 노력이 컨버전스의 중심 메커니즘이 되어야 한다는 가정이다. 이 가정은, 경쟁법 집행 경험이 풍부하거나 경쟁법이 가져올 이익에 관해 가장 잘 알고 있는 사람들이 각 국의 의사결정권자들에게 경쟁법 규범을 수렴시키도록 유도하는 것이 이러한 노력에 포함된다고 본다.[21] 이러한 메커니즘이 중요할 순 있지만, 어떤 요소들이 이러한 움직임에 추동력을 부여하는지는 아직 완전히 규명되지 않았다. 예를 들면, 여기에서의 권고는 다른 국가들을 설득하고자 하는 여러 국가들이 동일한 입장을 취함을 전제로 한다. 그러나, '설득을 하는(persuading)' 국가들조차 몇몇 경쟁법 영역에서 상당한 이견을 갖고 있고, 주요한 실체법·절차법 분야에서 이러한 이견이 해소될 수 있다고 볼 어떤 이유도 없다. 뿐만 아니라, 이러한 설득은 실제로 경쟁법을 집행하면서 내리는 구체적 의사결정보다 성문 경쟁법 문언의 컨버전스에 더 많은 영향을 미치는 것처럼 보인다. 더욱이, 여러 사례들을 통해 알 수 있는 바와 같이 외국의 설득에 대해서는 회의적인 시각이 있고 심지어는 음모론적 시각이 제기되기도 한다.

이처럼 컨버전스에 관한 주장들을 보다 상세히 살펴보면, 컨버전스가 실제로 어떻게 작동할 것인지에 관해서는 정치한 이론이 없음을 종종 확인할 수

21) 이에 관한 논의에 대해서는 예컨대 Randolph W Tritell, 'International Antitrust Convergence: A Positive View (2005) 19 Antitrust 25, 26-27 and William E Kovacic, 'Competition Policy in the European Union and the United States: Convergence or Divergence' (Paper presented at the Bates White Fifth Annual Antitrust Conference in Washington DC on 2 June 2008) 참조.

있다. 따라서, 만약 컨버전스에 기반해 국제경쟁법을 발전시키려 한다면, 컨버전스의 의미, 컨버전스의 구체적 실행 메커니즘, 이러한 메커니즘이 효과를 거둘 수 있다는 점에 대한 설득력 있는 근거를 보다 분명히 할 필요가 있다.

E. 국제경쟁법 전략으로서의 컨버전스

컨버전스가 개념적 측면에서 모호하고 불확실하다는 것은 컨버전스의 전략적 잠재 가치를 분석함에 있어서도 중요하다. 여기서 컨버전스 전략의 가치란 이것이 일방적 관할주의의 한계를 극복하기 위한 정책 결정의 기반이 될 수 있다는 생각을 의미한다. 이와 관련하여 컨버전스 전략이 어떻게 작동할 것인지를 검토하고 이를 견인하는 요소들과 이를 저해하는 요소들을 살펴볼 필요가 있다. 이후 실질적인 컨버전스가 가능한지, 컨버전스가 증대되면 관할권 기반 체제의 약점들이 해소될 수 있는지 살펴보기로 한다.

1. 체계의 부재

컨버전스 전략에 대한 인식 중 하나는, 각 국이 자발적으로 컨버전스를 할 것이므로 가장 좋은 전략은 경쟁 당국 관료들 간의 정보 제공 및 상호 접촉을 늘린 후 컨버전스가 이루어지길 기다리는 것이다. 이 때의 컨버전스는 체계적이지 않고 컨버전스 전략 역시 경쟁 당국간 정보 흐름과 상호 접촉을 늘리는 것 이외에 특별한 내용이 없다. 이에 컨버전스 전략은 일종의 '유령(phantom)' 전략, 즉 일부가 존재를 인지하고는 있지만 그 실존 여부에 관한 증거가 거의 존재하지 않는 전략에 불과한 것처럼 보이곤 한다. 그럼에도 불구하고, 이처럼 모호하고 비체계적인 컨버전스 전략은 정부 관료들에게 매력적으로 보일 수 있다. 정부 관료들 기타 관계자들은 이를 통해 자신들이 세계적인 컨버전스에 동참하고 있다고 말할 수 있다는 점에 매력을 느낄 수 있고, 자신들의 국제적 활동에 정당성을 부여할 수도 있다. 정책 결정권자들에게, 컨버전스 전략은 거의 비용이 들지 않고, 합의에 구속되는 것을 걱정하지 않아도 되며, 거의 위험하지 않아 매력적으로 보일 수 있다. 이처럼, 컨버전스 전략은 정치적으로 저

비용 고수익 구조를 갖고 있다. 물론 컨버전스 전략의 특징인 모호함과 비체계성은, 사실 이 '전략'이 별다른 효과가 없음을 의미하기도 한다. 이미 살펴본 바와 같이, 효과적인 경쟁법을 도입, 유지하기 위해서는 국내의 정치적 지지가 중요한데, 정치인들은 자신들의 국내적 이해관계에 일치하지 않을 수도 있고, 상대적으로 모호한 목표를 추진할 인센티브가 거의 없다.

2. '견인 요소'의 추가

'convergence driver'를 추가하는 것은 컨버전스 과정을 체계화한다. 본서는 이 용어를, 컨버전스된 결과를 제시하고 이를 추구하는 움직임을 지지하는 개별 국가, 국가들, 국제 기구를 지칭하는 의미로 사용하고자 한다. Convertgence driver는 국가간 합의나 법률적 의무를 발생시키지 않지만 컨버전스 과정을 지지한다. 예를 들면, ICN에서 일어난 바와 같이 국가 간의 진정한 상호작용을 통해 '모범 실무'가 형성되면, 이는 컨버전스가 되어야 할 지점으로서 이를 지향하는 각 국의 의사결정을 뒷받침하게 된다. OECD와 UNCTAD의 권고, 모범 법안(model laws) 역시 이와 비슷한 역할을 할 수 있다. 이러한 '추동요소(driver)'의 영향은 여러 요소들에 따라 좌우될 것인바, 특히 국제 경쟁을 지지하는 (그리고 이를 지지한다고 인식되고 있는) 그룹이 국제 경쟁에 관해 얽혀있는 이해관계를 얼마나 효과적으로 대표하고 있는지에 따라 결정될 것이다.

3. 컨버전스와 경쟁법 체제간 차이의 정도

컨버전스 전략 분석의 핵심 요소는 컨버전스가 문제되는 분야의 차이의 유형 및 정도이다. 컨버전스 전략이 줄이려는 차이의 유형이 어떤 것이고, 이 전략을 개시할 때 경쟁법 체제들 간에 얼마만큼의 차이가 있는가? 컨버전스 전략의 목적은 경쟁법의 목표, 규범, 방법, 결과를 수렴시키는 것인가? 컨버전스 전략에 대한 언급들은 문제되는 차이의 유형(kinds of difference)을 종종 인식하지 못하고, 이 전략의 효과를 측정할 수 있는 기준을 사실상 제시하지 못한다.[22)]

22) 경쟁법에 대한 상이한 접근방식에 대한 통찰력 있는 분석에 대해서는 예컨대 Wolfgang Page, 'Socio-Cultural Differences and International Competition Law' (1995) 5 Eur L J 438-460 참

컨버전스에 관한 논의는 성문법들간 유사성에 초점을 맞추곤 하나, 이미 살펴본 바와 같이, 이는 경쟁법 분야에서는 별로 의미가 없고, 다자주의적 전략을 정당화하지 못할 수 있다.

4. 컨버전스 동력

각 국이 컨버전스 전략을 따르도록 하는 요소들은 무엇이고, 이 전략은 어떤 메커니즘으로 실행될 수 있는가? 이에 대해서는 주로 세 가지 방식의 가능성을 생각할 수 있다. 첫째, 간단명료하게 현재 각 국의 경쟁법보다 컨버전스 대상이 되는 지점이 더 낫다는 확신이다. ICN, OECD, UNCTAD에 의한 컨버전스 노력은, 각 국의 관료들과 심지어 정치 지도자들까지 때때로 다른 경쟁법 체제가 자국법보다 분명히 더 '좋다'는 것을 인식하게 되어 자국법과 실무를 바꿀 수 있음을 시사하는 것이다. 그러나, 어떤 요소가 이러한 변화를 실제로 견인하는지 인식하기 어려운 경우가 종종 있다. 어떤 법집행 실무가 특정한 경제・법률적 상황에서 잘 작동했다는 점 또는 이 실무가 합리적인 관점에서 바람직하다는 점만으로 이를 '모범적'이라고 주장하는 것은, 개별 국가의 입법・행정부 구성원들에게 별다른 영향을 미치지 못할 수 있다.

둘째, 컨버전스하기로 결정하는 것 자체가 이익이 되는 경우를 들 수 있다. 국내 경제나 또는 특정 그룹들이 컨버전스를 통해 이익을 얻는 것이 그 전형적인 예가 된다. 예를 들면, 컨버전스를 할 경우 가격이 인하되고 효율성이 증대된다고 하는 것은 컨버전스를 견인하는 동력으로 작동할 수 있다. 이 때 결정적인 이슈는, 컨버전스가 실제로 이러한 이익을 제공해 줄 가능성이 어느 정도인가이다. 컨버전스를 할 경우 일정한 이익들이 발생할 수 있다는 예측은 종종 다른 국가의 사례들을 근거로 제시하지만, 다른 경쟁법 체제에 대해 심도 깊게 공유되는 지식, 양 경쟁법 체제에 대한 면밀한 비교 분석 등 주장을 뒷받침할 근거를 갖고 있지 않은 경우가 빈번하다.

조. 또한 Jose Drexel (ed), The future of Transnational Antitrust-*From Comparative to Common Competition Law* (The Hague 2007); and Hanns Ulrich (ed), *Comparative Competition Law: Approaching an International System of Antitrust Law* (Baden-Baden 1997) 참조.

셋째, 아마도 가장 강력한 추동력이 될 수 있는 요소로서, 컨버전스를 할 경우 보상을 해주겠다는 외부의 약속이다. 이러한 보상은 컨버전스를 요구하는 외부 기관이나, 컨버전스 움직임에 참여할 경우 얻을 수 있는 네트워크 효과로부터 제공된다. 외부 기관은 자신이 추구하는 정책에 대한 컨버전스를 제고하기 위해 '거래(deal)'하게 되는데, 예컨대 '당신들이 이런 조치를 하면 기술지원을 하겠다(we will give you technical assistance, if you do this)'와 같은 거래를 하게 된다. 이러한 유형의 인센티브는 외형적, 형식적 컨버전스를 이루는 가장 효과적인 방법이 될 수 있지만, 이러한 '거래'에 대한 국내 지지가 생성되지 않을 수 있고, 설령 지지가 생성된다고 하더라도 오래 지속되지 못할 수 있다.

반면, 컨버전스에 참여할 경우 얻을 수 있게 되는 네트워크 효과는 많은 가치가 있을 수 있다. 다른 많은 국가들이 일정한 방향을 지향할 것이라는 기대는 각 국으로 하여금 이에 동참하기로 결정하는 것에 정당성을 부여하고, 경쟁법 규범들간 유사성 증대라는 기대했던 결과를 얻을 수 있게 한다. 네트워크 효과의 실효성은 다른 국가들의 움직임에 대한 확신을 얼마나 제고할 수 있는지에 달려 있지만, 어떤 식으로든지 의무 부과 없이 이러한 확신을 제고하기는 어려울 것이다.

5. 컨버전스에 대한 장애물

컨버전스 추진에는 장애물들이 있을 가능성이 매우 높다. 경쟁을 경제적 과정으로 바라보는 인식이 제대로 확립되어 있지 않고, 경쟁을 증진하겠다는 약속이 실제 정책 결정에 이르기까지 필요한 정당성이 확보되지 않을 가능성이 있다. 경쟁에 대한 명확한 인식이 있다고 하더라도 이에 대해 충분한 가치가 인정되지 않을 수 있고, 설령 충분한 가치가 인정된다고 하더라도 이를 보호하기 위해 특정한 방법을 활용하는 것에 대한 관심이 부족할 수도 있다. 이런 상황에서, 단순히 다른 국가들도 경쟁을 보호하기 위해 비슷한 움직임을 취하고 있다고 주장하는 것은 별다른 반향을 불러 일으키지 못할 가능성이 높다.

컨버전스 움직임에 대해서는 반론이 제기될 수 있는데 컨버전스 전략이 이를 극복할 수 있는 방법을 갖고 있지 않을 수도 있다. 국내 기업들은 컨버전스가 경쟁법 집행 강화로 이어질 것으로 예상하거나, 아니면 단순히 경쟁 사업자들이 있는 국가들이 컨버전스를 지지함을 이유로 이에 반대할 수 있다. 정부 관료들도 자국 내의 경제 주체들과 경제적 조건들에 대해 어느 정도의 통제권한을 유지하고자 하고, 경쟁법을 강화하거나 자국 경쟁법과 다른 국가 경쟁법과의 관계에 대해서는 거의 관심이 없을 수 있으므로, 컨버전스에 반대할 수 있다.

그러나, 컨버전스 전략은 각 국에 어떤 의무를 부과하거나 각 국 상호간에 어느 정도 구속력 있는 관계를 형성하지 않으므로, 각 국 의사결정권자들의 이상과 같은 반론을 효과적으로 극복하는데 한계가 있다. 컨버전스 전략에는 각 국이 자국 내에서 이 전략에 대한 정치적 지지를 높이는 데 활용할 수 있는 '홍보(marketing)' 플랫폼이 없다. 단순히 몇몇 국가들이 경쟁법 규범의 수렴을 위해 노력하고 있는 것처럼 보이는 것만으로는 개별 국가 내에서 대중적·정치적 지지가 형성되는데 한계가 있다.

6. 컨버전스의 전망

컨버전스 전략을 견인하는 요소들이 상대적으로 부족하다는 점 및 이 전략이 직면하게 될 장애물들을 고려할 때, (적어도 가까운 장래에) 전세계적으로 경쟁법 전반에 관한 광범위한 컨버전스가 가능하다고 볼 수 있는 근거는 거의 없다. 컨버전스 전략에 대한 전반적인 전망은, 각 국이 국제 경쟁에 관해 인식을 같이 하고 잠재적인 국제경쟁법 발전 유형 및 그 결과에 대해 비슷한 긍정적 평가를 할 수 있는지 여부에 따라 좌우될 것이다. 그러나, 이러한 인식과 평가는 각 국의 경쟁법 경험, 이해관계에 따라 영향을 받을 것인데, 각 경쟁법 체제는 아직까지도 인식과 평가를 달리하고 있다.

이러한 상황이 컨버전스가 향후에도 불가능함을 의미하는 것은 아니다. 다만, 이런 상황으로 인해 컨버전스 전략에 관한 주장들을 세부적으로 나누어 살펴볼 필요가 있다. 컨버전스는 실체법 규범(sustantive norms), 경쟁법 집행 절차(procedural arrangements), 경쟁법 집행 기관의 구성(institutional systems) 등의 국면에서 발생할 수 있다. 이 국면들은 다양한 상호작용을 통해 경쟁법 집행 결과에 영향을 미친다. 기업결합 규제 절차와 같이, 규범준수비용을 상당히 낮추면서도 다른 경쟁법 분야에는 많은 영향을 미치지 않는 몇몇 경쟁법 영역에서 컨버전스가 이루어질 가능성이 높다. 또한 미국, EU와 같이 전세계 시장에서 이해관계가 비슷한 국가들 사이에서도 컨버전스가 이루어질 가능성이 높다. 컨버전스의 실현 가능성은 경쟁의 각 영역별 또는 개별 구체적인 경쟁법 상황별로 분석할 수 있고, 여러 국가들로 구성된 그룹은 관련되는 이해관계를 전체적으로 조율함으로써 컨버전스 전략을 고안할 수 있다.

법집행 경험과 이론에 비추어 볼 때 컨버전스를 결정할 몇 가지 중요한 요소들이 있다. 첫째, 각 국이 경제적 이해관계에 대해 얼마나 유사한 인식을 갖고 있는지이다. 예를 들면, 자본이나 하이테크 제품을 수출하는 국가들은 특정 영역의 경쟁법 이슈에 대해 비슷한 처지에 있는 국가들과 동일한 이해관계를 갖게 될 것이다. 이 경우 경제적 압력이나 인센티브가 컨버전스를 촉진하는 경향이 있다. 둘째, 지리적 근접성이다. 서부 아프리카나 동아시아와 같이 특정 지역의 국가들은 동일한 전통, 동일한 경제적 문제를 갖고 있으므로 같은 이해관계를 갖게 될 수 있다. 미국, 유럽 기업들과의 경쟁에 대한 우려에 기반해 국가간 유대관계가 형성된 사례들이 몇몇 있다. 뿐만 아니라, 식민 통치를 포함해 지난 150년간 서구의 정치적·군사적 지배로 인해, 서구 정부들이 특정 경쟁 정책을 추진할 경우 그 진정한 의도를 경계하는 분위기가 조성되었고, 이는 그 자체로 해당 국가들 간의 컨버전스를 형성했다. 셋째, 공통된 법률적 전통 역시 국가간 결속으로 이어질 수 있다. 법집행 기관, 법률적 사고 방식, 사법부 역할 기타 요소들의 유사성은 몇몇 경쟁법 영역(특히 경쟁법 절차와 기관 구성 측면)에서 컨버전스를 이루어낼 수 있다. 넷째, 위 요소들에 비해 효과가 약하긴 하지만, 각 국의 상호작용과 의사소통 역시 컨버전스에 어느 정도는 기여할 수 있다. 그리고, 마지막으로, 각 경쟁법 체제간 거리, 즉 경쟁법 체제간의 이질성의 정도 역시 컨버전스에 어느 정도 역할을 할 수 있다. 경쟁법 체제들의 특징들이 서로 가까울수록, 컨버전스에 이르는데 더 작은 비용이 소요될 것이다. 컨버전스 전략의 가치를 평가함에 있어서는 이러한 이슈들을 구분해 살펴볼 필요가 있다.

F. 컨버전스와 일방적 관할주의의 한계

컨버전스 전략에 따라 지역, 기관 구성, 행위 규범의 전반에 관한 운용 규칙에 관해 경쟁법간 일체성이 제고된다고 하더라도, 이것만으로 관할권 기반 체제의 실효성이 실질적으로 증진되거나, 일방적 관할주의에 수반하는 많은 문제들이 자동으로 해결되는 것은 아니다. 컨버전스는 관할권 기반 체제가 갖고 있는 요소들과 역학관계를 근본적으로 변화시키지는 않을 것이다. 이 전략은 일방적 관할주의 근절을 목표로 하지 않는다. 이 전략은 일방적 관할주의가 컨버전스를 통해 자연스럽게 소멸하기를 기대할 뿐이다.

예를 들면, 컨버전스로 인해 국제 경쟁 체제가 당연히 관할간 갈등을 효과적으로 감소시키거나 경쟁제한적 행위를 억지할 수 있는 것은 아니다. 둘 이상의 국가들이 특정한 사항에 관해 유사한 경쟁법 체제를 갖고 있다는 사실만으로, 양국 경쟁법을 모두 위반하는 행위에 대한 법집행을 상대방에게 위임하고 자국 경쟁법 집행을 자제하진 않는다. 경쟁 당국 관료들은 경쟁법 집행에 관한 결정을 내릴 때 다양한 이유를 고려하고 다양한 목적을 추구한다. 뿐만 아니라, 사인에 의한 경쟁법 집행을 허용하는 국가에서는, 다른 국가와의 관계를 고려해 경쟁법 집행에 관한 결정을 내리지는 않으므로, 오히려 갈등이 발생할 소지가 높아질 수도 있다.

컨버전스는 또한 경쟁제한적 행위에 대한 억지력을 증대시키지 못할 수도 있다. 특정한 실체법 규범에 관해 컨버전스가 이루어지면 그 규범 내용이 더 잘 알려지고, 그 적용을 회피하고자 하는 수범자의 인센티브가 감소해 경쟁제한적 행위가 억지될 수 있다. 그러나, 이런 억지력 증대 효과는 미미할 수 있고, 실체법 규범 이외의 분야에서는 억지력이 실질적으로 증대하지 않을 가능성이 높다. 더욱이, 컨버전스가 전세계가 아닌 일부 지역에서만 일어날 경우 컨버전스 효과를 정확히 확인하기는 훨씬 더 어려워진다. 예를 들면, 동아시아 지역에서 컨버전스된 규범은 미국, 유럽의 규범들과 상충할 수 있다. 이 경우 컨버전스로 인해 경쟁제한적 행위 규제에 대한 장애가 유지되거나 오히려 강화될 수도 있다. 기업들은 여전히 여러 장소들 중에서 사업활동을 할 장소를 선택하고, 증거를 분산시킴으로써 경쟁법 적용을 회피하고자 할 것이고, 국가(지역)들도 다른 국가(지역)의 경쟁법 집행 기관의 법집행에 저항하고자 할 것이다.

컨버전스 전략은 또한 그 자체로 지속되기 어렵다는 한계가 있다. 컨버전스는 각 국에게 다른 국가들의 컨버전스를 지지하거나 기타 컨버전스를 지속적으로 추진하도록 할 의무를 부과하지 않는다. 뿐만 아니라, 각 국의 정치적·문화적 상황을 컨버전스를 지지하도록 변화시킬 동력도 거의 없다. 추가적으로, 한 국가가 자발적으로 컨버전스하기로 결정하더라도, 이것이 다른 국가들에게 신뢰를 주는 메시지가 되는 경우는 거의 없고, 따라서 다른 국가의 의사결정권자들의 결정을 지지하는 효과도 거의 없다. 요약하면, 컨버전스 전략에서 경쟁법은 법집행 기관들이나 공통의 약속 등과 같은 프레임웍에 내재화되지 못하므로 관할권 기반 체제의 실효성이 충분히 제고되지 못한다.

컨버전스 전략의 실효성에 대한 한계를 고려할 때, 다음과 같은 추가 질문이 제기된다. 컨버전스 전략에 병행해 관할에 관한 국제법 또는 국제 사법(conflict of laws) 원칙을 수정할 필요가 있는가? 국제 관할권 원칙 수정이 컨버전스 효과를 제고하는가? 컨버전스가 국제 관할권 원칙의 수정을 용이하게 하는가? 일부 학자들은 이에 관해 진지하게 연구하기 시작했고, 일부는 이러한 법원칙 수정이 더 효과적인 국제경쟁법 체제 형성을 가능케할 것이라는 의견을 피력하기도 했다.[23] 이러한 연구들은 관할권 체제의 개선에 많은 기대를 걸고 있는바, 각 국 경쟁법의 컨버전스 증대는 이러한 개선을 촉진 및 제고할 수도 있을 것이다.

그러나, 경쟁법 분야에서 이와 같은 국제 관할권 원칙을 '수리(repair)'하거나 '개선(improvement)'하려는 움직임은 아직까지 초기 학문적 분석 단계를 넘어서는 정도로 발전하지 못했다. 설령 더 적절하고 효과적인 국제 관할권 원칙들이 결국 고안되어 수용된다고 하더라도, 이 원칙들이 현재 관할권 기반 체제의 약점과 한계를 완전히 해소할 수 있을 지는 극히 불분명하다.

---

23) Juergen Basedow는 이 분야를 개척하는 의미 있는 연구를 해 왔다. Juergen Basedow, *Weltkartellrecht* (Tuebingen 1998) 참조. Hannah Buxbaum와 Ralf Michaels의 연구 역시 매우 주목할 만 하다. 이들은 경쟁법 분야에서 영토 개념을 뛰어 넘고 국제 경쟁법의 요구를 반영하는 새로운 개념의 국제 관할을 모색한다. 세계 경제 내에서 상호간의 이해관계들은 이들에게 새롭고 보다 현실적인 관할을 인정하는 방법을 제시한다. 예컨대 Hannah L Buxbaum, 'Transnational Territoriality' in Piet Jan Slot & Mielle Bulterman (eds) *Globalisation and Jurisdiction* (The Hague 2004) 105 참조. 이들의 노력은 영토에 기반한 전통적인 관할 원칙이 더 이상 관할을 인정하는 가장 적절한 방식이 될 수 없다고 여기는 보다 광범위한 생각의 일부이다. Paul Schiff Berman, 'The Globalization of Jurisdiction' (2002) 151 U Pa L Rev 311 참조.

G. 컨버전스: 잠재 가치와 역할

WTO 체제에 경쟁법을 포함시키려 했던 시도의 좌초 이후, 컨버전스는 국제경쟁법 발전 논의에서 많은 호응을 얻었고, 많은 사람들이 현재 정치적 상황에서 이 전략이 현실적으로 실행가능한 유일한 방안이라고 생각해 왔다. 컨버전스 전략이 일방적 관할주의의 한계가 초래한 문제들을 어떻게든 해결해 줄 것이라는 추상적인 언급이 흔히 있었다. 그러나, 이런 언급들은 구체적 근거 없이 막연한 희망에 터잡은 것처럼 보이곤 했다. 컨버전스 메커니즘을 상세히 분석하고, 컨버전스가 세계 시장에서의 경쟁제한적 행위를 어떻게 효과적으로 억지할 수 있는가에 관한 근거를 제시하려는 노력은 거의 없었다. 그 결과, '컨버전스'는 때때로 전략보다는 쉽게 써먹을 수 있는 수사적 표현으로 활용되어 왔다. 컨버전스 개념 및 이에 기반한 전략의 장단점에 관한 합리적이면서도 명쾌한 생각이 없다면, 적어도 가까운 미래에 컨버전스 전략이 효과적인 국제경쟁법 체제의 기반이 될 수 있다고 믿을 이유가 없다.

컨버전스 전략은 비록 국제경쟁법 전략으로서 전적인 믿음을 받기에는 무리가 있지만, 보다 무난한 역할을 할 수는 있다. 이 전략은 몇몇 국가들의 경쟁법에서 몇몇 영역의 차이를 줄일 수 있고, 경쟁법에 관한 정보와 아이디어의 교류를 촉진할 수 있으며, 이를 통해 더 많은 정보에 기반한 경쟁법 결정을 가능케 하고, 아마도 향후 보다 실효성 있는 다자간 합의에 이르는 길을 닦을 수도 있을 것이다. Chapter 9.에서는 이 다자간 합의 방안에 관해 살펴보기로 한다.

Chapter 9.
세계 시장의 경쟁법에 대한 재조명: 합의, 서약 그리고 Pathways

이제 다음 단계로 나아가 다자간 합의에 의한 국제경쟁법을 발전시키는가? 이는 경쟁법 '세계화'의 핵심적 질문이다. 여기서 다음 단계로 나아간다는 것은 개념적으로 넓은 간격을 뛰어 넘는 것이고, 정치적·법률적으로는 더욱 넓은 간격을 뛰어 넘는 것이다. 이는 국제 경쟁을 제약하는 요소들의 규제를 위해 국내법과 개별 국내 기관에 거의 전적으로 의존하는 체제에서 벗어나 각국에 구체적인 의무를 부과하는 방식에 방점을 두는 체제로 전환하는 것이다. 본 Chapter에서는 이러한 체제 전환에 관해 살펴보기로 한다. 컨버전스 전략에서 다자간 합의 전략으로 전환하는 것이 그만큼의 가치가 있는가? 만약 그렇다면 다자간 합의를 위한 법률적 체제를 발전시키는데 관련되는 요소들은 어떤 것들인가? 이러한 체제는 어떤 형태를 취하게 되는가? 이러한 체제는 어떻게 작동하는가? 이러한 체제는 기존 체제가 달성하지 못한 어떤 목표를 이룰 수 있는가? 가장 효과적인 합의 유형은 무엇인가?

경쟁법 분야에서 다자간 합의에 관한 많은 논의가 있었지만 이에 관한 근본적 문제를 다룬 것은 거의 없다. 대부분의 논의는 두 가지 합의 유형 중 하나에 대해서만 초점을 맞춰왔다. 하나는 WTO 체제에 경쟁법을 포함시키는 합의이고, 다른 하나는 일종의 경쟁법 '규칙(code)'를 제정하는 합의이다. 그 결과, 다자간 합의에 관한 논의는 좁은 범위에서 논의되는 것이 보통이었고, 그 결과 관련성이 있을 수도 있는 방안들과 요소들을 보다 근본적으로 분석하지 못하곤 했다.

여기에서는 새로운 시각에서 몇 가지 기본적 이슈들을 다시 살펴보고자 한다. 이를 위해 개별 국가 및 국제적 경쟁법 경험뿐만 아니라 학제적 이론까지 반영해 광범위한 분석을 시도하기로 한다. 세계화라는 문제 상황에 효과적으로 대응할 수 있는 국제 경제 규범을 제정할 필요가 있다는 인식이 널리 확산되고 있다는 점은 국제경쟁법 이슈들을 재평가하기에 좋은 기회가 되고 있다.

본서는 다음의 관점들에 따라 검토하기로 한다. 첫째, 개별 국가가 자국의 문제에 대해 과거에 어떻게 대응했는가가 아닌 국제경쟁법에 관한 문제 자체에서부터 검토를 시작하기로 한다. 국제경쟁법에 관한 기존 논의들은 특정 국가의 모델이 전세계적으로 받아들여져야 하는지 여부에 초점을 맞추곤 했다. 본서는 이와 반대로 국제 경쟁 보호에 부합하는 이슈들에 초점을 맞추기로 한다. 본서는 어떤 개별 국가 모델도 세계 시장에 그대로 적용하기에는 적절하지 않음을 전제로 한다. 이러한 접근방식을 통해 국제경쟁법에 관한 논의를 확대하고, 미국, 유럽에 비해 경쟁법이 수행하는 역할이 상이한 다른 국가들의 관점, 입장을 고려할 수 있게 된다. 이러한 방식에 의한 검토 결과 미국, 유럽의 모델을 전세계적으로 활용해야 한다는 결론에 이를 수도 있지만 시작 단계에서 이를 전제하지는 않기로 한다.

둘째, 세계 시장에서의 경쟁제한적 행위의 규제라는 구체적 문제 상황에 주된 관심을 기울이기로 한다. 본서는 경쟁법 이슈를 다른 이슈나 아젠다의 부속물로 다루지 않을 것이다. 국제 무역이나 WTO 체제에 관한 논의의 일환으로 국제경쟁법 이슈를 다룰 경우 보다 광범위한 분석에 제약이 있을 수도 있다. 국제경쟁법에 관한 논의가 정치 기타 다른 이유로 인해 궁극적으로는 WTO 체제에 포함될 수도 있겠지만, 적어도 분석 과정에서는 이 이슈를 독립적으로 생각할 필요가 있다. 이렇게 해야만 국제경쟁법이라는 문제에 대한 여러 대응 방안에 대한 효용과 비용을 제대로 추산할 수 있다.

마지막으로, 본서는 실제 법집행 경험과 이론을 모두 고려하기로 한다. 이와 달리 한 측면에서만 국제경쟁법 문제를 분석하고 전략을 선택할 경우 부적절한 결론에 이를 수 있다. 국제경쟁법에 관한 많은 논의들이 이론적 측면에 치중하고 있다. 물론 이론적 논의는 상당히 의미 있는 경우가 많고, 본서 역시 이를 고려할 것이다. 분석과정에서는 주로 경제학이 활용되겠지만, 정치학(특히 국제 관계학) 및 사회학과 같은 다른 사회과학들도 활용될 것이다. 그러나, 본서는 이론적 분석에만 머무르지 않고 이를 실제 법집행 경험에 대한 분석과 연계할 것이다. 이미 살펴본 바와 같이, 많은 국가들이 이제 광범위한 경쟁법 경험을 갖고 있고, 이 중에는 국제적 상황에 관한 경험도 포함되어 있다. 이러한 경험은 국제경쟁법 전략을 분석함에 있어 그 가치가 매우 높다.

본 Chapter의 분석 결과 세 가지 주요한 결론이 도출된다. 첫째, 다자간 합의에 기반한 다자간 프로젝트가 효과적인 국제경쟁법 체제 발전에 중요한 가치가 있다는 점이다. 다자간 합의는 경쟁제한적 행위를 억지할 수 있고, 경쟁 이슈에 관한 국가간 갈등의 발생 가능성 및 그 정도를 감소시킬 수 있으며, 개별 국가의 경쟁법 발전을 제고, 지지할 수도 있고, 국제 경쟁을 국제적 참여에 기반한 규범적 프레임웍에 내재화할 수도 있다.

둘째, 다자간 합의 프로젝트의 효과는 이에 대한 참여와 상관관계를 이룰 가능성이 높다는 점이다. 이 프로젝트가 발전, 유지되기 위해서는 광범위한 참여가 필요하다. 모든 국제경쟁법 발전 전략들의 성패는 광범위한 참여자들로부터 정치적 지지를 얻을 수 있는지 여부에 좌우될 것이므로, 각 국 의사결정권자들에 영향을 미치는 인센티브들에 경쟁법이 포함되도록 할 필요가 있다. 경험적으로 보면, 국제경쟁법 발전을 위해서는 정치적 지지가 반드시 획득, 배양되어야 하는데, 여기에는 상당한 시간이 소요된다.

셋째, 국제경쟁법 전략의 효과는 시간적 요소(time dimension)에 상당 부분 좌우될 가능성이 높다. 구체적으로, 특정 시점, 특정 규범, 확정적인 기관 구성에 관해 합의하는 것보다는 시간적 요소를 반영한 과정(process)에 관해 합의하는 것이 가장 효과적인 국제경쟁법 전략이 될 가능성이 높다. 본서는 장기간에 걸쳐 이러한 과정을 장려, 유지하려는 노력을 'commitment'라고 지칭하기로 한다. 특정 시점에 특정 유형의 경쟁법 규범을 채택하도록 요구하거나, 특정 기관의 기존 규칙을 준수하도록 요구하는 등의 전통적 유형의 합의는 폭넓은 지지를 받기 어려울 것이다.

본서는 이러한 분석으로 도출되는 전략을 'commitment pathway'라 지칭하기로 한다. 이 전략의 기본적 개념은, 참여자들이 일정한 목표에 합의하고, 이에 도달하는 과정을 개략적으로 제시하며, 목표를 추구하는 것을 지지할 의무를 부담하는 것이다. 각 국이 합의된 목표로 함께 나아감에 따라 pathway의 각 요소들은 보다 구체화될 것이다. 이 전략 하에서 각 참여자는 실효적인 국제 경쟁을 형성, 유지하기로 하는 약속을 공유할 것이다. 국제경쟁법 프로젝트의 목표에 대한 모든 참여자들의 약속이 프로젝트의 성패를 좌우한다는 점에서 약속은 '공유(shared)'될 것이다.

본 Chapter의 목표는 다음의 네 가지이다. 첫째, 가장 핵심적인 것으로 우선 다자간 합의에 기반한 국제경쟁법 발전 전략이 직면한 문제들을 확인하는 것이다. 다자간 합의에 기반한 전략에 대한 반발은, 이 전략에 내재된 장단점에 대한 제대로 된 평가보다는 이론적·정치적인 고정관념과 알지 못하는 것에 대한 두려움에서 연유하는 것처럼 보인다. 따라서, 본서는 다자간 합의에 기반한 국제경쟁법 발전이 실현될 수 있는 측면, 방법을 확인하고, 이 전략의 장단점을 평가하는 등 이 전략을 세부적으로 분석하기로 한다. 둘째, 이 전략의 특징으로 다자간 합의에 의한 국제경쟁법의 가치를 제고, 감소시킬 수 있는 요소들을 확인하는 것이다. 셋째, 국제경쟁법 발전을 달성하기 위한 구체적 전략으로서 'commitment pathway' 전략에 관해 개략적으로 설명하는 것이다. 그리고 마지막으로 이상의 논의들을 국제경쟁법에 관한 최근 논의들에 접목하는 것이다. 최근의 논의들은 그 배경이 되는 특정 상황으로부터 많은 영향을 받으므로, 몇 가지 근본적인 이슈들을 인식하는데 한계가 있을 수는 있다.

A. 다자간 합의의 잠재 가치

다자간 합의는 어떤 가치가 있을 수 있는가? 본서에서는 합의의 유형 및 차원, 합의의 가치를 극대화할 수 있는 방법을 살펴보기 이전에 합의 자체의 잠재적 가치를 먼저 살펴보고자 한다. 다자간 합의에 기반한 국제경쟁법 발전 제안에 대한 반론의 상당수는, 이로 인해 부담하게 될 의무에 관한 몇 가지 편협한 가정들에 기반하고 있는 것으로 보이므로, 다자간 합의에 의한 경쟁법 체제에 따른 구체적 유형을 살펴보기 이전에 이러한 전략을 전반적으로 평가할 필요가 있다.

합의의 핵심은 당사자들이 서로 관계를 맺게 된다는 점이다. 한 국가의 정부가 합의에 참여한다는 것은 다른 국가들 또는 기구에게 합의에 따른 의무 부담을 통해 서로 관계를 맺는다는 메시지를 전하는 것이다. 이러한 관계로 인해 합의가 없었을 경우 존재하지 않았을 의사소통의 통로(예를 들면, 특정 유형의 모임이나, 인력 교류 등의 기회를 제공, 확대하는 것)가 열리게 된다. 더 중요한 것은 합의로 인해 다른 상황에서는 없었을 의사소통 구조가 형성된다는 것인바, 이를 통한 의사소통은 합의에 따른 의무로 이어지고, 이러한 의무에 대한 관계를 통해 의사소통에 의미가 부여된다. 물론 경쟁 당국의 관료들이 아무런 의무 없이 만나 전문적 이슈들에 관해 논의할 수도 있지만, 의무가 결부되어 있으면 상대의 말을 더욱 경청하게 된다.

합의는 또한 참여자들이 서로에게 규범적 언어(normative language), 즉 '해야 한다(should)'는 말을 할 수 있게 한다. 합의 당사자들은 합의된 문언을 참조하면서 행동하고 의사소통한다. 그 결과, 예를 들면 '각 당사자가 의무를 이행했는가?' 및 '당사자들에 대한 의무가 바뀌어야 하는가?'와 같은 새로운 질문들이 적절히 수용될 수 있다. 또한, 어떻게 하면 참여자들이 부담하는 의무를 가장 효과적으로 이행할 수 있는가에 관한 논의 채널이 형성된다. 이러한 관계가 없다면, A국은 B국에게 권고를 할 순 있지만, B국으로 하여금 그 내용을 준수하도록 요구할 수는 없다. 그러나, 합의가 있다면 권고에 따를 의무 또는 최소한 이를 진지하게 고려할 인센티브가 증대된다. 각 참여자의 의사결정은 합의를 통해 부담하게 되는 의무를 매개로 서로 연관된다.

합의는 공통의 이해관계를 형성하기도 한다. 합의에 참여하는 자들은 최소한 어떤 의무가 있는지(의무의 구체적 내용이 무엇인지)에 관해 공통의 이해관계를 갖게 된다. 뿐만 아니라, 합의에 따른 의무 이행 및 그에 대한 점검, 평가에 대해서도 공통의 이해관계를 형성하게 된다. 한 국가가 다른 국가들과 이해관계를 공유해야 함을 인지하게 되면, 그 국가는 다른 국가들과 소통하고, 의무의 의미를 명확히 하며, 의무들의 잠재가치, 결과에 주목할 더욱 큰 인센티브를 갖게 된다. 물론 이러한 요소들을 은폐하려는 인센티브가 있는 경우도 있을 수 있지만, 여기서 중요한 것은 합의로 인해 공통의 이해관계가 형성될 수 있다는 점이다.

합의는 공통의 이해관계를 형성하는 것에서 나아가 이를 드러나게 할 수도 있다. 예를 들면, 경쟁의 잠재적 효용, 비용을 자연히 (또는 쉽게) 인식하기는 어렵다. 그러나, 참여자들이 합의를 통해 의무를 부담하게 됨으로써 각 국의 경쟁법 경험에 대한 담론이 형성, 확산되면 각 경쟁 당국 관료들은 경쟁이 자국에서 어떤 가치가 있는지 인식할 수 있게 된다. 급속히 복잡해지는 현실에서 한 행위가 전세계에 파급효과를 미치지만, 이를 인지하기 어려운 경우가 빈번하다. 예를 들면, 세계 시장에서 시장지배적 지위를 갖고 있는 기업이 몇몇 아프리카 국가의 유통업자들에게 동일한 경쟁제한적 조건을 부과할 경우, 개별 국가의 경쟁 당국 관료들은 다른 국가에서도 동일한 행위가 행해지고 있는지, 이러한 행위가 지역 전체에 영향을 미치는지 인식하기 어려울 수 있다. 그러나, 만약 경쟁 당국 관료들이 합의에 따른 의무 이행의 일환으로 정보를 교환하게 되면, 경쟁제한적 효과를 보다 쉽게 인식하고 보다 효과적으로 규제할 수 있게 된다. 합의에 따른 의무를 통해 각 국은 다른 참여자들에게 정보를 제공하고 공통의 이해관계에 기반한 상호 관계를 확인하려는 인센티브를 갖게 된다.

이상과 같은 특정한 효과는 합의가 가져다 줄 보다 일반적인 이익(즉, 각국 의사결정권자들이 다른 참여자들과 이해관계를 공유함을 인식할 경우, 이를 증진하기 위해 더욱 노력하게 되는 것)의 일부에 불과하다. 국가들이 공통의 이해관계를 갖게 되면, 각 국은 다른 국가들이 경쟁제한적 행위를 인식, 규제하는 것에 조력할 인센티브가 생기는바, 이는 국가간 상호 공조가 모두에게 이익이 될 뿐만 아니라, 도움을 받은 국가도 향후 똑같은 도움을 줄 것이기 때문이다. 마찬가지로, 모든 참여자들은 이해관계 공유를 통해 경쟁제한적 행위에 대한 정보를 얻고, 그 행위의 파급효과를 이해하며, 획득한 정보를 활용해 이를 규제하는데 자원을 투입할 인센티브를 갖게 된다.

합의는 참여자들이 상호 신뢰를 구축하는 데에도 활용될 수 있다. 한 국가가 어떤 행위를 하기로 하면, 다른 국가들은 그 국가의 의무 이행을 기대하게 된다. 그 국가가 의무를 이행할 경우 다른 국가들의 기대는 충족, 강화된다. 경쟁 당국의 관료들과 입법자들이 왜 경쟁법을 지지, 강화해야 하는지 묻곤 하는데, 그에 대한 답은 다른 국가들이 어떤 조치를 취할 것인지 기대하는가와 관련되는 경우가 많다. 예를 들면, 한 국가의 대표는 다른 국가들도 자국과 비슷하거나 상응하는 조치를 취할 것이라고 기대할 때, 그만큼 카르텔 규제에 역량을 쏟을 것이다. 세계 경제에서 한 경쟁 당국의 노력은 다른 경쟁 당국이 유사한 노력을 하지 않는 한 별다른 영향을 미치지 못할 것이다. 합의를 통한 상호 의무 부담으로 인해, 각 국은 다른 참여자들이 특정 조치를 취할 것을 더 확신할 수 있게 되고, 이에 공동으로 추진하는 임무를 완수하기 위해 더 많은 역량을 기울이고 그에 수반하는 위험을 감수하게 된다. 한 국가가 합의에 따른 의무를 이행하지 못하면, 합의 이행에 대한 참여자들의 확신은 그만큼 감소하게 되지만, 다른 한편으로는 합의에 의한 국제경쟁법 발전 전략을 어떻게 개선할 것인지에 관한 피드백이 될 수도 있다.

신뢰, 정보 공유, 공통의 이해관계에 대한 인식과 같은 요소들은 종합적으로 개별 국가 경쟁 당국 관료들과 정치 지도자들의 자국의 이해관계에 관한 기존의 인식을 변화시킬 수도 있다. 예를 들면, 관료들은 카르텔을 규제하면 외국으로부터의 투자가 위축되어 자국 경제가 피해를 입을 수 있다고 우려하곤 한다. 그러나, 다수의 국가들이 카르텔에 대해 서로 비슷하고 조율된 조치를 취할 경우, 경쟁법 집행으로 인해 외국으로부터의 투자가 이루어지지 않을 가능성은 낮아질 것이다. 이러한 공동의 조치들은 또한 개별 국가의 법집행 시스템의 효과 및 가치를 제고할 수 있다는 인식을 높일 수도 있다.

합의는 또한 경쟁 당국간 갈등을 감소, 해결하는 메커니즘이 되기도 한다. 이미 살펴본 바와 같이, 컨버전스 전략의 중대한 약점은 국가간 갈등을 해결하는 메커니즘이 없다는 것이다. 그러나, 합의의 경우 참여자들이 서로에게 의무를 부담하게 되므로 국가간 갈등을 해결할 수 있는 기반이 조성될 수 있다. 공동의 의무부담으로 인해 각 합의 참여자는 갈등을 피하고, 갈등이 초래될 경우 이를 해결하려는 이해관계를 갖게 되고, 갈등 해결에 활용할 수 있는 수단을 확보하게 된다.

합의에 기반한 의무들과 이에 기반해 형성된 관계로 인해 각 경쟁 당국의 경쟁법 및 그 집행의 통일성이 제고될 수도 있다. 각 국은 경쟁법에 관한 결정시 합의된 기준을 참고하게 된다. 이 때의 기준은 법목적, 법규범, 법집행 방법 등에 관한 것일 수도 있지만, 중요한 것은 이로 인해 각 국 경쟁 당국이 기준에 따라 조치할 인센티브가 높아진다는 점이다. 각 참여자는 또한 합의에 터잡아 다른 참여자에게 기준 준수를 요구할 수 있다.

합의는 또한 각 참여국 내에도 중요한 영향을 미칠 수 있다. 정치 지도자들, 관료들 등은 합의를 통해 의무를 인지하게 되고 그로 인한 영향, 결과에 대해서도 관심을 갖게 된다. 소비자들, 제조업자들 등은 합의에 따른 의무가 제대로 이행되고 있는지에 관심을 갖게 되고, 의사결정권자들에게 의무 이행을 촉구할 수 있게 된다. 이처럼 합의는 합의로 형성된 의무에 수반하는 경쟁법의 법목적, 법규범, 법집행 방법 등이 각 참여국 내의 논의와 인센티브에 '내재(embed)'되도록 한다.

이상의 요소들은 각각 가치가 있고, 서로의 가치를 제고·유지하게 하는 경향이 있다.

B. 다자간 합의의 유형과 국면

국제경쟁법에 관한 최근의 논의는 그 시야가 지나치게 협소해 다자간 합의의 가능한 유형을 폭넓게 인식하지 못하고 있고, 합의에 포함될 내용, 합의의 구체적 유형, 합의의 차원, 범위, 작동 메커니즘에 관해서도 부정확한 가정들을 하고 있다.[1)] 본 Section에서는 합의 기반 국제경쟁법 발전 전략의 몇 가지 기본적 요소들을 확인하고 가능한 몇 가지 합의 유형들을 분석하기로 한다. 이러한 방안들은 때때로 제안되어 왔던 기존의 방안들보다는 범위가 더 넓다.

1. 합　　의

우선, 명백하면서도 가장 기본적인 것으로, 경쟁법에 관한 의무를 부과하기 위해서는 어떤 유형으로든 합의가 필요하다. 예를 들면 국제 인권법과 달리 경쟁제한적 행위를 규제해야 한다는 의무는 다른 법역의 권리, 의무 또는 일반적으로 공유되는 기본 가치에서 도출되지 않는다. 또한, 현존하는 어떤 국제기구들도 경쟁제한적 행위를 일반적으로 규제할 의무를 부과할 권한을 갖고 있지 않다.[2)]

1) 이에 관한 분석에 대해서는 Kal Raustiala, 'Form and Substance in International Agreements' (2005) 99 Am J Intl L 581-614 참조.
2) 물론 WTO 회원국들에게 이러한 의무를 부과할 수는 있겠지만, 이는 회원국들간의 합의가 필요할 것이다.

경쟁제한적 행위를 규제하도록 하는 합의는 특정한 유형을 취할 필요는 없다. 합의는 격식을 갖춰 상세한 내용을 담을 수도 있고, 일반적인 목표와 이에 도달하는 계획만을 포함해 간략히 구성될 수도 있다. 또한, 구체적 조직 구성을 명시하거나 의무 불이행시 부과되는 제재를 명시할 필요도 없다. 국제경쟁법에 관한 논의들은 종종 합의가 구체적이고 상세한 내용을 담고 있어야 한다고 전제하지만, 이러한 전제는 실효성 있는 전략 개발 과정에서 가능한 선택지를 제한하고 많은 사람들로부터 호응을 얻을 수 있는 가능성을 감소시키는 경향이 있다. 하바나 헌장이나 WTO 프로젝트와 같이 다자간 합의에 기반해 국제경쟁법 발전을 추구했던 이전의 시도들이 '실패(failures)'하자 일부 사람들은 합의 기반 전략이 (아예 희망이 없다고까지는 할 수 없어도) 성공가능성이 매우 낮으므로 이를 추진하는 것이 의미가 없다고 생각하기에 이르렀다. 그러나, '실패'했다고 언급되고 있는 위 사례들은 상대적으로 상세한 내용을 규정하거나, 더 구체적인 조직 구성에 관한 내용을 포함하고 있거나, 혹은 이 두 요소를 모두 포함하고 있었던바, 이를 들어 합의 기반 국제경쟁법 발전 전략 자체가 불가능하다고 일반화할 수는 없다. 이전과는 근본적으로 상이한 21세기의 전반적 상황에서 이전과는 전혀 다른 유형의 합의를 추진하는 것에 대해 이전 사례들을 근거로 그 실현 가능성이 낮다고 주장할 수는 없을 것이다.

2. 참 여

경쟁제한적 행위를 효과적으로 규제하는 국제적 전략은 최종적으로는 전 세계 모든 국가/기구들(최소한 대부분의 주요 국가/기구들)의 참여를 필요로 한다. 그러나, 모든 참여자가 동일한 의무를 부담하거나 동시에 구속력 있는 의무를 부담할 필요는 없다. 예를 들면, 주요 교역국들 사이에 합의가 있거나, 세계 경제에 관한 주요한 이해관계들을 대변하는 국가들 그룹(예를 들면 소득 수준이 높은 국가들이나 다양한 유형의 개발도상국들)들 사이에 합의가 이루어지면, 다른 국가들도 이러한 합의의 발전에 자국의 입장을 반영시키기 위해 이에 참여할 인센티브를 갖게 될 것이다. 초기에 광범위한 합의 도출이 어려울 경우, 지역(예를 들면 서부 아프리카)이나 그룹(예를 들면 하나 이상의 채취 산업 및 그 수출에 의존하는 개발도상국들)을 제한해 합의를 도출할 수도 있다. 이러한 합의들은 모두 국제경쟁법 상황에서 공통적으로 발생할 수 있는 문제들, 이슈들을 드러나게 함으로써 향후 가장 넓은 범위의 국제적 차원의 합의 형성에 기여할 수 있다. 국제 기구들과 비정부 조직들은 이러한 합의의 당사자로 포함되어 상당한 기여를 할 수도 있다.

3. 의무의 범위

경쟁법에 관한 다자간 합의는 세 가지 기본적 의무들 중 하나 또는 그 이상과 관련될 것이다. 경쟁법의 목적에 관한 의무는 기본적인 것이기는 하나, 그 내용에 관한 합의 형성은 쉽지 않을 것이다. 모든 경쟁법은 어떤 식으로든 경쟁 보호를 추구하나, 경쟁 보호의 구체적 의미가 무엇인지에 대해서는 중대한 차이가 있는바, 이는 쉽게 인식되지 못하는 경우가 빈번하다. 두 번째는 경쟁법 규범들에 관한 것이다. 경쟁법 목적에 관한 합의가 이루어진다고 하더라도, 이를 구체적으로 구현하는 규범들에 관한 합의가 이루어지지 않는다면 그 가치가 반감된다. 본서는 몇몇 경쟁법 분야에서 규범에 관한 대략적인 합의가 있음을 확인한 바 있다. 예를 들면, 대부분의 경쟁법들은 가격 고정을 금지해야 한다는 입장을 취하고 있지만, 수직적 거래제한, 기업결합, 단독행위 규제와 같은 다른 영역에서는 상대적으로 이견이 크다. 경쟁법 규범에 관한 합의는 법집행에 관한 조항들을 포함할 가능성이 높다. 본서는 법목적, 법규범이 유사하다고 하더라도 이를 집행하는 단계에서 매우 다양한 기관들과 절차들이 있음을 확인한 바 있다. 따라서, 법집행에 관한 내용이 어느 정도까지 포함되어야 하는지, 개별 국가와 세계적 법집행이 어떻게 상호 연계되어야 하는지 등의 문제가 주요한 이슈가 될 가능성이 높다.

4. 시간적 요소

시간적 요소는 다자간 합의에 기반한 경쟁법에 관한 기존 논의들에서 간과되었지만, 실제로는 국제경쟁법 전략에 관한 분석의 핵심 요소이다. 시간적 요소를 반영하면 합의에 다양한 유형의 의무를 포함시킬 수 있다. 즉, 여러 유형의 의무들이 여러 시점에서 발효하게 되고, 다양한 기간 동안 유지될 수 있다. 국제경쟁법 이슈들에 관한 많은 논의들이 모든 의무가 동시에 또는 최소한 어떤 고정된 시점에 발효되어야 함을 전제로 하고 있으나, 이는 효과적인 국제경쟁법 전략 수립에 지장을 주고 있다. 뿐만 아니라, 합의에 따른 의무들이 반드시 일정 시점에 발효될 필요도 전혀 없고, 어떤 사건이나 상황에 연계되어 발효하는 메커니즘도 얼마든지 가능하다. 예를 들면, 합의에 따른 의무들은 다른 참여자들의 의무 이행 여부, 해당 국가의 경제적 여건의 일정 조건 충족 여부에 따라 그 발효 여부가 결정될 수 있다.

이상의 간략한 검토를 통해, 다자간 합의가 취할 수 있는 다양한 유형, 형태, 의무의 주된 특징들을 살펴보았던바, 다자간 합의는 막연히 전제되었던 것보다 훨씬 다양한 유형으로 이루어질 수 있음을 확인할 수 있다.

C. 의무의 잠재가치 극대화

이상 살펴보았던 특징들 중 국제경쟁법 전략 발전에 기여할 가능성이 높은 것은 무엇인가?[3] 국제경쟁법 전략 발전에서 가장 중요한 과제는 합의에 따른 의무 유형, 형태, 범위를 경쟁법 전략이 작동하는 여건들(국제 경쟁, 현재 국경을 넘어 적용될 수 있는 법률적 수단의 역학관계와 참여자들의 경쟁법 경험 및 이해관계)에 부합하도록 적절히 조율하는 것이다. 본 Section에서는 이러한 전략에 대한 기준을 제안하기로 한다.

3) 이에 관한 광범위한 검토에 대해서는 Chapter 4에서 언급하고 있는 문헌들 참조. 또한 예컨대 F M Scherer, *Competition Policies for an Integrated World Economy* (Washington DC 1994); Eleanor M Fox, 'Antitrust and Regulatory Federalism; Races Up, Down and Sideways'(2000) 75 NYU L Rev 1781; Maher M Dabbah, *The Internationalisation of Antitrust Policy* (Cambridge 2003); Josef Drexel, 'International Competition Policy After Cancún: Placing a Singapore Issue on the WTO Development Agenda' (2004) 27 World Competition 419-457; Spencer Weber Waller, 'The Internationalization of Antitrust Enforcement' (1999) 77 BUL Rev 344-404; D Daniel Sokol, 'Monopolists Without Borders:The Institutional Challenge of International Antitrust in a Global Gilded Age' (2007) 4 Berkeley Bus L J 37-122; and Oliver Budzinski, *The Governance of Global Competition; Competition Allocation in International Competition Policy* (Northampton, Massachusetts 2008) 참조.

1. 관 점

국제경쟁법 전략에 관한 기준을 발전시킴에 있어 본서가 제안하는 관점에는 몇 가지 핵심 요소들이 있다. 첫째, 법과 시장이 사회 구조의 구성 부분이라는 인식이다.[4] 사회와 제도들은 서로를 생성, 유지하는 관계에 있다. 이런 의미에서 사회와 제도는 개별 사회와 제도에 '내재되어(embedded)' 있다고 할 수 있다.[5] 이는 제도들이 상황 변화나 상황에 대한 인식의 변화에 대응해 사회와 제도들의 특징과 내용을 바꿀 수 있음을 의미한다. 국제경쟁법 이슈에 관한 논의들은 법과 시장을 '이미 주어진 것', 즉 형태가 고정되어 변하지 않는 것으로 다루고 있는바, 이는 국제경쟁법 전략에 대한 선택의 폭을 좁게 한다.

둘째, 본서는 법과 시장을 과정(즉, 시간에 따라 구조화되는 상호작용)으로 인식하고자 한다. 법과 시장은, 그 세부 구성 요소들을 확인할 수 있고, 이 요소들의 상호작용들이 그 자체로 인식가능한 패턴을 따른다는 의미에서 구조화되어 있다. 그 결과 시간은 법과 시장에 대한 분석에서 핵심 요소가 된다. 어떤 요소들이 변화를 유도하는가? 어떤 요소들이 법과 시장의 상호작용을 일정한 방향으로 이끄는가? 이러한 요소들은 시간의 경과에 따라 어떻게 유지되는가? 국제경쟁법 전략은 시간의 경과에 따라 법과 시장에 효과적으로 영향을 미쳐야 하므로, 이러한 물음들은 결정적으로 중요하다고 할 수 있다.

법과 시장은 또한 특정한 유형의 과정을 나타내기도 하는데, 본서는 이를 'ordering process'로 지칭하기로 한다. Ordering process는 법과 시장이 상호작용을 통해 사회적 가치를 배분(social arrangement)하고 개인의 행동에 영향을 미치는 것을 의미한다. 법은 공동체 구성원들에게 이를 준수하도록 하는 인센

4) 법이 사회적 제도임은 분명하지만, 시장은 사회적 제도가 아닌 것처럼 다루어지곤 한다. 시장을 사회적 제도로 보는 논의와 관련해서는 예컨대 Neil J Smelser and Richard Swedberg, *The Handbook of Economic Sociology* (Princeton 2008) and Neil Fligstein, *The Architecture of Markets* (Princeton 2001) 참조.

5) 시장의 내재화에 대해서는 이 Chapter에서 여러 차례 언급할 것이다. 이에 대한 나의 접근방식은 John Gerard Ruggie 기타 여러 사람들이 발전시킨 '내재된 자유주의(embedded liberalism)' 개념과 유사한 경우가 있을 것이다. 이 개념에 관한 논의와 관련해서 Andrew T F Lang, 'Reconstructing Embedded Liberalism: John Gerard Ruggie and Constructivist Approaches to the Study of the International Trade Regime' in John Gerard Ruggie(ed), *Embedding Global Markets: An Enduring Challenge* (Aldershot, UK 2008) 13-45 참조.

티브를 제공함으로써 사회적 가치 배분에 영향을 미친다. 공동체에 기반한 권위는 이러한 가치 배분 과정을 지지, 집행한다. 메커니즘을 달리하긴 하지만, 시장 역시 사회적 가치를 배분하고 개인의 행동에 영향을 미친다. 시장은 경제적 득실에 대한 전망에 영향을 미침으로써 개인의 의사결정을 일정한 방향으로 유도, 억지한다.

셋째, 법과 경쟁이라는 두 ordering process 간의 관계가 국제경쟁법 발전의 핵심이 된다는 점이다. 개별 국가 차원에서 경쟁은 사회적 안정을 추구하는 규범인 법과 충돌할 수 있으므로, 양 과정은 종종 긴장관계를 이루게 된다. 그러나, 국제적 차원에서 양 과정은 서로를 강화할 수 있다. 국제 경제 상황에서 사전에 확립되고 안정적으로 유지되고 있는 법질서는 없다. 경쟁 과정은 각 국의 공통된 이해관계를 형성할 수 있는바, 이는 정치적·경제적 발전을 뒷받침하는 법규범 제정에 기여할 수 있을 것이다. 국제경쟁법 전략의 실효성은 이 양 과정의 상충을 얼마나 최소화하고 양 과정의 상승 작용을 얼마나 극대화할 수 있는지에 좌우될 가능성이 높다.

마지막으로, 각 국의 의사결정이 국제경쟁법 전략의 효과를 좌우할 가능성이 높다. 이는 명백한 사실임에도 간과되곤 한다. 각 개별 국가의 의사결정권자들은 대부분 국내 이해관계인들로부터 가장 직접적인 영향을 받지만, 국제적 상황에서 자국 이익 극대화를 추구하기도 한다. 이처럼 개별 국가의 의사결정권자들은 두 가지 유형의 시각과 참고 대상이 있는바, 하나는 국내 이해관계인들이고, 다른 하나는 국제적인 것으로서 다른 국가들과의 관계, 외국의 기구들이나 네트워크이다. 개별 국가적-국제적 측면의 상호작용은 본서의 분석에서 핵심이 된다.

2. 서약을 이끌어내는 역량

이상의 관점들에 비춰 볼 때, 국제경쟁법 전략의 효과를 예상, 평가하는데 두 가지의 기본적 기준들이 있다. 효과적인 국제경쟁법 전략이 되기 위해서는 어느 정도 숫자를 넘는 참여자들이 이 전략을 추진하기로 약속(commit)하고 이를 지속하도록 해야 한다. 또한 의사결정권자들과 이해관계인들이 국제경쟁법 전략 참여시 얻게 되는 이익이 단기적·장기적으로 부담하게 되는 비용을 초과한다고 확신할 수 있어야 한다. 여기서의 약속은, 시간적 제약 없이 계속 진행되는 과정을 지지, 유지하기로 하는 구체적 유형의 약속임을 유의할 필요가 있다. 이처럼 약속은 완전한 형식을 구비하고 단기적인 정치적 목적 달성을 위해 고안된 의무와는 구분된다. 약속은 또한 강요에 의하거나 유도되는 의무와도 구별된다. 참여자가 외국 기관의 압력(예를 들면, 자금을 지원해 주면서 조건을 부과하는 경우)에 의해 의무 부담에 동의한 경우, 이러한 의무는 장기적으로 의무를 이행하려는 정치적 의지를 수반하지 않으므로 여기에서의 약속에 해당하지 않는다고 할 것이다.

이상과 같은 약속에 대해 각 국이 어느 정도나 호응할 것인지는 의사결정권자들및 이들에게 영향을 미치는 사람들의 인식에 좌우될 것이다. 즉, 이들이 약속을 통해 비용부담을 초과하는 이익을 얻을 것이라고 기대하는가? 예를 들면, 비교적 단기간 내에 소비자 가격이 더 낮아지는 등의 보상이 있어서 이 프로젝트를 지지하는 사람들에 대한 정치적 지지가 제고될 것인가? 가격 수준은 특히 중요해질 가능성이 높은데, 이는 가격 정보가 쉽게 확인, 전파될 수 있을 뿐만 아니라 많은 사람들이 이에 관심이 크기 때문이다. 역사적으로 소비자 가격에 미치는 효과에 대한 인식은 경쟁법에 대한 정치적 지지와 긴밀한 상관관계를 보여 오곤 했다. 특정 시장에서의 가격이 특별한 이유 없이 높다는 인식이 있는 경우, 특히 빵과 같이 정치적 중요성이 높은 품목이 문제될 경우, 1923년 독일과 같이 경쟁법을 활용해 가격을 인하하려는 움직임은 높은 정치적 지지를 받곤 했다. 가격과 같은 경제적 요소 이외에 경쟁법을 활용해 경쟁제한적 행위를 하고 있다는 혐의를 받는 시장지배적 기업들을 규제할 수 있다는 것도 국내적 이익에 해당한다.

개별 국가 및 그 의사결정권자들은 약속을 통해 국제적으로도 이익을 얻을 수도 있다. 이 때의 이익은 각 국의 국제 관계의 몇몇 측면들과, 관료들과 기관들의 네트워크 기반 관계의 개선에서 얻어진다. 개별 국가의 국제 관계 관련하여, 국가는 다른 국가들로부터 호의를 얻고 별개 협상에서 '협상 카드(bargaining chip)'를 얻기 위해 이 프로젝트에 참여하기로 결정할 수 있다.[6] 다수 국가들의 참여로 생성되는 네트워크 효과를 고려할 때, 이러한 협상 카드는

---

6) 이러한 과정에 관한 통찰에 대해서는 Kenneth W Dam, *The Rules of the Game: A New Look at US International Economic Policymaking* (Chicago 2001) 참조.

의미가 있을 수 있다.

이 전략을 추진할 경우 단기적으로 많은 비용이 발생할 가능성은 낮다. 전략 추진에 많은 자원이 소요되지 않을 것이고, 각 국 내에서 소요되는 정치적 비용은 이에 반대하는 측에서 자신들의 주장을 얼마나 효과적으로 활용할 수 있는지 여부 및 그 정도에 따라 그 다과가 결정될 것이다. 이 전략을 추진하는데 어느 정도 비용이 소요될지 예측하긴 어렵지만, 많은 비용이 소요될 것이라고 볼 근거는 거의 없다. 국제 관계 측면에서, 이 전략에 참여하기로 하면 이에 반대하는 국가들, 기구들의 지지를 잃는 비용이 단기적으로 발생하긴 하겠지만 전체적으로 볼 때 많은 비용이 발생하지는 않을 것이다.

합리적 의사결정권자라면 약속 당시 즉각적으로 소요되는 비용 이외에도 향후 약속 준수를 위해 장기적으로 부담해야 할 비용까지 고려할 것이다. 이런 비용은 상당할 것으로 예상될 수 있지만, 그 기간이 길어질수록 예상하기 어려울 것이다. 만약 국제적 합의로 인해 단기적으로 많은 비용을 들여 구체적인 조치를 취해야 한다면, 이는 합의 성립을 어렵게 하는 요소가 될 것이다. 예를 들면, 경쟁 당국이 합의에 따라 특정 시점 이내에 일정 숫자 또는 일정 업무를 담당할 인원을 고용할 의무를 부담한다면, 이는 합의를 주저케 하는 주요한 장애 사유가 될 것이다.

3. 서약을 유지하도록 하는 역량

국제경쟁법 전략에 따른 약속은 유지, 지지될 때에만 의미가 있다. 그렇지 않다면 더 유용하게 사용될 수 있는 자원들이 낭비되고, 국제경쟁법 전략 자체의 위상도 하락할 것이며, 향후 이 전략을 재추진하기도 어려워질 것이다. 국제경쟁법 추진에 동참하기로 하는 약속으로 발생할 손익을 추산하는 것은 어느 정도 투기적(speculative) 성격이 있지만 몇 가지 중요한 요소들을 확인할 수 있다. 의사결정권자들은 의사결정 당시까지의 손익을 고려해 향후의 손익을 추산하고 이에 터잡아 의사결정을 할 것이므로, 약속에 의한 국제경쟁법 발전을 추진함에 있어 초기에 발생하는 손익에 관한 분석이 결정적으로 중요하다고 할 수 있다. 이 때 의사결정권자들은 주로 '지금까지 진행해 온 것이 그만한 가치가 있었나(Has it been worth it)?'라는 기준을 적용할 것이다. 이는 프로젝트 진행 초기 손익 비율이 좋을수록 각 국이 이 프로젝트에 지속적으로 동참할 것임을 의미한다.

개별 국가적 차원에서는 가격 인하와 같이 인지할 수 있는 경제적 이익이 결정적으로 중요할 것이다. 예를 들면, 지금까지의 프로젝트 참여로 과거 국제 카르텔로 정해졌던 가격이 눈에 띠게 낮아졌는가? 두 번째 유형의 이익은 기업 의사결정권자들의 인식에 관한 것이다. 예를 들면, 중소 사업자들이 경쟁법 시행으로 시장지배적 기업들과 경쟁할 수 있는 가능성이 높아졌다고 인식하면 경쟁법을 지지하는 경향이 있음은 경험적으로 확인된 바 있다. 셋째, 프로젝트 성공 가능성에 대한 일반 대중의 인식이다. 예를 들면, 언론이 카르텔 근절이나 시장지배적 기업의 남용행위에 대한 제재와 같이 '나쁜 기업들(bad guys)'에 대한 '승리(victory)'에 관해 다루면 일반 대중들은 경쟁법을 보다 호의적으로 인식하게 되곤 한다.

개별 국가, 국내 기관들, 국내의 몇몇 이해관계 그룹들(예를 들면, 특정 관료집단이나 특정 경제적 이해관계를 공유하는 그룹들)이 국제 관계에서 얻는 이익도 경쟁법에 대한 지지 유지에 중요할 것이다. 예를 들면, 국제경쟁법 전략은 다른 국가 경쟁 당국 관료들과의 관계를 보다 긴밀하게 하거나, 국제적으로 조율된 경쟁 집행이 참여자들 전부(최소한 대부분)에게 이익이 될 때 지지를 얻을 것이다. 물론 국제 관계는 쌍방향으로 작동하므로, 외국 국가들이 특정 국가에게 그 국가가 약속한 바를 지키지 않는다고 비판하고, 그 국가의 관료들에게 원치 않는 조치를 취하라고 압박하면, 이들 관료들은 프로젝트를 지지하지 않을 가능성이 높다.

따라서 일반적으로 보면, 약속에 의한 국제경쟁법 전략은 초기 이익이 비용을 상회할수록 가장 일관되게 유지될 수 있을 것이다. 이상적으로, 프로젝트 추진에 수반하는 비용은 이익 또는 이익에 대한 기대로 상쇄될 수 있을 때까지 지연되어 발생하는 것이 좋다. 이를 고려할 때 국제경쟁법 전략은 각 국이 수용할 수 있는 범위 내에서 탄력적으로 운용될 수 있어야 한다. 경쟁법 전략의 손익에 대한 인식은 시간적 요소에 내재화되고 이를 통해 구조화된다. 과거 경험 및 이론에 비추어 봐도 국제경쟁법 전략 시행 초기부터 광범위한 고정 비용 지출이 요구될 경우 각 국의 참여를 유도·유지하기 어려울 것이다.

D. 시간과 서약: Commitment Pathway?

여기에서는 과거에 시도, 논의된 다자간 합의 기반 국제경쟁법 발전 전략과 본서에서 제시하는 전략이 중요한 측면에서 차이가 있음을 분석하고자 한다. 본서가 제시하는 바를 담아내기 위해 'commitment pathway'라는 용어를 사용하고 본 section에서 그 몇 가지 특징들을 살펴보기로 한다.[7)]

1. Pathway의 개념

Commitment pathway는 시간적 프레임웍, 즉 시간이 지나면서 급속히 구체적인 모습을 형성해 나가는 프레임웍이다.[8)] 이 전략의 기본적인 아이디어는, 각 국이 특정 경쟁법 목표들과 이를 향해 나아가는 과정에 관해 약속하는 것(즉, 각 국이 목표 지점과 이에 이르는 대략적인 과정에 관해 약속하는 것)이다. 각 국은 이를 통해 과정(process)을 공유하게 된다. 약속(commitment)이라는 요소는 과정 참여자들 간의 상호 관계를 형성하고, 경로(pathway)라는 요소는 전체 과정중 여러 시점에서 내려지는 경쟁법 결정들 간의 상호 관계를 형성한다.

Commitment pathway 개념에는 4가지 기본적인 요소들, 즉 1) 경쟁법 목표들, 2) 합의된 목표에 도달하기 위해 거쳐야 할 단계들에 관한 기술, 3) 국내 정책의 수립 · 시행 또는 다른 국가들과의 관계에서 이러한 단계들을 지지할 의무, 4) 목표를 향하는 과정에서 다른 참여자들과 규칙적으로 광범위하게 상

7) Pathway라는 용어는 본래 Kenneth W Abbott과 Duncan Snidal에 의해 고취된 개념이다. 'Pathways to International Cooperation' in Eyal Benvenisti and Moshe Hirsch (eds), *The Impact of International Law on International Cooperation: Theoretical Perspective* (Cambridge 2005) 50-84 참조. 국제 환경법 분야에서 이와 어느 정도 관련된 것으로는 *Implementation and Effectiveness of International Environmental Commitments: Theory and Practice*, (David G Victor, Kal Raustiala and Eugene B Skolnikoff (eds) (Cambridge, Massachusetts 1998) chapters 1, 6 and 16 참조. Diane Wood는 충분한 시간을 두고 국제 경쟁법을 발전시켜야 한다는 점을 역설했지만, pathway와 같은 유형의 개념을 상정하지는 않았다. Diane P Wood, 'International Harmonization of Antitrust Law:The Tortoise of the Hare?' (2002) 3 Chi J Intl L 391 참조.

8) 시간이 사회적 · 법률적 과정에서 수행하는 근본적인 역할에 대해서는 Paul Pierson, *Politics in Time* (Princeton 2004) 참조.

호 점검할 의무들이 포함되어야 한다. Pathway는 경쟁법 목표에 도달해야 할 기한을 특정할 필요가 없다. 이러한 탄력성은 commitment pathway의 가장 큰 장점이면서도 중대한 약점이 될 수도 있다.

국제경쟁법 발전을 위한 commitment pathway는 참여자들의 약속을 유도하고 이를 유지하는 양 측면에서 장점이 많다. Commitment pathway는 비용을 줄이면서도 이익을 극대화하는 방식으로 구조화될 수 있다. 개별 국가의 경쟁법과 국제경쟁법 발전 간의 시너지를 발생시킬 수 있는 능력은 commitment pathway 전략의 실효성의 핵심이 될 것이다.

이 전략의 기본적 개념은, 일단 경쟁법 목표를 향한 움직임을 상정한다. 이러한 움직임은 지속적이거나 단선적으로 이루어질 필요가 없다. 이러한 움직임은 여러 가지 지표, 예를 들면 각 국의 정치·경제 제도가 경쟁법 목표를 얼마나 지지하는지, 경제 정책 수립 과정에서 경쟁 원칙이 얼마나 반영되는지, 경쟁법 규범이 얼마나 예측가능하게 적용되는지 등을 통해 확인할 수 있다. 또한, 경쟁법 집행이 얼마나 활발하게 이루어지는지, 경쟁법에 관한 의사 결정이 외부 요소로부터 얼마나 독립적으로 이루어지는지, 프로젝트 참여자들이 얼마나 효과적으로 상호조율하는지 등에 의해서도 확인할 수 있다.

2. 서약의 유도와 유지

Commitment pathway 전략은 참여자들이 참여를 통해 빠른 시간 내에 이익을 얻으면서도 이에 수반하는 규범준수비용을 당장 부담하지 않아도 되므로 참여자들의 약속을 쉽게 이끌어낼 수 있다는 장점이 있다. 정부는 즉각적으로 법을 개정하는 등 중요한 입법 조치를 취하거나, 상당한 비용을 들여 법을 집행할 필요 없이 이 프로젝트에 참여하겠다고 약속할 수 있다. 경쟁법이 거의 발달하지 않는 국가들은 이 전략을 통해 기업 지도자들과 소비자들에게 국제경쟁법 프로젝트가 가져다 줄 수 있는 이익을 알릴 수 있게 된다. 이러한 유형의 교육은 경쟁법 발전을 준비함에 있어 결정적인 역할을 하곤 한다. 특히 유럽 여러 국가에서 경쟁법에 관한 이러한 사전 교육은 대중들로 하여금 경쟁의 가치를 더 확신하고 경쟁제한적 행위 규제를 더 강력히 요구하게 하는 기반이 되었다. 프로젝트 참여자는 이 전략을 통해 다른 참여자들의 경쟁법 경험들을

살펴보고, 이들로부터 정치적·기술적 지원을 받을 수 있는 기회를 확보할 수 있다.[9)]

Commitment pathway 전략은 또한 국제적으로도 많은 비용을 발생시키지 않고 즉각적인 이익을 줄 수 있다. 이 프로젝트에 참여하는 국가는 별다른 비용 부담 없이 자국의 프로젝트 참여 사실을 활용해 다른 참여자들로부터 환영받고 이익을 얻으며 기타 다른 협상에서 우위를 점할 수 있다. 그러나, 바로 이런 점으로 인해 실제로는 합의에 따른 의무를 진지하게 이행할 의사 없이 이런 이익만을 노리고 프로젝트에 참여하는 국가가 있을 수 있다. 이러한 이익은 오래 지속되는 것은 아니지만, 일부 국가의 정치 지도자들은 이를 추구할 인센티브가 있다. 뿐만 아니라, 무역 협상과 같은 별개의 상황에서 이 전략에의 동참 여부를 협상 수단으로 사용하면, 협상 결과 부담하게 되는 의무는 경쟁법 목표에 배치될 수도 있다.

Commitment pathway 전략의 가장 두드러지는 장점은 참여자들의 약속을 지속시킬 수 있다는 점이다. 이 전략의 기본적 특징은 자전거의 진행을 생각하면 쉽게 이해할 수 있다. 사람이 자전거를 타고 앞으로 나아가는 한 몸의 움직임은 자전거가 똑바로 서서 나아가게 하는 동력이 되고, 자전거를 타고 있는 사람이 앞으로 나아가는 데 더 많은 에너지를 투입할수록 자전거는 본래 진행하려는 경로를 더 확실히 유지할 수 있게 된다.

Commitment pathway에 기반한 국제경쟁법 발전 프로젝트는 개별 국가와 국제 사회의 역학관계 간의 상호작용을 효과적으로 활용할 수 있다. 국제 사회에서의 의견 조율이 제고되면 개별 국가의 경쟁법 발전에 추동력이 더해지고, 개별 국가의 경쟁법 발전은 국제적인 협력을 지지해 다른 국가들의 약속을 이끌어낼 수 있다. 예를 들면, 한 국가가 이 프로젝트에 기반한 협력을 통해 카르텔을 규제했다는 사실이 다른 국가의 경쟁 당국 관료들, 대중들에게 알려지면,

9) 경쟁법에 관한 정보와 이러한 정보가 경쟁 정책 발전과 어떤 관계가 있는지에 관한 논의에 대해서는 Jean-Jaques Laffont, Competition, Information and Development, Address Prepared for the Annual World Bank Conference on Development Economics, (Washington DC 20-21 April 1998) 참조. Sungjoon Cho는 국제법 관계에서 상호 의사소통의 밀도와 관련되는 이슈들에 대해 유용한 분석을 행한 바 있다. Sungjoon Cho, 'GATT Non-Violation Issues in the WTO Framework: Are They the Achilles' Head of the Dispute Settlement Process?' (1998) 39 Harv Intl L J 311, 346 참조.

그 다른 국가 역시 유사한 성과를 얻기 위해 의무를 이행할 인센티브를 갖게 될 것이다. 일반적으로, 다른 참여자들이 프로젝트 참여를 통해 이익을 얻고 있다는 인식은 프로젝트에 대한 지지로 이어질 것이다. Commitment pathway 전략은 이처럼 각 참여자가 상당한 비용을 부담하기 전에 경쟁 및 경쟁법의 이익을 인식하게 할 수 있다.

프로젝트 참여자들은 commitment pathway 전략에 내포된 시간적 요소를 통해 공동의 약속에 기반한 네트워크를 발전시킬 수도 있다. 신규 참여자가 프로젝트에 동력을 불어넣기도 하지만, 더 중요한 것은 각 국이 프로젝트 참여를 통해 구체적 이익(예를 들면, 유용한 정보를 얻고, 카르텔을 적발하게 되며, 시장지배적 기업의 행위를 바꿀 수 있다는 점)을 인식하게 되면 네트워크의 가치[10]가 제고된다는 점이다. 개별 국가 차원에서, 참여자들은 시간적 요소를 통해 프로젝트 참여로 광범위한 비용을 부담하기 이전에 프로그램의 잠재 가치를 인식할 수 있다.

시간이 경과하면서 네트워크가 발전하게 되면 참여자들 상호간의 신뢰도 형성될 수 있다. Elinor Ostrom과 Richard McAdams 같은 학자들이 밝혀낸 바와 같이, 이러한 신뢰는 효과적인 국가간 협력 기반이 되곤 한다.[11] 국제 경제정책 분야에서 팽배한 뿌리 깊은 불신(이는 선진국들과 다수의 개발도상국들 간의 관계에서 특히 두드러진다)은 단순한 합의 체결이나 기술 지원만으로는 해소되기 어렵다. 그러나, 상호 협력의 증대와 공동의 참여에 기반한 공통의 목표 추구는 이러한 불신을 극복할 수 있다. 지난 50년에 걸쳐 진행된 유럽의 성공적 통합은 이런 가능성을 가장 확실히 보여주는 사례라 할 수 있다.

---

10) 이러한 네트워크 효과에 관한 논의에 대해서는 Anne-Marie Slaughter, *A New World Order* (Princeton 2004); idem, 'Governing the Global Economy through Government Networks' in Michael Byers (ed), *The Role of Law in International Politics: Essays in International Relation and International Law* (Oxford 200) 178; John Gerard Ruggie, 'Territoriality and Beyond: Problematizing Modernity in International Relations' (1993) 46 Int'l Org 139, 172; and Kal Raustiala, 'The Architecture of International Cooperation: Transgovernmental Networks and the Future of International Law' (2002) 43 Va J Intl L 1 참조.

11) 예컨대 Elinor Ostrom and T K Ahn, Foundations of Social Capital (Cheltenham 2003) and Richard H McAdams, 'The Origin, Development and Regulation of Norms' (1998) 96 Mich L Rev 338-433 참조.

3. 목표의 공유: 서약의 기반

본서는 이 Section을 포함한 이후 세 Section에 걸쳐 commitment pathway 전략의 기본적 구성 요소들을 확인하고, 이론적·경험적 관점에서 이 프로젝트의 가치를 높일 수 있는 몇 가지 요소들을 살펴보기로 한다. 이 전략의 목표는 이 전략의 장점과 실효성을 좌우하는 핵심 요소이다. 법목표는 시간의 경과에 따라 합의의 실체법적 구성 요소들을 해석, 시행하는 기반을 제공함으로써 전체 과정을 견인한다. Pathway에 대한 약속은 각 참여자가 프로젝트의 목표를 제대로 인식하고 비용을 상회하는 이익을 얻을 수 있다고 인식할 때에만 효과적으로 유지될 수 있다.

a. 목표의 기준

Commitment pathway 전략에 기반한 국제경쟁법 발전 프로젝트의 목표들이 갖춰야 할 가장 중요한 기준은, 모든 참여자들이 약속에 기꺼이 동참하고 이를 지속적으로 지지할 수 있을 정도로 매력적이어야 한다는 점이다. 그러나, 이미 살펴본 바와 같이 개별 국가의 기존 경쟁법 체제들은 모두 상이한 목표들을 추구하고 있으므로, 프로젝트의 목표 역시 초기에는 비교적 일반적이면서도 가변성을 갖춘 다음 이후 진행 과정에서 보다 구체적인 모습을 갖출 필요가 있다. 소수의 참여자들만이 선호하는 경쟁법 목표가 시간이 지나면 모든 참여자들에 의해 받아들여지고 시행될 것이라는 전제에 입각한 국제경쟁법 발전 프로젝트는 광범위한 지지를 받기 어려울 것이다.

프로젝트 목표들은 또한 참여자들이 '이해할 수 있고(graspable)' 또는 '그 의미를 파악할 수 있어야(interpretable)' 한다. 프로젝트 목표에 관한 기술은 일정한 범위 내에서 해석되어야 한다. 그렇지 않을 경우, 참여자들에게 공통된 목표가 정립되지 못하게 되고 프로젝트에 대한 지지도 형성되지 않는다. 국제협상에서 당사자들이 의도적으로 모호한 용어를 사용해 합의가 실제 의사 결정에 영향을 미치지 못하게 하는 것은 흔한 일이다. 이런 협상 방식은 다른 유형의 합의에는 적절할 수도 있겠지만, 오랜 기간 동안의 약속을 포함하는 commitment pathway 전략에서는 활용되기 어려울 것이다.

프로젝트 목표들은 또한 '공유되거나(shared)', '공유될 수 있어야(shareable)'

한다. 목표들이 공유되면 참여자들은 다른 참여자들이 이를 효과적으로 추구하고 있는지 관심을 갖게 된다. 예를 들면, 신고전주의 경제학 관점에서의 소비자 후생 증대라는 목표는, 개별 국가 차원이 아닌 전세계적 차원에서 소비자들에게 이익을 제공하기 때문에 공유될 수 있다. 반면, 한 국가의 제조업자들 보호라는 목표는 해당 제조업자들이나 이들의 성공으로부터 이익을 얻는 사람들에게만 이익을 제공하는 것이라 공유되기 어려울 것이다.[12)]

마지막으로, 프로젝트 목표들은 모든 참여자들에 의해 '공정(fair)'하다고 인식되어야 한다. 고도로 산업화된 국가들과 같은 일부 참여자들에게 유리하고 개발도상국 같은 다른 참여자에게는 손해를 입힐 가능성이 높은 목표들은 광범위한 지지를 얻을 수 없다. 따라서, 최소한 공정성이라는 관점에서 모든 참여자들을 이롭게 할 합리적 가능성이 있어야 한다. 다만, 경제 발전이 비선형적(non-linear)으로 이루어지는 특성을 고려할 때, 프로젝트 목표들이 모든 참여자들에게 반드시 동일한 이익을 제공할 수 있어야 한다고까지 주장하기는 어렵다.

b. 목표의 구조

프로젝트 목표들은 각 국의 경제 발전을 견인할 수 있도록 상호 연관되어야 한다. 이러한 예로, 본서는 함께 적용될 경우 국제경쟁법 발전 전략의 기반을 형성할 수 있는 세 가지의 목표들을 제시하고자 한다. 물론, 이 이외에 다른 목표들도 있을 수 있겠지만, 여기에서는 프로젝트 목표들간 구조를 예시하는 목적으로만 살펴보기로 한다.

프로젝트 목표들에 관한 기본적 생각은 참여자들이 결국에는 최소한 세계시장에 관한 경쟁법에 대해 비슷한 목표를 추구할 것이라는 점이다. 이러한 단계에 나아가기 위해, 각 국의 경쟁법 목표들은 시간이 경과함에 따라 좁아지는

12) 그러나, pathway 프로젝트는 오랜 시간을 상정하고 있음을 유의할 필요가 있다. 따라서, 개별 국가나 특정 지역에서 일부 사업자들을 보호하기 위해 어떤 조치를 취하더라도 해당 조치가 당연히 반경쟁적인 것이 되는 것이 아니라 궁극적으로 해당 사업자들의 경쟁력을 제고해 경쟁을 촉진할 수 있다는 점을 이유로 정당화될 수도 있다. 물론, 이러한 정당화를 위해서는 해당 조치들에 대한 충분한 설명이 제시되어야 할 것이다. 소비자와 관련된 경제 정책과 생산자에 관련된 정책 간의 긴장 관계에 관한 깊이 있는 분석에 대해서는 James Q Whitman, 'Producerism versus Consumerism: A Study in Comparative Law' (2007) 117 Yale L J 340 참조.

일정한 범위 내에 있을 것으로 기대된다. 각 국의 경쟁법 목표들 간에 상당한 차이가 있음을 고려할 때, 이러한 과정은 어느 정도 시간이 걸릴 것이고 각 국에 상이한 영향을 미칠 것이다. 국제경쟁법의 기본 목표들은 최초 합의 당시 정해질 수도 있겠지만, pathway 개념상 시간이 지남에 따라 참여자들의 의견들을 반영해 어느 정도 변경될 수도 있을 것이다.

경쟁법의 가장 기본적인 목표는 경쟁제한적 행위를 억지하는 것이다. 그러나, '경쟁제한적(anticompetitive)'이라는 용어에 대한 정의는 매우 다양해 법률적 의사결정 과정에서 활용하기 어려운 것으로 정평이 나 있다. 따라서, 경쟁제한적 행위의 억지라는 목표는 그 자체로 광범위하다. 두 번째 목표인 사적 거래제한으로부터의 경쟁 과정 보호는 경쟁제한적 행위의 억지보다는 보다 실질적인 지침이 된다. 모든 경쟁법이 어떤 식으로든 이러한 목표를 추구하고 있으므로, 이 목표는 pathway 전략의 또 다른 공통 기반이 된다. 물론 사적 거래제한으로부터의 경쟁 과정 보호의 상세한 의미에 관해서는 다소 불확실한 면이 있긴 하나, 이 목표는 경쟁 과정이 그 자체로 프로젝트의 초점이 되어야 함을 명확히 하고, 개별 국가의 경쟁법 목표들 중 국제적으로도 수용될 수 있는 범위를 제시한다. 소비자들에 대한 지속적인 효용 제공은 개별 국가의 법목표들 중 국제적으로 수용될 수 있는 범위를 더욱 좁혀 준다. 두 번째 목표와 마찬가지로, 거의 모든 경쟁법 체제가 소비자 보호를 추구하고 있으므로 이 역시 참여자들의 약속을 이끌어내는 기반이 될 수 있다. 이상과 같은 목표들이 결합하면, 다자간 합의에 기반한 국제경쟁법 전략의 기본적 목표에 관한 효과적인 프레임웍이 형성될 수 있을 것이다.

c. 가능한 문제제기에 대한 검토

경쟁법 발전 역사를 살펴보면, 참여자들이 수용할 수 있는 경쟁법 목표 구조를 발전시킴에 있어 문제제기가 있을 수 있는 세 가지 영역을 확인할 수 있다. 첫째, 프로젝트의 목표에 비경제적 목표가 포함되어야 하는지 여부이다. 경쟁법은 종종 경제적 목표 이외에도 정치 · 사회적 목표를 추구해 왔다. 예를 들면, 세계 대전 이후 유럽, 일본에서 경쟁법은 종종 민주주의 발전을 지원하는 수단으로 명시적 · 묵시적으로 활용된 바 있다. 그러나, 경험상 경쟁법을 활용해 비경제적 목표들을 달성하기 어려움이 인식된 결과, 비경제적 목표들을 경쟁법 목표에서 제외하는 것이 전반적인 추세가 되었다. 다자간 합의에 의한 경쟁법 발전 전략이 여러 국가들에게 의무를 부과한다는 점을 고려할 때, 비경제적 목표들은 프로젝트의 목표가 되기 적절하지 않을 가능성이 높다.

둘째, 해결하기 어려울 수 있는 문제로서, 경쟁법이 신자유주의 경제학적 관점에서의 소비자 후생만을 추구해야 하는가라는 것이다. 미국 경쟁 당국의 관료들과 학자들(및 많은 유럽 경쟁 당국의 관료들)은 전체적으로 소비자 후생이 경쟁법의 유일한 목표가 되어야 한다고 생각하고 있는 반면, 미국을 제외한 국가의 많은 사람들은 이를 받아들이지 않고 있다. 국제경쟁법 프로젝트가 성공하기 위해 미국의 지지가 필수적임을 고려할 때, 여기에 심각한 갈등의 소지가 있다. 그러나, 이러한 갈등을 최소화하는 방법이 있을 수도 있다. 예를 들면, 소비자 후생 기준은 단일하게 통일된 시장에 가격 이론을 적용하는 것을 전제하고 있다. 즉, 이 기준은 정치적 국경을 고려하지 않고 있다. 그 결과 과연 소비자 후생 기준이 각 국의 국경이 중요한 역할을 하는 국제경쟁법 전략에서 유일한 목표가 될 수 있는지에 관한 의문이 제기될 수 있다. 뿐만 아니라, 소비자 후생 기준은 단기적 분석에서 가장 효과적으로 활용될 수 있지만, commitment pathway 전략은 오랜 기간에 걸쳐 정치적 약속을 유지하는 것에 그 성패가 달려 있다. 그러므로, 소비자 후생을 경쟁법의 유일한 목표로 삼기를 바라는 사람들은 commitment pathway 전략에 따른 이익을 얻기 위해 최소한 단기적으로 소비자 후생 이외의 다른 목표들을 수용할 수도 있다.

경제 발전은 또 다른 장애가 될 수 있다. 이미 살펴본 바와 같이, 많은 국가들이 경쟁법을 경제 발전의 도구로 활용해 왔다. 더욱이, 개발도상국들은 종종 경제 발전이 경쟁법의 목표가 되어야 한다고 주장해 왔던바, 이는 경제 발전이 시장을 확대하고 새로운 경쟁 사업자들이 등장할 수 있도록 함으로써 장기적으로 경쟁을 제고할 것이라고 기대할 수 있기 때문이다.[13] 그러나, 다양한 정책들이 경제 발전을 지향하고 있으므로, commitment pathway 전략이 경제 발전을 지향하는 것이 특별히 실질적인 지침이 되지는 않는다. 추가적으로, 경제 발전은 오히려 경쟁법의 목표들과 배치되는 정책들을 정당화하는데 활용되

13) 이에 관한 논의에 대해서는 Ajit Singh, Competition and Competition Policy in Emerging Markets: International and Developmental Dimensions, UNCTAD Discussion Paper, 2002 http://www.unctad.org/en/docs/gdsmdpbg2418_en.pdf(2009년 10월 5일에 최종 접속함) 참조.

기 쉽다. 그러나, commitment pathway 전략에서는 합의에 따른 의무 이행 시기를 탄력적으로 결정할 수 있고, 법규범에 관한 의무들 역시 시간의 경과에 따라 단계적으로 도입될 수 있으므로, 개발도상국들이 경제 발전을 경쟁법의 목표로 포함시켜야 한다고 주장할 필요가 없을 수도 있다. 이 전략은 그 자체로 시간의 경과에 따라 발전되는 것을 지향하고 있다. Commitment pathway 전략에 따라 각 국의 사정을 고려한 시간적 여유가 제공되면, 경제 발전을 경쟁법의 목표로 포함시켜야 한다는 대부분의 (아마도 모든) 주장들을 충족시킬 수 있다.

Pathway 상황에서, 프로젝트의 목표들은 이에 도달하는 과정들을 체계화하고 이러한 과정을 지지할 인센티브를 제공해야 한다. 따라서, 이를 효과적으로 수행할 수 있는 프로젝트 목표들을 결정하기 위해서는 상대적으로 좁은 범위의 목표를 선호하는 국가들의 참여를 유도할 수 있을 정도로 구체적이면서, 상대적으로 넓은 범위의 목표를 선호하는 국가들의 참여를 이끌어낼 수 있을 정도로 광범위한 목표들을 고안해야 한다. 위 각 국가들 그룹은 상대방 그룹의 입장을 수용해야 할 것이다. 이러한 상호 양보는 각 그룹의 요구를 대부분 충족시키거나, 이 방안이 적어도 다른 대안보다는 상대적으로 나을 경우에만 정당화될 수 있다.

4. 규범 설정에 관한 서약

Commitment pathway 전략은 참여자들이 최종적으로는 세계 시장에 적용할 경쟁 규범을 좁혀 나갈 것을 요구한다. 참여자들이 수용할 수 있는 경쟁법 규범들은 각 국 경쟁법 집행 기관들의 역량, 경험뿐만 아니라, 각 국의 정치·경제 체제 내의 요인들에 따라 시간이 경과하면서 점차 그 모습을 형성해 나가야 할 것이다. 몇몇 경쟁법 규범들은 pathway 전략 시행 초기에 채택될 수 있는 반면, 다른 규범들은 프로젝트의 효과가 확인되고 합의에 기반한 참여자들의 관계가 실질적으로 작동함에 따라 점진적으로 채택될 수 있을 것이다.

a. 잠재적 장애물

국제경쟁법의 실체 규범에 관한 합의 과정에서 현저히 두드러질 두 개의 이슈들이 있다. 첫째, 경제학의 역할이다. 경쟁법에서 경제학이 했던 두 가지 기본적 역할(하나는 자료를 해석하는 것이고, 다른 하나는 행위 규범이나 행위 기준을 제시하는 것이다)을 상기해 보자. 이 중에서 본서의 관심은 경제학의 규범적 역할이다. 미국에서 경제학의 규범적 역할은 핵심적인 위치에 있다. 전적으로 행위 자체의 특징에만 기반한 '규칙들'은 거의 없다. 미국에서의 경쟁법 결정들은 일반적으로 실제 사건의 개별 구체적 사실관계 하에서 그 행위가 실제로 발생시키거나, 발생시킬 개연성이 있는 효과에 대한 경제적 분석에 초점을 맞춘다. 이 때 경제학은 법규범적 역할을 하면서 그 행위의 적법성 여부를 결정하게 된다. 이미 살펴본 바와 같이 EU 집행위원회는 최근 거의 대부분의 경쟁법 영역에서 경제학을 더욱 중시하는 방향으로 입장을 선회했다.

그러나, 미국, 유럽을 제외하면 경제학이 이와 같은 법규범적 역할을 하는 경우는 거의 없다. 경제학이 개입하면 어느 정도 법률적 불확실성이 불가피하게 초래되는데, 거의 모든 국가들이 이를 받아들일 준비가 되어 있지 않다. 이러한 경쟁법 체제들은 통상, 어떤 행위가 일정한 특징을 갖고 있거나 대략 일정한 효과를 발생시키면 개별 구체적인 사례에서 그 행위가 실제로 어떤 경제적 효과를 발생시키는지에 관한 전면적인 분석 과정을 거치지 않고 당해 행위의 위법성을 인정한다. 특정 행위로 초래되는 경제적 효과를 전면적으로 분석하는 데에는 많은 비용이 소요되는데, 이를 감당할 수 있는 충분한 자원을 보유한 국가는 거의 없다. 따라서, 최소한 단기간에는 경제학이 국제경쟁법 전략의 일부로 포함되어야 한다고 요구하기 어려울 것이다.

경제학의 역할에 관한 이러한 견해 차이는 어떤 국제경쟁법 전략을 취하던 문제될 가능성이 높지만, commitment pathway 전략을 취할 경우 이러한 차이를 메꿀 수 있는 방식으로 경제학을 활용할 수 있다. 예를 들면, 각 국의 경쟁 당국 관료들과 전문가들은 경쟁제한적 효과의 존재/부존재를 추정할 수 있는 상황에 관해 의견을 모을 수 있을 것이다.[14] 각 국 경쟁 당국 관료들과 법원들은 자국 경쟁법을 자유롭게 적용할 수 있지만, 이처럼 여러 국가들이 의

14) John Vickers는 영국 경쟁당국의 수장의 자격에서, 그리고 학문적인 글을 통해서 다소나마 이와 유사한 접근방식을 취했다. 예컨대 John Vickers, Some Economics of Abuse of Dominance, University of Oxford, Department of Economics Discussion Paper (2007) http://www.economics.ox.ac.uk/Research/wp/pdf/paper376.pdf〉(2009년 9월 23일에 최종접속함) 참조.

견일치를 이룬 상황이나 입장을 어느 정도 지침으로 삼을 수 있을 것이다. 뿐만 아니라, 프로젝트 참여자들은 일정 시점 이후에는 각 국의 의사결정권자들이 이러한 입장에 배치되는 결론을 내릴 경우 그에 대한 이유를 제시하도록 할 수도 있을 것이다. 이런 구조를 통해 미국, 유럽은 다른 국가들이 잘못된 경제 분석을 할 가능성에 대한 우려를 덜 수 있고, 다른 국가들 역시 법률적 안정성을 더 확보할 수 있을 것이다.

다음으로 국제경쟁법에 관한 합의 과정에서 모든 참여자가 동등하게 경쟁법 규범을 적용받아야 하는지 여부도 장애가 될 수 있다. 이 문제는 국제경쟁법 제정에 관한 기존의 논의에서도 많은 어려움을 초래했고, 이후에도 국제경쟁법에 관한 주된 논의 대상이 되어 왔다. 개발도상국들은 자국 기업들이 역사 기타 여러 가지 이유들로 인해 제대로 성장하거나 세계 시장에서 경쟁할 수 있을 정도로 충분한 기회를 얻지 못했다고 주장하곤 했다. 그 결과, 이들 기업들이 더 큰 규모의 외국 기업들과 경쟁해야 하는 상황에 놓이면 생존하기 극히 어려울 것이고, 소수의 외국 기업들이 전세계 시장을 지배할 것이라고 주장하기도 했다. 이에 개발도상국들은 자신들에게 '특별한 우대 조치(special and differential treatment)'를 해 줄 것을 주장해 왔다. 반면, 다른 국가들은 개발도상국들에게 이러한 대우를 하는 데에 전반적으로 소극적 입장을 보여 왔다.[15)]

이 문제는 국제경쟁법 발전 과정에서 결정적으로 중요한 요소가 될 가능성이 높은데, commitment pathway 전략은 각 국이 자국의 경제적 상황과 같은 요소들을 고려해 시간의 경과에 따라 경쟁법 규범을 형성하는 것을 허용하고 있으므로 이러한 문제들을 무리 없이 담아낼 수 있는 독특한 특징이 있다. 그러므로 개발도상국의 의무는 각 국의 경제 발전 수준에 따라 자동적으로 맞춰질 것이고, 이들에 대한 우대 조치들 역시 시간이 경과함에 따라 점진적으로 소멸될 것이다.

15) 개발도상국들에게 특별한 우대 조치를 취하는 문제에 관한 논의에 대해서는 예컨대 Bernard Hoekman et al, 'Special Differential Treatment of Developing Countries in the WTO: Moving Forward after Cancun' (2004) 27 World Economy 481; and Michael Friis Jensen, 'African Demands for Special and Differential Treatment in the Doha Round: An Assessment and Analysis' (2007) 25 Dev Pol Rev 91-112 참조.

b. 구체적인 규범 유형— 카르텔

경쟁법 규범의 주요 영역들을 간략히 살펴보면 이상 살펴본 이슈들 몇몇을 확인할 수 있다. 카르텔 규제는 commitment pathway 전략의 근간(foundation)이 될 수 있다. 카르텔이 일반적으로 피해를 초래한다는 점에 대해서는 광범위한 공감대가 있고, (비록 전부라고 할 수는 없더라도) 대부분의 경쟁법들이 카르텔을 금지, 억지하는 규범들을 보유하고 있다. 카르텔은 통상 명백히 경제적 피해를 초래하는바, 비교적 낮은 비용의 경제 분석으로도 이를 확인할 수 있다. 이는 각 국에 카르텔 금지를 요구하는 것이 별로 어렵지 않음을 뜻한다. 각 국은 카르텔에 대한 공통된 규제를 통해 commitment pathway 전략에 대한 경험을 쌓을 수 있고, 다른 참여자들에 대한 신뢰, 지식 전달 경로, 상호 피드백의 연결고리를 발전시킬 수 있을 것인바, 이 모든 것들은 참여자들의 추가적인 약속을 이끌어내는 동력이 될 수 있다. 무엇보다도 카르텔 영역에서의 경쟁법 집행은 이후 commitment pathway 프로젝트를 지지할 수 있는 이익을 가져다 줄 수 있을 것이다.

카르텔에 대한 규제 면제는 더 어려운 문제가 될 수 있다. 여러 경쟁법들이 일정 유형의 카르텔을 규제 대상에서 제외하고 있는데, 이러한 예외들은 서로 많은 차이가 있곤 하다. 예를 들면, 산업 자체가 침체되는 상황에서 구조조정을 위해 결성한 비상 카르텔(crisis cartel)에 예외를 인정하는 경우가 있고, 수출 카르텔(export cartel)은 다수 경쟁법에서 예외로 인정되고 있다. 카르텔 규제 입법 과정에서 다양한 이해관계를 조정하기 위한 방편으로 예외 사유들을 포함시키는 경우도 빈번하다. 1957년 독일 경쟁법은 예외 사유를 규정한 사례라 할 수 있다. 그러나, 최근 수십 년간의 전반적인 추세는 카르텔에 대한 규제 면제 사유들을 없애는 것이었던바, 이는 유럽, 일본에서 특히 두드러지고 있다. 이런 상황들을 고려하면, 일정 조건들을 충족하고 시간이 경과함에 따라 예외 인정 범위를 줄여가는 것을 전제로, 카르텔 규제에 대한 예외를 인정할 수도 있을 것이다.

c. 수직적 합의

수직적 합의(예를 들면, 상품의 유통 거래)는 더욱 복잡한 경쟁법 문제들을 발생시키는데, 이를 어떻게 규제할 것인지에 대해서도 훨씬 다양한 견해들이 있다. 수직적 합의에 대한 규제는 처음에는 미국이 그 다음에는 EU가 종래 행위 유형에 기반한 분석(form-based analysis)에서 보다 행위의 효과에 기반한 분석(more effects-based analysis)으로 나아감에 따라 지난 수십 년간 각 국 경쟁법의 규제 방식이 가장 달라진 경쟁법 분야이다. 미국, EU가 접근방식을 바꾼 주된 요인은, 수직적 합의가 개별 구체적 상황에 따라 상이한 경제적 효과를 발생시키고 상세한 경제 분석을 통해 이러한 효과를 비교적 정교하게 확인할 수 있다는 인식의 제고에 있다. 다른 국가들은 대부분 기존의 행위 유형에 기반한 분석에 주로 의존해 왔고, 수직적 합의로 실제 발생하는 경제적 효과에 대한 평가에는 별다른 관심을 기울이지 않았다. 그 이유 중 하나는, 미국 유럽에 상응하는 자원을 경쟁법 집행에 투입할 수 없었기 때문이지만, 다른 한편으로는 경쟁법 적용의 예측가능성을 제고해야 한다는 정의 관념에 따른 것이기도 하다.

그러나, commitment pathway 전략을 취할 경우, 각 국의 견해 차이를 포용할 수 있을 뿐만 아니라, 결국에는 이를 줄일 수 있을 것이다. 예를 들면, 이 전략은 참여자들이 경쟁제한적 수직적 거래제한을 규제하는 조항을 포함시키도록 하되, 각 국의 의사결정권자들이 이 조항을 적용할 때에는 문제되는 행위가 실제로는 경쟁을 제한하지 않는다는 점을 뒷받침하는 증거를 반드시 고려하도록 규정할 수 있다. 이 경우 시간이 경과하면 각 국 경쟁법 집행 기관들은 수직적 거래제한의 경쟁제한성 판단시 급속히 경제적 효과를 고려하고자 할 것이다. 이러한 규정은, 다른 참여자들에게는 상당한 비용부담을 주지 않으면서도 경제학 활용을 제고해야 한다는 미국, EU의 주장을 최소한 어느 정도는 수용할 수 있을 것이다.

d. 시장지배적 사업자의 행위

경쟁법 규범 중에서 주요한 세 번째 영역은 시장지배적 기업의 단독행위이다. 여기에서의 초점은 당사자들간의 개별 구체적인 거래가 아니라, 경쟁 과정을 저해할 수 있는 시장지배적 기업의 특정한 행위 유형을 확인하는 것이다. 이러한 행위 유형에는 거래거절, 약탈적 가격설정 등이 포함된다. 시장지배적 기업이 경제력을 활용해 야기할 수 있는 경쟁제한 효과 중 가장 현저한 것은,

경쟁사업자를 배제하거나 그 사업활동을 제한하는 이른바 '배제적 남용행위(exclusionary abuses)'이다. (미국은 제외되지만) 유럽을 포함한 많은 국가들은 시장지배적 기업이 지배력을 활용해 가격을 인상하거나, 공급자들과 구매자들에게 기타 일정한 조건을 부과하는 이른바 '착취적 남용행위(exploitative abuses)'도 규제하고 있다. 배제적 남용 및 착취적 남용 사례 모두에서 경쟁촉진적 행위와 경쟁제한적 행위를 효과적으로 구분하기는 매우 어렵다.

다른 경쟁법 영역에 비해 시장지배적 기업의 남용행위에 관한 규제 사례들은 그 수가 작은 편이지만, 이 분야는 경쟁법 체제의 중요 요소가 될 수 있다. 시장지배적 기업들에 대한 경쟁법 집행은 대중들의 관심을 끄는 경우가 빈번하다. 이 분야의 경쟁법 집행은 경쟁법의 의의를 널리 알리는 계기가 되고, 개별 국가 및 세계적 차원에서 이루어지는 경쟁법 집행 노력에 대한 정치적 지지로 연결될 수 있다.

그러나, 시장지배적 기업의 단독행위 규제에 대한 각 경쟁 당국의 접근 방식에는 상당한 입장 차이가 있다. 심지어 미국, 유럽 조차 입장이 동일하지 않다. 뿐만 아니라, 많은 국가들이 이 분야에 대해서는 경계심과 불확실성에 사로잡혀 있다. 단독행위에 대한 규제에 대해서는 정치적인 영향이 있을 가능성이 높은데, 이는 경쟁촉진적 행위와 경쟁제한적 행위를 확실히 준별하기 어렵고, 정치 지도자들이 이 규제를 통해 대중적 지지를 얻고자 하는 인센티브를 갖고 있기 때문이다. 이러한 정치적 영향의 위험은 세계 시장에서 더욱 높아질 수 있는데, 이는 특정 기업의 행위가 국경을 넘는 효과를 발생시키고, 각 국 경쟁 당국 관료들은 다른 국가의 시장지배적 기업들을 규제함으로써 국내의 정치적 지지를 얻으려는 인센티브를 갖고 있기 때문이다. 개발도상국들은 단독행위 규제를 통해 외국의 시장지배적 기업들의 경쟁제한의 우려가 있는 행위를 규제하는 것을 선호하는 경향이 있다. 이러한 시장지배적 기업들이 소재한 국가들(주로 미국, 유럽, 일본)은 개발도상국들이 단독행위 규제 조항을 자의적으로, 별다른 정당화 사유 없이 외국의 기업들에게 적용할 가능성을 우려해 해당 국가들이 단독행위 규제 조항을 포함시키는 것에 반대하는 것이 보통이다.

이러한 상황에서, commitment pathway 전략에 기반한 합의에 시장지배적 기업들의 남용행위 규제 의무를 포함시킬 기반은 (적어도 현재로서는) 없다. 그러나, commitment pathway 합의에 각 참여국이 자국의 경제적 이해가 심각하게 침해되었다는 점에 관한 증거를 제시할 수 있는 경우에만 시장지배적 기업의 단독행위를 규제할 수 있도록 하는 조항 정도는 포함시킬 수 있을 것이다. 그러면 각 국은 적어도 다른 참여자들이 정치 기타 다른 비경제적 목적을 위해 단독행위 규제를 활용하는 것을 견제할 메커니즘을 얻게 된다.

e. 기업결합

기업결합 규제에서도 앞서 살펴본 것과 유사한 문제 상황이 발생한다. 과거 사례들을 살펴보면, 기업결합에 관한 규제 조항들은 경쟁법 체제에 가장 마지막으로 포함되곤 했다. 독일의 경우 기업결합 규제 조항들은 다른 조항들보다 대략 15년이 늦었고, 유럽의 경우 거의 20년간의 협상을 거쳐 1990년대 초반 최종 합의가 타결되었다. 미국 역시 기업결합에 관한 조항들은 다른 조항들보다 수십 년 뒤에야 비로소 효력을 발휘하게 되었다. 이러한 사례들은 commitment pathway 합의에 기업결합에 관한 규제 조항을 삽입하는 것에 주의를 기울여야 함을 시사한다.

기업결합 규제가 이처럼 늦었던 데에는 두 가지 요인을 들 수 있다. 첫째, 기업결합은 정치적으로 민감한 문제 상황을 발생시키곤 한다. 경쟁 당국은 기업결합 규제를 통해 최소한 일방 당사자가 거대 기업이 될 가능성이 있거나, 정치적인 영향력을 얻을 수 있어서 경쟁법 집행 기관들에 대해 상당한 정치적 압력을 줄 수 있는 주요한 경제적 기업결합을 저지할 수 있다. 기업결합은 또한 언론으로부터 많은 관심을 받게 되곤 한데, 이로 인해 정치적 영향이 미칠 가능성이 높아진다. 둘째, 특정 기업결합이 초래할 경제적 효과 분석에 많은 비용이 소요된다. 이를 위해서는 주요한 기업결합이 장래에 어떤 효과를 가져올 것인지를 예측해야 하는데, 이는 광범위하고 엄청난 비용 지출을 요하는 경제 분석을 필요로 한다. 그러므로, 기업결합에 관한 규제 조항들은 규제상 오류를 범할 위험이 높고, 많은 비용 지출을 수반할 가능성이 높다. 그 결과, 향후 시간이 경과함에 따라 기업결합에 관한 개선된 규제 방안이 마련될 수는 있지만, commitment pathway 합의에 기업결합 규제를 포함시킬 인센티브는 거의 없다.

Commitment pathway 전략에 포함될 가능성이 높은 경쟁법 규범들에 관한 검토 결과, 카르텔과 같이 일반적 합의가 가능한 분야와 단독행위에 대한 규제와 같이 상당한 견해 차이가 있는 분야가 있음을 확인할 수 있다. 이로 인해 commitment pathway 전략의 잠재가치(즉, 광범위하게 인정되는 경쟁법 규범들은 빠른 시일 내에 대부분의 참여자에게 적용하는 반면, 그렇지 않은 경쟁법 규범들은 향후 프로젝트 진행과정에서 그 존재를 확인하고 참여자들의 의견을 모아 정식 규범으로 추가하는 것)가 더욱 부각된다. 광범위하게 인정되는 경쟁법 규범들을 먼저 시행하면서 경험을 축적하면, commitment pathway 전략 전반에 대한 신뢰가 형성되고, 이 프로젝트의 잠재가치가 드러나게 되어 이후 프로젝트의 발전 기반이 조성될 수 있을 것이다.

5. 실행에 대한 서약

Commitment pathway 전략의 실효성은 합의한 목표를 실행하고 법규범을 실제 결정으로까지 이어지게 하겠다는 약속에 따라 좌우될 것이다. 각 국 경쟁법의 기관들, 절차들은 다양하지만 commitment pathway 프로젝트가 반드시 각 국에 이를 상당 부분 바꾸도록 요구할 필요는 없다. 기본적 목표는 각 국이 합의에 포함된 목표들을 향해 나아가도록 하는 것이므로, 핵심적인 물음은 '각 국 경쟁법의 집행 방식들이 합의된 목표들을 향해 나아가고 있는가(do these methods move toward those goals?)'일 것이다.

본서는 이러한 진전을 평가하는 기준을 최소한 두 가지 확인할 수 있다. 하나는 각 국 경쟁법의 의사결정권자들이 외부의 영향으로부터 얼마나 독립해 경쟁법적 관점에서 결정을 내릴 수 있는가이다. 역사적으로, 경쟁법에 관한 의사결정권자들이 외부의 정치・경제적 간섭에서 지속적으로 독립성을 유지하는 것은 경쟁법의 실효성 및 법집행 기관 발전의 핵심 요소가 되어 왔다. 미국에서는 연방 법원이 경쟁법 체제의 중심이므로, 경쟁법에 관한 의사결정의 독립성이 유지될 수 있었다. 독일의 경우, 전통적으로 행정부의 의사결정이 독립적으로 이루어졌던 점, 사회적 시장 경제 상황에서 경쟁법이 추구하는 목적들이 중요하게 여겨졌던 점에 의해 독립성이 발전했다.

보다 효과적인 경쟁법 집행으로의 진전 여부를 평가하는 두 번째 기준으로 각 국이 경쟁법 집행을 위해 얼마만큼 정치적, 재정적, 제도적 지원을 하고 있는지를 들 수 있다. 경쟁법 발전 과정에서, 이런 지원들은 경쟁법의 위상 및 실효적 운용과 전반적으로 상관 관계를 보여 왔다. 재정적 지원이 증대되면 경쟁 당국은 더 숙련된 관료들을 보유할 수 있고, 소속 관료들이 외부의 재정적 유혹으로부터 덜 영향받도록 할 수도 있으며, 경쟁제한적 행위를 적발하고 이를 제재할 역량을 제고할 수도 있다. 일반화시켜 이야기하면, 이상과 같은 지원 증대는 각 참여자로 하여금 commitment pathway 합의에 포함된 목표로 더욱 나아가게 할 것이다.

국제적 요소들도 나름대로의 역할을 할 수 있다. 본서에서 이미 강조했던 바와 같이 commitment pathway 전략의 효과는 참여자들 사이에서 서로를 지지하는 행위를 발전시키는 것에 좌우되는데, 합의 내용에 이러한 상호 작용을 지지하도록 하는 의무를 포함시킬 수 있다. 여기에서 두 가지 사항이 핵심적인데, 하나는 참여자들간의 정보 교류를 늘리는 것이고, 다른 하나는 참여자들이 서로에게 적극적 협력(예를 들면, 자료 수집과 경쟁법 집행에 조력하는 것)을 요청하는 것이다.

Commitment pathway 전략은 오랜 기간에 걸쳐 진행되고 참여자들의 참여에 의존하는 특성을 갖고 있으므로, 참여자들에게 이 전략을 실행하는 비용을 분담시키는 조치를 포함할 수도 있다. Commitment pathway 전략 실행에는 상당한 비용이 소요될 수 있는데, 이를 부담할 국가들의 재정 상황은 국가별로 상당한 차이가 있다. 예를 들면, 국토가 작은 개발도상국이 광활한 국토를 갖고 있는 부유한 국가와 동등한 자원을 투입해 경쟁법을 시행할 것이라고 기대하긴 어렵다. 그러므로, 참여자들에게 commitment pathway 프로젝트 실행에 필요한 비용의 일부를 공동으로 분담시키면 합의에 포함된 목표로 나아가는데 도움이 될 수 있다. 특히, 미국과 같은 국가들이 광범위한 경제 분석에 필요한 자원을 갖고 있지 않은 국가들에게 자원을 제공하거나, 각 국의 자원을 함께 모아(pooling) 공동으로 활용하도록 하는 메커니즘을 고안, 시행한다면 경제학의 활용이 상당히 제고될 수 있을 것이다. 현재의 기술 지원 프로그램들은 몇몇 사례들에서 이러한 기능을 하고 있긴 하나, 이 프로그램들은 공동의 목표를 달성하기 위해 공동으로 활용되는 것이 아닐뿐더러, 선진국이 자국의 영향력 확대를 위해 활용하고 있다는 의심을 받는 경우가 종종 있다. 진실이 어떠하든, 이 프로그램들은 한 국가가 다른 국가를 '배려하는 것(largesse)'으로서 특별한 사유가 없더라도 언제든지 임의로 종료될 수 있는 것으로 인식된다. 그러나, 만약 이 프로그램들이 commitment pathway 프로젝트에 포함된다면 공동의 프로젝트의 일부가 될 수 있을 것이다.

E. Commitment pathway 아이디어와 국제경쟁법 논의

국제 경쟁 정책에 관한 기존 논의들이 다른 유형의 합의에 초점을 맞추고 있긴 하나, commitment pathway 전략의 잠재 가치 및 한계를 제대로 평가하기 위해서는 이러한 논의들의 관점에서 이 전략을 검토할 필요가 있다. 검토 결과, commitment pathway 전략은 합의 방식의 장점을 극대화하면서도 다른 유형의 합의에 제기되는 비판들로부터는 상당 부분 자유로운 것으로 보인다.

1. 논의의 상황과 특징

국제 경쟁 정책에 관한 기존 논의가 commitment pathway 전략에도 유효하게 적용되는지를 이해하기 위해서는 그러한 논의가 이루어졌던 상황을 살펴볼 필요가 있다. 핵심적 요소 중 하나는, 미국 경쟁법 기관들, 미국의 인사들, 미국의 이해관계들이 국제 경쟁 정책에 관한 논의에 주된 영향을 미쳤다는 점이다. 세계 경제에서 미국의 우월적 지위는 세계 경제에 관한 대부분 논의의 배경이 되었다. 유럽 관료들과 학자들도 나름대로의 역할을 하긴 했지만 1990년대 이후 이들의 견해는 미국의 입장에 수렴해 차별성이 없어지는 경향이 있었다. 둘째 요소는, WTO가 국제경쟁법 전략의 중심에 있었다는 점이다. 그리고 마지막으로, 세계화가 국제 경쟁 정책에 관한 논의 전반에서 핵심적 화두가 되어 왔다는 점이다. 국제 무역과 투자가 국제 경쟁에 앞서 진행되고 있는 상황 및 이러한 추세가 지속될 것이라는 전망이 국제경쟁법에 관한 논의에 영향을 미쳤다. 그 결과 경쟁법은 무역 이슈의 관점(특히, 경쟁법이 이전까지 정치 기타 다른 이유로 인해 폐쇄되어 왔던 시장을 개방시킬 수 있는가라는 관점)에서 인식되곤 했다.[16]

---

16) 경쟁법과 무역이슈간의 이러한 관계에 관해서는 방대한 문헌이 있다. 예컨대 Clifford A Jones and Mitsuo Matsushita (eds), *Competition Policy in the Global Trading System* (The Hague

그 결과, 국제경쟁법 제정에 관한 이슈들에는 다음의 세 가지 질문들이 주로 제기되었다. 첫째, 'WTO에 따를 것인가?'. 둘째, 경쟁법이 '국제 무역이 요구하는 바를 어느 정도까지 충족시켜야 하는가?'. 셋째, 미국식 경쟁법이 국제경쟁법 발전의 주된 모델이 될 수 있는지 여부, 그렇게 되는 것이 옳은지 여부이다. 미국은 이 질문에 대해 전반적으로 긍정적인 입장을 취하는 반면, 다른 국가 및 지역들은 미국식 경쟁법을 채택할 경우 초래될 결과나 미국식 경쟁법 목적에 대한 불확실성에 관해 우려하거나, 미국식 경쟁법을 따를 수밖에 없다고 체념하곤 했다.

국제경쟁법에 관한 이상의 논의에서 확인할 수 있는 공통적인 사항들이 있다. 첫째, 깊이 있는 역사적 인식이 전반적으로 결여되어 있다는 점이다. 이따금 미국 반트러스트법 경험을 참조하는 것을 제외하면, 개별 국가의 경쟁법 발전에 관한 분석은 거의 이루어지지 않았고, 1990년대 이전까지의 국제경쟁법 발전에 대한 논의도 제대로 이루어지지 않았다. 그 결과, 국제경쟁법에 관한 논의는, 과거 실제로 경쟁법에 관한 결정을 내렸던 사람들의 법집행 경험을 고려하지 않고 국제경쟁법에 관한 의사결정을 할 것이라는 전제에 입각해 논의되곤 했다. 이는 과거 경쟁법 집행 경험 및 이러한 경험이 각 국의 개인적·국가적 이해관계에 미치는 영향들이 국제경쟁법 발전 전략 수립에 별다른 역할을 하지 못함을 의미한다.

국제경쟁법 발전에 관한 종래의 논의들은 과거 경쟁법 경험에 관한 근거 없는 믿음(myths)이나 부정확한 인식에 기반하곤 했다. 그 하나의 예는 국제경쟁법을 발전시키려는 노력이 '실패(failure)'했다는 인식이다. 그 결과 과거의 국제경쟁법 발전 노력들, 당시의 배경 상황, 그 '실패'의 원인들은 사실상 제대로 분석되지 못했다. 마찬가지로, 1950년대 이전까지 미국을 제외한 어떤 국가도 개별 국가적 차원에서 경쟁법 발전을 이루지 못했다는 인식, 모든 경쟁법이 미국 반트러스트법을 (그것도 부정확하게) 베낀 것에 불과하다는 인식 역시 실제와는 다름에도 불구하고 지속적으로 유지되고 있다. 이미 살펴본 바와 같이 이러

2002); Bernard Hoekman, 'Competition Policy and the Global Trading System' (1997) 20 World Economy 383 and 'Symposium: Competition and Trade Policy: Europe, Japan and the U.S'(1995) 4 Pac Rim L & Pol J 참조. 또한 WTO, Study on issues Relating to a Possible Multilateral Framework on Competition Policy (WT/WG/TCP/W/228, 19 May 2003) 참조.

한 믿음과 생각들은 실제와 다를 뿐만 아니라 향후 국제경쟁법 발전에도 적용될 수 있는 역사적 유사성(이는 유럽에서 특히 두드러진다)도 간과하게 한다.

국제경쟁법에 관한 논의들은 과거 경쟁법 경험에 대한 역사적 고찰을 결여한 가운데 전반적으로 이론적 주장들을 중심으로 이루어지는 경향이 있다. 이러한 주장들은 대부분 깊이 있는 고찰을 제시하지 못했다. 다만, 일부 중대한 예외가 있긴 했다. 특히, Andrew Guzman과 다른 몇몇 사람들의 공공 선택에 기반한 분석(public-choice-based work)은 그 가치가 매우 높다.[17] Guzman은 합리적 행동 가설(rational actor assumptions)을 활용하여 경쟁법에서의 다자간 협력에 관한 각 국의 인센티브를 분석, 확인하고자 했다. 그 분석은 내용이 충실하고 많은 통찰을 제시하지만 그 자체로 국제경쟁법 발전 가능성을 평가하는 신뢰할 만한 기준이 되기는 어려울 것이다. 이러한 평가를 위해서는 개념적, 제도적, 역사적 요인들에 관한 추가적인 분석이 필요한데, 그에 따른 평가 결과는 국제경쟁법 발전에 관한 결정에 영향을 미칠 것이다.

2. 다자간 경쟁법 합의에 대한 일반적 논의

다자간의 국제경쟁법 합의를 지지하는 주된 주장들은 세 가지를 들 수 있다. 특히 유럽의 논평가들과 관료들이 빈번하게(이는 1990년대에 가장 두드러졌다) 이러한 주장들을 제시했다. 그 중에서도 가장 두드러졌던 주장은 국제적 경쟁법 문제에 대해서는 해결책도 국제적으로 마련되어야 한다는 간단명료한 주장이었다.[18] 이보다 좀 더 구체적인 주장은 관할간 갈등의 소지를 줄이고 실제 갈등을 해결하기 위해 합의가 필요하다는 주장이다.[19] 가장 구체적인 주장

17) 예컨대 Andrew T Guzman, 'Is International Antitrust Possible?' (1998) 73 NYUL Rev 1501; and idem, 'The Case for International Antitrust' (2004) 22 Berkeley J Int'l L 355, 355-57 참조. 한편, 게임이론의 관점에서 WTO 상황에서 경쟁법에 관한 협상을 하는 것의 한계에 관한 논의에 대해서는 Anu Bradford, 'International Antitrust: Negotiations and the False Hope of the WTO' (2007) 48 Harv J Intl L 383-440 참조.

18) 예컨대 Andreas Heinermann, *La Nécessité d'un Droit Mondial de la Concurrence, Rev Internationale de Droit Economique* (2004) 293-324; Eleanor Fox, 'Antitrust and Regulatory Federalism: Races Up, Down, and Sideways' (2000) 75 NYUL Rev 1781, 1785-86: and Andrew Guzman, *The Case for International Antitrust, supra* note 17 참조.

19) Guzman, *Is International Antitrust Possible, supra* Note 17 참조.

은 만약 다른 국가들도 유사한 조치를 취할 것을 담보하는 어떤 유형의 합의도 존재하지 않는다면 각 국이 국제경쟁법 발전을 위해 노력할 충분한 인센티브가 없다는 주장이다. 국제경쟁법에 관한 합의가 없다면, 각 국의 이해관계가 조율될 수 없고, 이 분야의 문제 해결을 지향하는 진전이 이루어질 수 없다는 것이다.[20)]

다자간 합의에 의한 국제경쟁법을 발전시키려 했던 이러한 주장들은 제대로 된 반론이 제시되지 않았음에도 불구하고, 아예 무시되었거나 제대로 주목받지 못한 채 폐기되곤 했다. 본서에서 제시하는 commitment pathway 전략은 이러한 주장들에 추가적인 동력을 부여하고, 이들 주장들이 제시하는 이익을 어떻게 달성할 것인지에 관해 하나의 비전을 제시한다.

3. 비　판

다자간 합의에 기반한 국제경쟁법 발전 전략에 대한 비판들은 대부분 commitment pathway 전략에는 해당하지 않지만, 일부는 이 전략에도 해당할 수 있는 것들이 있다. 다만, 이미 살펴본 바와 같이, 이러한 비판들은 구체적인 합의 유형이나 내용에 대한 것이 아니라 전반적으로 다자간 합의 자체에 대한 것임을 유의할 필요가 있다. 이러한 비판들이 직간접적으로 구체적인 사항을 대상으로 할 때에도, 그 대부분은 국제경쟁법 규칙(code) 제정 방안이나 WTO에 경쟁법 관련 조항들을 포함시키는 방안을 대상으로 하는 것에 머무는 것이 보통이다. 즉, 다자간 합의에 기반한 국제경쟁법 발전 전략에 대한 비판들은 본서가 제시하는 것과 같은 특징을 갖춘 합의를 대상으로 하는 것이 아니다. 본서는 이러한 비판들 중 commitment pathway 전략에 적용될 수 없는 것들을 살펴보고, 이 전략에도 해당할 수 있는 비판들에 대해 검토하기로 한다.

다자간 합의에 기반한 국제경쟁법 발전 전략에 대해 제기되는 비판들 중 가장 흔한 것은 합의 자체가 필요하지 않다는 것이다. 이에 따르면, 일방적 관

20) 예컨대 Robert D Anderson and Frederic Jenny, 'Current Development in Competition Policy in the World Trade Organization' (2001) 16 Antitrust 40, 41 and Daniela Kroll, *Toward Multilateral Competition Law? After Cancun: Reevaluating the Case for Additional International Competition Rules Under Special Consideration of the WTO Agreement* (Frankfurt am Main 2007) 81-87 참조.

할주의로 발생하는 갈등 기타 약점들은 다자주의적 메커니즘으로 대처할 정도로 심각하지 않다는 것이다.[21] 그러나, 이미 살펴본 바와 같이, 관할권 기반 체제에는 근본적인 약점이 있고, 이는 심대화 세계화 과정을 거치면서 더욱 부각되고 있다.

두 번째 비판은, 각 국은 상이한 이해관계로 인해 합의에 기반한 국제경쟁법 체제를 충분히 지지하지 않을 것이므로 다자간 합의가 효과적으로 작동할 수 없다는 것이다.[22] 이러한 입장에서는 다자간 합의를 할 정도로 충분한 인센티브가 없다고 주장한다. 그러나, Guzman이 다자간 합의 상황에서 전반적으로 지적했고, 본서가 구체적 합의 유형 도출을 위해 더욱 상세히 살펴보았던 바와 같이, 거의 모든 국가들은 다자간 합의를 통해 국제경쟁법을 발전시킬 상당한 인센티브를 갖고 있다.

일부 저자들은 다자간 합의에 의한 국제경쟁법 발전이 아직 시기상조라고 주장하면서 이를 비판한다.[23] 이 주장은 아직 체계적으로 정립되진 않았지만, 참여자들 간의 조율을 요하는 전략이 성공하기 위해서는 각 참여자들이 높은 정치적・경제적 발전을 이뤄야한다는 점이 전제되어야 한다고 본다. 이 관점에서는 개발도상국들이 국제경쟁법 전략에 실질적으로 참여할 수 있는 경제적・제도적 준비가 되어 있지 않다고 보고 있다.[24] 이러한 비판은 합의의 성립

---

21) 예컨대 Terry Calvani, 'Conflict, Cooperation, and Convergence in International Competition' (2004-2005) 72 Antitrust L J 1127 참조.

22) 예컨대 Paul B Stephan, 'Global Governance, Antitrust, and the Limits of International Cooperation' (2005) 38 Cornell Int'l L J 173 and John O McGinns, 'The Political Economy of International Antitrust Harmonization' in Richard A Epstein & Michael S Greve (eds), *Competition Laws in Conflict* 126 (Washington DC 2004) 참조.

23) 예컨대 Diane P Wood, 'THe Impossible Dream: Real International Antitrust' (1992) U Chi L Forum 277; Juergen Basedow and Stefan Pankoke, 'General Report', in Juergen Basedow (ed), *Limits and Control of Competition with a View to International Harmonization* (The Hague, 2002) and Joel Klein, "A Note of Caution with Respect to a WTO Agenda on Competition Policy' (18 November 1996) 13-14 〈http://www.usdoj.gov/atr/public/speeches/0998.htm〉 참조.

24) Sjit Sikngh, 'Multilateral Competition Policy and Economic Development: A Developing Country Perspective on the European Community Proposals' UNCTAD paper 2004 〈http://www.unctad.org/en/docs/ditcclp200310_en.pdf〉(2009년 10월 27일에 최종접속함); Bernard Hoekman and Peter Holmes, 'Competition Policy, Developing Countries, and the WTO' (September 1999), FEEM Working Paper No 66-99 〈http://papers.ssrn.com/sol3/papers.cfm?abstract_id=200621〉(2009년 10월 27일에 최종접속함): and Aditya Bhattacharjea,

과 함께 혹은 그 직후 참여자들이 동등한 의무를 부담하게 되는 전통적 유형의 합의를 전제로 한 것이다. 그러므로, 이러한 비판을 고려해 각 참여자의 의무 이행 역량에 따라 차등적인 의무를 부과하고, 합의 이후 각 참여자가 의무 이행 역량을 증진할 수 있는 방법을 제시하는 commitment pathway 전략에 대한 비판으로는 적절치 않다.

이에 관련된 것으로서, 다자간 합의에 기반한 국제경쟁법 발전 전략이 다수의 참여자들에게 과도한 비용 부담을 하도록 할 수 있다는 비판이 있다. 그러나, 이는 각 참여자가 미국, 유럽과 같이 '발전된(developed)' 경쟁법 체제에서 이루어지는 조사, 분석, 법집행을 하도록 특정 유형의 경쟁법을 도입하도록 요구받는 합의를 전제하고 있다. 이는 또한 참여자들이 서로 자원(resource)을 공유하지 않는 것을 전제하고 있기도 하다. 그러나, commitment pathway 전략은 이러한 전제에 입각하고 있지 않다. 이 전략은 각 국에게 역량에 따라 감당할 수 있는 범위 내에서 요구하고, 최소한의 전문성이나 기술적 역량에 관한 자원(resources)을 공유할 수 있는 메커니즘을 제공할 수 있다.[25]

일부 논평가들은 참여자들이 합의에 구속되어 상황 변화에 따라 탄력적으로 대응하지 못할 수 있음을 우려하기도 한다.[26] 이러한 비판은 합의로 인해 특정 시점에 확정적인 의무가 부과됨을 전제로 하고 있다. 그러나, commitment pathway 전략의 탄력성을 고려할 때, 이 전략에는 이러한 비판이 적용되기 어렵다.

다른 논평가들은, 합의로 어떤 모습의 경쟁법 체제가 형성될 것인지에 대해서는 상당한 견해 차이를 보이면서도 합의로 인해 형성될 가능성이 높은 특정 유형의 경쟁법 체제에 우려를 나타낸다. 이러한 우려 중 하나는, 일부 국가의 정부 관료들이 경쟁 보호 이외의 다른 목적을 위해 경쟁법에서 허용하는 법

'The Case for a Multilateral Agreement on Competition Policy: A Developing Country Perspective' (2006) 9 J Int'l Econ L 293, 319 참조.

25) 상대적으로 시장 규모가 크지 않은 국가들이 직면하고 있는 경쟁법 이슈들에 대한 고전적인 검토로는 Michal Gal, *Competition Policy for Small Market Economies* (Cambridge, Massachusetts 2003) 참조. 또한 idem, 'The Ecology of Antitrust: Preconditions for Competition Law Enforcement in Developing Countries' Philippe Brusick et al. (eds), *Competition, Competitiveness and Development: Lessons from Developing Countries* (New York and Geneva 2004) 21-52 참조.

26) McGinnis, *supra* note 22 참조

률적 수단을 악용할 수 있다는 것이다. 예를 들면, 개발도상국 관료들은 단독행위 규제 조항을 활용해 외국 기업들의 활동에 제약을 가할 수 있다. 이러한 문제는 어떤 경쟁법 체제에서도 발생할 수 있는 것인데, commitment pathway 전략에서는 그 위험이 상대적으로 낮아진다. 참여자들은 프로젝트를 통해 활발하게 정보를 교류・축적하고, 공동의 장기 프로젝트를 위해 참여・협력하게 될 것이므로 위와 같은 경쟁법 조항의 남용 가능성을 낮출 수 있을 것이다.

한편, 정반대의 우려(즉, 다자간 합의 성립을 위해 규제 수준이 낮은 경쟁법 체제까지 포용해야 하므로 결국 '경쟁법 본연의 역할을 하기 어려울 정도로 약화된' 경쟁법 체제로 합의될 것이라는 우려)도 흔히 제기된다.[27] 그러나, 이런 비판은 전통적 유형의 합의에는 적용될 순 있어도 commitment pathway 전략에는 해당하지 않는다. 이 전략 하에서는 몇몇 의무들은 즉각적으로 부과되어 훨씬 강력하게 집행되고 다른 의무들 역시 시간의 경과에 따라 구체적으로 형성, 부과될 것이다.

일부 비판론자들은 다자간 합의가 어떤 유형을 취하던 비용을 발생시키는데, 합의를 통해 얻을 수 있는 이익에 대한 기대가 크지 않아서 이러한 비용 지출을 정당화하기 어려울 것이라고 비판한다.[28] 이 때 통상 두 가지의 비용이 거론되는데, 기업들의 규범준수비용과 정부의 행정비용(administrative cost)이 그것이다. 이 비판 역시 각 참여자가 합의 즉시 광범위한 의무를 동등하게 부담할 것이라는 전제에 입각해 있다. 그러나, commitment pathway 전략은 각 참여자가 시간의 경과에 따라 이 전략의 효용을 인지하고 비용 지출을 수인할 수 있어야 함을 강조한다. 뿐만 아니라, 국제경쟁법 전략을 실행할 때 발생하는 비용의 다과는 비용 자체만을 보고 판단되어서는 안 되고, 만약 합의가 이루어지지 않을 경우 같은 기간 동안 각 국이 부담해야 할 비용을 추산해 양자를 비교해서 판단해야 한다.

이상 다자간 합의에 기반한 국제경쟁법 발전 전략에 대한 비판들은 commitment pathway 전략에는 적용되지 않지만, 단순히 배척하기 어려운 비판들도 있다. 첫째, commitment pathway 전략에서 각 참여자가 정확히 어떤

---

27) 예컨대 Daniel K Tarullo, 'Norms and Institutions in Global Competition Policy' (2000) 94 Am J Int'l L 478, 491 and Klein, *supra* note 23 참조.

28) 이에 관한 논의에 대해서는 예컨대 Stephan, *supra* note 22 참조.

의무를 부담하는지가 불분명하다는 비판으로서, 합의에도 불구하고 참여자가 부담할 의무가 확정되지 않는 상태로 남게 되어 향후 이를 둘러싼 갈등이 발생할 수도 있다는 점이다. 이미 확인된 바와 같이, commitment pathway 전략의 특징인 탄력성은 장점이면서도 단점이 될 수도 있다. 그러나, 일부 의무들은 합의 형성시부터 그 구체적인 내용이 확정될 수 있다는 점, 이 경우 이 분야에 관한 규범들에 대한 예측가능성이 의미 있게 제고될 수 있다는 점을 주목할 필요가 있다. 다른 의무들의 경우 구체적인 내용이 확정되기까지는 오랜 기간이 소요될 것이나, 시간이 지날수록 각 국이 자국 밖에서 행해진 행위에 대해서도 자국 경쟁법을 적용할 수 있도록 한 일방적 관할주의에 기반한 체제보다는 예측가능성이 훨씬 높을 것이다.

두 번째 비판으로서, commitment pathway 전략 하에서 각 국이 서로 협력할 인센티브가 어느 정도이고, 이러한 협력을 가능케할 메커니즘이 얼마나 효과적으로 작동할 것인지 불확실하다는 점이다. 본서에서 각 국이 commitment pathway 프로젝트에 참여할 인센티브에 관해 살펴보았지만, 이러한 인센티브가 개별 구체적 상황에서 얼마나 강력하게 작동할 것인지 예측하기는 어렵다. 이러한 불확실성에 대한 위험은 모든 국제경쟁법 프로젝트(특히 아직 시도되지 않았던 새로운 방안)에 내재되어 있지만, 과거 경쟁법 발전 경험에 비추어 보면 commitment pathway 전략에 내포된 인센티브 구조가 효과적으로 작동할 것이라는 점을 지지하는 증거를 발견할 수 있다. 특히, 거의 50여 년에 걸쳐 진행된 유럽 통합 과정은 commitment pathway 전략과 비슷한 인센티브 구조가 효과적으로 작동했음을 시사한다. 나아가, 세계 시장에서 경쟁 정책 이외의 측면들에 관한 규제에서 국가들과 여러 그룹들이 오랜 기간에 걸쳐 협력했음을 나타내는 다수의 사례들이 있다.

프로젝트 참여자들이 동등한 의무를 부담하지 않는다는 점도 문제가 될 수 있다. 각 국은 commitment pathway 전략 시행 초기 차등적인 의무를 부담할 수 있는데, 상대적으로 많은 의무를 부담하는 국가들이 이를 수용하는데 소극적일 수 있다. 그러나, 이들 국가들은 상대적으로 경쟁법이 덜 발달한 국가들이 합의에 참여하도록 하기 위해 다른 기준을 적용하는 것을 수용할 필요가 있을 수 있다. Commitment pathway 전략은 미국, 유럽과 같은 국가들이 최소한 일정 기간 동안 이러한 차이를 수용해 프로젝트를 가동시킬 경우 충분한 이익을 얻을 수 있다는 점에 기반해 있다.

현재 경쟁법 상황에서 commitment pathway 전략을 검토한 결과 이 전략의 잠재 가치를 확인할 수 있다. 이 전략은 기존 다자간 합의 유형에 대한 기존 지지를 확보할 수 있을 뿐만 아니라, 전략에 내재된 잠재적 효용을 통해 새롭게 추가적인 지지를 얻을 수도 있다. 뿐만 아니라, 이 전략은 다른 유형의 다자간 합의 전략에 제기되었던 비판들을 대부분 극복할 수 있다는 장점도 있다.

F. 전망: 지지와 저항의 원천들

Commitment pathway 전략의 전망은 어떤가? 본서에서는 이 전략에 대한 지지나 반대 입장에 대해 전면적으로 분석하지는 않았지만, 간략히 살펴본 결과 commitment pathway을 잠재적으로 지지할 수 있는 요소가 있고, 이 전략이 제시하는 전망은 그에 대한 반대 입장을 극복할 수 있을 것이다.

본서는 각 국의 이해관계와 인센티브에 초점을 맞출 것이지만, 이 때의 이해관계는 각 국의 의사결정권자들이 '인식하는(perceived)' 이해관계임을 유의할 필요가 있다. 이는 (객관적인 이해관계가 아닌) 특정 집단의 인식(group perception)이 분석에서 중요한 역할을 할 것임을 의미한다.[29] 이론적 또는 '객관적(objective)' 이해관계(즉, 이론적으로 인식할 수 있는 이해관계)는 각 국 의사결정권자들에 의해 인식되지 않는 한 국제경쟁법에 관한 의사결정에 어떤 영향도 미칠 수 없다. 경제 분석은 외국 투자자들의 접근성을 제고하면 국가 경제에 이익이 될 수 있음을 시사하지만, 이 역시 각 국의 의사결정권자들에 의해 인식되지 않는 한 실제 의사결정에 영향을 미칠 수 없다. 이론적 분석은 잠재적 이해관계를 확인할 수 있게 해 준다는 점에서 가치가 높지만, 의사결정권자들의 실제 의사결정에 영향을 미치는 것은 그들이 실제로 인식하는 이해관계이다.

이해관계에 대한 인식은 과거의 경쟁법 경험에 의해 영향을 받으므로, 이에 대해 관심을 기울일 필요가 있다. 각 국의 의사결정권자들은 과거 경험에

29) 국제법에서 '사회(the social)'의 역할에 관한 이러한 이슈들 기타 다른 이슈들에 관한 분석에 대해서는 예컨대 Alexander Wendt, *Social Theory of International Politics* (Cambridge 1999) 160-61 참조.

터잡아 현재 상황을 인식, 해석한다. 과거 경쟁법 경험은 경험 주체들의 인식·선호·기대에 따라 규칙화되고 저장되며 특정한 국제경쟁법 발전 방안의 성패를 좌우할 인센티브와 제약뿐만 아니라, 이에 참여하는 주체들의 입장·주장에도 영향을 미친다. 이를 관찰하는 사람들 중의 일부는 자신들이 과거의 경쟁법 경험에 의해 영향받는 정도를 알고 있지만, 그렇지 않은 관찰자들도 있다. 따라서, 과거 경쟁법 경험이 미치는 영향의 규명은 의사결정권자들의 의사결정을 예측하고자 하는 사람들뿐만 아니라, 실제 의사결정을 하는 사람들에게도 상당한 의미가 있을 수 있다.

이를 잘 보여주는 사례가 하나 있다.[30] 미국, 유럽은 국제적 차원에서 법률적 발전에 관한 프레임웍을 매우 다르게 인식하는 경향이 있다. 유럽인들은 경험적으로 법률적 발전을 위해 프레임웍을 구축하는 것에 익숙해 왔고 이러한 방식으로 성공을 거둬 왔다. 이는 유럽 통합의 기본적 메커니즘이기도 하다. 유럽인들은 공동체를 형성하면서 '프레임웍'을 경험해 왔다. 특히 경쟁법은 유럽 통합 과정에서 공동체 형성에 기여해 왔다. 로마 조약에 포함된 기본적인 경쟁법 원칙들은 개인, 국가, 지역 기관들의 해석과 상호 작용을 거치면서 그 내용과 형식이 구체화되었다. 반면, 미국은 헌법에 관한 문제가 발생하는 매우 예외적인 경우를 제외하고는 유럽과 같은 경험을 하지 못했다. 성문법은 특정 행위 전반에 관해 발전하는 개념적 가이드라인이 되는 프레임웍의 기능을 거의 하지 못했고, 상호 협력을 통해 발전할 수 있는 구심점 역할도 하지 못했다. 반트러스트법 영역에서 이러한 현상이 더욱 두드러졌다. 미국 반트러스트법은 개별 구체적인 사례 분석에 치중했고, 일반적인 규범을 형성하거나 일반적인 이론을 제시해 주지 못했다. 미국, 유럽의 이러한 차이는 매우 기본적인 이슈들에 대한 인식 차이로 이어진다.

1. 지지의 원천들

Commitment pathway 전략을 지지하는 요소들을 인식함에 있어, 본서는

30) David J Gerber, 'The European-U.S. Conflict over the Globalization of Antitrust Law' (1999) 34 New Eng L Rev 123-143는 미국과 유럽의 차이점에 대해 보다 상세한 검토 내용을 담고 있다.

경쟁법으로 이익을 얻을 가능성이 높은 그룹들을 확인하고자 한다. 많은 경쟁법 체제들이 소비자 후생 증대를 추구하고 있고, 미국, 유럽은 이를 유일한 법 목적으로 보고 있다. 물론 경제학자들의 관점에서 소비자 후생은 기술적인 개념이라 실제 소비자와 항상 일치하진 않지만, 소비자들은 commitment pathway 전략을 지지할 것으로 기대된다.

그러나, 소비자들의 지지를 제약할 수 있는 요소들이 있다. 첫째, 소비자들이 commitment pathway 전략으로 얻을 수 있는 이익을 인식하지 못할 수 있다는 점이다.[31] 예를 들어 소비자들이 실질적인 가격 인하와 같이 경쟁법이 제공해 줄 수 있는 이익을 제대로 인식하지 못하면, 이 프로젝트를 완전히 지지하진 않을 것이다. 둘째, 소비자들이 프로젝트를 잘 알지 못하고 프로젝트에 따라 다른 지역에서 취해진 조치로 인해 자신들이 이익을 얻게 됨을 인식하지 못하면, 이러한 조치가 자신들에게 별반 이롭지 않다고 생각할 수 있다. 셋째, 소비자들은 조직화되어 있지 않아 많은 정치적 영향을 미치지 못한다는 점이다. Mancur Olson이 적절히 지적한 바와 같이, 소비자들이 집단적으로 움직일 인센티브가 높지 않을 수 있다.[32]

세계 시장에서 효과적으로 경쟁할 수 있는 기업들도 전반적으로 commitment pathway 프로젝트를 통해 이익을 얻을 수 있다. 이러한 기업들은 세계적 사업 활동 과정에서 발생하는 비용 절감을 위해 경쟁법이 보다 통일될 필요가 있다고 주장해 왔다. 물론 이들 기업들이 기업결합 규제나 시장지배적 사업자 행위 규제와 같은 몇몇 경쟁법 조항들이 자신들에게 차별적으로 불리하게 적용될 가능성을 우려해 이 프로젝트를 완전히 지지하지 않을 수도 있지만, commitment pathway 전략에 내재된 장기간의 상호 협력으로 인해 이러한 우려가 현실화될 위험은 줄어들 수 있다.

여러 국가에서 중소 사업자들은 경쟁법 발전의 중요한 지지 기반이 되어 왔다.[33] 실제로 미국의 경우 1970년대까지, 유럽의 경우 2000년 즈음까지 중소

31) 소비자들이 경쟁 정책과 관련하여 할 수 있는 역할에 관한 논의에 대해서는 Kamala Dawar, 'Establishing Consumers as Equivalent Players in Competition Policy' in Paul Cook et al (eds), *Competitive Advantage and Competition Policy in Developing Countries* (Cheltenham, UK 2007) 79-92 참조.

32) Mancur Olson, *The Logic of Collective Action* (Cambridge, Massachusetts 1965).

33) 예컨대 Raphael Kaplilnsky and Cludia Manning, 'Concentration, Competition Policy and the

사업자들이 경쟁법을 지지해 왔다. 일본, 한국 기타 몇몇 개발도상국들의 경우 중소 사업자들은 현재까지도 경쟁법의 주된 지지기반이다. 이들 중소 사업자들은 시장지배적 기업들의 사업활동으로부터 보호받기 위해 다자간 합의에 기반한 국제경쟁법 발전 프로젝트를 지지할 가능성이 높긴 하지만, 자신들 역시 이로 인해 사업활동에 제약을 받을 수 있음을 우려해 지지를 망설일 수 있다. 예를 들면, 개발도상국의 중소 사업자들은 프로젝트로 인해 서구의 강력한 대기업들과 실질적으로 경쟁하기 위해 상호 협력하지 못하게 될 가능성을 우려할 수 있다.

여러 국가들의 경쟁 당국 관료들은 commitment pathway 프로젝트를 통해 도움을 받을 수 있으므로 이 전략을 지지할 가능성이 높다. 이 프로젝트는 다른 방안으로는 달성하기 어려울 정보 소통의 기반을 제공한다. 각 국은 그때그때의 정치적 판단에 따라 자국의 이익을 위해 다른 국가들에게 정보, 조언을 제공한다고 오해받는 대신 commitment pathway 프로젝트라는 확고한 체제를 통해 정보, 조언, 분석을 제공하게 된다. 이 프로젝트는 또한 각 국의 정치적 지지를 얻어낼 수 있고 각 국의 경쟁법 관련 결정을 '보강(cover)'해 줄 수도 있다. 유럽의 경쟁법 경험을 살펴보면, 각 국의 경쟁 당국 관료들과 경쟁법을 지지하는 사람들이 경쟁법이 유럽 차원에서 내재화된 것에 힘입어 자국 내의 저항을 극복할 수 있었던 사례들을 다수 확인할 수 있다.

마지막으로, 국제경쟁법 경험을 갖춘 법률가들, 경제학자들도 commitment pathway 프로젝트를 지지할 가능성이 높다. 이들은 그 수는 작지만 상당한 영향을 미칠 수 있다. 이들은 commitment pathway 프로젝트를 통해 더 넓은 영역에서 자문 등의 업무를 수행할 기회를 인지해 자신들의 전문적 역량의 가치를 제고하고, 업무에 대한 수요 증대와 업무를 수행하면서 달성하게 되는 규모의 경제를 통해 이익을 얻기 위해 프로젝트를 지지하려는 인센티브를 갖게 된다.

Role of Small and Medium-sized Enterprisers in South Africa's Industrial Development' (1998) 35 J Dev Stud 139-162 참조.

2. 반대의 원천들

과거 경쟁법 경험으로 형성된 이해관계 · 생각들 · 입장들은 commitment pathway에 대한 반대로 이어질 수 있다. 예를 들면, 과거에 대한 경로 의존성(path dependence)으로 인해 과거와 다른 새로운 방안인 commitmemt pathway에 대한 반대가 있을 수 있다. 즉, commitmemt pathway는 이전에 시도되지 않았던 것이므로 이를 따를 경우 예상하지 못한 문제점이 발생할 수 있다고 생각하게 되면 이 프로젝트에 반대할 수 있다. 이념적 요인들도 프로젝트에 대한 반대로 이어질 수 있다. 광범위하게 퍼져 있는 '거대 자본주의(big capitalism)' 또는 '세계화(globalization)'에 대한 우려는 사람들의 생각과 의사결정에 중대한 영향을 미칠 수 있다. Commitment pathway 전략의 장점 중 하나는, 시간의 경과 및 그에 따른 상황 변화에 맞춰 프로젝트의 구체적 내용이 변경될 수 있고, 프로젝트가 가진 잠재 가치가 발현될 수 있다는 점이다. 만약 commitment pathway 프로젝트가 실효적으로 진행되지 않고 참여자들의 요구를 제대로 반영하지 못하면, 참여자들의 움직임도 정지, 지체될 수 있고 나아가 pathway 자체도 변할 수 있다.

추가적으로, commitment pathway로 피해를 입을 수 있다고 생각할 수 있는 몇몇 그룹들이 있다. 세계시장에서 원재료를 공급받고 제품을 판매하긴 하지만 세계 시장에서 효과적으로 경쟁할 수 있는 역량을 갖추지는 못한 기업들이 여기에 포함된다. 예를 들면, 세계 시장의 주변부에 해당하는 국가의 기업들은 국경을 활용해 외국 기업이 자국 시장에 진입할 경우 관세 등 일정 비용을 부담시키거나 기타 제약을 가하는 것만으로도 외국으로부터의 경쟁에서 보호받을 수 있다. 정부 또한 외국으로부터의 경쟁을 배제, 금지하는 정책을 취할 수 있다. 특히 작은 국가 기업들은 자국 내에서 상당한 정치적 영향력을 보유하고 있으므로 이를 활용해 외국으로부터의 경쟁에서 보호받는 이익을 누릴 수 있다. 이상의 사례에서 각 국의 현지 기업들은 이상과 같은 장벽들을 통해 국내 시장에서 지배적 지위를 보유하게 되고, 경쟁 가격 이상의 가격을 책정하거나 외국으로부터의 경쟁이 있었더라면 불가능했을 경쟁제한적 행위를 할 수 있게 된다.

각 국 정부의 관료들은 자국 경제에 대한 영향력 행사로 이익을 얻으므로 영향력 (및 그에 따른 이익) 감소를 초래할 수도 있는 국제경쟁법 프로젝트에 반대할 인센티브가 있다. 예를 들면, 정부에서 기획이나 산업 정책 수립을 담당하는 관료들이 여기에 포함된다. 다만, 지난 20년 동안 진행된 민영화 및 탈규제로 인해 이처럼 이익을 보는 관료들의 숫자가 상당히 줄어들어 이들의 반대도 약화되었다.

각 국의 법률가, 회계사, 경영 자문역 등의 전문가들도 때로는 국제경쟁법 프로젝트에 반대할 수 있는바, 이는 작은 국가에서 더욱 두드러진다. 예를 들면, 일부 법률가들은 외국으로부터의 경쟁으로 인해 자국 고객을 잃게 되는 반면 이러한 변화로 새롭게 발생할 법률 업무에 대한 수요는 전혀 확보하지 못할 가능성을 우려한다.

이상 살펴본 바와 같은 commitment pathway 프로젝트에 반대할 수 있는 그룹들의 각 국 의사결정권자들에 대한 영향은 정부 구조, 정부과 기업간의 관계, 사회 구조 등 여러 요소들에 따라 좌우될 것이다. 이러한 문제들은 너무도 광범위해 본서에서 다루기 적절치 않는 면이 있지만, 이상 간략한 검토만으로도 commitment pathway 전략을 지지할 수 있는 중요한 요소들을 확인할 수 있다.

G. 다자간 합의의 잠재가치와 기회

본 Chapter에서는 다자간 합의에 기반한 국제경쟁법 발전 전략에 관해 살펴보았다. 합의를 할 경우 공적, 사적 이해관계가 새롭게 정해지고, 의사결정권자들 역시 합의가 없었더라면 선택하지 않았을 방향으로 나아가게 하는 메커니즘이 형성된다. 그러나, 본 Chapter에서는 또한 다자간 합의에 기반한 국제경쟁법 발전과 관련해 종래에 논의되었던 유형의 합의는 이상과 같은 가능성을 완전히 구현하는데 적절치 않을 수도 있음을 확인했다. 국제경쟁법 '규칙(code)'을 제정하는 방안은 유연성이 매우 낮아 참여자들에게 합의에 따른 이익을 인식하기도 전에 상당한 비용을 지출하도록 강제할 가능성이 높다. WTO 조약의 무역지향적 기본 규칙에 경쟁법을 포함시키는 방안은 경쟁법 발전을 다른 아젠다(즉, 이슈와 역학관계가 상이한 무역 발전 아젠다)에 종속되게 하여 부당한 제약을 부과하는 결과를 초래할 수 있을 것이다.

반면, commitment pathway 전략은 이전 Chapter에서 개략적으로 살펴보았던 과거 경쟁법에 관한 경험적·이론적 통찰에서 도출된 방안으로서 경쟁법 발전을 주된 목표로 추구하는 법규범 체제의 기반이 된다. Commitment pathway 전략은 참여자들의 인센티브와 노력을 시간의 경과에 따라 더욱 효과적인 경쟁법 프레임워크을 지지하는 방향으로 통합해 낼 수 있다. 이 전략은 경쟁법이 사회와 제도에 내재화되어 효과적으로 작동하도록 해야 함을 충분히 고려하고 있다. 이를 통해 국제 경쟁이 일부 소수 국가들 및 이에 터잡고 있는 소수의 기업들의 이익만을 위해 작동할 것이라는 우려를 극복할 수 있다. 이 전략은 참여자들의 역할과 역량에 따라 비용 등의 부담을 조절함으로써 각 참여자의 참여를 유도하고 프로젝트의 실효성을 제고한다. Commitment pathway 전략은 독자적으로 추진될 수도, WTO 내에 별도로 독립된 경쟁법 체제를 구축하는 방식으로도 추진될 수 있을 것이다.

다자간 합의에 기반한 실효적인 국제경쟁법 발전을 추구하는 데에는 많은 장애물들이 있을 것이다. 본서는 여기에서 이러한 합의의 잠재 가치를 평가하고 이를 실행하는 구체적인 방안 및 그 결과를 확인하고자 했다. 이러한 프로젝트에 대해 평가하기 위해서는 종전까지의 국제적 협력 방안을 재고할 필요가 있는바, 이를 위해서는 참여자들의 인센티브 구조 및 프로젝트 추진이 초래할 경제적 결과에 대한 이론적 분석과 개별 국가 및 국제적 차원의 과거 경쟁법 경험을 함께 살펴볼 필요가 있다.

Chapter 10.
국제경쟁법: 궤적과 전망

세계 시장에서의 경쟁제한적 행위를 효과적으로 규제할 수 있는 법률 체제를 만들어내는 것은 새로운 과제이다. 국제 경쟁이 급속히 격화되고 복잡해지며, 정치 등 다른 영역과 국제 경쟁 간의 관계가 훨씬 더 빈번해지고 복잡해진 결과, 분석가들, 정책 결정권자들, 법률가들은 새로운 상상력, 판단력, 의지를 배양해야 하는 상황에 처하게 되었다. 국제 경쟁은 많은 사람들에게 다양한 영향을 미친다. 국제 경쟁은 부를 창출하고, 경제 발전을 견인하며, 심지어는 민주적인 정치 체제 달성에도 기여할 수 있다. 그러나, 국제 경쟁은 피해를 발생시킬 수도 있다. 경쟁법은 이처럼 양면성을 가진 국제 경쟁을 규율하면서 그로 인한 효용은 극대화하고 피해는 줄이고자 한다. 경쟁법은 경쟁을 보호, 발전시키면서도 경쟁으로 영향을 받는 사람들의 요구를 감안해 경쟁에 영향을 미치기도 한다.

국제 경쟁의 보호라는 과제에는 두 가지 문제 상황이 있다. 하나는 관할권 간 갈등을 효과적으로 해결하고 기업이 국제 경쟁에 관한 상황을 신뢰해 의사결정을 할 수 있도록 하며, 각 국 및 국제 기구들에게 경쟁법을 집행할 책임을 적절히 분장하고, 각 국의 경쟁법 집행 역량을 제고하는 법률적 메커니즘을 발전시켜 나가는 것이다. 다른 하나는 각 국이 국제경쟁법 발전 메커니즘에 참여해 이를 활용하려는 정치적 인센티브를 형성, 유지하는 것이다. 이를 위해서는 각 국 및 국제 기구들의 인센티브를 인식하고, 이들을 상호 연계, 일치시킴으로써 이들 기구들이 국제 경쟁을 지지하도록 하고, 국제 경쟁을 더 광범위한 정치, 경제적 이해관계를 반영하는 제도들에 내재화시킬 필요가 있다.

이미 살펴본 바와 같이, 일방적 관할주의에만 터잡은 국제경쟁법 체제는 이러한 과제들을 제대로 해결할 수 없다. 일방적 관할주의의 한계에 대한 인식이 점증하고 있지만, 아직까지 이 체제가 21세기에 대두되고 있는 과제들을 제대로 해결할 수 있는지 여부를 근본적으로 재평가해야 한다는 인식에까지 이르지는 못했다. 일방적 관할주의의 기본적 생각은 경쟁법에 관한 의사결정권자들 및 논평가들의 사고, 이해관계, 인센티브에 이미 깊숙히 자리잡고 있다. 국제경쟁법에 관한 전략이 주효하기 위해서는 이점을 고려, 극복해야 한다.

본서의 마지막인 본 Chapter에서는 시야를 넓혀 본서의 몇몇 주제들을 동시에 살펴봄으로써 이들 간의 상호 관계를 확인하고, 이들의 역할과 잠재가치에 주목하고자 한다. 본서는 개별 국가 및 국제경쟁법의 궤적을 살펴보고, 이에 영향을 미치는 몇 가지 요소들도 확인해 보기로 한다. 이러한 검토로 도출된 핵심적 주제는, 각 국 및 국제경쟁법은 상호 영향을 주고 받으면서 국제경쟁법 발전을 견인해 왔고 향후에도 발전의 토대가 될 것이라는 점이다.

A. 국제경쟁법: 상호 얽혀 있는 궤적

본서에서 개별 국가 및 국제경쟁법 경험 및 양자간의 상호관계를 분석한 결과, 간과되곤 했던 몇몇 패턴들을 확인할 수 있었다. 경쟁법 및 경쟁 정책에 관한 의사결정뿐만 아니라 그 실효성에도 영향을 미칠 수 있는 요소들, 주제들, 역할들, 장애들도 살펴보았다. 본서의 분석은 또한 법과 국제 경쟁에 관한 몇 가지 흔한 신화(myths)와 오해를 비교적 잘 해소해 주었다.

1. 1925-1950: 인식과 폐기

1925년부터 1950년까지, 다자간 협력을 통해 국제 경쟁의 제약들을 규제하려는 생각이 처음 생겨났던바, 이는 국제 사회의 목표가 되었다가 이후 폐기되었다. 이러한 초창기 경험은 몇 가지 점에서 향후 국제경쟁법 발전에 관한 생각에서 중요하다고 할 수 있다. 예를 들면, 국제경쟁법 제정에 대해서는 각 국으로부터 광범위한 지지가 있었고, 따라서 미국이 이 분야에서 주도권을 행사해야 한다는 맹신을 극복할 수 있다. 세계 시장에 대한 경쟁법을 발전시켜야 한다는 생각은 흔히 잘못 알려져 있는 것처럼 미국이 제2차 세계 대전 이후 최초로 제안한 것이 아니다. 또한 이 프로젝트는 강력한 기업들이 각 국 시장에 보다 효과적으로 진입할 수 있도록 시장을 개방시키려는 목적에서 고안된 것도 아니다.

국제경쟁법 체제 구축을 위한 최초의 노력은 미국이 아닌 다른 국가들에 의해 이루어졌다. 이 프로젝트는 국제경쟁법 체제를 발전시킬 수 있다는 희망으로 가득 차 있었던 국제연맹에 의해 최초로 고안, 추진되었고, '국제적 공동체'를 형성하는 프로젝트로 이해되었다. 여기에는 규모에 관계없이 유럽 국가들이 적극적으로 참여했던 반면, 미국은 비공식적으로 미미한 역할을 했을 뿐이었다. 뿐만 아니라, 이 프로젝트는 노동자들 대표, (때로는) 소비자들 대표를 포함한 많은 사람들의 지지를 받았다. 국제 경쟁을 보호, 발전할 필요성에 대한 광범위한 인식이 이 프로젝트를 견인했고, 세계대전과 대공황 등 이전 참사들의 재발을 방지하기 위해 다자간 협력이 필요하다는 믿음이 이 프로젝트에 힘을 실어주었다. 국제경쟁법 발전 경험에 관해 시야를 넓혀 이상과 같은 초기 경험까지 포함하면, 대공황, 세계대전, 50여 년에 걸친 미국-소련간 대립으로 왜곡되었던 국제경쟁법 발전에 관한 이미지를 다시 돌아볼 수 있게 한다.

물론 미국이 국제경쟁법 발전에서 중추적 역할을 해 왔던 것을 부정할 수는 없다. 그러나, 이런 역할은 제2차 세계대전 이후에 국한되는 것이다. 미국은 냉전 기간 동안 진행되었던 국제 정치·경제 관계의 재편을 통해 경쟁법 발전에서 주도적인 지위를 얻었다. 미국은 냉전 초기 다자간 협력을 통해 국제경쟁법을 발전시키려는 생각을 갖고 있었고, 이에 터잡아 세계 시장에서의 경쟁규칙을 포함시키려 했으며, 반공산주의 진영에 속한 대부분의 국가들 역시 이를 지지하도록 했다. 그러나, 현재의 미국은 자국이 생각하는 내용으로 국제경쟁법 발전 방향을 직접 주도하려는 입장으로 널리 알려져 있다.

이상과 같은 초기 국제경쟁법 발전 추진 경험의 결과 여러 국가들에서 경쟁법에 대한 인식이 제고되었다. 경쟁법은 정부 지도자들, 정치가들, 학자들 사이에서 논의, 토론되었고, 때때로 주요 신문들의 1면을 장식하기도 했다. 이러한 과정을 통해 이후 개별 국가 및 지역적 차원(특히 유럽 통합 상황)에서 진행될 경쟁법 발전에 기여할 지적 기반이 조성되었다. 비록 국제경쟁법 제정 프로젝트가 1950년에 좌초되긴 했지만, 이를 지향했던 움직임은 경쟁법의 잠재적 가치에 대한 인식 제고라는 성과를 거두었다. 국제경쟁법 발전을 위한 노력들은 오랜 기간 동안 제대로 평가받지 못한 채 전반적으로 잊혀져 왔지만, 이러한 노력으로 형성된 통찰은 새로운 조망을 받을 수 있을 것이다.

2. 잃어버린 반세기의 교훈: 1950-1990

1950년 하바나 헌장의 좌초와 1990년대 세계화의 재도래 사이의 기간은 여러 측면에서 국제경쟁법 발전에서 잃어버린 반세기라 할 수 있다. 여러 분야에서의 국제적 협력의 실패, 세계 전쟁의 여진, 정치・경제적 블록 형성을 초래했던 세계의 분열로 인해 이전까지 전세계적 관심을 받았던 국제경쟁법 프로젝트는 발전하지 못했다. 다자간 합의에 기반한 국제경쟁법 발전 방안은 정치적・학문적 아젠다에서 사실상 자취를 감췄다.

이를 대신해 전후 국제경쟁법에 관한 논의는 다른 방향으로 진행되었다. 미국 반트러스트법을 필두로, 각 국은 자국 경쟁법을 일방적으로 적용하기 시작했다. 미국이 자국의 정치적 상황으로 인해 1950년 ITO 창설 계획을 포기함으로써 이에 포함되어 있던 국제경쟁법 프로젝트까지 단념했을 때, 국제 관할권에 따른 원칙 이외에 국제경쟁법 이슈를 다룰 수 있는 명시적인 대안이 없었다. 그러나, 이 원칙은 국가간 갈등을 줄이기 위해 발전해 온 것이어서 이후 수십 년간 진행되었던 국가 간의 경제적 상호의존관계 증대에 효과적으로 대응하기에는 적절치 않았다.

전세계적으로 국가간 경제적 상호의존관계 증대로 초래된 갈등으로 인해 다자간 합의에 기반한 국제경쟁법 발전 프로젝트가 재추진되었지만, 미국은 과거와 달리 이에 더 이상 관심을 보이지 않았다. 미국은 시장 경제 진영을 지배하고 있었으므로 이러한 방안을 추진할 인센티브가 없었다. 미국은 다자간 합의에 의한 국제경쟁법 발전을 추진하는 대신 기존의 국제 관할권 원칙들에 대한 해석을 확대해 자국의 반트러스트법을 적용했다. 미국의 지정학적 지위 및 미국이 전세계에서 가장 발전된 경쟁법 체제를 보유하고 있는 사실을 고려할 때, 다른 국가들이 미국의 입장과 달리 다자주의적 해결 방안을 찾거나, 미국이 이러한 방안을 지지할 인센티브는 거의 없었다. 이러한 매우 특수한 상황으로 인해 일방적 관할주의에 기반한 체제가 국제경쟁법의 근간이 되었다. 뿐만 아니라, 이러한 이례적인 생성 경위에도 불구하고 일방적 관할주의에 기반한 관할 원칙은 얼마 되지 않아 당연할 뿐만 아니라 필요한 것처럼 보이게 되었다.

다자간 합의에 의한 국제경쟁법 발전 아이디어는 이후 수십 년 동안 별다른 진전을 거두지 못했지만, 그럼에도 불구하고 이 기간은 중요한 의의가 있다. 이 기간 동안 일방적 관할주의에 기반한 경쟁법 체제의 한계와 약점이 급속히 명백해졌다. 그 결과, 1990년대에 세계 경제가 다시 통합되자 기존 체제를 넘어서기 위한 새로운 노력들이 이루어지게 되었다.

이 기간은 다른 이유에서도 중요하다. 국제경쟁법은 이 기간 이후에 다시 발전하게 되었는데, 그 결과 개별 국가 및 국제경쟁법 발전 궤적이 근본적으로 바뀌게 되었다. 즉, 개별 국가들은 이 기간 동안 우선 자국 경쟁법을 먼저 발전시킬 수 있는 기회를 얻은 다음 국제경쟁법에 참여할 수 있게 되었다. 만약 하바나 헌장이 계획대로 1950년에 시행되었다면, 국제경쟁법 프로젝트가 효과적으로 발전할 가능성은 높지 않았을 것이다. 당시 경쟁법을 보유한 국가들이 거의 없었으므로, 하바나 헌장에 기반한 국제경쟁법 프로젝트는 과연 어떤 압력들과 문제 상황을 겪게 될 것인지 충분히 예측할 수 없는 상태에서 출범했을 것이다. 그러나, 이러한 방식에 의한 국제경쟁법 발전이 이루어지지 않았기 때문에 각 국은 이 기간 동안 자국의 경쟁법 체제를 발전시킬 수 있었던바, 이는 이후 국제경쟁법 발전 움직임의 기반이 되었다.

경쟁법은 이 기간 동안 몇몇 국가에서 중요한 법역이 되었고, 일부 국가에서 정치사회적으로 핵심적인 역할을 하기도 했다. 더 많은 국가들이 경쟁법을 도입했고 이를 중시함에 따라 경쟁의 가치가 지속적으로 제고되었다. 많은 사람들이 처음으로 경쟁법 운용으로 얻는 이익과 이를 위해 부담해야 할 비용을 잘 인지하게 되었다. 독일과 같은 일부 경쟁법 체제들은 매우 높은 수준에 이르렀고 광범위한 경쟁법 경험을 하게 되었던바, 이는 다른 국가들의 경쟁법 발전을 촉진하는 연쇄반응을 일으켰다. 개별 국가들의 이러한 경쟁법 경험은 국제경쟁법 발전 여건을 조성했고, 그 과정에서 직면하게 되는 몇 가지 문제 상황들을 드러나게 했다.

이 기간 동안의 유럽의 발전은 특히 중요하다. 유럽 지도자들은 제2차 세계대전 이전의 경쟁법 경험 및 전후 미국에서 반트러스트법이 차지한 중요한 지위에 대한 인식에 터잡아 유럽 통합을 위해 경쟁법을 적극적으로 활용했다. 이들은 두 가지 차원에서 경제 통합을 추진했던바, 구체적으로 각 국 경쟁법의 목표와 방법론은 유럽 차원에서 이루어지는 결정에 영향을 미쳤고, 유럽의 기관들은 개별 국가 차원에서의 경쟁법 발전이 가능하도록 조력했다. 이러한 과정 전반에서 개별 국가와 유럽은 서로 영향을 미쳤고, 어느 한편의 정치적 의지는 다른 편에서의 정치적 자원에 의해 조력을 받는 방식으로 형성, 강화되곤 했다. 이 과정을 통해 발전한 경쟁법 모델은 법목적의 측면에서는 전반적으로 미국 반트러스트법과 같은 입장을 취했지만, 개념 구조 및 집행 방법의 측면에서는 미국과 근본적으로 달랐다. 유럽식 경쟁법 발전은 전세계 많은 지역에서 미국 반트러스트법의 새로운 대안으로 비춰졌고, 다른 지역(특히 동아시아 지역)에 상당한 영향을 미치곤 했다.

그러나, 유럽을 제외할 경우, 개별 국가 차원의 경쟁법 경험은 극히 미미했고, 경쟁법에 관한 국제적 협력, 의사소통도 거의 없었다. 즉 이 기간은 '거의 완전히(almost pure)' 일방적 관할주의의 시대였다. 미국의 경쟁법 집행 기관들은 자국의 규정과 절차에 따라 세계 시장에서 자국의 반트러스트법을 적용했고, 이를 통해 사실상 국제경쟁법에 관한 규칙을 제시했다. 다른 국가들은 대부분 자국 밖에서 이루어지는 행위에 자국법을 적용할 인센티브가 거의 없었다. 뿐만 아니라, 세계 정치·경제의 발전으로 인해 세계 시장을 위한 경쟁법 발전을 위해 다자간 협력이 필요하다는 비전은 제대로 주목받지 못했다.

3. 세계화의 재개: 해결방안의 모색

거의 50여년간 세계를 분할했던 정치·경제적 장벽이 1990년대 초반 붕괴하자 오랜 기간 동안 잠복해 왔던 문제들이 새로운 양상과 모습으로 재등장했다. 경쟁제한적 행위로부터 국제 경쟁을 어떻게 보호할 것인가의 문제도 여기에 포함되어 있었다. 세계화가 최우선적 정책 사항이 됨에 따라, 많은 사람들은 정부나 사적 경제 주체들의 경쟁제한적 행위에서 경쟁을 보호하는 것이 세계 경제의 성장에 얼마나 중요한지 재인식하기 시작했다. 그러나, 과거 국제경쟁법 제정 움직임에 활력을 불어 넣고 지지했던 국제 공동체 이미지는 거의 없어졌다.

물론 국제 공동체라는 이미지는 유럽, 일본과 같은 몇몇 국가들의 지도자들 그룹 내에서 일부 입지를 회복하긴 했다. 유럽의 경우 경제 통합의 성공에 고취된 가운데 경쟁법이 그 과정에서 중요한 역할을 했다고 인식됨에 따라 WTO 내에 경쟁법 조항을 포함시키는 방안을 추진했고, 이는 정도 차이가 있긴 하지만 몇몇 국가들로부터 지지를 받기도 했다. 그러나, 다른 국가들은 서로 관련되어 있지만 각기 다른 이유로 이러한 방안에 반대하거나 회의적인 입장을 취했다.

미국의 경우 기존의 입장을 바꿔 WTO 내에 경쟁법 조항을 포함시키는 방안을 지지할 인센티브가 거의 없었다. 이념적 · 경제적 장벽의 붕괴로 종전까지 비공산권 지역에서만 지배적 지위를 누려 왔던 미국은 이제 전세계에 막대한 영향력을 행사할 수 있게 되었다. 미국은 유일한 초강대국으로서 사실상 전세계의 정치 · 경제 발전에 막대한 영향을 미칠 수 있게 되었으므로, 미국의 지도자들과 관료들이 다자간 합의를 통해 자국의 특권에 대한 제한을 받아들일 인센티브가 거의 없었다. 뿐만 아니라 미국 내의 많은 사람들은 자국이 경쟁법에 관해 가장 발전된 이론을 보유하고 있다고 생각했고, 미국 반트러스트 공동체는 자신들이 정립한 이론에서 벗어나는 것을 받아들일 의사가 없었다.

미국을 제외한 많은 국가들(특히 개발도상국들)은 미국이 국제경쟁법 논의 과정을 전반적으로 지배하고 있고 실체법적으로 자국 반트러스트법 모델과 다른 내용의 경쟁법을 전혀 수용하지 않을 것이라는 인식으로 인해 다자간 합의에 의한 국제경쟁법 발전 방안에 반대했다. 미국식 모델이 대규모의 다국적 기업들이 현지 시장에 더 쉽게 접근할 수 있게 하고, 현지 기업들이 이에 대응하기 위해 상호 협력하는 것을 금지할 것이라는 우려는 개발도상국들 사이에서 흔한 것이었다. WTO에 경쟁법 관련 내용을 포함시키자는 제안에 대한 반대 역시 이러한 우려에서 연유했다.

마지막으로, 1990년 이후 거의 20여 년간 '시장(the market)'은 전세계 많은 지역에서 종교라 할 수 있을 정도로 중요하게 인정받았다. 많은 사람들이 정부 간섭에서 시장을 자유롭게 하는 것이 경제 발전과 성공으로 향하는 관건이라고 생각했다. 이에 대부분의 국가들이 경제 정책의 초점을 경제 활동에 대한 정부 규제 축소에 맞추었다. 정부 규제의 비중을 줄여야 한다는 점은 널리 인식되었다. 경쟁은 자정 능력을 갖고 있을 정도로 건전한 것으로 여겨졌다. 시장에 대한 새로운 확신이 생성되었지만, 국제 경쟁에 관한 규범적 프레임웍을 발전시켜야 한다는 생각은 별다른 반향을 불러 일으키지 못했다.

그러나, 2008년에 발발한 세계적 금융위기는 사람들로 하여금 정부와 시장의 관계를 재평가하게 하는 계기가 되었다. 많은 사람들이 '시장이 만능이다(the market is everything)'라는 철학이 전세계에 과도한 영향을 미쳤음을 자각하게 되었다. 세계적 경제 위기로 인해 규범적 프레임웍을 통해 시장을 규율함으로써 투기적이거나 기타 '과도한(excess)' 경쟁을 억제해야 한다는 점에 관심이 집중되었다. 경제 위기로 인해 국제 경쟁과 개별 국가 및 국제적인 규칙들, 기관들간의 관계를 새롭게 정립해야 한다는 점이 부각되었고, 이는 자연스럽게 다자간 합의에 의한 국제경쟁법 발전을 추진하는 움직임에 대한 지지로 이어졌다.

4. 패 턴 들

시야를 좀 더 넓혀 보면, 국제경쟁법에 관한 생각이 최초로 세계 무대에 제대로 등장한 1920년대 이후 경쟁법 발전 과정에서 몇 가지 핵심적인 패턴들이 있다. 정치적·경제적 상황에서 서로 연관된 두 가지 패턴들이 있다. 첫째, 20세기 전세계 많은 지역에 영향을 미쳤던 불행한 사건들로 인해 국제경쟁법 발전에 매우 이례적인 상황이 조성되었다는 점이다. 이 사건들은 국제경쟁법 발전을 왜곡시켰던바, 향후 국제경쟁법 발전을 고민함에 있어 이를 반드시 고려할 필요가 있다. 국제경쟁법 발전을 추진했던 움직임이 실패했던 것처럼 보였던 것은, 보다 자세히 살펴보면 사실은 세계대전, 경제 공황, 냉전의 영향에 따른 결과였다. 보다 근본적으로, 20세기에 등장했던 여러 견해들과 제도들이 지속되어야 한다거나, 이것들이 '당연하고(natural)', '필요하다고(necessary)' 보아야 한다고 주장할 근거는 거의 없다. 둘째, 본서에서 '심대한 세계화'라고 일컫는 것으로서, 제2차 세계대전 이후 전세계의 정치·경제·사회·학문적 관계들이 급속도로 강화되는 현상이다. 심대한 세계화의 각 요소는 국제경쟁법에 관한 사고의 발전, 향후 이 분야에 관한 생각과 의사결정에 영향을 미칠 요소들을 형성하는데 기여해 왔다.

경쟁법 자체를 보다 면밀히 살펴보면, 법과 경쟁, 이 양자 사이의 관계에 대한 개념이 중요한 측면에서 변화했음을 알 수 있다. 법은 개별 국가 측면뿐만 아니라 국제적 측면으로도 인식되고 있다. 국내법이 국제적으로 어떤 영향을 미치는지, 법에 관한 국제적 협력이 어느 정도 잠재 가치가 있는지에 대한 인식이 훨씬 더 제고되었다. 경제학 전문가들이 설정한 기준에 따라 경쟁 개념을 더 정확히 이해하고, 경쟁 강도를 더 정확히 측정할 수 있게 되었으며, 경제학이 급속히 전세계로 확산됨에 따라 경쟁 개념과 경쟁 강도의 측정 방법이 전세계 많은 지역의 정책 결정 그룹 전반에 전파되었다. 마지막으로 법과 경쟁의 관계와 관련하여, 경제학이 시장과의 관계에서 법의 역할을 정함에 있어 핵심적인 역할(이는 수십 년 전에는 거의 상상조차 할 수 없었다)을 하게 되었다는 이미지가 생성되었다. 이러한 변화는 21세기에도 지속되고 더욱 가속화될 것이 거의 확실하므로, 경쟁법이 이를 어떻게 반영해 대처할 것인지는 핵심적인 질문이 될 것이다.

개별 국가 차원의 핵심적 화두는 경쟁법이 급속도로 중요해졌다는 점이다. 많은 국가들이 새롭게 경쟁법을 도입했고, 경쟁법에 대한 지지가 급속히 제고되었으며, 경쟁법의 잠재 가치에 대한 인식도 확산되었다. 거의 모든 시장경제 국가가 경쟁법을 운용하고 있는바, 이처럼 경쟁법은 시장 경제를 운용하는 국가라면 당연히 있어야 하는 필수품이 되었다.

경제학이 몇몇 경쟁법 체제들(특히 미국과 EU)에서 급속도로 증대된 역할을 하게 된 것은 경쟁법 발전 궤적의 핵심이라 할 수 있다. 경제학은 경쟁법의 법목표를 더 좁히고 더 풍부한 분석틀을 제공했다. 미국과 EU는 세부 경위에서는 차이가 있었지만 기존의 경쟁상 피해 개념(competitive harm－이 개념은 다양한 상황에서 제대로 정의되지 않는 채 사용되곤 했고, 때로는 정치적인 영향을 받기도 했다)을 주로 경제학자들에 의해 정의된 피해 개념으로 대체했다. 그 결과 미국, EU는 급속히 경제학적 관점에서 경쟁법 이슈들을 바라보고 있다. 그러나, 경제학적 관점이 경쟁법 분야를 주도하고 있는 미국, EU에서 유력한 견해가 된 결과, 다른 국가들은 이러한 방법론이 자국 상황에 상대적으로 적절하지 않음에도 불구하고 미국, EU에 의해 받아들여야 할 가능성을 우려하게 되었다.

개별 국가 차원에서의 경쟁법 발전의 또다른 핵심 궤적으로 카르텔 규제에 대한 강조를 들 수 있다. 미국, EU에서 보다 경제학에 기반한 견해들은 리니언시 프로그램과 같은 성공적인 혁신과 결합해 각 국이 카르텔을 퇴치하도록 하는데 경쟁법 집행 역량을 집중하도록 했다. 카르텔로 초래되는 피해는 명확히 인식할 수 있게 되었고, 거의 모든 사람들이 세계 시장에서의 카르텔의 형성·유지를 근절하는 것이 모두에게 이익이 될 것이라고 생각했다.

개별 국가 차원에서의 경쟁법 발전의 세 번째 주제로 각 국 경쟁법 체제 내부의 역학관계를 들 수 있다. 대부분 국가에서 경쟁 당국은 외부의 정치적 영향에서 점차 독립해 왔다. 특히 유럽에서 경쟁 당국은 1970년대부터 현재까지 점진적으로 위상·권위·독립성을 제고해 왔다. 경쟁 당국이 경제 부처의 일개 부서로 출범해 독립된 법집행 기관으로서 경쟁법 규범과 절차를 집행할 주된 임무를 맡게 되곤 했다. 물론 1980년대에 들어서까지 많은 유럽 경쟁 당국들이 작은 규모로 제대로 된 재정적 지원을 받지 못한 채 전반적으로 알려지지 않곤 했지만, 이러한 상황은 2000년 이후 10여년 동안 극적으로 변화했다. 그러나, 다른 나라들에서 경쟁 당국의 위상을 제고하고, 정치적인 영향이나 부패로부터 벗어나게 하려는 노력들은 유럽만큼 성공하진 못했다.

국제적 차원에서 특히 중요한 세 가지 패턴들이 있다. 첫째, 경쟁 당국간(특히 미국과 EU) 협력(주로 정보 교환)의 증대이다. 1990년대 중반 이전까지 경쟁 당국간 협력은 매우 제한적으로 이루어졌을 뿐이었다. 경쟁 당국 관료들간의 의사소통조차 거의 없었다. 통신 기술의 향상, 경쟁법에 관한 생각의 급속한 수렴, 경쟁법 집행의 우선 순위와 이해관계에 대한 인식 공유로 인해 이제 경쟁 당국간 의사 소통과 협력은 더 흔하고 중요해졌다.

둘째, 훨씬 최근의 패턴으로서 국제 기구들의 역할이 급속히 증대되었다는 점이다. 예를 들면, OECD와 UNCTAD는 상대적으로 최근에 가입한 회원국들의 경쟁법 발전을 촉진시키기 위해 더 노력했고, ICN은 국제경쟁법 발전을 견인하는 중요한 동력이 되었다. WTO와 다른 몇몇 비정부 기구들(non-government organizations)이 국제경쟁법에 기울인 노력은 이러한 발전을 더욱 가속화했다. 경쟁 당국 관료들은 국제 기구들을 통해 그렇지 않았을 경우보다 훨씬 광범위한 상호 접촉을 할 수 있었고, 법률가들과 경제학자들도 이 네트워크에 참여할 수 있게 되었다.

셋째, 미국 반트러스트법의 국제적 영향력 증대이다. 그럼에도 불구하고 많은 사람들은 미국 반트러스트법이 어떤 차원에서 얼만큼 영향을 미치는지 잘 인식하지 못하고 있다. 미국 반트러스트법에 관한 지식은 이상 살펴본 국제기관들과 네트워크 전반에 전파되었는데, 이는 무엇보다도 이에 참여하는 미국측 참여자들의 역할에 따른 것이었다. 그럼에도 불구하고 미국 이외의 다른 국가들의 경쟁법 발전 역사에 대한 지식의 부족 또는 모든 경쟁법이 애초부터 어떤 식으로든 미국 반트러스트법에서 연유해 오랜 기간 동안 그 영향을 받아왔다는 잘못된 믿음(myths)으로 인해 최근의 미국 반트러스트법의 역할 증대가 제대로 인지되지 않는 경우가 있다. 그러나 이미 살펴본 바와 같이 다수의 국가들은 수십 년 동안 미국의 영향을 받지 않고 독자적으로 경쟁법을 발전시켜 왔다. 특히, 유럽 국가들은 미국과는 전혀 다른 이론적 배경과 기관 간 역학관계를 가져 오곤 했다. 그러나, 지난 10여년 동안의 국제적 네트워크의 발전으로 특정 경쟁법 이슈에 대한 미국의 입장은 거의 전세계에 급속히 영향을 미치게 되었다.

이러한 경쟁법 발전 패턴들 및 궤적들은 21세기 경쟁법 발전을 이해하는데 핵심적인 요소들이다. 이 요소들은 정치적·경제적·제도적 요인들에 영향을 미치고, 이를 이해하게 될 총체적 기억(collective memory)의 요소들이 될 것이다.

B. 국제경쟁법의 발전: 추동력과 장애물

심대화 세계화는 국제경쟁법 발전에 새로운 문제 상황을 제시했을 뿐만 아니라, 이러한 문제에 대면하려는 인센티브와 그에 대한 대응 방안을 지지할 역량 제고를 불러오기도 했다. 실효적인 국제경쟁법 체제를 발전시킴에 있어 이러한 추동력, 장애 사유, 대응 역량을 이해하고 각 요소를 서로 연관시키는 것은 매우 중요하다.

1. 인센티브와 역량

심대한 세계화 상황 이전에 경쟁제한적 행위로부터 국제 경쟁의 보호가 이처럼 중요한 과제가 되었던 적은 없었다. 1980년대 이래 세계 시장은 전세계 여러 지역에서 놀라운 경제 발전을 견인했고, 중국에서만 수억 명, 인도와 다른 동남아시아 지역에서 또 수억 명을 절대적 빈곤에서 해방시켰다. 시장이 정부 간섭이나 사적 거래 제한에서 벗어나 경쟁 원리에 따라 작동하는 곳마다 부가 창출되었던바, 지난 20여 년에 걸쳐 경쟁 원리가 작동하는 시장이 이러한 성과를 낼 수 있음이 증명되었다. 그 결과, 국제적으로도 경쟁이 부를 창출할 수 있다는 인식이 훨씬 더 제고되었다.

그러나, 심대화 세계화 상황으로 인해 개별 국가 차원에서는 탈규제를 지향하지만 국제적으로는 다수의 참여자들이 지지, 참여하는 규범적 프레임웍을 구축해 국제 경쟁을 규율하려는 인센티브가 증대되었다. 많은 사람들은 국제 경쟁의 보호가 자신들이 장기적으로 추구하는 발전 목표들에 부합하는 경쟁 유형을 장려할 수 있을 것이라고 믿어야 국제 경쟁을 지지하게 된다. 국제 경쟁의 장래는 국내에서 경쟁에 대한 지지가 미미한 다수의 국가들이 정치적으로 경쟁에 대한 지지를 얼마나 얻어낼 수 있는가에 좌우되므로, 국제경쟁법의 실효성 역시 이들 국가들의 의사결정권자 기타 다른 사람들이 국제 경쟁에 대한 규율을 통해 자신들도 이익을 얻을 수 있다는 점을 얼마나 확신할 수 있는가에 따라 결정될 것이다. 특히 최근 세계 경제의 위기 이후 시장에 대한 신뢰와 법을 통해 경제력 남용을 규제해야 한다는 주장은 서로 연계되어 있다.

지난 수십 년간 개별 국가 및 국제적 측면에서의 경쟁법 '발전(progress)' 역시 국제경쟁법의 추가적 발전을 견인하는 동력이 되었다. 개별 국가의 경쟁법 발전은 ICN과 같은 국제 기구 발전과 결합해 국제 경쟁에 관한 더 효과적인 프레임웍의 고안을 가능케 했고, 과거 어느 때보다도 국제경쟁법 프로젝트의 실현 가능성을 높였다. 개별 국가 및 국제적 측면의 경쟁법들의 상호작용은 각각의 발전을 견인했고, 경쟁법에 대한 전반적인 확신을 강화했으며, 특히 국제경쟁법 영역에 대한 확신을 제고했다. 국제적 차원에서의 국가간 의사 소통 및 협력의 증대는 각 경쟁 당국의 경쟁법 집행을 독려, 지지했고, 개별 국가 내에서의 경쟁에 대한 정치적 지지의 제고는 국제적 협력 증대를 원활하게 하는 동력이 되었다.

개별 국가 및 국제적 측면의 경쟁법 발전 궤적의 이러한 상호 연계는 경쟁법 체제를 구축하는 더 굳건한 플랫폼을 제공하기도 했다. 1990년 이후 한 쪽의 지식, 경험의 증대는 다른 쪽의 경쟁법 발전을 독려했고, 이에 따라 양 측의 경쟁법 경험들은 급속히 상호 조력했다. 개별 국가에서의 경쟁법의 위상 제고는 경쟁법에 대한 인식을 높이고 나아가 경쟁법 집행 기관들과 그 아젠다에 대한 정치적 지지까지 상승시킨다. 이는 또한 더 많은 관료들의 경쟁법 집행 경험의 수준을 제고하고, 숙련된 관료들이 경쟁 당국에 계속 근무하게 한다. 이는 또한 경제학적 전문성 제고를 포함해 경쟁법 분석에 급속히 특화된 방법론들도 생성시킨다. 이상의 요소들은 합쳐져서 국제적으로도 활용할 수 있는 자원 · 지지 · 지식이 된다. 마찬가지로, ICN, OECD, UNCTAD와 같은 국제 기구들을 통한 경쟁법 경험 역시 참여 국가의 경쟁 당국 관료들이 지식을 공유하고, 네트워크에 기반한 지원 체제를 강화하며, 국제적 협력의 가능성과 그에 대한 장애 사유들을 인식할 수 있게 한다.

2. 국제경쟁법에 대한 장애물

그러나, 국제경쟁법 발전 추진을 가로막는 강력한 장애 사유들이 있다. 이 중 몇몇은 개별 국가 차원의 문제로서 모든 유형의 경쟁법 발전에 공통되는 것이다. 나머지는 국제적 차원의 문제로서 국가간 국경에서 연유하는 것들이다. 개별 국가 차원의 장애 사유들은 국제적인 영향을 미치고, 국제적 장애 사유들도 개별 국가에 영향을 미친다.

모든 경쟁법 체제는 권력 · 지식과 연계되는 일반적인 장애물에 직면하게 된다. 경쟁법은 강력한 경제적 조직의 행위를 규제하는데, 이들 조직들은 경쟁법에 관한 의사결정에 영향을 미치려 시도하곤 하는바, 이 자체는 별로 놀랍지 않은 일이다. 그런데, 세계 시장에서 시장력을 얻기 위해서는 상당한 사업 규모가 필요하고, 세계 시장에서 경쟁제한적 행위를 할 수 있는 능력을 갖고 있는 다수의 기업들은 각 국의 의사결정권들에게 영향을 미치고 국제경쟁법 발전에도 영향을 미칠 수 있을 정도로 충분한 역량을 갖고 있으므로, 이들 조직들의 영향력 행사 움직임은 국제적 차원에서 보다 심각한 문제가 된다. 지식과 관련된 문제 역시 일반적으로 발생하는 것이다. 경쟁법이 경쟁제한적 행위를 규제하는 이유는 그 행위가 피해를 발생시키기 때문이다. 그런데, 이러한 피해를 인식하는 것은 그 자체로 어렵고 많은 비용을 소요시키곤 하는데, 세계 시장의 복잡성은 이러한 문제를 더욱 가중한다.

세계 시장에서의 국제경쟁법 체제에서 발생하는 추가적인 문제 상황들이 있다. 21세기 경쟁법은 이전까지와는 매우 다른 상황에서 작동할 것이다. 21세기 경쟁법은 행위로 인한 효과에 주목할 것인바, 동일한 행위라고 하더라도 행위가 이루어지는 상황에 따라 다른 효과를 발생시키곤 할 것인데, 이런 상황들 역시 더욱 복잡하고 상호의존성이 증대된 세계 시장에서 더 급속히 변화하고 있다. 세계 시장의 변동성과 복잡성의 증대로 인해 각 국 경쟁법 집행 기관들이 세계 시장에서의 경쟁제한적 행위를 신속히 파악해 효과적으로 대응할 수 있는 역량을 갖고 있는지에 관한 의문이 제기되곤 한다. 예를 들면, 기업들은 세계 시장의 변화에 따라 빠르게 시장력을 증대해 경쟁을 제한할 수 있는 반면, 경쟁 당국 관료들은 이들 기업들의 행위가 실제로 중대한 경쟁상 피해를 초래하기 전까지 그 행위의 효과를 제대로 인지하지 못할 수 있다. 경쟁 당국이 이를 인지할 때쯤이면 세계 시장의 제반 조건들이 변할 수 있으므로, 그 시점에서의 경쟁법 집행이 사실상 무의미할 수 있다. 이러한 점을 고려하면, 경쟁 당국간 정보 교류를 개선, 향상시켜 법집행 기관의 대응 조치에 통합할 필요가 있다.

정부-기업간 관계가 더욱 복잡해짐에 따라 경제적 관계들도 더욱 복잡해진다. 정치적 국경이 이러한 관계들에 미칠 수 있는 영향은 경쟁법에 관한 논의에서 간과되곤 하는데, 이는 상당 부분 경제적 분석이 종종 시장에만 초점을 두고 정부 조치가 미치는 효과를 고려하지 않는 데에 이유가 있다. 정치적 국경이 시장을 분할하고 경쟁을 왜곡할 수 있으며 실제로도 이러한 결과를 발생시키곤 한다는 점은 간단명료하지만 냉정한 현실이다! 각 국 정부와 강력한 이해관계인들은 정치적 국경을 활용해 시장에 영향을 미치려 하고, 정부와 관료들은 이를 활용해 이익을 얻으려는 인센티브를 갖게 된다. 세계의 서비스 시장이 더 중요해지고, 기술이 서로 연계되며, 상품과 서비스 생산에서의 가치 사슬(value chain)이 국경을 넘어 더 광범위하게 분산됨에 따라, 정부와 관료들 역시 자국 국경을 활용해 이익을 얻을 수 있는 더 많은 기회와 인센티브를 갖게 된다. 따라서, 정부와 관료들의 이러한 영향력 행사를 최소화하는 것은 모든 국제경쟁법 전략의 주된 목표가 되어야 하고, 이를 위해서는 각 국 내부적으로 국제경쟁법 발전에 대한 정치적 지지를 발전시킬 필요가 있다.

개별 국가 차원에서, 기존의 규제 체제 하에서 기득권 세력들은 종종 국제 경쟁법 발전에 장애가 된다. 비록 1990년대 및 그 이후의 자유화 조치로 여러 국가들이 정부 간섭을 줄였지만, 아직도 많은 국가들(특히 아프리카, 아시아, 중동 지역)에서 정부는 주요 기업들을 직접 소유하고 있거나, 선호하는 기업들에게 독점 이익을 제공하는 특별한 조치들을 취하고 있다. 다른 국가들의 경우에도 정부 관료들은 여전히 여러 시장과 기업들에 대해 상당한 통제권한을 갖고 있다. 이런 상황에서, 정부 관료조직들은 경쟁법에 따라 시장을 더 투명하고 객관적으로 통제하기보다는 재량에 의해 시장에서의 행위를 통제하는 방안을 선호하곤 한다.

경쟁(특히 국제 경쟁)에 대한 전반적인 확신 결여는 추가적인 장애가 된다. 여러 국가들에서 자유 시장에 대한 정치적 지지는 제한적이다. 소비자들과 정부 모두 시장이 보이지 않고 제어할 수 없으며 이질적인 것으로 보이는 요소에 의해 통제되기는 것보다, 정부에 의해 통제되는 것을 선호하곤 했다. 다수의 개발도상국들은 자국의 역사적 경험으로 인해 외부적 요소가 자국 시장에 영향을 미치거나 조종하는 것을 민감하게 받아들인다. 경쟁 과정에 대한 각 국의 정치적 지지가 없는 상황에서, 경쟁 과정을 보호하는 법과 제도에 대한 지지가 형성되긴 어렵다.

자원 부족(lack of resources)은 이상의 요소들과도 연관이 있는 것으로서 역시 경쟁법 발전을 저해하는 또다른 요소다. 여러 국가들이 자국이 보유한 제한된 자원을 경쟁법 분야에 투입할 인센티브가 거의 없는데, 이는 경쟁법에 자원을 투입할 경우 이를 충분히 보상할 수 있을 정도의 이익을 얻을 것인지 확신하지 못하기 때문이다. 뿐만 아니라, 정부 관료들이 낮은 급여를 벌충하기 위해 수뢰를 포함한 외부로부터의 보상을 기대하고 있는 지역의 경우, 이들이 자신들에게 경제적 이익을 제공하는 기업들에게 경쟁법을 적극적으로 집행할 인센티브가 없다.

마지막으로, 법과 이에 기반한 제도들 전반에 대한 회의도 경쟁법 발전을 저해하곤 한다. 몇몇 국가들의 경우, 법이 전반적으로 공공선을 구현하는 기능을 한다는 점에 대한 확신이 충분치 않다. 많은 사람들은 지배계층이 자신들의 이익 추구를 위해 법을 활용한다고 생각한다. '법의 지배(Rule of Law)'의 결여는 흔한 것이다. 경쟁법 분야에서 법에 대한 이러한 회의와 우려가 더욱 가중

될 가능성이 높은데, 이는 경쟁이 지배계층의 경제적 이해관계와 충돌할 수 있기 때문인바, 이러한 우려는 법집행 기관들이 외국의 이해관계에 협력하는 것처럼 보일 때 특히 더욱 증폭된다. 이런 상황에서 국제경쟁법 발전 프로젝트는 서구 기업들이 개발도상국의 시장, 자원에 접근하기 위해 활용하는 구실로 비춰지기 쉽다.

국제적 차원에서 두드러지는 몇몇 장애들이 있다. 첫째, 경쟁법 체제 간의 차이의 정도이다. 이미 살펴본 바와 같이, 경쟁법 체제들은 외형뿐만 아니라 실제 체제가 운용되는 역학관계 양 측면에서 상당한 차이가 있다. 경쟁 당국 관료들과 법집행 기관들은 다양한 유형의 압력, 문제들에 맞닥뜨리고, 매우 상이한 제도적 상황에서 경쟁법을 운용한다. 소득 수준이 높은 국가가 굳건히 확립된 경쟁법 집행 기관을 통해 경쟁법을 발전시키는 것과 자원이 부족하고 경쟁법 집행 기관의 힘이 강하지 않으며 국내외로부터 상당한 영향을 받는 소규모 국가가 경쟁법을 발전시키는 것 사이에는 공통점이 거의 없다. 이러한 차이를 인식해야 이를 극복, 제어할 수 있는 국제경쟁법 체제를 만들어갈 수 있을 것이다.

둘째, 국가들, 기관들, 경제들간 역학관계의 문제이다. 이미 살펴본 바와 같이, WTO에 경쟁법을 포함시키려는 움직임에 대해 전세계 여러 지역에서 반발했고 다른 지역들도 미지근하게 호응했을 뿐이다. 이러한 논의 과정을 통해 각 국이 국제경쟁법 발전에 관해 서로를 신뢰한다고 볼 증거가 거의 없음이 밝혀졌던바, 이에 관한 신뢰 확립은 모든 국제경쟁법 발전 전략의 중심 과제가 되어야 할 것이다.

셋째, 경쟁법 이외의 다른 아젠다들(특히 무역 아젠다)이 국제경쟁법 체제 발전의 장애가 될 수 있다. 이미 살펴본 바와 같이, 국제경쟁법 체제 발전 과정에서 등장하는 이슈들은 국제 무역법의 이슈들과는 매우 상이하다. 양 아젠다는 모두 본질적으로는 세계 시장에서 보다 효과적인 경쟁을 지향하고는 있지만, 국제경쟁법에 관한 이해관계들과 그 실행 과정에서 활용하는 방법론은 국제 무역법과는 매우 상이하다. 무역 이슈들은 통상 국가들간 복잡한 교섭 관계(complex set of bargaining relationships)에 속해 있는 관료들에 의해 다뤄진다. 그러므로 이들에게 경쟁법 이슈까지 다루라고 하면, 이들은 필연적으로 국제무역법의 관점에서 관련 이슈들을 바라보게 될 것이다. 무역 담당 관료들의 주고받기식 거래에 기반한 관계들(bargaining-based relationships)은 효과적인 국제경쟁법 체제 발전에 필요한, 건설적이면서도 상호 신뢰를 생성시키는 유형의 관계를 쉽게 와해시킬 수 있다.

그러나, 이런 장애들에도 불구하고 현재 국제경쟁법 발전을 지향하는 인센티브들이 있고, 이를 수행하는데 필요한 역량들도 구축되었다. 이러한 인센티브와 역량들은 각 국이 세계 시장에 대해 더욱 효과적인 국제경쟁법 체제를 함께 형성할 수 있다는 확신의 기반이 된다. 물론 중대한 장애들이 있긴 하지만, 이는 감소하고 있고 더 이상 극복할 수 없는 대상으로 보이지 않는다.

C. 심대한 세계화 상황에서의 경쟁법의 적용

국제경쟁법 전략이 효과를 거두기 위해서는 이 전략의 작동 배경이 되는 새로운 상황에 적응할 필요가 있다. 이를 위해서는 국내외의 경쟁법 기구들, 이 기구들이 추구하는 목적들, 역학관계들이 시너지를 낼 수 있게 상호 연계되도록 경쟁법에 관한 사고를 재정립할 필요가 있다. 거의 한 세기에 걸쳐 축적된 개별 국가, 지역, 국제적 차원의 경쟁법 경험들은 이러한 사고 재정립 과정에 귀중한 시사점을 줄 수 있다. 이러한 변화에 적응하는 것은 국제경쟁법 전략의 성공에 매우 중요한 요소이다.

1. 기존 프레임에 대한 의문 제기

새로운 상황에 적응하기 위한 생각의 출발은 국제경쟁법 프로젝트에 관한 논의에 흔히 영향을 미쳤던 몇 가지 생각들에 의문을 제기하는 것이다. 첫째, 다자간 합의에 기반한 국제경쟁법 발전 프로젝트는 실패할 수밖에 없다는 생각이다. 수십 년 동안, 다자간 합의에 기반한 국제경쟁법 발전 아이디어는 '논의 대상조차 되지 않았고(off the table)' 거의 고려될 수 없었다. 제2차 세계대전 이후 수십 년 동안의 현실정치(realpolitik)의 영향으로 국제경쟁법을 발전시키려는 생각은 비현실적인 것으로서 이상주의자들의 논의 대상에 불과한 것으로 여겨져 실제로 진지하게 고려되지 않았다. 이러한 생각이 형성된 데에는 과거 시도되었던 한 두 가지의 국제경쟁법 발전 노력에 대한 피상적 인식의 역할이 컸다. 그러나, 이미 살펴본 바와 같이, 국제경쟁법 발전을 지향했던 초기 시도들의 '실패'가 이러한 비관론에 실질적으로 부합하는 증거가 될 수는 없다.

둘째, 개별 국가의 경쟁법 모델(통상 미국식 모델)이 국경을 넘어 전세계적으로 확대 적용될 수 있다는 생각 역시 국제경쟁법 발전에 관한 사고 왜곡에 기여했다. 이미 살펴본 바와 같이, 개별 국가의 경쟁법 체제가 작동하는 상황은 국제경쟁법 작동 배경과는 근본적으로 상이하다. 결정적으로 중요한 사실은, 개별 국가의 경쟁법 체제가 세계적으로 적용될 필요가 없다는 점이다. 본서에서 다뤘던 국제경쟁법에 관한 많은 이슈들(법목적, 비용, 인센티브 등)은 개별 국가 차원에서는 아예 문제되지도 않았거나 설령 문제되었다고 하더라도 그 구체적인 문제 유형이 매우 다르다. 개별 국가의 경쟁법 경험에 기반한 경쟁법 체제나 사고방식이 국제적 차원에서도 적합할 가능성은 (최소한 가까운 미래에는) 매우 낮다고 할 것이다.

또 다른 잘못된 생각으로서, 국제경쟁법 발전이 무역 이슈라는 생각(즉, 국제경쟁법 발전이 자유 무역 아젠다에 부속하는 아젠다라는 생각)이 있다. 이미 살펴본 바와 같이, 국제경쟁법 발전에 관한 이슈들은 그 자체로서 충분히 복잡하다. 따라서, 다른 아젠다나 기존의 국제 기구에 이런 이슈들을 끼워 넣는 것은 더 효과적인 국제경쟁법 체제 발전에 필요한 탄력성을 저해하는 결과로 이어질 수 있다. 나아가, 경쟁법 이슈를 무역 이슈들 또는 이에 관한 국제 기구들에 연계하는 것은 국제경쟁법이 서구의 기업들과 국가들을 이롭게 하기 위해 개발도상국들이나 이들의 경제적 이익을 희생시킨다는 우려를 불러 일으키곤 했다. 물론 WTO라는 기구 자체가 국제경쟁법 발전을 추진하는 '장소'가 될 수 있겠지만, 이를 위해서는 국제경쟁법 고유의 필요를 반영하는 절차들과 규칙들을 발전시킬 필요가 있다.

마지막으로, 극복하기 더 어려운 생각으로서 미국(가끔은 EU와 함께)이 모든 국제경쟁법 프로젝트를 주도해야 한다는 흔한 생각이다. 이로 인해 어려운 이슈들이 발생하는데, 이는 '주도(lead)'가 '지시(dictate)'나 '통제(control)'를 의미하는 것으로 이해되기 매우 쉽기 때문이다. 미국, EU의 입장은 모든 국제경쟁법 프로젝트의 성패는 물론, 심지어는 출범 단계에서부터 중대한 영향을 미친다. 더욱이, 미국, EU의 반트러스트 그룹이 보유한 방대한 경험과 깨달음은 국제적 차원의 경쟁법 발전에도 매우 중요한 요소가 될 것이 확실하다. 이런 의미에서, 미국, EU가 국제경쟁법 발전 프로젝트를 '주도(lead)'하기는 해야 할 것이다. 그러나, 이미 살펴본 바와 같이, 현재 미국, EU가 경쟁법을 바라보는 견해와 이를 집행할 역량은 다른 여러 국가들과 큰 차이가 있다. 따라서, 효과적인 국제경쟁법 체제 발전을 위해서는 이를 '주도'하는 측에서 자신들의 지위를 활용해 미리 특정한 결과를 '지시'해서는 안 된고, 공통의 목표를 향해 함께 나아가는 움직임을 체계적으로 지원, 유지하는데 주력해야 할 것이다.

2. 재 구 성

국제경쟁법 발전 이슈들을 재조명함에 있어 종종 간과되었던 세 가지 요소들에 특히 관심을 가질 필요가 있다. 첫째, 정치적 국경이 국제 경제 체제에서 (여전히) 근본적인 역할을 한다는 점이다. 경제학은 시장과 그 참여자들의 인센티브를 인식하지만, 이에 기반한 분석은 국경이 시장에 어떤 영향을 미치는지를 제대로 고려하지 못하곤 한다. 따라서, 국제경쟁법 전략을 생각함에 있어 반드시 국경을 고려해야 할 뿐만 아니라, 국경이 국제 경쟁에 미치는 영향을 감소시키는 방안에 초점을 맞춰야 한다.

정치적 국경의 중요성은 또한 국제경쟁법 발전 전략의 초점이 국가간 수평적 관계에 맞춰져야 함을 의미한다. 제2차 세계 대전 이후 경쟁법 영역에서 미국의 우월적 지위로 인해 많은 사람들은 수직적 관점에서 경쟁법에 관한 이슈들을 바라보게 되었다. 사람들은 미국(이제는 EU와 함께)이 국제경쟁법 발전을 주도할 것이고, 다른 국가들은 이의를 제기하지 않고 이를 따라야 한다고 생각한다. 이러한 수직적 관점이 효과적인 국제경쟁법 전략을 지지할 가능성은 거의 없다. 국제경쟁법 전략의 성패는 다양한 이해관계와 경험을 갖고 있는 국가들이 그 전략을 얼마나 따를 것인지에 달려 있는데, 이들 국가들이 자신들의 이해관계와 의견을 고려, 반영하지 못한 국제경쟁법 전략을 따를 가능성은 매우 낮다.

국제경쟁법 전략이 효과를 거두기 위해서는 개별 국가의 경쟁법과 국제경쟁법간의 시너지가 생성되어야 한다. 이미 살펴본 바와 같이, 개별 국가 경쟁법과 국제경쟁법간의 상호 관계의 중요성이 날로 증대되고 있는바, 양자는 서로를 견인하고, 서로를 지지해 준다. 이러한 상호 작용과 시너지 효과를 강화하는 관계 형성은 국제경쟁법 프로젝트에 대한 정치적 지지 유지에 필요한 동력을 제공하는데 필수불가결한 요소가 될 것이다.

국제경쟁법 이슈들을 재조명하는데 고려해야 할 네 번째 사항은 국제 경쟁 정책이 국제 경쟁을 형성, 유지해야 한다는 점이다. 미국·EU에서 진행되는 국제 경쟁 정책에 관한 논의에서 경쟁과 경쟁법에 대한 지지가 쉽게 붕괴될 수 있는 국가들이 다수라는 점, 세계 시장을 지지하는 법률적 기반이 취약하다는 점이 간과되곤 한다. 경쟁법은 독자적으로 각 국이 국제 경쟁을 정치적으로 지지하게 할 수는 없지만, 이러한 지지 형성에 선행되어야 할 조건들의 조성에 기여할 수는 있다. 국제 경쟁에 대한 지지는 지속되어야 하므로 모든 경쟁 정책에 대해서는 그 시간적 측면에 관심을 모을 필요가 있다. 경쟁의 형성은 계속적인 과제이므로 경쟁 정책 역시 시간의 경과에 맞춰 시행될 필요가 있다. 경험적으로 보면, 경쟁법의 주요 기능 중 하나가 시장으로부터 이익을 얻고 이에 시장의 발전을 지지할 인센티브를 갖고 있는 공동체 내에 시장을 내재시킴으로써 시장을 형성하는 것임을 상기할 필요가 있다.

국제 경쟁 전략으로 적합한 법률적 사고방식은 국내법에 대한 인식이나 국제법에 관한 전통적 사고방식과는 중요한 측면에서 상이할 가능성이 높다. 즉, 국내법이나 전통적인 국제법적 사고방식에서 법은 정도 차이가 있긴 하나 인식가능한 실체법 규범과 이를 적용, 집행하는 절차, 제도들을 규정한다. 여기에서 법의 핵심적 기능은, 수범자들이 법을 준수하고 그 집행 절차, 제도에 순응하도록 행위에 대한 제한을 부과하는 것이다. 그러나, 국제경쟁법 발전을 위해서는 법에 대한 보다 동적인 관점이 필요한바, 이에 따르면 법은 독립된 국가들, 기관들이 국경을 넘어 서로 소통하고 다른 참여자들 및 자국 내의 구성원들로부터의 지지를 추구함으로써 합의된 목표들을 향해 나아가도록 하는 프레임웍을 의미한다. 이 때의 법규범들과 참여자들간의 관계에는 변동성과 유연성이 반영되어야 한다.

이상 각 요소는 국제경쟁법에 관한 지식과 이러한 지식이 각 국의 의사결정에 미치는 영향에 따라 좌우된다. 국제경쟁법 발전에 관한 지식은 여전히 빈약하다. 참여자들과 다수의 정책 조언자들이 알고 있거나, 알고 있다고 생각하고 있는 과거 국제경쟁법 발전 경험에 관한 지식들은 제한적이고, 종종 잘못 이해되고 있다. 많은 사람들이 국제경쟁법에 관해 어떤 노력이 어떤 동기로 이루어졌는지, 또는 어떤 요소들이 이러한 노력의 결과에 영향을 미쳤는지 알지 못하고 있다. 마찬가지로, 개별 국가들의 경쟁법 경험들을 비교, 분석하려는 노력도 거의 이루어지지 않았다. 국제경쟁법 전략을 발전시켜야 한다는 생각이 너무도 오랜 기간 동안 잊혀져 왔거나 논의의 중심에서 소외되어 있었던 탓에 이런 상황이 놀라운 것은 아니지만, 효과적인 국제경쟁법 전략 수립을 위해서는 각 국의 경쟁법 경험을 보다 광범위하고 정제된 방식으로 비교하는 한편, 이런 경험들이 국제 경제 기구들 및 국제적 역학관계와 어떤 연관이 있는지 보다 깊이 이해할 필요가 있다.

3. 국제경쟁법 발전의 기준

이상 살펴본 요소들을 종합적으로 고려하면, 효과적인 국제경쟁법 전략에 대한 몇 가지 기본적 기준들을 확인할 수 있다. 첫째, 참여자들의 약속을 이끌어낼 수 있는 가능성이다. 국제경쟁법 전략은 배경과 이해관계가 다양한 참여자들의 약속을 유도할 수 있어야 한다. 둘째, 국제경쟁법 발전 프로젝트의 구조를 개별 국가의 경쟁법 발전 프로젝트에 연관되도록 할 필요가 있다. 여러 국가들이 자국 경쟁법의 발전을 위해 국제경쟁법 프로젝트를 필요로 할 가능성이 높고, 개별 국가의 정치적·제도적·지적인 발전은 국제적 차원의 경쟁법 발전을 견인할 추동력을 유지하는데 필요할 가능성이 높다. 셋째, 국제경쟁법 전략은 국가들과 기관들간 갈등을 효과적으로 회피, 해결할 수 있어야 한다. 갈등의 발생은 불가피한 것이지만, 그 빈도나 정도가 과도하면 국제적 협력의 효과를 반감시킬 수도 있다. 넷째, 국가간 컨버전스를 제고할 수 있어야 한다. 여기서의 컨버전스는 단순히 성문법 문언의 유사성을 제고하는 것(이 역시 때로는 필요하지만 별다른 의미가 없는 경우가 빈번하다)에 머무르는 것이 아니라, 실제 영향력 있는 규범들간의 유사성 및 그 규범을 적용한 결과의 유사성까지 제고하는 것을 의미한다. 다섯째, 약속을 지속적으로 유지하게 하는 능력이다. 국제경쟁법 발전 프로젝트는 최초 시작 시점부터 단순히 참여자들의 약속을 이끌어내는 데에 머무르지 않고 이들이 약속을 지속·유지할 수 있도록 고안되어야 한다. 이를 위해서는 시간의 경과에 따라 참여자들의 이해관계를 더욱 정교하게 조율해야 하는바, 이는 모든 국가들이 자국의 이해관계를 표현하고 의사결정과정에 참여할 수 있는 메커니즘을 통해 가능할 것이다. 따라서, 국제경쟁법 발전 프로젝트는 시간의 경과에 따라 발전, 변화할 수 있어야 한다.

이상의 기준들에 비추어보면, 일방적 관할주의가 국제 경쟁의 규범적 기반이 될 수 없음이 드러난다. 일방적 관할주의 체제에서 각 국은 경쟁법을 발전시키거나 다른 국가와의 관할에 관한 갈등을 감소, 해결하기 위해 자국 행위를 조율할 인센티브가 거의 없다. 자국 법을 자국 밖에서도 적용할 수 있을 정도의 충분한 경제적 수단이나 정치적 역량을 갖고 있는 극소수의 국가들은 이러한 인센티브가 거의 없고, 다른 국가들은 국제 경쟁 규범에 영향을 미칠 기회 자체가 거의 없다. 이런 상황으로 인해 일방적 관할주의에 기반한 경쟁법 체제에 대한 확신이 광범위하게 확산되기는 어려울 것이다. 뿐만 아니라, 일방적 관할주의는 각 국이 경쟁법에 관한 국제적 컨버전스를 달성하는 것을 방해하지는 않겠지만, 이를 지지하지도 않을 것이다.

일방적 관할주의의 한계는 또한 어떤 형태로든 국제적 전략이 필요함을 부각시킨다. 세계 시장에서의 경쟁 보호를 위해 국제적 협력이 필요하다는 기본적 통찰은 사소한 것일 수도 있지만, 근본적인 성찰이 될 가능성도 높다. 국제적 협력의 잠재적 중요성과 국제적 협력이 할 수 있는 역할들은 20세기 격변했던 국제 관계와 경제 발전으로 인해 제대로 주목받지 못했지만, 본서에서는 세계 시장에서의 경쟁 조건 개선을 위해 국제적 협력에 기반한 전략이 필요함을 규명한 바 있다.

D. 헌법적 선택: 경쟁, 공동체, 그리고 서약의 잠재 가치

최근 세계 경제 관계에서의 경제적·정치적 구조의 극적인 변화는 국제 경쟁에 관해 더 효과적인 법률적 체제를 형성할 수 있는 놀라운 기회를 제공하고 있다. 미-소를 정점으로 한 양극적 체제 대립은 끝났고, 이후 20여 년간 뚜렷이 유지되었던 일극적 세계 질서도 이미 약화되고 있다. 한 국가의 경쟁법이 세계 시장의 구조를 결정할 수 있거나 결정해야 한다는 생각은 급속히 시대착오적인 것으로 여겨졌고, 국제경쟁법 체제로서 일방적 관할주의가 적절치 않다는 점도 급속히 명백해졌다. 이러한 변화는 시장의 유효성을 제고하는 한편, 공통의 규범과 기준에 시장을 내재화시키는 법체제를 발전시킬 필요가 있음을 시사한다.

1. 헌법적 기회

이러한 전환에 대한 인식은 기본적 관계들을 근본적으로 재검토하는 계기가 되었고, 이런 점에서 이를 '헌법적 시점(constitutional moments)'이라 할 수 있다. 그러나, 여기서의 '헌법적'이란 말은 보통의 용례보다는 더 넓은 의미에서 사용된다. 즉, '헌법적'이란 말은 한 국가 내의 정치 구조가 아닌, 다른 국가와의 관계 또는 세계 시장과의 관계를 연결하는 구조를 지칭한다.

'헌법적' 결정은 공유하고 있다고 인식하는 공통의 이해관계에 기반해야 한다. 모든 국가들이 국제 경쟁 과정에 공동의 이해관계를 갖고 있다는 생각은 최근까지도 기껏해야 '흐릿하게(murky)' 인식되었을 뿐이다. 그러나, 이제는 국제 경쟁이 국가들에게 공통의 이해관계를 발생시킨다는 점에 대한 인식이 급격히 높아졌다. 제2차 세계 대전 이후 수십 년 동안 모든 사람들은 경쟁이 경제 발전을 견인할 수 있다는 점과 국제 경쟁이 제대로 작동하지 않으면 어느 누구도 그로부터 초래되는 피해에서 자유로울 수 없다는 점을 인식하게 되었다. 2008년 세계 경제 위기라는 고통스러운 경험을 통해 세계 시장이 개별 국가의 정치 · 경제 전반에 심대한 영향을 미친다는 점이 명백해졌다. 이러한 새로운 인식으로 인해 국제 경쟁을 그로부터 영향 받는 사람들의 이해관계를 반영한 규범적 프레임웍 안에 내재화시킬 필요성이 부각되었다. 이에 대해 경제성장을 지지하는 정책과 이상과 같은 이해관계를 비중있게 반영한 정책이 서로 조화를 이룰 수 있는지에 대해 의문을 제기하는 사람들도 일부 있을 수 있다. 본서는 이러한 두 목적들이 조화를 이룰 수 있고, 상호의존적인 관계에 있다는 확고한 입장에 있다.

2. 경쟁과 공동체: 긴장과 시너지

헌법적 결정은 이를 수용할 수 있는 어떤 '공동체(community)'가 있음을 전제로 한다. 물론 집단들, 이해관계들, 제도들간의 관계는 헌법적 결정으로 구조화·체계화되지만, 이것이 효과적으로 이루어지기 위해서는 공동체를 구성하는 요소들이 미리 있어야 한다. 요약하면, 헌법적 결정으로 구조화될 '재료(materials)'가 되는 공통의 이해관계, 법집행 경험, 관계들이 미리 있어야 한다. 국제경쟁법 발전 상황에서, 전통적 관점에서 국제경쟁법이라는 용어를 사용해 왔던 공동체는 없지만, 국가들, 생산자들, 소비자들간의 상호 의존적 관계는 세계 시장에 참여하거나 그로부터 영향을 받는 사람들로 구성된 새로운 유형의 공동체의 기반을 만들어낼 수 있다. 역사적으로 볼 때, 공동체와 정치 조직은 종종 시장을 중심으로 구조화되었는데, 이제 더 넓은 세계 시장을 중심으로 하는 구조화가 이루어질 수 있다.

단일 정치 체제 내에서, 경쟁은 공동체와 종종 갈등을 빚곤 한다. 공동체의 정치·사회적 구조가 기존 질서를 형성·유지하는 반면, 경쟁은 반대쪽 편에서 이러한 질서를 변화시키고자 하기 때문에, 경쟁과 공동체는 근본적으로 긴장 관계를 이룬다. 경쟁의 기본 원칙은 행위자가 자신의 이해관계에 따라 행동하는 것을 장려한다. 이 원칙은 경제 발전의 동력이 되기도 하지만 공동체의 기존 질서를 위협할 수도 있다. 근본적 긴장 관계의 관점에서는 '공동체'를 경쟁에 반대되는 가치로 규정하곤 하는데, 이는 서구의 사고에서만 있는 것이 아니라 아시아 및 다른 지역의 정치적 사고에 훨씬 더 선명하게 각인되어 있다. 경쟁과 공동체라는 개념에 내포된 논리, 언어, 이해관계는 상이하다. 경쟁은 본질적으로 개인주의적(individualistic)이다. 경쟁은 상대방과 싸워 이기는 것이다. 반면, 공동체는 공통의 이해관계, 목적, 경험을 상정하고 구성원들간의 갈등 상황을 만들지 않으려 하는 속성이 있다.

그러나, 단일 정치 체제를 넘어선 국제적 차원에서 보면, 확립된 정치 질서 자체가 없으므로 경쟁과 갈등을 빚을 수 있는 근거가 없다. 경쟁은 국제적 차원에서 개별 국가적 상황에서와는 매우 다른 역할을 할 수 있다. 경쟁은 모든 사람들이 국경을 넘어 지식, 이해관계, 심지어는 가치관까지도 공유하게 하는 토대가 될 수 있다. 따라서, 경쟁법은 단순히 어떤 행위를 제한, 규제하는 것을 넘어 보다 건설적인 역할을 할 수 있다. 경쟁법은 공통의 목적을 달성하는 과정의 일부가 된다. 공동체 '구성원들(members)'이 공통의 목표를 추구하는 과정에 참여할 수 있는 방법론을 제시하는 것은 경쟁법이 수행하는 건설적 역할의 본령이다. 이러한 견해는 경쟁법에 관한 현재의 주류적 용례, 경험과는 일치하지 않지만, 이를 간과할 경우 국제경쟁법 발전에 관한 시야가 협소해질 것이다.

시간적 요소는 이상과 같은 헌법적 생각에 포함되어 있다. 헌법적 생각은 시간의 경과에 따라서만 도달할 수 있는 목표들을 추구하기로 하는 약속에 기반해 있다. 세계 시장에 대한 경쟁법 전략은 동일한 개념(same concept)에 기반해야 한다. 그렇지만, 이 전략에 참여하는 각 국이 독립적인 국가들이고 향후에도 그 지위를 유지할 것이라는 점은 매우 중요하다. 이는 적어도, 초기 전략 추진 단계에서 공식적으로 참여를 철회하더라도 별다른 비용이 들지 않으므로 이탈이 쉽다는 점을 의미한다. 보다 중요한 것은, 각 국이 공식적으로 참여를 철회하는 대신 자국 내에서 경쟁법 집행을 줄이거나 국제적 협력을 제약하는 등 비공식적인 방법으로도 쉽게 이탈할 수 있다는 점이다. 참여자들의 이러한 이탈의 용이성을 고려할 때, 다자주의적 전략의 성패는 참여자들로 하여금 설정된 목표를 추구하기로 하는 약속을 얼마나 강력하게 유지할 수 있는지에 달려 있다.

E. 맺는 말: 법, 경쟁, 그리고 국경

본 연구는 국제경쟁법 발전을 위한 전략 개발의 잠재적 장단점을 언급하는 것으로부터 시작했던바, 이는 본 연구의 종착점이기도 하다. 몇몇 사람들이 오래 전부터 국제경쟁법 발전 프로젝트의 잠재 가치를 어렴풋이나마 인지했지만, 이러한 비전은 경제 공황과 세계대전을 거치면서 산산조각 났고 이후 국제적 갈등과 일방적 관할주의의 무게에 짓눌러 완전히 부숴졌다. 그러나, 이제 국제경쟁법 발전을 가로막았던 많은 장애물들이 소멸됨에 따라 이 문제가 다시 중요해졌다. 본서는 개별 국가 및 국제경쟁법의 발전 과정을 분석했던바, 그 과정에서 양자간의 상호관계에 초점을 맞췄다. 본서는 여러 가지 제약들로부터 국제 경쟁 과정을 보호하기 위해 취해졌던 노력들을 살펴보았고, 21세기 국제경쟁법 전략을 발전시키는 과정에서 직면하게 되는 이슈들과 장애들을 확인했다.

국제경쟁법의 궤적에는 아이러니가 있다. 초기 노력들은 국제 공동체와 이 공동체가 공동의 위협에 대응해야 한다는 언급으로 가득차 있었다. 그러나, 이런 언급들은 당시 현실에 거의 부합하지 않았다. 초기의 노력들은 현실에 기반했다기보다는 국제경쟁법을 발전시키고자 하는 단순한 열망에 가까웠다. 반대로 21세기에는 국제경쟁법 발전을 추구함에 필요한 요소들은 갖춰졌지만, 20세기에 일어난 일련의 혼란상으로 인해 정작 국제 공동체에 관한 의식 자체가 희미해져 버렸다. 즉, 한 때 생명력 있는 아이디어가 있었지만 이를 달성하는데 필요한 자원들과 제반 조건들이 갖춰지지 않았고, 다음에는 제반 상황들이 우호적으로 변했지만 생명력 있는 비전이 붕괴되어 버렸다.

그러나, 국제 공동체가 국제경쟁법 발전을 추구해야 한다는 목표를 붕괴시켰던 요소들로 인해 동시에 이러한 목표를 보다 효과적으로 추구할 수 있는 방법들이 생성되었다. 국제 공동체에 관한 아이디어의 해체는 이후 일부 국가들의 패권 추구 및 국가간 분열로 이어졌고, 개별 국가 및 국제경쟁법 모두 이러한 정책적 배경에서 발전했다. 경쟁법에 관한 아이디어들은 검증, 정제되었고, 법집행 기관들과 절차들은 모양을 갖춰 나갔으며, 역량을 배양했다. 이러한 경험들은 이제 효율성있고 효과적인 국제경쟁법 전략을 발전시킬 수 있는 보다 확고한 기반이 될 수 있다.

경제 공황과 세계대전이 주는 압박, 이후 냉전과 그로 인해 초래된 세계의 분열에 의한 가중된 억압에도 불구하고 국제경쟁법 프로젝트가 포기되지 않았다고 잠시 가정해 보자. 국제 공동체라는 이미지 자체는 잘 발전할 수도 있었을 것이다. 국제 공동체가 실효적으로 작동하기 어려웠을 것이므로 국제 공동체에 관한 생각이 누그러졌을 것이지만, 세계 시장이 지지, 강화되어야 한다는 기본적 제안 자체는 지속적으로 강조되었을 것이 분명하다. 이제 세계 시장은 그로 인한 이익이 폭넓게 분배되고, 국제 경쟁에 의해 영향받는 사람들이 제기하는 의견들이 국제 경쟁에 관한 규칙에 반영되지 않으면 지지받을 수 없을 것이다.

국제경쟁법 이슈들에 관한 분석은 단순히 구체적인 경쟁법 이슈들에만 해당하는 것이 아니라 국제 경제의 지배구조(global economic governance)라는 더 광범위한 이슈들에도 관련된다. 전세계적 차원에서 경쟁법을 발전시키려는 움직임은 다른 국제 경제 지배구조 프로젝트들보다 오랜 역사를 갖고 있고, 훨씬 더 많은 진전을 이루었을 뿐만 아니라, 보다 집중적인 분석, 토론의 대상이 되어 왔다. 나아가, 경쟁 과정은 그 자체로 국제 경제 관계의 핵심 요소이기 때문에, 이러한 움직임은 국제 경제의 지배 구조의 핵심 요소라 할 수 있다. 따라서, 이런 움직임은 세계 시장과 법의 관계를 구조화하는데 있어 중요하다고 할 것이다.

세계 시장에서의 경쟁제한적 행위를 효과적으로 규제할 수 있는 경쟁법 체제 발전은 21세기의 두 가지 핵심 과제들, 즉 경제적 번영의 달성, 유지와 전 지역의 인류 역량 및 자유의 발전을 촉진하는 방식으로 경제적 번영을 강화할 수 있게 하는 해결책이 될 것이다. 이와 같이, 국제경쟁법 발전은 정부, 국제기구, 경제 정책 입안자들이 현재 직면해 있고 미래에도 직면할 가장 중요한 임무 중 하나가 될 가치가 있다.

참 고 문 헌

Aaronson, Susan, *Trade and the American Dream: A Social History of Postwar Trade Policy* (Lexington, Ky, 1996)

Abbott, Frederick M. & David J. Gerber (eds), *Public Policy and Global Technological Integration* (London, 1997)

Abbott, Kenneth W. & Duncan Snidal, "Hard and Soft Law in International Governance", 54 *Int'l Org.* 421－456 (2000)

Abbott, Kenneth W., Robert O. Keohane, Andrew Moravcsik, Anne－Marie Slaughter & Duncan Snidal, "The Concept of Legalization", 54 *Int'l Org.* 401－419 (2000)

Abbott, Kenneth W. & Duncan Snidal, "Pathways to International Cooperation", in Eyal Benvenisti and Moshe Hirsch (eds), *The Impact of International Law on International Cooperation: Theoretical Perspective* 50－84 (Cambridge, 2005)

Abraham, David, *The Collapse of the Weimar Republic: Political Economy and Crisis* (2d. ed., New York, 1986)

Acemoglu, Daron, & James A. Robinson, *Economic Origins of Dictatorship and Democracy* (Cambridge, 2006)

Adams, William J. & Christian Stoffaës, eds., *French Industrial Policy* (Washington, D.C., 1986)

Adams, William J., *Restructuring the French Economy: Government and the Rise of Market Competition since World War II* (Washington, D.C., 1989)

Addy, George N., "International Coordination of Competition Policies", in Erhard Katzenbach, Hans－Eckart Scharrer & Leonard Waverman (eds), *Competition Policy in an Interdependent World Economy* 291－304 (Baden, Germany, 1993)

Aghion, Philippe & Rachel Griffith, *Competition and Growth* (Cambridge, Mass., 2005)

Aguilar, Luis E., *Marxism in Latin America* (New York, 1968)

Aiginger, Karl, Mark McCabe, Dennis C. Mueller & Christoph Weiss, "Do American and European Industrial Organization Economists Differ?", 19 *Rev. Indust. Org.* 383－405 (2001)

Albornoz, Facundo & Jayasri Dutta, *Political Regimes and Economic Growth in LatinAmerica*, available at: http://papers.ssrn.com/sol3/papers.cfm?abstract_id=988921

Aldcroft, Derek H., *From Versailles to Wall Street: 1919–1929* (Berkeley, 1977)

Allen, G.C., *Monopoly and Restrictive Practices* (London, 1968)

Alter, Max, *Carl Menger and the Origins of Austrian Economics* (Boulder, 1990)

Alvarez, Ana Maria & Pierre Horna, "Implementing Competition Law and Policy in Latin America: The Role of Technical Assistance", 83 *Chi–Kent L. Rev.* 91–128 (2008) Ambrosius, Gerold & William H. Hubbard, *A Social and Economic History of Twentieth-Century Europe* (Keith Tribe & William H. Hubbard (trs), Cambridge, Mass., 1989) American Bar Association, Joint Submission of the American Bar Association's Sections of Antitrust Law and International Law and Practice on the Proposed Anti–Monopoly Law of the People's Republic of China (July 15, 2003). Available at: http://www.abanet.org/intlaw/committees/business_regulation/antitrust/abaprcatfinalcombo.pdf

Amsden, Alice H., *The Rise of the Rest* (Oxford, 2001)

Amsden, Alice H., *Escape from Empire* (Cambridge, Mass., 2007)

Anderson, Eugene N. & Pauline R., *Political Institutions and Social Change in Continental Europe in the Nineteenth Century* (Berkeley, 1967)

Anderson, Robert D., et al., "Competition Policy and Regulatory Reform in Canada, 1986–1997", 13 *Rev. Ind. Org.* 177–204 (1998)

Anderson, Robert D. & Frederic Jenny, "Current Developments in Competition Policy in the World Trade Organization", 16 *Antitrust* 40–44 (2001)

Anderson, Robert & Frederic Jenny, "Competition Policy, Economic Development and the Role of a Possible Multilateral Framework on Competition Policy: Insights from the WTO Working Group on Trade and Competition Policy", in Erlinda Medalla (ed), *Competition Policy in East Asia* 61–86 (Oxfordshire, UK, 2005)

Antepoth, Heinrich, *Wandlungen in der staatlichen Kartellpolitik Deutschlands* (Diss. Cologne, 1938)

"Antitrust Division Official Predicts Scant Prospect of Internatwnal Code", 11 *Int'l Trade Rep.* No. 6, p. 220 (Feb. 18, 1994)

Aoki, Masahiko, *Towards a Comparative Institutional Analysis* (Cambridge, MA, 2001)

Arai, Koki, "Recent Economics at the Japanese Fair Trade Commission–Revision of the Business Combination Guidelines and Case Analysis", 31 *World Comp. L & Econ. Rev.* 449–472 (2008)

Arthur, Thomas C., "Workable Antitrust Law: The Statutory Approach to Antitrust", 62 *Tul. L. Rev.* 1163–1236 (1988)

Auricchio, Vito, "Discount Policies in US and EU Antitrust Enforcement Models: Protecting Competition, Competitors or Consumer Welfare?", 3 *Eur. Comp. J.* 373–409 (2007)

Azema, Jacques, *Le Droit Francais de La Concurrence* (2d. ed., Paris, 1989)

Azoulai, Loic, "The Court of Justice and the Social Market Economy: The Emergence of an Ideal and the Conditions for its Realization", 45 *Comm. Mkt. L Rev.* 1335–1356

(2008)

Baer, Werner, *The Brazilian Economy: Growth and Development*, (6th ed., Boulder, Colo., 2007)

Bagwell, Kyle, Petro C. Mavroidis & Robert Staiger, "It's a Question of Market Access", 96 *Am. J. Int'l L.* 56–76 (2002)

Bail, Christoph, "Coordination and Integration of Competition Policies: A Plea for Multilateral Rules", in Erhard Katzenbach, Hans–Eckart Scharrer & Leonard Waverman (eds), *Competition Policy in an Interdependent World Economy* 279–290 (Baden, Germany, 1993)

Baker, Dean, Gerald Epstein & Robert Pollin (eds), *Globalization and Progressive Economic Policy* (Cambridge UP, 1998)

Baker, Donald I., "Antitrust and Politics at the Justice Department", 9 *J. L. & Pol.* 291–308 (1993)

Bakhoum, Mor, "Delimitation and exercise of competence between West African Economic and Monetary Union (WAEMU), and its Member States in Competition Policy", 29 *World Comp.* 653–681 (2006)

Bakhoum, Mor, *L'articulation du droit communautaire et des droits nationaux de le concurrence dans l'Union Economique et Monétaire Ouest Africaine* (UEMOA) 410–2 (Zurich, 2007)

Baldwin, David A., *Economic Statecraft* (Princeton, NJ, 1985)

Ball, George W., *The Past Has Another Pattern: Memoirs* (New York, 1982)

Balme, Stephanie, "The Judicialisation of Politics and the Politicisation of the Judiciary in China (1978–2005)", 5 *Global Jurist Frontiers* 1–41 (2005)

Barber, William J., *Designs with Disorder: Franklin D. Roosevelt, the Economists, and the Shaping of American Economic Policy*, 1933–1945 (Cambridge UP, 1996)

Barnes, David W., "Nonefficiency Goals in the Antitrust Law of Mergers", 30 *Wm. & Mary L Rev.* 787–866 (1989)

Barnet, Richard J., *Global Dreams* (New York, 1994)

Barnikel, Hans–Heinrich (ed), *Theorie und Praxis der Kartelle* (Darmstadt, 1972)

Barnett, Michael & Martha Finnemore, "The Politics, Power, and Pathologies of International Organizations", 53 *Int'l Org.* 699–732 (1999)

Barre, Raymond, "L'Analyse économique au service de la Science et de la Politique Économique", 8 *Critique* 331–46 (1952)

Barre, Raymond, "Quelques Aspects de la Regulation du Pouvoir Économique", *Revue Économique* 912–24 (1958)

Barry, Brian, "Welfare Economics and the Liberal Tradition", in Gilroy, John Martin & Maurice Wade (eds), *The Moral Dimensions of Public Policy Choice* 325–340 (Pittsburgh, PA., 1992)

Basedow, Juergen & Stefan Pankoke, "General Report", in Juergen Basedow (ed), *Limits and Control of Competition with a View to International Harmonization* 1–62

(The Hague, 2002)

Baum, Warren C., *The French Economy and the State* (Princeton, 1958)

Baumol, William J. et al., *Good Capitalism, Bad Capitalism and the Dynamics of Growth and Prosperity* (New Haven, 2007)

Bayliss, BrianT. & A.M. El−Agraa, "Competition and Industrial Policies with Emphasis on Competition Policy", in A.M. El−Agraa (ed), *Economics of the European Community* 137−155 (3d. ed., New York, 1990)

Bebr, Gerhard, "The European Coal and Steel Community: A Political and Legal Innovation", 63 *Yale L. Rev.* 1−43 (1953)

Beck, Ulrich (ed), *Perspektiven der Weltgesellschaft* (2d. ed., Frankfurt, 1998)

Becker, Gary, "What U.S. Courts Could Teach Europe's Trustbusters", *Business Week*, Aug. 6, 2001, at 20.

Becker, Ranier, Nicolas Bessot & Eddy De Smuter, "The White Paper on Damages Actions for Breach of the EC Antitrust Rules", 2 *Competition Policy Newsletter* 4−11 (2008)

Beeman, Michael L., *Public Policy and Economic Competition in Japan: Change and Continuity in Antimonopoly Policy*, 1973−1995 (London, 2002)

Behrman, Greg, *The Most Noble Adventure* (New York, 2007)

Bellamy, Christopher & Graham D. Child, *Common Market Law of Competition* (4th ed., London, 1993)

Bennett, Colin J., Review Article, "What is Policy Convergence and What Causes It?" 21 *Brit.J. Pol. Sci.* 215−233 (1991)

Bentley, Christopher, *The Great Wave: Gilded Age Misfits, Japanese Eccentrics, and the Opening of Old Japan* (New York, 2003)

Bercero, Ignacio Garcia, & Stefan D. Amarasinha, "Moving the Trade and Competition Debate Forward", *4 J. Int'l Econ. L.* 481−506 (2001)

Berger, Peter L. & Samuel P. Huntington (eds), *Many Globalizations* (Oxford, 2002)

Berger, Suzanne & Ronald Dore (eds), *National Diversity and Global Capitalism* (Ithaca, N.Y., 1996)

Berghahn, Volker R., *The Americanisation of West German Industry 1945−1973* (Cambridge, 1986)

Berman, Paul Schiff, "The Globalization of Jurisdiction", 151 *U. Pa. L. Rev.* 311−529 (2002)

Bermann George A. & Petros C. Mavroidis (eds), *WTO Law and Developing Countries* (Cambridge, 2007)

Bernitz, Ulf, *Marknadsrätt* (Stockholm, 1969)

Bessel, Richard, *Germany After the First World War* (Oxford, 1993)

Bhagwati, Jagdish, *In Defense of Globalization* (Oxford, 2004)

Bhala, Raj, *Trade, Development, and Social Justice* (Durham, NC, 2003)

Bhattacharjea, Aditya, "The Case for a Multilateral Agreement on Competition Policy: A

Developing Country Perspective", *9 J. Int'l Econ. L.* 293–323 (2006)

Biersteker, Thomas J., "The 'Triumph' of Neoclassical Economics in the Developing World: Policy Convergence and Bases of Governance in the International Economic Order", in James N. Rosenau & Ernst Otto Czempiel (eds), *Governance without Government: Order and Change in World Politics* 102–131 (Cambridge, 1992)

Bingaman, Anne K., Interview, 8 *Antitrust* 8–12 (1993)

Black, R.D. Collison et al. (eds), *The Marginal Revolution in Economics* (Durham, N.C., 1973)

Blackaby, F.T. (ed), *British Economic Policy: 1960–74* (Cambridge, 1978)

Blaise, Jean–Bernard, *Ententes et Concentrations Économiques* (Paris, 1983)

Blanke, Gordon & Renato Nazzini, "Arbitration and the ADR of Global Competition Disputes: Taking Stock (Part II)", 1 *Glob. Comp. Lit. Rev.* 78–89 (2008)

Blaug, Mark, *The Methodology of Economics: Or How Economists Explain* (2d ed., Cambridge, 1992)

Blichner, Lars Chr. & Anders Molander, "Mapping Juridification", 14 *Eur. L. J.* 36–54 (2008)

Bloom, Margaret, "The Great Reformer: Mario Monti's Legacy in Article 81 and Cartel Policy", 1 *Comp. Pol. Int'l* 55–78 (2005)

Bloom, Margaret, "The US and EU move towards substantial antitrust convergence on consumer welfare based enforcement", 19 *Antitrust* 18–23 (2005)

Blum, Reinhard, *Soziale Marktwirtschaft: Wirtschaftspolitik zwischen Neoliberalismus und Ordoliberalismus* (Tübingen, 1969)

Blumenthal, William, Presentation to the International Symposium on the Draft Anti-Monopoly Law of the People's Republic of China (May 23–4, 2005), available at: http://www.ftc.gov/speeches/blumenthal/20050523SCLAOFinal.pdf,

Bock, Heinrich–Karl & Heinz Korsch, "Decartellization and Deconcentration in the West German Economy Since 1945", in Wolfgang Friedmann (ed), *Antitrust Laws: A Comparative Symposium* 138–153 (Toronto, 1956)

Böhm, Franz, *Die Ordnung der Wirtschaft als geschichtliche Aufgabe und rechtsschöpferische Leistung* (Stuttgart, 1937)

Böhm, Franz, "Monopoly and Competition in Western Germany", in Edward H. Chamberlin (ed), *Monopoly and Competition and their Regulation* 141–167 (London, 1954)

Böhm–Bawerk, Eugen (von), "The Historical vs. The Deductive Method in Political Economy", 1 *Annals of the Amer. Acad. of Pol. and Soc. Sci.* 244–271 (1891)

Boland, Lawrence A., *The Methodology of Economic Model Building* (London, 1999)

Boltho, Andrea, *The European Economy: Growth and Crisis* (Oxford, 1982)

Bolton, Patrick, Joseph F. Brodley, & Michael H. Riordan, "Predatory Pricing: Strategic Theory and Legal Policy", 88 *Geo. L. J.* 2239–2330 (2000)

Borchardt, Knut & Wolfgang Fikentscher, *Wettbewerb, Wettbewerbsbeschränkung Marktbeherrschung* (Stuttgart, 1957)

Borgwardt, Elizabeth, *A New Deal for the World* (Cambridge, Mass. & London, 2005)

Bork, Robert, *The Antitrust Paradox* (New York, 1978)

Borrie, Gordon, "Competition Policy in Britain: Retrospect and Prospect", 2 *Int'l Rev. L. & Econ.* 139–149 (1982)

Bos, Pierre–Vincent, "Towards a Clear Distribution of Competence between EC and National Competition Authorities", *16 Eur. Comp. L. Rev.* 410–416 (1995)

Boserup, William & Uffe Schlichtkrull, "Alternative Approaches to the Control of Competition: An Outline of European Cartel Legislation and its Administration", in John Perry Miller (ed), *Competition, Cartels and Their Regulation* 59–113 (Amsterdam 1962)

Bourgeois, Jacques, "Antitrust and Trade Policy: A Peaceful Coexistence? European Community Perspective I", 17 *Int'l Bus. Lawyer* 58–67 (1989)

Bouterse, R.B., *Competition and Integration – What Goals Count?* (Deventer, 1994)

Boyer, Robert & Daniel Drache (eds), *States against Markets: The Limits of Globalization* (London, 1996)

Boza, Beatriz (ed), *The role of the State in competition and intellectual property in Latin America: Towards an AcademicAudit8 of Indecopi* (Indecopi, Peru, 2000)

Boza, Beatriz, "The Role of Indecopi in Peru: The First Seven Years", in *The Role of the State in Competition and Intellectual Property Policy in Latin America: Towards an Academic Audit of Indecopi* 3–27 (Lima, 2000)

Bracher, Karl D., *The Age of Ideologies* (Ewald Osers (tr), New York, 1984)

Bradford, Anu, "International Antitrust: Negotiations and the False Hope of the WTO", 48 *Harv. J. Int'l L.* 383–439 (2007)

Brainard, Lael & Leonardo Martinez–Diaz, *Brazil as an Economic Superpower? : Understanding Brazil's Changing Role in the Global Economy* (Washington D.C. 2009)

Brault, Dominique, *L'Etat et L'Esprit de Concurrence en France* (Paris, 1987)

Braunthal, Gerard, "The Struggle for Cartel Legislation", in James B. Christoph (ed), *Cases in Comparative Politics* 241–255 (Boston, 1965)

Breit, William & Kenneth G. Elzinga, "Private Antitrust Enforcement: The New Learning", *28 J. L. & Econ.* 405–443 (1985)

Brenchley, Fred, *Allan Fels: Portrait of Power* (Milton, Queensland, 2003)

Bringhurst, Bruce, *Antitrust and the Oil Monopoly: The Standard Oil Cases, 1890–1911* (Westport, Ct., 1979)

Brittan, Sir Leon & Karel Van Miert, Communication to the Council, *Towards an International Framework of Competition Rules*, Com (96) 284, available at http://ec.europa.eu/comm/competition/international/com284.html

Brown, L. Neville & Thomas Kennedy, *Brown and jacobs: The Court of justice of the*

European Communities (2d. ed., 1983)

Brown, William A., *The United States and the Restoration of World Trade* (Washington, D.C., 1950)

Brownlie, Ian, *Principles of Public International Law* 297–318 (6th ed., Oxford, 2003)

Brunner, Thomas W., et al., *Mergers in the New Antitrust Era* 61–66 (Washington, D.C.,1985)

Brunt, Maureen, "The Australian Antitrust Law after 20 Years–A Stocktake", 9 *Rev. Ind. Org.* 483–526 (1994)

Brusick, Philippe, "UN Control of Restrictive Business Practices: A Decisive First Step", 17 J. *World Trade L.* 337–351 (1983)

Brusick, Philippe, "UNCTAD's Role in Promoting Multilateral Co–operation on Competition Law and Policy", 24 *World Comp.* 23–39 (2001)

Bruzzone, Ginerva & Marco Boccaccio, "Modernisation After the Start–up: A View from a Member State", 31 *World Comp. L. & Econ. Rev.* 89–111 (2008)

Buchanan, James M., *Constitutional Economics* (Cambridge, MA, 1991)

Buchman, Rebecca, "China Hurries Antitrust Law", *Wall Street Journal*, June 11, 2004, p.A7.

Budzinski, Oliver, "Towards an International Governance of Transborder Mergers? –Competition Networks and Institutions Between Centralism and Decentralism", 36 *N.Y.U.J Int'l L. & Pol.* 1–52 (2003)

Budzinski, Oliver, "The International Competition Network: Prospects and Limits on the Road Towards Competition Governance", 8 *Comp. & Change* 223–242 (2004)

Budzinski, Oliver, *The Governance of Global Competition: Competition Allocation in International Competition Policy* (Northampton, Mass., 2008)

Budzinski Oliver & Mariana Bode, "Competing Ways towards an International Competition Policy Regime: An Economic Perspective on ICN vs. WTO", in Frank Columbus (ed), *New Developments in Antitrust* 17 85–107 (New York, 2005)

Bull, Hedley, *The Anarchical Society* (1977)

Burley (Slaughter), Anne–Marie, "Regulating the World: Multilateralism, International Law, and the Projection of the New Deal Regulatory State", in John Ruggie (ed), *Multilateralism Matters* 125–156 (New York, 1993)

Burst, Jean–Jaques & Robert Kovar, *Droit de la Concurrence* (Paris, 1982)

Buxbaum, Hannah L., "German Legal Culture and the Globalization of Competition Law: A Historical Perspective on the Expansion of Private Antitrust Enforcement", 23 *Berkeley J. Int'l L.* 474–495 (2005)

Buxbaum, Hannah L., "Transnational Regulatory Litigation", 46 *Va. J. Int'l L.* 251–317 (2006)

Buxbaum, Richard M., "Antitrust Regulation within the European Economic Com–munity", 61 *Col. L. Rev.* 402–462 (1961)

Caldentey, Esteban Perez & Matias Vernengo (eds), *Ideas, Policies and Economic*

Development in the Americas (Routledge, NY, 2007)

Calkins, Stephen, "California Dental Association: Not a Quick Look but not the Full Monty", 67 Antitrust L.J. 495–557 (2000)

Calvani, Terry, "Conflict, Cooperation, and Convergence in International Competition, 72 *Antitrust L.J.* 1127–1146 (2004–2005)

Camerer, Colin, et al., *Advances in Behavioral Economics* (Princeton, 2004)

Campbell, John L. & Ove K. Pedersen, *The Rise of Neoliberalism and Institutional Analysis* (Princeton, 2001)

Carlin, Wendy, Mark Schaffer & Paul Seabright, "A Minimum of Rivalry: Evidence from Transition Economies on the Importance of Competition for Innovation and Growth", 3 *Contributions Econ. Anlys. & Pol.* 1284–1327 (2004)

Carls, Stephen D., *Louis Loucheur and the Shaping of Modern France: 1916–1931* (Baton Rouge & London, 1993)

Carlton, Dennis W., et al., "Communication Among Competitors: Game Theory and Antitrust", 5 *Geo. Mason L. Rev.* 423–440 (1997)

Carlton, Dennis W. & Jeffrey M. Perloff, *Modern Industrial Organization* (3d ed. 2000)

Caron, Francois, *An Ecomonic History of Modern France* (Barbara Bray (tr), New York, (1979)

Carrier, Michael A., "The Real Rule of Reason: Bridging the Disconnect", 1999 *B.Y.U.L. Rev.* 1265–1365 (1999)

Carruthers, Bruce & Terence C. Halliday, "Negotiating Globalization: Global Scripts and Intermediation in the Construction of Asian Insolvency Systems", 31 *L. and Soc. Inq.* 521–584 (2006)

Cason, Jeffrey W., "Searching for a New Formula: Brazilian Political Economy in Reform", 42 *Lat. Am. Res. Rev.* 212–224 (2007)

Cassel, Gustav, *Recent Monopolistic Tendencies in Industry and Trade*, C.E.C.P. 98; League of Nations Pub. 1927.II.36 (1927)

Castaneda, Jorge G., "Competition Policy and Economic Integration in NAFTA and MERCOSUR", 26 *Int'l Bus. Lawyer* 496–503 (1998)

Centre for Competition, Investment, and Economic Regulation (CUTS) "Pulling Up Our Socks", (Jaipur, 2003). Available at: http://papers.ssrn.com/sol3/papers.cfm?abstract_id=531124

Cerny, Philip G., "Globalization and the Changing Logic of Collective Action", 49 *Int'l Org.* 595–625 (1995)

Chamberlin, Edward H., *Theory of Monopolistic Competition* (Cambridge, 1933)

Chanda, Nayan, *Bound Together: How Traders, Preachers, Adventurers and Warriors Shaped Globalization* (New Haven and London, 2007)

Chandler, Alfred A. Jr. & Herman Deams (eds), *Managerial Hierarchies: Comparative Perspectives on the Rise of the Modern Industrial Enterprise* (Cambridge, 1980)

Chang, Ha–Joon (ed), *Globalisation, Economic Development and the Role of the State*

(London, 2003)

Chang, Seung Wha, "The role of law in economic development and adjustment process: The Case of Korea", 34 *Int'l L.* 267－287 (2000)

Chaowu, Jin & Wei Luo, *Competition Law: China* (Buffalo, N.Y., 2002)

Chase－Dunn, Christopher, *Global Formation: Structures of the World－economy* (Basil Blackwell, Mass., 1989)

Chemtob, Stuart M., Speech at the Conference on Competition Policy in the Global Trading System, *Antitrust Deterrence in the United States and Japan* (Washington, D.C., June 23, 2000), available at: http://www.usdoj.gov/atr/public/speeches/5076.htm

Chen, Albert H.Y., "Discussion in Contemporary China on the Rule of Law", in *The Rule of Law: Perspectives from the Pacific Rim* 13－54 (2000)

Chilcote, Ronald H. *Development in Theory and Practice: Latin American Perspectives*, (Lanham, MD., 2003)

Cho, Sungjoon, "GATT Non－Violation Issues in the WTO Framework: Are They the Achilles Heel of the Dispute Settlement Process?", 39 *Harv. Int'l L. J.* 311－355 (1998)

Cho, Sungjoon, "Doha's Development", 25 *Berkeley J. Int'l L.* 165－202 (2007)

Chua, Amy, *World on Fire* 127－175 (New York, 2003)

Clark, Ian, *Globalization and Fragmentation* (Oxford, 1997)

Clark, John M., *Competition as a Dynamic Process* (Washington, D.C., 1961)

Clarke, Donald C., "What's Law Got To Do With It? Legal Institutions and Economic Reform in China", 10 *UCLA Pac. Basin L.J.* 1－76 (1991)

Clarke, Donald C., "China's Legal System and the WTO", 2 *Wash. U. Global Leg. Studies Forum* 97－118 (2003)

Clarke, Julian L. & Simon J. Evenett, "The Deterrent Effects of National Anti－Cartel Laws: Evidence from the International Vitamins Cartel", 48 *Antitrust Bull.* 689－726 (2003)

Clavijo, Fernando, & José I. Casar (eds), *La industria mexicana en el mercado mundial: Elementos para una política industrial* (Mexico City, 1994)

Cluchey, David P., "Competition in Global Markets: Who Will Police the Giants?" 21 *Temple Int'l & Compar. L.J.* 59－101 (2007)

Coats, A.W. (ed), *Economists in Government: An International Comparative Study* (Durham, N.C., 1981)

Coats, A.W. (ed), *The Post－1945 Internationalization of Economics* (Durham, N.C., 1996)

Cohen, Daniel, *Globalization and its Enemies* (Jessica Baker (tr), Cambridge, Mass., 2006)

Cohen, Élie, *L'Ordre Économique Mondial* (Paris, 2001)

Competition Policy, Trade and Development in the Common Market for Eastern and

Southern Africa (COMESA), available at: http://www.comesa.int/

Considera, Claudio Monteiro & Paulo Correa, "The Political Economy of Antitrust in Brazil: From Price Control to Competition Policy", in Barry Hawk (ed), 2001 *Fordham Corp. L. Inst. Int'l Anti. L. & Pol'y* 533–568 (New York, 2002)

Cooke, Fang Lee, *Competition, Strategy and Management in China* (Palgrave MacMillan, NY, 2008)

Cooper, James C., Paul A. Pautler & Todd J. Zywicki, "Theory and Practice of Competition Advocacy at the FTC", 72 *Antitrust L.J.* 1091–1112 (2005)

Cooper, Kenneth, *Africa Since 1940* (Cambridge, 2002)

Coradini, Gianni, *L'Impresa Globale* (Milan, 2001)

Corones, S. G., *Competition Law in Australia* (Sydney, Australia, 2007)

Coyle, Diane, *The Soulful Science: What Economists Do and Why it Matters* (Princeton, 2007)

Creighton, Susan A. et al., "Cheap Exclusion", 72 *Antitrust L.J.* 975–995 (2005)

Cros, Jacques, *Le Néo–Libéralisme: Étude Positive et Critique* (Paris, 1951)

Cunningham, James P., *The Fair Trading Act 1973: Consumer Protection and Competition Law* (London, 1974)

Cunningham, Esq., Richard &Anthony LaRocca, Esq., "Harmonization of Competition Policies in a Regional Economic Integration", 27 *L. & Pol'y. Int'l Bus.* 879–902 (1996)

Dabbah, Maher M., *Competition Law and Policy in the Middle East* (Cambridge, 2007)

Dabbah, Maher M., "The Development of Sound Competition Law and Policy in China: An (Im)possible Dream?" 30 *World Comp. L. Rev.* 341–363 (2007)

Dahrendorf, Ralf, *Europe's Economy in Crisis* (New York, 1982)

Dam, Kenneth W., *The GATT: Law and Economic Organization* (Chicago, 1970)

Dam, Kenneth W., *The Rules of the Game: A New Look at US International Economic Policymaking* (Chicago, 2001)

Dam, Kenneth W., *The Law–Growth Nexus: The Rule of Law and Economic Development* (Washington, D.C., 2006)

Damro, Chad, *Cooperating on Competition in Transatlantic Economic Relations: The Politics of Dispute Prevention* (University of Edinburgh, UK, 2006)

Damro, Chad, "The New Trade Politics and EU Competition Policy: Shopping for Convergence and Co–operation", 13 *J. Eur. Pub. Pol.* 867–886 (2006)

Damro, Chad, "Transatlantic Competition Policy: Domestic and International Sources of EU–US Cooperation", 12 *Eur. J. Int'l Rel.* 171–196 (2006)

Dardot, Pierre & Christian Laval, *La Nouvelle Raison Du Monde: Essai Sur la Société Néolibérale* (La Découverte, Paris, 2009)

Davidow, Joel, "Seeking a World Competition Code: A Quixotic Quest?" in Oscar Schachter & Robert Hellawell, *Law and Policy on Restrictive Business Practices* 361–404 (New York, 1981)

Davidow, Joel, "The Implementation of International Antitrust Principles", in Seymour J. Rubin & Gary Clyde Hufbauer (eds), *Emerging Standards of International Trade and Investment: Multinational Codes and Corporate Conduct* 119–138 (Totowa, NJ, 1984)

Davis, Diane E., *Discipline and Development: Middle Classes and Prosperity in East Asia and Latin America* (Cambridge, Mass., 2004)

Dawar, Kamala, "Establishing Consumers as Equivalent Players in Competition Policy", in Paul Cook et al. (eds), *Competitive Advantage and Competition Policy in Developing Countries* 79–92 (Cheltenham, UK, 2007)

Day, Richard H., *The Divergent Dynamics of Economic Growth: Studies in Adaptive Economizing, Technological Change, and Economic Development* (Cambridge, Mass., 2004)

de Araujo Jr., José Tavares, *Política de Concorrência no Mercosul: Uma Agenda Mínima [Competition Policy in MERCOSUR: A Minimum Agenda]*, in Daniel Chudnovsky & José María Fanelli (eds), *El Desafio de Integrarse Para Crecer: Balance y Perspectivas del Mercosur en su Primera Decada* 145–160 (Argentina, 2001)

de Azevedo, André Filipe Zago, "Mercosur: Ambitious Policies, Poor Practices", 24 *Brazilian J. Pol. Econ.* 584–601 (2004)

De León, Ignacio, *Latin American Competition Law and Policy: A Policy in Search of Identity* (The Hague, 2001)

De León, Ignacio, *An Institutional Assessment of Antitrust Policy: The Latin American Experience* (Alphen aan den Rijn, 2009)

de Lisle, Jacques, "Lex Americana?: United States Legal Assistance, American Legal Models, and Legal Change in the Post–Communist World and Beyond", 20 *U. Pa.J. Int'l Econ. L.* 179–308 (1999)

de Paula, Germano Mendes, "Competition Policy and the Legal System in Brazil", in Paul Cook et al. (eds), *Competitive Advantage and Competition Policy* 109–136 (Cheltenham, UK, 2007)

de Rousiers, Paul, *Cartels and Trusts and Their Development*, C.E.C.P.95; League of Nations Pub.l927.II.21 (1927)

de Sousa Santos, Boaventura & Cesar A. Rodriguez–Garavito, "Law, Politics, and the Subaltern in Counter–Hegemonic Globalization", in Boaventura de Sousa Santos & Cesar A. Rodriguez–Garavito (eds), *Law and Globalization from Below: Towards a Cosmopolitan Legality* 1–26 (Cambridge, 2005)

Department of Economic and Social Affairs, *Industrial Develpment for the 21st Century: Sustainable Development Perspectives* (United Nations, NY, 2007)

Dezelay, Yves & Bryant G. Garth, *Global Prescriptions* (Ann Arbor, Mich., 2002)

Dhall, Vinod (ed), *Competition Law Today: Concepts, Issues, and the Law in Practice* (Oxford, 2007)

DG Commission, "Discussion Paper on the Application of Article 82 of the Treaty to

Exclusionary Abuses" (Dec. 19, 2005), available at: http://ec.europa.eu/comm/competition/antitrust/others/discpaper2005.pdf

DG Commission, "Guidance on the Commission's Enforcement Priorities in applying Article 82 EC Treaty to Abusive Exclusionary Conduct by Dominant Undertakings" (Brussels, 3 Dec 2008), available at: http://ec.europa.eu/comm/antitrust/art82/guidance.pdf.

Diebold, William, *The Schuman Plan* (New York, 1959)

DiMaggio, Paul & Walter Powell, *The New Institutionalism in Organizational Analysis* (Chicago, 1991)

Djankov, Simeon, & Bernard Hoekman, "Conditions of Competition and Multilateral Surveillance", 21 *World Economy* 1109–1128 (1998)

Djelic, Marie–Laure & Sigrid Quack, "Overcoming Path Dependency: Path Generation in Open Systems", 36 *Theor. Soc.* 161–186 (2007)

Doern, G. Bruce, *Fairer Play: Canadian Competition Policy Institutions in a Global Market* (Ontario, 1995)

Dosman, Edgar (ed), *Prebisch and Globalization* (Washington, 2005)

Drahos, Michaela, *Convergence of Competition Laws and Policies in the European Community: Germany, Austria, and the Netherlands* (London, 2001)

Dreher, Meinrad, "Kartellrechtsvielfalt und Kartellrechtseinheit in Europa?", 38 *Die Aktiengesellschaft* 437–448 (1993)

Dreher, Meinrad, "Gemeinsamer Markt–einheitliche Wettbewerbsordnung", in *Umbruch der Wettbewerbsordnung in Europa* 1–22 (Cologne, 1995)

Drexl, Josef, "International Competition Policy After Cancún: Placing a Singapore Issue on the WTO Development Agenda", 27 *World Competition* 419–457(2004)

Drexl, Josef (ed), *The Future of Transnational Antitrust–From Comparative to Common Competition Law* (The Hague, 2007)

Dryden, Steve, *Trade Warriors: USTR and the American Crusade for Free Trade* 3–32 (Oxford and New York, 1995)

Drobak, John N. & John C. Nye (eds), *The Frontiers of the New Institutional Economics* (Burlington, MA., 1997)

Dumez, Hervé & Alain Jeunemaitre, *La Concurrence en Europe* (Paris, 1991)

Dumez, Hervé & Alain Jeunemaitre, *Diriger L'Économie: L'État et les Prix en France: 1936–1986* (Paris, 1989)

Dunning, John H. (ed), *Governments, Globalization and International Business* (Oxford, 2001)

Dunning, Thad, "Conditioning the Effects of Aid: Cold War Politics, Donor Credibility, and Democracy in Africa", 58 *Int'l Org.* 409–423 (2004)

Earle, Edward M., (ed), *Modern France: Problems of the Third and Fourth Republics* (Princeton, 1951)

Easterbrook, Frank, "The Limits of Antitrust", 63 *Tex. L. Rev.* 1–40 (1984)

Easterly, William, *The Elusive Quest for Growth* (Cambridge, Mass., 2002)

Easterly, William, *The White Man's Burden* (New York, 2006)

Eckes, Jr., Alfred E. & Thomas W. Zeiler, *Globalization and the American Century* (Cambridge, 2003)

Edwards, Corwin, *Maintaining Competition: Requisites of a Governmental Policy* (Westport, CT, 1949)

Edwards, Corwin, *Trade Regulation Overseas: The National Laws* (Dobbs Ferry N.Y. 1966)

Edwards, Corwin D., *Control of Cartels and Monopolies: An International Comparison* (Dobbs Ferry, N.Y., 1967)

Edwards, Corwin, et al., *A Cartel Policy for the United Nations* (New York, 1945)

Eggertsson, Thrainn, *Imperfect Institutions: Possibilities and Limits of Reform* (Ann Arbor, MI., 2005)

Ehlermann, Claus—Dieter, "The European Community, Its Law and Lawyers", 29 *Comm. Mkt. L. Rev.* 213—227 (1992)

Ehlermann, Claus—Dieter, "Reflections on a European Cartel Office", 32 *Comm. Mkt. L. Rev.* 471—486 (1995)

Ehlermann, Claus—Dieter, "Implementation of EC Competition Law by National Anti-Trust Authorities", 17 *Eur. Comp. L. Rev.* 88—95 (1996)

Eisner: Marc Allen, *Antitrust and the Triumph of Economics: Institutions, Expertise, and Policy Change* (Chapel Hill, N.C., 1991)

El—Agraa, A.M., ed., *Economics of the European Community* (3d. ed., New York, 1990)

Elhauge, Einer, "Defining Better Monopolization Standards", 56 *Stan. L. Rev.* 253—334 (2003)

Elhauge, Einer & Damien Geradin, *Global Antitrust Law and Economics* (New York 2007)

Elhauge, Einer & Damien Geradin, *Global Competition Law and Economics* (Oxford, UK, 2007)

Elkin, Stephen L., "Economic and Political Rationality", in John Martin Gilroy & Maurice Wade, (eds), *The Moral Dimensions of Public Policy Choice: Beyond the Market Paradigm* 353—370 (Pittsburgh, PA, 1992)

Elliott, Michael, "How Jack Fell Down: Inside the Collapse of the GE—Honeywell Deal—and What it Portends for Future Mergers", *Time*, 48—53 (July 16, 2001)

Emch, Adrian, "Abuse of Dominances in China: A Paradigmatic Shift?" 29 *Eur. Comp. L. Rev.* 615—623 (2008)

Engel, Christoph, *Global Networks and Local Values: A Comparative Look at Germany and the United States* (Washington, D.C., 2002)

Engel, Christoph, "Causes and Management of Conflicts", 159 *J. Inst. & Theor. Econ.* 163—170 (2003)

Epstein, Richard A. & Michael S. Greve, *Competition Laws in Conflict* (Washington,

D.C., 2004)

Erhard, Ludwig, *Prosperity through Competition* (New York, 1958)

Esping-Andersen, Gosta, *The Three Worlds of Welfare Capitalism* (Princeton, 1990)

Eucken, Walter, *This Unsuccessful Age* (W. Hodge tr., London, 1951)

Eucken,Walter, *Foundations of Economics* (London, 1950)

European Commission, "Industrial Policy in an Open and Competitive Environment", COM(90)556 Final (Nov. 18, 1990)

European Commission, Directorate-General IV, Competition Policy in the New Trade Order: Strengthening International Cooperation and Roles: Report of the Group of Experts [COM (95) 359 final] (July 1995).("Report of Experts")

European Commission, "Green Paper on Vertical Restraints in EC Competition Policy", (Jan. 22, 1997), available at: http://europa.eu/documents/comm/green_papers/pdf/com96_72l_en.pdf

European Commission, "White Paper White Paper on Modernisation of the Rules Implementing Articles 85 and 86 of the EC Treaty", COM (99) 101 Final (Apr. 1999)

European Commission, "Notice on Appraisal of Horizontal Mergers Under the Council Regulation on the Control of Concentrations Between Undertakings" (Dec. 11, 2002), available at http://europa.eu.int/comm/competition/mergers/review/final_draft_en.pdf.

European Commisson, Report on Modernisation of EC Antitrust Enforcement Rules, *Modernisation of EC antitrust enforcement rules: Council Regulation (EC) No 2003 and the modernisation package* (2004), available at: http://ec.europa.eu/comm/competition/publications/publications/modernisation_ en.pdf

European Commission, Decision of 03/07/2001 declaring a concentration to be incompatible with the common market and the EEA Agreement. *Official Journal of the European Union*, L 48, 57-58. Luxembourg:(18 February 2004)

European Commission, Green paper, "Damage actions for breach of the EC antitrust rules", 19 Dec. 2005, COM (2005)672 final

Evenett, Simon J., et al. (eds), *Competition Goes Global: What Future for Transatlantic Cooperation* (London, 2000)

Evenett, Simon J., "What is the Relationship between Competition Law and Policy and Economic Development?" in Douglas H. Brooks & Simon J. Evenett (eds), *Competition Policy and Development in Asia* 1-26 (New York, 2005)

Evenett, Simon J., "Competition Advocacy: Time for a Rethink", 26 *Nw. J. Int'l L. & Bus.* 495-514 (2006)

Ewing, Ky P., *Competition Rules for the 21st Century: Principles from America's Experience* (The Hague, 2003)

Eyben, W.E. (von), *Monopoler og Priser* (2 vols., Copenhagen, 1980)

Fairburn, James, "The Evolution of Merger Policy in Britain", in James Fairburn & John

Kay (eds), *Mergers and Merger Policy* 191–207 (Oxford, 1989)
Faull, Jonathan, "The Enforcement of Competition Policy in the European Community: A Mature System", 15 *Fordham Int'l L. J.* 219–247 (1991–2)
Fehr, Ernst & Simon Gächter, "Fairness and Retaliation: The Economics of Reciprocity", 14 *J. Econ. Persp.* 159–191 (2000)
Feiler, Arthur, *Neue Weltwirtschaft: Die Lehre von Genf 24* (special publication of the *Frankfurter Zeitung*, Frankfurt a.M., 1927)
Feinberg, Robert M., "The Enforcement and Effects of European Competition Policy: Results of a Survey of Legal Opinion", 23 *J. Comm. Mkt. Studies* 373–384 (1985)
Feinstein, Charles H. & Peter Temin et al., *The European Economy Between the Wars* (Oxford, 1997)
Ferguson, Niall, *Colossus* (New York, 2004)
Ferrarese, Maria Rosaria, *Le istituzioni della globalizzaziione* (Bologna, 2000)
Fiebig, André, "The German Federal Cartel Office and the Application of Competition Law in Reunified Germany", 14 *U. Penn. J. Bus. L.* 373–408 (1993)
Fikentscher, Wolfgang, *Recht und Wirtschaftliche Freiheit* (2 vols., Tübingen, 1993)
Fikentscher, Wolfgang, "The Draft International Antitrust Code (DIAC) in the Context of International Technological Integration", in Frederick M. Abbott and David J. Gerber, *Public Policy and Global Technological Integration* 211–220 (London, 1997)
Fikentscher, Wolfgang, "Cultural implications in the framework of basic issues of competition law: comments on Kiminori Eguchi", in Josef Drexl (ed), *The Future of transnationalantitrust–From Comparative to Common Competition Law* 9–19 (The Hague 2003)
First, Harry, "Towards an International Common Law of Competition", in Roger Zaech (ed), *Towards WTO Competition Rules* 95–126 (The Hague, 1999)
First, Harry & Andrew I. Gavil, "Re–framing Windows: The Durable Meaning of the Microsoft Antitrust Litigation", 2006 *Utah L. Rev.* 641–723 (2006)
Fleming, Grant, & Dorothy Terwiel, "What Effect Did Early Australian Antitrust Legislation Have on Firm Behaviour? Lessons from Business History", 27 *Aust. Bus. L. Rev.* 47–56 (1999)
Fligstein, Neil, *The Architecture of Markets* (Princeton, 2001)
Forrester, Ian, "Modernisation of EC Competition Law", 23 *Fordham Int'l L. J.* 1028–1088 (2000)
Forrester, Ian & Christopher Norall, "The Laicization of Community Law: Self–Help and the Rule of Reason: How Competition Law is and could be Applied", 21 *Comm. Mkt. L. Rev.* 11–51 (1984)
Fox, Eleanor, "The Modernization of Antitrust: A New Equilibrium", 66 *Cornell L. Rev.* 1140–1192 (1981)
Fox, Eleanor, "Monopolization and Dominance in the United States and the European

Community: Efficiency, Opportunity, and Fairness", 61 *Notre Dame L. Rev.* 981－1020 (1986)

Fox, Eleanor M., "Toward World Antitrust and Market Access", in 91 *Am. J. Int'l L.* 1－25 (January 1997)

Fox, Eleanor, "Antitrust and Regulatory Federalism: Races Up, Down, and Sideways", 75 *N.Y.U.L. Rev.* 1781－1807 (2000)

Fox, Eleanor, "What is Harm to Competition? Exclusionary Practices and Anticompetitive Effect?" 70 *Antitrust L. J.* 371－411 (2002)

Fox, Eleanor M., "Monopolization, Abuse of Dominance, and the Indeterminacy of Economics: the US/EU Divide", 2006 *Utah L. Rev.* 800－814 (2006)

Fox, Eleanor M., "Economic Development, Poverty, and Antitrust: The Other Path", 13 *Sw. J. L. & Trade Am.* 211－236 (2007)

Fox, Eleanor M., "GE/Honeywell: The U.S. Merger that Europe Stopped－A Story of the Politics of Convergence", *Antitrust Stories* 331－360 (New York, 2007)

Fox, Eleanor M., "Antitrust and the Virtues of a Virtual Network", 43 *Int'l Lawyer* 151－174 (2009)

Fox, Eleanor M. & D. Daniel Sokol, *Competition Law and Policy in Latin America* (Oxford, 2009)

Freyer, Tony, *Regulating Big Business: Antitrust in Great Britain and America 1880－1990* (Cambridge, 1992)

Freyer, Tony, *Antitrust and Global Capitalism, 1930－2004* (Cambridge, 2006)

Frieden, Jeffry A., *Global Capitalism: Its Fall and Rise in the Twentieth Century* (New York, 2006)

Friedman, Thomas, *The Lexus and the Olive Tree: Understanding Globalization* (New York, 1999)

Friedmann, Wolfgang (ed), *Anti－Trust Laws: A Comparative Symposium* (Toronto, 1956)

Furse, Mark, "Competition Law Choice in China", 30 *World Comp. L. Rev.* 323－340 (2007)

Furtado, Celso, *Economic Development of Latin America: A Survey from Colonial Times to the Cuban Revolution* (Cambridge, 1970)

Furubotn, Eirik G. & Rudolf Richter, *Institutions and Economic Theory: The Contribution of the New Institutional Economics* (Ann Arbor, MI., 1997)

Fussell, Paul, *The Great War and Modern Memory* (Oxford and London, 1975)

Gal, Michal, *Competition Policy for Small Market Economies* (Cambridge, MA., 2003)

Gal, Michal, "The Ecology of Antitrust: Preconditions for Competition Law Enforcement in Developing Countries", in Philippe Brusick et al. (eds), *Competition, Competitiveness and Development: Lessons from Developing Countries* 21－52 (New York & Geneva, 2004)

Galetovic, Alexander, *Competition Policy in Chile* (June 2007). Available at: http://

papers.ssrn.com/sol3/papers.cfm?abstract_id=1104007

Galgano, Francesco, *La globalizzazione nello specchio del diritto* (Bologna, 2005)

Gallardo, Gabriel Castenda, "Antitrust Enforcement in Mexico: 1993–1995 and Its Prospects", 4 *U.S.–Mexico L. J.* 19–34 (1996)

Gandolfo, Giancarlo & Ferruccio Marzano (eds), *Economic Theory and Social justice* (London, 1999)

Gao, Bai, *Economic Ideology and Japanese Industrial Policy: Developmentalism from 1931 to 1965* (Cambridge, 1997)

Gao, Bai, *Japan's Economic Dilemma: The Institutional Origins of Prosperity and Stagnation* (Cambridge, 2001)

Gardner, Richard N., *Sterling Dollar Diplomacy in Current Perspective: The Origins and the Prospects of our International Economic Order* (2d. ed, New York, 1980)

Garrouste, Pierre & Stavros Ioannides, *Evolution and Path Dependence in Economic Ideas:Past and Present* (Cheltenham, UK, 2001)

George, Barbara C., et al., "Increasing Extraterritorial Intrusion of European Union Authority into U.S. Business Mergers and Competition Practices: U.S. Multinational Businesses Underestimate the Strength of the European Commission from G.E.–Honeywell to Microsoft", 19 *Conn. J. Int'l L.* 571–616 (2004)

Gerber, David J., "The Extraterritorial Application of German Antitrust Law", 77 *Am. J. Int'l L.* 756–783 (1983)

Gerber, David J., "Law, Economics and Antitrust: The Swedish Experience", 8 *Hastings J. Int'l & Comp. L.* 1–39 (1984)

Gerber, David J., "Beyond Balancing: International Law Restraints on the Reach of National Laws", 10 *Yale J. Int'l L.* 185–221 (1985)

Gerber, David J., "Extraterritorial Discovery and the Conflict of Procedural Systems: Germany and the United States", 34 *Am. J. Comp. L.* 745–788 (1986)

Gerber, David J., "Law and the Abuse of Economic Power in Europe", 62 *Tul. L. Rev.* 57–107 (1987)

Gerber, David J., "International Discovery after *Aerospatiale*: The Quest for an Analytical Framework", 82 *Am. J. Int'l L.* 521–555 (1988)

Gerber, David J., "Foreword: Antitrust and the Challenge of Internationalization", 64 *Chi–Kent L. Rev.* 689–709 (1989)

Gerber, David J., "International Competitive Harm and Domestic Antitrust Laws: Forms of Analysis", 10 *Nw. J. Int'l L. & Bus.* 41–55 (1989)

Gerber, David J., "The Origins of the European Competition Law Tradition in Fin–de-Siecle Austria", 36 *Am. J. Legal His.* 229–240 (1992)

Gerber, David J., "Integration, Disintegration and the Protection of Competition: Of Myths, Stories and Images", 68 *Chi–Kent L. Rev.* 229–240 (1992)

Gerber, David J., "Constitutionalizing the Economy: German Neo–liberals, Competition Law and the 'New Europe'", 42 *Am. J. Comp. L.* 25–84 (1994)

Gerber, David J., "The Transformation of European Community Competition Law?" 35 *Harv. Int'l L. J.* 97–147 (1994)

Gerber, David J., "Authority, Community and the Civil Law Commentary: An Example from German Competition Law", 42 *Am. J. Comp. L.* 531–542 (1994)

Gerber, David J., "*Dirigisme* and the Challenge of Competition Law in France", 3 *New Europe L. Rev.* 9–45 (1995) (renamed *Cardozo Journal of International and Comparative Law*) (with Richard Azarnia)

Gerber, David J., "Competition Law and International Trade: The European Union and the Neo–liberal Factor", in John O. Haley & Hiyoshi Iyori (eds), *Antitrust: A New International Trade Remedy?* 37–57 (Seattle, WA, 1995)

Gerber, David J., "Competition Law and International Trade: The European Union and the Neo–liberal Factor", 4 *Pac. Rim L. & Pol'y. J.* 37–57 (1995)

Gerber, David J., "Law, Economic Power and Technological Integration", in Frederick M. Abbott and David J. Gerber, *Public Policy and Global Technological Integration* 15–22 (London, 1997)

Gerber, David J., "Law, Values and Economic Thought", *Forum for Social Economics,* 1997

Gerber, David J., "System Dynamics: Toward a Language of Comparative Law", 46 *Am. J. Comp. L.* 719–737 (1998)

Gerber, David J., "Two Models of Competition Law", in Hanns Ullrich (ed), *Comparative Competition Law: Approaching an International System of Antitrust Law* 105–116 (Baden–Baden, 1998)

Gerber, David J., "Europe and the Globalization of Antitrust Law", 14 *Conn. J. Int'l L.* 15–25 (1999)

Gerber, David J., "The European–U.S. Conflict over the Globalization of Antitrust Law", 34 *New Eng. L. Rev.* 123–143 (1999)

Gerber, David J., "Law and Economics in Europe: Pre–World War I Germany", in Stuart Jenks (ed), *Festschrift for Peter Landau* 865–882 (Paderborn, Germany, 2000)

Gerber, David J., "Economic Constitutionalism and the Challenge of Globalization", 157 J. *Inst. & Theor. Econ.* 14–22 (Spring, 2001)

Gerber, David J., "Modernizing European Competition Law: A Developmental Perspective", *Eur. Comp. L. Rev.* 122–130 (2001)

Gerber, David J., "Globalization and Legal Knowledge: Implications for Comparative Law", 75 *Tul. L. Rev.* 949–975 (2001)

Gerber, David J., "U.S. Antitrust Law and the Convergence of Competition Laws", in Jurgen Basedow (ed), *Limits and Control of Competition With a View to International Harmonization* 411–448 (The Hague, 2003)

Gerber, David J., "U.S. Antitrust Law and the Convergence of Competition Laws", U.S. National Report for International Congress of Comparative Law 2002, 50 *Am. J.*

Comp. Law 236－296 (2002, supplement)

Gerber, David J., "Comparing Procedural Systems: Toward an Analytical Framework", *Law and Justice in a Multistate World: Essays in Honor of Arthur T. Von Mehren* 665－674 (2002)

Gerber, David J., "The European Commission's GE/Honeywell Decision: US Responses and Their Implications", *J. Comp. L.* 87－95 (2003)

Gerber, David J., "Competition Law", Chapter in *Oxford Handbook of Legal Studies* 510－535 (2003)

Gerber, David J., "Implementing Competition Law in Asia: Using European and U.S. Experience", in Andreas Fuchs et al. (eds), *Festschrift for Ulrich Immenga* 157－171 (Munich, Germany, 2004)

Gerber, David J., "Constructing Competition Law in China: The Potential Value of European and U.S. Experience", 3 *Wash. U. Glob. Stud. L. Rev.* 315－331 (2004)

Gerber, David J., "Prescriptive Authority: Global Markets as a Challenge to National Regulatory Systems", 26 *Hous. J. Int'l L.* 287－308 (2004)

Gerber, David J., "Courts as Experts in European Merger Law", in Barry E. Hawk (ed), *2003 Fordham Corp. L. Inst. Int'l Anti. L. & Pol'y* 475－494 (New York, 2004)

Gerber, David J., "Transatlantic Economic Governance: The Domains and Dimensions of Competition Law", in D. Andrews et al. (eds), *The Future of Transatlantic Relations: Continuity Among Discord* 81－96 (Florence, 2005)

Gerber, David J., "Consistent Application of Competition Laws Across System Borders: Rethinking the Issues", in Torbjörn Andersson (ed), *Parallel and Conflicting Enforcement of Law* 167－181 (The Netherlands, 2005)

Gerber, David J., "The Evolution of a European Competition Law Network", in C. Ehlermann & I. Atanasiu (eds), *European Competition Law Annual 2002: Constructing the EU Network of Competition Authorities* 43－64 (Oxford, 2005)

Gerber, David J., "The 'Modernisation' of European Community Competition Law: Achieving Consistency in Enforcement" Part II, 27 *Eur. Comp. L. Rev.* 51－57 (2006) (with P. Cassinis)

Gerber, David J., "The 'Modernisation' of European Community Competition Law: Achieving Consistency in Enforcement" Part I, 27 *Eur. Comp. L. Rev.* 10－18 (2006) (with P. Cassinis)

Gerber, David J., "Competition Law and The WTO: Rethinking the Relationship", 10 *J. Int'l Econ. L.* 707－724 (2007)

Gerber, David J., "Private Enforcement of Competition Law:A Comparative Perspective", in Thomas Moellers and Andreas Heinemann (eds), *The Enforcement of Competition Law in Europe (The Common Core of European Private Law)* 431－452 (Cambridge, 2007)

Gerber, David J., "Comparative Antitrust Law", in M. Reimann & R. Zimmermann (eds), *Oxford Handbook of Comparative Law* 1193－1224 (Oxford, 2007)

Gerber, David J., "Two Forms of Modernization in European Competition Law", 31 *Fordham Int'l L. J.* 1235–1265 (2008)

Gerber, David J., "Economics, Law and Institutions: The Development of Competition Law in China", 26 *Wash. U. J. L. & Pub. Pol.* 271–299 (2008)

Gerber, David J., "Competition Law and the Institutional Embeddedness of Economics" in Josef Drexl (ed), *Economic Theory and Competition Law* 20–44 (Cheltenham, UK, 2008)

Gerber, David J., "The Future of Article 82: Dissecting the Conflict", in Claus–Dieter Ehlermann & M. Marquis (eds), *European Competition Law Annual 2007* 37–54 (Oxford, 2008)

Gerber, Pierre, *La Construction de l'Europe* 181–212 (Paris, 1983)

Ghemawat, Pankaj, *Redefining Global Strategy: Crossing Borders in a World Where Differences Still Matter* (Boston, 2007)

Giersch, Herbert et al, *The Fading Miracle: Four Decades of Market Economy in Germany* (Cambridge, 1994)

Gifford, Daniel J., "The Draft International Antitrust Code Proposed at Munich: Good Intentions Gone Awry", 6 *Minn. J. Glob. Trade* 1–66 (1997)

Gifford, Daniel J. & Robert T. Kudrle, "Trade and Competition Policy in the Developing World: Is There a Role for the WTO?" (August 13, 2008). Minnesota Legal Studies Research Paper No. 08–27. Available at SSRN: http://ssrn.com/abstract=1223737

Gilpin, Robert, *The Challenge of Global Political Economy: Understanding the International Economic Order* (Princeton, 2001)

Gilpin, Robert, & Jean Millis Gilpin, *The Challenge of Global Capitalism: The World Economy in the 21st Century* (Princeton, 2000)

Gimbel, John, *The American Occupation of Germany 1945–1949* (Stanford, 1968)

Gimbel, John, *The Origins of the Marshall Plan* (Stanford, 1976)

Ginsburg, Tom & Glenn Hoetker, "The Unreluctant Litigant? An Empirical Analysis of Japan's Turn to Llitigation", in Harry N. Scheiber and Laurent Mayali (eds), *Emerging Concepts of Rights in Japanese Law* 93–118 (2007)

Glais, Michel, "L'État de Dépendance Économique au Sens de L'Art. 8 de L'Ordonnance du ler Décembre 1986: Analyze Économique", *Gazette du Palais* 2–5 (June 14/15, 1989)

Glossop, Peter, "NAFTA and Competition Policy", 15 *Eur. Comp. L. Rev.* 191–194 (1994)

Goldman, B., "Les champs d'application territoriale des lots sur la concurrence", 128 *Académie de Droit International, Recueil de Cours* 631–730 (1969)

Goldsmith, Jack L. & Eric A. Posner, *The Limits of International Law* (Oxford, 2005)

Gormsen, Liza Lovdahl, "The Conflict between Economic Freedom and Consumer Welfare in the Modernisation of Article 82 E.C.", 3 *Eur. Comp. J.* 329–344 (2007)

Goyder, D.G., *EEC Competition Law* (4th ed., Oxford, 2003)

Graham, Edward M. & J. David Richardson (eds), *Global Competition Policy* (Washington, 1987)

Grandin, Greg, *Empire's Workshop: Latin America, the United States, and the Rise of the New Imperialism* (New York, 2006)

Grant, Jeremy & Damien Neven, "The Attempted Merger between General Electric and Honeywell: A Case Study of Transatlantic Conflict", 1 *J. Comp. L. & Econ.* 595–633 (2005)

Gray, Clive, "Antitrust as a Component of Policy Reform: What Relevance for Economic Development?" in Dwight H. Perkins & Michael Roemer (eds), *Reforming Economic Systems in Developing Countries* 403–439 (Cambridge, Mass., 1991)

Graz, Jean–Christophe, *Aux Sources de L'OMC: La Charte de la Havane 1941–1950* (Geneva, 1999)

Greenhill, C.R., "UNCTAD: Control of Restrictive Business Practices", 12 *J. World Trade L.* 67–74 (1978)

Gribben, J.D., *The Post–War Revival of Competition as Industrial Policy* (Government Economic Service Working Paper, No.19, London, 1978)

Grossman, Eugene, *Methods of Economic Rapprochement* (C.E.C.P. 24(I), League of Nations Pub. 1926.II.29, 1927)

Groupe de Lisbonne, *Limites à la Compétitivité: Vers un nouveau contrat mondial* (Boréal, Canada, 1995)

Grunfeld, C. & B.S. Yamey, "United Kingdom", in Wolfgang Friedmann (ed), *Anti–Trust Laws: A Comparative Symposium* 340–402 (Toronto, 1956)

Guénault, Paul H. & J. M. Jackson, *The Control of Monopoly in the United Kingdom* (2d. ed., London, 1960)

Günther, Eberhard, "Die Ordnungspolitischen Grundlagen des EWG–Vertrages", 1963 *Wirtschaft und Wettbewerb* 191–202 (1963)

Guzman, Andrew T., "Is International Antitrust?" 73 *N.Y.U.L. Rev.* 1501–1548 (1998)

Guzman, Andrew T., "International Antitrust and the WTO–The Lesson from Intellectual Property", 43 *Va. J. Int'l. L.* 933–957 (2003)

Guzman, Andrew T., "The Case for International Antitrust", 22 *Berkeley J. Int'l L.* 355–374 (2004)

Guzman, Andrew T., "Global Governance and the WTO", 45 *Harv. Int'l L. J.* 303–351 (2004)

Guzman, Andrew T., "The Design of International Agreements", 16 *Euro. J. Int'l L.* 579–612 (2005)

Haas, Ernst B., *The Uniting of Europe* (Stanford, 1958)

Haas, Peter M., "Introduction: Epistemic Communities and International Policy Coordination", 46 *Int'l Org.* 1–35 (1992)

Hadley, Eleanor M., *Antitrust in Japan* (Princeton, NJ, 1970)

Hagelsteen, Marie–Dominique, "Interview" (Paris, May 3, 2006)

Hahn, Jörg, *Ökonomie, Politik und Krise: Diskutiert am Beispiel der ökonomischen Konzeption Karl Schillers* (Würzburg, 1984)

Haley, John O., "The Myth of the Reluctant Litigant", *4 J. Jap. Stud* 359–390 (1978)

Haley, John O., *Authority without Power: Law and the Japanese Paradox* (Oxford, 1991)

Haley, John O., *Antitrust in Germany and Japan: The First Fifty Years, 1947–1998* (Seattle, 2001)

Hall, Peter A., *Governing the Economy: The Politics of State Intervention in Britain and France* (New York, 1986)

Hall, Peter A., "The Evolution of Economic Policy under Mitterrand", in George Ross, Stanley Hoffmann & Sylvia Malzacher (eds), *The Mitterrand Experiment: Continuity and Change in Modern France* 54–72 (New York, 1987)

Hall, Peter A. (ed), *The Political Power of Economic Ideas: Keynesianism Across Nations* (Princeton, 1989)

Halliday, Terence C. & Bruce Carruthers, "The Recursivity of Law: Global Law–Making in the Globalization of Corporate Insolvency Regimes", 112 *Am. J. Soc.* 1135–1202 (2007)

Hallstein, Walter, *Europe in the Making*(Charles Roetter (tr), New York, 1972)

Hamby, Alonzo L., *Man of the People: A Life of Harry Truman* 418–574 (New York and Oxford, 1995)

Hamilton, Stephen F. & Kyle W. Stiegert, "Vertical Coordination, Antitrust Law, and International Trade", 43 *J. L. & Econ.* 143–156 (2000)

Handler, Milton, "Some Misadventures in Antitrust Policymaking", 76 *Yale L. J.* 92–126 (1966)

Hannah, Leslie, "Mergers, Cartels and Concentration: Legal Factors in the U.S. and European Experience", in Norbert Horn & Jürgen Kocka (eds), *Law and the Formation of Big Enterprises in the 19th and Early 20th Centuries* 306–317 (Göttingen, 1979)

Hantos, Elemer, *Die Weltwirtschaftskonftrenz: Probleme und Ergebnisse* 33–38 (Leipzig, 1928)

Hardin, Russell, "Difficulties in the Notion of Economic Rationality", in John Martin Gilroy & Maurice Wade (eds), *The Moral Dimensions of Public Policy Choice* 313–324 (Pittsburgh, PA., 1992)

Hardt, Michael & Antonio Negri, *Empire* (Cambridge, Mass., 2000)

Harms, Bernhard, *Vom Wirtschaftskrieg zur Weltwirtschaftskonferenz: Weltwirtschaftliche Gestaltungstendenzen im Spiegel gesammelter Vorträge* (Jena, 1927)

Harris, Jr., H. Stephen, "The Making of an Antitrust Law: The Pending Anti–Monopoly Law of the People's Republic of China", 7 *Chicago J. Int'l L.* 169–229 (2006)

Hart, Dennis, *From Tradition to Consumption: Construction of a Capitalist Culture in South Korea* (2d., Seoul, 2003)

Hart, Michael, ed., *Also Present at the Creation: Dana Wilgress and the United Nations*

Confrence on Trade and Employment at Havana (Ottawa, 1995)

Hartley, T.C., *The Foundations of European Community Law* (Oxford, 1981)

Hartzenberg, Trudi, "Competition Policy and Enterprise Development: Experience from South Africa", in UNCTAD, *Competition, Competitiveness and Development: Lessons from Developing Countries 21* (UNCTAD/DITC/CLP/2004/1/, Genève 2004)

Harvard Research on International Law, Jurisdiction with Respect to Crime, 29 *Am. J. Intl. L.* 435–651 (Supp. 1935)

Hasenclever, Andreas et al., *Theories of International Regimes* (Cambridge, 1997)

Haussman, Frederick, *Der Schuman–Plan im europäischem Zwielicht* (Munich & Berlin, 1952)

Hausmann, Ricardo & Dani Rodrik, "Economic Development as Self–discovery", 72 *J. Dev. Econ.* 603–633 (2003)

Hawk, Barry, "System Failure: Vertical Restraints and EC Competition Law", 32 *Comm. Mark. L. Rev.* 973–989 (1995)

Hawk, Barry E., "Antitrust in the EEC–The First Decade", 41 *Fordham L. Rev.* 229–292 (1972)

Hawley, Ellis W., *The New Deal and the Problem of Monopoly* 283–383 (Princeton, 1966)

Hays Gries, Peter, *China's New Nationalism: Pride, Politics and Diplomacy* (Berkeley, CA, 2004)

Hayward, Jack E., *The State and the Market Economy: Industrial Patriotism and Economic Intervention in France* (Brighton, 1985)

Hayward, Jack E., & Michael Watson (eds), *Planning, Politics and Public Policy: The British, French and Italian Experience* (New York, 1975)

Hazard, Jr., Geoffrey C., "From Whom No Secrets are Hid", 76 *Tex. L. Rev. l665–1694* (1998)

Hearings before the Committee on Foreign Affairs, House of Representatives: 81st Congress, 2d Sess., April 19, 1950, pp. 30–33 (Statement of Asst. Sec. of State, Willard Thorp)

Heinemann, Andreas, *Die Freiburger Schule und ihre geistigen Wurzeln* (Munich, 1989)

Heinemann, Andrea, *LaNécessité d un Droit Mondial de la Concurrence, Rev. Inter–nationale de Droit Economique* 293–324 (2004)

Held, David & Anthony McGraw, *Governing Globalization* (Cambridge, 2002)

Hellwig, Martin et al., *An Agenda for a Growing Europe: The Sapir Report* (Oxford, 2004)

Henikstein, Hugo, *Die Amerikanische Handelspolitik nach dem zweiten Weltkrieg und die Wiederbelebung des Welthandels* (Vienna, 1950)

Hennessey, Peter, *Never Again: Britain*, 1945–1951 (New York, 1993)

Heuss, Ernst, "Die Wirtschaftstheorie in Deutschland während der 20er Jahre", in Knut W. Nörr et al., (eds), *Geisteswissenschaften zwischen Kaiserreich und Republik*

137–158 (Stuttgart, 1994)

Heyer, Ken, "A World of Uncertainty: Economics and the Globalization of Antitrust", 72 *Antitrust L.J.* 375–422 (2005)

Hill, Martin, *The Economic and Financial Organization of the League of Nations* 47 (Washington, D.C., 1946)

Hill, Thomas H. & Richard Warner (eds), "Symposium:Law and Economic Development in Latin America: A Comparative Approach to Legal Reform", 83 *Chi–Kent L. Rev.* (2008)

Hirst, Paul & Grahame Thompson, *Globalization in Question* (2d. ed., Cambridge, 1999)

Hobsbawm, Eric J., *Industry and Empire* (Harmondsworth, England, 1969)

Hobsbawm, Eric J., *The Age of Capital 1848–1875* (New York, 1975)

Hobsbawm, Eric J., *The Age of Empire 1875–1914* (New York, 1987)

Hobsbawm, Eric J., *The Age of Extremes: A History of the World, 1914–1991* (New York, 1994)

Hodgson, Geoffrey, "The Approach of Institutional Economics", *36 J. Econ. Lit.* 166–192 (1998)

Hoekman, Bernard & Peter Holmes, "Competition Policy, Developing Countries, and the WTO", (Sept. 1999), FEEM Working Paper No. 66–99. Available at: http://papers.ssrn.com/sol3/papers.cfm?abstract_id=200621

Hoekman, Bernard M. & Michael Kostecki, *The Political Economy of the World Trading System* (2d. ed., Oxford, 2001)

Hoekman, Bernard & Petros C. Mavroidis, "Economic Development, Competition Policy and the World Trade Organization", 37 *J. World Trade* 1–27 (2003)

Hoekman, Bernard, et al., "Special and Differential Treatment of Developing Countries in the WTO: Moving Forward after Cancun", 27 *World Economy* 481–506 (2004)

Hofstadter, Richard, "What Happened to the Antitrust Movement", in Richard Hofstadter, *The Paranoid Style in American Politics and other Essays* 188–237 (Cambridge, Mass., 1964)

Holmes, John W., *Life with Uncle: The Canadian–American Relationship* 9–41 (Toronto, 1981)

Horn, Norbert & Jürgen Kocka (eds), *Law and the Formation of Big Enterprises in the 19th and Early 20th Centuries* (Göttingen, 1979)

Hornsby, Stephen B., "Competition Policy in the 80's: More Policy Less Competition?" 12 *Eur. L. Rev.* 79–101 (1987)

Houssiaux, Jacques, *Concurrence et Marché Commun* (Paris, 1960)

Hovenkamp, Herbert, *Enterprise and American Law, 1836–1937* (Cambridge, Mass., 1991)

Hovenkamp, Herbert, "Post–Chicago Antitrust: A Review and Critique", 2001 *Col. Bus. L. Rev.* 257–337 (2001)

Hovenkamp, Herbert, "The Rationalization of Antitrust", 116 *Harv. L. Rev.* 917–944

(2003)

Hovenkamp, Herbert, *The Antitrust Enterprise: Principle and Execution* (Cambridge, MA., 2006)

Hudec, Robert E., "Private Anticompetitive Behavior in World Markets: A WTO Perspective", 48 *Antitrust Bull.* 1045－1079 (2003)

Hudec, Robert, *The GATT Legal System and World Trade Diplomacy* (New York, 1975)

Hufbauer, Gary C. (ed), *Europe 1992: An American Perspective* (Washington, D.C., 1990)

Huffman, Max, "A Retrospective on Twenty－Five Years of the Foreign Trade Antitrust Improvements Act", 44 *Hous. L. Rev.* 285－347 (Summer 2007)

Hunt, W. Adam, "Business Implications of Divergences in Multi－jurisdictional Merger Review by International Competition Enforcement Agencies", 28 *Nw. J. Int'l L. & Bus.* 147－170 (2007)

Hur, Joseph Seon, *Competition Law/Policy and Korean Economic Development* (Seoul, 2006)

Hutchison, Keith, *Rival Partners－America and Britain in the Postwar World* (New York, 1946)

Hutchison, T.W., *A Review of Economic Doctrines 1870－1929* (Oxford, 1953)

Hylton, Keith N. & Fei Deng, "Antitrust Around the World: An Empirical Analysis of the Scope of Competition Laws and Their Effects", 74 *Antitrust L. J.* 271－341 (2007)

ICN website: http://www.internationalcompetitionnetwork.org/

ICN, "A Statement of Missions and Achievements up until May 2005", available at: http://www.internationalcompetitionnetwork.org/media/archive0611/ICN_Mission_Achievements_Statement.pdf

ICN, "Competition and the Judiciary: A Report on a Survey on the Relationship Between Competition Authorities and the Judiciary" (2006)

Ikenberry, G. John, "The Rise of China and the Future of the West", 87 *Foreign Affairs* 23－37 (2008)

International Law Association, Report of Fifty－fourth Conference 223, 562－92 (1970)

Iriye, Akira, *Global Community* (Berkeley, 2002)

Irwin, Douglas A., *Against the Tide* (Princeton, 1996)

Iyori, Hiroshi, *Antimonopoly Legistlation in japan* (New York, 1969)

Iyori Hiroshi & Akinori Uesugi, *The Antimonopoly Laws and Policies of Japan* (New York, 1994)

Jacobs, Francis G., "Civil Enforcement of EEC Antitrust Law", 82 *Mich. L.R.* 1364－1376 (1984)

James, Charles A., Statement on the EU's Decision Regarding the GE/Honeywell Acquisition (July 3, 2001), available at: www.usdoj.gov/atr/public/press_releases/2001/8510.htm

James, Harold, *The End of Globalization: Lessons from the Great Depression*

(Cambridge, Mass. & London, 2001)

James, Scott M., "The Concept of Abuse in EEC Competition Law: An American View", 92 *L. Quart. Rev.* 242–257 (1976)

Janow, Merit E., "Observations on Two Multilateral Venus: the International Competition Network (ICN) and the WTO", in Barry E. Hawk (ed), *2003 Fordham Corp. L. Inst. Int'l Anti. L. & Pol'y* 47–68 (New York, 2004)

Jansen, Marius B. & Gilbert Rozman (eds), *Japan in Transition: From Tokugawa to Meiji* (Princeton, 1986)

Jennings, Robert Y., "Extraterritorial Jurisdiction and the United States Antitrust Laws", 33 *Brit. Y.B. Int'l L.*, 146–175 (1957)

Jenny, Frédéric, "Globalization, Competition and Trade Policy: Issues and Challenges", in Roger Zach (ed), *Towards WTO Competition Rules* 14–15 (London, 1999)

Jenny, Frédéric, "Cartels and Collusions in Developing Countries: Lessons from Empirical Evidence", 29 *World Competition* 109–137 (2006)

Jensen, Michael Friis, "African Demands for Special and Differential Treatment in the Doha Round: An Assessment and Analysis", 25 *Dev. Pol. Rev.* 91–112 (2007)

Joekes, Susan & Phil Evans, *Competition and Development* (Ottawa, 2008)

Joerges, Christian, *The Market Without the State? States Without a Market?* (Eur. Univ. Inst. Working Paper: Law No. 96/2, San Domenico, It., 1996)

Johnson, Chalmers, *MITI and The Japanese Miracle: The Growth of Industrial Policy, 1925–1975* (Stanford, CA, 1982)

Joliet, Rene, "Cartelisation, Dirigism and Crisis in the European Community", 3 *The World Economy* 403–445 (1981)

Joliet, Rene, *The Rule of Reason in Antitrust Law* (The Hague, 1967)

Joliet, Rene, *Monopolization and Abuse of Dominant Position: A Comparative Study of the American and European Approaches to the Control of Economic Power* (The Hague, 1970)

Jolly, Richard, Louis Emmerij, Dharam Ghai & Frédéric Lapeyre, *UN Contributions to Development Thinking and Practice* (Indianapolis, IN, 2004)

Jomo, K.S. (ed), *The Great Divergence: Hegemony, Uneven Development and Global Inequality* (Oxford, 2006)

Jones, Alison, and Brenda Sufrin, *E.C. Competition Law: Text, Cases and Materials* 1032–33 (Oxford, 2001)

Jones, Clifford A., *Private Enforcement of Antitrust Law in the EU, UK and USA* (Oxford 2005)

Jones, Clifford A. & Mitsuo Matsushita, *Competition Policy in the Global Trading System* (London, 2002)

Jones, R., "The Role of the ACCC in Australian Competition Policy", 35 *Aust. Econ. Rev.* 430–437 (2002)

Jonung, Christina & Ann–Charlotte Ståhlberg, eds., *Ekonomporträtt: Svenska Ekonomer under 300 År* (Stockholm, 1990)

Judt, Tony, *The Burden of Responsibility: Blum, Camus, Aron and the French Twentieth Century* (Chicago, 1998)

Jung, Youngjin & Seung Wha Chang, AKorea's Competition Law and Policy in Perspective", 26 *Nw. J. Int'l L. & Bus.* 687–728 (2006)

Kahler, Miles & David A. Lake (eds), *Governance in a Global Economy: Political Authority in Transition* (Princeton, 2003)

Kahn, Joseph, "China Worries About Economic Surge That Skips the Poor", *New York Times*, March 4, 2005, Sec. A, p.2.

Kantzenbach, Erhard, *Die Funktionsfähigkeit des Wettbewerbs* (Göttingen, 1966)

Kaplinsky, Raphael & Claudia Manning, "Concentration, Competition Policy and the Role of Small and Medium–sized Enterprises in South Africa's Industrial Development", 35 *J. Dev. Stud.* 139–162 (1998)

Kapstein, Ethan, *Economic Justice in an Unfair World* (Princeton, 2006)

Kate, Adriaan ten & Gunnar Niels, "Mexico's Competition Law : North American Origins, European Practice", in Phillip Marsden (ed), *Handbook of Research in Trans-Atlantic Antitrust 718–731* (Cheltenham, UK, 2006)

Katzmann, Robert A., *Regulatory Bureaucracy: The Federal Trade Commission and Antitrust Policy* (Cambridge, Mass., 1980)

Kaul, Inge et al., (eds), *Global Public Goods* (New York, 1999)

Kauper, Thomas E., ''Article 86, Excessive Prices, and Refusals to Deal", 59 *Antitrust L. J.* 441–456 (1991)

Keene, Edward, *Beyond the Anarchical Society: Grotius, Colonialism and Order in World Politics* (Cambridge, 2002)

Keller, Morton, "Public Policy and Large Enterprise: Comparative Historical Perspectives", in Norbert Horn & Jürgen Kocka (eds), *Law and the Formation of Big Enterprises in the 19th and Early 20th Centuries* 515–535 (Göttingen, 1979)

Kennedy, Kevin C., *Competition Law and the World Trade Organization: The Limits of Multilateralism* (London, 2001)

Kennedy, Paul, *The Rise and Fall of the Great Powers: Economic Change and Military Conflict from 1500 to 2000* (New York, 1987)

Keohane, Robert O., *After Hegemony: Cooperation and Discord in the World Political Economy* (Princeton, 1984)

Keohane, Robert O., *Power and Governance in a Partially Globalized World* (2002)

Keohane, Robert O. & Helen V. Milner (eds), *Internationalization and Domestic Politics* (Cambridge, 1996)

Kerber, Wolfgang & Oliver Budzinski, "Competition of Competition Laws: Mission Impossible?" in Richard A. Epstein & Michael S. Greve, *Competition Laws in Conflict* 31–65 (Washington, D.C., 2004)

Keynes, John M., *The End of Laissez–Faire?* (London, 1926)

Khemani, R. Shyam, *Application of Competition Law: Exemption and Exclusions*, UNCTAD/DITC/CLP/Misc.25 (New York, 2002)

Khemani, R. Shyam & Ana Carrasco−Martin, "The Investment Climate, Competition Policy, and Economic Development in Latin America", 83 *Chi−Kent L. Rev.* 67−90 (2008)

Kim, Samuel S. (ed), *Korea's Globalization* (Cambridge, 2000)

Kindleberger, Charles P., *Marshall Plan Days* (London, 1987)

Kindelberger, Charles, P., *The World in Depression 1929−1939* (Berkeley, 1973)

King, Anthony, *Britain Says Yes* (Washington; D.C., 1977)

King, Stephen P., "The Changing Face of Australian Competition Policy", 3rd Quarter *Aust. Econ. Rev.* 272−273 (1996)

Kitzinger, U.W., *The Politics and Economics of European Integration* (New York, 1963)

Klein, Joel, "A note of caution with respect to the WTO agenda on competition policy", remarks to the Royal Institute of International Affairs, Chatham House, London (November 1996), available at: http://www.usdoj.gov/atr/public/speeches/0998.htm

Klein, Joel, ''Anticipating the Millennium: International Antitrust Enforcement at the End of the Twentieth Century", in Barry Hawk (ed), *1997 Fordham Corp. L. Inst. Int'l Anti. L. & Pol'y.* 1−12 (New York, 1998)

Knoph, Ragnar, *Trustloven av 1926 med Kommentar* (Oslo, 1927)

Kobayashi, Bruce H., "Game Theory and Antitrust: A Post−Mortem", 5 *Geo. Mason L. Rev.* 411−421 (1997)

Kolasky, William J., *Conglomerate Mergers and Range Effects: It's A Long Way from Chicago to Brussels*, address before the George Mason University Symposium, Washington, D.C., Nov. 9, 2001, available at: http://www.usdoj.jov/atr/public/speeches/9536.htm

Kolasky, William, (Speech) *U.S. and E.U. Competition Policy: Cartels, Mergers and Beyond* (New York, Jan. 25, 2002), available at: http://www.usdoj.gov/atr/public/speeches/9848.

Kolasky, William & Leon B. Greenfield, "The Lost GE/Honeywell Deal Reveals a Trans−Atlantic Clash of Essentials", *Legal Times* 28 (July 30, 2001)

Kolsen, H.M., "Equity Effects of Microeconomic Reforms: Competition Policy in Australia", 24 *Int'l J. Soc. Econ.* 255−264 (1997)

Komesar, Neil K., *Imperfect Alternatives: Choosing Institutions in Law, Economics, and Public Policy* (Chicago, 1994)

Komesar, Neil K., *Law's Limits: The Rule of Law and the Supply and Demand of Rights* (Cambridge, 2001)

Korah, Valentine, "Concept of a Dominant Position Within the Meaning of Article 86", 17 *CommonMkt. L. Rev.* 395−414 (1980)

Korah, Valentine, "From Legal Form Toward Economic Efficiency−Article 85(1) of the

EEC Treaty in Contrast to U.S. Antitrust", *35 Antitrust Bull.* 1009–1034 (1990)

Korah, Valentine & Margot Horspool, "Competition", 37 *Antitrust Bull.* 337–385 (1992)

Korean Fair Trade Commission, *A journey to Market Economy* (Seoul, 2004)

Korean Fair Trade Commission, Interview with President Oh–Seung Kwon, Seoul, Korea (Sept. 6, 2006)

Kovacic, William E., *Competition Policy in the European Union and the United States: Convergence or Divergence*, paper presented at the Bates White Fifth Annual Antitrust Conference, Washington, D.C. (June 2, 2008). Available at: http://www.ftc.gov/speeches/kovacic/080602bateswhite.pdf

Kovacic, William E., "The Intellectual DNA of Modern U.S. Competition Law for Dominant Firm Conduct: The Chicago/Harvard Double Helix", 2007 *Colum. Bus. L. Rev.* 1–81 (2007)

Kovacic, William E., "Lucky Trip? Perspectives from a Foreign Advisor on Competition Policy, Development and Technical Assistance", 3 *Eur. Comp. J.* 319–328 (2007)

Kovacic, William E., ''Achieving Better Practices in the Design of Competition Policy Institutions", 50 *Antitrust Bull.* 511–517 (2005)

Kovacic, William E., "The Modern Evolution of U.S. Competition Policy Enforcement Norms", 71 *Antitrust L. J.* 377–478 (2003)

Kovacic, William E., "Transatlantic Turbulence: The Boeing–McDonnell Douglas Merger and International Competition Policy", 68 *Antitrust L. J.* 805–873 (2001)

Kovacic, William E., "Institutional Foundations for Economic Legal Reform in Transition Economies: The Case of Competition Policy and Antitrust Enforcement", 77 *Chi–Kent L. Rev.* 265–315 (2001)

Kovacic, William E., "Getting Started: Creating New Competition Policy Institutions in Transition Economies", 23 *Brook J. Int'l L.* 403–453 (1997)

Kovacic, William & Carl Shapiro, "Antitrust Policy: A Century of Economic and Legal Thinking", 14 *J. Econ. Pers.* 43–60 (2000)

Kovar, Robert, "Le droit communautaire de la concurrence et la 'regle de raison'", 23 *Rev. trim. de droit Europeen* 237–254 (1987)

Krattenmaker, Thomas, & Steven Salop, "Anticompetitive Exclusion: Raising Rivals' Costs to Achieve Power over Price", 96 *Yale L. J.* 209–293 (1986)

Kroll, Daniela, *Toward Multilateral Competition Law?: After Cancun: Reevaluating the Case for Additional International Competition Rules Under Special Consideration of the WTO Agreement81–87* (Frankfurt a.M., 2007)

Kronstein, Heinrich & Gertrude Leighton, "Cartel Control–A Record of Failure", 55 *Yale L.J.* 297–335 (1946)

Krueger, Anne O., *The WTO as an International Organization* (Chicago, 1998)

Krugman, Paul, *The Return of Depression Economics and the Crisis of 2008* (New York, 2009)

Kuisel, Richard F., *Ernst Mercier: French Technocrat* (Berkeley, 1967)

Kuisel, Richard F., "Technocrats and Public Economic Policy: From the Third to the Fourth Republic", *J. Eur. Econ. Hist.* 53–99 (1973 II)

Kuisel, Richard F., *Capitalism and the State in Modern France: Renovation and Economic Management in the Twentieth Century* (Cambridge, 1981)

Kwoka, John E., Jr. & Lawrence J. White, *The Antitrust Revolution: Economics, Competition, and Policy* (Oxford, 2004)

Kwoka, John E., Jr. & Lawrence J. White, *The Antitrust Revolution: Economics, Competition, and Policy* (5th ed., New York, 2009)

Kwon, Oh–Seung, "Applying the Korean Experience with Antitrust Law to the Development of Competition Law in China", 3 *Wash. U. Glob. Stud. L.J.* 347–362 (2004)

Laffont, Jean–Jacques, "Competition, Information, and Development", Paper prepared for the Annual World Bank Conference on Development Economics, Washington, D.C., April 20–21, 1998

Lammers, Clemens, *Review of Legislation on Cartels and Trusts*, C.E.I.35; League of Nations Pub.l927.II.33 (1927)

Landes, David S., *The Unbound Prometheus: Technological Change and Industrial Development in Western Europe from 1750 to the Present* (London, 1969)

Lang, Andrew T. F., "Reconstructing Embedded Liberalism: John Gerard Ruggie and Constructivist Approaches to the Study of the International Trade Regime", in John Gerard Ruggie (ed), *Embedding Global Markets: An Enduring Challenge* 13–45 (Aldershot, UK, 2008)

Lang, John Temple, "Community Antitrust Law–Compliance and Enforcement", 18 *Common Mkt. L. Rev.* 335–362 (1981)

Lang, John Temple, "Abuse of Dominant Positions in European Community Law, Present and Future: Some Aspects", in Barry Hawk (ed), *Fifth Annual Fordham Corp. L. Inst.* 25–38 (New York, 1979)

Lasch, Chrtistopher, *The True and Only Heaven: Progress and Its Critics* (New York, 1991)

League *of Nations, Journal of the International Economic Conference, Geneva 1927, 45–7*

League of Nations, *Report and Proceedings of the World Economic Conference Held at Geneva, May 4–May 23, 1927*, 146–8 (C.E.I.46II, 1927.II.52)

Lee, Jae Sung, "Towards a Development–Oriented Multilateral Framework on Competition Policy", 7 *San Diego Int'l L. J.* 293–311 (2006)

Lee, Ki Jong, "Culture and Competition: National and Regional Levels", 21 *Loy. Consumer L. Rev.* 33–55 (2008)

Lemley, Mark A. & Christopher R. Leslie, "Categorical Analysis in Antitrust Jurisprudence", 93 *Iowa L. Rev.* 1207–1270 (2008)

Letwin, William, *Law and Economic Policy in America: the Evolution of the Sherman*

Antitrust Act (Chicago, 1981)

Levenstein, Margaret & Valerie Y. Suslow, "Contemporary International Cartels and Developing Countries Economic Effects and Implications for Competition Policy", 71 *Antitrust L. J.* 801–852 (2004)

Levy, Hermann, *Industrial Germany: A Study of its Monopoly Organizations and their Control by the State* (London, 1966) ·

Levy, Hermann, *Monopole, Kartelle und Trusts in der Geschichte und Gegenwart der englischen Industrie* (2d. ed., Jena, 1927)

Lewis, David, *Chilling Competition*, speech, Fordham Corporate Law Institute (New York, Oct., 2008)

Lewis, David, "David Lewis: A Competition Pioneer", 2 *Concurrences* 1 (2009)

Li, Dongsheng, Deputy Director–General of the State Administrations for Industry and Commerce (SAIC), "China Needs an Antitrust Law", Comments at International Competition Law Forum, Beijing (June 18, 2005)

Liang, Sun & Zhang Xiangchen, "Redefining Development, Reimagining Globalization: The WTO and China's New Economic Vision", 41 *J. World Trade* 1275–1295 (2007)

Lianos, Ioannis, "The Contribution of the United Nations to Global Antitrust", 15 *Tul. J. Int'l & Comp. L.* 415–463 (2007)

Liefmann, Robert, *Cartels, Concerns and Trusts* (D.H. MacGregor (tr), New York, 1932)

Lindblom, Charles E., *Politics and Markets* (New York, 1977)

Lindemann, Albert S., *A History of European Socialism* (New Haven & London, 1983)

Lindsey, Brink, *Against the Dead Hand* (New York, 2002)

Lipimile, George K., "Competition Policy as a Stimulus for Enterprise Development", in UNCTAD, *Competition, Competitiveness and Development: Lessons from Developing Countries* (UNCTAD/DITC/CLP/2004/1/, Geneva 2004), at p. 176, available at: http://www.unctad.org/en/docs//ditcclp20041ch3_en.pdf

Lipsky, Jr., Abbott B., "Current Developments in Japanese Competition Law:_ Anti-Monopoly Act Enforcement Guidelines Resulting from the Structural Impediments Initiative", 60 *Antitrust L.J.* 279–289 (1991)

Lloyd, Peter G., "Multilateral Rules for International Competition Law?" 21 *World Economy* 1029–1049 (1998)

Lloyd, Peter, Kerrin Vautier & Paul Crampton, "Harmonizing Competition Policies", in Shahid Yusuf, M. Anjum Altaf & Kaoru Nabeshima (eds), *Global Change and East Asian Policy Initiatives* 191–238 (0xford, 2004)

Loayza, Norman, Pablo Fajnzylber & César Calderón, *Economic Growth in Latin America and the Caribbean: Stylized Facts, Explanations, and Forecasts* (Washington, DC, 2005)

Long, David & Peter Wilson (eds), *Thinkers of the Twenty Years' Crisis: Inter–war Idealism Reassessed* (Oxford, 1995)

Longworth, Richard C., *Global Squeeze: The Coming Crisis for First-World Nations* (Chicago, 1998)

Lopatka, John E. & William H. Page, "Posner's Program for the Antitrust Division: A Twenty-Five Year Perspective", 48 *SMU L. Rev.* 1713-1747 (1995)

Lord Brittan, Address at the World Competition Forum in Davos, Switzerland: A Framework for International Competition (Feb. 3, 1992)

Loucheur, Louis, *Carnets Secrets: 1908-1932* 158 (Jacques de Launay, ed., Brussels & Paris, 1962)

Lovasy, Gertrud, *International Cartels: A League of Nations Memorandum* 1-12 (Lake Success, 1947)

Lubman, Stanley B., *Bird in a Cage: Legal Reform in China after Mao* (Stanford, CA., 1999)

Ludwig-Erhard Stiftung (ed), *Ludwig Erhard und seine Politik* (Stuttgart, 1985)

Luttwak, Edward, *Turbo Capitalism* (New York, 1999)

MacGregor, D.H., *International Cartels*, C.E.C.P.93; League of Nations Pub. 1927. II.16(1927)

Maher, Imelda, "Competition Law in the International Domain: Networks as a New Form of Governance", 29 *J. L. & Soc'y* 111-136 (2002)

Maier, Charles S., *In Search of Stability: Explorations in Historical Political Economy* (Cambridge, 1987)

Maier, Charles S., *Recasting Bourgeois Europe: Stabilization in France, Germany and Italy in the Decade after World War I* (Princeton, 1975)

Maier, Harold, "Interest Balancing and Extraterritorial Jurisdiction", 31 *Am. J. Comp. L.* 579-597 (1983)

Maier, Harold, "Extraterritorial Jurisdiction at a Crossroads: An Intersection between Public and Private International Law", 76 *Am. J. Int'l L.* 280-320 (1982)

Majone, Giandomenico, *Regulating Europe* (London, 1996)

Mamdani, Mahmood, *Citizen and Subject: Contemporary Africa and the Legacy of Late Colonialism* (Princeton, N.J., 1996)

Mancini, Giuseppe F. & David T. Keeling, "Language, Culture and Politics in the Life of the European Court of Justice", 1 *Col. J. Eur. L.* 397-413 (1995)

Mankowski, Peter, "Das neue Internationale Kartellrecht des Art. 6 Abs. 3 der Rom II-Verordnung", 54 *Recht der Internationalen Wirtschaft* 177-192 (2007)

Mann, F.A., "The Doctrine of Jurisdiction in International Law", 111 *Académie de Droit International, Recueil des Cours I*, 1-162 (1964)

Marcos, Francisco, "Downloading Competition Law from a Regional Trade Agreement (RTA)", 31 *World Comp. L. & Econ. Rev.* 127-143 (2008)

Marcus, Richard L., "Retooling American Discovery for the Twenty-First Century: Toward a New World Order?" 7 *Tul. J. Int'l & Comp. L.* 153-199 (1999)

Mardsen, Philip, *A Competition Policy for the WTO*, chp. IV (London, 2003)

Martin, Hans－Peter & Harald Schumann, *Die Globalisierungsfalle* (Hambug, 1996)

Matsushita, Mitsuo, *International Trade and Competition Law in Japan* (Cambridge, 1993)

Mattei, Ugo & Laura Nader, *Plunder: When the Rule of Law is Illegal* (Malden, Mass., 2008)

Mattoo, Aaditya & Arvind Subramanian, "From Doha to the Next Bretton Woods: A New Multilateral Trade Agenda", 88 *Foreign Affairs* 15－26 (2009)

Maxeiner, James, *Policy and Methods in German and American Antitrust Law: A Comparative Study* (New York, 1986)

May, James, ''Antitrust Practice and Procedure in the Formative Era: The Constitutional and Conceptual Reach of State Antitrust Law, 1880－1918", 135 *U. Pa. L. Rev.* 495－593 (1987)

Mayne, Richard, *The Recovery of Europe: 1945－1973* (Garden City, N.J., 1973)

Mazeaud, Léon, *Le Régime Juridique des Ententes Industrielles et Commerciales en France* 9－76 (Paris, 1928)

McAdams, Richard H., "The Origin, Development and Regulation of Norms", 96 *Mich. L. Rev.* 338－433 (1998)

McArthur, John H. & Bruce R. Scott, *Industrial Planning in France* (Boston, 1969)

McChesney, Fred S., "Economics versus Politics in Antitrust", 23 *Harv. J. L. & Pub. Pol'y* 133－143 (1999)

McCormack, Gavan, *Client State: Japan in the American Embrace* (London & NY, 2007)

McGee, John S., "Predatory Price Cutting: The Standard Oil (N.J.) Case", 1 *J. Law & Econ.* 137－169 (1958)

McGinnis, John O., "The Political Economy of Global Multilateralism", 1 *Chi. J. Int'l L.* 381－401 (2000)

McGinnis, John O.",The Political Economy of International Antitrust Harmonization", 45 *Wm. &Mary L. Rev.* 549－594 (2003)

McGinnis, John O.",The Political Economy of International Antitrust Harmonization", in Richard A. Epstein & Michael S. Greve (eds), *Competition Laws in Conflict* 126－151 (Washington, D.C., 2004)

Meade, John, "Decentralisation in the Implementation of EEC Competition Law－A Challenge for the Lawyers", 37 *Northern Ireland L.Q.* 101－125 (1986)

Mee, Charles L. Jr., *The Marshall Plan* (New York, 1984)

Meredith, Martin, *The Fate of Africa* (New York, 2005)

Merrett, David, Stephen Corones & David Round, "The Introduction of Competition Policy in Australia: The Role of Ron Bannerman", 47 *Aust. Econ. Hist. Rev. 178－199* (2007)

Mestmäcker, Ernst－Joachim, "Merger Control in the Common Market: Between Competition Policy and Industrial Policy", in Barry Hawk (ed), *1989 Fordham Corp. L. Inst. Int'l Anti. L. & Pol'y.* Chapter 20, 1－34 (New York, 1990)

Mestmäcker, Ernst－Joachim & Heike Schweitzer, *Europäisches Wettbewerbsrecht* (2d ed., Munich, 2004)

Meynaud, Jean, "Pouvoir Politique et Pouvoir Économique", *Revue Économique* 925–957 (1958)

Michaels, Ralf, "Territorial Jurisdiction After Territoriality", in Piet Jan Slot & Mielle Bulterman (eds), *Globalisation and Jurisdiction* 105–130 (The Hague, 2004)

Michels, Rudolf K., *Cartels, Combines and Trusts in Post–war Germany* (New York, 1928)

Miller, John H. & Scott E. Page, *Complex Adaptive Systems* (Princeton, 2007)

Miller, John Perry (ed), *Competition, Cartels and Their Regulation* (Amsterdam, 1962)

Milward, Alan S., *The Reconstruction of Europe, 1945–1951* (Berkeley, 1984)

Mitchell, Milanie, *Complexity: A Guided Tour* (Oxford, 2009)

Mittelman, James H., *The Globalization Syndrome* (Princeton, 2000)

Mokyr, Joel, *The Lever of Riches: Technological Creativity and Economic Progress* (New York, 1990)

Monnet, Jean, *Mémoires* (Paris, 1976)

Montag, Frank, "The Case for a Reform of Regulation 17/62: Problems and Possible Solutions from a Practitioner's Point of View", 22 *Fordham Int'l L. J.* 819–852 (1999)

Monti, Mario, "Comments at the Conference AAntitrust in a Transatlantic Context" (Brussels, Jun. 7, 2004), available at: http://ec.europa.eu/comm/competition/speeches/text/sp2004_005_en.pdf

Moon, Chung–in & Jongryn Mo (eds), *Democratization and Globalization in Korea: Assessments and Prospects* (Seoul, 1999)

Moore, Mike, *A World Without Walls: Freedom, Development, Free Trade and Global Governance* (Cambridge UP, 2003)

Moravcsik, Andrew, "A New Statecraft? Supranational Entrepreneurs and International Cooperation", 53 *Int'l Org.* 267–306 (1999)

Morgan, Mary S. & Malcolm Rutherford (eds), *From Interwar Pluralism to Postwar Neoclassicism* (Durham, 1998; supp. to History of Political Economy, vol. 30)

Möschel, Wernhard, "The Goals of Antitrust Revisited", 147 *J. Theor. & Inst. Econ.* 7–17 (1991)

Möschel, Wernhard, "Competition Policy from an Ordo Point of View", in Alan T. Peacock & Hans Willgerodt (eds), *German Neo–Liberals and the Social Market Economy* (New York, 1989)

Möschel, Wernhard, "Subsidiaritätsprinzip und europäisches Kartellrecht", 48 *Neue Juristische Wochenschrift* 281–285 (1995)

Motta, Eduardo Pérez, "Industrial and competition policies in Mexico", 83 *Chi–Kent L. Rev.* 31–65 (2008)

Muller, Jerry Z., *Adam Smith in his Time and Ours: Designing the Decent Society* (New York, 1993)

Muris, Timothy J., "Competition Agencies in a Market-Based Global Economy", speech presented at the Annual Lecture of the European Foreign Affairs Review, Brussels (July 23, 2002), available at http://www.ftc.gov/speeches/muris/020723brussels.shtm Muris, Timothy J., "Creating a Culture of Competition: The Essential Role of Competition Advocacy", International Competition Network Panel on competition Advocacy and Antitrust Authorities (see http://www.ftc.gov/speeches/muris020928naples.htm) (2002)

Muris, Timothy J., "Looking Forward: The Federal Trade Commission and the Future Development of Competition Policy", 2 *Colum. Bus. L. Rev.* 359-410 (2003)

National Audit Office (UK) (2003) *The Office of Fair Trading: Progress in Protecting Consumer Interests.* London, HMSO. Available at: http://www.nao.org.uk/publications/nao_reports/02-03/0203430.pdf

National Audit Office (UK) (2005) *The Office of Fair Trading: Enforcing Competition in Markets.* London, HMSO. Available at: http://www.nao.org.uk/publications/nao_reports/05-06/0506593.pdf

Naughton, Barry, *The Chinese Economy: Transitions and Growth* (Cambridge, Mass., 2007)

Nee, Victor & Mary Brinton, *The New Institutionalism in Sociology* (Stanford, 1998)

Nerep, I. Eric, *Extraterritorial Control of Competition under International Law* (Stockholm, 1983)

Neven, Damien, et al., *Merger in Daylight: The Economics and Politics of European Merger Control* (London, 1993)

Neven, Damien & Paul Seabright, "Trade Liberalization and the Coordination of Competition Policy", in Leonard Waverman et al. (eds), *Competition Policy in the Global Economy: Modalities for Cooperation* 334-356 (London, 1997)

Newsom, David D., "After the Cold War: U.S. Interest in Sub-Saharan Africa", in Brad Roberts (ed), *U.S. Foreign Policy after the Cold War* 143-158 (Cambridge, Mass. 1992)

Nichols, A. J., *Freedom with Responsibility: The Social Market Economy in Germany 1918-1963* (Oxford, 1994)

Nicholson, Michael W., "Quantifying Antitrust Regimes" (February 5, 2004). FTC Bureau of Economics Working Papers No. 267.

Nicholson, Michael W. D. Daniel Sokol & Kyle W. Stiegert, "Technical Assistance for Law & Economics: An Empirical Analysis in Antitrust/Competition Policy", University of Wisconsin Legal Studies Research Paper No. 1025 (2006)

Nickell, Stephen J., "Competition and Corporate Performance", 104 *J. Pol. Econ.* 724-746 (1996)

Nolan, Mary, *Visions of Modernity: American Business and the Modernization of Germany* (New York, 1994)

Noonan, Chris, *The Emerging Principles of International Competition Law* (Oxford, 2008)

Norman, Neville R., "Progress Under Pressure: The Evolution of Antitrust Policy in Australia", 9 *Rev. Ind. Org.* 527–545 (1994)

North, Douglass C., "Five Propositions about Institutional Change", in Jack Knight & Itai Sened (eds), *Explaining Social Institutions* 15–26 (Ann Arbor, MI, 1995)

North, Douglass C., *Institutions, Institutional Change and Economic Performance* (Cambridge, 1990)

North, Douglass C., *Structure and Change in Economic History* (New York & London, 1981)

Notter, Harley (ed), Postwar Foreign Policy Preparation 1939–1945 (Washington: Dept of State Pub. 3580. 1950)

Nye, Jr., Joseph S., *The Paradox of American Power* (Oxford, 2002)

Nye, Jr., Joseph S., Soft Power: *The Means to Success in World Politics* (New York, 2004)

OECD Competition website: http://www.oecd.org/topic/0,3373,en_2649_ 37463_1_1_1_1_37463,00.html

OECD "Best Practices for the Formal Exchange of Information Between Competition Authorities in Hard Core Cartel Investigations" (2005)

OECD, "Competition Law and Policy in Latin America Peer Reviews of Argentina, Brazil, Chile, Mexico and Peru" (Paris, 2006)

OECD, "Competition and Trade Effects of Abuse of Dominance", COM/DAFFE/CLP/TD(2000)21/FINAL

OECD, "Competition and Trade Effects of Vertical Restraints", COM/DAFFE/CLP/TD(99)54 (1999)

OECD, "Consistencies and Inconsistencies between Trade and Competition Policies", COM/TD/DAFFE/CLP(98)25/FINAL (1999)

Office of Fair Trading (UK) (2001) *Annual Report Annexe: Staffing.* London, HMSO. Available at: http://www.oft.gov.uk/shared_oft/annual_report/2001/staffing.pdf

Office of Fair Trading (UK) (2002) *Annual Report Annexe: Staffing.* London, HMSO. Available at: http://www.oft.gov.uk/shared_oft/annual_report/2002/staffing.pdf

Office of Fair Trading (UK) (2007) *Annual Report and Resource Accounts 2006–07*

London, HMSO. Available at: http://www.oft.gov.uk/shared_oft/annual_report/438243/hc532.pdf

Ohmae, Kenichi, *The End of the Nation State: The Rise of Regional Economies* (New York, 1995)

Okita, Saburo, *Zaibatsu: The Rise and Fall of Family Enterprise Groups in Japan* (Tokyo, 2002)

Oliveira, Gesner & Thomas Fujiwara, "Competition Policy In Developing Economies: The Case Of Brazil", 26 *Nw. J. Int'l L. & Bus.* 619–642 (2006)

Olson, Mancur, *The Logic of Collective Action: Public Goods and the Theory of Groups* (Cambridge, MA, 1965)

Ong, Burton, "The Origins, Objectives and Structure of Competition Law in Singapore", 29 *World Comp.* 269–284 (2006)

Ong, Burton, "Competition Law Takes off in Singapore: An Analysis of Two Recent Decisions", 3 *Comp. Pol. Int'l* 101–131 (2007)

O'Rourke, Kevin H., and Jeffrey G. Williamson, *Globalization and History: The Evolution of a Nineteenth–Century Atlantic Economy* (Cambridge, Mass., 1999)

Ostrom, Elinor & T.K. Ahn, *Foundations of Social Capital* (Cheltenham, 2003)

Ostry, Sylvia, "Beyond the Border: The New International Policy Arena", in Erhard Katzenbach et al. (eds), *Competition Policy in an Interdependent World Economy* 261–277 (Baden, Germany, 1993)

Oualid, William, *The Social Effects of International Industrial Agreements*, C.E.C.P.94 (1926)

Owen, Bruce M., *Competition Policy in Latin America*, in Stanford Institute for Economic Policy Research (SIEPR) 2003. Available at: http://papers.ssrn.com/sol3/papers.cfm?abstract_id=456441

Owen, Bruce M., Su Sun, & Wentong Zheng, "Antitrust in China: The Problem of Incentive Compatibility", 1 J. *Comp. L. &Econ.* 123–148 (2005)

Page, William H. "The Chicago School and the Evolution of Antitrust: Characterization, Antitrust Injury, and Evidentiary Sufficiency", 75 *Va. L. Rev.* 1221–1308 (1989)

Pape, Wolfgang, "Socio–Cultural Differences and International Competition Law", 5 *Eur. L. J.* 438–460 (1999)

Pate, R. Hewitt, *The Honorable Konrad von Finckenstein and North American Antitrust Enforcement*, Address to the Canadian Bar Assn., Oct. 3, 2003, available at: http://www.usdoj.gov/atr/public/speeches/201336.htm

Pathak, A.S., "Articles 85–86 and Anticompetitive Exclusion in EC Competition Law: Part 1", 10 *Eur. Comp. L. Rev.* 74–104 (1989)

Patterson, Dennis & Ari Afilalo, *The New Global Trading Order: The Evolving State and the Future of Trade* (Cambridge, Mass., 2008)

Patterson, Donna E., & Carl Shapiro, "Transatlantic Divergence in GE/Honeywell: Causes and Lessons", 16 *Antitrust* 18–25 (2001)

Paust, Jordan J., *International Law as Law of the United States* (Durham, N.C., 2003) 9, 415

Payen, Edouard, *Les Monopoles* (Paris, 1920)

Peacock, Alan T. & Hans Willgerodt (eds), *German Neo–Liberals and the Social Market Economy* (New York, 1989)

Peerenbom, Randall A., *China's Long March toward Rule of Law* (Cambridge, 2002)

Pegg, Carl H., *The Evolution of the European Idea, 1914–1932* (Chapel Hill, 1983)

Peritz, Rudolph J., "The 'Rule of Reason' in Antitrust Law: Property Logic in Restraint of Competition", 40 *Hastings L.J.* 285–342 (1989)

Peritz, Rudolph, *Competition Policy in America, 1888–1992* (New York, 1996)

Perkins, Dwight H. & Michael Roemer, *Reforming Economic Systems in Developing Countries* (Cambridge, Mass., 1991)

Petersmann, Ernst–Ulrich, "Challenges to the Legitimacy and Efficiency of the World Trading System: Democratic Governance and Competition Culture in the WTO", 7 *J. Int'l Econ. L.* 585–603 (2004)

Petersmann, Ernst–Ulrich, "WTO Core Principles and Trade and Competition", in Barry Hawk (ed), *Fordham Corp. L. Inst. Int'l Anti. L. & Pol'y.* 669–684 (New York, 2004)

Petersmann, Ernst–Ulrich, "Trade Policy as a Constitutional Problem: On Domestic Policy Functions of International Rules", 41 *Aussenwirtschaft 405–439* (1996)

Pheasant, John & Anna Bicarregui, "Striking the Right Balance Towards a 'Competition Culture' not a 'Litigation Culture'? Comment on the European Commission's White Paper on Damages Actions for Breach of EC Antitrust Rules", 1 *Glob. Comp. Litigation Rev.* 98–105 (2008)

Picciotto, Sol, "Jurisdictional Conflicts, International Law and the International State System", 11 *Int'l J. Soc. L.* 11–40 (1983)

Pierson, Paul, *Politics in Time* (Princeton, 2004)

Piotrowski, Roman, *Cartels and Trusts: Their Origin and Historical Development From the Economic and Legal Aspects* (London, 1933)

Pitofsky, Robert, "The Political Content of Antitrust", 127 *U. Pa. L. Rev.* 1051–1075 (1979)

Pitofsky, Robert (ed), *How the Chicago School Overshot the Mark: The Effect of Conservative Economic Analysis on U.S. Antitrust* (Oxford, 2008)

Pollard, Sidney, *The Development of the British Economy: 1914–1990* (4th ed., London, 1992)

Pollard, Sidney, *Peaceful Conquest: The Industrialization of Europe 1760–1970* (Oxford, 1981)

Polanyi, Karl, *The Great Transformation* (Boston, 1957)

Porter, Michael, "Competition and Antitrust: Towards a Productivity–Based Approach to Evaluating Mergers and Joint Ventures", in American Bar Association *Perspectives on FundamentalAntitrust Theory* 124–179 (Chicago, 2001)

Posner, Richard A. "A Program for the Antitrust Division", 38 *U. Chi. L. Rev.* 500–536 (1971)

Posner, Richard A., *Antitrust Law* (2d. ed., Chicago, 2001)

Posner, Richard A., *Economic Analysis of Law* (7th ed. 2007)

Postan, M.M., *An Economic History of Western Europe 1945–1964* (London, 1967)

Potter, Pittman B., *The Chinese Legal System: Globalization and Local Legal Culture* (London, 2001)

Prebisch, Raúl, Edgar J. Dosman & David H. Pollock, *Raúl Prebisch: Power, Principle, and the Ethics of Development* (Washington, D.C., 2006)

President's Council of Economic Advisors, "Economic Organization and Competition Policy", 19 *Yale J. on Reg.* 541–597 (2002)

Pribram, Karl, *Cartel Problems: An Analysis of Collective Monpolies in Europe with American Application* (Washington, D.C., 1935)

Rahl, James A. (ed), *Common Market and American Antitrust* (NewYork, 1970)

Ramseyer, J. Mark, "Reluctant Litigant Revisited: Rationality and Disputes in Japan", 14 *J. Jap. Stud.* 111–123 (1988)

Raustiala, Kal, "The Architecture of International Cooperation: Transgovernmental Networks and the Future of International Law", 43 *Va. J. Int'l L.* 1–92 (2002)

Raustiala, Kal, "Form and Substance in International Agreements", 99 *Am. J. Int'l L.* 581–614 (2005)

Reder, Melvin W., *Economics: The Culture of a Controversial Science* (Chicago, 1999)

Regan, Donald H., "What are Trade Agreements For? Two Conflicting Stories Told by Economists, With a Lesson For Lawyers", *9 J. Int'l Econ. L.* 951–988 (2006)

Reid, Michael, *Forgotten Continent: The Battle for Latin America's Soul* (New Haven, 2007)

Reinalda, Bob & Bertjan Verbeek, *Decision Making Within International Organizations* (London, 2004)

Reshef, Ariell & Roumeen Islam, "Trade and Harmonization: If your Institutions are Good, Does it Matter if they are Different?" World Bank Policy Research Working Paper No. 3907 (2006)

Ridyard, Derek, "The European Commission's Articl 82 Guidelines: Some Reflections on the Economic Issues", 30 *Eur. Comp. L. Rev.* 230–236 (2009)

Riesenfeld, Stefan A., "The Protection of Competition", in Eric Stein & Thomas Nicholson (eds), *American Enterprise in the European Common Market* 197–342 (Ann Arbor, MI, 1960)

Rieter, Heinz, and Matthias Schmolz, "The Ideas of German Ordoliberalism 1938–45: Pointing the Way to a New Economic Order", 1 *Eur. J. Hist. Econ. Thought* 87–114 (1993)

Riley, Alan, "EC Antitrust Modernisation: The Commission Does Very Nicely–Thank You! Part One: Regulation 1 and the Notification Burden", 24 *Eur. Comp. L. Rev.* 604–615 (2003)

Ringer, Fritz K. (ed), *The German Inflation of 1923* (New York, 1969)

Riordan, Michael H. & Steven C. Salop, "Evaluating Vertical Mergers: A Post–Chicago Approach", *63 Antitrust L.J.* 513–568 (1995)

Ripert, Georges, *Aspects Juridiques du Capitalisme Moderne* (Paris, 1946)

Risse, Thomas, "Transnational Actors and World Politics", in Walter Carlsnaes et al. (eds), *The Handbook of International Relations* (London, 2002)

Risse–Kappen, Thomas, *Bringing Transnational Relations Back In: Non–State Actors, Domestic Structures and International Institutions 3* (Cambridge, 1995)

Rittner, Fritz, "Konvergenz oder Divergenz der europäischen Wettbewerbsrecht?", in *Integration oder Desintegration der europäischen Wettbewerbsordnung: Referate des XVI. FIW-Symposiums* 31-84 (Cologne, 1983)

Rivera, Amílcar Peredo, *Competencia Económica: Teoría Y Práctica* (Editorial Porrua, Mexico, 2004)

Rivoli, Pietra, *The Travels of a T-Shirt in the Global Economy: An Economist Examines the Markets, Power, and Politics of World Trade* (Hoboken, N.J., 2009)

Roberts, Simon, "The Role of Competition Policy in Economic Development: The South African Experience", 21 *Development Southern Africa* 227-243 (2004)

Robinson, Joan, *The Economics of Imperfect Competition* (London, 1933)

Rockefeller, Edwin S., *The Antitrust Religion* (Washington, D.C., 2007)

Rodrik, Dani, *Has Globalization Gone Too Far?* (Washington, D.C., 1997)

Rodrick, Dani, *In Search of Prosperity: Analytic Narratives on Economic Growth* (Princeton, 2003)

Rodrik, Dani, *One Economics, Many Recipes* (Princeton, 2007)

Rodrik, Dani & Francisco Rodriguez, "Trade Policy and Economic Growth: A Skeptic's Guide to the Cross-national Evidence", in Benjamin Bernanke & Kenneth S. Rogoff (eds), *Macroeconomics Annual 2000* 261-338 (Cambridge, MA, 2000)

Roeller, Lars-Hendrik, "Economic Analysis and Competition Policy Enforcement in Europe", in Peter A.G. van Bergeijk & Erik Kloosterhuis (eds), *Modeling European Mergers: Theory, Competition Policy and Case Studies* 11-24 (Cheltenham, UK, 2005)

Root, Hilton L., *Alliance Curse: How America Lost the Third World* (Washington, D.C., 2008)

Röpke, Wilhelm, *Economics of the Free Society* (Chicago, 1963)

Röpke, Wilhelm, *A Humane Economy: The Social Framework of the Free Market* (Chicago, 1960)

Rosanvallon, Pierre, "The Development of Keynesianism in France", in Peter A. Hall (ed), *The Political Power of Economic Ideas: Keynesianism Across Nations* 171-194 (Princeton, 1989)

Rosenberg, Emily S., *Spreading the American Dream: European Economic and Cultural Expansion 1890-1945* (New York, 1982)

Rosenthal, Douglas E., "Competition Policy", in Gary C. Hufbauer (ed), *Europe 1992: An American Perspective* 293-343 (Washington, D.C., 1990)

Ross, Thomas W., "Viewpoint: Canadian Competition Policy: Progress and Prospects", 37 *Canadian J. Econ.* 243-268 (2004)

Rossi, Guido, "Control of Concentrations: The Wake of the EEC Regulation and the Debate in Italy", in Barry Hawk (ed), *1988 Fordham Corp. L. Inst. Int'l Anti. L. & Pol'y Chp.* 28, 1-21 (New York, 1989)

Roth, Peter, & Vivien Rose, *Bellamy and Child: European Community Law of*

Competition (6th ed., Oxford, 2009)

Round, David K., "Twenty Years of Modern Antitrust in Australia: She'll Be Right, Mate", 9 *Rev. Ind. Org.* 459–473 (1994)

Rowley, Charles K., *The British Monopolies Commission* (London, 1966)

Rowley, J. William & A. Neil Campbell, "Implementation of the International Competition Network's Recommended Practices for Merger Notification Procedures: Final Report", 5 *Bus. L. Int'l* 111–(2004)

Rubio de Casas, Maria G., "The Spanish Law for the Defence of Competition", 11 *Eur. Comp. L. Rev.* 179–189 (1990)

Ruggie, John Gerard, "Territoriality and Beyond: Problematizing Modernity in International Relations", 47 *Int'l Org.* 139–174 (1993)

Ruggie, John Gerard, *Constructing the World Polity* (London, 1998)

Ruggie, John Gerard (ed), *Embedding Global Markets: An Enduring Challenge* (Ashgate, Hampshire UK, 2008)

Ruggiero, Guido (de), *The History of European Liberalism* (R.G. Collingwood (tr), Oxford, 1927)

Ruis, Gonzalo "Privatization, Competition Policy, Economic Deregulation and their Impact on Competitiveness: The Case of the Electric Power Market in Peru", in, *UNCTAD, Competition, Competitiveness and Development: Lessons from Developing Countries* 302–322 (Geneva, 2004)

Ruppelt, Hans–Jurgen, "Competition Policy in an Interdependent World Economy", in Erhard Katzenbach et al. (eds), *Competition Policy in an Interdependent World Economy* 305–311 (Baden, Germany, 1993)

S.S. Lotus (France v. Turkey), 1927 P.C.I.J., ser. A., No. 10 (Sept. 7, 1927)

Sabel, Charles F. & William H. Simon, "Epilogue: Accountability Without Sovereignty" in Joanne Scott & Grainne de Burca (eds), *Law and New Approaches to Governance in the EU and US* 395–412 (Portland, OR, 2006)

Sachs, Jeffrey D., *Common Wealth* (New York, 2008)

Sachs, Jeffrey D. & Andrew Warner, "Economic Reform and the Process of Global Integration", 1 *Brookings Papers on Economic Activity* 1–64 (1995)

Saha, Suranjit Kumar & David Parker (eds), *Globalisation and Sustainable Development in Latin America: Perspectives on the New Economic Order* (Cheltenham, UK, 2002)

Sakakibara, Eisuke, *Beyond Capitalism: The Japanese Model of Market Economics* (Lanham, MD., 1993)

Salin, Edgar, "Wirtschaft und Wirtschaftslehre nach zwei Weltkriegen", 1 *Kyklos* 26–56 (1947)

Salter, Arthur, "The League's Contribution", in League of Nations *The Economic Consequences of the League: The World Economic Conference* 8 (London, 1927)

Sandler, Todd, *Global Collective Action* (Cambridge, 2004)

Sapir, Jacques, *Quelle économie pour le XXIe siècle?* (Paris, 2005)

Sassem Daniel A., "Private Damages Actions and the Limitations of US Class Actions for a Global Solution", 1 *Glob. Comp. Litigation Rev.* 106−113 (2008)

Sassen, Saskia, *Losing Control?* (New York, 1996)

Sautter, Hermann & Rolf Schinke (eds), *Social justice in a Market Economy* (Frankfurt, 2001)

Sbragia, Alberta (ed), *Europolitics: Institutions and Policymaking in the "New" European Community* (Washington, D.C., 1992)

Scales, Bill, "Industry Policy and Deregulation of the Australian Economy", 25 *Econ. Analysis & Pol'y 41−51* (1995)

Schaeffer, Robert K., *Understanding Globalization: The Social Consequences of Political, Economic, and Environmental Change* (Lanham, MA, 2003)

Schatan, Claudia & Eugenio Rivera (eds), *Competition Policies in Emerrging Economies: Lessons and Challenges from Central America and Mexico* (Ottawa, 2008)

Scheingold, Stuart, *The Rule of Law in European Integration: The Path of the Schuman Plan* (New Haven, 1965)

Scherer, Frederic M., *Competition Policies for an Integrated World Economy* (Washington, D.C., 1994) at Chp. 5

Scherer, F.M., "Conservative Economics and Antitrust: A Variety of Influences", in Robert Pitofsky (ed), *How the Chicago School Overshot the Mark* 30−39 (New York, 2008)

Schlesinger, Stephen C., *Act of Creation* (New York, 2003)

Schlieder, Willy Christoph, "European Competition Policy", 50 *Antitrust L. J.* 647−698 (1981)

Schoppa, Leonard J., *Bargaining with Japan: What American Pressure Can and Cannot Do* (New York, 1997)

Schrecker, Ellen, *Many are the Crimes: McCarthyism in America* (Boston, 1998; pbk ed., Princeton, 2000)

Schumpeter, Joseph A., *Capitalism, Socialism and Democracy* (New York, 1970; orig. pub., 1942)

Schumpeter, Joseph A., *History of Economic Analysis* (New York, 1954)

Schwarze, Jürgen, *European Administrative Law* (London, 1992)

Schwartz, Herman M., *States versus Markets* (2d ed., New York, 2000)

Scrapanti, Ernesto & Stefano Zamagni, *An Outline of the History of Economic Thought* (Oxford, 1993)

Seckler, David, *Thorstein Veblen and the Institutionalists: A Study in the Social Philosophy of Economics* (London and Basingstoke, 1975)

Seidensticker, Edward, *Low City, High City* (Cambridge, Mass., 1991)

Sell, Susan K., *Power and Ideas* (New York, 1999)

Sen, Amartya, *Development as Freedom* (New York, 2000)

Senellart, Michael (ed.), *Michel Foucault: The Birth of Biopolitics, Lectures at the College de France, 1978–79* (New York, 2008)

Servan–Schreiber, Jean–Jacques, *Le Defi Americain* (Paris, 1967)

Shackle, G.L.S., *The Years of High Theory: Invention and Tradition in Economic Thought, 1926–1939* (Cambridge, 1967)

Shaffer, Gregory C., "Recognizing Public Goods in WTO Dispute Settlement: Who Participates? Who Decides?" 7 *J. Int'l Econ. L.* 459–482 (2004)

Shaffer, Gregory C., "The Challenges of WTO Law: Strategies for Developing Country Adaptation", 5 *World Trade Review* 177–198 (2006)

Shaffer, Jay C., "Competition Law and Policy in Mexico", 8 *OECD J Comp. L. & Pol'y* 9–71 (2007)

Shapiro, Martin, "The European Court of Justice", in Alberta Sbragia (ed), *Europolitics: Institutions and Policymaking in the "New" European Community* 123–157 (Washington, D.C., 1992)

Shaw, Malcolm N., *International Law* 453 (4th ed., Cambridge, 1996)

Shelton, Dinah, "Introduction", in Dinah Shelton (ed), *Commitment and Compliance: The Role of Non–Binding Norms in the International Legal System* 1–20 (Oxford, 2000)

Shenefield, John H., "Coherence or Confusion: The Future of the Global Antitntst Conversation", 49 *Antitrust Bull.* 385–433 (2004)

Shenkar, Oded, "One More Time: International Business in a Global Economy", 35 *J. Int'l Bus. Stud.* 161–171 (2004)

Shugart, William F., "Private Antitrust Enforcement Compensation, Deterrence, or Extortion?" 13 *Regulation* 53–61 (1990)

Sikkink, Kathryn, *Ideas and Institutions: Developmentalism in Brazil and Argentina* (Ithaca, NY, 1991)

Simons, Henry, "A Positive Program for Laissez Faire: Some Proposals for a Liberal Economic Policy", in Harry D. Gideonse (ed) *Public Policy Pamphlet No. 15* (Chicago, 1934)

Sims, Joe & Deborah P. Herman, "The Effect of Twenty Years of Hart–Scott–Rodino on Merger Practice: A Case Study in the Law of Unintended Consequences Applied to Antitrust Legislation", 65 *Antitrust L.J.* 865–904 (1997)

Sing, Rup & Biman Prasad, "Small States, Big Problems: Small Solutions from Big Countries", 42 *J. World Trade* 905–926 (2008)

Singer, Peter, *One World: The Ethics of Globalization* (New Haven, 2002)

Singh, Ajit, *Competition and Competition Policy in Emerging Markets: International and Developmental Dimensions*, UNCTAD Discussion Paper, 2002, available at : http://www.unctad.org/en/docs/gdsmdpbg2418_en.pdf

Singh, Ajit, "Multilateral Competition Policy and Economic Development: A Developing Country Perspective on the European Community Proposals", UNCTAD paper,

2004. Available at http://www.unctad.org/en/docs/ditcclp200310_en.pdf

Siragusa, Mario, "The Millennium Approaches: Rethinking Article 85 and the Problems and Challenges in the Design and Enforcement of the EC Competition Rules", *21 Fordham Int'l L. J.* 650–678 (1997)

Siragusa, Mario, "A Critical Review of the White Paper on the Reform of the EC Competition Law Enforcement Rules", 23 *Fordham Int'l L. J.* 1089–1127 (2000)

Skidelsky, Robert, John *Maynard Keynes: Fighting for Freedom 1937–1946* (New York, 2000)

Skidelsky, *Robert, John Maynard Keynes: The Economist as Savior 1920–1937 219–71* & 407–30 (New York, 1992)

Skousen, Mark, *Vienna & Chicago, Friends or Foes?* (Washington, D.C., 2005)

Slaughter, Anne–Marie, "The Real New World Order", 73 *Foreign Aff. 183–197* (1997)

Slaughter, Anne–Marie, "Governing the Global Economy through Government Networks", in Michael Byers (ed), *The Role of Law in International Politics: Essays in International Relations and International Law* 177–205 (Oxford, 2000)

Slaughter, Anne–Marie, *A New World Order* (Princeton, 2004)

Slaughter, Anne–Marie, "America's Edge: Power in the Networked Century", 88 *Foreign Aff.* 94–113 (2009)

Slottje, D.J. (ed), *The Role of the Academic Economist in Litigation Support* (New York, 1999)

Smelser, Neil J. & Richard Swedberg, *The Handbook of Economic Sociology* (Princeton, 2008)

Smith, Adam, *An Inquiry into the Nature and causes of the Wealth of Nations* (R.H. Campbell & A.S. Skinner (eds), Glasgow, 1976; orig. pub., 1776)

Snidal, Duncan, "Coordination versus Prisoners' Dilemma: Implications for International Cooperation and Regimes", 79 *Am. Pol. Sci. Rev.* 923–942 (1985)

Snyder, Francis, *New Directions in European Community Law* (London, 1990)

Sokol, D. Daniel, "Monopolists Without Borders: The Institutional Challenge of International Antitrust in a Global Gilded Age", 4 *Berkeley Bus. L. J.* 37–122 (2007)

Sokol, D. Daniel, "Order Without (Enforceable) Law: Why Countries Enter into Non-Enforceable Competition Policy Chapters in Free Trade Agreements", 83 *Chi–Kent L. Rev.* 231–292 (2008)

Soludo, Charles, Osita Ogbu, & Ha–Joon Chang (eds), *The Politics of Trade and Industrial Policy in Africa: Forced Consensus?* (Trenton, NJ, 2004)

Spaak, Fernand & Jean N. Jaeger, "The Rules of Competition within the European Common Market", 26 *L. and Contemp. Prob.* 485–507 (1962)

Spier, Hank, "Australian Competition Law: Experience and Lessons for Drafting Competition Law", in Tran Van Hoa (ed), *Competition Policy and Global Competitiveness in Major Asian Economies* 211–231 (Cheltenham, UK, 2003)

Sridharan, Eswaran, *The Political Economy of Industrial Promotion: Indian, Brazilian, and Korean Electronics in Comparative Perspective, 1969–1994,* 1–25, 199–213 (Westport, CT., 1996)

Stallings, Barbara (ed), *Global Change, Regional Response: The New International Context of Development* (Cambridge, Mass., 1995)

Star, D.I., "Competition Law in Australia", 33 *Aust. Bus. L. Rev.* 157–158 (2005)

Stein, Arthur, "Coordination and Collaboration: Regimes in an Anarchic World", in Stephan D. Krasner (ed), *International Regimes* 115–140 (Ithaca, NY, 1983)

Stein, Eric & Thomas Nicholson, *American Enterprise in Europe: A Legal Profile* (2 vols., Ann Arbor, 1960)

Steiner, Zara, *The Lights that Failed: European International History 1919–1933* (Oxford, 2005)

Stephan, Paul B., "Against International Cooperation", in Richard A. Epstein & Michael S. Greve, *Competition Laws in Conflict* 66–98 (Washingon, D.C., 2004)

Stephan, Paul B., "Global Governance, Antitrust, and the Limits of International Cooperation", 38 *Cornell Int'l L. J.* 173–218 (2005)

Stephenson, Matthew C., "Legal Realism for Economists", 23 *J. Econ. Persp.* 191–211 (2009)

Stewart, Taimoon, et al., *Competition Law in Action: Experiences from Developing Countries* (IDRC publication, 2007), available at: http://www.crdi.ca/uploads/user-S/11781215481Competition_Law.pdf

Stiglitz, Joseph E., *Globalization and Its Discontents* (New York, 2002)

Stiglitz, Joseph E., *The Roaring Nineties* (New York, 2003)

Stiglitz, Joseph E., *Making Globalization Work* (New York, 2007)

Stocking, George & Myron Watkins, *Cartels in Action* (New York, 1947)

Stone, Norman, *Europe Transformed* (Glasgow, 1983)

Strange, Susan, *State and Markets* (London, 1988)

Strange, Susan, *The Retreat of the State: The Diffusion of Power in the Global Economy* (Cambridge, 1996)

Streit, Manfred E., "Economic Order, Private Law and Public Policy: The Freiburg School of Law and Economics", 148 *J. Inst. & Theor. Econ.* 675–704 (1992)

Stucke, Maurice E., "Behavioral Economists at the Gate: Antitrust in the Twenty–First Century", 38 *Loy. U. Chi. L. J.* 513–591 (2007)

Stützel, W. et al. (eds), *The Ludwig–Erhard Stiftung [Foundation], Standard Texts on the Social Market Economy* (Stuttgart, 1982)

Sullivan, Lawrence A. & Wolfgang Fikentscher, "On the Growth of the Antitrust Idea", 16 *Berkeley J. Int'l L.* 197–233 (1998)

Sunstein, Cass R., *Free Markets and Social Justice* (Oxford UP, 1997)

Sutherland, Paul, "EEC Competition Policy", 54 *Antitrust L.J.* 667–673 (1985)

Swaine, Edward T., "Against Principled Antitrust", 43 *Va. J. Int'l L.* 959–1001 (2003)

Tabb, William K., *Economic Governance in the Age of Globalization* (NY, 2004)

Takahashi, Iwakazu, *The Rights of Consumer and the Competition Law and Policy in Japan, in Competition Law and Policy in Indonesia and Japan* 215–33 (Japan External Trade Organization, Tokyo, 2001)

Takigawa, Toshiaki, "Harmonization of Competition Laws after Doha: Substantive and Procedural Harmonization", 36 *J. World Trade L.* 1111–1124 (2002)

Takigawa, Toshiaki, "The Prospect of Antitrust Law and Policy in the 21st Century: In Reference to the Japanese Anti–Monopoly Law and Japan Fair Trade Commission", 1 *Wash. U. Glob. Stud. L. Rev.* 275–300 (2002)

Tarullo, Daniel K., "Norms and Institutions in Global Competition Policy", 94 *Am. J. Int'l L.* 478–504 (2000)

Taylor, Martyn, *International Competition Law: A New Dimension for the WTO* (Cambridge, 2006)

Taylor, Scott D., *Business and the State in Southern Africa: The Politics of Economic Reform* (Boulder, 2007)

Teravaninthorn, Supee & Gael Raballand, *Transport and Costs in Africa: A Review of the International Corridors* (Washington, D.C., 2009)

Thomson, Janice E., "Explaining the Regulation of Transnational Practices: A State–Building Approach", in James Rosenau & Ernst–Otto Czempiel (eds), *Governance Without Government: Order and Change in World Politics* 195–218 (Cambridge, 1992)

Thompson, David, *Democracy in France: The Third and Fourth Republics* 170–211(3d ed. Oxford, 1958)

Thorelli, Hans B., "Antitrust in Europe: National Policies after 1945", 29 *U. of Chi. L. Rev.* 222–236 (1959)

Thornton, A.P., *Doctrines of Imperialism* (New York, 1965)

Thornton, John L., "Long Time Coming", 87 *Foreign Aff* 2–22 (2008)

Thurow, Lester C., *Head to Head. The Coming Economic Battle between Japan, Europe, and America* (New York, 1994)

Tom, Willard K., "Game Theory in the Everyday Life of an Antitrust Practitioner", 5 *Geo. Mason L. Rev.* 457–469 (1997)

Touchard, Jean, *La Gauche en France depuis 1900–66* (Paris, 1977)

Toye, Richard, "Developing Multilateralism: The Havana Charter and the Fight for the International Trade Organization, 1947–8", 25 *Int'l Hist. Rev.* 282–305 (2003)

Tribe, Keith, *Strategies of Economic Order: German Economic Discourse–1750–1950* (Cambridge, 1995)

Tritell, Randolph W., "International Antitrust Convergence: A Positive View", 19 *Antitrust* 25–27 (2005)

Trubek, David M. & Alvaro Santos (eds), *The New Law and Economic Development: A Critical Appraisal* (Cambridge, 2006)

Tsing, Anna Lowenhaupt, *Friction: An Ethnography of Global Connection* (Princeton, 2005)

Turner, Donald F., "The Scope of Antitrust and Other Economic Regulatory Policies", 82 *Harv. L. Rev.* 1207–1244 (1969)

Turner, Marjorie S., *Joan Robinson and the Americans* 19–36 (Armonk, N.Y. & London, 1989)

Twining, William, *Globalisation and Legal Theory* (London, 2000)

Ullrich, Hanns, "Harmonisation within the European Union", 17 *Eur. Comp. L. Rev.* 178–184 (1996)

Ullrich, Hanns (ed), *Comparative Competition Law: Approaching an International System of Antitrust Law* (Baden–Baden, 1997)

UNCTAD Competition Law and Policy website: http://www.unctad.org/Templates/StartPage.asp?intItemID=2239&lang=1

UNCTAD, "Application of Competition Law, Exemptions and Exceptions", UNCATD/DITC/CLP/Misc.25

UNCTAD, "Report of the Fifth United Nations conference to Review All Aspects of the Set of Multilaterally Agreed Equitable Principles and Rules for the Control of Restrictive Business Practices", TD/RBP/CONF.6/15

UNCTAD, "Set of Multilaterally Agreed Equitable Principles and Rules for the Control of Restrictive Anticompetitive Practices", TD/RBP/CONF/10/REV.1 (Geneva, UNCTAD, 1980)

UNCTAD, "Competition Policy For Development: Report on UNCTAD's Capacity Building and Technical Assistance Programme" (2004)

UNCTAD, "Best Practices for Defining Respective Competencies and Settling Cases Which Involve Joint Action by Competition Authorities and Regulatory Bodies", TD/RBP/CONF.6/13/Rev.1 (2006)

UNCTAD, *Implementing Competition–Related Provisions in Regional Trade Agreements: Is it Possible to Obtain Development Gains?* (New York & Geneva, 2007)

UNCTAD, *The Effects of Anti–Competitive Business Practices on Developing Countries and their Development Prospects* (UNCTAD/DITC/CLP/2008/2, 2008)

Union of Industrial and Employers' Confederation of Europe (UNICE), *European Business Says: Barcelona Must Revitalise the Lisbon Process* (2002), available at: http://212.3.246.117/docs/4/NLNPACLCLBEDOAFPJKKEPNJNPDBY9DAGGG9LTE4Q/UNICE/docs/DLS/2002–03949–E.pdf United Nations Set of Principles and Rules on Competition–The Set of Multilaterally Agreed Equitable Principles and Rules for the Control of Restrictive Business Practices, Resolution 35/63 adopted by consensus by the General Assembly on 5 December 1980 at Section C (iii) (7)

United Nations Economic Commission for Latin America and the Caribbean, *Competition Policies in Emerging Economies : Lessons and Challenges from Central America and Mexico* (New York, 2008)

U.S. Department of State, *Havana Charter for an International Trade Organization* (March 24, 1948)(Washingon, D.C., 1948)

US Department of State, *Proposals for consideration by an international conference on trade and employment* 1–2 (December 6, 1945)

U.S. Department of State, *Postwar Foreign Policy Preparation: 1939–1945* (Washington, D.C., 1950)

Utton, Michael A., *International Competition Policy: Maintaining Open Markets in the Global Economy* (Cheltenham, UK, 2006)

Valdes, Juan Gabriel, *Pinochet's Economists: The Chicago School in Chile* (Cambridge, 1995)

van Damme, J.A. (ed), *Regulating the Behaviour of Monopolies and Dominant Undertakings in Community Law* (Bruges, 1977)

Van Hoa, Tran (ed), *Competition Policy and Global Competitiveness in Major Asian Economies* (Cheltenham, UK, 2003)

van Miert, Karel, *The Future of Competition Policy*, Address at BASF Headquarters, Corsendock (Nov. 18, 1997), available at: http://ec.europa.eu/comm/competition/speeches/text/sp1997_064_en.html

Van Overtveldt, Johan, *The Chicago School* (Chicago, 2007)

van Themaat & P. Verloren, "L'Economie a travers le prisme du juriste", 1989 *Revue Internationale de droit Economique* 133–162 (1989)

Vanberg, Viktor, "'Ordnungstheorie' as Constitutional Economic–the German Concep–tion of a 'Social Market Economy'", 39 *ORDO* 17–31 (1988)

Vaughn, William M., "Transnational Policy Programme Networks in the European Community: The Example of European Competition Policy", 11 *J. Comm. Mkt. Stud.* 36–60 (1972)

Venturini, V.G., *Monopolies and Restrictive Trade Practices in France* (Leyden, 1971)

Verizon Communications Inc. v. Law Offices of Curtis V. Trinko, LLP, 540 U.S. 398, 407 (2004)

Vernon, Raymond (ed), *Big Business and the State* (Cambridge, Mass., 1974)

Vernon, Raymond, "The Schuman Plan", 47 *Am. J. Int'l L.* 183–202 (1953)

Vestal, James, *Industrial Policy and Japanese Economic Development, 1945–1990* (Oxford, 1993)

Vickers, John, "Concepts of Competition", 47 *Oxford Econ. Papers* 1–23 (1995)

Vickers, John, *How does the prohibition of dominance fit with the rest of competition policy?*, Paper for the eighth annual EU competition law and policy workshop at the European University Institute (Florence, Jun. 6, 2003)

Vickers, John, *Some Economics of Abuse of Dominance*, University of Oxford, Dept. of Econ. Discussion Paper (2007). Available at: http://www.economics.ox.ac.uk/Research/wp/pdf/paper376.pdf

Victor, David G., Kal Raustiala, & Eugene B.·Skolnikoff (eds.), *The Implementatino and*

Effectiveness of International Environmental Commitments: Theory and Practice (MIT Press, Cambridge, 1998)

Vogel, Louis, *Droit de la Concurrence et Concentration Économique: Etude Comparative* (Paris, 1988)

Vogel, Steven K., *Freer Markets, More Rules* (Ithaca and London, 1996)

Vogel, Steven K. (ed), *U.S.–Japan relations in a Changing World* (Washington, DC, 2002)

Voigt, Fritz, "German Experience with Cartels and their Control During Pre–War and Post–War Periods", in John Perry Miller (ed), *Competition, Cartels and Their Regulation* 169–213 (Amsterdam, 1962)

Voigt, Stefan, *The Economic Effects of Competition Policy–Cross–Country Evidence Using Four New Indicators*, working paper (2006), available at: http://papers.ssrn.com/sol3/papers.cfm?abstract_id=925794

von der Groeben, Hans, *Aufbaujahre der Europaischen Gemeinschaft* (Baden–Baden, 1982)

von Eyben, W., *Monopoler Og Priser* 120 (Copenhagen, 1982)

von Hahn, Helmuth, "Der Beitrag der OECD zur Fortentwicklung und Harmonisierung der Nationalen Kartellrechte und zur Bekampfung von Wettbewerbsverzerrungen aus dem Bereich der Offentlichen Hand", in *Festschrift fur Karlheinz Quack* 589–607 (Berlin, 1991)

Wade, Robert, *Governing the Market* (Princeton, 1999)

WAEMU, see http://www.uemoa.int/index.htm

Waelbroeck, Michel, "Competition, Integration and Economic Efficiency in the EEC From the Point of View of the Private Firm", 82 *Mich. L. Rev.* 1439–1446 (1984)

Wallace, Helen, William Wallace & Carole Webb (eds), *Policy–Making in the European Community* (2d. ed., Chichester, 1983)

Wallace, William, *The Dynamics of European Integration* (London, 1990)

Waller, Spencer Weber, "Understanding and Appreciating EC Competition Law", 61 *Antitrust L. J.* 55–77 (1992)

Waller, Spencer Weber, "Neo–Realism and the International Harmonization of Law: Lessons from Antitrust", 42 *U. Kan. L. Rev.* 557–618 (1994)

Waller, Spencer Weber, *Antitrust and American Business Abroad* §§4.16–4.17 (3d ed. 1997)

Waller, Spencer Weber, "Prosecution by Regulation: The Changing Nature of Antitrust Enforcement", 77 *Or. L. Rev.* 1383–1449 (1998)

Waller, Spencer Weber, "The Internationalization of Antitrust Enforcement", 77 *B. U. L. Rev.* 344–404 (1999)

Waller, Spencer Weber, "Bringing Globalism Home: Lessons from Antitrust and Beyond", 32 *Loy. U. Chi. L. J.* 113–136 (2000)

Waller, Spencer Weber, "Public Choice Theory and the International Harmonization of

Antitrust Law", 48 *Antitrust Bull.* 427–438 (2003)

Waller, Spencer Weber, *Thurman Arnold: A Biography* 78–123 (New York and London, 2005)

Walzer, Michael (ed), *Toward a Global Civil Society* (New York, 1995)

Wang, Xiaoye, "Recent Developments in Chinese Legislation on Antitrust Law", paper presented at the Asian Competition Law Forum, Dec. 12, 2005

Wang, Xiaoye, "Issues Surrounding the Drafting of China's Anti–Monopoly Law", 3 *Wash. U. Glob. Stud. L. Rev.* 285–296 (2004)

Wang, Xiaoye, "The Prospect of Anti–Monopoly Law in China", 1 *Wash Glob. Studies Forum* 201–231 (2002)

Waverman, Leonard, "Canadian Competition Law: 100 Years of Experimentation", in W. S. Comanor et al. (eds), *Competition policy in Europe and North America: Economic Issues and Institutions* 73–103 (Chur, Switzerland, 1990)

Weiler, Joseph H.H., "The Transformation of Europe", 100 *Yale L. J.* 2403–2483 (1991)

Weiler, Joseph H.H., *Europe after Maastricht–Do the New Clothes Have an Emperor?* (Harvard Jean Monnet Working Paper 12/95, Cambridge, Mass., 1995)

Welch, John F., & John A. *Byrne, Jack: Straight from the Gut* 264–274 (New York, 2001)

Wells, Wyatt, *Antitrust and the Formation of the Postwar World 90–156* (N.Y., 2002)

Wendt, Alexander, *Socia Theory of International Politics* 160–61 (Cambridge, 1999)

Wesseling, Rein, "The Commission Notices on Decentralisation of E.C. Antitrust Law: In for a Penny, Not for a Pound", 18 *Eur. Comp. L. Rev.* 94–97 (1997)

Whinston, Michael D., *Lectures on Antitrust Economics* (Cambridge, Mass., 2006)

Whish, Richard, *Competition Law* (5th ed., Oxford, 2003)

White, Lawrence J., "The Growing Influence of Economics and Economists on Antitrust: An Extended Discussion", *NYU Law and Economics* Working Paper 119 (2008), available at http://lsr.nellco.org/cgi/viewcontent.cgi?article=1123&context=nyu/lewp

Whitman, James Q, "Producerism versus Consumerism: A Study in Comparative Law", 117 *Yale L. J.* 340–406 (2007)

Whitney, William D., "Sources of Conflict between International Law and the Antitrust Laws", 63 *Yale L. J.* 655–662 (1954)

Wiedenfeld, Karl, *Cartels and Combines*, C.E.C.P.57(1); League of Nations Pub. 1926. II.70 (1927)

Wigger, Angela, "The Convergence Crusade: The Politics of Global Competition Laws and Practices", Paper prepared for the 46th Annual ISA Convention (March, 2005) Available at: http://www.arccgor.nl/uploads/File/The%20Convergence%20Crusade.pdf

Wilcox, Claire, *A Charter for World Trade* (New York, 1949)

Wilks, Stephen, "Agency Escape: Decentralisation or Domination of the European Commission in the Modernization of Competition Policy?" 18 *Governance*

431–452 (2005)

Willgerodt, Hans & Alan T. Peacock, *Germany's Social Market Economy: Origins and Evolution* (New York, 1989)

Williams, Mark, *Competition Policy and Law in China, Hong Kong and Taiwan* (Cambridge, 2005)

Williamson, Oliver E., *The Economic Institutions of Capitalism* (New York, 1985)

Wils, Wouter P. J., "The Use of Settlements in Public Antitrust Enforcement: Objectives and Principles", 31 *World Comp. L. & Econ. Rev.* 335–52 (2008)

Wils, Wouter P. J., *Efficiency and justice in European Antitrust Enforcement* (Oxford, UK, 2008)

Wils, Wouter P.J., "Should Private Antitrust Enforcement be Encouraged in Europe?", 26 *World Competition* 473–488 (2003)

Winckler, Antoine, "Conseil de la concurrence et concurrence des autorités", 52 *Le Débat* 76–86 (1988)

Winerman, Mark, "The FTC at Ninety: History Through Headlines", 72 *Antitrust L.J.* 871–897 (2005)

Winerman, Mark, "The Origins of the FTC: Concentration, Cooperation, Control, and Competition", 71 *Antitrust L.J.* 1–99 (2003)

Winslow, Terry, *Competition Law and Policy in Peru: a Peer Review*, (Inter–American Development Bank, Washington, D.C., 2004)

Witherell, William, Speech, *Korea in the OECD: Realising the Promise* (Second Korea-OECD Conference, Seoul, Korea, Dec. 13–14, 2001), available at: http://www.oecd.org/dataoecd/36/0/2698284.pdf

Wood, Diane P., "The Impossible Dream: Real International Antitrust", 1992 *U Chi. Leg. Forum* 277–313 (1992)

Wood, Diane P., "The Internationalization of Antitrust Law: Options for the Future", 44 *DePaul L. Rev.* 1289–99 (1995)

Wood, Diane P., "A Cooperative Framework for National Regulators", in Frederick M. Abbott and David J. Gerber, *Public Policy and Global Technological Integration* 195 (London, 1997)

Wood, Diane P., "International Harmonization of Antitrust Law: The Tortoise or the Hare?" 3 *Chi. J. Int'l L.* 391–407 (2002)

Woods, Ngaire, "Global Governance and the Role of Institutions", in David Held & Anthony McGraw, *Governing Globalization* 25–45 (Cambridge, 2002)

"Working Group on the Interaction between Trade and Competition Policy, Core Principles, Including Transparency, Non–Discrimination and Procedural Fairness: Background Note by the Secretariat", WT/WGTCP/W/209, PP 2–5 (Sept. 19, 2002)

World Trade Organization, Ministerial Declaration of 13 December 1996, Dec. 13, 1996, WT/MIN(96)/DEC/20, 36 I.L.M. 218.

World Trade Organization, Working Group on the Interaction Between Trade and Competition Policy to the General Council. Doc. WT/WGTCP/2 (Dec. 8, 1998)

World Trade Organization, Ministerial Declaration (Fourth Session of the Ministerial Conference, Doha, WT/MIN(0l)/DEC/1, Nov. 9-14 (2001)

World Trade Organization, Study on Issues Relating to a Possible Multilateral Framework on Competition Policy (WT/WG/TCP/W/228, May 19, 2003)

Wright, Gordon, *France in Modern Times* 300-350(5th ed., New York & London, 1995)

Xopa, Jose Roldan & Carlos Mena Labarthe (eds), *Competencia Económica: Estudios de Derecho, Economía y Política* (Mexico City, 2007)

Yang, Dali, *Reforming the Chinese Leviathan: Market Transition and the Politics of Governance in China* (Stanford, CA, 2004)

Yang, Lillian, *Anti-Monopoly Law for Review*, South China Morning Post (Nov. 7, 2006)

Young, Allyn A. & H. Van V. Fay, *The International Economic Conference* 375-381 (Boston, 1927)

Young, Crawford, *The African Colonial State in Comparative Perspective* (New Haven, CT., 1994)

Yu, Peter K., "TRIPS and its Discontents", 10 *Marq. Intell. Prop. L. Rev.* 369-410 (2006)

Yusuf, Shahid, Kaoru Nabashima & Dwight H. Perkins, *Under New Ownership: Privatizing China's State-Owned Enterprises* (Stanford UP & The World Bank, CA and DC, respectively, 2006)

Zanettin, Bruno, *Cooperation Between Antitrust Agencies at the International Level* (Oxford, 2002)

Zeiler, Thomas W., *Free Trade, Free World: The Advent of GATT* (Chapel Hill, N.C., 1999)

Zettlemeyer, Jeromin, *Growth and Reforms in Latin America: a Survey of Facts and Arguments*, IMF Working Paper WP/06/210 (2006), available at: http://www.imf.org/external/pubs/ft/wp/2006/wp06210.pdf

Zhang, Xinzhu & Vanessa Yanhua Zhang, *Chinese Merger Control: Patterns and Implications* (July 25, 2009). Available at SSRN: http://ssrn.com/abstract=1439765

Zywicki, Todd, "How Should Competition Policy Transform Itself? Designing the New Competition Policy", Competition Policy Research Center, Fair Trade Commission of Japan Inaugural Symposium (Nov. 20, 2003) available at: http://www.ftc.gov/speeches/otherl031120zywickijapanspeech.pdf

색 인

저자(David J. Gerber) 약력

[학력]
TRINITY COLLEGE, Hartford, CT., B.A., 1967
YALE UNIVERSITY, New Haven, CT, M.A., 1969
UNIVERSITY OF CHICAGO LAW SCHOOL, Chicago, IL, J.D., 1972
[경력]
현재 Professor of Law of Chicago-Kent College of Law, Illinois Institute of Technology
방문 교수
University of Munich Faculty of Law (1994~1996)
Northwestern University School of Law (Spring 1999)
Washington University School of Law (Spring 2000)
University of Pennsylvania Law School (Spring 2001)
Uppsala University Law Faculty, Sweden (2001)
University of Freiburg Law Faculty (2002)
Max Plank Institute for Research in Collective Goods, Bonn, Germany (2004)
Princeton University Woodrow Wilson School of Public and International Affairs (2004)
Meiji University Faculty of Law, Tokyo, Japan (May 2007)
[저서]
GLOBAL COMPETITION: LAW, MARKETS, AND GLOBALIZATION (Oxford Univ. Press, 2010, pbk 2012)(Chinese and Spanish translations, 2012)
LAW AND COMPETITION IN TWENTIETH CENTURY EUROPE (Oxford University Press-Clarendon Series, 1998; pbk 2001)(Chinese translation, Chinese Academy of Social Science, 2004)
PUBLIC POLICY AND GLOBAL TECHNOLOGICAL INTEGRATION (editor, with Frederick M. Abbott-Kluwer, 1996)

역자(이동률) 약력

2001년 서울대학교 법학과 졸업 (법학사)
2001년 제43회 사법시험 합격
2004년 사법연수원 제33기 수료
2004~2007년 육군법무관
2009년 서울대학교 법학분야 전문연구과정 "공정거래법의 선진화" 수료
2011~2012년 미국 Georgetown University Law Center (법학석사-LL.M.)
2012~2013년 미국 UCLA School of Law (Visiting Jurist)
2012~2013년 미국 Quinn Emanuel Urquhart & Sullivan LA 사무소 근무
2007~현재 법무법인 세종 변호사 (Partner)
2014년 미국 New York주 변호사 자격 취득

국제경쟁법

초판인쇄 2014년 11월 5일
초판발행 2014년 11월 10일

지은이 David J. Gerber
옮긴이 이동률
펴낸이 안종만

편 집 김선민 · 배우리
기획/마케팅 조성호
표지디자인 홍실비아
제 작 우인도 · 고철민

펴낸곳 (주) 박영사
서울특별시 종로구 새문안로3길 36, 1601
등록 1959. 3. 11. 제300-1959-1호(倫)
전 화 02)733-6771
f a x 02)736-4818
e-mail pys@pybook.co.kr
homepage www.pybook.co.kr
ISBN 979-11-303-2622-1 93360

* 잘못된 책은 바꿔드립니다. 본서의 무단복제행위를 금합니다.
* 역자와 협의하여 인지첩부를 생략합니다.

정 가 35,000원